네트워크 트러블슈팅 가이드

프로토콜 계층별 네트워크 장애처리 실무

Copyright ⓒ acorn publishing Co., 2013. All rights reserved.

이 책은 에이콘출판(주)가 저작권자 장혁과 정식 계약하여 발행한 책이므로
이 책의 일부나 전체 내용을 무단으로 복사, 복제, 전재하는 것은 저작권법에 저촉됩니다.
저자와의 협의에 의해 인지는 붙이지 않습니다.

네트워크 트러블슈팅 가이드
프로토콜 계층별 네트워크 장애처리 실무

장혁 지음

에이콘

추천의 글

시중에 많은 네트워크 관련 서적들이 출판됐지만, 실무 서적이라기보다는 이론 설명에 충실한 이론서들이 거의 대부분이다. 하지만 이 책은 10년 이상 네트워크 분야에서 일해 온 저자의 실무 경험과 노하우가 고스란히 녹아있는 내실 있는 실무서로, 독자는 이 책을 통해 장애 처리 기법과 사례 분석 내용을 통해 네트워크 엔지니어링 기술을 한 단계 더 성숙시킬 수 있을 것이다.

특히 기존의 네트워크 책에서는 다루지 않는 TCP의 동작 방식에 대해 네트워크 측면과 서버 측면에서 자세히 설명하고, 네트워크 엔지니어가 알아두면 좋을 만한 장애 처리 시의 서버 명령과 설명을 사례를 들어가며 이해하기 쉽게 잘 풀어놓았다. 또한 보안 분석적 측면에서 봤을 때도 프로토콜이 가진 특성을 악용한 네트워크 측면의 공격에 대해 구체적으로 설명하므로 보안 분야에 관심이 있거나 현장에서 근무하는 실무자들에게도 많은 도움이 될 것으로 생각한다.

장기간 책을 준비하면서 본인이 전달코자 하는 내용을 충실히 반영하기 위해 고민하고 노력한 저자의 노고에 선배로서 격려와 박수를 보낸다.

김우한 /행정안전부 정부통합전산센터 센터장

오늘날 정보통신 기술은 매우 빠르게 발전하고 있다. 이는 데이터통신과 네트워킹 기술을 기반으로 하는데, 이를 구성하는 기반 구조는 많은 기기들의 결합이라 할 수 있다. 이런 결합은 기관 내외나 글로벌하게 유/무선으로 연결돼 동작하는데, 예기치 않은 많은 트러블이 발생할 수 있다. 하지만 지금까지 국내에 나온 많은 참고 서적들이 이론적인 내용에 치우치다 보니 실무적으로 활용하는 데는 많은 어려움이 있었다. 이 책 『네트워크 트러블슈팅 가이드』는 이러한 문제를 해결하는 데 확실한 도움이 되는 책이다. 저자는 자신이 오랫동안 쌓아온 실무 경험을 이 책에 체계적으로 잘 정리했다. 관련 분야 종사자들이 이 책을 옆에 두고 활용한다면 산적한 문제를 잘 해결할 수 있을 뿐만 아니라 유능한 전문가가 될 수 있으리라고 확신한다.

이재광/한남대학교 컴퓨터공학과 교수

실무자가 쓴 네트워크 장애 처리 가이드, 이 책은 지금까지 출간된 단순 프로토콜이나 구현을 위한 장비의 설정 방법을 위주로 설명하는 기존 네트워크 책과는 사뭇 다르다. 오랜 시간 준비한 흔적이 책의 곳곳에 묻어나고, 실제 빈번히 발생하거나 현업에 이슈가 되는 장애 상황들을 이론적 기반을 토대로 자세히 설명했다. 이 책을 통해 독자들의 네트워크 장애를 다루는 시각이 완전히 새로워질 것임을 확신한다.

권오덕 / 신한은행 IT 기획부 부부장

지은이 소개

장혁 jjang4u@gmail.com

현재 국가 주요기관의 네트워크 엔지니어링 부문에 근무하면서 국가망 관리와 국가 IDC 운영을 수행 중이며, 차세대 네트워크 기술과 트렌드에 관심이 많아 클라우드 및 미래 네트워크 인프라 설계 업무도 병행한다. 또한 프로토콜 분석 분야에도 관심이 많아 틈틈이 장애 및 보안과 관련된 패킷 분석도 수행 중이다.

지은이의 말

네트워크 엔지니어로 생활하면서 책을 써야겠다는 생각은 해보지 않았다. 단지 내가 일을 하면서 궁금했던 부분과 장애를 처리하고 원인을 찾아가면서 정리해뒀던 문서들을 엮어 보아야겠다는 생각에서 시작한 일이 과분하게도 책을 집필하는 엄청난 일이 돼버렸다.

원고 집필을 위해 문서를 정리해가면서 모든 것이 궁금했던 새내기 네트워크 엔지니어 당시의 기억을 떠올리려 노력했다. 현재 같은 길을 가고 있고 또는 유능한 네트워크 엔지니어가 되길 희망하는 후배들이 평소 궁금했을 법한 네트워크 이론과 프로토콜의 동작 방식들을 실무 중심으로 정리했다.

오랜 기간 네트워크 분야에 종사하면서 다양한 장애 상황을 접했음에도 항상 장애 처리는 엔지니어 업무 중에 가장 힘든 일임에는 분명하다. 지금도 장애 처리를 하고 나면 육체와 정신이 분리되고 몸에서 기운이 쭈욱 빠져나가는 시쳇말로 멘붕 모드로 진입하곤 하니 말이다.

항상 후배와 동료들에게 장애 처리 시에 주문하는 내용은 "계층적으로 접근하라!"는 것이었다. 장애 원인을 파악할 때 장애를 계층적으로 접근하면 연관성이 없는 부분을 배제해 문제를 고립시킴으로써 효율적인 장애 처리가 가능하기 때문이다. 이를 위해 이 책은 네트워크 장애 처리 시 계층적 분석을 통한 정확한 장애 상황 판단을 위해 TCP/IP 스택에 따라 단원을 분리했으며, 각기 사례를 통해 익히 알고 있는 프로토콜들의 동작과 네트워크의 신규 구성, 또는 변경 시에 고려해야 할 디자인 이슈, 그리고 장애 사항 분석에 대한 내용을 충실히 설명하려 노력했다.

특히 실제 사이트에서 서비스의 지연 현상 같은 상위 계층 프로토콜의 분석이 요구되는 장애 상황을 접하면 대부분 난감해하는데, 이는 네트워크 엔지니어들이 대부분 3계층 프로토콜까지를 장애 처리의 범위로 인식하기 때문이 아닌가 싶다. (비대칭 다중 경로의 라우팅 이슈가 아니라면) 이런 경우 장애 처리는 4계층의 TCP/UDP 프로토콜 동작을 분석하는 것이 중요하다. 따라서 TCP 프로토콜 동작 특성의 이해와 패킷 캡처를 통한 분석 내용을 다뤘고, 지연이 발생하는 서버에서 활용할 수 있는 서버 네트워크 명령도 함께 기술했다. 또한 장애 처리에 요긴하게 사용할 수 있는 테스트 방법과 툴들도 더불어 소개했다.

본문에서는 패킷 분석을 위해 와이어샤크^{Wireshark}를 사용했는데, 이 프로그램의 사용 방법에 대해서는 따로 자세히 언급하지 않았다. 이 책에 앞서 에이콘출판사에서 출간한 『와이어샤크 네트워크 완전 분석』이나 『와이어샤크를 활용한 실전 패킷 분석』 등 와이어샤크에 관한 좋은 서적들이 이미 시중에 나와 있으니 이 책들을 참고하기 바란다(와이어샤크는 보안 분야와 네트워크 엔지니어들에게 정말 훌륭한 분석 툴이다).

마지막으로 작은 바람이지만, 이 책이 네트워크 분야의 현업에 몸담고 있는 많은 분들에게 조금이나마 도움이 됐으면 한다.

항상 감사하고 사랑하는 아내와 아들 현우, 딸 은서, 그리고 부모님을 포함한 가족과 책이 출판되기까지 응원해준 친구들과 후배들에게 따뜻한 감사의 마음을 전한다. 또한 이 책이 세상에 빛을 볼 수 있게 도와준 에이콘출판사 관계자분들에게도 감사드린다.

장혁

목차

추천의 글 5
저자 소개 7
저자의 말 8
들어가며 21

1장 TCP/IP 기본 개념 25

1.1 TCP/IP 개요 27
    1.1.1 TCP/IP의 역사와 표준화 조직 27
    1.1.2 TCP/IP 표준과 RFC, IETF 27
1.2 OSI 7계층과 TCP/IP(DoD) 계층 모델 28
1.3 TCP/IP 5계층 모델 31
1.4 캡슐화/역캡슐화, SAP 34
1.5 3계층 네트워크 구성 37
1.6 정리 39

2장 이더넷 물리 계층과 장애 처리 41

2.1 물리 계층 43
2.2 물리 계층 정의 44
2.3 이더넷 인코딩 방식 46
    2.3.1 복귀 코딩 방식인 NRZ-L과 NRZ-I 47
    2.3.2 10Mbps 이더넷에 사용하는 맨체스터 방식 47
    2.3.3 100Mbps, 1Gbps 이더넷이 사용하는 블록 코딩 방식 48
2.4 이더넷의 물리 계층 전송 매체 49
    2.4.1 UTP 케이블 49
    2.4.2 광케이블 55
    2.4.3 UTP, 광케이블 종류에 따른 표준 명칭 62

2.5 케이블 테스터를 사용한 점검 방법 63
    2.5.1 와이어맵 64
    2.5.2 케이블 길이 64
    2.5.3 감쇠 65
    2.5.4 반송 손실 66
    2.5.5 근단 누화 66
    2.5.6 원단 누화 67
    2.5.7 등위 원단 누화 67
2.6 현장에서의 에피소드 68
2.7 사용 전 검사와 초고속 정보통신 건물 인증제도 70
    2.7.1 사용 전 검사의 구내 통신 선로 설비 공사 검사 기준 70
    2.7.2 초고속 정보통신 건물 인증제도 71
2.8 정리 72

3장 이더넷 데이터 링크 계층과 장애 처리 73

3.1 데이터 링크 계층 75
3.2 이더넷 프로토콜 76
    3.2.1 이더넷(DIX 2.0) 프레임과 IEEE 802.3 이더넷 프레임 78
3.3 이더넷 주소 방식(MAC 주소) 83
3.4 이더넷 자동 협상 기능 86
    3.4.1 링크 테스트 펄스 87
    3.4.2 100Base-T/1000 Base-T 패스트 링크 펄스 87
    3.4.3 베이스 링크 코드 워드 89
    3.4.4 3가지 협상 모드 91
    3.4.5 자동 협상과 듀플렉스 미스매치 91
3.5 이더넷 통신 방식 CSMA/CD와 충돌 에러 94
    3.5.1 충돌 에러의 발생과 동작 방식 95
    3.5.2 CSMA/CD 알고리즘 동작 97
    3.5.3 장비에서의 충돌 에러 확인 98
    3.5.4 늦은 충돌 에러 99

3.6 장비에서 살펴본 이더넷 에러의 유형과 원인 99
    3.6.1 이더넷 스위치의 FCS 102

3.7 IFG와 이론적 최대 전송률 104
    3.7.1 네트워크 장비의 처리 성능 산정 106

3.8 이더넷 표준 IEEE 802.3 시리즈 106

3.9 케이블이나 커넥터 부분 장애 처리 108

3.10 시스코 스위치의 ErrDisable 메시지 109
    3.10.1 Errdisable을 발생시키는 다양한 원인 110

3.11 이더넷 허브와 스위치 112
    3.11.1 이더넷 허브 112
    3.11.2 이더넷 스위치 112

3.12 MAC 플러딩 공격과 방어 114
    3.12.1 MAC 플러딩의 개념 120
    3.12.2 MAC 스푸핑 공격 120
    3.12.3 MAC 스푸핑 공격 방어 121

3.13 무차별 모드의 동작과 감지 123
    3.13.1 무차별 모드의 개념 123
    3.13.2 무차별 모드의 감지 124

3.14 정리 124

4장 VLAN, 802.1pQ 장애 처리와 FCoE, DCB 125

4.1 VLAN 127
    4.1.1 가상 랜 127

4.2 IEEE 802.1pQ 트렁크 또는 태깅 130
    4.2.1 IEEE 802.1pQ, 트렁크 포트를 이용한 통신 130
    4.2.2 IEEE 802.1pQ 프레임 구조 131
    4.2.3 IEEE 802.1pQ 태그 정보 필드 구성 132

4.3 VLAN, Trunk 포트를 통한 상호 통신 133
    4.3.1 VLAN 간 상호 통신 133
    4.3.2 액세스 포트와 트렁크 포트의 VLAN ID 처리 동작 134

4.4 트렁크 VLAN 할당과 장애 처리 　136
  4.4.1 라우팅 이중화 구간 구성 　136
4.5 FCoE와 DCB 　138
  4.5.1 FCoE 　139
  4.5.2 FCoE 프레임 포맷 　141
  4.5.2 DCB 　142
4.6 정리 　147

5장 2계층 스위치 루핑 방지 기술 　149

5.1 STP와 RSTP의 개념 　151
  5.1.1 스위치 이중화 구성과 루핑 　152
  5.1.2 루핑 발생의 영향 　153
5.2 STP 동작 　155
  5.2.1 STP 연산 파라미터 　156
  5.2.2 BPDU 　161
  5.2.3 STP 포트 상태 　168
  5.2.4 STP 연산 절차 　169
5.3 RSTP 동작 　177
  5.3.1 RSTP와 STP 　178
  5.3.2 RSTP 포트 상태와 역할 　178
  5.3.3 RSTP BPDU 　183
  5.3.4 RSTP 연산 방식 　185
5.4 WAF 이중화 구간의 STP 조정 　190
  5.4.1 섀시 가상화 기술 　192
5.5 정리 　193

6장 PVST+ 동작과 장애 처리 　195

6.1 PVST+ 동작과 STP, RSTP 상호 연동 　197
  6.1.1 포트의 역할에 따른 시스코 스위치의 스패닝 트리 동작 방식 　198
  6.1.2 VLAN 종류와 관련 용어 정의 　199
  6.1.3 VLAN 식별과 PVST+ SSTP TLV 　203

6.2 PVST+의 네이티브 VLAN에 따른 논시스코 스위치와의 연계 204
    6.2.1 네이티브 VLAN이 VLAN 1인 경우 프레임 전송 204
    6.2.2 네이티브 VLAN이 VLAN N인 경우 프레임 전송 208
    6.2.3 시스코 스위치가 네이티브 VLAN으로 802.1Q 트렁크 포트를 통해 MST 스위치와 연결되는 경우 212

6.3 네이티브 VLAN 변경과 시스코 스위치 포트 타입 불일치 215
    6.3.1 네이티브 VLAN에 따른 시스코와 논시스코 스위치의 동작 특성 215
    6.3.2 SW-2의 논시스코 연결 링크를 VLAN 2 액세스 포트로 변경 228

6.4 불일치 포트 타입 233
    6.4.1 불일치의 종류 233
    6.4.2 포트 불일치와 논시스코 장비 연계 시 주의 사항 235
    6.4.3 타입 불일치 발생 예 236

6.5 주니퍼 스위치와 시스코 PVST+ 상호 연동 240
    6.5.1 주니퍼 STP/RSTP와 시스코 PVST+ 상호 연동 240
    6.5.2 주니퍼 스위치의 VSTP 241

6.6 정리 252

7장 루핑 장애와 루프 회피 구성 253

7.1 스패닝 트리 장애 처리와 루프 회피 구성 255
    7.1.1 프레임 루핑의 증상 255
    7.1.2 분석과 해결 방안 256

7.2 VLAN 불일치에 따른 루핑 발생 257
    7.2.1 PVST+와 CST 간 루핑 257
    7.2.2 PVST+ 간 루핑 264

7.3 스패닝 트리 구조의 루트 브리지 최적화 270
    7.3.1 구조 진단 270
    7.3.2 분석과 해결 방안 271

7.4 루프 회피 네트워크 구성 271
    7.4.1 루프 회피 구성 272
    7.4.2 루프 회피 U 구조 분석 272
    7.4.3 루프 회피 역 U 구조 분석 274

7.5 L4 스위치 이중화 275
    7.5.1 L4 스위치 이중화와 스패닝 트리 구성 275
    7.5.2 L4 스위치 이중화를 위한 권장 구성 278
7.6 정리 283

8장 링크 채널링과 장애 감지 기술 285

8.1 LACP, PAgP, LLCF, BFD 287
    8.1.1 LACP와 PAgP 287
    8.1.2 LACP(IEEE 802.3ad) 288
    8.1.3 링크 어그리게이션 아키텍처 모델 289
    8.1.4 LACPUD의 마커 프로토콜과 제어 프로토콜 293
    8.1.5 LACP 로드 밸런싱 295

8.2 PAgP 297
    8.2.1 PAgP 모드 동작 방식 298
    8.2.2 PAgP 러너 타입 299
    8.2.3 PAgP 로드 밸런싱 299

8.3 LACP, PAgP 구성 302
    8.3.1 시스코 장비 간 또는 시스코와 논시스코 장비 간 302
    8.3.2 논시스코 장비를 통한 LACP, PAgP 터널링 구성 303
    8.3.3 보안 장비(IPS)를 통한 PAgP 터널링 구성 305

8.4 LFP인 LLCF/LLR 307
    8.4.1 LLCF 동작 309
    8.4.2 LLR 동작 311

8.5 LLCF 기능이 지원되지 않는 경우 네트워크 구성 방안 312
    8.5.1 정적 라우팅의 구성 예 313
    8.5.2 시스코 장비의 PBR을 이용한 다중 트래킹 예제 318

8.6 BFD 321
    8.6.1 BFD 기능과 적용 범위 321
    8.6.2 BFD 동작 방식 322
    8.6.3 BFD 세션 관리 327

8.6.4 BFD 적용 예　*330*

8.7 정리　*336*

9장 ARP와 장애 처리　*337*

9.1 ARP　*339*

9.1.1 ARP 개요　*339*

9.1.2 ARP 동작　*340*

9.2 ARP 종류　*346*

9.2.1 Reverse ARP　*346*

9.2.2 Inverse ARP　*348*

9.2.3 DHCP ARP　*350*

9.2.4 Gratuitous ARP(gARP)　*352*

9.2.5 ARP 프로브　*353*

9.2.6 UnARP　*353*

9.2.7 프록시 ARP　*354*

9.3 프록시 ARP를 이용한 확장 LAN 간 라우팅　*362*

9.4 ARP 스푸핑 공격　*364*

9.5 ARP를 통한 장애 처리　*365*

9.6 정적 ARP를 통한 ARP 테이블 관리　*368*

9.6.1 시스템에서 정적 ARP 설정　*368*

9.6.2 네트워크 장비에서 정적 ARP 설정　*369*

9.7 정리　*369*

10장 IP 프로토콜과 장애 처리　*371*

10.1 IP, ICMP, NAT, 라우팅 프로토콜　*373*

10.1.1 IPv4 개요　*373*

10.2 IP 프로토콜의 구성　*375*

10.2.1 IP 헤더 구조　*375*

10.2.2 IP 단편화　*380*

10.2.3 식별 필드 값 분석을 통한 네트워크 장애 파악　*382*

10.2.4 IP 주소 구성　*384*

  10.2.5 예약, 사설, 루프백 등의 네트워크 대역 *389*

  10.2.6 서브넷 마스크 *391*

10.3 DHCP와 APIPA *399*

  10.3.1 DHCP 동작 *399*

  10.3.2 APIPA의 동작 *402*

10.4 ICMP *404*

  10.4.1 ICMP 에러 메시지 전송 제한 *405*

  10.4.2 ICMP 구조 *406*

10.5 NAT *419*

  10.5.1 NAT의 장단점 *419*

  10.5.2 NAT 관련 용어 정리 *420*

10.6 PAT *426*

  10.6.1 Ping (ICMP)이 PAT될 때 *427*

10.7 라우팅 프로토콜 *430*

  10.7.1 RIP *430*

  10.7.2 EIGRP *431*

  10.7.3 OSPF *432*

  10.7.4 IS-IS *435*

  10.7.5 BGP *436*

  10.7.6 라우팅 결정 프로세스 *437*

  10.7.7 라우팅 테이블의 생성과 가장 긴 프리픽스 매치 *438*

10.8 라우팅 트러블슈팅 *442*

  10.8.1 라우팅 누락으로 인한 장애 *442*

  10.8.2 재배열로 인한 서비스 지연 *442*

  10.8.3 비대칭 경로로 인한 서비스 장애 *443*

  10.8.4 정적 라우팅에서 다음 홉 경로의 인터페이스 사용에 따른 과부하 장애 *444*

  10.8.5 재귀 루트의 이해 *446*

10.9 VRRP, HSRP *447*

  10.9.1 VRRP *448*

  10.9.2 HSRP *452*

  10.9.3 HSRP, VRRP 구성의 한계 *456*

10.10 정리 459

11장 4계층 프로토콜과 장애 처리 461

11.1 4계층과 TCP/UDP 463
11.2 TCP의 개요와 특징 464
    11.2.1 TCP 개요 464
    11.2.2 TCP 특징 465
    11.2.3 TCP 헤더 구조 466
11.3 UDP 개요와 특징 470
    11.3.1 UDP의 특징 470
    11.3.2 UDP 헤더 구조 470
11.4 CRC와 체크섬의 비교 471
    11.4.1 CRC 471
    11.4.2 체크섬 473
    11.4.3 TCP 체크섬 오프로드 기능 473
    11.4.4 TCP 체크섬 에러 증상 474
11.5 TCP 3방향/4방향 핸드셰이킹 476
    11.5.1 TCP 3방향 핸드셰이킹 476
    11.5.2 TCP 헤더 옵션 479
    11.5.3 TCP 3방향 핸드셰이킹과 RTT 480
    11.5.4 TCP SYN 플러딩 또는 TCP 하프오픈 공격 481
    11.5.5 TCP 4방향 핸드셰이킹 488
11.6 TCP 리셋 493
11.7 TCP 타이머 494
    11.7.1 TCP 유지 타이머 494
    11.7.2 TCP 지속 타이머 496
    11.7.3 TCP 재전송 만료 타이머 497
11.8 지연된 ACK 500
11.9 네이글 알고리즘 503
11.10 TCP 흐름 제어 506
    11.10.1 TCP 슬라이딩 윈도우 506

11.10.2 TCP 윈도우 크기 변화의 요인 509

11.10.3 TCP 헤더 옵션을 통한 윈도우 필드 확장(RFC 1323) 510

11.10.4 TCP 혼잡 제어 511

11.11 TCP 윈도우 동작 519

11.12 TCP 혼잡 제어 동작 522

11.13 TCP SACK 옵션 선택적 재전송 525

11.13.1 TCP SACK 옵션 구조 527

11.13.2 TCP SACK 옵션의 동작 528

11.14 서버 로드 밸런서(L4 스위치) 531

11.14.1 L4 스위치 SLB 동작 방식 532

11.14.2 L4 스위치 서비스 그룹의 실제 서버 관리 534

11.14.3 L4 스위치 장애 사례 536

11.15 엔지니어가 알아둬야 할 참고 사항 541

11.15.1 netstat 명령 541

11.15.2 HTTP 상태 코드 548

11.15.3 작업 후 서비스 체크를 위한 모니터링 툴 551

11.16 정리 555

12장 네트워크 관리 557

12.1 네트워크 관리와 장애 처리 559

12.1.1 구축 설계서와 운영 매뉴얼 559

12.1.2 장애 처리 접근법 560

12.2 네트워크 변경을 위한 고려 사항 564

12.2.1 구성 측면의 고려 사항 564

12.2.2 경제적 측면의 고려 사항 564

12.3 정리 565

찾아보기 566

들어가며

네트워크 장애 처리!!!

IT 분야에 근무하는 사람이라면 누구나 장애 상황은 피하고 싶은 대상의 첫 번째 순위일 것이다. IT 분야 중에서도 인프라에 해당하는 네트워크를 운영하다 보면 본의 아니게 많은 장애 상황에 직면한다. 네트워크 장애의 파급 효과는 상대적으로 단일 서비스를 제공하는 서버와 달리 전체 서비스와 연관되기 때문에 더 많은 부담감을 떠안을 수밖에 없다.

어찌 어찌 장애 처리를 마무리하고 어수선한 상황들을 정리하다 보면 항상 아쉬운 점이 남는데, 이것이 바로 "어떻게 하면 장애 처리를 좀 더 효과적으로 할 것인가?"라는 점이다. 이를 위해서는 좀 더 체계적이고 기술적인 '모범 실무' 관점에서의 접근이 필요한데, 막상 네트워크의 장애 증상과 케이스가 매우 다양하기 때문에 이 또한 쉬운 일은 아니다.

훌륭한 엔지니어란 세 가지를 잘해야 한다고 생각한다. 첫 번째가 '솔루션 제시'로, 이는 고객이 문제에 봉착했을 때 또는 새로운 서비스를 창출하려 할 때 이를 구현할 수 있는 해결 방안을 제시해야 한다는 것이다. 두 번째가 '관련 작업의 완벽성'으로 작업에 의한 재작업을 줄이고 최악의 상황인 원복 상황을 만들지 않게 철저한 작업을 수행하는 것이다. 세 번째로는 필드 엔지니어의 핵심이라 할 수 있는 '장애 처리 능력'이다.

이 책을 읽어가다 보면 각 프로토콜의 계층적 접근을 통한 장애 분석과 프로토콜의 동작 특성을 이해하게 되어 좀 더 효율적이고 능동적으로 장애 상황에 대처할 수 있는 장애 대처 능력이 향상되리라 본다.

이 책의 대상 독자

이 책은 네트워크를 공부 중인 학생이나 현업에서 엔지니어링을 수행하는 네트워크 엔지니어, 그리고 그 중에서 실무 능력을 향상시키고자 하는 사람들을 주요 대상 독자로 했다. 또한 TCP의 동작 방식과 서버에서의 네트워크 장애 처리 방법, 네트워크 보안 관련 이슈에 궁금증이 많은 서버 관리자나 보안 업무를 수행하는 보안 관리 실무자 역시 이 책의 주요한 잠재 독자라 할 수 있다.

이 책의 구성

1장. TCP/IP 기본 개념 TCP/IP의 기본 개념을 소개하는 장으로, TCP/IP의 역사와 표준화 조직, OSI 7계층 참조 모델과 TCP/IP 5계층 모델의 개괄적인 비교 내용을 다루며, TCP/IP의 캡슐화와 역캡슐화를 통해 프로토콜 계층 간 역할과 연계 방식을 살펴본다. 그리고 마지막에 네트워크 구성 측면에서의 3계층 모델을 통해 네트워크 디자인 시에 고려해야 할 각 계층과 계층 간 역할을 알아본다.

2장. 이더넷 물리 계층 장애 처리 TCP/IP 프로토콜의 1계층인 물리 계층의 역할에 대해 살펴보고, LAN을 구성하는 대표적인 프로토콜인 이더넷 물리 계층의 인코딩 방식, UTP 케이블링 방식, 100Base-T와 1000Base-T 통신 방식, 광케이블 구성과 광 통신에 사용되는 모드의 특성을 알아본다.

3장. 이더넷 데이터 링크 계층 장애 처리 데이터링크 계층의 역할과 2계층 프로토콜인 이더넷 프로토콜의 구성과 특징을 자세히 기술한다. 또한 이더넷 프로토콜의 자동 협상 기능에서의 듀플렉스 미스 매치 상황과 장애 처리 방법, 충돌 에러를 비롯한 이더넷 장비에서의 다양한 에러 유형과 원인도 다루며, 이더넷 프레임 크기에 따른 이론적 최대 전송율과 허브, 스위치의 동작 방식, MAC 스푸핑에 의한 스위치의 스니핑 보안 위협도 설명한다.

4장. VLAN, 802.1pQ 장애 처리와 FCoE, DCB 전형적인 2계층 이더넷 스위치에서 네트워크 구성의 유연성과 보안성을 강화하기 위한 기술인 VLAN과 802.1pQ 프로토콜을 자세히 다룬다. 특히 스위치에서의 VLAN_ID 처리 동작을 예제로 자세히 다루며, SVI$^{Switch\ Virtual\ Interface}$로 라우팅 구간을 이중화 설정하는 경우에 트렁크 설정 문제로 발생할 수 있는 라우팅 장애 상황을 고려해본다. 마지막으로 최근 여러 제조사에서 발표하고 있는 DCB와 FCoE 프로토콜도 언급한다.

5장. 2계층 스위치 루핑 방지 기술 2계층 스위치의 이중화 구성 시에 발생할 수 있는 루핑^{looping}을 방지하기 위한 스패닝 트리 프로토콜을 다룬다. 스패닝 트리 프로토콜 STP$^{Spanning-Tree\ Protocol}$와 수렴 시간을 대폭 개선한 빠른 스패닝 트리 프로토콜Rapid STP의 동작 방식과 프로토콜의 프레임의 구조를 살펴보고, 스패닝 트리의 연산 과정을 통해 토폴로지 변화에 따른 스위치 포트의 역할 변화와 스패닝 트리 프로토콜 상황에서의 네트워크 안정화를 위한 소요 수렴 시간을 알아본다.

6장. PVST+ 동작과 장애 처리 시스코 스위치에서 독점적으로 사용하는 PVST Per-VLAN Spanning Tree의 동작을 자세히 살펴본다. 업계에서 다수 소비 계층을 형성하고 있는 시스코 스위치와 다른 제조사 스위치를 연계할 때 발생하는 스패닝 트리 이슈에 대한 원인과 조치 방안을 설명하고, 이에 대한 장애 처리 방법도 함께 언급한다. 또한 주니퍼Juniper 스위치와 시스코 스위치의 PVST 호환 방식을 설명함으로써 시스코 스위치와 다른 제조사 간 스위치 구성 시에 고려해야 할 사항을 전반적으로 이해할 수 있게 한다.

7장. 루핑 장애와 루프 회피 구성 6장의 연장선상에서 실제 사례를 통해 루핑이 발생했을 때의 증상과 장애 처리 방법, 스패닝 트리 구성 최적화의 중요성과 루프 자체가 형성되지 않는 루프 회피를 구성하는 방법을 알아본다.

8장. 링크 채널링과 장애 감지 기술 2계층 링크 채널링 프로토콜인 IEEE 표준 LACP와 시스코 독자 기술인 PAgP의 동작 방식을 설명하고, 채널링 링크의 로드 밸런싱 이슈를 살펴본다. 링크 장애를 감지해 능동적으로 연관 링크를 제어할 수 있는 기술인 LLCF와 표준 양방향 링크 에러 감지 프로토콜인 BFD도 살펴본다.

9장. ARP와 장애 처리 통신을 위해 가장 기본적인 IP 정보를 지원하는 다양한 ARP 프로토콜들의 용도와 프로토콜별 동작 특성, ARP를 이용한 스푸핑 공격, ARP를 이용한 장애 처리 방법과 ARP 테이블 관리 방안을 살펴본다.

10장. IP 프로토콜과 장애 처리 IP 프로토콜 헤더의 구성과 IP 주소 범위, DHCP 동작과 DHCP 에이전트 동작 방식을 설명한다. 또한 3계층의 여러 프로토콜 중 인터넷 제어 메시지와 NAT, VRRP, HSRP의 동작과 설정, 라우팅 장애 사례 등을 통해 인터넷 계층의 장애 처리 방법을 살펴본다.

11장. 4계층 프로토콜과 장애 처리 트랜스포트 계층의 프로토콜인 TCP와 UDP를 설명하며, 특히 TCP를 중심으로 동작 특성과 프로토콜 알고리즘을 살펴본다. 실무 네트워크 책에서는 잘 다루지 않았던 TCP의 윈도우 동작과 RTO에 따른 재전송 및 장애 상황에서의 동작 방식, 흐름 제어 방식을 알아본다. 그리고 TCP 프로토콜을 악용한 하프오픈$^{half-open}$ 공격이나 L7 장비에서의 로드 밸런싱 및 애플리케이션 계층에서의 보안 검사를 위해 사용하는 TCP 세션 인터셉트 방식을 설명한다. 또한 혼잡 제어의 빠른 재전송, 선택적 재전송^{SACK}의 동작 방식 등을 다루며, 마지막으로 네트워크 엔지니어가 알아야 할 TCP 명령들과 WEB 서버의 에러 코드 등 포괄적인 내용을 다룬다.

12장. 네트워크 관리 네트워크의 관리와 장애 처리 방법을 알아본다. 대부분의 엔지니어들이 문서화에 대해 적잖게 부담을 느끼는 것이 사실이다. 하지만 문서화야말로 더 나은 네트워크를 구성하는 바탕이 되는 작업이며, 이를 위해 무엇을 어떻게 문서화할지 알아본다. 또한 장애를 어떻게 접근해야 하는가에 대해 지금껏 경험해 왔던 점들에 비춰 대처 방법을 몇 가지 키워드로 나열한다.

이 책에서 다루지 않는 내용

이 책에 기술된 예제에 사용되는 명령에 대한 설명은 필요한 부분을 제외하고는 자세히 다루지 않았다. 또한 랜 스위칭 기반의 IDC 내부에서의 장애 처리를 다뤘기 때문에 다이내믹 라우팅에 관련된 장애 처리 내용은 포함되지 않았으며, 이는 이미 관련된 많은 서적이 있기 때문이기도 하다. 또한 프로토콜 분석을 위해 사용되는 패킷 분석 도구는 대부분 와이어샤크를 사용했지만, 장애 처리의 과정에 프로토콜의 특성을 설명하기 위한 것으로, 와이어샤크 툴의 사용 방법은 자세히 다루지 않았다. 이 역시 이미 에이콘출판사에서 출간된 와이어샤크 서적을 참고하면 좋겠다.

알고 있으면 좋은 내용

기본적인 TCP/IP 프로토콜의 동작 방식과 CCNA 수준의 네트워크 장비 명령 정도를 알고 있으면 전체적인 내용을 이해하는 데 많은 도움이 될 것이다. 또한 와이어샤크 같은 패킷 분석 도구와 다이나밉스와 같은 시뮬레이션 도구를 사용할 수 있으면 직접 패킷을 캡처하거나 LAB을 수행함으로써 책의 내용을 빠르게 이해하는 데 도움이 될 것이다.

1

TCP/IP 기본 개념

1장은 TCP/IP 기본 개념에 대한 소개로, TCP/IP의 역사와 표준화 조직, OSI 7 계층 참조 모델과 TCP/IP 5 계층 모델의 개괄적인 내용을 다룬다.

또한 TCP/IP의 캡슐화와 역캡슐화를 통해 프로토콜 계층 간 역할과 연계 방식을 살펴보고, 프로토콜 계층 간 연계를 위해 각 프로토콜 헤더에서 사용하는 서비스 액세스 포인트(SAP, 쌥)에 대해 자세히 알아본다.

마지막으로 네트워크 구성 측면에서의 3계층 모델을 통해 네트워크 디자인 시 고려해야 할 각 계층과 계층 간 역할을 설명한다.

1.1 TCP/IP 개요

개괄적인 TCP/IP의 동작 방식을 살펴본다. 네트워크 장애 처리란, 결국 각 프로토콜 계층별 특성을 파악하고 문제점을 찾아내 이를 조치하는 행위라고 한다면 네트워크 엔지니어들이 기본적으로 TCP/IP 프로토콜의 구성과 계층별 특성을 이해하는 것은 당연한 과정이라 생각된다.

1.1.1 TCP/IP의 역사와 표준화 조직

현재 사용하는 TCP/IP 프로토콜은 1969년의 4 노드 ARPAnet 실험과 1972년 ARPA 시범망으로 시작했으며, 또한 최초 라우팅 프로토콜은 1978년에서 1980년 사이의 시기에 TCP/IP 연구자 및 개발자와 XNS$^{Xerox\ Network\ System}$를 연구한 연구자들 사이의 활발한 교류를 통해 XNS에 사용할 라우팅 프로토콜인 RIP$^{Routing\ Information\ Protocol}$를 BSD 유닉스에 사용하게 채택하면서 시작됐다.

1983년에는 ARPAnet이 그때까지 사용하던 NCP$^{Network\ Control\ Protocol}$를 현재의 TCP/IP로 변환하기 시작했으며, 1980년대 말에는 TCP/IP에 대한 멀티 벤더 지원이 가속화됐다. 또한 1990년대 초에는 SNMP가 TCP/IP 네트워크 관리를 위한 사실상 표준으로 선정됐다. 참고로 SNMP는 TCP/IP 프로토콜만을 사용하지 않으며, Novell의 IPX$^{Internetwork\ Packet\ Exchange\ Protocol}$나 CLNP$^{Connectionless\ Network\ Protocol}$에서도 실행된다.

1.1.2 TCP/IP 표준과 RFC, IETF

TCP/IP 프로토콜(애플리케이션 포함)의 표준은 RFC$^{Request\ for\ Comments}$를 통해 등록된다. 모든 표준 인터넷 프로토콜은 RFC 번호를 갖고 있지만, 모든 RFC가 인터넷 프로토콜 표준인 것은 아니다. 이는 누구나 RFC에 자신의 독창적인 프로토콜을 제안할 수 있지만, 이 제안 프로토콜의 초안이 표준으로 채택되려면 IESG$^{Internet\ Engineering\ Steering\ Group}$의 철저한 검증이 요구된다.

IETF$^{Internet\ Engineering\ Task\ Force}$ 또한 인터넷의 원활한 사용을 위한 인터넷 표준 규격을 개발 중인 IESG의 제어를 받으며, 주로 단기간 해결해야 하는 급박한 이슈에 대한 기술적 문제 해결에 초점을 맞추고 있다. 최상위 관리는 IAB[Internet Architecture Board]의 조사위원회이며, TCP/IP 관련 프로토콜의 초점, 방향, 조정을 제공한다. 결국 IAB는 ISOC[Internet Society](1992년 1월 결성)의 자문기구로, 인터넷과 프로토콜의 설계와 인터넷 표준화를 RFC 형태로 제공한다.

1.2 OSI 7계층과 TCP/IP(DoD) 계층 모델

TCP/IP 프로토콜의 특징은 계층화돼 있다는 점이며, 각 계층 간의 연계를 위해 다양한 서비스 연결점인 서비스 액세스 포인트[SAP, Service Access Point]가 존재한다. 이를 통해 계층의 기능을 구현적으로 격리하고 다른 프로토콜 계층에 대한 영향을 최소화하면서 프로토콜의 변경을 유연하게 할 수 있다.

그림 1.1에서 보여주는 것처럼 프로토콜의 계층을 기술할 때 아주 중요한 두 모델은 DoD[Department of Defence] 계층 모델과 OSI[Open System Interconnection] 계층 모델이다. DoD 모델은 TCP/IP용으로 특별히 개발된 반면 OSI 모델은 나중에 개발됐기 때문에 TCP/IP의 기능을 더 세분화해 다른 프로토콜 개발 시의 참조 모델로 고려할 수 있게 했다.

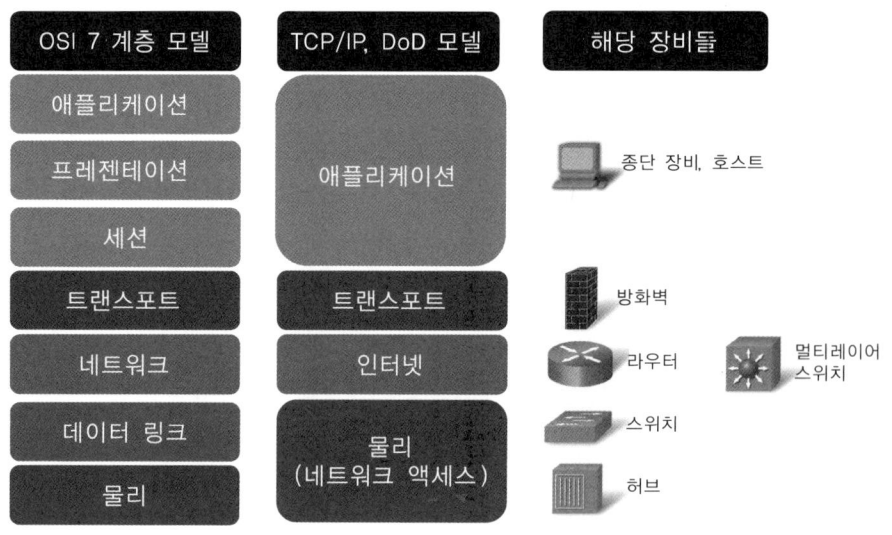

그림 1.1 OSI 모델과 TCP/IP 모델, 그리고 계층에 따른 네트워크 장비

DoD 모델의 각 계층을 간단히 정의하면 다음과 같다.

- **애플리케이션(Application) 계층** 네트워크에 사용되는 통신 애플리케이션과 프로세스들을 포함
- **트랜스포트(Transport) 계층** 종단 간 데이터 전송 서비스 제공(호스트-대-호스트 계층이라고도 함)
- **인터넷(Internet) 계층** 데이터의 전송 경로 관리와 데이터그램Datagram을 정의
- **물리(Physical) 계층** 물리적으로 구성된 네트워크 매체에 접근하기 위한 방법을 정의

DoD 모델을 기반으로 ISO 표준화 기구에서 통신 프로토콜의 참조 모델인 OSI를 제시하면서 7개의 계층으로 더욱 세분화한 것이 OSI 7 계층 모델이다. 다른 계층은 별반 차이가 없지만 DoD의 애플리케이션을 OSI 모델에서는 애플리케이션, 프레젠테이션Presentation, 세션Session으로 세분화했다.

실제 장비를 통해 그림 1.1에서 언급한 계층에 대응하는 장비들을 살펴보면 다음과 같다.

- **종단 장비, 호스트(End System, Host)** 기본적으로 서비스를 위한 애플리케이션(서버 또는 클라이언트 애플리케이션)이 존재하며, 소프트웨어적으로(OS 내에) TCP/IP 프로토콜이 설치돼 있으며, 하드웨어적으로 통신을 위한 NIC Network Interface Card(LAN 카드)가 장착돼 있다. 그리고 통신을 위한 케이블링Cabling도 돼 있다. 결국 7계층의 모든 요소를 갖고 있는 7계층 장비다.
- **방화벽(Firewall)** 방화벽의 주요 목적은 IP나 TCP/UDP의 포트를 제어함으로써 서비스의 접근 허락/거부를 제어하는 것이다. 최대 4 계층 이상의 정보를 이용해 동작하는 장비다. 이외의 대표적인 4 계층 장비는 로드밸런서 또는 L4 스위치로, 기본적으로 TCP/UDP 포트 정보인 4 계층의 정보를 갖고 서버에 대한 로드 발란싱을 수행한다.
- **라우터, 멀티레이어 스위치(Router, Multi-Layer Switch)** 라우터의 기본 기능은 논리적인 IP 주소를 사용해 데이터그램의 전달을 위한 경로 설정과 경로 관리의 수행이며, 이는 3계층의 동작에 해당한다. 또한 멀티레이어 스위치란 소프트웨어적 라우팅 방식을 하드웨어적 에이직ASIC 처리가 가능하게 2계층 스

위치를 3계층 스위치로 확장한 것이다.

대부분의 멀티레이어 스위치는 WAN 인터페이스를 갖지 못하고 주로 LAN상에서 AS$^{\text{Autonomous System}}$(자치 시스템) 내부 라우팅을 위해 사용되는 백본 스위치로, 통상 L3 스위치라 불려진다. 최근 매트로 이더넷$^{\text{Metro-Ethernet}}$의 사용이 확대됨에 따라 BGP를 지원하는 멀티레이어 스위치의 경우 주로 데이터 센터의 BGP 백본으로 사용되며, WAN 구간의 e-BGP 연동을 위해서도 사용된다.

- **스위치 또는 브리지(Switch or Bridge, 전형적 L2 스위치)** 물리적 주소(이더넷의 경우, MAC 어드레스)를 사용해 하나의 서브네트워크 내에서 미디어 간 연결을 위해 사용된다. 데이터 링크 계층의 정보를 사용하므로 2계층 장비에 속한다.
- **허브(HUB)** 멀티포트 리피터$^{\text{multi-port repeater}}$의 역할을 수행하며, 물리적으로 디지털 신호의 재생을 담당한다. 하나의 통신 케이블에 여러 대의 컴퓨터를 네트워크로 연계하려 할 때 사용한다. 다분히 하드웨어적인 장비로 1계층 장비에 속한다(전기에 비유하면 멀티콘센트에 비교될 수 있다).

그림 1.2를 통해 OSI 7계층 참조 모델과 TCP/IP 5계층 모델을 비교하고 뒷부분에 자세히 다룰 TCP/IP의 데이터 전달 과정에 대해 간략히 알아본다.

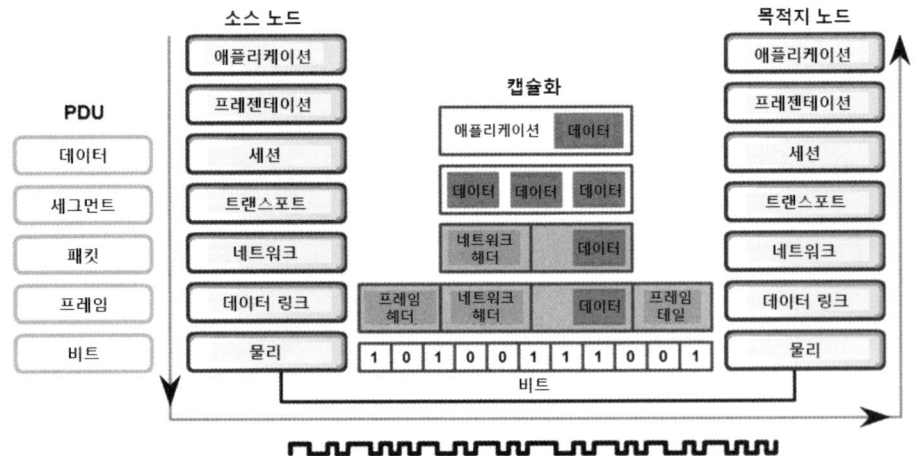

그림 1.2 OSI 모델과 종단(end-to-end) 시스템 간 트래픽 플로우

그림 1.2는 OSI 7계층에서의 통신 과정을 보여준다. 이후 자세히 설명하겠지만, OSI 7계층 모델의 애플리케이션, 프레젠테이션, 세션 계층은 TCP/IP 5계층 모델의

애플리케이션에 해당된다. 따라서 OSI 7계층의 세션에서 애플리케이션 계층까지는 모두 TCP/IP 모델의 애플리케이션 헤더Header로 캡슐화Encapsulation되고, 이 캡슐화된 한 덩어리를 TCP/IP의 프로토콜 데이터 유닛PDU, Protocol Data Unit 단위상의 명칭으로 데이터라 칭한다.

이후 트랜스포트 계층에서는 이를 세그먼트Segment PDU로 적당히 분할하고 헤더를 삽입한 후 다음 하위 계층으로 전달하며, 다음 계층인 네트워크 계층[1]에서는 이 세그먼트에 네트워크 헤더를 붙여 패킷Packet이라는 PDU를 생성한다.

이렇게 하위 데이터링크 계층으로 전달된 패킷은 패킷 PDU에 프레임Frame 헤더와 테일Tail을 붙여 프레임 PDU로 변경되며, 이를 다시 물리 계층에서는 비트Bit 열로 변환한 뒤 적당한 인코딩Encoding 방식을 통해 전송한다.

이를 수신하는 목적지 노드는 발신지 노드의 역캡슐화Decapsulation를 통해 원래의 순수 데이터를 추출한다.

1.3 TCP/IP 5계층 모델

대부분의 책에서 DoD, TCP/IP를 설명할 때 4계층이나 5계층으로 소개하는데, 이의 차이점은 물리 계층을 하나로 간주하는가 아니면 데이터 링크 계층과 물리 계층으로 분리하는가의 차이일 뿐 큰 의미는 없다. 이 책에서는 5계층으로 설명한다.

TCP/IP의 5개 계층에 대한 계층별 프로토콜을 살펴보자.

---

1. OSI 7계층의 네트워크 계층은 TCP/IP(Transport Control Protocol/Internet Protocol)의 인터넷 계층에 속한다. 이 계층의 이름은 기술서마다 다양하지만, 의미나 동작의 특성은 동일하기 때문에 혼동이 없길 바란다.

그림 1.3 TCP/IP 5 계층과 계층별 프로토콜

그림 1.3에서와 같이 TCP/IP와 그의 친구들을 살펴보자. TCP/IP는 실상 여러 개의 프로토콜로 구성돼 있으며, 이 모두를 대표하는 핵심 프로토콜이 바로 TCP와 IP다.

- **애플리케이션 계층 프로토콜** 라우팅 프로토콜들을 포함해 통신 애플리케이션을 위한 각종 애플리케이션 프로토콜들이 해당된다(HTTP, FTP, Telnet, SMTP, POP3, BGP, OSPF, RIP, IS-IS 등).

- **트랜스포트 계층 프로토콜** 데이터 세그먼트의 정확한 전송을 위해 순서 번호 Sequence Number를 사용해 신뢰적인 연결형 서비스 Connection-oriented Service를 제공하고, 총 20바이트의 헤더 길이를 갖는 TCP와 데이터 전송의 신뢰성이 떨어지더라도 데이터 전송의 실시간성이 요구되는 애플리케이션을 위해 실시간 전송 처리를 구현하는 UDP가 있으며, 이러한 특성 때문에 UDP는 총 8바이트의 헤더 길이로 구성되는 비연결형 서비스 Connection-less Service 프로토콜이라고 한다.

- **인터넷 계층 프로토콜** 데이터 패킷이 상호 간에 논리적 주소를 통해 목적지를 찾아가기 위한 역할을 수행하는 계층으로, 대표적인 프로토콜로는 IP가 있다(현재 사용하는 IP 프로토콜은 버전 4이며, 주소 부족과 보안성 강화를 위해 나온 프로토콜이 IP 버전 6이다).

- **데이터링크 계층 프로토콜** 물리적인 네트워크의 망 형태Topology를 정의하는 계층으로, 상호 간 식별을 위해 물리적 주소를 사용하는 계층이다. 쉽게 말하면 이더넷Ethernet이라는 프로토콜을 사용해 네트워크를 구성하므로 컴퓨터의 랜 카드는 이더넷 NIC를 사용해야 하고, 네트워크 L2 스위치 장비는 이더넷 스위치여야 하며, 케이블은 UTP나 광케이블을 사용하고, 망 형태는 스타 구조가 된다. 참고로 이더넷은 2장에서 자세히 설명한다.

위에서 보듯 상위 계층으로 갈수록 소프트웨어적인 특성을 갖고, 하위 계층으로 갈수록 하드웨어적인 특성을 갖는다.

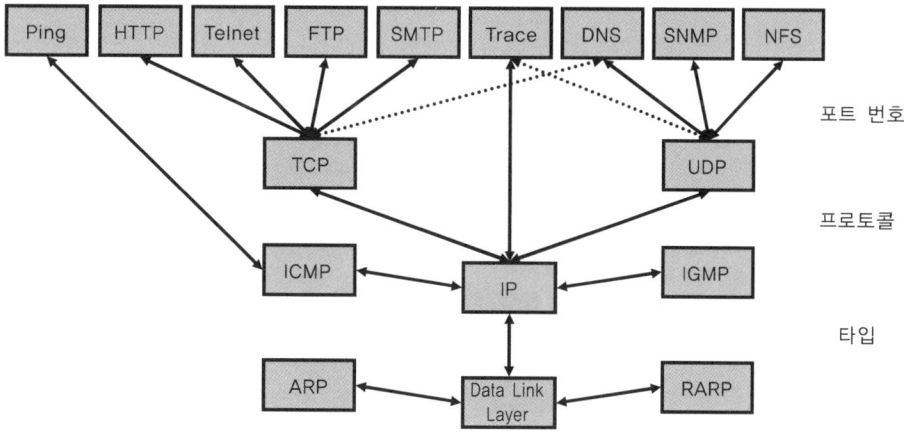

그림 1.4 TCP/IP 계층과 계층별 프로토콜 구조

그림 1.4는 TCP/IP 계층별 프로토콜 구조를 보여주는데, 옆의 포트, 프로토콜, 타입은 계층별 연계를 위한 서비스 액세스 포인트Service Access Point(이하 SAP으로 표기)를 나타낸다. ICMP는 3계층 프로토콜이지만 IP 계층보다는 위에 있다. 이는 ICMP가 IP 헤더를 갖고 있기 때문이며, 이를 IP 헤더로 캡슐화됐다고 표현한다.

> **ICMP(Internet Control Message Protocol)**
> 인터넷 제어 메시지 프로토콜로 예상하지 못한 에러를 네트워크에 경고하고, 네트워크를 시험하고, 네트워크에 대한 정보를 입수하기 위해 만든 프로토콜로, TCP/IP 프로토콜 중 유일한 경고, 진단 메시지 전송 프로토콜이다.

1.4 캡슐화/역캡슐화, SAP

캡슐화란 네트워크를 통해 데이터를 이동시키기 위해 데이터를 계층별로 전송에 적합한 형태로 변형하는 일을 말한다. 각 계층을 거치면서 원래 애플리케이션 계층의 '데이터'라는 형태는 트랜스포트 계층에서는 '세그먼트'로, 인터넷 계층에서는 다시 '패킷'으로, 그리고 데이터 링크 계층에서는 '프레임'으로 변형되고, 결국에는 물리 계층에서 '비트'로 전환돼 전송 매체에 알맞은 전기적 시그널이나 광학적 시그널로 전송된다. 또한 이렇게 계층별로 다양한 형태의 전송 데이터의 단위를 각 계층의 PDU라고 명명한다.

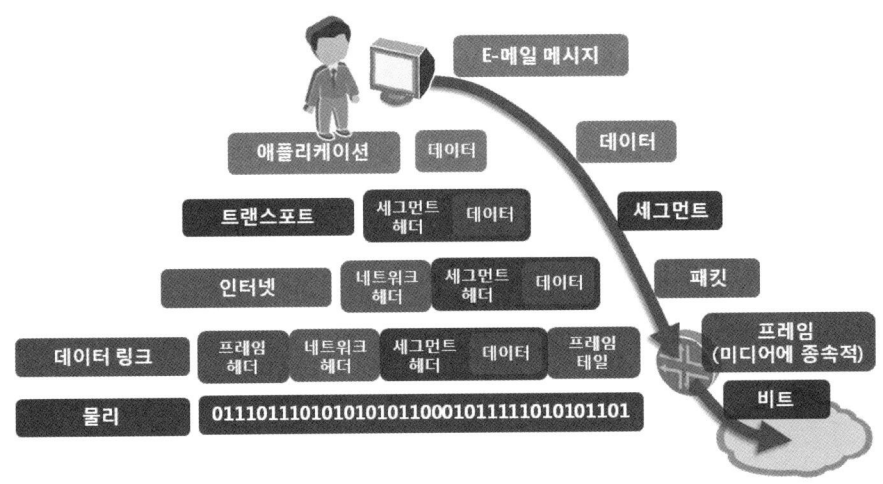

그림 1.5 TCP/IP 계층의 데이터 캡슐화

그림 1.5는 TCP/IP에서의 계층별 캡슐화를 간단히 보여준다. 계층별 PDU에서 네트워크 엔지니어가 주의 깊게 살펴봐야 할 필드가 있는데, 데이터링크 계층에서는 장비의 물리적인 주소인 48비트의 MAC 주소, 인터넷 계층에서는 32비트의 논리적인 주소인 IP 주소, 트랜스포트 계층에서는 16비트의 포트 번호다.

각 계층 헤더에 포함된 필드 값들은 네트워크 장비와 보안 장비에서 이용되며, 네트워크 엔지니어가 관리를 위해 설정 값을 변경할 때, 특히 장애를 처리할 때 잘 살펴봐야 할 항목들이다. 자세한 사항은 이 책 전반에 걸쳐 자세히 알아본다.

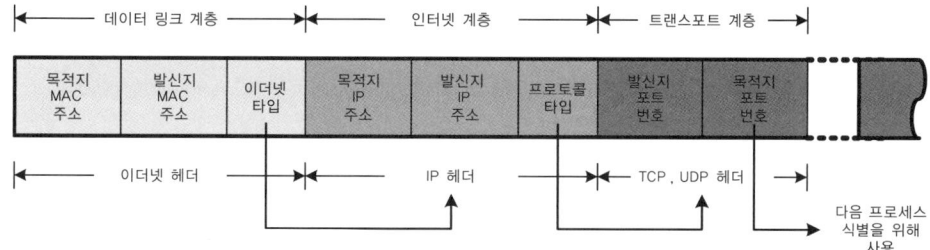

그림 1.6 TCP/IP 프로토콜의 이더넷 프레임 캡슐화

그림 1.6은 이더넷 캡슐화를 보여주는데, 계층별로 상위 계층과의 캡슐화 연계를 위해 사용하는 일종의 포인터인 SAP을 간략하게 도식화했다.

계층별로 사용되는 복잡한 이름들! 왜 이런 복잡한 걸 만들었을까? 그럼 이런 예를 들어보자. 라우터에서 데이터 손실이 발생한다. 아무리 봐도 라우팅의 문제인 것 같다. 이런 경우 뭐라 말해야 할까? '데이터가 라우터에서 이상하게 사라져요?' 보다는 문제를 명확히 3계층에서의 문제로 정의하기 위해 '패킷이 라우터에서 사라져요'라고 말하는 것이 낫지 않을까?

혹은 스위치에서 과도한 CRC 에러로 인해 데이터의 전송이 지연된다고 가정해보자. 이럴 땐 '프레임이 깨져서 들어오나 봐요. CRC가 증가하네요!'라고 말하는 것이 더 정확한 장애 처리에 도움이 되지 않을까 싶다. 결국 계층별로 처리되는 프로토콜마다의 정확한 PDU 명칭을 사용함으로써 장애 처리에 있어서의 명확한 장애 계층을 표현할 수 있다. 또한 서로 다른 계층의 PDU는 형태부터가 상이하다. 즉, 서로 다른 프로토콜에서 생성되는 각기 다른 모양의 데이터 유닛을 동일한 명칭으로 명명한다면 대단히 혼란스러울 것이다.

그렇다면 위에서 잠시 언급한 SAP는 도대체 뭐하는 것일까? 대학교재에 심심치 않게 등장하는, 그리고 전공 시험 때면 간간히 얼굴을 비치는 이 정체 모를 SAP은 무엇에 쓰는 물건일까? SAP을 정의하자면 프로토콜 계층 간 통신을 위한 연결 고리를 정의하는 역할을 수행한다고 말할 수 있다.

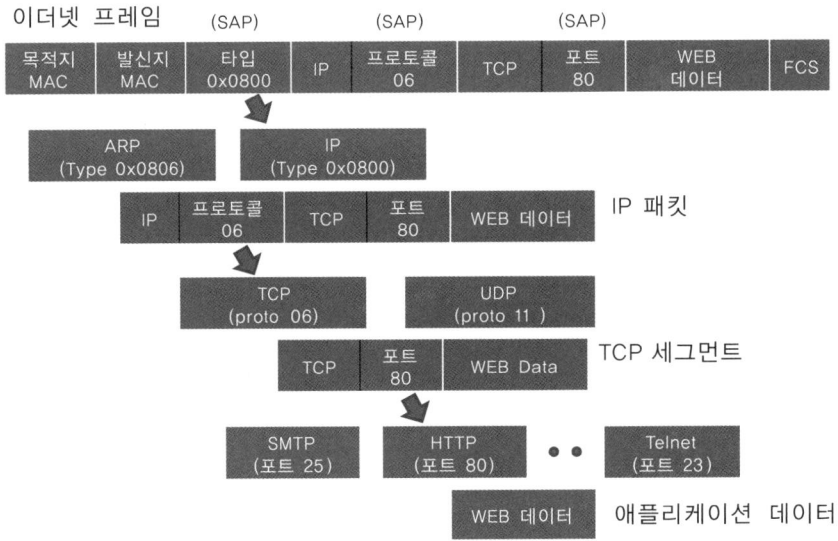

그림 1.7 TCP/IP 계층의 역캡슐화와 SAP의 역할

그림 1.7을 살펴보자. WEB 서비스를 사용하는 데이터를 표시해 놓았다. 이 프레임을 수신한 서버에는 HTTP 뿐만이 아니라 SMTP, 텔넷Telnet 서비스도 제공한다고 가정하면 일단 서비스를 위해 서버는 수신한 이더넷 프레임을 상위 계층인 인터넷 계층 중 어떤 프로토콜과 연계를 할 것인지를 판단해야 한다. 이 연계를 위해 각 프로토콜 헤더에는 그 프로토콜이 상위 계층의 연계를 위해 SAP 값을 정의하게 하는 필드가 있다.

이 연계를 위해 사용하는 필드가 이더넷에서는 프레임 헤더 중 '타입Type' 필드다. 이 필드의 값이 0x0800이므로 서버는 IP 프로토콜과 연계하고 프레임 헤더는 제거한다. 타입 필드의 값이 0x0806이라면 ARP 프로토콜과 연계될 것이다.

IP 계층에서의 역할을 수행한 후 상위 계층인 트랜스포트 계층과의 연계를 위해 이번에는 IP 헤더의 '프로토콜Protocol' 필드를 참조한다. 이 값이 0x06이므로 서버는 TCP 프로토콜과 연계하며, 마찬가지로 IP 헤더를 제거한다. 이 역시 프로토콜 필드 값이 0x11이라면 UDP와 연계될 것이다.

TCP 계층의 역할을 수행한 후 마찬가지로 상위 계층인 애플리케이션 계층과 연계를 위해 '포트Port' 필드를 참조하고 이 값이 80이므로 애플리케이션 데몬 중 웹 서비스를 제공하는 아파치 데몬에 TCP 헤더를 삭제한 후 전달한다.

그림 1.8은 텔넷 서비스에서 이용하는 계층별 헤더와 SAP의 이용을 통한 역캡슐화 과정을 보여준다.

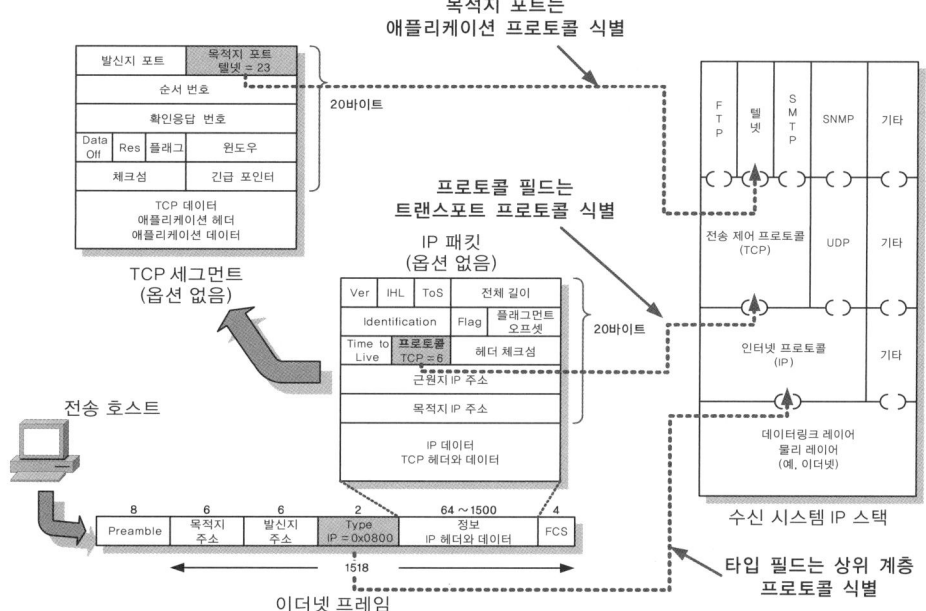

그림 1.8 텔넷 서비스의 역캡슐화

그림 1.8의 서버는 FTP, 텔넷, SMTP, SNMP 등의 서비스를 제공하며, 시스템은 서비스 중에 텔넷을 사용한다. 시스템은 타입 필드, 프로토콜 필드, 포트 필드를 통해 각 계층의 프로토콜들과 연계된다. 또한 데이터를 주고받는 시스템 간의 계층별 프로세싱을 위해 헤더 정보를 이용해 상호 통신하며, 최상위의 애플리케이션 계층까지 다다른다. 이는 프레임을 수신하는 과정이며, 서버에서 클라이언트 시스템으로의 송신은 이 역과정인 캡슐화 과정을 통해 이뤄진다.

1.5 3계층 네트워크 구성

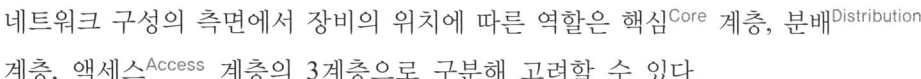

네트워크 구성의 측면에서 장비의 위치에 따른 역할은 핵심Core 계층, 분배Distribution 계층, 액세스Access 계층의 3계층으로 구분해 고려할 수 있다.

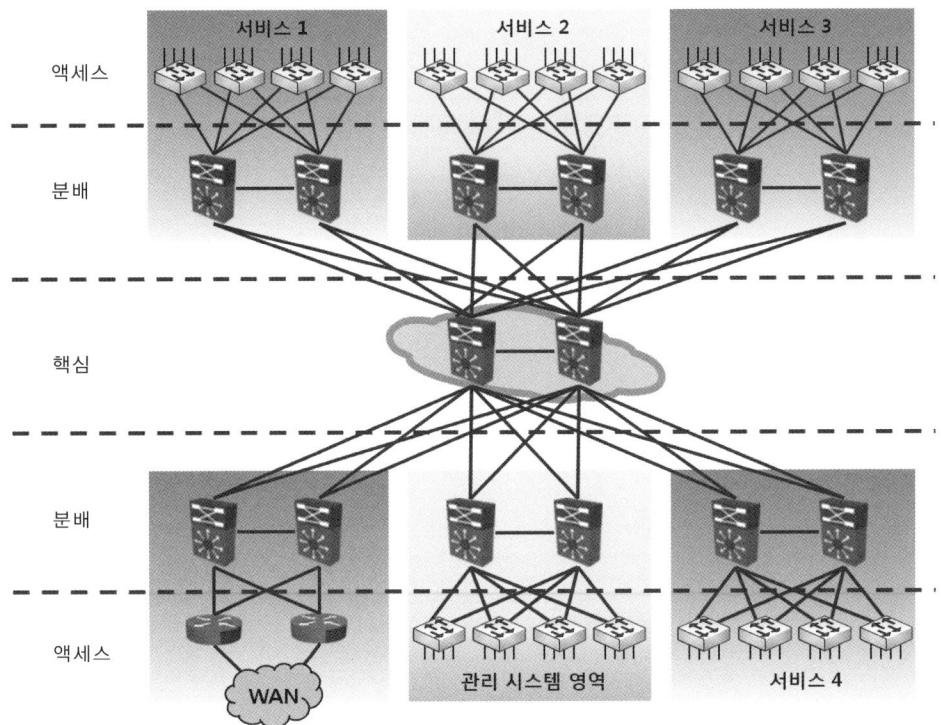

그림 1.9 네트워크 계층 구조

그림 1.9는 일반적인 데이터센터의 네트워크 디자인 계층 구조를 보여준다. 물론 네트워크의 형태와 외부 연계(WAN 연계) 구성은 기관의 서비스 특성에 따라 달라질 수 있지만, 3계층으로 구성된 역할의 정의는 거의 유사할 것이다.

- **핵심 계층의 역할** 망의 중심에서 내부 트래픽의 투명한 상호 전달이 주목적으로 구성되며, 세부적 역할은 다음과 같다.

  □ 네트워크의 상호 연계를 위한 빠르고 투명한 트래픽 전송 정책

  □ 분배 계층 트래픽의 집합점

  □ 분배 계층 간의 **IGP**^{Internal Gateway Protocol} 라우팅 연동 정책 수행

  □ 네트워크의 생존성 확보 전략 정책

  □ 최소의 트래픽 핸들링 정책, 보안 정책, 트래픽 관제 정책

- **분배 계층의 역할** 하단의 서비스 영역별 특성에 따른 트래픽 정책이 적용되며, 내부 라우팅 프로토콜 정책과 IP 대역이 정의되는 계층이다. 또한 외부 연계망

과의 연동 정책이 수립되는 계층으로 분배 계층은 총체적인 망의 정책이 부여되는 계층이다.

- 네트워크의 서비스 IP 대역을 정의
- 네트워크 상단 서비스와 하단 서비스 전달을 위한 트래픽 분배 정책
- 액세스 계층 트래픽의 집합점으로서의 트래픽 분배 정책
- 정적 또는 동적인 IGP 라우팅 정의
- WAN 연동 구간의 EGP/IGP 연계 라우팅 정책 수행(필터링, 재분배 등)
- 대부분의 서브넷Subnet 간의 트래픽 핸들링 정책 적용

- **액세스 계층이나 에지 계층의 역할** 내부 망에서는 서비스별 망 연동이 시작되는 부분이며, 외부 연동 망에서는 각 ISP와의 연계 접점이 구성되는 계층으로 세부적인 역할은 다음과 같다.
  - 내부 VLAN 내의 트래픽 핸들링 정책(MAC Filtering, 사설 VLAN 등) 적용
  - 서비스 주체(클라이언트, 서버) 연계 영역
  - WAN 영역의 경우 ISP 연계를 위한 EGP^{External Gateway Protocol} 라우팅 수행

위의 디자인에서는 다양한 보안 장비의 구성이 모두 생략돼 있는 형태다. 보안 장비의 동작 방식에 따라(라우팅 방식 또는 브리지 방식) 네트워크의 라우팅 정책과 분배 계층과 액세스 계층 간의 연계 정책 변동이 발생할 것이다.

1.6 정리

1장에서는 TCP/IP의 개략적 설명과 프로토콜 계층의 역할을 설명했다. 특히 계층 간 연계를 위해 사용되는 프로토콜 헤더 필드인 SAP에 대해서도 살펴봤다.

2장은 TCP/IP의 가장 하위 계층으로 1계층인 물리 계층Physical Layer의 구조와 동작 방식을 살펴보고 물리 계층에서 발생할 수 있는 장애와 이의 처리 방법을 설명한다.

2

이더넷 물리 계층과 장애 처리

2장은 TCP/IP 프로토콜의 1계층인 물리 계층의 역할을 살펴보고, LAN을 구성하는 대표적인 프로토콜인 이더넷 물리 계층의 인코딩 방식, UTP 케이블링 방식, 100Base-T와 1000Base-T 통신 방식, 광케이블 구성과 광통신에 사용되는 모드 특성 등을 알아보고, 실무에서 사용하는 케이블 테스터의 검사 항목에 대한 설명과 IT 현장에서 겪었던 케이블 관련 에피소드 몇 가지를 소개한다.

2.1 물리 계층

이 절에서는 TCP/IP 5 계층 중 가장 하위 계층인 1계층에 해당하는 물리 계층Physical Layer의 특성을 살펴보고, 현재 가장 많이 사용하는 이더넷 상황에서의 물리 계층을 설명한다.

TCP/IP는 물리 계층, 데이터 링크 계층에 대해 특정 프로토콜을 규정하지 않고 모든 표준 프로토콜과의 연동을 지원한다.

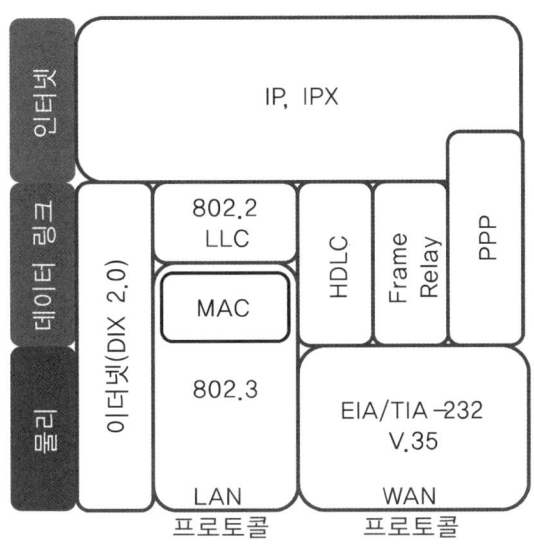

그림 2.1 LAN과 WAN의 1, 2계층 프로토콜 스택

따라서 TCP/IP 통신을 위한 데이터 링크 계층과 물리 계층 프로토콜은 LAN Local Area Network, MAN Metropolitan Area Network, WAN Wide Area Network 의 표준 프로토콜 중 용도에 따라 선택적으로 사용하면 된다. 그림 2.1은 이러한 TCP/IP의 융통성 있는 연계 구조를 보여주며, 그림에서 왼편은 LAN 프로토콜로 Ethernet(DIX 2.0)과 IEEE 802[1] 표준을 나타내고, 오른쪽은 WAN 프로토콜로 HDLC, Frame-Relay, PPP Point-to Point Protocol 와의 연계 스택을 나타낸다.

---

[1]. IEEE는 The Institute of Electrical and Electronics Engineers(국제 전기전자학회)의 약어다.

2.2 물리 계층 정의

프로토콜의 최하위 계층으로, 구조화돼 있지 않은 비트 스트림$^{bit\ stream}$을 물리적인 전송 매체를 통해 통신 시스템들 간에 전기적 신호나 광학적 신호로 전송하고, 상위의 데이터 링크 계층과의 인터페이스를 제공한다. 즉, 정보를 신호의 흐름으로 표시하는 시그널^{signal}과 통신 회선에 접속된 회선 종단 장치$^{DCE,\ Data\ Circuit\ terminating\ Equipment}$[2]와 컴퓨터$^{DTE,\ Data\ Terminal\ Equipment}$ 사이를 접속하는 신호선 용도나 커넥터 모양, 규격 등에 대한 물리적 규격을 정의한다.

간단히 말하면 물리 계층은 프레임을 컴퓨터 시스템의 네트워크 인터페이스 카드^{NIC}(속칭 랜 카드)에서부터 네트워크의 물리적 매체로 송수신을 하는 기능의 장비를 말하며, 따라서 물리 계층 장비로는 케이블, 탭 장비, 허브^{Hub}(멀티포트 리피터) 등을 예로 들 수 있다.

물리 계층은 물리적 링크의 성립, 관리, 활성에 관여된 기계적, 전기적, 기능적, 절차적 사양을 정의한다. 즉, 케이블 종류, 신호 유형, 신호 레벨, 신호 주기, 전송률, 케이블 길이의 제한, 물리적 커넥터 유형(wall jack, 광케이블 커플링, BNC 커넥터) 등을 정의한다. ISO와 CCITT[3]가 정의하는 물리 계층의 역할을 살펴보면 다음과 같다.

> **ISO가 정의하는 물리 계층**
> 1. 물리 계층은 DTE, DCE, DSE(DATA SWITCHING EXCHANGES) 간의 물리적 연결을 확립, 유지, 해제하기 위한 기계적, 전기적, 기능적, 절차적 기능들을 제공한다.
> 2. 물리 계층은 데이터 링크 간의 투명한(TRANSPARENT) 비트 스트림의 전송을 위해 물리적 연결을 제공한다.

---

2. 일반적으로 현장에서 DCE(Data Circuit Equipment) 장비는 DSU/CSU(Channel Service Unit/Digital Service Unit), 스위치, 허브 등을 말하고 DTE(Data Terminal Equipment) 장비는 서버, 호스트, 라우터, 방화벽 등으로 간주된다.
3. CCITT(Consultative Committee on International Telephone and Telegraphy), 통신 장비와 시스템의 협력을 위한 표준을 제정 육성하기 위한 최초의 세계 기구로 스위스 제네바에 본부를 두고 있다. 현재는 ITU-T(International Telecommunications Union – Telecommunication Standardization Sector)로 개명했다.

> **CCITT 권장 물리 계층의 4가지 특징**
> **(EIA/TIA-232-D, EIA/TIA-449/442/423, X.21 프로토콜)**
> 1. 기계적 특징 : 접속기 규격, 핀(pin) 수 등을 정의(RJ-45, RJ-11)
> 2. 전기적 특징 : 신호의 전위 규격(5v, 12v,…)과 전위 변화의 타이밍
> 3. 기능적 특징 : 각 신호의 의미 부여
> 4. 절차적 특징 : 매체의 데이터 교환 절차

표준화 학술 단체인 CCITT가 정의하는 4가지의 특징을 자세히 살펴보면 다음과 같다.

1. **기계적 특징** 이 특징은 DTE와 DCE 간의 실제 물리적 연결에 관련된다. 신호선과 제어선은 케이블로 묶이며, 끝에는 단자 플러그(암/수)를 가진다. DTE와 DCE는 케이블의 끝에 암수 플러그로 구성되며, 여기에 접속되는 디바이스는 적당한 플러그 모양을 가져야 한다(예를 들어 100M 이더넷 LAN 케이블의 플러그 모양은 IEEE 표준인 RJ-45다).

2. **전기적 특징** 인터페이스상에 인가되는 전압 레벨과 전압 변화의 타이밍에 관련된 특징이다. DTE와 DCE는 같은 종류의 코드를 사용해 전압 레벨, 신호 요소의 지속 시간을 상호 간에 일치시켜야 한다. 이러한 특징은 데이터 전송률과 DTE와 DCE 간의 거리(즉, 케이블의 길이)를 결정한다. 예를 들어 전압 레벨의 일치를 통해 상호 간 전달하는 신호가 전압 레벨 -3V 이하이면 2진수 1로 보고, +3V보다 높으면 2진수 0으로 해석할 수 있다.

3. **기능적 특징** 여러 가지 교환 회선에 기능적 의미를 할당해 전송을 위한 회선별 기능을 정의하며, 크게 데이터 회선, 제어 회선, 타이밍 회선, 접지 회선 등이 있다.

4. **절차적 특징** 인터페이스의 기능적 특징에 따라 데이터 전송에 일어나는 사건의 순서를 정의하며, 이는 제어 신호의 동작 순서와 복구 순서 정의, 각 인터페이스 핀의 역할을 특성별로 구분하는 것을 포함한다.

물리적 레벨에서 정의하는 케이블은 여러 가지 종류가 있으며, 가장 널리 알려진 DTE/DCE 인터페이스는 EIA RS-232-C다. EIA RS-232-C는 실생활에 가장 많이 사용하는 케이블로, 프린터 연결 케이블이다. 이외에도 UTP, STP, 광케이블, EIA

RS-449, CCITT, X.20, 직렬 데이터 DTE/DCE 인터페이스인 X.21이 있으며, 병렬 데이터 DTE/DCE 인터페이스인 CCITT V.19와 V.20이 있다.

LAN 통신에서 가장 널리 많이 사용하는 UTP와 광케이블의 구성과 동작 특성은 나중에 자세히 설명한다.

2.3 이더넷 인코딩 방식

이더넷을 포함한 데이터 전송에서 신호의 라인 코딩line coding 또는 인코딩encoding이란 일련의 이진 데이터인 비트열을 디지털 신호로 바꾸는 물리 계층의 신호 방식이라 할 수 있다. 이러한 코딩 방식은 코딩 기법에 따른 장단점이 있다.

여러 가지 라인 코딩 방식 중 고려해야 할 2가지 중요 요소가 있다

1. **직류 성분(DC 성분)** 디지털 신호의 전압이 일정 시간 동일하게 유지되면 스펙트럼은 매우 낮은 주파수를 만들어낸다(퓨리에 해석 결과). 이와 같은 0 주파수 주위에 생기는 주파수를 직류 성분이라 하며, 이는 저주파를 통과시키지 못하거나 변압기들을 사용하는 시스템에 문제를 야기한다.

2. **자가 동기화(self clocking)** 수신자는 발신자의 신호를 정확히 수신하기 위해 발신자의 전송 비트 간격과 수신자의 수신 비트 간격이 완전히 일치해야 한다. 수신자는 발신자의 전송 신호에서 비트의 전압 변화를 추출해야 하는데, 발신자의 한 비트에 해당하는 시계보다 수신자의 시계가 빠르거나 늦으면 비트 간격이 서로 맞지 않게 되고, 수신자는 발신자가 전송하려는 신호와는 완전히 다른 신호를 인식하게 된다. 이를 피하기 위해 전송 신호 자체에 주기적으로 변화를 가함으로써 수신자 스스로 신호의 클록킹(시간 동기점)을 유지토록 하는 방법을 말한다.

또한 위의 두 가지 고려 사항을 모두 만족하면서 자체 에러 검색 기능, 잡음과 방해 신호에 대한 면역 기능, 그리고 복잡도가 낮은 라인 코딩 방식이 고려돼야 한다.

2.3.1 복귀 코딩 방식인 NRZ-L과 NRZ-I

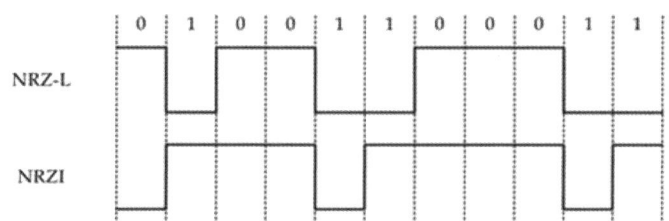

그림 2.2 NRZ-L, NRZ-I 라인 코딩 방식

그림 2.2는 NRZ-L과 NRZ-I 방식을 보여주며, 이 방식의 동작 특성과 장단점을 살펴보면 다음과 같다.

- **NRZ-L(Non-Return-to-Zero-Level)** 전압 준위가 비트의 값을 결정하는 방식으로, 0은 + 전압, 1은 - 전압으로 표현된다.
- **NRZ-I(Non-Return-to-Zero-Invert)** 전압 변화의 유무가 비트 값을 결정한다. 0은 전압의 변화가 없음을 표현하고, 1은 전압의 변화가 있음을 표현하며, 이전 신호와 반대 극성을 갖게 표현된다. 즉, 이전의 신호 극성이 다음 신호 극성에 영향을 미치는 방식이다.

NRZ-L의 방식이 NRZ-I 방식보다는 코딩 신호의 직류 성분을 줄여 주기는 하지만, 지속적인 0의 신호가 발생하는 경우에는 극성의 변화가 없는 직류 성분의 신호가 생성돼 자가 동기화에 문제가 된다.

2.3.2 10Mbps 이더넷에 사용하는 맨체스터 방식

NRZ 방식의 결점인 동기 문제는 수신자가 언제 신호가 종료되고 다음 비트가 언제 시작하는지를 잘 식별하지 못하기 때문이며, 이를 해결하기 위한 방법으로 세 가지 값 +, 0, -를 사용해 한 비트를 표현하는 제로 복귀$^{RZ, Return to Zero}$ 방식을 사용한다.

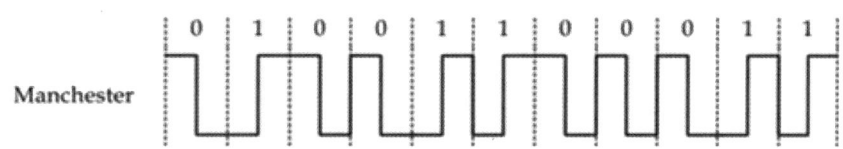

그림 2.3 맨체스터(Manchester) 코딩 방식

그림 2.3에서와 같이 제로 복귀 방식의 신호가 비트와 비트 사이에 바뀌는 것이 아니라 매 비트 구간의 중간에 바뀐다. 따라서 맨체스터 방식이 복잡도는 증가하는 단점이 있지만 직류 성분이 생성되지 않는다는 커다란 장점이 있다.

맨체스터 코딩 방식은 자가 동기를 달성하는 동시에 해당 비트를 표현하기 위해 각 비트의 간격 중간에서 신호를 반전시킨다(0은 높음 → 낮음, 1은 낮음 → 높음). 또한 신호마다 한 번의 극성 변화가 발생하므로 직류 성분이 발생하지 않으며, 한 비트 구간에 신호의 반전이 발생하지 않는 신호를 수신한다면 이를 에러로 간주할 수 있어 에러 감지 기능도 부가적으로 제공된다. 참고로 10Mbps 이더넷은 맨체스터 방식을 사용한다.

2.3.3 100Mbps, 1Gbps 이더넷이 사용하는 블록 코딩 방식

100M 이더넷은 구현이 용이한 NRZ-I를 사용하는데, NRZ-I 방식 자체가 이상 biphase의 신호율은 좋지만 연속적인 0 신호가 발생할 때 역시 직류 신호 성분으로 인해 동기화에 문제가 발생한다. 이를 극복하기 위해 NRZ-I 코딩 이전에 입력 신호 자체를 연속적으로 0이 발생하지 않는 비트 스트림으로 재조정하는데, 이 방식을 블록 코딩Block Coding이라 한다. 이러한 블록 코딩을 위해 원래의 비트 데이터 열을 더 많은 비트의 블록 인코딩 데이터 열로 변환해 줄 매핑 목록이 추가적으로 사용된다.

100Base-FX는 4B/5B(4비트를 5비트로 확장)의 블록 코딩과 NRZ-I의 라인 코딩을 사용하며, 100Base-TX는 4B/5B의 블록 코딩과 MLT-3Multiline transmission Three Level(-1, 0, +1, 레벨 사용) 라인 코딩을 사용한다.

또한 1000Base-SX, 1000Base-LX의 1기가 광 이더넷에서는 8B/10B의 블록 코딩과 NRZ 라인 코딩을 사용한다. 쉽게 설명하면 8비트 데이터 전송을 위해 10비트 단위 블록 코딩을 사용하고, 이 비트 스트림을 NRZ 방식으로 전송하는 것이다.

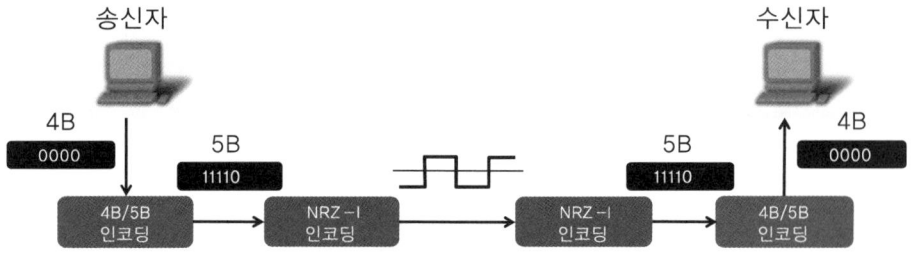

그림 2.4 4B/5B 블록 코딩과 NRZ-I 라인 코딩의 사용 예

1000Base-TX의 1기가 UTP 이더넷에서는 8B/10B의 블록 코딩과 5레벨 PAM^{5-Level Pulse Amplitude Modulation}(2, 1, 0, -1, -2, 레벨 사용) 라인 코딩을 사용한다.

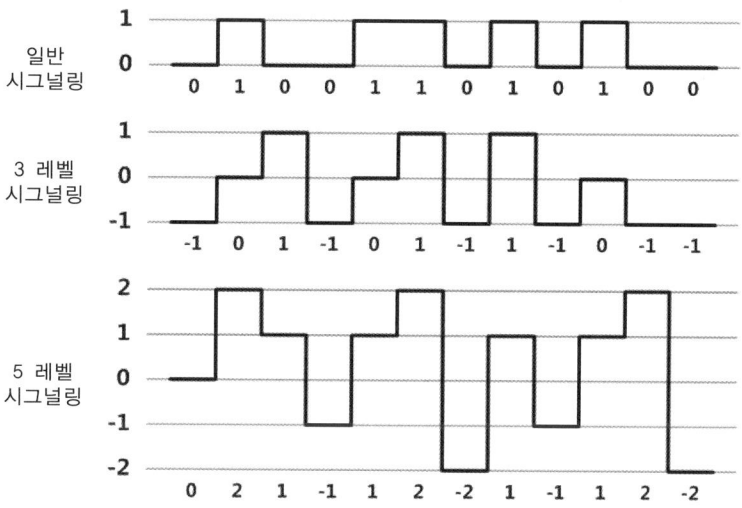

그림 2.5 MLT-3와 5 레벨 PAM 라인 코딩

그림 2.5는 일반적 시그널과 3 레벨, 5 레벨의 PAM 라인 코딩 방식을 보여준다.

2.4 이더넷의 물리 계층 전송 매체

이 절에서는 이더넷에서 사용하는 물리 전송 매체인 UTP 케이블과 광케이블의 구성과 동작 방식을 살펴본다.

2.4.1 UTP 케이블

1970년대 후반 UTP^{Unshielded Twisted Pair, 비차폐 쌍 꼬임선} 케이블은 컴퓨터 네트워크를 통해 디지털 데이터를 전송하는 수단으로 컴퓨터 산업에 등장했으며, 초창기의 케이블은 비교적 저속 데이터 통신을 위한 매체로 디자인됐다. 그림 2.6은 UTP 케이블의 외관과 RJ-45^{Registered Jack-45} 어댑터를 보여준다.

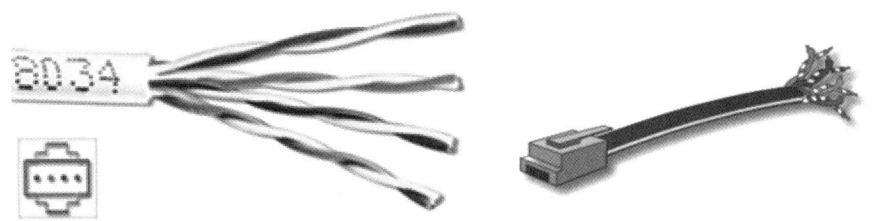

그림 2.6 UTP 케이블 구조

점차 고속 데이터 전송이 요구되는 애플리케이션과 멀티미디어 트래픽의 이용에 따라 UTP 케이블의 전체적 성능 개선이 중요한 이슈가 됐으며, 이에 따라 10Base-T, 100Base-T, 1000Base-T로의 진화를 거듭해 UTP 케이블의 카테고리는 CAT 1에서 CAT 6까지 발전했다(현재는 CAT 7까지 발표된 상황이다).

표 2.1 UTP 케이블의 카테고리별 종류

카테고리	성능 (MHz)	용도
CAT 1	1	전화(Voice), 메인프레임, 더미 터미널
CAT 2	4	4MB 토큰링(Token Ring, IEEE 802.5)
CAT 3	10	10MB 이더넷(Ethernet, IEEE 802.3)
CAT 4	20	16MB 토큰링(Token Ring, IEEE 802.5)
CAT 5	100	100MB 이더넷(Fast Ethernet), CAT 5E 1GB 이더넷(IEEE802.3ab)
CAT 6	250	100MB 이더넷(Fast Ethernet), 1GB 이더넷(IEEE802.3ab)

표 2.1에 정리된 바와 같이 CAT 1은 전화 통신을 위해 이용되며, CAT 2와 CAT 4는 각기 4M, 16M 토큰링에서 사용되고, CAT 3는 10M 이더넷에서 사용된다. 그리고 현재의 데이터 네트워크 환경에서 CAT 5는 100M 패스트 이더넷, CAT 5의 향상된 버전인 CAT 5e는 100MHz, CAT 6는 250MHz의 주파수 대역을 지원한다. CAT 5e, CAT 6, CAT 7은 모두 1기가 이더넷을 위한 1000Base-T를 지원한다.

(1) UTP 케이블의 구성

UTP 케이블은 그림 2.7과 같이 색깔로 구분되는 총 8가닥이 2가닥씩 꼬인 4쌍의 꼬임선으로 돼 있으며, 1, 2, 3, 6번 케이블이 통신을 위해 사용된다(물론 1기가 이더넷에서는 8가닥 모두가 사용된다). 그리고 케이블 연결을 위한 어댑터 부분을 RJ-45라 하며, 이와 비슷하지만 더 작은 모양이 있는데, 이는 RJ-11로 일반 유선 전화에 사용된다.

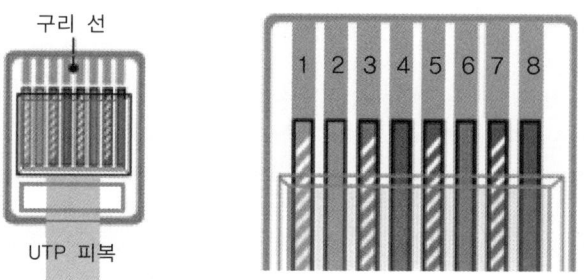

그림 2.7 UTP 케이블 핀 배열

UTP 케이블은 장비의 연결 구성에 따라 2가지로 분류된다. 이종 장비(서버, 라우터와 스위치, 허브) 간에는 스트레이트Straight 케이블 구성, 동종 장비(서버와 서버, 라우터와 라우터, 스위치와 스위치 등) 간에는 크로스오버Cross Over 케이블 구성이다.

그림 2.8과 같이 각 장비 인터페이스의 물리적 8개 핀의 역할이 DTE 장비와 DCE 장비에서 따로 정의돼 있기 때문이다.

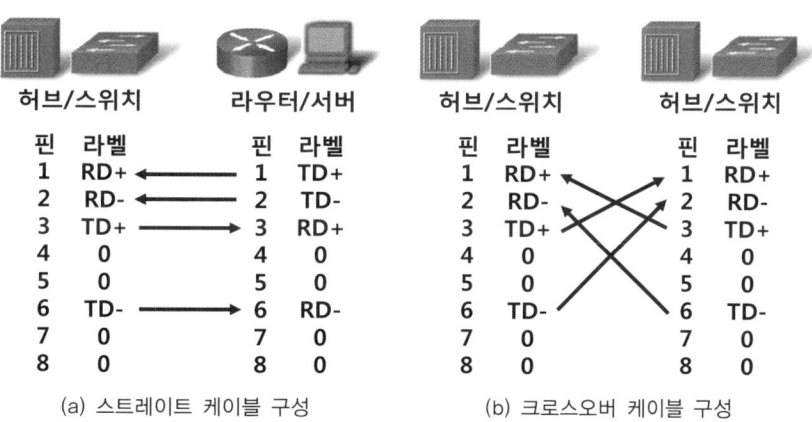

그림 2.8 RJ-45 인터페이스를 갖는 네트워크 장비의 핀 배열

그림 2.8에서 보는 것과 같이 핀의 역할을 보면 서로 다른 극을 갖는 두 개의 전송단(TD+, TD-)과 두 개의 수신단(RD+, RD-)으로 구성돼 있다.

(2) 100Base-T에서 서로 다른 극을 갖는 동일한 송수신 쌍이 필요한 이유

네트워크 업체에 근무를 할 때의 일이다. 고객이 문득 양방향 통신이면 두 개의 채널, 즉 수신 채널과 송신 채널로 사용할 선이 각기 하나씩 총 두 개면 되는데 왜 UTP 케이블은 4가닥의 선을 사용하느냐고 질문한 적이 있다. 참 일리 있는 질문이며, 나 또한 한 번도 생각해 본 적이 없는 질문이었다. 질문에 대한 답은 다음과 같다(역시 모든 것에는 심도 깊은 이유가 있다).

쌍 꼬임선의 문제점 중 하나는 고주파에서의 전자기 방출이며, 이는 근접한 꼬임 쌍에 영향을 줄 수 있다. 두 번째 문제점은 코먼 모드 노이즈common mode noise를 케이블이 제거할 수 있느냐는 점이다. 코먼 모드 노이즈란 쌍 꼬임선의 두 선에 동일한 극성과 동일한 양의 에너지로 케이블에 유도되는 전자기적 간섭을 말하는데, 이것은 전기 모터, 선풍기, 전력 변압기 등과 같은 외부적 영향으로 발생하는 잡음을 말한다.

이를 고려해 케이블 설계자는 쌍 꼬임선 자체가 신호를 전송하면서 발생하는 전자기 방출을 스스로 축소, 상쇄하고 코먼 모드 잡음을 최적화할 수 있게 만들었다.

(3) 고주파에 의한 전자기적 간섭 제거

일정한 꼬임 비율과 동일한 길이로 상호 밸런스가 잘 맞게 설계된 다중 쌍의 카테고리 5/5e/6 케이블은 상호 꼬임 쌍에서 방출되는 전자기적 간섭EMI, Electromagnetic Interference을 상호 신호의 상쇄를 통해 효과적으로 감소시킬 수 있다. 이는 유선전화의 전화선이 돼지 꼬리처럼 꼬불꼬불하게 꼬아져 있는 이유와 동일하다.

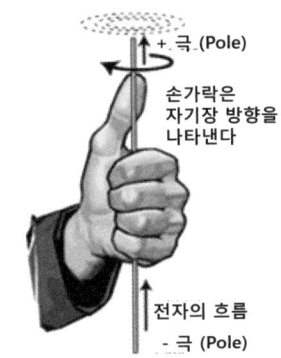

그림 2.9 전자 흐름에 의한 전자기장

그림 2.9에서 보는 바와 같이 전선에서의 전자 흐름은 전선과 수직의 방향으로 방사되는 전자기장을 만들어낸다. 엄지손가락을 위로 하고 왼손으로 전선을 잡고 있는 상황에서 전자가 엄지손가락 방향으로 움직인다면 전선에서 방출되는 전자기장은 구부러진 손가락의 방향으로 형성된다.

즉, 전선 자체에 데이터가 흘러 자연적으로 발생되는 잡음으로 전선에 방사되는 전자기장은 다른 전선에서 반대 방향으로 방사되는 전자기장에 의해 상쇄된다.

CAT 3, CAT 5, CAT 6 케이블의 꼬임 정도를 유심히 살펴보면 고속 케이블이나 수용하는 주파수가 크면 클수록 꼬임의 정도가 촘촘한 것을 볼 수 있다. 이는 주파수가 높아질수록 EMI도 동시에 증가하기 때문이다.

(4) 차등 모드와 코먼 모드 노이즈 제거

외부적 간섭과 인접 꼬임 쌍에서 발생하는 누화Crosstalk에 의해 동일 시간에 동일 방향으로 동일한 레벨을 갖고 움직이는 코먼 모드 잡음도 수신부에서 케이블 자체의 디자인을 통해 제거된다.

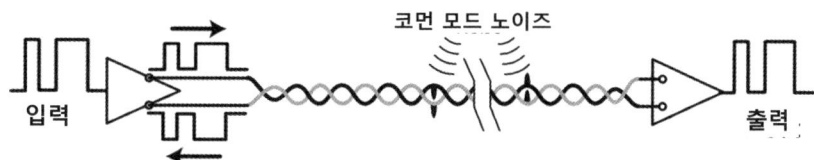

그림 2.10 RJ-45의 차등 모드와 코먼 모드 노이즈

그림 2.10과 같이 케이블상의 신호는 동일한 진폭Voltage Level을 갖는데, 한쪽은 + 극성을, 다른 쪽은 - 극성을 갖는다. 따라서 케이블상에서 신호는 + 방향으로, 한쪽은 - 방향으로 진행하며, 이를 차등 모드Differential Mode라고 한다.

근접한 꼬임 쌍이나 외부적 요인(모터, 변압기, 진공청소기 등)에 의해 유도되는 코먼 모드 잡음은 동일한 극성을 갖고 꼬임 쌍에 똑같은 잡음을 유도해 쌍 꼬임선의 두 도선에 동일한 방향으로 전자들을 흐르게 한다. 이러한 잡음은 수신기에서 제거되는데, 이는 수신기가 차등 모드로 동작하기 때문이다.

차등 모드의 동작은 하나의 정보를 표현하기 위해 극성이 다른 두 개의 입력 신호를 사용하고 이 두 입력 신호의 차이로 출력 신호를 만드는 것으로, 수신기가 두 개의 + 신호, - 신호를 수신하면(이를 Tip과 Ring으로 표현하기도 한다) 수신기는 이 두 개의 입력 신호를 간단히 산술적으로 더해 출력 신호를 만든다. 이 과정 중 극성이 동일한 코먼 모드 잡음은 제거된다. 결국 차등 모드로의 동작을 위해 4개의 전선이 쌍으로 이용되는 것이다. 그림 2.11은 차등 모드로의 동작을 통해 잡음이 제거되는 과정을 설명한다.

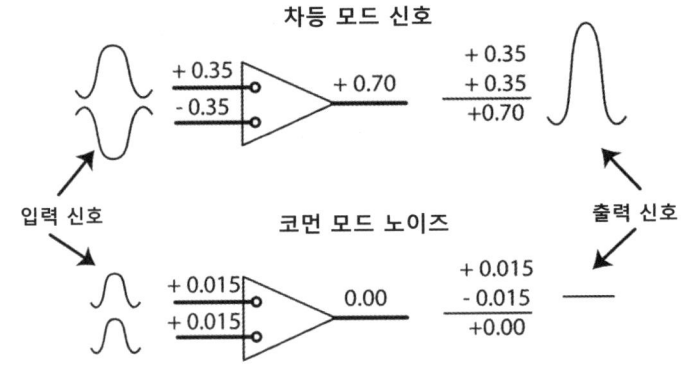

그림 2.11 코먼 모드 노이즈 제거 과정

+ 입력에서 +0.35v 신호가, - 입력에서 -0.35v 신호가 인가되면 - 입력의 극을 반전해 출력 쪽에서 두 개의 신호를 더하게 된다. 결과 +0.7v를 출력한다.

동일한 방법으로 잡음 신호를 처리하면 잡음 신호는 둘 다 극이 같으므로 - 입력 쪽의 극을 반전해 상호 더하면 값은 0이 돼 잡음이 제거된다.

(5) 1기가 이더넷의 1000Base-T 구성과 동작

1000Base-T UTP 케이블은 1~8까지 모든 핀을 이용하는데, 그림 2.12는 100Base-T 와 1000Base-T의 케이블 구성과 동작 특성을 보여준다.

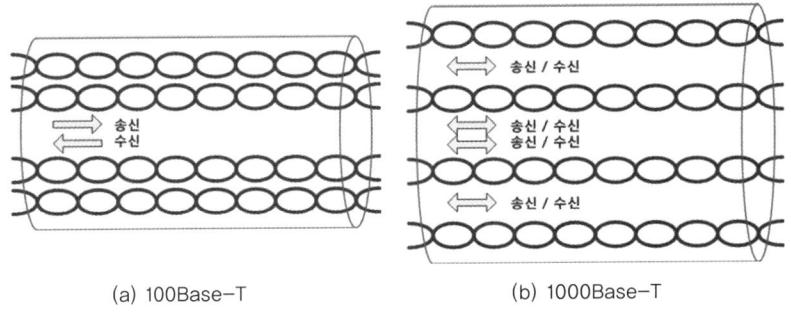

(a) 100Base-T   (b) 1000Base-T

그림 2.12 100Base-T와 1000Base-T의 구성 비교

CAT 5 UTP를 사용하는 케이블은 100MHz의 동작 클록을 갖지만, 실제로는 최대 125MHz로 동작한다. 따라서 하나의 쌍을 통해 1초에 125Mbuad(Baud: 변조율)의 속도로 데이터를 전송하지만, 4B/5B 블록 코딩을 거쳐 125Mbaud/s 신호로 전송하기 때문에 실제 데이터 전송 속도는 100Mbps가 된다.

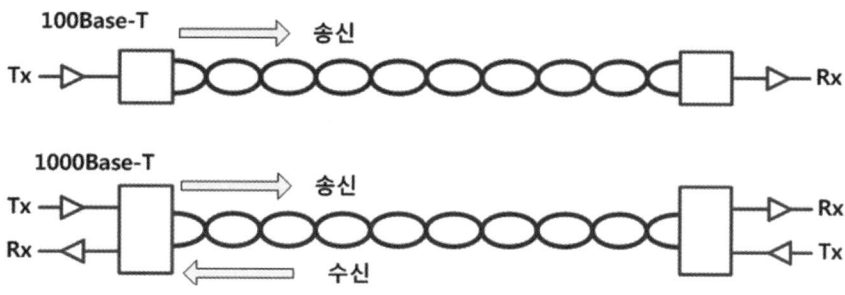

그림 2.13 100Base-T와 1000Base-T의 케이블 송수신 차이

CAT 5를 그대로 사용하면서 기가비트 속도를 구현하려면 근단 누화NEXT 등의 방지를 위한 여러 가지 기법이 사용되지만, 그림 2.13과 같이 UTP 케이블의 4쌍을 모두 사용하고 송수신을 동시에 수행한다는 큰 특징이 있다. 따라서 하나의 쌍에서 송수신을 동시에 함으로써 500Mbaud(125Mbaud × 4)의 신호 전송 속도를 가지며, 5 레벨 PAM 라인 코딩을 통해 1000Mbps를 구현했다(5 레벨 PAM의 사용은 하나의 신호가 표현할 수 있는 정보의 양이 일반적 신호보다 2.5배 많아진다).

2.4.2 광케이블

유리나 플라스틱으로 만들어지는 광섬유Optical fiber는 빛의 형태로 신호를 전송한다. 빛의 전파 특성은 하나의 균일 물질 내에서는 하나의 직선을 이루며 이동하지만, 다른 매질의 물질로 이동하면 속도는 급격히 변하고 방향의 전환을 야기한다.

광섬유는 채널을 통해 빛을 유도하기 위해 반사를 사용한다. 그림 2.14의 광케이블 구성에서 보듯 유리나 플라스틱으로 구성되는 중심부Core는 더 낮은 밀도의 유리나 플라스틱 피복으로 둘러싸여 있으며, 이를 클래딩Cladding이라 한다. 두 가지 밀도의 차이로 빛은 피복으로 굴절되지 않고 중심부를 통해 전반사돼 이동한다.

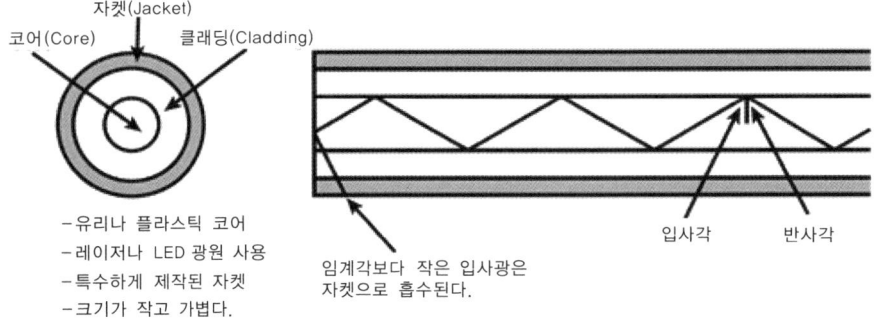

그림 2.14 광케이블의 구성

입력되는 광원의 각도인 입사각^Angle of incidence(두 물질의 경계면에 수직인 선과 이루는 각)이 임계각^Critical angle보다 작은 경우에는 빛이 굴절돼 클래드로 사라진다. 입사각이 임계각보다 클 때 빛은 반사돼 코어 중심부를 통해 전반사된다.

(1) 광통신 모드

광 채널에 따라 전파되는 광원은 멀티모드와 싱글모드라는 두 가지 방식을 사용하는데, 각 모드는 다른 물리적 특성을 가진 섬유를 필요로 한다. 또한 멀티모드는 다시 단계 지수^Step-index(SI형)와 등급 지수^graded-index(GI형)의 두 가지 모드로 구현될 수 있으며, 현재 대부분의 멀티모드는 등급 지수 모드를 사용한다. 그림 2.15는 이 3가지 모드를 보여준다.

단계 지수 모드는 클래드와 코어의 굴절률이 계단형으로 변화하며, 광섬유에 입사된 빛은 코어와 클래드의 경계에서 전반사를 반복해 진행한다. 코어 속을 진행하는 광의 경로 길이는 광섬유의 입사각에 따라 달라지는데, 입사각이 작은 빛은 전반사의 횟수가 적어 경로의 길이가 짧아진다. 이로 인해 광섬유에 동시에 입사된 광이라도 입사각이 작은 빛은 출력부에 신속히 도달하며, 입사각이 큰 각은 늦게 도착하는 현상이 발생한다.

이를 모드 분산이라고 하며, 입사각의 차이에 따라 경로 길이 변화로 광섬유 출력부에서는 펄스폭이 확산돼 결과적으로 전송할 수 있는 전송 대역이 좁아지는 현상을 야기한다. 그림 2.15의 맨 위 그림이 입력 펄스에 비해 출력 펄스의 파형이 벌어지는 단계 지수 모드의 특성을 보여준다.

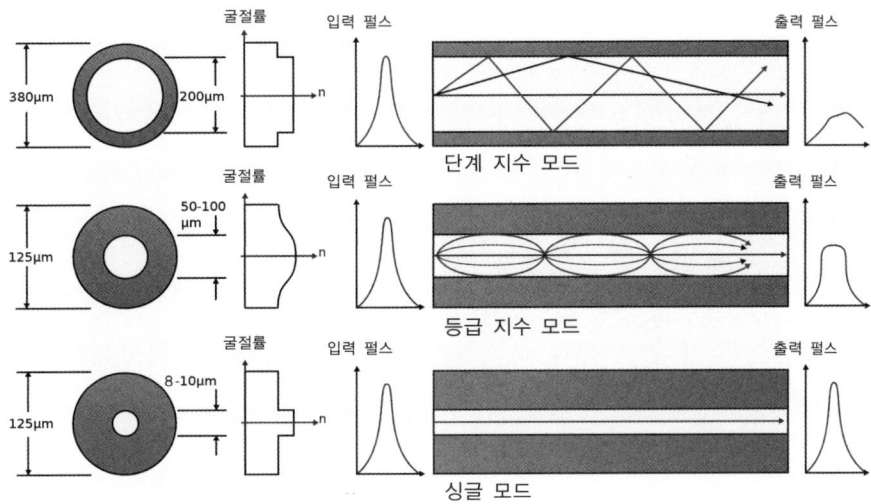

그림 2.15 광통신의 3가지 모드 특성(출처: 위키피디아)

등급 지수 모드는 코어의 굴절률이 그 중심에서 가장 크고, 주변으로 진행함에 따라 완만하게 저하된다. 광의 전파 속도가 굴절률에 반비례하기 때문에 코어의 중심 부근을 지나는 빛은 경로 길이가 짧지만 속도는 느리며, 이에 비해 코어의 주변을 지나는 광의 경로 길이는 길지만 전파 속도는 빨라진다.

따라서 등급 지수 모드에서 광섬유의 동시 입사된 광은 입사각에 관계없이 출력 부분에 거의 동시에 도달한다. 결국 분산 특성이 단계 지수에 비해 적게 발생하기 때문에 결과적으로 전송 대역은 단계 지수에 비해 대폭 개선된다.

멀티모드 광섬유는 여러 가지 전송 모드가 있으며, 이들의 전송 속도는 서로 다르다. 이 때문에 발생하는 손실을 모드 분산[4]이라고 하면 등급 지수 모드 광섬유는 위에서 말한 바와 같이 코어의 굴절률 분포를 완만하게 함으로써 모드 분산을 최소화할 수 있다. 하지만 궁극적으로 여러 개의 모드가 존재하는 한 분산은 항상 존재할 수밖에 없으므로 이와 같은 모드 분산 특성이 최소화되는 등급 지수 모드 방식이 대부분의 멀티모드 통신에서 사용된다.

싱글모드 광섬유는 하나의 모드만이 존재하게 설계돼 모드 분산이 존재하지 않으며, 결과적으로 전송 대역은 멀티모드에 비해 굉장히 넓어 초광대역 전송이 가능해진다. 싱글모드 광섬유에서 대역폭 결정을 좌우하는 요소는 색 분산으로, 색 분산이

---

4. 분산(Dispersion): 1nm 떨어진 두 파장의 빛이 광섬유 1Km를 진행할 때 발생하는 시간차 혹은 파형의 벌어지는 간격으로 단위는 ps/nm-km이다.

란 광원을 구성하는 색깔의 파장Wavelength에 따라 전파 속도가 달라져 경로의 길이에 차가 생기는 현상에서 기인한다(빨간색이 보라색보다 빨리 전파된다).

실제 모든 광섬유의 전송 대역은 궁극적으로 발광 소자 스펙트럼 폭에 의존하지만, 전송 모드에 따른 손실이 있다. 광섬유를 설계할 때 싱글모드 광섬유의 색 분산은 1301nm 파장 대역에서 손실이 0이 되도록 구현됐지만, 1550nm 대역에서는 17~20ps/km-nm이라는 큰 손실 값을 갖는다.

현재 1550nm 대역의 광섬유는 EDF Erbium Doped Fiber라는 어븀 도파 광섬유가 있는데, 기존 광섬유가 단순히 빛을 전파하는 수동적 기능을 수행한 것과 달리 EDF는 입력된 광신호를 증폭하는 능동적인 기능을 수행해 광섬유의 전송 손실을 최소화한다.

어븀 도파 광섬유 케이블은 높은 증폭률(30~45dB), 낮은 잡음 지수(3.2dB), 전송 속도나 변조 방식에 무관한 광신호 증폭 특성, 전송용 광섬유와의 높은 결합 효율 등의 우수한 특성으로 파장 분할 다중화 WDM, Wavelength Division Multiplexing에 많이 활용된다.

(2) 광통신의 손실 특성

광통신이 일상화된 현재의 데이터 네트워크에서 좀 생소한 용어이긴 하지만, 광통신의 전송 특성 중 중요한 요소인 손실 특성을 간략히 정리해봤다. 광 손실이란 광신호가 광섬유를 통해 전파될 때 발생하는 산란, 흡수 등에 의해 신호 전력이 감소되는 현상을 말하며, 표시 단위는 거리에 따르는 손실 dB/km를 사용한다.

손실의 종류

손실의 발생 원인으로는 광섬유를 제작할 때 사용하는 재료 자체에 의해 발생하는 재료 손실과 광섬유 설치 과정에서 발생하는 구부림 손실, 접속 손실 등의 부가적 손실이 있다.

- **재료 손실(Intrinsic Factor)** 내적 요인으로 광섬유 재료의 물리적 특성에 의해 원천적으로 발생할 수밖에 없는 손실로, 흡수 손실과 산란 손실이 있다.
- **흡수 손실(Absorption Loss)** 빛에너지 일부가 열에너지로 변환돼 발생하는 손실로, OH기 흡수 손실에 의한 손실이 가장 크며, 진성 손실과 불순물 손실이 있다.

- ☐ **진성 손실(Intrinsic Loss)** 광섬유 재료 고유의 흡수 손실로 피할 수 없는 손실
- ☐ **불순물 손실(Impurity Loss)** 광섬유 재료의 불순물에 의해 발생하는 흡수 손실
- **산란 손실(Scattering Loss)** 직진하는 빛이 여러 갈래로 흩어지는 현상을 말하며, 주로 재료의 불균질에 의해 발생하는 손실이다.
  - ☐ **레일리히 산란(Rayleigh Scattering)** 광 파장이 1550nm에서 흡수 손실은 최소이지만, 이 영역에서의 레일리히 산란 손실은 가장 크다.
- **부가적 손실(Extrinsic Factor)** 외적 요인으로 케이블의 과도한 휨에 의한 구부림 손실$^{Bending\ Loss}$, 케이블 접합을 위한 융접 시에 발생하는 접속 손실$^{Splicing\ Loss}$, 주위 환경 변화 등 주로 설치 과정에서 발생하는 손실이 있다.

광섬유의 손실 요소

광섬유에서 발생하는 주요 손실 요인은 광섬유의 길이와 사용하는 파장 대역, 접속점의 불균질성에 의해 발생한다.

- **케이블 길이(Length)** 길이에 따라 광신호가 전파되면서 산란, 흡수 등의 감쇠가 발생한다.
- **파장(Wavelength)** 광케이블이 사용되는 파장 대역별로 감쇠에 차이가 발생한다.
  - ☐ **짧은 파장대** 레일리히 산란에 의한 산란 손실이 많이 발생한다.
  - ☐ **중간 파장대** 광섬유 불순물에 의한 흡수 손실인 불순물 손실이 많이 발생한다.
  - ☐ **긴 파장대** 광섬유 분자 공명에 의한 흡수 손실인 진성 손실이 많이 발생한다.

광섬유별 광 손실의 일반적 값

- **싱글모드 광섬유(SMF, Single Mode Fiber)** 1310nm 파장 대역에서 0.35dB/km, 1550nm 파장 대역에서 0.25dB/km다.
- **멀티모드 광섬유(MMF, Multi Mode Fiber)** 850nm 파장 대역에서 2.4dB/km, 1300nm 파장 대역에서 0.5dB/k다.

광섬유 윈도우 대역과 손실 곡선

광통신의 주요 파장 대역은 780, 850, 1310, 1383, 1550, 1610, 1625nm 등이 있으며, 이들 파장 대역에서 광섬유의 손실 값이 가장 적은 저손실 대역이다. 일반적으로 단거리 저속 전송을 위해서는 단파장대인 850nm를 사용하고, 중거리와 고속 전송을 위해서는 장파장대인 1310nm, 해저 케이블 등의 장거리 대역에도 장파장대인 1550nm 대역을 사용한다.

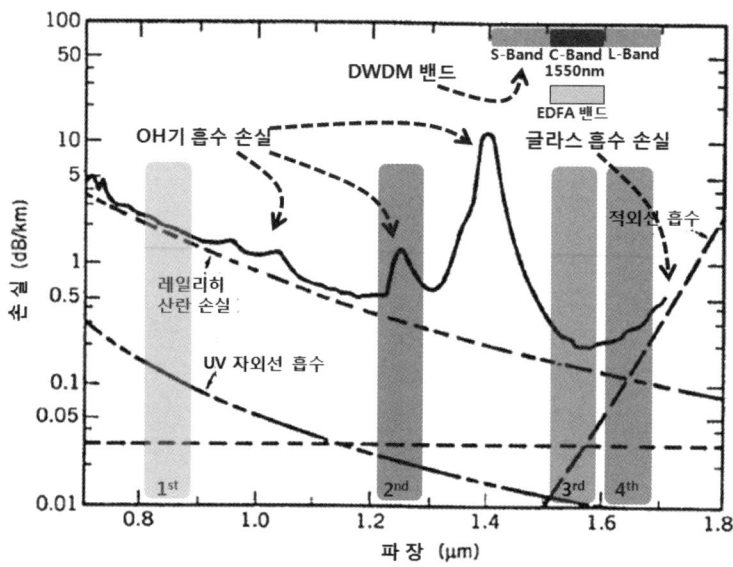

그림 2.16 윈도우 파장 대역과 손실 곡선

그림 2.16에서 보이는 OH기 흡수 손실$^{OH-Absorption}$은 일종의 OH 이온$^{OH-ion}$ 불순물에 의한 흡수 손실로, 1400nm와 1500nm 파장 사이 구간에 존재한다. 또한 글라스 흡수 손실$^{Glass\ Absorption}$은 1600nm 이상의 파장 대역에서 다수 존재하며, 광섬유 자체의 특성에 따른 진성 손실에 해당하는 흡수 손실이다.

특히 1300nm와 1550nm 대역이 자주 이용되는데, 1300nm 대역은 손실 특성이 심하지만 광소자가 저렴하다는 장점이 있고, 1550nm 대역은 낮은 손실 특성으로 장거리 고속 대용량 데이터 전송에 이용되지만, 분산 손실에 대한 보상 장비가 요구되는 단점이 있다.

광섬유에서는 특정 파장 대역에서 손실이 낮아 광증폭기 등이 필요 없는 파장 대역이 존재하며, 이를 윈도우라 하고 현재까지 4개의 윈도우 대역이 있다. 그림

2.16에서의 1st, 2nd, 3rd, 4th가 이 윈도우들을 말하며, 각기 첫 번째 파장 창부터 네 번째 파장 창을 나타낸다.

파장을 분할해 신호를 다중화하는 고밀도 파장 분할 다중화$^{\text{DWDM, Dense WDM}}$에서 사용하는 파장 대역은 ITU-T에서 정의하는 S 밴드, C 밴드, L 밴드가 이용되며, 각 특성은 다음과 같다.

- **S 밴드** 1460nm~1530nm 파장 영역으로, 단파장 대역$^{\text{Short Wavelength Band}}$으로 C 밴드보다 짧다는 의미로 Short이라 명명했다.

- **C 밴드** 1530nm~1565nm 파장 영역의 저손실 대역으로, 전통적 통신 파장 대역$^{\text{Conventional Wavelength Band}}$이다. 참고로 S 밴드와 L 밴드의 중간에서 파장 길이의 길고 짧음에 대한 기준으로 이용된다.

- **L 밴드** 1565nm~1625nm 파장 영역으로, 장파장 대역$^{\text{Long Wavelength Band}}$으로 C Band보다 길다는 의미로 Long이라 명명했다.

(3) 광소자 종류와 커넥터 종류

기술의 발달과 용도에 따라 다양한 모양의 광소자와 이에 따른 케이블 커넥터들이 사용된다. 그림 2.17은 현재 사용되는 광소자와 케이블 커넥터의 명칭을 보여준다.

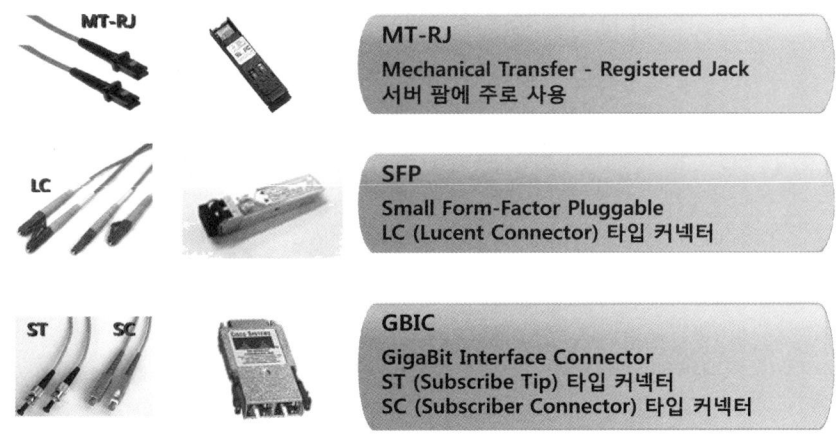

그림 2.17 여러 가지 케이블과 광 전송 소자 타입

- **MT-RJ(Mechnical Transfer Registered Jack)** 현재 대부분 서버 팜 영역에 사용되며, 양방향 멀티모드 연결을 위해 사용되는 광케이블과 광 모듈 타입이다.

- **SFP(Small Form-Factor Pluggable) 또는 LC(Lucent Connector)** 현재 광범위하게 네트워크 장비와 서버에 1기가와 10기가 이더넷을 지원하기 위해 사용되는 광케이블과 광 모듈 타입이다. 루슨트라는 회사에서 최초로 만들었다고 해서 LC라고도 한다.
- **GBIC(Gigabit Interface Connector)** 1기가 이더넷 초창기에 출시됐으며, 현재는 거의 사용하지 않는 모델로, 광케이블 커넥터는 둥근 모양의 ST 타입과 네모난 모양의 SC 타입이 있다.

광케이블 타입 때문에 작업이나 장애 해결이 순조롭지 않은 경우들이 있다. 서버와 네트워크 장비 간에 광케이블을 이용해 1기가 이더넷으로 연결을 해야 하는데, 별 생각 없이 케이블의 양 끝단이 LC-LC 타입인 케이블을 들고 고객사로 갔다. 그런데 알고 보니 서버가 옛날 장비를 재사용하는 거라 서버의 NIC이 SC 타입의 GBIC를 사용 중이었다. 참 당혹스러웠고 누구를 탓할 수도 없었다. 당연히 확인해야 하는 사항을 확인하지 않고 간 내 불찰이었다. 다시 회사에 연락해 케이블의 한쪽은 LC 타입, 한쪽은 SC 타입의 LC-SC 타입을 구해 한참 후에야 작업을 완료할 수 있었다.

사소한 것으로 여기고 작업 계획서에 물리적인 사항에 대한 내용을 누락하는 경우들이 있다. 좀 더 얘기해보면 장비를 설치하려고 새벽에 장비를 들고 사업장의 통신실로 갔는데, 이런! 통신실 열쇠가 없다. 또는 통신실 문을 열었는데, 드라이버를 놓고 왔다. 이런 경험들 말이다.

2.4.3 UTP, 광케이블 종류에 따른 표준 명칭

표 2.2는 1기가 UTP와 광케이블의 이름, 매체의 특성, 권장 설치 허용 거리를 보여준다.

표 2.2 매체의 종류에 따른 표준 명칭

이름	매체 특성	거리
1000BASE-CX	Balanced copper cabling	25m
1000BASE-LX	멀티모드 광(Multi-mode fiber)	550m
1000BASE-LX	싱글모드 광(Single-mode fiber)	5km

표 2.2 매체의 종류에 따른 표준 명칭(이어짐)

이름	매체 특성	거리
1000BASE-SX	850nm 파장을 이용하는 멀티모드 광	550m
1000BASE-LH	1310nm 파장을 이용하는 싱글 또는 멀티모드 광	10km
1000BASE-ZX	1550nm 파장을 이용하는 싱글모드 광	~ 70km
1000BASE-LX10	1310nm 파장을 이용하는 싱글모드 광	10km
1000BASE-BX10	싱글모드 광, 오버 싱글스트랜드 광(over single-strand fiber): 1490nm 하향 1310nm 상향	10km
1000BASE-T	UTP 케이블(CAT-5, CAT-5e, CAT-6, or CAT-7)	100m
1000BASE-TX	UTP 케이블(CAT-6, CAT-7)	100m

GBIC의 종류도 싱글모드와 멀티모드로 구분되며, 이를 눈으로도 확인 가능하다. 예를 들면 1000Base-LX인 싱글모드는 GBIC의 외관 색깔이 파란색이고, 1000Base-SX인 멀티모드 GBIC의 외관은 검은색으로 식별이 가능하다. 또한 광케이블 역시 싱글모드 케이블은 노란색 자켓의 피복으로, 멀티모드 케이블은 오렌지색 자켓의 피복으로 식별된다. 또한 표 2.2에서와 같이 1000BASE-LX에는 멀티모드 광케이블도 사용이 가능하다.

2.5 케이블 테스터를 사용한 점검 방법

케이블 테스터$^{Cable\ Tester}$는 케이블의 연결 상태를 테스트하는 장비로, 종류에 따라 다양한 기능을 제공한다. 연결성과 케이블의 핀 아웃 정도를 검사하는 간단한 테스터부터 테스터 본체와 시그널 루프를 생성해주는 어댑터(종결 장치)의 두 쌍으로 구성돼 있는 고가 장비까지 매우 다양하다. 케이블 테스터의 검사 기능은 다음과 같다.

- 와이어맵^{Wiremap}
- 케이블 길이
- 감쇠^{Attenuation}

- 반송 손실 Return Loss
- 근단 누화 Near-End Crosstalk
- 원단 누화 Far-End Crosstalk
- 등위 원단 누화 Equal Level Far-End Crosstalk

2.5.1 와이어맵

와이어맵 Wiremap은 케이블을 설치할 때 와이어링 에러를 인해 각 케이블 핀의 쌍이 제대로 맞는지 검사하고, 장애 발생 지점까지의 정확한 거리를 표시한다. 케이블에 있는 8개의 각 컨덕터에 대한 와이어맵은 다음과 같이 장애를 진단한다.

- 양 끝단까지의 단선 없는 연속성
- 두 개나 그 이상의 컨덕터 사이의 단선이나 단락
- 크로스 페어 cross pair, 리버스 페어 reverse pair, 스플릿 페어 split pair
- 기타 연결 불량

한 와이어 쌍의 극성이 링크의 한 끝에서 전환될 경우 리버스 reverse 페어가 생긴다 (이를 tip/ring reversal이라고도 함). 한 와이어 쌍의 두 케이블이 떨어져 있는 커넥터에 있는 다른 페어의 위치에 연결될 때 크로스 페어가 생긴다. 핀대핀 pin-to-pin의 연속성은 유지되지만, 물리적 쌍이 분리될 경우 스플릿 페어가 생긴다. 와이어맵 중 한 가지 예외가 CDDI Copper Data Distributed Interface로, CDDI의 일반 와이어링은 원래 비표준이므로 와이어맵 테스트가 불가능하다.

2.5.2 케이블 길이

케이블의 길이 Length를 쌍별로 측정해 보여준다. UTP 연결에 있어 신호 전파 지연이 시스템 요구 조건을 초과하지 않을 경우 실제 길이는 링크의 누화 NEXT와 감쇠보다 중요하지 않다. 길이는 케이블의 단선, 단락, 접촉 불량 등을 찾아내기 위해 측정된다.

길이는 TDR Time Domain Reflectometry이라는 기술을 사용해 가장 정확하게 측정된다. 일반적으로 케이블 테스터는 그림 2.18과 같이 TDR 테스트를 수행하기 위해 와이어로 어떤 펄스를 만들어 내보낸다.

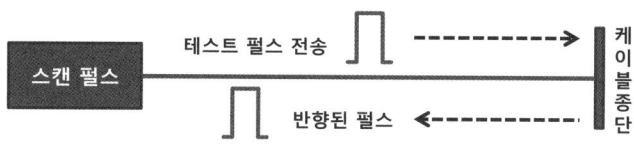

그림 2.18 TDR 테스트 동작 방식

그 펄스가 단선, 단락, 접촉 불량 같은 저항에 있어서의 어떤 변경 사항을 만나면 펄스 에너지의 일부나 모든 에너지가 테스터로 다시 반향된다. 테스터는 펄스를 보낸 시간과 반응 시간 사이의 지연을 측정한다. 이러한 케이블의 공칭 전파 속도^{NVP,} $^{Nominal\ Velocity\ of\ Propagation5}$를 알아내 그 문제가 생긴 지점의 거리를 산출해낸다. NVP는 신호가 광속에 비해 얼마나 빨리 케이블을 통해 전파되는가를 가리키는 척도이며, 광속에 대한 백분율로 표시한다.

2.5.3 감쇠

모든 신호는 소스로부터 멀리 전달됨에 따라 점점 약해지며, 케이블링을 따라 흐르는 LAN 신호도 예외는 아니다. 멀어짐에 따라 신호 레벨의 강도가 약해지는 것을 감쇠^{Attenuation} 손실이라고 한다. 감쇠는 데시벨(dB)로 측정된다.

이것이 손실이기 때문에 대개 마이너스 값으로 표시한다. 따라서 -10dB은 -8dB보다 더 약한 신호다. 데시벨은 대수임으로 두 신호가 강도에 있어 6dB의 차이를 보일 경우 하나는 다른 전압의 2배가 된다. 결과적으로 -10dB 신호는 -16dB 신호 전압의 2배가 되는 전압을 갖고 있고 -22dB 신호의 4배가 되는 전압을 갖는다.

감쇠의 두 가지 주요한 점은 표피 효과$^{Skin\ Effect}$와 유전체 손실이다. 전류가 높은 주파수로 선로에서 흐르고 있을 때 그 밀도는 도체(선로)를 통과해 일률적으로 흐르지 않고 도체의 표면에 집중돼 흐른다. 이것은 전류를 옮기는 도체의 영역을 감소시키고, 따라서 주파수는 도체의 단면적에 대략적으로 비례한 손실을 낳게 된다. 이것이 감쇠가 주파수의 상승과 함께 증가하고, 고체심선$^{solid\ core}$ 케이블이 일반적으로 꼬여진 케이블의 성능을 능가하는 이유다.

온도 또한 케이블 감쇠에 영향을 끼친다. 도체의 절연과 케이블 피복을 형성하는 유전체 물질이 와이어를 따라 흐르는 전달 신호를 흡수해 버린다. 대다수의 CAT 3 케이블 같은 PVC로 된 케이블에 있어서는 특히 심하다. PVC는 전자적으로 활동

---

5. NVP = (케이블의 펄스 전송 속도) / 진공 상태에서의 빛의 속도(300,000km per sec) X 100%

해 절연 물질 내에 이중극을 형성하는 염소 원소를 가진다. 이러한 이중극들은 와이어를 감싸고 있는 전자기적인 영역에 대한 반응으로 진동하며, 진동이 심하면 심할수록 신호로부터 더 많은 에너지를 잃는다. 온도가 증가하면 이중극이 절연체 내에서 매우 쉽게 진동되므로, 이러한 문제를 악화시키게 된다. 이것이 바로 감쇠 조건을 20℃에 적응하게 지정해 놓은 이유다.

결과적으로 감쇠의 주요 원인은 잘못된 케이블 유형, 커넥터의 에러, 허용 범위를 넘는 긴 배선의 길이다.

2.5.4 반송 손실

구조적 반송 손실SRL, Return to Loss은 케이블 임피던스의 동일성에 관한 측정이다. 케이블은 구조면에 있어서는 완벽하게 일률적이지 않으며, 이러한 오차가 케이블의 임피던스에 변화를 가져다준다. 각 임피던스의 변경은 신호의 강도에 있어서의 손실을 유발시킨다. 반송 손실은 케이블의 디자인과 제조 기능이며, 근단 누화와는 달리 설치에 의해 그다지 영향을 받지는 않는다. 반송 손실은 데시벨로 표시되며, 숫자가 커질수록 케이블의 성능도 뛰어나다.

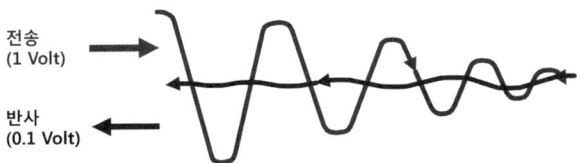

그림 2.19 반송 손실의 검출 방식

그림 2.19와 같이 링크의 반송 손실은 일반 값(UTP의 경우 보통 100ohms)과 관련된 링크의 임피던스 전체 동일성에 관한 측정이다. 한쪽 끝에서 다른 쪽 끝으로 신호가 지나갈 때 일종의 장애물에 의해 신호 전체가 통과하지 못하고 일부가 튕겨져 나와 시작점으로 돌아가다 소실되는데, 이렇게 튕겨져 나가 손실되는 신호의 세기를 나타내는 것이 반송 손실이다.

2.5.5 근단 누화

전류(신호)가 와이어 내에서 흐르고 있을 때 근접한 와이어에서 신호를 방해할 수 있는 전자기적 필드가 만들어지며, 주파수가 상승함에 따라 이러한 영향은 더욱더

강해진다. 근단 누화$^{NEXT,\ Near-End\ Crosstalk}$란 2개의 UTP 케이블 쌍 간에 발생되는 불필요한 신호의 간섭이나 혼선을 지칭한다.

각 UTP 케이블 쌍은 꼬임돼 있는데, 이것은 와이어 쌍 내의 근단 누화를 자연적으로 감소할 수 있기 때문이다. 꼬임이 심할수록 테이블 쌍 상호 간의 간섭에 대한 상쇄 효과가 커지며, 케이블에 의해 지원되는 데이터 속도도 올라간다. 이러한 꼬임 비율을 유지하는 것이 모든 UTP 구성에 있어 가장 중요하다.

선이 느슨하게 꼬여있는 경우 근단 누화가 증가될 수 있다. 주위에 희미하게 다른 사람들의 대화가 들리는 전화를 해본 적이 있다면 혼선^{crosstalk}을 경험해봤을 것이다. 사실 혼선이라는 이름도 토크 'talk'와 어크로스 'across'라는 전화 용어에서 나온 것이다. LAN에 있어서 근단 누화는 와이어의 근접한 쌍에서 강한 신호가 올라올 때 발생한다. 근단 누화는 수신된 신호로 전자기적으로 되돌아오는 전달된 신호의 일부다. 수신부에서는 실제로 수신된 신호(다른 한쪽 끝에서 보내진 것)와 혼선이나 노이즈를 구별할 수 없을 수도 있다.

2.5.6 원단 누화

원단 누화$^{FEXT,\ Far-End\ Crosstalk}$란 출력 신호를 전송하는 UTP 케이블 쌍이 반대 방향의 입력 측에 신호를 전송하는 다른 쌍에 간섭을 일으켜 입력 측의 신호를 감쇠시키는 현상을 말하며, dB로 그 값을 표현한다.

2.5.7 등위 원단 누화

등위 원단 누화$^{ELFEXT,\ Equal\ Level\ Far-End\ Crosstalk}$란 반대편의 입력 측에서 발생하는 출력 신호에 대한 감쇠와 간섭이 발생하게 될 때 그 값의 차이를 말하며, 일종의 ACR$^{Attenuation\ To\ Cross-talk\ Ratio,\ 근단\ 누화\ 대비\ 감쇠비6}$이라 할 수 있다(ELFEXT = FEXT - Attenuation).

---

6. ACR(Attenuation To Cross-talk Ratio, 근단 누화 대비 감쇠비)은 잡음 대비 신호의 강도를 비교한 것으로, 너무 낮은 값은 케이블이 너무 길거나 잘못된 연결을 가리킨다.

2.6 현장에서의 에피소드

싱글모드 GBIC은 멀티모드 케이블에서도 동작한다?

고객 사이트에서 불만이 접수됐는데, 내용인 즉, 자꾸 링크가 죽었다가 살았다(플레핑 flapping 현상) 한다는 것이었다. 건물 내 교환실이 있고 각 층으로 1G SX 인터페이스를 이용해 서비스하는 구성으로, 일단 SX 인터페이스 GBIC을 교체할 것을 권고했다. 그 후 동일 장애가 재접수됐으며, 상황을 보니 GBIC 문제도 장비 문제도 아니었다. 백본에 연결된 장비가 한두 대도 아닌데 일제히 시점만 틀렸지 동일한 증상을 보이는 것이다. 열심히 삽질(?)을 하다가 이 건물의 통신 배선을 살펴봤다. 아뿔싸! 건물을 설계할 때 층간 배선을 모두 싱글모드 광케이블로 해놓았던 것이다. 그리고 패치 케이블은 멀티모드를, GBIC도 멀티모드를 (요샛말로 헐~) 이러니 제대로 신호가 안 가지……

당장 GBIC만 SX 멀티모드에서 LX 싱글모드로 교체했다. 물론 장애는 해결됐지만 SX에 비해 상대적으로 고가인 LX GBIC을 사용했으므로 비용이 낭비되는 것은 어쩔 수 없다. 이 경우 멀티모드 광케이블일 경우에도 싱글모드 시그널의 전송이 가능하다는 사실을 이용한 것이다. 팁으로 알아두면 언젠가 유용하게 사용할 수 있다. 표 2.2에서 1000Base-LX의 매체가 싱글, 멀티를 모두 규정하고 있다는 사실을 보면 내용이 이해가 될 것이다.

신호를 감쇠해야 한다?

싱글모드를 사용하는 WAN 구간의 회선을 라우터에 연결했는데, 인터페이스 LED 램프가 정상 동작하는가 싶더니 죽어버리는 상황이 발생했다. 회선사업자와 통화를 하다가 dB 값이 너무 커서 감쇠를 해야 한다고 하는데, 감쇠기가 있냐고 오히려 질문을 당한 적이 있다.

어! dB^{DeciBel}는 신호 대 잡음비$^{SNR, Signal\ to\ Noise\ Ratio}$로 이 값이 크면 좋지 않나? 근데 감쇠를 시켜야 한다? 사실 알고 보니 광통신을 위해서는 신호의 세기가 -3dB에서 -19dB로 유지돼야 한다는 것이다. 신호 세기 dB 값이 너무 크면 광소자에 문제가 발생될 수 있고, 너무 낮으면 신호 자체를 감지하지 못한다.

그래서 그림 2.20과 같은 5dB 감쇠 값을 갖는 감쇠기를 이용해 회선 개통 작업을 수행했던 일이 있다. 대부분 이런 경우는 광단국의 DWDM이나 MSPP 장비에서 라우터나 백본으로 싱글모드로 연결될 때, 또는 회선사업자와 원거리 전용선으로 연결되는 경우에 간혹 발생한다. 감쇠기도 하나씩 있으면 유용할 때가 많다.

그림 2.20 5dB 감쇠기

1000Base-T, Base는 무슨 의미?

CCNA 문제로 과거에 출제됐던 것으로, 뭐 아시는 분들도 있을 것이고! 통신의 전송 방식에는 변조의 유무 관점에서 원래 신호를 변조하지 않고 통신하는 방식과 원래 신호를 변조해 통신하는 방식이 있다.

전자를 동네에 물건 팔러 오시는 야채장수 사장님, 그리고 후자를 라디오 방송에 비교할 수 있는데, 야채장수 사장님은 원래 신호를 확성기를 사용해 증폭만 시켜 전달하고, 라디오는 원래 신호를 더 높은 주파수(캐리어 주파수라고 함)로 변형해 전달한다. 서비스의 특성상 가까운 거리에 정보를 전달해야 하는 야채장수 사장님이 라디오라는 고가의 매체를 써서 물건을 팔 이유가 없고, 라디오라는 서비스는 원거리에 있는 사람들에게 정보를 전달해야 하므로 신호가 멀리가야 하기 때문이다.

변조의 이유는 원거리 통신을 위해서다. 그런데 막상 변조를 하다 보니 부가적인 장점들이 생겼는데, 다중화가 그것이다. 라디오는 대기를 통해 여러 대역의 주파수로 정보를 다중화해서 보내고, 청취자는 라디오라는 일종의 다중화 통신 장비를 통해 여러 개의 다중화된 채널 중 하나를 선택해 듣게 된다.

자, 그럼 본론으로 들어가 우리가 사용하는 LAN은 거리가 너무 가까워 상호 간에 신호를 변조할 이유가 없다. 그래서 변조를 하지 않는 통신 방식인 기저대 전송 방식을 사용하고, 대신 WAN은 거리가 멀기 때문에 신호를 변조해야 한다. 이렇게 변조된 신호로 통신하는 방식을 대역 전송 방식이라 한다.

변조하지 않고 상호 통신하는 방식이 기저대 전송으로 베이스밴드^{BaseBand} 방식이고, 변조해 상호 통신하는 방식이 대역 전송으로 브로드밴드^{BroadBand} 방식이다. 따라서 그림 2.21에 나와 있는 1000Base-T에서 Base의 의미는 통신 시 신호를 변조하지 않고 보내는 기저대 전송 방식을 사용한다는 의미를 갖는다.

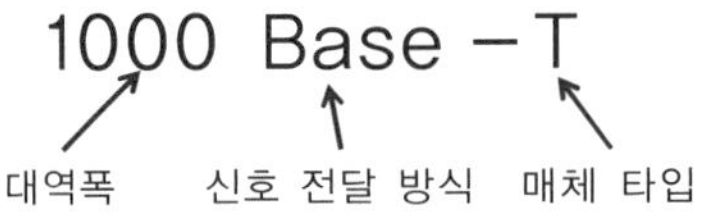

```
        1000  Base  - T
          ↑     ↑     ↑
         대역폭  신호 전달 방식  매체 타입
```
그림 2.21 매체 이름의 정의

참고로 "LAN 기술이 WAN 기술에 비해 싸다" 그래서 "매트로 이더넷 기술은 싸다" 이렇게 말하는 걸 들어본 적이 있는가? 이유 중 하나가 변조의 유무 때문인데, LAN 기술은 변조를 하지 않기에 변/복조 장비나 기능이 필요하지 않고, 따라서 변/복조에 필요한 기술과 비용이 소요되지 않기 때문이다.

2.7 사용 전 검사와 초고속 정보통신 건물 인증제도

정보통신 시설물의 시공 품질을 확보하기 위해 구내 통신 선로 설비 등에 대해 이용자가 사용하기 전에 시공 설비가 기술 기준에 적합하게 설치됐는지 확인하는 제도다. 사용 전 검사를 수행해야 하는 공사 범위는 구내 통신 선로 설비, 이동 통신 구내 선로 설비, 종합 유선 방송 전송 선로 설비 공사가 해당된다.

2.7.1 사용 전 검사의 구내 통신 선로 설비 공사 검사 기준

사용 전 검사 측정 항목은 와이어맵(기본 항목), 반송 손실, 감쇠, 근단 누화가 해당되며, 측정 항목에 대한 기준 값은 표 2.3과 같다.

표 2.3 사용 전 검사 측정 항목과 기준 값

측정 항목	측정값(Mhz)	기준 값
반송 손실	1 - 10	18dB 이상
	10 - 16	15dB 이상

표 2.3 사용 전 검사 측정 항목과 기준 값(이어짐)

측정 항목	측정값(Mhz)	기준 값
감쇠	1.0	3.7dB 이하
	4.0	6.6dB 이하
	10.0	10.7dB 이하
	16.0	14.0dB 이하
근단 누화	1.0	39dB 이상
	4.0	29dB 이상
	10.0	23dB 이상
	16.0	19dB 이상

2.7.2 초고속 정보통신 건물 인증제도

과거 정보통신부는 1999년 5월, 일반 국민이 고속 인터넷 서비스 등의 초고속 정보통신 서비스를 피부로 느끼기 위해서는 기간망뿐 아니라 가입자망, 그리고 아파트나 가정 댁내 건물의 통신 배선까지도 초고속 통신에 적합하게 시설돼 있어야 함을 공감하고 2020년의 초고속 정보통신 시대를 대비해 주거용과 업무용 건물에 대해 정보통신부가 제정한 시설 기준에 따라 건축물의 정보통신 인프라 설치 상태를 심사하고 인증하는 제도를 마련했다.

인증 건물에 인증 마크가 새겨진 명판을 교부한다고 해서 일명 엠블럼 제도라고도 불리며, 현재는 방송통신위원회 산하의 초고속 정보통신 건물 인증위원회에서 인증 심의를 수행한다. 엠블럼 모양은 그림 2.22와 같다.

그림 2.22 엠블럼 모양

자세한 기준이나 심의 신청 등은 www.bica.or.kr을 참고하기 바란다.

2.8 정리

2장에서는 물리 계층의 특성, 특히 이더넷 물리 계층의 특성과 사용되는 UTP와 광 케이블 구성이나 동작 방식과 물리 계층의 설계 특성(특히 차등 모드 동작 같은)을 소개했다. 또한 케이블 테스터를 통한 케이블 점검 시의 검사 항목에 대해서도 언급했다. 3장에서는 TCP/IP 프로토콜의 2계층인 데이터 링크 계층을 다룬다.

3

이더넷 데이터 링크 계층과 장애 처리

3장에서는 데이터 링크 계층의 역할과 TCP/IP 프로토콜에서 현재 가장 많이 사용하는 LAN 프로토콜인 이더넷 프로토콜의 구성과 특징을 다룬다.

또한 이더넷 프로토콜의 자동 협상 기능에서의 듀플렉스 미스매치 상황과 장애 처리 방법, 충돌 에러를 비롯한 이더넷 장비에서의 다양한 에러 유형과 원인도 다루며, 이더넷 프레임 크기에 따른 이론적 최대 전송률과 허브, 스위치의 동작 방식, MAC 스푸핑에 의한 스위치의 스니핑 보안 위협에 대해서도 설명한다.

3.1 데이터 링크 계층

데이터 링크 계층$^{Data-Link\ Layer}$(2계층)의 링크^{link}란 호스트와 라우터를 노드^{node}로 표현할 때 통신 경로상의 인접한 노드들을 연결하는 통신 채널을 말한다. 데이터 링크 계층의 중요한 기능은 데이터 링크 제어와 매체 접근 제어다. 이를 위해 사용되는 링크 계층의 프로토콜은 링크 양단에 있는 노드들 사이에 교환되는 데이터 단위의 형식과 데이터 단위 송수신 시 노드의 역할을 정의한다.

데이터 링크 계층의 프로토콜에 의해 교환되는 프로토콜 데이터 단위^{PDU}는 프레임이며, 데이터 링크 계층은 프레임의 송수신 시 에러 검출, 재전송, 흐름 제어, 접근 제어 등을 수행한다. 그러나 재전송과 같은 신뢰적인 전달 방식은 현재의 낮은 비트 에러율을 갖는 물리적 링크에서는 불필요한 오버헤드이며, 더욱이 신뢰적 통신을 위한 제어 절차는 트랜스포트 계층$^{Transport\ Layer}$인 TCP에서 이뤄짐에 따라 데이터 링크에서의 신뢰적 전송 기능은 중복으로 간주돼 현재의 데이터 링크 프로토콜에서는 비신뢰적인 통신을 구현한다.

데이터 링크 계층은 다음과 같은 3가지 기능을 제공한다.

- **프레이밍(Framing)** 물리 계층으로 디지털화된 이산 신호 전송을 위해 분할된 메시지 블록을 형성한다.
- **어드레싱(Addressing)** 통신 채널상에 멀티시스템과 통신을 위해 사용되는 송신자와 수신자의 주소를 제공한다.
- **에러 감지(Error Detection)** 통신 채널상으로의 전송 시 발생할 수 있는 에러를 감지하는 능력을 제공한다.

대표적인 프로토콜로는 LAN에서의 이더넷^{Ethernet}, 토큰링$^{Token\ Ring}$, FDDI$^{Fiber\ Distributed\ Data\ Interface}$ 등이 있으며, WAN에서는 PPP$^{Point-to-Point}$, HDLC$^{High-level\ Data\ Link\ Control}$, ATM$^{Asynchronous\ Transfer\ Protocol}$, 프레임 릴레이$^{Frame-Relay}$ 등이 있다.

3.2 이더넷 프로토콜

이더넷 프로토콜(Ethernet Protocol)은 현재 LAN 구현에 가장 많이 사용하는 데이터 링크 프로토콜로, 지난 몇십 년 동안 4세대에 걸쳐 발전해 왔다.

이더넷의 원형은 멧칼프Metcalf에 의해 고안됐으며, 그림 3.1에서 볼 수 있듯이 에테르('그림상의 THE ETHER'[1])라는 매체를 통해 각 호스트의 랜카드(NIC)에 연결된다.

이 때문에 이름이 현재의 Ether+Net(에테르넷, 즉 이더넷)이 됐다. 실제로 초창기의 개발자들은 단순히 매개체를 의미하는 에테르에서 따온 EtherNet이라는 이름보다는 이더넷 동작 방식의 핵심을 이루는 CSMA/CD Carrier Sense Multiple Access/Collision Detect 네트워크라는 용어를 더 좋아했다고 한다.

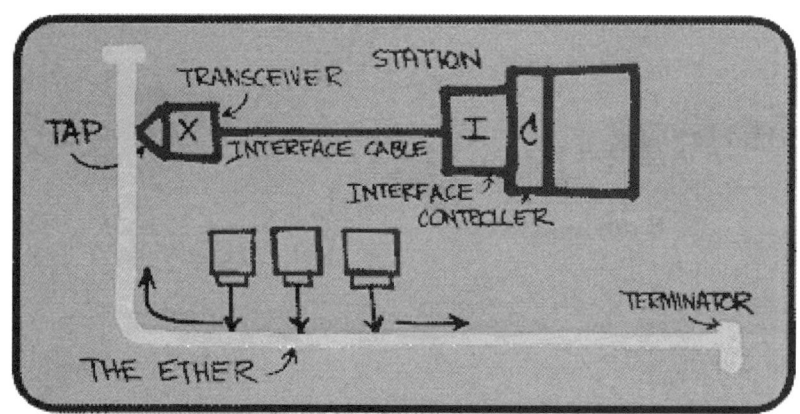

그림 3.1 멧칼프가 그렸던 이더넷 초안으로 10Base5의 표준이 됐음

이더넷 탄생은 최초의 무선 패킷 네트워크인 알로하넷Alohanet에 영감을 받아 제록스Xerox의 연구원인 밥 멧칼프에 의해 개발됐으며, 향후 이를 IEEE Institute of Electrical and Electronics Engineers, 국제전기전자기술협회에 의해 비준된 10Mbps 이더넷 표준이 될 수 있게 제록스xerox, 디지털Digital, 인텔Intel 간 공동 연구를 추진했다.

이 연합 연구체에 의해 1982년 10Mbps급 상용표준이 발표됐으며, 이러한 이유로 현재의 이더넷을 이들 회사의 이름 앞 글자를 따서 DIX2.0이라고 하기도 한다.

---

1. 에테르(Ether): 과거에 전기, 자기, 빛 등이 전달되기 위해 사용하는 매질로 간주됐던 가상 물질로, 현재에는 매개체의 의미로 사용되는 용어다.

> **이더넷 뒷이야기**
>
> 제록스는 사실 이더넷을 상용화하는 데는 큰 관심이 없었다. 1979년 멧칼프는 이더넷을 포함한 상용화된 네트워킹 기술을 개발하는 3Com이라는 회사를 만들었으며, 1980년대 초반 IBM PC용의 이더넷 NIC을 개발 판매했고, 1990년대 회사를 떠났다. 여담으로 과거 랜카드하면 3Com과 Intel은 정말 좋은 제품이었다. 당연하지 않을까? 통신 방식을 개발한 회사에서 만들었으니 말이다.

이후 몇 년 뒤 IEEE에서는 토큰 링, 토큰 버스^{Token-Bus} 등의 다른 방식과 호환성을 고려해 이더넷을 기초로 한 IEEE 802.3 표준을 발표했다. 이 방식은 DIX 2.0 이더넷 방식과 달리 MAC 계층의 단일 계층으로 구성된 데이터 링크 계층을 MAC과 LLC의 두 계층으로 분리했다. 그림 3.2는 이더넷과 IEEE 802.3 이더넷의 스택을 비교했다.

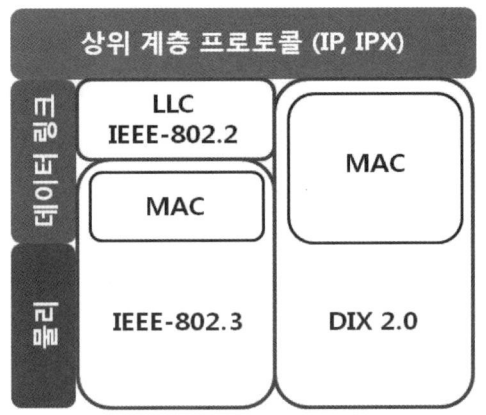

그림 3.2 IEEE 802.3과 Ethernet(DIX2.0)의 계층 비교

- **MAC(Media Access Control, 매체 접근 제어)** 공유된 물리 매체에 접근을 제어하기 위해 이용되는 매체 접근 기법을 다루며, 물리적 MAC 주소 제공을 담당한다.

- **LLC(Logical Link Control, 논리적 링크 제어)** IEEE 802에 정의된 상위 계층 프로토콜과의 연계를 위한 링크 제어와 서비스 액세스 포인트^{SAP}를 제공한다.

그림 3.2에서 DIX2.0 프레임에서는 타입^{Type} 필드를 통해 SAP을 제공하지만, 802.3 표준 프레임에서는 별도의 LLC 하위 계층을 통해 SAP을 제공한다.

현재 이더넷과 IEEE 802.3은 모두 인터넷 표준 문서인 RFC 894와 RFC 1042로 표준화됐으며, 현재 DIX 2.0 이더넷, IEEE 802.3 이더넷 프레임 둘 다 동일한 LAN 상에서 사용되기 때문에 모든 시스템은 이 두 가지 프레임을 모두 처리할 수 있어야 한다.

3.2.1 이더넷(DIX 2.0) 프레임과 IEEE 802.3 이더넷 프레임

DIX 2.0 이더넷 프레임과 IEEE 이더넷 프레임의 구성 방법과 각 헤더 필드 값의 의미를 알아본다.

(1) 이더넷 DIX 2.0 프레임

그림 3.3은 DIX 2.0 이더넷 프레임을 보여준다.

프리앰블 (8바이트)	최소 프레임 64바이트, 최대 프레임 1,518바이트					프레임 간 갭
10101010 ... 10101011	목적지 주소 (6바이트)	발신지 주소 (6바이트)	타입 (2바이트)	데이터(46 ~ 1500바이트)	FCS (4바이트)	9.6 µs

그림 3.3 DIX2.0 이더넷 프레임 구조

- **프리앰블(Preamble)** 8바이트로 구성되며, 첫 7바이트는 각기 10101010의 값을 갖고, 마지막 1바이트는 10101011의 값을 갖는다. 첫 7바이트는 수신 어댑터를 깨워 프레임의 전송을 알리고 수신자의 클록을 동기화시키는 역할을 하며, 마지막 1바이트의 마지막 2비트 신호를 11로 함으로써 다음에 데이터 프레임(목적지 주소 필드)이 온다는 것을 알린다. 그리고 어댑터는 단순히 전류의 유무로 프레임의 끝을 판단한다.

  프리앰블은 물리 계층에서 수행되는 작업으로, 일반적인 네트워크 분석기(와이어샤크Wireshark[2] 같은) 프로그램은 프리앰블을 보여주지 않는데, 분석할 데이터의 효용성이 없기 때문이다.

- **목적지 주소(Destination MAC Address)** 6바이트로 구성되며, 목적지의 물리적 주소를 나타낸다.

---

2. 와이어샤크(Wireshark)는 공개 트래픽 분석 툴로, www.wireshark.net에서 다운로드할 수 있으며, 사용법에 대한 추천서로는 에이콘출판사의 『와이어샤크 네트워크 완전 분석』과 『와이어샤크를 활용한 실전 패킷 분석』이 있다.

- **발신지 주소(Source MAC Address)** 6바이트로 구성되며, 발신지의 물리적 주소를 나타낸다.

- **타입(Type)** 2바이트로 구성되며, 상위 계층 프로토콜과의 서비스 액세스 포인트를 포함한다. 이 값은 0x0600(1536) 이상의 값을 사용한다.

- **데이터(Data)** 46~1500바이트로 구성되며, 상위 계층 프로토콜과 데이터를 포함한다.

- **프레임 체크 시퀀스(FCS, Frame Check Sequence)** 4바이트로 구성되며, CRC-32를 수행해 수신된 신호의 에러 유무를 판단한다.

- **프레임 간 갭(IFG, Inter-Frame Gap)** 10M 이더넷의 경우 9.6㎲의 프레임과 프레임 사이의 보호 시간 갭을 사용한다(이 시간을 비트로 환산하면 96비트에 해당한다).

그림 3.4는 와이어샤크를 이용해 DIX 2.0 프레임을 캡처했으며, 클라이언트가 웹 서버로의 연결을 위해 첫 패킷을 보내는 내용이다(이 말을 이해했다면 이미 어느 정도 TCP/IP에 관한 이해가 있는 엔지니어라 할 수 있다). 화면은 3개의 부분으로 나뉘는데, 맨 위가 요약 정보, 두 번째가 패킷의 상세 분석 정보, 세 번째가 전송하는 비트의 핵사 값(16진수) 정보다.

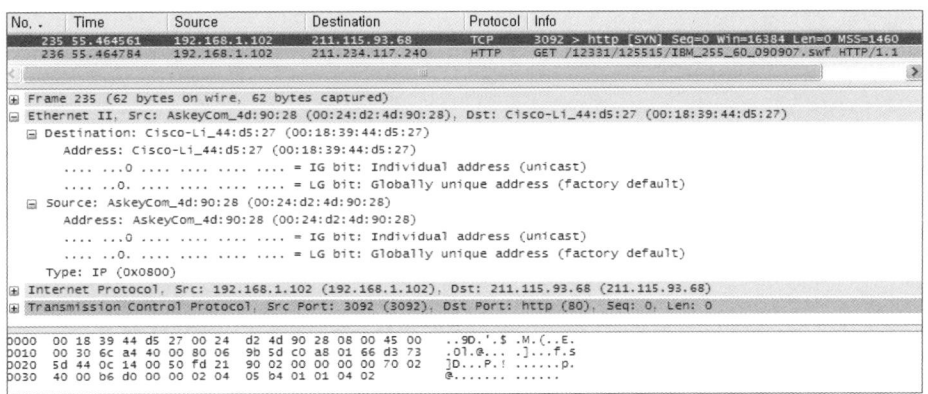

그림 3.4 이더넷(DIX 2.0) 프레임

여기서 다루는 부분이 이더넷 DIX 2.0이므로 이 부분을 자세히 살펴보자. 분석 정보에서는 이 프레임이 이더넷이나 DIX 2.0임을 암시하는 부분이 두 번째 줄에 ETHERNET II로 나온다. 이어서 나오는 정보가 목적지 MAC 주소 필드, 발신지 MAC 주소 필드, 그리고 중요한 타입 정보 필드가 나오는데, 이 값이 0x0800이므로 상위 계층 프로토콜은 IP가 된다.

이 값이 0x0806이면 상위 계층 프로토콜은 ARP, 0x8137이면 IPX일 것이다. 바로 이 타입이라는 필드가 상위 계층과의 서비스(또는 프로토콜) 연계를 위한 SAP 역할을 수행한다.

(2) IEEE 802.3 SAP와 IEEE 802.3 SNAP 프레임

이더넷 DIX 2.0 프레임의 타입 필드 위치에 길이 필드가 나오는 경우가 있다. 이러한 프레임 역시 이더넷 프레임인데, IEEE 표준 이더넷 프레임이다. 구조는 그림 3.5와 같으며, 두 가지 형태로 나눠진다.

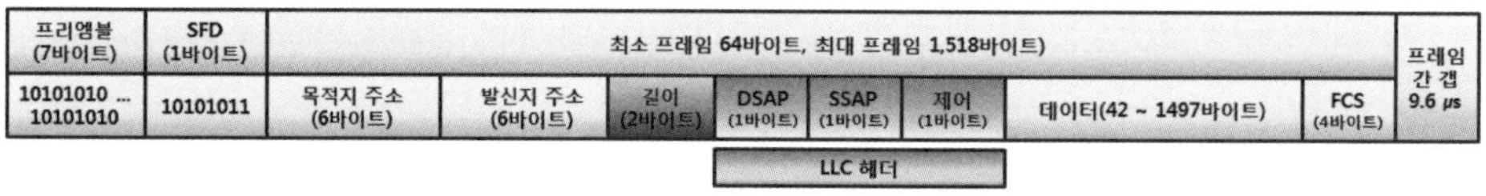

(a) IEEE 802.3 SAP 프레임 구조

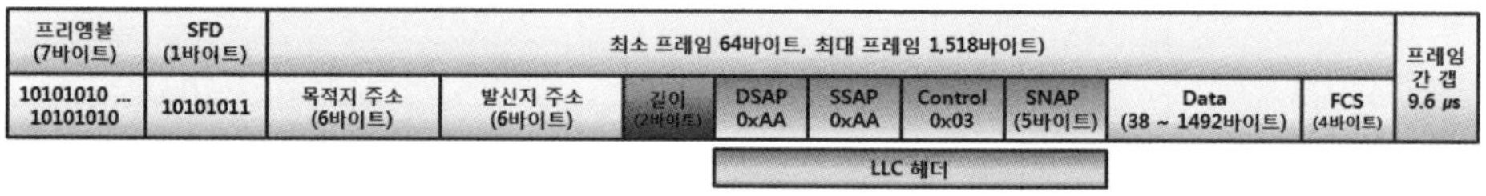

(b) IEEE 802.3 SNAP 프레임 구조

그림 3.5 IEEE 표준 이더넷 프레임

- **SFD(Start Frame Delimiter)** 1바이트로 구성되며, 이더넷 프레임에서 프리앰블 부분의 마지막 1바이트 10101011을 별도로 분리해 놓은 것이다.
- **목적지 주소(Destination MAC Address)** 6바이트로 구성되며, 목적지의 리적 주소를 나타낸다.
- **발신지 주소(Source MAC Address)** 6바이트로 구성되며, 발신지의 리적 주소를 나타낸다.
- **길이(Length)** 2바이트로 구성되며, 0x0600 미만의 값을 사용한다. 이는 프레임의 길이가 1500바이트를 초과할 수 없기 때문이다. 이 때문에 이 값이 0x0600 이상이면 이더넷 프레임의 타입 필드를 의미하고, 0x0600보다 낮으면 길이 필드를 갖는 IEEE 802.3 프레임으로 간주된다.

그렇다면 상위 계층과의 서비스 연계를 표현하는 부분은 어디에서 담당할까? 802.3 SAP 프레임의 경우에는 DSAP$^{\text{Destination Service Access Point}}$와 SSAP$^{\text{Source Service Access Point}}$의 값이 동일한 값을 갖고, 이 동일한 값이 SAP의 역할을 수행한다.

LLC 역할을 수행하는 부분 중 제어 필드$^{\text{Control field}}$는 LLC의 타입을 규정하고, 0x03이라는 값은 ACK를 사용하지 않는 타입 1의 비연결형 모드인 UI 방식을 사용 중임을 가리킨다.

LLC는 다음과 같은 3가지의 타입을 정의한다.

1. **LLC 타입 1** 비연결형 모드$^{\text{unacknowledged connectionless mode}}$로, ACK, 흐름 제어, 에러 복구, 통신 전 논리적 연결 설정 등을 하지 않으며, 1바이트의 제어 필드를 사용한다. 타입 1에서 사용하는 프레임의 종류는 다음 3가지로 다시 분류된다.

   - **UI(Unnumbered Information) 프레임** 데이터 전송 시 사용하며, 타입 2와 달리 순서 번호를 사용하지 않는 정보라는 의미로, 이때의 제어 필드 값은 0x03이 된다.
   - **XID(eXchange IDentification) 프레임** 통신 초기 LLC 타입을 지정한다.
   - **TEST 프레임** 통신 경로의 이상 유무 판단을 위해 사용한다.

2. **LLC 타입 2** 연결형 모드$^{\text{connection-oriented mode}}$로, ACK, 흐름 제어, 에러 복구, 통신 전 논리적 연결 설정 기능을 지원하며, 정보 프레임$^{\text{IF, Information Frame}}$을 사용하는 경우 2바이트의 제어 필드를 사용한다.

3. **LLC 타입 3** ACK 사용 비연결형 모드$^{\text{acknowledged connectionless mode}}$로, ACK만 사용할 뿐 나머지는 타입 1과 유사하다.

현재의 이더넷에서는 LLC 타입 1을 사용하며, 따라서 프레임의 전송 개시 전 경로 설정이나 확인 응답 ACK, 흐름 제어, 에러 복구 같은 기능을 수행하지 않는다.

앞에서도 설명했지만 데이터 링크 계층의 역할 중 신뢰적인 통신의 지원은 가능하지만, 현재의 프로토콜에서는 구현하지 않고 있다. 즉, TCP나 애플리케이션 프로토콜에서 신뢰적인 통신을 위한 재전송 방법을 기술하고 있기 때문에 굳이 하위 프로토콜에 그 기능을 추가함으로써 전체적 전송의 효율(헤더의 길이가 길어지므로)을 떨어뜨릴 필요가 없으며, 현재의 전송 매체 에러율이 대단히 낮아 데이터 링크 계층의 신뢰적 통신이 무의미하기 때문이다.

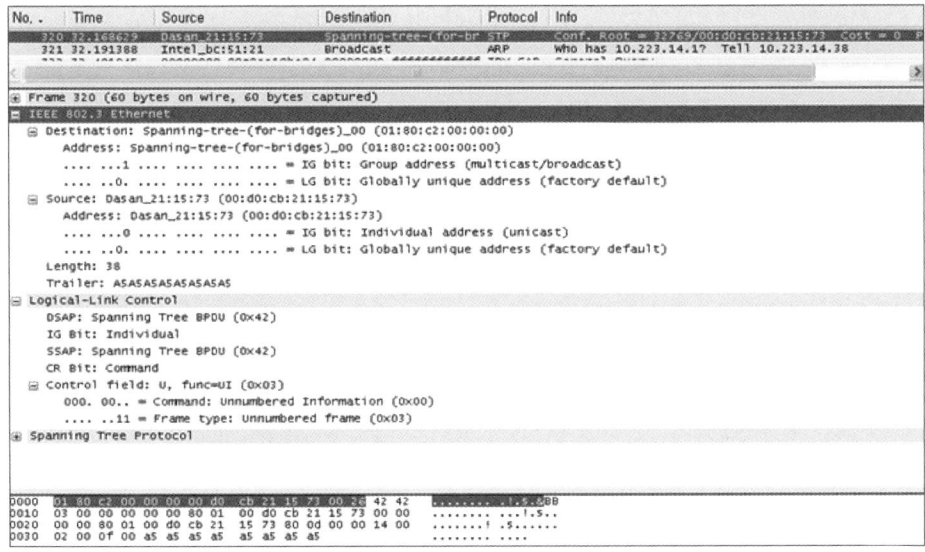

그림 3.6 IEEE 802.3 SAP 프레임

그림 3.6의 IEEE SAP 프레임을 보면 타입 필드 대신 길이 필드가 나왔으며, 값은 0x0026 = 38이다. 그리고 다음 필드로 LLC 부분에 DSAP, SSAP이 동일한 0x42 값을 가지며, 상위 계층의 프로토콜이 STP^Spanning Tree Protocol임을 나타내고, LLC 타입은 제어 필드^Control Field의 값이 0x03이므로, LLC 타입 1인 UI임을 보여준다.

(3) IEEE 802.3 SNAP 프레임

802.3 SAP 프레임의 한계는 DSAP, SSAP을 이용해 표현할 수 있는 프로토콜이 각기 1바이트의 영역 중 7비트만을 사용할 수 있으므로 120여 개로 제한된다는 점이다. 이것은 수많은 종류의 상위 계층 프로토콜을 지원하기에는 부족하며, 이러한 문제점을 해결하기 위해 등장한 것이 802.3 SNAP 프레임 구조다.

802.3 SNAP 프레임은 DSAP, SSAP 값이 모두 0xAA이며, 제어 필드 값은 0x03의 UI인 타입 1 LLC, 이후 SNAP 필드가 나오는데, SNAP 프레임은 두 부분인 3바이트 OUI 필드와 2바이트 PID 필드로 구성된다. OUI^Organizationally unique identifier 값은 통상 0x00이며, PID^Protocol Identifier의 값이 DIX 2.0의 타입 필드와 같은 SAP 역할을 한다.

참고로 SNAP 필드가 5바이트인 이유는 LLC 헤더의 전체 길이를 4배수로 맞춰 CPU의 처리를 용이하게 하기 위함이다. 결과적으로 프레임의 헤더에 타입 필드가 나오면 DIX2.0 이더넷, 그리고 타입 필드 대신 길이 필드가 나오면 IEEE 표준 이더넷으로 볼 수 있다. 또한 IEEE 표준 이더넷에서 길이 필드 다음에 0XAA 값이 오면 SNAP 프레임이고, 그 외의 값이 사용되면 SAP 프레임으로 간주하면 된다.

3.3 이더넷 주소 방식(MAC 주소)

이더넷 네트워크에서 각 시스템(서버, 라우터, 스위치, 방화벽 등)은 자신의 NIC^{Network Interface Card}(속칭 랜카드)을 갖고 있으며, NIC의 중요한 역할 중 하나가 6바이트의 물리적 주소인 MAC 주소를 제공하는 것이다.

그림 3.7과 같이 전체가 6바이트(48비트)로 구성되는 이더넷 주소는 각 바이트를 콜론으로 분리한 16진수 값으로 표현된다.

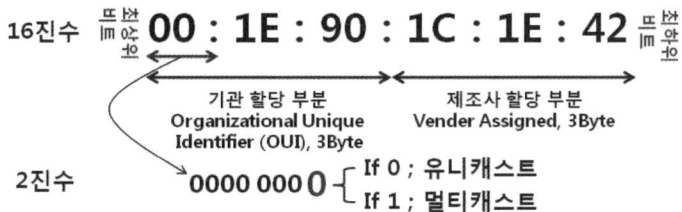

그림 3.7 이더넷 MAC 주소 구조

앞의 3바이트는 NIC을 만든 제조자 코드^{OUI}, 뒤의 3바이트는 제조사가 NIC 각각에 부여한 코드로 과거 OUI 값은 초창기 제록스^{Xerox}에서 부여했지만 현재는 IEEE에서 부여한다(IEEE의 수입원 중 하나다). 따라서 앞의 3바이트 값을 보면 랜카드를 만든 회사를 알 수 있다.[3]

통신 방식은 일대일 통신의 유니캐스트^{Unicast}와 일대다 통신의 브로드캐스트^{Broadcast}, 그리고 일대 특정 그룹 통신의 멀티캐스트^{Multicast} 통신이 있다. 이더넷에서도 3가지 통신 방식을 위해 주소를 이용하는데, 유니캐스트 통신을 위한 주소는 맨 처음 8비트의 마지막 비트^{LSB, Least Significant Bit, 최하위 비트}가 0이며, 멀티캐스트 통신을 위한 주소는 1의 값을 갖는다. 따라서 인터넷 멀티캐스트 통신을 위한 MAC 주소는

---

3. IEEE에서 할당한 OUI 번호를 확인하려면 http://standards.ieee.org/regauth/oui/index.shtml 에 접속해 해당 OUI를 검색하면 된다.

01:00:5E로 시작하는 값을 가지며, 이 주소는 멀티캐스트 용도로 예약돼 있다.

그럼 브로드캐스트용은 무엇일까? 그건 주소의 모든 비트가 1로 표시되는 FF:FF:FF:FF:FF:FF다. 상식적으로 생각해보면 MAC 주소라는 것은 특정 시스템을 가리키는 고유한 주소일 수밖에 없다. 따라서 NIC 안에 하드웨어적으로 이식돼 있는데, 이런 이유로 MAC 주소를 다른 말로 구워진 주소Burned Address라고도 한다.

기본은 유니캐스트 통신이며, 멀티캐스트와 브로드캐스트를 위해서는 특별히 할당된 주소를 갖는다. 멀티캐스트와 브로트캐스트라는 통신을 생각해보면 당연한 구조로, 이 두 가지의 통신 방법이 유일하게 선정될 수 있는 특정한 실체entity가 없기 때문이다. 즉, 물리적으로 단일한 목적지가 정해져 있을 수 없으므로 기존 NIC을 사용하지 않는 논리적인 MAC 주소가 필요하다. 또한 이러한 경우 외에도 특정 용도를 위해 예약된 MAC 주소가 있다. 이 예약된 MAC 주소를 표 3.1에 정리했다.

표 3.1 예약된 이더넷 MAC 주소

목적지 MAC 주소	이름	프로토콜 설명
01-80-C2-00-00-2X	GARP	IEEE 802.1D, Generic Attribute Registration Protocol이다. GMRP와 GVRP 수행을 위해 이용되는 'Carrier' 프로토콜이다.
	GMRP	IEEE802.1D, GARP Multicast Registration Protocol이다. IGMP snooping 같은 제한된 멀티캐스트 플러딩 기능과 MAC 계층의 멀티캐스트 그룹 주소의 등록 해제 기능을 제공한다.
	GVRP	IEEE802.1Q, GARP VLAN Registration Protocol이다. VLAN 브로드캐스트, 불필요한 멀티캐스트, 유니캐스트 플러딩을 차단하고, VLAN ID 등록과 삭제 정보의 동적 전달 기능을 제공한다.
01-80-C2-00-00-10	All Bridges	IEEE 802.1D, 브리지 LAN에서 모든 브리지에 전파하기 위해 전형적으로 사용되는 멀티캐스트 주소다.
01-80-C2-00-00-04 ~ 01-80-C2-00-00-0F	Undefined 802.1 Bridge address	802.1에서 이용되기 위해 예약된 대역으로, IEEE802.1D는 어떤 브리지든 이 주소 대역을 사용하는 프레임은 어떠한 것도 포워딩하지 않아야 한다고 정의한다.

표 3.1 예약된 이더넷 MAC 주소(이어짐)

목적지 MAC 주소	이름	프로토콜 설명
01-80-C2-00-00-00	STP	IEEE 802.1D, 표준 spanningTree Protocol이다. 이를 사용하는 패킷들을 BPDUs(Bridge Protocol Data Units)라 한다.
	RSTP	IEEE802.1W, Rapid Spanning Tree Protocol(RSTP)이다, STP와 동일한 동작을 수행하지만 수렴 시간을 수 초 대로 단축시킨 프로토콜이다.
	MSTP	IEEE802.1S, Multiple Spanning Tree Protocol(MSTP), 단일 스패닝 트리 인스턴스로 동작하는 STP, RSTP와 달리 RSTP 기반의 다중 STP 인스턴스로 동작하는 스패닝 트리 프로토콜이다.
01-80-C2-00-00-01	Pause	IEEE 802.3 Clause 31, 점대점 포즈(pause) 기능으로, 전체 물리 링크상에서 L2 흐름 제어의 하드웨어적 수행을 위해 사용된다.
01-80-C2-00-00-02	LACP	IEEE802.3 Clause 43, Link Aggregation Control Protocol로, 로드 밸런싱을 위해 두 장비 사이의 점대점 링크에 자동으로 그룹을 설정하기 위한 일종의 자동 협상 프로토콜이다.
	OAM	IEEE802.3ah EFM Draft 1.3, Operation, Administration, Maintenance다.
	LLDP	IEEE 802.1ab Draft, Link Layer Discovery Protocol로, 섀시와 포트 정보를 스테이션(통신 시스템) 간에 교환하는 기능을 제공한다.
	Slow Protocols	초당 1 패킷 이상은 사용되지 않을 미래의 IEEE802 표준 프로토콜이 이 주소를 사용할 것이다.
01-80-C2-00-00-03	802.1X	IEEE 802.1X, Port-Based Network Access Control, 포트 기반 네트워크 액세스 제어, 포트 레벨 보안 인증 기능을 제공하며, 대부분 RADIUS 서버에서 이용한다.
01-00-5E-XX-XX-XX	IGMP	IETF RFCs 1112 와 2236, Internet roup management Protocol이다. 2.5 계층의 멀티캐스트 프로토콜로, 호스트와 라우터 사이에서 동작한다. 2계층 멀티캐스트 MAC 주소의 분배를 제어하기 위해 스위치에서 스눕(snoop)된다.

표 3.1 예약된 이더넷 MAC 주소(이어짐)

목적지 MAC 주소	이름	프로토콜 설명
00-00-5E-00-01-XX (유니캐스트 주소)	VRRP	IETF RFC 2338, Virtual Router Redundancy Protocol이다. VRRP 프로토콜로 생성되는 대표 IP의 가상 MAC 주소로, XX는 그룹 ID 번호다.

표 3.1에서처럼 다양한 MAC이 예약돼 사용 중이며, 특히 나중에 다룰 STP^{Spanning Tree Protocol}와 LACP^{Link Aggregation Protocol}, VRRP^{Virtual Router Redundancy Protocol} 외에도 IGMP^{Internet Group Management Protocol} 등에서 사용되는 MAC 주소들이 예약된 주소를 사용한다.

3.4 이더넷 자동 협상 기능

Nway 알고리즘을 이용하는 자동 협상^{AN, Auto-negotiation}은 1994년 IEEE에서 다중 속도 네트워크 장비를 지원하기 위한 기법으로, IEEE 802.3u는 패스트 이더넷을, 802.3z은 광 기가 이더넷을, 802.3ab는 UTP를 이용한 기가 이더넷을 위한 물리 계층 표준에 포함돼 제정됐다. 이 기술은 장비가 네트워크에 연결될 때 자동으로 속도와 듀플렉스 모드가 설정될 수 있게 하는 기법으로, 10/100/1000Mbps 속도를 지원하는 노트북이 있다면 노트북을 네트워크에 연결할 때 자동으로 노트북과 네트워크 장비(스위치 또는 허브)가 상호 특정 신호를 교환해 최적 속도와 듀플렉스 모드를 자동으로 설정토록 하는 기술이다.

이 기술이 없다면 네트워크 관리자들은 "저, 여기 4층 회의실인데요. 여기서 유선으로 인터넷하려면 속도는 어떻게 설정해야 하지요?" 같은 전화를 받느라고 정신이 없을 것이다. 또한 이 기술은 과거의 장비, 즉 네트워크 장비가 1기가 속도를 지원하는 이더넷 스위치를 사용하고 오래된 서버가 10Mbps NIC을 사용하더라도 자동으로 스위치가 10M 하프 듀플렉스로 설정돼 상호 간에 통신을 할 수 있게 해주는 하위 호환성[4]을 제공한다.

---

4. 하위 호환성(backward compatibility): 컴퓨터 분야에서 새 제품이나 기술을 이전 제품과의 호환을 염두에 두고 제작함으로써 과거의 기술이나 제품을 별도의 수정 없이 그대로 사용할 수 있게 하는 기법

3.4.1 링크 테스트 펄스

10Base-T 표준에서 네트워크의 무결성을 보장하기 위한 링크 테스트 방법으로, 네트워크 트래픽이 없을 때 DTE와 리피터 사이의 모든 10Base-T 마우^{MAUs, Media Attachment Units}의 트랜스미터에 의해 +극으로 구성된 100ns 허트빗^{heartbit} 단극 펄스인 링크 테스트 펄스^{LIT, Link Integrity Test Pulse}가 매 16ms 동안 +/-8ms의 범위로 전송된다.

시스템이 데이터 패킷이나 링크 테스트 펄스를 50~150ms 내에 수신하지 못하면 링크의 무결성이 훼손된 것으로 판단하고 데이터 통신을 중단한다. 이 링크 실패 기간 동안에도 장비는 링크 테스트 펄스의 전송과 수신을 지속하려 할 것이며, 데이터 패킷을 수신하거나 연속적으로 두 개의 링크 테스트 펄스를 수신하면 링크는 재연결된다.

3.4.2 100Base-T/1000 Base-T 패스트 링크 펄스

100Base-T/1000Base-T 표준을 재정하면서 자동 협상 기능을 구현하기 위해 패스트 링크 펄스^{FLP, Fast Link Pulse}를 정의했다.

패스트 링크 펄스는 완전히 새로 만들어진 것이 아니라 기존 10M 이더넷의 링크 테스트 펄스를 노말 링크 펄스^{NLP, Normal Link Pulse}로 재정의하고, 노말 링크 펄스에 링크 정보를 특정한 펄스열로 코딩해 패스트 링크 펄스 신호군으로 재구성했다.

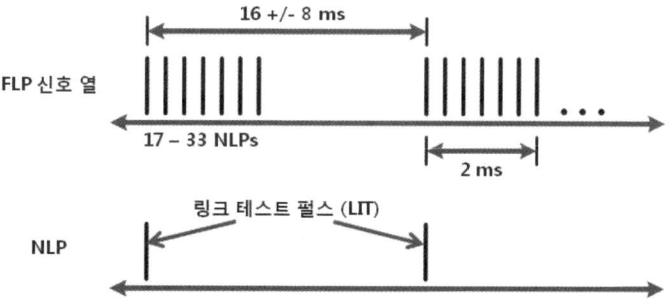

그림 3.8 패스트 링크 펄스(FLP)와 노말 링크 펄스(NLP)의 비교

그림 3.8의 패스트 링크 펄스와 노말 링크 펄스의 비교 그림에서와 같이 노말 링크 펄스는 10Base-T 링크 테스트 펄스이고, 패스트 링크 펄스는 100ns의 펄스폭을 갖는 노말 링크 펄스 그룹이다.

링크에서 자동 협상 기능은 다음 3가지 경우에 수행되며, 일단 링크 구성이 설정되면 패스트 링크 펄스 신호의 전송을 중지한다.

1. 물리적 링크를 연결할 때(또는 링크가 연결된 장비의 전원을 켤 때)
2. 장비가 리셋이나 초기화될 때(인터페이스를 활성화시켰다가 비활성화시키는 경우)
3. 자동 협상에 대한 재협상 요청이 있을 때

(1) 패스트 링크 펄스 구성

FLP 버스트 신호는 클록과 데이터 정보를 제공하는 33개의 펄스열로 구성되며, 17개의 홀수 번째 펄스는 클록을 나타내고, 16개의 짝수 번째 펄스는 데이터 정보를 나타낸다. 그림 3.9는 클록과 데이터 정보 펄스의 타이밍 특성을 보여준다.

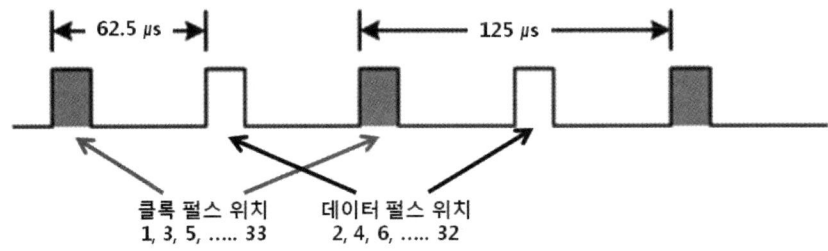

그림 3.9 패스트 링크 펄스열과 타이밍 특성

(2) 패스트 링크 펄스 인코딩

자동 협상 기능을 가진 장비는 패스트 링크 펄스를 송신하고 수신하는데, 패스트 링크 펄스열에서 데이터 펄스는 16비트 링크 코드 워드$^{\text{LCW, Link Code Word}}$로 인코딩돼 있다. 패스트 링크 펄스의 수신자는 이 정보를 인증하고, 협상의 중재 처리에 이용하기 전에 세 개의 동일한 링크 코드 워드를 수신하고 인식해야 한다.

장비가 패스트 링크 펄스를 수신하면 기본 링크 코드 워드를 디코드^{decode}하고 두 장비 간의 최대 공통 분모적 능력(속도, 듀플렉스)을 선택한 후 확인 비트$^{\text{acknowledge bit}}$가 포함된 패스트 링크 펄스를 보냄과 동시에 서로 간에 협상됐던 최대 공통 능력의 모드를 활성화한다.

또한 패스트 링크 펄스 내에 들어있는 17개의 클록 펄스를 통해 데이터 펄스의 타이밍과 복구 기능을 제공하는데, 타이밍의 제공을 위해 패스트 링크 펄스열의 첫 펄스에 클록 펄스가 위치한다. 16개의 데이터 펄스는 있을 때도 있고 없을 때도 있는데, 그림 3.11과 같이 데이터 펄스가 존재한다면 링크 코드 위치상의 임의의 값을 나타내는 것이고, 데이터 펄스가 없다면 링크 코드 위치에 따라 나타내는 값이 0이라는 의미다(그림 3.10의 D2).

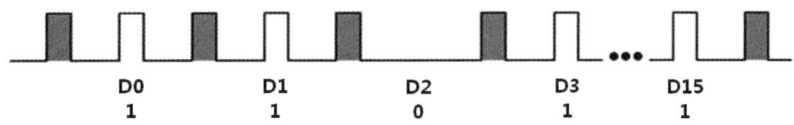

그림 3.10 패스트 링크 펄스열의 인코딩

3.4.3 베이스 링크 코드 워드

장비를 리셋하거나 자동 협상에 대한 재협상이 이뤄질 때 또는 전원이 인가된 후에 베이스 링크 코드 워드^{Base LCW, Base Link Code Word}가 패스트 링크 펄스에 담겨 전송된다. DTE와 링크 파트너는 링크 코드 워드 교환을 통해 자신의 능력을 알린다. 그림 3.12는 베이스 링크 코드 워드의 데이터 펄스 D0~D15 비트 위치에 대한 정보 값을 보여준다.

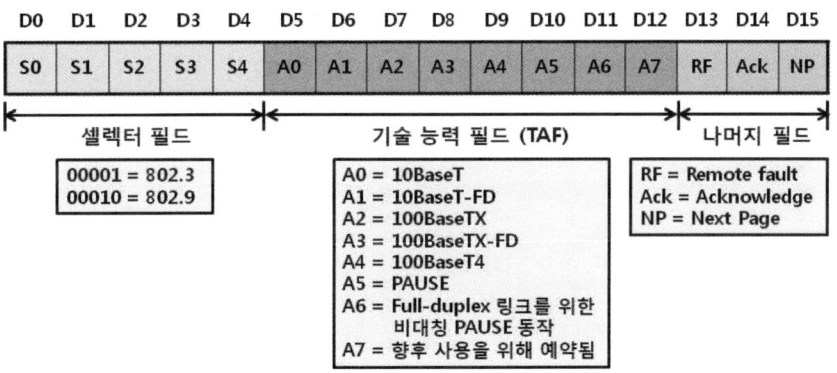

그림 3.11 베이스 링크 코드 워드 구성(Base LCW) 정의

베이스 라인 코드 워드의 구성 내용을 살펴보면 다음과 같다.

- **셀렉터 필드(Selector field)** D0~D4 필드로, 프로토콜과 라인 코드 워드의 특징을 설명

- 00001 802.3 이더넷 프로토콜의 베이스 페이지
- 00010 802.9 프로토콜[5]
- **기술 능력 필드(TAF, Technology Ability Field)** D5~D12 필드
  - 필드 내의 비트 순서는 자동 협상 과정 중에 사용되는 우선순위에 상응하지 않는다.
  - 자동 협상을 수행하는 장비는 표 3.2와 같은 우선순위 테이블을 가지고 상호 간에 공통적으로 갖고 있는 가장 우수한 공통 기능으로 협상한다.

표 3.2 자동 협상을 위한 우선순위 테이블

우선순위	기 술 (Technology)
1 (가장 높음)	1000Base-T - 전이중
2	1000Base-T - 반이중
3	100Base-T2 - 전이중
4	100Base-Tx - 전이중
5	100Base-T2 - 반이중
6	100Base-T4
7	100Base-Tx - 반이중
8	10Base-T - 전이중
9 (가장 낮음)	10Base-T - 반이중

- **나머지 필드(Other Field)** D13~D15 필드
  - RF(Remote Fault) 원격 링크 파트너에 의해 감지된 문제를 나타내기 위해 사용하며, 링크 코드 워드가 성공적으로 협상되면 RF 비트는 0으로 설정된다.
  - Ack(Acknowledge) 세 개의 동일한 링크 코드 워드를 수신한 후 장비는 ACK 비트를 1로 설정해 링크 코드 워드를 최소 여섯 번에서 여덟 번 전송한다.

---

5. IEEE 802.9는 802 그룹의 음성/인터넷 통합형 LAN 인터페이스 소위원회에서 표준화를 추진 중인 Integrated Services LAN 표준으로, 음성/데이터 통합 LAN 서비스 표준이라 한다.

□ **NP(Next Page)**[6] 링크상의 두 장비가 베이스 링크 코드 워드에 NP 비트를 마킹해 전송한다면 베이스 링크 코드 워드 외에 추가적인 페이지가 전송될 수 있다.

3.4.4 3가지 협상 모드

협상 모드는 3가지로 분류할 수 있는데, 자동 협상 모드와 강제 모드, 바이패스 모드다.

- **자동 협상 모드(AN Mode)** 자동 협상 기능이 동작하는 모드
- **강제 모드(Force Mode)** 자동 협상 기능을 사용하지 않고 수동으로 강제 설정을 수행하는 모드
- **바이패스 모드(Bypass Mode)** 자동 협상이 끝나지 않은 상황에서 200ms 동안 협상에 관련된 어떤 정보도 MAC 계층이 수신하지 못하면 협상 모드에서 바이패스 모드로 전이해 데이터의 송수신을 개시한다. 바이패스 모드는 기본적으로 모든 장비에 설정돼 있어 별 다른 설정이 필요 없다.

3.4.5 자동 협상과 듀플렉스 미스매치

자동 협상 기능의 장점은 자동으로 링크 속도와 듀플렉스^{duplex}를 시스템 간에 설정해 준다는 점이다. 하지만 간혹 자동 협상이 잘못되는 일이 있는데, 예를 들어 장비 간에 한쪽은 전이중$^{Full-Duplex}$으로, 나머지 한쪽은 반이중$^{Half-Duplex}$으로 설정돼 버리는 경우가 그것이다.

이런 듀플렉스 미스매치의 발생 원인은 장비 제조사의 실수로 인해 표준에서 벗어난 설계로 인해 발생되기도 하고, 운영 중 관리자의 실수로 인해 발생하기도 한다. 이런 듀플렉스 미스매치가 발생하는 경우 통신상의 문제점과 해결 방안을 알아보자.

다음 3가지 예에서 10/100/1000 802.3ab 자동 협상 기능을 사용하는 서버와 10M 허브, 그리고 10./100M 스위치와 연결될 때의 상황을 가정했다.

---

6. NP 프로토콜은 Message Page(MP)와 하나 이상의 Unformatted Page로 구성되며, 이 페이지들은 베이스 페이지와 유사한 FLP의 형태로 인코딩된다.

(1) 10Base-T 장비와 서버 상호 연동

그림 3.12와 같이 10Base-T의 반이중으로 동작하는 허브와 10/100/1000Base-T 자동 협상 기능을 활성화한 서버를 연결할 때의 동작을 살펴본다.

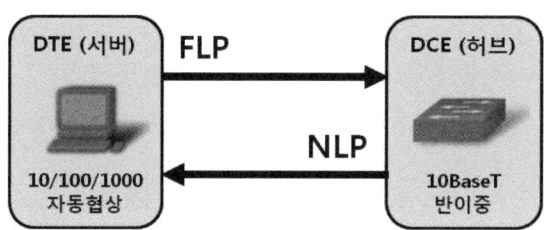

그림 3.12 10Base-T로 동작하는 허브와 연결

1. 서버를 허브에 연결하면 링크를 통해 서버는 패스트 링크 펄스 신호를 전송하며, 허브는 서버로 노말 링크 펄스 신호를 전송한다.
2. 허브는 패스트 링크 펄스 신호를 인지할 수 없고, 노말 링크 펄스 신호를 서버로부터 받지 못했기 때문에 링크가 불량이라고 판단한다.
3. 서버는 노말 링크 펄스 신호를 인지하고, 자신의 모드를 10Base-T의 반이중 모드로 전환한 후 허브로 노말 링크 펄스 신호를 전송한다.
4. 양단의 링크는 반이중 모드로 설정된다.

(2) 100Base-T 자동 협상 기능 활성화 장비와 서버 상호 연동

그림 3.13과 같이 100Base-TX의 자동 협상 기능을 수행하는 스위치와 10/100/1000Base-T 자동 협상 기능을 활성화한 서버와 연결 시의 동작을 살펴본다.

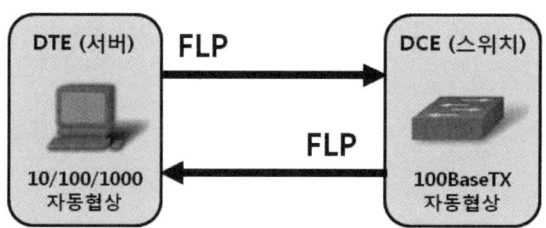

그림 3.13 자동 협상 기능이 활성화돼 있는 100Base-T로 동작하는 스위치와 연결

1. 서버를 스위치에 연결하면 링크를 통해 서버는 패스트 링크 펄스 신호를 전송한다.
2. 스위치 역시 서버에 패스트 링크 펄스 신호를 전송한다.
3. 상호 간 링크는 100Mbps 전이중 모드로 설정된다.

(3) 100Base-T 자동 협상 기능 비활성화 장비와 서버 상호 연동

그림 3.14와 같이 자동 협상 기능이 비활성화되고 강제로 100M 전이중으로 설정된 스위치와 10/100/1000Base-T 자동 협상 기능을 활성화한 서버를 연결할 때의 동작을 살펴본다.

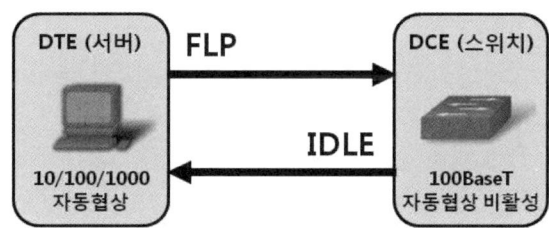

그림 3.14 자동 협상이 비활성화된 100Base-TX로 동작하는 스위치와 연결

1. 서버를 스위치에 연결하면 링크를 통해 서버는 패스트 링크 펄스 신호를 전송한다.
2. 스위치는 자동 협상 기능을 비활성화했으므로 유휴IDLE 심볼을 서버로 전송한다.
3. 서버는 유휴 심볼을 감지하고 자동 협상 기능을 바이패스시킨 후 유휴 신호를 전송한다.
4. 서버의 링크는 100Mbps 반이중 모드로 설정돼 듀플렉스 미스매치가 발생한다.

이는 반대로 서버 측의 NIC을 강제로 100M 전이중 모드로 설정하고 스위치를 자동 협상 모드로 동작시키면 위와 같은 동작을 통해 동일한 듀플렉스 미스매치가 스위치 인터페이스에서 발생한다. 이는 스위치 간의 연결에서도 마찬가지다.

듀플렉스 미스매치의 징후는 서버의 통신 속도가 굉장히 늦어진다는 점이고, 이는 자동 협상 기능이 활성화돼 있는 쪽이 반이중 모드로 설정되면서 다수의 충돌 에러와 CRC 에러가 증가해 지속적인 재전송이 발생하기 때문이다. 따라서 네트워크 장비에 새로운 시스템을 연계하는 경우 네트워크 장비에서 show interface(그림 3.15,

Cisco 스위치에서 수행)라는 인터페이스 상태 확인 명령을 통해 CRC, runts, collision, late collision의 에러 카운트가 지속적으로 증가하는지 확인해봐야 한다.

```
Catalyst_6513#sh int gi 10/10
GigabitEthernet10/10 is up, line protocol is up (connected)
 Hardware is C6k 1000Mb 802.3, address is 0014.a92f.20c5 (bia 0014.a92f.20c5)
.........
.........
  Output queue: 0/40 (size/max)
  5 minute input rate 17000 bits/sec, 32 packets/sec
  5 minute output rate 103000 bits/sec, 46 packets/sec
     246059479 packets input, 17315409580 bytes, 0 no buffer
     Received 84416 broadcasts (6 multicast)
     0 runts, 0 giants, 0 throttles
     1 input errors, 0 CRC, 0 frame, 0 overrun, 0 ignored
     0 watchdog, 0 multicast, 0 pause input
     0 input packets with dribble condition detected
     346499560 packets output, 108790421971 bytes, 0 underruns
     0 output errors, 0 collisions, 1 interface resets
     0 babbles, 0 late collision, 0 deferred
     0 lost carrier, 0 no carrier, 0 PAUSE output
     0 output buffer failures, 0 output buffers swapped out
```

그림 3.15 시스코 스위치에서 show interface 화면

이러한 듀플렉스 미스매치에 대한 해결 방법은 장비 상호 간에 자동 협상 기능을 활성화시키든지, 아니면 비활성화해 수동으로 전이중 모드 설정을 수행해 상호 간 강제로 전이중 모드 상태가 되게 한다.

3.5 이더넷 통신 방식 CSMA/CD와 충돌 에러

초창기 이더넷인 802.3의 10Base-T 표준 매체 접근 방식은 CSMA/CD[Carrier Sense Multiple Access/Collision Detect]라는 방식을 사용한다. 이는 반송파 감지 다중 접근/충돌 검출로 번역할 수 있으며, 대부분 데이터 통신 책에서는 경쟁적 회선 쟁탈 방식이라는 말로 기술한다.

CSMA/CD를 좀 더 쉽게 풀어 설명해보면 다음과 같다.

1. 캐리어 센스^{Carrier Sense}는 데이터를 전송하기 전에 각 시스템이 전송 매체(케이블)에 전송 중인 신호가 있는지를 살피는 과정을 말한다.
2. 멀티플 액세스^{Multiple Access}란 전송되는 신호가 없다면 동시에 다수의 시스템에 데이터를 전송하기 위해 바로 전송을 개시하고, 전송되는 신호가 있다면 전송하지 않고 대기한다.
3. 전송 매체에 전송되는 데이터가 없음을 확인하고 데이터를 전송했는데, 우연치 않게 다른 시스템이 데이터를 동시에 전송했다면 전송된 데이터는 전송로에서 서로 충돌해 시스템들은 이러한 충돌^{Collision}을 감지^{Detect}하고 다시 재전송한다.

충돌 감지가 가능한 이유는 시스템의 NIC에서 전송되는 신호보다 더 높은 준위의 신호를 NIC이나 네트워크 장비의 인터페이스가 감지할 수 있기 때문이다.

3.5.1 충돌 에러의 발생과 동작 방식

10Base-T의 전송 방법은 10Mbps 대역폭에 반이중 모드 방식을 사용하며, 모든 프레임은 기본적으로 브로드캐스트될 수밖에 없다(과거 허브를 사용하던 시절).

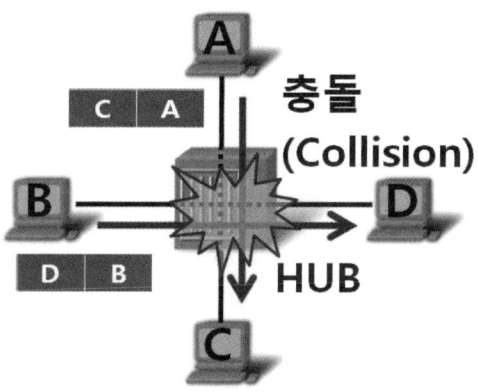

그림 3.16 허브를 사용하는 CSMA/CD 네트워크에서의 충돌 에러

그림 3.16은 충돌 에러^{Collision Error}의 발생을 보여주는데, A라는 MAC 주소를 갖는 시스템은 목적지 MAC 주소가 C인 시스템으로, 또한 B라는 MAC 주소의 시스템은 목적지 MAC 주소가 D인 시스템으로 동시에 프레임 전송을 시작하는 상황을 가정한다. 허브는 실상 내부의 포트가 모두 연결돼 있는 구조로, 예를 들면 전기 케이블의 멀티콘센트와 유사하다.

허브를 이용하는 환경에서 프레임의 충돌은 필연적으로 발생하며, 각 시스템은 프레임의 전압 준위를 모니터링하다가 그림 3.17과 같이 임계 전압 이상의 전압이 발생하면 이를 충돌로 감지하고 재전송을 시작한다. 정확히 충돌 감지는 시스템의 NIC이나 스위치의 인터페이스에서 수행된다.

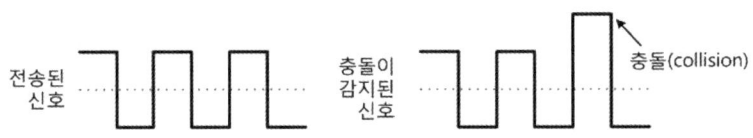

그림 3.17 전송된 시그널과 충돌이 감지된 시그널

그림 3.18과 그림 3.19는 충돌 에러의 발생과 CSMA/CD 과정의 충돌 감지 후에 발생되는 잼Jamming 시그널의 전송을 보여준다.

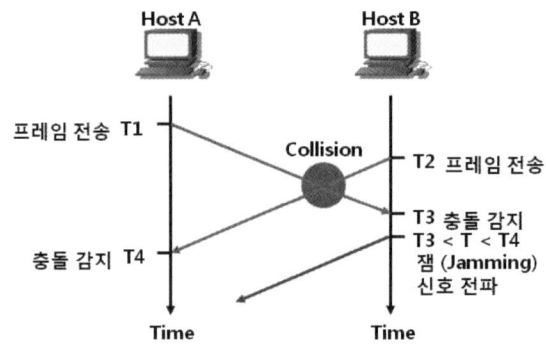

그림 3.18 충돌 에러와 잼(Jamming) 신호

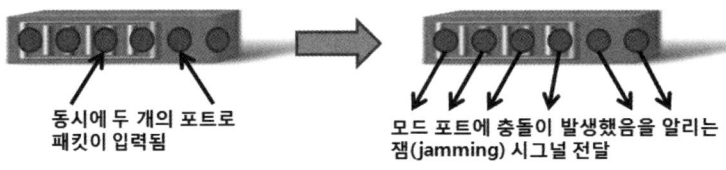

그림 3.19 허브에서 충돌 에러 발생 후 잼(Jamming) 시그널 발생

충돌을 먼저 감지한 시스템은 잼Jamming 시그널을 발생시켜 충돌 상황을 전파하며, 이를 수신한 여러 시스템은 CSMA/CD의 지수 함수적으로 동작하는 백오프 알고리즘Back-Off Algorithm에 의해 생성되는 랜덤 재전송 대기 시간에 따라 대기 시간의 만료

까지 프레임의 전송을 보류한다.

대기 시간이 만료되면 시스템은 재전송을 개시하는데, 마찬가지로 충돌이 발생하면 다시 위의 과정을 반복한다. 16회까지 반복해도 계속 충돌이 발생하면 시스템은 전송 매체를 이용할 수 없는 것으로 간주하고 전송을 포기한다.

3.5.2 CSMA/CD 알고리즘 동작

CSMA/CD 알고리즘의 프로세스 흐름은 그림 3.20과 같다.

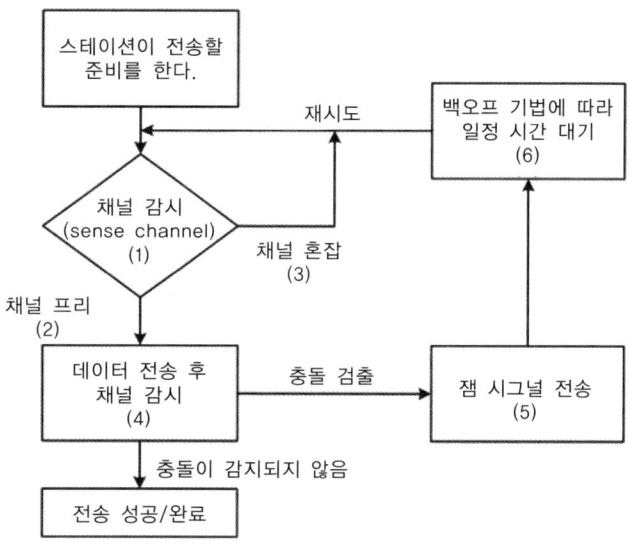

그림 3.20 CSMA/CD 처리 프로세스

① 이더넷 프레임을 전송하고자 하는 스테이션은 채널을 검사한다.

② 채널이 비어있는 경우 전송을 개시한다.

③ 채널에 전송 데이터가 있는 경우 다시 전송 시도를 위해 ①의 과정을 거친다

④ 전송 중 채널의 충돌을 감시한다.

⑤ 충돌이 감지되면 충돌 신호인 잼 신호를 채널에 전파한다.

⑥ 백오프 기간 동안 대기한 후 다시 전송을 위해 ①의 과정을 수행한다.

그렇다면 무선 랜에서는 어떠한 방식이 사용될까? 현재 널리 사용 중인 무선 랜의 방식도 유선과 마찬가지로 이더넷 방식을 사용하며, 따라서 무선 랜을 무선 이더넷

이라도 해도 크게 틀린 말은 아니다. 표준을 보더라도 802.11 시리즈로 구성돼 있고, 사용되는 표준은 802.11b, 802.11a, 802.11g, 그리고 802.11n 방식이 있다.

 유선 환경과 무선 환경의 가장 큰 차이는 캐리어 시그널이 유선은 전기적 신호이고 무선은 주파수를 이용하기 때문에 유선의 경우 신호의 충돌을 전압의 차이로 NIC에서 바로 탐지할 수 있지만 무선의 경우 무선 주파수의 충돌을 탐지해 내기가 어렵다는 점이다.

 결국 무선의 경우에는 유선의 CSMA/CD에서 CD에 해당하는 충돌 감지가 되지 않기 때문에 충돌 자체를 회피할 수 있는 방식인 CSMA/CA$^{\text{Carrier Sense Multiple Access/Collision Avoidance}}$ 충돌 회피 기법을 사용한다.

3.5.3 장비에서의 충돌 에러 확인

그림 3.21의 정보를 보면 시스코^{Cisco} 스위치에서 show controllers ethernet-controller fa0/1을 통해 FastEthernet 0/1의 인터페이스 충돌 에러 현황을 볼 수 있다.

```
Cisco_SW#show controllers ethernet-controller
 Transmit FastEthernet0/1          Receive
4021101418 Bytes                   3808383589 Bytes
3220947266 Unicast frames          1778475617 Unicast frames
 754696050 Multicast frames         247239965 Multicast frames
1290159110 Broadcast frames          28042237 Broadcast frames
         0 Discarded frames            13909 No bandwidth frames
         0 Too old frames                  0 No Buffers frames
   2248472 Deferred frames             40794 No dest, unicast
   1785442 1 collision frames         374765 No dest, multicast
    311147 2 collision frames              0 No dest, broadcast
     82496 3 collision frames              0 Alignment errors
     28428 4 collision frames           3195 FCS errors
     21244 5 collision frames            230 Collision fragments
      9608 6 collision frames
      3657 7 collision frames              0 Undersize frames
      1185 8 collision frames       3952290435 Minimum size frames
       436 9 collision frames       1466682894 65 to 127 byte frames
       117 10 collision frames       183554401 128 to 255 byte frames
        41 11 collision frames       188071902 256 to 511 byte frames
         9 12 collision frames       213865901 512 to 1023 byte frames
         7 13 collision frames       344678336 1024 to 1518 byte frames
         1 14 collision frames              0 Oversize frames
         1 15 collision frames
         0 Excessive collisions
  14185279 Late collisions
```

그림 3.21 시스코 스위치에서의 show controllers

그림 3.21의 박스 안에 보이는 1 collision frames는 한 번 충돌이 발생하고 재전송을 통해 전송됐다는 의미로 싱글 충돌 횟수를 말하며, 2 collision frames는 연속 두 번 충돌이 발생한 횟수, 그리고 15번까지는 연속적 다중 충돌 발생의 횟수를 나타내며, 마지막의 Excessive collision은 16번까지 발생해 전송을 포기한 횟수를 의미한다.

3.5.4 늦은 충돌 에러

늦은 충돌Late Collisions이라는 것은 무엇을 의미하는 것일까? 이론적으로 최소 프레임 크기(이더넷과 패스트 이더넷Fast Ethernet은 512비트, 기가 이더넷Giga Ethernet은 4,096비트)가 전송되기 이전에 송신 측에 감지되는 충돌 에러는 재전송이 가능한 일반 충돌 에러이며, 이를 초과해 감지되는 충돌 에러는 재전송이 불가능한 늦은 충돌 에러가 된다.

결국 늦은 충돌 에러는 재전송이 불가능한 충돌 에러로, 늦은 충돌 에러가 송신 측에서 감지된 경우 나머지 프레임에 대한 전송도 중지되며, 선택적으로 재전송을 시도할 수 있지만 필수 사항은 아니므로 보통 재전송하지 않고 상위 계층 프로토콜이나 애플리케이션에서 재전송에 대한 역할을 수행한다. 결과적으로 통신 속도는 현저히 느려지는데, 대부분 늦은 충돌 에러의 원인은 케이블이 너무 길어 발생하는 현상이다.

3.6 장비에서 살펴본 이더넷 에러의 유형과 원인

네트워크 장비의 상태 정보에서 표현되는 여러 가지 에러의 의미와 각 에러에 대한 원인을 살펴보자. 그림 3.22와 그 아래에서 설명하는 에러 용어들은 시스코 스위치에서 show interface 명령을 통해 볼 수 있는 인터페이스 상태 정보에 나오는 용어들을 설명했지만, 대부분 시스템들이 동일하거나 유사한 용어를 사용한다.

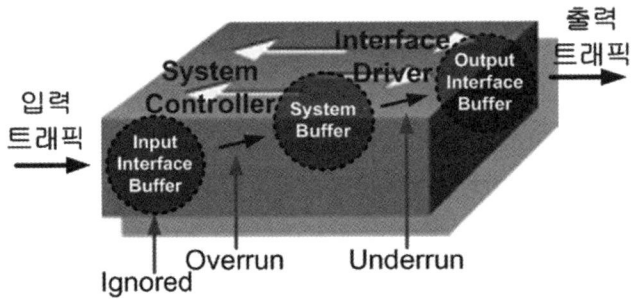

1. 입력 에러(Input Errors) = CRC 에러 + frames 에러
2. 스로틀(throttles): 처리 용량 이상의 패킷이 유입
3. 어보트(abort): 노이즈나 케이블 잘못 등으로 인해 9bit가 1byte로 구성된 패킷
4. 오버런(overrun): 시스템 컨트롤러(System controller)의 이상으로 패킷을 입력 인터페이스 버퍼에서 시스템 버퍼로 전달 실패(CPU 사용률이 높을 경우)
5. 이그노어(ignored): 시스템 버퍼 부족으로 패킷 처리 실패
6. 언더런(underrun): 시스템 버퍼에서 출력 인터페이스 버퍼로의 패킷 전달 실패
7. 디퍼(deferred): 지연에 의한 패킷 미 전송 횟수(충돌의 영향 등)
8. 출력 버퍼 스왑 아웃(output buffers swapped out): 인터페이스 버퍼 부족으로 포트들이 공동으로 사용하는 버퍼에서 메모리를 빌려오려 했지만 실패한 횟수

그림 3.22 이더넷 스위치 버퍼(Buffer) 구조와 에러 요인

1. **입력(Input) 에러** runt, giant, no buffer, CRC, frame, ignore error 등을 합친 값으로, 입력된 신호의 불량으로 발생하는 에러다.

    - **CRC 에러** 노이즈로 인한 전송로 품질의 이상으로, 인터페이스 케이블의 결합 불량 등 회선의 물리적 에러나 자동 협상의 미스매치로 인한 경우가 대부분이다(참고로 CRC에 대한 자세한 연산 방법이나 특성은 나중에 설명한다).

    - **프레임(Frame) 에러** CRC 에러들을 가진 불량 프레임의 수로, 프레임의 길이가 8의 배수가 아닌 에러의 수를 표현하며, 충돌 에러가 발생하거나 오동작하는 이더넷 장비가 있는 경우 발생한다. 정렬 에러$^{alignment\ error}$라고도 한다.

    - **런트(runts) 에러** 수신 프레임의 길이가 정상 프레임 크기의 기준인 64바이트 이하의 비정상 프레임을 폐기한 횟수로, 대부분 NIC 불량으로 발생한다.

    - **자이언트(giants) 에러** 수신 프레임 길이가 1,518바이트를 초과해 폐기한 횟수로, 대부분 시스템의 NIC 불량 원인이 크다.

    - **노 버퍼(no buffer) 에러** 메인 시스템의 버퍼 부족으로 인해 폐기한 횟수로, 브로드캐스트 스톰$^{broadcast\ storm}$ 발생 시 증가한다.

2. **스로틀(throttles) 에러** 연결된 장비(스위치, 라우터 등)로부터 프레임 전송 속도를 감소시키라는 메시지를 받은 횟수를 말한다.

3. **어보트(abort) 에러** 시리얼 인터페이스와 데이터 링크 장비 사이의 클록clock 문제로 발생하며, 클록 설정의 잘못으로도 발생한다.

4. **오버런(overrun) 에러** 인터페이스에 순간 입력 트래픽이 처리할 수 없을 정도의 양이 유입돼 정상 처리가 불가능한 경우 수신한 데이터를 시스템의 하드웨어 버퍼로 전달하지 못한 횟수를 나타낸다.

5. **이그노어(ignored) 에러** 브로드캐스트 스톰이나 노이즈의 갑작스런 증가로 인해 인터페이스 버퍼가 부족해 인터페이스가 수신한 입력 데이터 패킷을 처리하지 못하고 무시하는 횟수를 말한다.

6. **언더런(underrun) 에러** 출력을 위해 출력 버퍼로 패킷을 전달하는 속도보다 더 빠르게 수신돼 패킷을 폐기한 횟수다.

7. **디퍼(deferred) 에러** 다른 장비가 프레임을 전송 중이므로 첫 번째 시도만에 전송하지 못하고, 전송이 지연된 프레임의 수를 나타낸다.

위의 에러 중 시스템의 처리 용량과 관련된 에러가 있는데, 노 버퍼no buffer, 오버런overrun, 이그노어ignored, 언더런underrrun 등이 있다. 이런 에러가 지속적으로 계속 증가 중이라면 사용하는 시스템의 용량을 증설하거나 대용량의 시스템으로의 교체를 고려해봐야 한다.

또한 위의 에러 중 불가피하게 발생할 수밖에 없는 에러들이 있는데, 그 중 반이중 모드를 사용하는 이더넷 링크에서 7번째 항목인 디퍼 에러defer indication가 대표적이다.

디퍼 에러의 발생은 피할 수 없으며, 또한 이것이 발생하는 이유가 프레임의 충돌 에러를 방지하기 위한 방법이므로 심각한 에러에 속한다고 볼 수는 없다. 그러나 디퍼 에러의 횟수가 지속적으로 많아질 경우에는 프레임의 전송 효율이 낮아져 전체적인 전송 속도의 저하를 유발할 수 있으므로 디퍼 에러의 발생을 최소로 유지해야 한다.

디퍼 에러가 전체 출력 프레임에 대해 약 2~3% 이상 발생하면 네트워크 내에서 발생 원인을 찾아 문제를 해결하는 편이 좋다. 디퍼 에러는 프레임의 전송량이 많아질수록 자연스럽게 증가되는데, 더미 허브의 사용은 디퍼 에러 증가의 대표적인 원인이 된다. 또한 NIC, 케이블, 기타 연동 장비의 불량이나 오작동으로 인한 대량의 비정상적인 프레임 발생으로 디퍼 에러가 증가하기도 한다.

3.6.1 이더넷 스위치의 FCS

(1) FCS의 개념

이더넷 프레임의 32비트 테일tail에 할당된 FCS Frame Check Sequence 필드는 에러 체크를 위한 값을 포함하며, CRC-32 Cyclic-Redundancy Check-32, 순환 중복 검사 함수를 통해 얻어지는 값을 사용한다.

CRC의 에러 체크 방식은 보내려는 데이터 값을 특정 함수(제수)로 나누고, 나눈 후의 나머지 값을 원래 데이터의 값 뒤에 추가해 보낸다. 수신자는 수신한 데이터를 전송자와 동일한 특정 함수를 사용해 수신 데이터를 나눈 후 나머지 값의 존재 유무를 통해 에러를 판단하는데, 나머지 값이 없다면 에러가 없는 것이고, 있다면 에러가 있는 것이다.

(2) CRC 연산 방식

다음 예제는 4비트 CRC의 예를 보여준다. 그림 3.23의 (a)와 같이 전송할 데이터 워드가 1001이고, 이를 상호 약속된 제수인 1011의 값으로 나누면 나머지 값은 110이 된다. 따라서 실제 전송되는 값은 '데이터 워드 + 나머지 값'인 '1001 110'이 코드 워드를 형성해 전송된다.

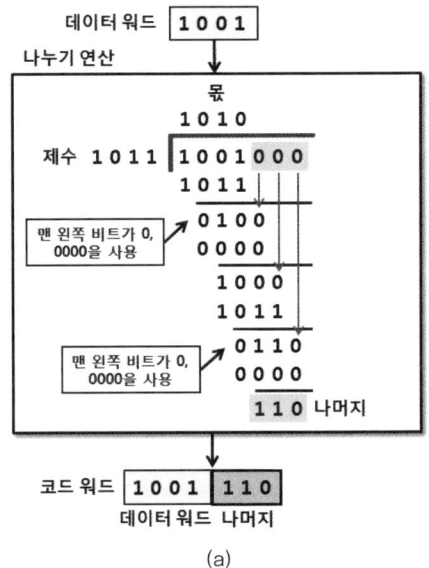

(a)

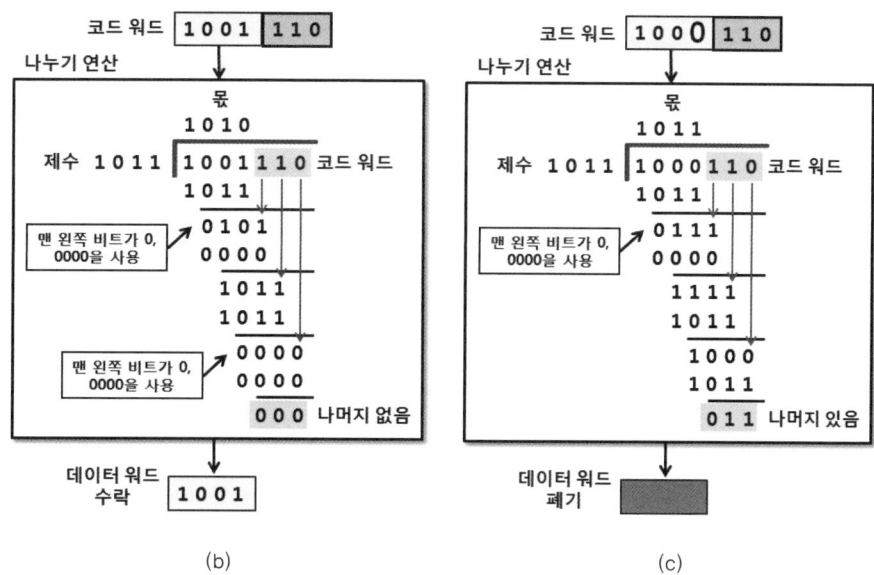

(b) (c)

그림 3.23 CRC 동작 방식

그림 3.23의 (b)와 같이 수신 시스템은 나머지 값이 추가된 프레임을 동일한 제수 값(1011)으로 나눠 나머지의 유무를 확인하는데, 그림 3.23.b와 같이 정상적으로 에러가 없는 코드 워드는 나머지가 존재하지 않지만, 그림 3.23의 (c)와 같이 에러로 인해 변경된 값의 코드 워드를 수신하면 나머지 값이 존재하게 되기 때문에 에러를 감지하고 이 프레임을 폐기한다.

그림 3.24와 같이 스위치는 입력 포트로 들어오는 프레임에 대해 위와 같은 동일한 CRC 연산을 수행하고, 에러가 없다고 판단되면 MAC 주소 테이블의 출력 포트를 검색한 후 CRC 연산을 재수행하지 않고 입력된 프레임을 출력 포트로 복사해 동일한 FCS 필드 값으로 포워딩한다.

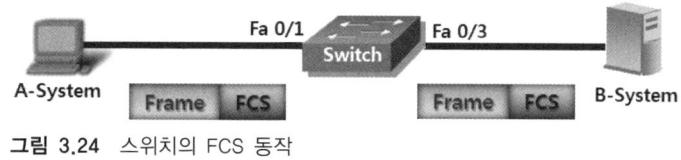

그림 3.24 스위치의 FCS 동작

스위치에서 문제가 발생해 입력 포트에서 유입된 프레임을 출력 포트로 복사하는 과정에서 에러가 발생했다면 스위치는 새로운 FCS 값을 재연산하지 않고 입력됐을 때의 FCS 값을 다시 사용하기 때문에 이를 수신하는 목적 시스템(그림 3.24의 B-System)이 CRC 연산을 수행해 에러를 감지하고 폐기해야 하며, 상위 계층 프로토콜은 이 데이터에 대해 재전송을 요구해야 한다. 결국 FCS 필드의 CRC 연산을 통한 에러 확인의 유무는 전송하는 측이 아니라 수신하는 측의 몫이라는 점이다.

참고로 CRC 체크 방식은 하드웨어적으로 구현이 간단해 널리 사용되며, 특히 데이터의 무결성을 검사하는 분야에서 많이 사용된다. 간혹 CRC 체크섬checksum이라고도 표기하는 경우가 있는데, 체크섬은 다른 방식의 에러 검출 방식으로서, 소프트웨어적으로 에러를 검출하는 상위 계층의 IP와 TCP에 사용된다.

3.7 IFG와 이론적 최대 전송률

IFG^{Inter Frame Gap}란 이더넷 프레임을 전송하기 전에 프레임 사이의 보호 간격 시간을 부여하는 것을 말하는데, 프레임을 전송할 때 프레임 간 이격 거리를 충분히 둠으로써 수신 시스템이 이전 프레임과 현재 수신하는 프레임을 혼동하지 않게 하기 위함으로 이더넷에서는 시간상으로 계산해보면 약 12바이트를 전송하는 시간으로 산정될 수 있다.

이러한 일종의 보호 영역은 무선 주파수^{Radio Frequency}를 사용하는 무선 통신에서도 사용되는데, 주파수 사이에 일정 크기의 빈 주파수 대역을 두는 형식을 사용하며, 이를 무선 통신에서는 보호 밴드^{Guard Band} 또는 보호 대역이라고 한다. 무선 랜을 설계할 때 채널을 설정할 경우 이상적으로 1, 3, 5…의 형식으로 중간 대역을 넘어 설계하는 것도 이와 같은 이유에서다.

IFG는 IPG^{Inter Packet Gap}이라고도 불리는데, 전송 속도에 따라 10Mbps 이더넷은 9.6μs, 100Mbps 이더넷은 960ns, 1Gbps 이더넷은 96ns, 10Gbps 이더넷은 9.6ns의 시간 간격을 갖는다.

그림 3.25를 통해 이더넷(Version II, DIX2.0) 프레임 구조를 다시 살펴보자.

IFG	프리엠블	SFD	목적지 주소	발신지 주소	타입	데이터	FCS
12	7	1	6	6	2	46~1500	4
20바이트			이더넷 프레임: 64바이트 ~ 1518바이트				

그림 3.25 IFG를 고려한 이더넷 프레임의 구조

10G 이더넷에서는 프레임 간격이 최소 9.6ns로, 이는 12바이트에 해당하는 시간이다. 따라서 데이터가 아닌 IFG, 프리엠블, SFD를 합하면 프레임 1개당 전송 시 20바이트의 잉여 프레임이 전송되는 구조다.

- **프레임 간 갭(IFG)** $(9.6 \times 10^{-9}) \times (10 \times 10^9) = 96$비트 $\div 8 = 12$바이트
- **프리엠블(Preamble)** 8바이트 $\times 8 = 64$비트
- **최소 프레임 크기** 64바이트 $\times 8 = 512$비트(IPv4)
  - 64바이트 = Ethernet 헤더(18바이트) + IP 헤더(20바이트) + TCP 헤더(20바이트) + Data(6바이트)
  - 10G 이더넷의 이론적 초당 최대 전송 프레임 수(최소 크기 프레임의 경우), 초당 최대 프레임 전송률$^{Maximum\ Frame\ Rate}$ = (MAC 전송률이나 대역폭)/(IFG + Preamble + 최소 프레임 크기) = 10,000,000,000/(96 + 64 + 512) = 14,880,952.38(frame/sec)

따라서 10Gbps는 최소 프레임 크기(64바이트)의 통신일 경우 14.88Mpps(packet/sec)로 산정될 수 있다. 참고로 IPv6의 경우에는 최소 프레임 크기가 76바이트로, 12.02Mfps(frame/sec), 또는 Mpps가 된다(참고로 pps와 fps는 같은 의미로 사용된다).

결국 실제 10Gbps 장비에 최대한 실제 트래픽을 전송하는 효율은 이더넷 프레임의 크기에 따라 다음과 같은 결과를 얻을 수 있다.

프레임 크기에 따른 최대 전송 속도

64바이트의 경우 10Gbps × 64Byte / 84Byte = 7.619047Gbps
512바이트의 경우 10Gbps × 512Byte / 532Byte = 9.624060Gbps
1024바이트의 경우 10Gbps × 1024/1044 = 9.808429Gbps
1518바이트의 경우 10Gbps × 1518/1538 = 9.869960Gbps

결과적으로 10G(802.3ae) 이더넷 장비에 64바이트의 프레임으로 전송할 수 있는 실제 데이터 트래픽은 7.61Gbps 정도라는 점이다. 이를 통해 트래픽 사용 효율은 1,518바이트를 사용하는 경우 가장 효율이 좋다는 것을 알 수 있다.

따라서 사용자가 물리적으로 100Mbps 이더넷을 사용하는데 FTP 등의 전송 속도로 100Mbps 속도가 왜 나오지 않느냐고 물어보면 서버와 클라이언트의 하드웨어적 성능과 애플리케이션의 성능 때문이기도 하겠지만, 원칙적으로 통신 구조로만 따져 본다면 패킷 헤더와 프레임 헤더 외에 이더넷상의 프리앰블과 IFG 때문이라고 말할 수 있다.

3.7.1 네트워크 장비의 처리 성능 산정

장비의 패킷 처리 용량의 산정에 있어 와이어 속도$^{wire-speed}$를 지원하는 24포트의 수량을 갖는 10기가 이더넷 스위치는 14.88Mpps × 24 = 357.12Mpps의 패킷 처리 성능이 요구되고, 백 플레인은 양방향으로 처리되기 때문에 10Gbps × 24 × 2 = 480Gbps가 요구된다.

3.8 이더넷 표준 IEEE 802.3 시리즈

이더넷의 표준은 IEEE에서 재정되며, 많은 시리즈가 있다. 이 시리즈를 다 알고 있다면 좋겠지만 너무 많으므로 표준화 번호와 설명을 표 3.3에 정리했다.

표 3.3 IEEE 802.3 시리즈 표준

이더넷 표준	표준 일자	설명
IEEE 802.3	1983	Thick coax를 통한 10BASE5 10Mbps(1.25 MB/s)로, Type field가 Length로 대체되고 802.3 헤더 뒤에 802.2 LLC 헤더가 추가된 점을 제외하면 Ethernet II와 동일하다.
IEEE802.3i	1990	10BASE-T, 10Mbps(1.25MB/s), twisted pair
IEEE802.3u	1995	100BASE-TX, 100BASE-T4, 100BASE-FX Fast Ethernet, 100Mbps/s(12.5 MB/s)로, 자동 협상(autonegotiation) 기술 포함

표 3.3 IEEE 802.3 시리즈 표준(이어짐)

이더넷 표준	표준 일자	설명
IEEE 802.3z	1998	광케이블을 이용한 1기가이더넷 1000BASE-X, 1Gbps(125MB/s)
IEEE802.3ab	1999	UTP 케이블을 이용한 1기가 이더넷 1000BASE-T, 1Gbps(125MB/s)
IEEE 802.3ac	1998	최대 프레임 크기를 1522바이트로 확장('Q-tag' 허용을 위해), Q-tag는 802.1Q VLAN 정보와 802.1p 우선순위 정보를 포함한다.
IEEE802.3ad	2000	Link Aggregation Control Protocol(LACP), 이전까지 802.1AX 표준이라 불렸다.
IEEE802.3ae	2003	광케이블을 이용한 10기가 이더넷; 10GBASE-SR, 10GBASE-LR, 10GBASE-ER, 10GBASE-SW, 10GBASE-LW, 10GBASE-EW, 10Gbps(1,250MB/s)
IEEE 802.3af	2003	Power overEthernet(PoE) UTP 케이블에 15.4W의 DC 전원 전달 기술
IEEE 802.3an	2006	UTP 케이블을 이용한 10기가 이더넷 10GBASE-T, 10Gbps(1,250 MB/s)
IEEE802.3at	2009	Power over Ethernet enhancement(PoE+) UTP 케이블에 25W의 DC 전원 전달 기술

802.3 표준은 이더넷 매체에 대한 표준을 정의하며, 무선 인터넷, IP 전화에서 많이 사용하는 IEEE 802.3af와 IEEE 802.3at에 대해 자세히 알아보자.

- **IEEE 802.3af** 2003년도에 표준화됐으며, CAT 3과 Cat 5e 케이블의 4쌍 중 데이터 전송에 사용되지 않는 2쌍을 이용해 15.4W의 DC 전력(최소 44V~57V DC와 350mA)을 장비에 제공하고자 개발됐으며, 케이블 자체의 전송 손실을 고려해 12.95W 전력 제공을 보장한다.

- **IEEE 802.3at** POE+라고도 불리며, 802.3af 기술을 진보시킨 기술로서 2009년도에 표준화돼 25.4W의 DC 전력을 제공한다. 일부 장비 제조사들은 802.3at 표준에서 벗어난 51W DC 전력을 제공하는 기술을 제공하는데, 이는 CAT 5 케이블의 UTP 4쌍을 모두 사용하는 방식을 통해 가능하다.

3.9 케이블이나 커넥터 부분 장애 처리

WAN의 시리얼 구간에서 증상은 다음과 같다.

- 간헐적인 플래핑Flapping(회선의 Up/Down 반복 현상) 증상이 발생한다.
- 플래핑으로 인한 영향은 회선이 이중화돼 있더라도 동적 라우팅을 사용하는 경우 플래핑 장애가 발생한 회선으로 인해 라우팅 테이블이 불안정한 상태가 되고, 통신은 정상과 비정상을 반복하거나 플래핑의 빈도 주기에 따라 아예 서비스가 불통일 수도 있다. 결과적으로 통신 서비스 품질은 저하될 것이다.
- 인터페이스의 CRC / FCS 에러가 지속적으로 증가한다.

조치 방안과 원인은 다음과 같다.

- V.35 케이블을 사용하는 저속 회선의 경우 커넥터 접속 불량의 경우가 대부분으로, 커넥터의 재접속을 수행한다.
- 정확한 진단을 위해 회선 사업자에게 루프백 테스트Loopback Test를 의뢰한다.
  - 루프백 테스트는 회선 구간별로 진행되기 때문에 시간이 많이 소요된다. 즉, 테스트로 인해 회선을 사용할 수 없으므로 서비스 중단 시간을 고려해야 한다.

LAN 구간의 증상은 다음과 같다.

- 전송 지연으로 인해 실제 제공하는 서비스의 지연 현상이 발생한다.
- 인터페이스의 CRC / FCS, Runt 카운트가 지속적으로 증가한다.

조치 방안과 원인은 다음과 같다.

- 케이블 장애와 잘못된 결선 시 자동 협상이나 루핑looping이 발생할 수 있다.
  - 시스코 스위치의 경우 `udld` 명령을 사용해 케이블에 의한 루핑을 방지할 수 있다.
  - 과거 대학 근무 시절 연구실에서 속도 지연이 심하다는 장애가 접수돼 원인을 찾던 중 UTP 케이블이 연구실 책장에 심하게 눌려 있는 것을 옮겨 문제를

해결한 적이 있다. 근단 누화의 원인으로 판단되는데, 케이블의 관리 또한 중요한 사항이다.

- 광케이블의 경우 속도 지연 현상은 (프레임 손상에 따른) 간혹 커넥터 접속 부위에서 dB 값 손실이 큰 경우 발생한다. 이 경우 대부분이 커플러의 삽입 손실에 의해 발생되며, 케이블의 신규 포설이나 커플러 커넥터 접속 부위를 연마하거나 스플라이싱splicing으로 처리가 가능하다.

장비 인터페이스의 불량의 경우에는 다음과 같다.

- 장비의 LED를 통한 유관 확인이 가능하며, 통신 불능이나 지속적 CRC 증가와 플래핑 현상의 지속적 발생으로 판단할 수 있다.

3.10 시스코 스위치의 ErrDisable 메시지

시스코 스위치는 물리적인 포트에 에러 상황이 감지되고, 이 에러가 몇 가지의 조건에 부합하면 소프트웨어적으로 포트를 비활성화시킨다. 비활성화된 포트로는 어떠한 트래픽도 흐르지 않는 상태가 되고 포트 LED 상태는 오렌지색으로 점등되는데, 이를 show interface 명령으로 확인해 보면 포트 상태가 err-disabled로 변경돼 있음을 확인할 수 있다.

```
Switch# show interface gi0/27 status

Port      Name    Status          Vlan    Duplex    Speed    Type
Gi0/27            err-disabled    300     full      1000     1000BaseSX
```

또한 콘솔(console)이나 시스로그(syslog) 메시지를 통해 다음과 같은 메시지를 확인할 수 있다.

```
%PM-4-ERR_DISABLED: link-flap error detected on Gi0/27, putting Gi0/27 in err-disable state
```

※ 링크 플래핑(flapping)에 의한 err-disable 상태 발생 로그

시스코 스위치에서의 error disable 기능은 두 가지 역할을 한다.

- 문제가 발생된 물리적 포트와 문제가 발생된 시점을 관리자에게 알려준다.
- 문제의 포트가 동일 모듈에 있는 다른 포트로 장애를 확장시킬 수 있는 가능성을 제거한다.

심각한 수준의 장애를 초래할 수 있는 문제 발생 포트의 버퍼 독점이나 상호 프로세스 독점 현상을 미리 방지하기 위한 기능으로 이해될 수 있다.

3.10.1 Errdisable을 발생시키는 다양한 원인

Errdisable은 포트상에서 발생하는 늦은 충돌 에러나 과도한 충돌 에러excessive collision를 스위치가 감지하는 상황하에 발생되는데, 과도한 충돌 에러란 앞 절에 설명한 16회 이상 연속적으로 발생하는 충돌 에러를 말하고, 늦은 충돌 에러란 복구될 수 없는 충돌 에러로서 프레임이 물리적인 매체로 모두 전송된 후에 발생하는 충돌 에러다.

충돌 에러가 발생할 수 있는 경우는 다음과 같다:

- 케이블이 물리적 표준 규격에서 벗어난 경우(너무 길거나 잘못된 타입, 또는 불량품인 경우)
- NIC 카드 불량(물리적 핀 불량이나 드라이버 문제)
- 네트워크 장비의 물리적 인터페이스 불량(물리적 핀 불량이나 드라이버 문제)

듀플렉스 미스매치는 직접 연결된 디바이스 상호 간 속도와 듀플렉스 자동 협상 실패로 인해 발생하는 가장 흔한 에러이며, 충돌 에러는 듀플렉스 미스매치로 인해 발생되는 반이중 모드 통신에 의해 발생된다.

errdisable 상황을 발생시킬 수 있는 다양한 경우는 다음과 같다.

- 듀플렉스 미스매치Duplex mismatch
- 잘못 설정된 포트 채널Port Channel misconfiguration
- BPDU 가드 위반BPDU guard violation
- UDLD 조건UniDirectional Link Detection condition

- 늦은 충돌 에러 검출 Late-Collision detection
- 링크 플래핑 검출 Link-flap detection
- 보안 설정 위반 Security violation
- 포트 애그리게이션 프로토콜 플랩 Port Aggregation Protocol(PAgP) flap
- L2PT 가드 Layer 2 Tunneling Protocol guard
- DHCP 스누핑 레이트 리밋 DHCP snooping rate-limit
- 잘못된 인터페이스 소자나 케이블 Incorrect GBIC/Small Form-Factor Pluggable(SFP) module or cable
- ARP 인스팩션 Address Resolution Protocol inspection
- 잘못된 인라인 파워 관련 Inline power

Error-disable 검출은 기본적으로 위의 상황하에서 장애를 방지하기 위해 활성화돼 있으며, 이를 비활성화하려면 no errdisable detect cause 명령을 사용한다. 그리고 현재의 상황을 모니터링하려면 show errdisable detect 명령을 사용한다.

(1) Link-flap 에러

링크 플래핑이란 물리적인 링크가 지속적으로 up, down을 반복하는 상황으로, 플래핑이 10초 동안 5회 이상 발생한다면 해당 인터페이스는 errdisable 상태가 된다. 링크 플래핑에 대한 원인으로는 케이블 불량, 듀플랙스 미스매치, 불량 GBIC Gigabit Interface Card 카드 같은 물리 계층의 문제일 경우가 대부분이다.

다음은 플래핑에 대한 errdisable 기본 임계치와 에러 메시지를 보여준다.

```
Switch# show errdisable flap-values
ErrDisable Reason        Flaps    Time (sec)
---------------------    -----    ----------
pagp-flap                3        30
dtp-flap                 3        30
link-flap                5        10

%PM-4-ERR_DISABLED: link-flap error detected on Gi0/27, putting Gi0/27 in
err-disable state
```

ErrDisable 상태가 발생하면 문제가 해결되더라도 해당 포트는 여전히 통신이 불가능한 상태로 지속된다. 이를 해제시키려면 해당 인터페이스에 shutdown/no shutdown 명령을 통해 인터페이스를 재활성화시켜줘야 한다.

임계 시간 후에 자동으로 인터페이스가 재활성화되기를 원하는 경우 errdisable recovery 명령을 통해 환경 값을 조정할 수 있으며, 확인은 show errdisable recovery, 그리고 재활성화에 대한 변경은 errdisable recovery cause ?를 통해 원하는 기능을 자동 재활성화시키면 된다.

3.11 이더넷 허브와 스위치

3.11.1 이더넷 허브

기본적으로 허브HUB는 1계층의 장비, 스위치Switch는 2계층의 장비라는 사실을 명심해야 한다. 간혹 계층별 접근에 대해 별로 중요하지 않게 생각하는 엔지니어들이 있는데, 나중에 장애 처리에 굉장한 노력이 필요할지도 모른다.

허브는 물리 계층인 1계층 장비로, 주요 역할은 신호가 전송로로 전파되면서 감쇠되는 신호를 원래대로 복원하는 디지털 신호 재생기, 즉 리피터repeater의 역할을 수행한다. 허브는 포트가 여러 개인 관계로 멀티포트 리피터라고도 한다.

이더넷 허브의 동작은 다음과 같다

1. 각 허브 포트로 입력되는 프레임을 증폭, 재생한다(감쇠 신호의 보정).
2. 입력되는 프레임은 입력 포트를 제외한 모든 포트로 플러딩flooding된다.

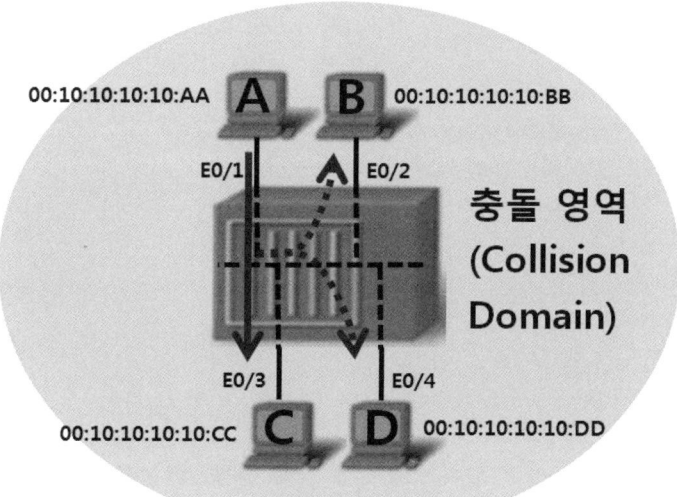

그림 3.26 이더넷 허브(HUB)의 동작

그림 3.26과 같이 A라는 시스템이 C라는 시스템과 통신을 개시하면 시스템은 CSMA/CD 접근 제어 방식을 사용해 통신한다. 허브의 내부 구조는 모든 시스템이 연결돼 있는 구조로, A가 C로 프레임을 전송한다 할지라도 주위 시스템인 B와 D로 동시에 전파되며, 따라서 B와 D는 A가 보낸 프레임을 받을 것이다. 이렇게 입력된 포트를 제외한 모든 나머지 포트로 프레임이 전파되는 현상을 플러딩flooding이라고 한다.

A가 보낸 프레임을 받은 B 시스템은 자신의 데이터 링크 계층인 2계층에서 (시스템이므로 NIC이 2계층과 1계층 장비의 역할을 한다) 물리적 주소인 MAC 주소와 A가 보낸 프레임의 목적지 MAC 주소를 비교한 후 '목적지 주소가 00:10:10:10:10:CC인데, 내 MAC 주소는 00:10:10:10:10:AA야'하면서 목적지 주소가 자신의 것이 아니므로 폐기시킬 것이다.

그림 실무적 관점에서 망의 효율을 생각해보면 허브에 연결돼 있는 시스템들은 항상 전송로의 상태를 살펴 충돌 에러를 피해야 하며, 한 시스템이 통신 중이면 다른 시스템들은 전송로를 선점하기 위해 항상 전송로를 모니터링(또는 센싱)해야 한다. 구조상 언제든 충돌 에러가 발생 가능한 상황이므로 충돌 에러에 의한 재전송도 빈번할 것이다. 따라서 망의 효율은 좋지 않은 것이 당연하며, 이렇게 허브로 구성된 네트워크는 전체가 충돌 에러의 영향 범위에 들어 있다고 해서 충돌 영역Collision Domain이라 한다.

보안 측면에서도 좋지 않다. A의 의지와는 무관하게 B와 D로 프레임이 전송되기 때문에 B의 시스템에 패킷 캡처 프로그램 같은 것을 설치한다면 A의 정보가 그대로 노출될 위험이 있기 때문이다. 이렇게 해킹 공격을 위해 자료를 모으는 패킷 캡처 행위를 스니핑[sniffing]이라고 한다. 참고로 지나가는 패킷을 캡처하려면 캡처 프로그램이 설치된 시스템 NIC의 모드를 무차별 모드[promiscuous mode][7]로 변환해야 한다.

3.11.2 이더넷 스위치

이더넷 스위치는 이더넷 프레임의 헤더 부분을 보고 프레임을 교환하는 역할을 수행하는데, 과거 이러한 기능을 하는 장비를 브리지[Bridge]라고 했다. 브리지는 소프트웨어적으로 구현돼 많은 수의 물리적 포트를 갖지 못했으며, 처리 속도도 현재의 하드웨어적인 스위치에 비해 낮았다.

스위치의 주요한 기본 동작은 다음과 같다

- 각 스위치 포트로 입력되는 프레임의 발신지 MAC 주소 학습
- MAC 주소 테이블 관리[8]를 위해 신규 MAC 주소 추가와 에이징 타이머[aging timer] 기반의 만료 주소 삭제 기능을 수행
- 목적지 MAC 주소에 기반을 둔 프레임 포워딩[Forwarding]과 필터링[Filtering] 수행
- STP를 통한 프레임 루프 방지[STP, Spanning Tree Protocol](뒤에 자세히 다룬다)
- 프레임의 4바이트 FCS를 통한 CRC-32 에러 제어 수행
- 충돌 에러 영역을 각 물리적 포트인 세그먼트 단위로 축소
- 전이중 모드의 지원을 통한 충돌 에러 프리 구조와 고속 통신 지원 가능. 전이중 통신에서의 이더넷 동작은 CSMA/CD 방식이 사용되지 않기 때문에 충돌 에러가 발생하지 않는다.

---

7. 무차별 모드(promiscuous mode), 자신의 NIC과 상관없는 목적지 주소를 갖는 MAC 프레임을 수신할 수 있게 하는 NIC 모드로 뒤에 자세히 설명한다.
8. 통상 MAC Address Table 이라고 하지만, 밴더에 따라 FDB, Filtering DataBase 또는 Cisco 에서는 CAM, Content Addressable Memory Table 이라고 한다.

- MAC 주소 테이블에 존재하지 않는 목적지 주소는 입력 포트를 제외한 나머지 포트로 플러딩[9]된다. 그리고 브로드캐스트 프레임, 멀티캐스트 프레임 역시 플러딩 처리된다.

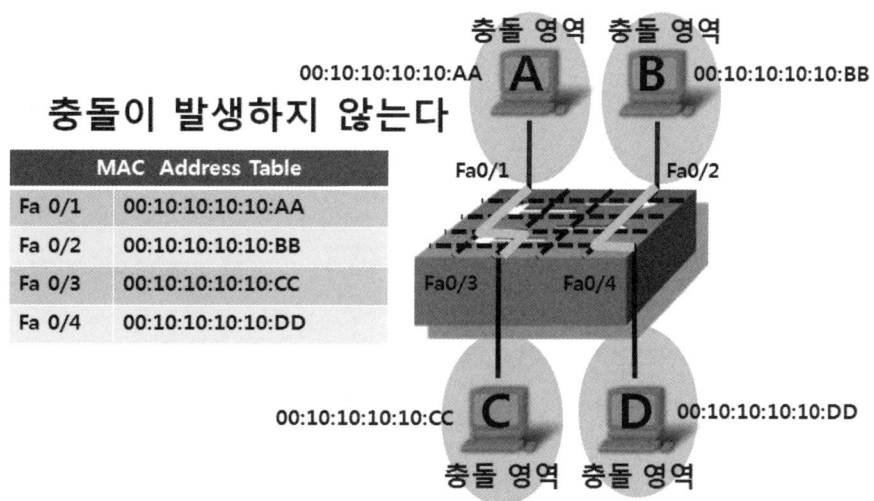

그림 3.27 이더넷 스위치의 동작

그림 3.27에서와 같이 이더넷 스위치의 내부 구조는 여러 개의 차선이 존재하는 구조(Cross-Bar)로, A와 C 시스템이 통신하면서 동시에 B와 D 시스템이 충돌 에러 없이 전이중 방식으로 통신할 수 있다. 따라서 스위치상의 충돌 에러는 각각의 물리적 포트(세그먼트라고도 함)로 범위가 축소된다.

(1) 이더넷 스위치 동작 방식

스위치의 MAC 주소를 이용한 통신의 예를 들면 A, B, C, D라는 시스템이 스위치의 각 포트에 연결돼 있고, 각 시스템의 MAC 주소가 위의 그림과 같을 때 A와 C가 통신을 하려 한다고 가정하자.

---

9. flooding (플러딩), 트래픽 전달에 있어서 네트워크 장비에서 입력되는 포트를 제외하고 나머지 포트로 동시에 모두 데이터가 전달되는 현상을 말하며, 번역하면 범람이라고 표현할 수 있다.

스위치의 MAC 주소 학습과 플러딩

- 최초 스위치를 ON했을 때 스위치의 MAC 주소 테이블에는 아무런 MAC 주소도 없는 비어있는 상태다.

- 그림 3.28과 같이 A 시스템이 C 시스템으로 프레임을 전송하면 스위치는 입력 포트 Fa0/1로 인입되는 프레임을 학습해 송신자 A 시스템의 발신지 MAC 주소를 MAC 주소 테이블의 Fa0/1 포트에 매칭시키고, 목적지 주소는 MAC 테이블에 없으므로 프레임을 모든 포트로 플러딩한다.

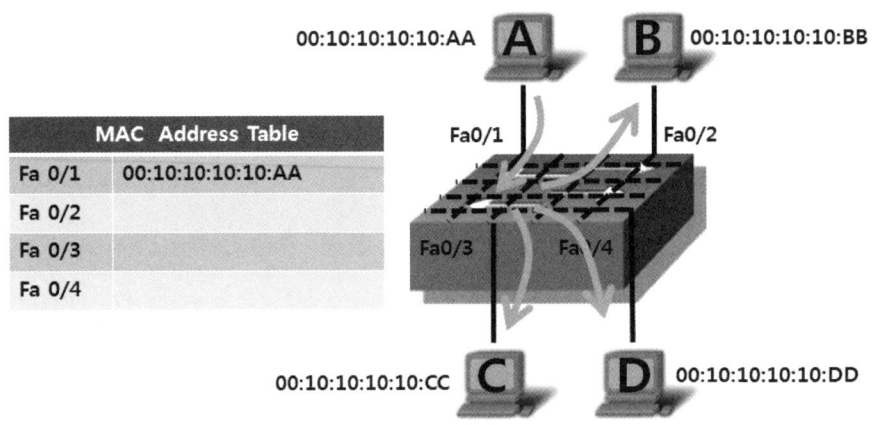

그림 3.28 MAC 주소 학습과 플러딩

스위치의 MAC 주소 학습과 포워딩

- C 시스템이 A의 프레임에 응답을 하면서 그림 3.29에서와 마찬가지의 과정으로 스위치는 Fa0/3로 인입되는 송신자인 C 시스템의 프레임 소스인 MAC 주소를 학습해 MAC 주소 테이블의 Fa0/3 포트에 매칭시킨다.

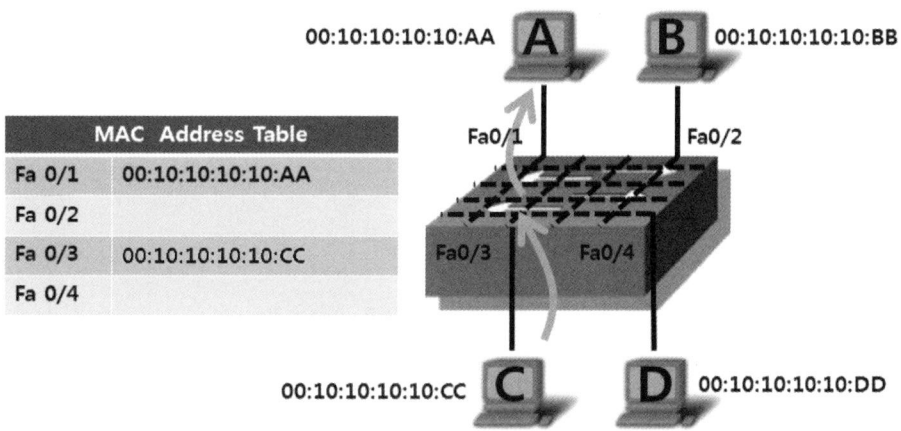

그림 3.29 MAC 주소 학습과 포워딩

- 목적지 MAC 주소가 스위치의 MAC 케이블에 존재함으로써 스위치는 프레임을 플러딩하지 않고 Fa0/1로 포워딩한다.

스위치 MAC 주소 테이블에 의한 포워딩

- 그림 3.30과 같이 스위치에 연결된 모든 시스템의 MAC을 학습한 후 스위치는 통신을 위해 더 이상 프레임을 플러딩하지 않고 MAC 테이블을 참조해 포워딩과 필터링을 수행한다.

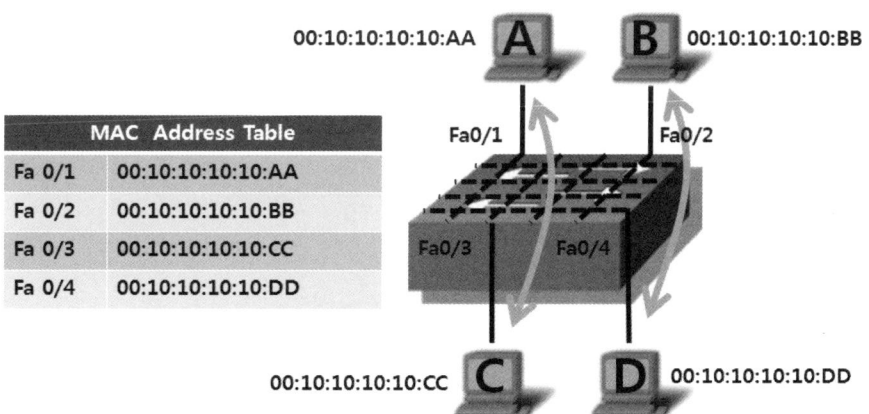

그림 3.30 MAC 주소 테이블에 의한 포워딩

이더넷 데이터 링크 계층과 장애 처리 [117]

- 스위치에 연결된 시스템이 브로드캐스트나 멀티캐스트 통신을 할 경우 스위치는 목적지 MAC이 MAC 주소 테이블에 존재하지 않기 때문에 프레임을 플러딩할 수밖에 없다.

에이징 타이머 기반의 MAC 주소 테이블 관리

- 그림 3.31과 같이 스위치에 바로 연결돼 있지 않은 D 시스템이 더 이상 연결돼 있지 않아 에이징 타이머(Aging Timer, 만료 시간) 기간 동안 Fa 0/4 포트로 D 시스템의 발신지 MAC이 유입되지 않으면 스위치는 MAC 주소 테이블에서 해당 포트 Fa0/4에 매칭된 시스템 D의 MAC 주소를 지운다.

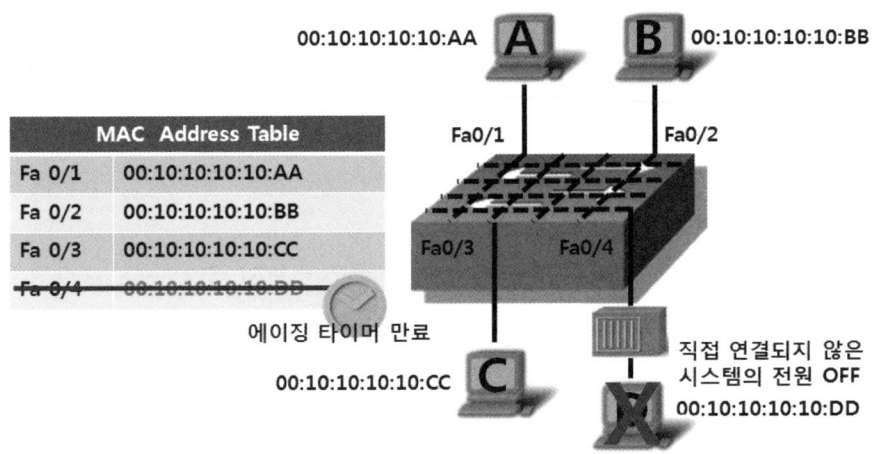

그림 3.31 에이징 타이머에 의한 MAC 주소 테이블 관리

- 스위치에 바로 연결돼 있는 시스템의 경우 링크가 다운되면 해당 포트의 MAC 주소 테이블을 바로 삭제한다.

스위치 MAC 주소 테이블에 의한 필터링

- 스위치의 포트 Fa0/4에 허브를 연결해 시스템 E를 추가했으며, 그 결과 스위치 포트 Fa0/4에 시스템 E의 MAC 주소가 추가됐다. 물론 스위치 포트 Fa0/4의 속도와 듀플렉스는 10M 반이중 상태로 동작할 것이다.

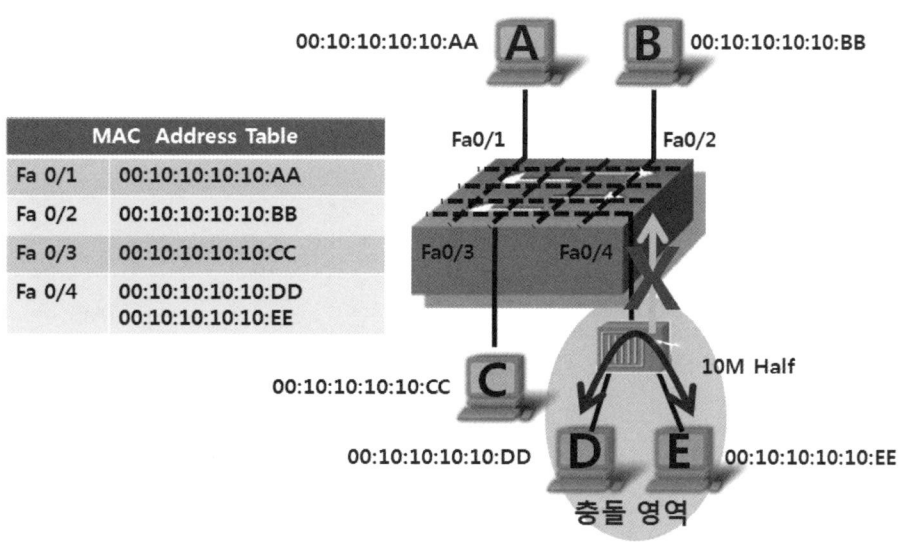

그림 3.32 MAC 주소 테이블에 의한 필터링

- 시스템 D에서 시스템 E로의 통신이 이뤄진다면 스위치는 프레임이 Fa0/4의 포트를 벗어나는 것을 필터링할 것이다. 참고로 충돌 영역은 세그먼트 단위로 구성된다.

스위치의 성능을 평가하는 기준 중 하나는 얼마나 많은 MAC 주소를 저장할 수 있느냐는 것이다. 그렇다면 스위치에 자신의 능력을 초과하는 MAC 주소가 유입된다면 어떻게 될까?

스위치는 새로운 주소에 대해서는 MAC 주소 테이블에 저장할 수 없기 때문에 새로운 MAC 주소를 목적지로 하는 프레임은 당연히 모두 플러딩된다. 이는 보안상 스위치에 대한 취약점으로 작용하는데, 스위치를 이렇게 동작하게 유발하는 공격이 MAC 플러딩 공격이다.

이 공격은 공격자가 자신의 공격 PC와 연결된 특정 포트로 쓰레기^{garbage} MAC 주소를 전달해 스위치의 MAC 주소 저장 공간을 쓰레기 MAC 주소(존재하지 않지만 가짜로 만들어 낸 MAC 주소)로 가득 채워 스위치를 마치 허브처럼 동작하게 만드는 공격이다. 시스코 스위치는 이러한 공격을 방지할 수 있는 기능이 제공되는데, 특정 포트로 유입되는 발신지의 MAC 주소와 MAC 주소 개수를 제한해 이 공격을 무력화할 수 있다. 이는 바로 뒤에 자세히 다룬다.

3.12 MAC 플러딩 공격과 방어

3.12.1 MAC 플러딩의 개념

MAC 플러딩Flooding,(직역하면 'MAC 홍수내기') 기술은 2계층 스위치 네트워크의 보안을 저해하는 방법으로 정의될 수 있다. 스위치 자신은 각 물리적 포트에 MAC 주소를 매칭시키는 일명 MAC 주소 테이블을 유지 관리한다.

이는 스위치가 목적지 호스트로 프레임을 전송할 때 목적지 호스트의 위치가 어디 포트에 있는지를 파악해 허브처럼 브로드캐스트 통신을 하지 않고 유니캐스트 통신을 하기 위해 사용된다. 결국 스위치는 그림 3.33에서 보여주는 것처럼 이 MAC 테이블을 통해 송신자의 트래픽과 수신자의 트래픽에 대한 단일한 논리적인 2계층 경로를 확보해 다른 세그먼트로 프레임을 전달하지 않게 함으로써 브로드캐스트 통신 방식을 사용하는 허브에서 발생할 수 있는 패킷 스니핑 같은 보안 침해 행위를 원천적으로 막을 수 있다.

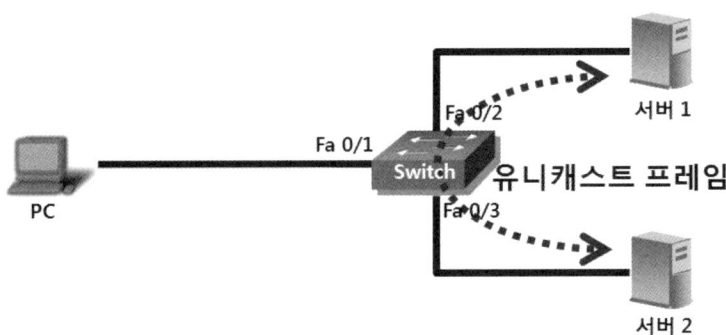

그림 3.33 스위치에서 시스템 간의 유니캐스트 프레임 포워딩

3.12.2 MAC 스푸핑 공격

공격자는 자동화된 공격 툴[10]을 이용하는데, MAC 플러딩 공격 방식은 공격자 호스트가 다수의 상이한 MAC 주소를 지속적으로 스위치에 전송하면 스위치의 MAC 테이블에 할당된 메모리가 공격자의 MAC 주소로 가득 찰 것이고, 그림 3.34와 같

---

10. Helix, Whoppix 등에 Live CD를 이용해 macof를 실행하면 MAC Flooding 공격이 가능하다.

이 스위치의 신규 MAC 주소를 관리하기 위한 메모리가 고갈 상태에 이르게 된다.

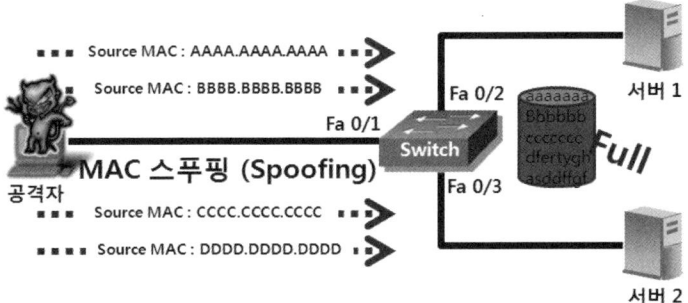

그림 3.34 MAC 스푸핑 공격: 쓰레기 MAC 주소를 스위치에 주입

스위치가 이 상태(일명 failopen mode 상태)가 되면 스위치로 유입되는 모든 프레임은 모든 포트로 브로드캐스트되며, 마치 허브와 같이 동작하게 된다. 따라서 그림 3.35와 같이 패킷 스니핑 같은 정보 수집 공격이 가능해진다.

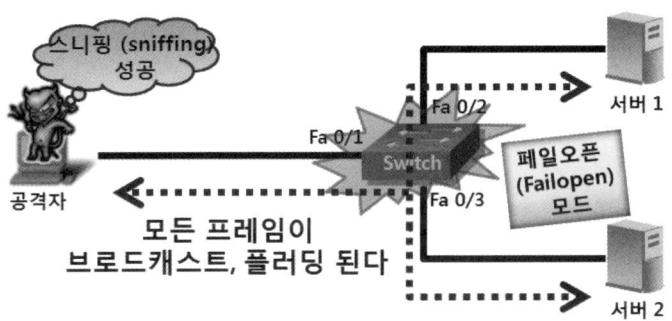

그림 3.35 MAC 스푸핑 공격 후: Failopen 모드로 동작하는 스위치

3.12.3 MAC 스푸핑 공격 방어

MAC 스푸핑 공격을 방지하기 위해 노텔[Nortel], 시스크[Cisco], Allied Telesis 같은 제조사들은 자신의 장비에 이를 방지할 수 있는 설정을 할 수 있게 장비를 구현하고 있는데, 임의의 포트로 너무 많은 MAC 주소가 유입되는 경우 해당 포트를 강제로 비활성화시키고 해당 사항에 대한 로그를 `syslog` 관리 시스템에 전송하는 방식의 기술을 사용한다.

다음은 MAC 스푸핑 공격을 방지하기 위한 시스코 스위치의 설정 예다.

1. Port-Security 활성화

   ```
   Switch(config)# interface fastethernet 0/1
   Switch(config-if)# switchport port-security
   ```

2. 최대 등록 가능한 MAC 엔트리 개수 설정. 이 예에서는 10개로 설정(시스코 3750의 경우 포트당 최대 5120개가 등록 가능하며, 이 개수는 장비 사양에 따라 상이하다)

   ```
   Switch(config-if)# switchport port-security maximum 10
   ```

3. 설정 값 이상의 값이 유입됐을 때의 스위치 동작 방식 결정 {protect | restrict | shutdown} 중 하나를 설정하며, 설정을 하지 않으면 기본 값은 shutdown이다.

   - **protect**   위배된 MAC을 갖는 호스트의 통신을 거부
   - **restrict**   위배된 MAC을 갖는 호스트를 거부하고 log에 기록
   - **shutdown**   위배된 호스트가 있는 경우 포트를 비활성화(err-desirable)시키고 log에 기록

   ```
   Switch(config-if)# switchport port-security violation restrict
   ```

해당 포트에 등록될 MAC 주소를 자동 설정으로 하는 방법은 sticky 옵션을 사용하는 것이다. 이 설정은 위에 정의한 maximum의 수만큼 MAC을 자동 등록할 수 있게 해준다.

```
Switch(config-if)# switchport port-security mac-address sticky
```

팁 유해 트래픽이 발생하는 MAC 주소를 차단하는 Filtering 명령은 다음과 같다.

```
Switch(config-if)# mac-address-table static aaaa.bbbb.cccc vlan vlan-id drop
```

3.13 무차별 모드의 동작과 감지

3.13.1 무차별 모드의 개념

무차별 모드promiscuous mode 또는 promisc mode는 네트워크 카드NIC에 설정되는 것으로, 설정된 시스템의 카드는 수신한 프레임의 목적지 MAC 주소가 자신의 것이 아니더라도 프레임을 커널kernel로 통과시키기 위한 방식이다. 다시 말해 목적지 MAC 주소가 자신의 MAC 주소가 아니더라도 모두 수신한다. 이는 시스템으로 유입되는 모든 트래픽을 특수 목적(패킷 스니핑, 네트워크상에서 브리지 모드로의 사용)으로 처리하기 위한 경우 설정되는 기술이다.

일반적으로 네트워크 카드는 목적지의 주소가 자신의 주소가 아닌 프레임을 수신하는 경우 (브로드캐스트나 멀티캐스트 주소를 제외한) 해당 프레임을 폐기한다. 무차별 모드로 시스템을 동작하게 하려면 별도의 설정이나 프로그램이 요구되는데, 윈도우 계열에서 패킷을 캡처할 수 있는 와이어샤크(www.wireshark.net) 프로그램을 이용하고자 할 때 같이 설치되는 `winpcap` 같은 프로그램이 시스템을 무차별 모드로 만들어 주는 프로그램이다.

동일한 브로드캐스트 영역 내의 패킷 모니터링을 위해서는 모니터링 호스트가 연결되는 장비에 따라 별도의 설정이 필요한 경우가 있는데, 스위치의 경우 모든 프레임이 브로드캐스트되지 않기 때문에 특정 포트로 전송되는 트래픽의 모니터링을 위해서는 미러링mirroring(또는 SPAN이라고 함) 설정이 네트워크 장비에 추가로 요구된다.

허브로 구성된 네트워크라면 기본적으로 모든 프레임이 브로드캐스트될 것이므로 추가 설정은 요구되지 않는다. 또한 스위치에 미러링 설정과 같은 특수 설정은 해당 장비에 접근할 수 있는 네트워크 관리자만이 가능한 일이기 때문에 악의적 해커들이 패킷을 스니핑하기 위해 이전에 설명했던 MAC 스푸핑 같은 공격을 사용해 모든 스위치를 페일오픈failopen 모드로 만들기도 한다.

3.13.2 무차별 모드의 감지

무차별 모드는 네트워크상에서 패킷을 스니핑하는 악의적인 목적에서 사용되기도 하는데, 관리자는 다음과 같은 증상을 통해 무차별 모드로 설정된 장비를 탐지할 수 있다.

- 네트워크 장비가 무차별 모드로 설정돼 있다면 커널은 모든 네트워크 트래픽을 수신할 것이다(CPU 부하가 증가함을 볼 수 있다). 네트워크의 처리 지연^{latency} 역시 눈에 띄게 증가할 것이다. 참고로 대용량 스위치라면 미러링 설정 몇 개로 스위치의 부하가 확연하게 증가하지는 않는다.
- 무차별 모드에서 일부 소프트웨어는 목적지 MAC 주소가 자신의 주소가 아닌 프레임에 대해 응답 프레임을 전송하는 경우가 있다. 이런 증상을 목격한다면 분명 응답 프레임을 전송한 호스트가 무차별 모드로 설정돼 있는 것이다. 예를 들어 정확한 목적지 IP 주소와 잘못된 목적지 MAC 주소를 사용해 ping 테스트를 시행해본다.

실제 실무에서 무차별 모드로 동작하는 시스템을 탐지하기란 매우 어려운 것이 사실이며, 이를 위해서는 네트워크와 보안 엔지니어들의 더 많은 연구와 고민이 있어야 될 것 같다.

3.14 정리

3장에서는 데이터 링크 계층 프로토콜인 이더넷을 중심으로 이더넷의 태생과 프레임의 구조를 살펴봤고, 허브와 스위치의 동작 방식, 보안 위협을 다뤘으며, 이더넷상의 물리 계층 장애에 대한 처리 방안을 기술했다. 4장에서는 이더넷 스위치의 핵심 기술 중 하나인 VLAN과 802.1pQ 프로토콜을 다룬다.

4

VLAN, 802.1pQ 장애 처리와 FCoE, DCB

4장에서는 전형적인 2계층 이더넷 스위치에서 네트워크 구성의 유연성과 보안성을 강화하기 위한 기술인 VLAN과 802.1pQ 프로토콜을 다룬다. 특히 스위치에서의 VLAN_ID 처리 동작을 예제를 통해 자세히 다루며, SVI(Switch Virtual Interface)로 라우팅 구간을 이중화 설정하는 경우에 트렁크 설정 문제로 발생할 수 있는 라우팅 장애 상황을 고려해본다. 마지막으로 최근 여러 제조사에서 발표하고 있는 DCB와 FCoE 프로토콜에 대해서도 언급했다.

4.1 VLAN

기본적으로 스위치는 충돌 영역의 범위를 스위치의 물리적인 포트인 세그먼트 단위로 줄일 수 있지만, 브로드캐스트, 멀티캐스트 프레임에 대해서는 여전히 모든 포트로 프레임을 플러딩[1]한다. 그래서 스위치는 허브와는 다르게 충돌 영역을 포트별로 분리해 다중의 충돌 영역을 형성하지만 허브와 동일하게 하나의 브로드캐스트 영역으로 동작한다.

네트워크 구현의 필요에 의해 (보안성 강화, 네트워크 유연한 구성, VLAN별로 스패닝 트리를 사용하는 구조에서의 2계층 로드 밸런싱 등) 스위치를 논리적인 여러 개의 브로드캐스트 영역으로 분할 할 수 있는데, 이러한 기능을 VLAN$^{Virtual\ LAN,\ 가상\ 랜}$이라고 한다.

이렇게 하나의 스위치에서 설정된 VLAN은 각각 브로드캐스트 영역을 VLAN_ID로 분할하며, 분할된 하나의 VLAN은 하나의 브로드캐스트 영역이나 하나의 논리적 네트워크(서브넷^{Subnet})를 구성한다.

4.1.1 가상 랜

스위치를 2개 이상의 VLAN으로 나누면 마치 스위치는 VLAN별로 독립적인 논리적 스위치로 동작하고, 분할된 VLAN 간 통신은 불가능하다. 기본적으로 모든 스위치는 디폴트 VLAN 1을 갖고 있고, 스위치의 모든 포트는 이 VLAN에 속해 있으며, 또한 VLAN 1은 스위치를 관리하기 위해 관리 IP를 설정할 수 있는 VLAN으로 관리^{Management} VLAN이라고도 한다.

---

1. 스위치의 프레임 플러딩(Frame Flooding): 스위치는 자신의 MAC 테이블에 존재하지 않거나 표준 프로토콜로 예약돼 있지 않아 인지하지 못하는 목적지 MAC 주소에 대해서는 인입 포트를 제외한 나머지 포트로 프레임을 모두 전달한다.

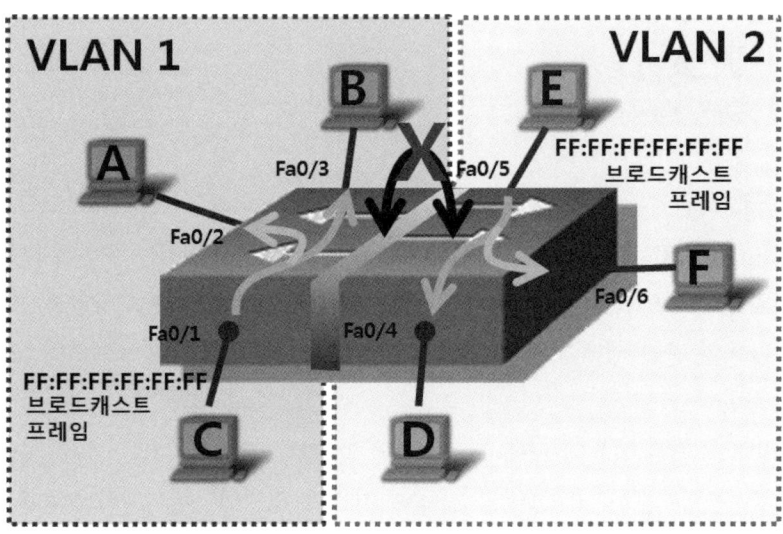

그림 4.1 브로드캐스트 영역이 두 개로 분할된 VLAN

그림 4.1에서 같이 시스템 C에서 발생한 브로드캐스트 프레임은 동일한 VLAN 1 영역의 A, B 시스템으로만 플러딩되고 시스템 E에서 발생한 브로드캐스트 프레임은 동일한 VLAN 2 영역의 D, F 시스템으로만 플러딩되며, 두 VLAN 간에는 전달되지 않는다.

> **VLAN을 사용한 내부 서버의 임시적 바이러스 트래픽 차단**
>
> 대학 네트워크를 관리할 때의 일이다. 윈도우 시스템에 취약한 바이러스가 퍼져 있었는데, 도서관 출입 관리를 담당하는 시스템이 Windows 2000 시스템이었다. 이 시스템 역시 바이러스에 의해 자주 다운되는 현상이 발생해 어떤 조치를 해야 함에도 근본적 해결 방법인 서버의 취약점을 패치할 수 없는 문제가 있었다.
>
> 애플리케이션이 시스템 OS 취약점 패치를 하게 되면 동작을 하지 않기 때문에 애플리케이션을 지금 수정 중이라 당분간은 이 시스템을 그대로 이용해야 한다는 것이다. 특성을 보니 이 출입 관리 시스템은 다른 시스템과 통신을 하지 않고 단지 원격으로 필요할 때만 관리되고 나머지는 독자적으로 동작하는 구조였다. 시스템 다운의 임시 해결을 위해 그림 4.2와 같이 VLAN 구성을 통해 외부 트래픽과 서버 구간을 논리적으로 차단했다.

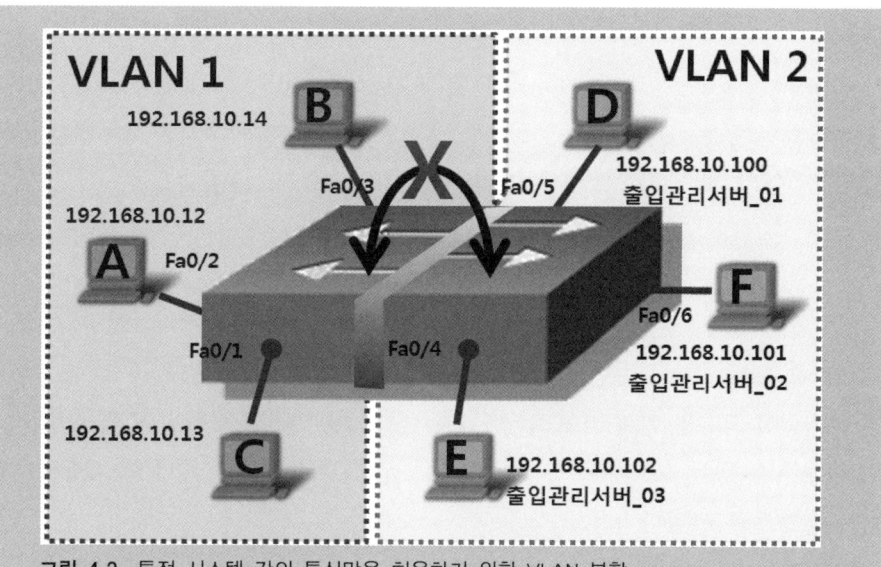

그림 4.2 특정 시스템 간의 통신만을 허용하기 위한 VLAN 분할

물론 시스코 제품을 사용하면 스위치에서 스톰 제어(storm-control) 등의 설정을 통해 과다 트래픽을 방어할 수는 있지만, 위와 같이 VLAN 2에 바이러스에 취약한 서버들을 할당하고 원격 관리의 필요에 따라 VLAN 1에 관리를 위한 접속 환경을 형성해 줌으로써 문제 트래픽을 원천적으로 차단해 문제를 임시 해결한 적이 있다.

시스코 스위치에서 VLAN은 총 1~4094까지의 번호 사이에 할당이 가능하며, 1~1005 사이를 일반 VLAN, 1006~4094를 확장 VLAN이라고 한다. 일반 VLAN 중 1002~1005는 토큰링과 FDDI에서 사용할 수 있게 예약돼 일반 이더넷에서는 사용할 수 없다. 또한 스위치에서 설정할 수 있는 VLAN의 개수[2]는 스위치의 제조사와 모델에 따라 다르다.

VLAN을 나누면 통신을 위해 각 VLAN마다 IP 서브넷도 나눠야 한다. 이유는 동일 서브넷상의 시스템이 서로 간에 통신을 하기 위해서는 반드시 한 번 이상의 ARP 통신을 해야 하는데, 상대방의 IP 주소와 MAC 주소를 매칭시키는 ARP$^{Address\ Resolution\ Protocol}$는 브로드캐스트 통신에 기반을 두고 있기 때문이다.

결과적으로 스위치에서 VLAN으로 분리된 시스템들은 브로드캐스트 프레임이 서로 다른 VLAN으로 전달되지 못하기 때문에 동일한 네트워크 대역을 사용하는

---

2. VLAN 설정 수량: 5장의 802.1pQ 프레임의 구성을 보면 이해가 될겠지만, 미리 언급하자면 VLAN ID를 표현하는 필드가 12비트로 할당돼 있어 VLAN의 수는 2의 12승인 4095개를 표현할 수 있다.

환경이라도 VLAN으로 분리된 시스템들은 통신을 할 수 없게 된다.

4.2 IEEE 802.1pQ 트렁크 또는 태깅

스위치의 포트들은 기본적으로 하나의 VLAN에 소속돼 있는데, 이렇게 임의의 VLAN에 속해 있는 포트를 액세스 포트Access Port라 한다. 반면 트렁크trunk 또는 태그tag 기술이 적용된 트렁크 포트Trunk Port는 여러 개 VLAN을 하나의 물리적 전송로로 전송할 수 있는 포트이며, 달리 말하면 트렁크 포트는 여러 개의 VLAN에 동시에 소속된 포트를 말한다.

이를 위해 트렁크 포트는 VLAN들을 식별하기 위한 특별한 캡슐화를 수행하는데, 이것이 802.1pQ 태그로 정의한 표준 트렁크 프로토콜이다. 용어상의 혼란이 있을 수 있는데, 시스코에서는 트렁킹trunking이라 하고, 그 외 벤더에서는 태깅tagging이라고 한다.

네크워크 장비의 설정 과정은 스위치에서 임의의 포트를 트렁크 포트로 설정한 후 이 트렁크 포트에 할당될 VLAN을 설정하는 순이다. 이때 장비 제조사마다 설정하는 방법에 약간의 차이가 있다.

시스코 스위치의 경우 포트를 트렁크로 설정하고 특히 `switchport trunk allow vlan 1,10-15,20` 같이 해당 트렁크 포트에 포함될 VLAN을 정의해 주지 않으면 스위치에 설정돼 있는 모든 VLAN이 트렁크 포트에 포함된다. 하지만 Juniper, Nortel 등과 같은 대부분의 다른 제조사들은 트렁크 포트 설정 후 이 트렁크 포트에 포함될 VLAN을 반드시 지정해줘야 한다.

권장 사항은 시스코 스위치를 사용하는 경우 트렁크 포트에는 반드시 필요한 VLAN만을 할당해 필요 없는 트래픽이 트렁크 포트를 타고 스위치 사이에서 전달되는 것을 차단하는 것이다.

4.2.1 IEEE 802.1pQ, 트렁크 포트를 이용한 통신

두 개의 스위치에 트렁크 포트를 설정해 동일 VLAN 간 통신하는 상황을 통해 IEEE 802.1pQ 프로토콜의 동작 방식을 살펴보자

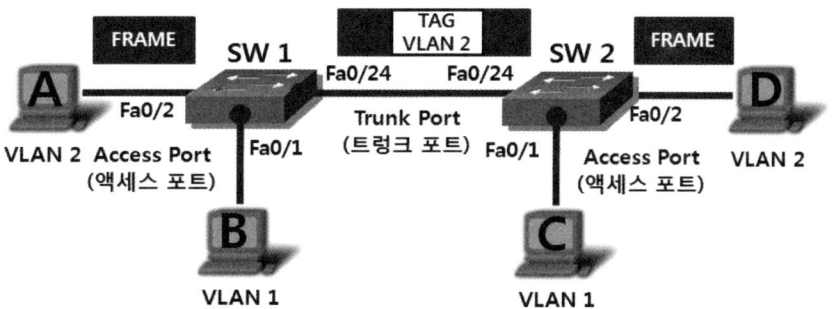

그림 4.3 트렁크 포트를 통한 스위치 간 다중 VLAN 통신

그림 4.3은 VLAN 1, VLAN 2를 사용하는 스위치 SW1과 SW2 간의 통신을 보여준다. VLAN 2에 속한 시스템 A와 D의 통신에서 시스템 A는 VLAN 정보가 포함되지 않은 기본 프레임을 SW1에 전송하면 SW1은 발신지가 VLAN 2에 속해 있음을 인지하고, 목적지는 SW2에 속하는 시스템임을 MAC 주소 테이블을 보고 판단한다(그림 4.3에서 SW1의 MAC 테이블을 살펴보면 D2 시스템의 MAC이 SW1의 Fa0/24에서 학습됐을 것이다).

SW1은 시스템 A의 프레임을 트렁크로 설정돼 있는 포트 Fa0/24로 포워딩하면서 프레임에 발신지 VLAN의 정보인 VLAN 2 태그 정보를 삽입해 전송하고, SW2는 트렁크 포트로 설정된 Fa0/24로 1Q 태그 정보를 수신하면 태그 내에 들어있는 VLAN 정보를 통해 VLAN 2에 속하는 프레임임을 판단한 후 SW2 자신의 MAC 테이블을 검색해 VLAN 2에 해당하는 포트 Fa0/2로 포워딩해준다(엄밀히 말해 과정 설명에서 스위치가 프레임을 MAC 테이블에 기반을 두고 교환하기 때문에 '포워딩'이라는 용어는 모두 '스위칭'으로 바꿔 말할 수 있다).

4.2.2 IEEE 802.1pQ 프레임 구조

1Q 태그 정보는 스위치 간의 트렁크 포트에서 추가되고 삭제되는 정보이기 때문에 정작 통신의 주체인 시스템 A와 D는 자신이 송수신하는 프레임이 태그되는지 알 수 없다. 그래서 802.1Q는 "말단 시스템 간의 투명한 통신을 지원한다."라고 말하기도 한다. 802.1pQ 프레임의 구조는 다음과 같다.

프리앰블 (8바이트)							
	최소 프레임 68바이트, 최대 프레임 1,522바이트						프레임 간 갭 9.6 µs
10101010 … 10101011	목적지 주소 (6바이트)	발신지 주소 (6바이트)	TAG (4바이트)	타입 (2바이트)	데이터 (46 ~ 1500바이트)	FCS (4바이트)	

(a) Ethernet 802.1pQ 프레임

프리앰블 (7바이트)	SFD (1바이트)									
		최소 프레임 68바이트, 최대 프레임 1,522바이트								프레임 간 갭 9.6 µs
10101010 … 10101010	10101011	목적지 주소 (6바이트)	발신지 주소 (6바이트)	TAG (4바이트)	길이 (2바이트)	DSAP (1바이트)	SSAP (1바이트)	제어 (1바이트)	데이터 (42 ~ 1497바이트)	FCS (4바이트)

(b) IEEE 802.3 802.1pQ 프레임

그림 4.4 이더넷(Ethernet, DIX2.0)과 IEEE 802.3의 802.1pQ 프레임 비교

그림 4.4는 DIX 2.0 이더넷과 IEEE 802.3 이더넷 프레임에서의 VLAN 정보를 표현하는 태그 필드 위치와 전체 프레임의 구조를 보여준다. 모든 이더넷 프레임에서 태그 필드는 발신지 MAC 주소 다음에 위치하며 4바이트의 정보를 제공한다. 따라서 이더넷 프레임의 최대 크기는 1,518바이트에서 4바이트가 더해진 1,522바이트가 된다. 스위치에서는 이렇게 태그된 프레임을 베이비 자이언트 프레임[Baby Giant Frame]이라고 한다.

4.2.3 IEEE 802.1pQ 태그 정보 필드 구성

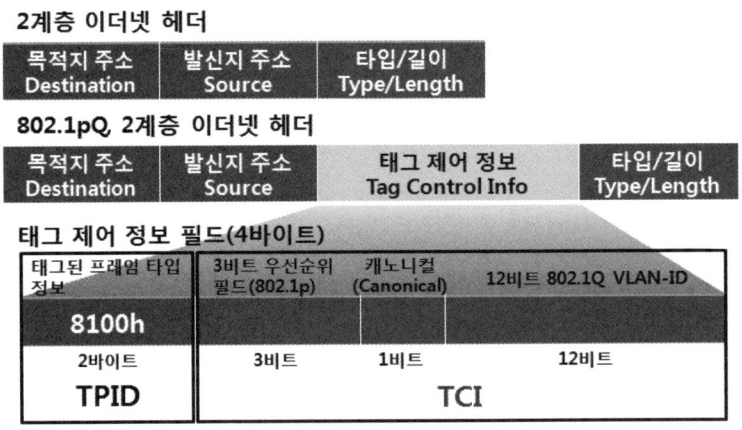

그림 4.5 4Byte 802.1pQ Tag Control Field 구조

그림 4.5는 4바이트의 802.1pQ 태그 필드 구성을 보여주는데, 이런 802.1pQ 태그 제어 정보 필드는 크게 TPID와 TCI의 서브 필드로 구성된다.

- **태그 프레임 타입(TPID, Tag Protocol ID)** 2바이트로 구성되는데, 그림 4.5에서는 프레임이 이더타입^{EtherType} 802.1pQ 프레임을 나타내며, 값은 0x8100이다.
- **태그 제어 정보 필드(TCI, Tag Control Information)** 2바이트 필드로 우선순위^{priority}, 캐노니컬^{CFI}, VLAN_ID^{VID} 필드로 구성되며, 2계층의 서비스 품질^{QoS}을 위한 우선순위와 VLAN 번호 정보를 담게 된다.
- **우선순위(priority)** 3비트 필드로 프레임의 우선순위를 표시하며, 이 필드 때문에 802.1Q가 아닌 802.1pQ라고 한다. 이 필드는 클래스 서비스$^{\text{COS, Class of Service}}$ 필드라고도 하며, QoS$^{\text{Quality of Service, 서비스 품질 보장}}$ 서비스를 위해 0에서 7까지 값으로 8개의 우선순위를 선정할 수 있으며, 가장 큰 값이 우선순위가 가장 높다.
- **캐노니컬 형식 ID(CFI, Canonical Format Identifier)** 1비트 필드로 토큰링에서 사용되는 프레임을 논-캐노니컬$^{\text{non-canonical}}$ 프레임이라 하고, 이더넷을 캐노니컬 프레임이라고 한다. 이 값은 해당 프레임이 이더넷용인지 토큰링용인지를 표현하며, 값이 0이면 이더넷, 1이면 토큰링을 가리킨다.
- **VLAN ID(VID, Vlan IDentifier)** 12비트 필드로 프레임의 VLAN 번호 정보를 표현한다. 필드가 12비트로 최대 표현할 수 있는 VLAN의 수는 4,095개가 된다.

4.3 VLAN, Trunk 포트를 통한 상호 통신

4.3.1 VLAN 간 상호 통신

단순 스위치만을 이용하는 네트워크는 VLAN을 통해 브로드캐스트 영역을 줄일 수는 있지만, 브로드캐스트 영역(하나의 서브넷)을 넘어서는 통신이 불가능하다. 즉, 브로드캐스트를 정확히 정의할 수 있는 장비가 필요한데, 그것이 바로 라우터^{Router} 또는 3계층 스위치$^{\text{Multi-Layer Switch}}$다. 네트워크의 범위를 지정하는 것이 3계층 프로토콜인 IP, 더 명확히는 IP 주소의 역할이기 때문에 3계층 장비를 통해 서로 다른 VLAN 간의 통신을 가능케 할 수 있다.

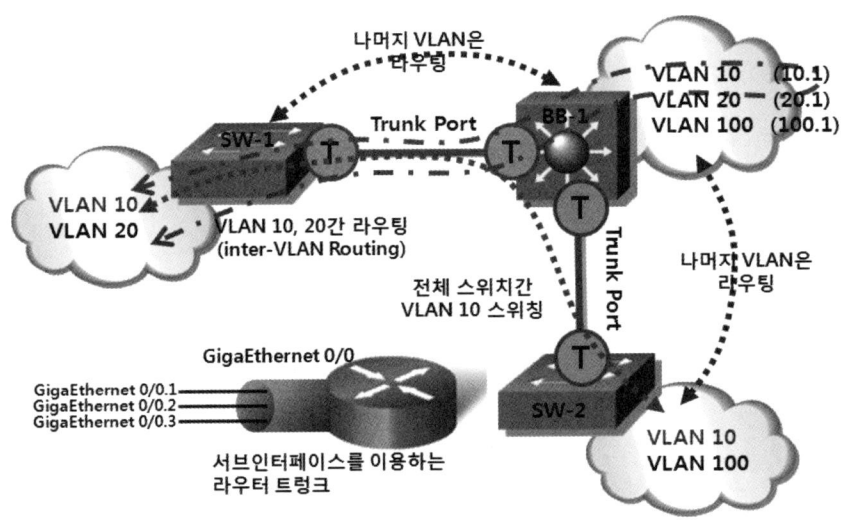

그림 4.6 서로 다른 VLAN 간 통신

그림 4.6에서 보듯 SW-1, SW-2 스위치 하단 VLAN에 속하는 시스템들의 모든 게이트웨이는 BB-1의 L3 스위치에서 정의된 10.1, 20.1, 100.1을 사용한다. 또한 SW-1, 2 스위치의 VLAN 10 간의 통신은 백본 스위치 BB-1을 경유하는 L2 통신(라우팅이 필요 없는 동일 브로드캐스트 영역에서의 통신)이 가능하며, 서로 다른 VLAN 간(VLAN 20과 VLAN 100)의 통신은 반드시 BB-1의 L3 스위치에서 라우팅을 통해 가능하다.

SW-1의 VLAN 10과 VLAN 20의 통신도 마찬가지로 L3 스위치인 BB-1을 통해 이뤄지며, 이러한 VLAN 간 통신을 인터 VLAN 라우팅inter-VLAN Routing이라 한다.

시스코 라우터의 포트를 트렁크로 설정하려면 서브인터페이스sub-interface를 사용해 하나의 물리적 포트를 여러 개의 가상 논리적 포트로 분할하고, VLAN별로 이 논리적 포트에 각 VLAN의 IP를 할당해 사용한다.

4.3.2 액세스 포트와 트렁크 포트의 VLAN ID 처리 동작

스위치에서 액세스 포트와 트렁크 포트의 VLAN_ID 처리 방식에 대해 설명한다. 그림 4.7과 같이 구성된 L2 네트워크를 생각해보자.

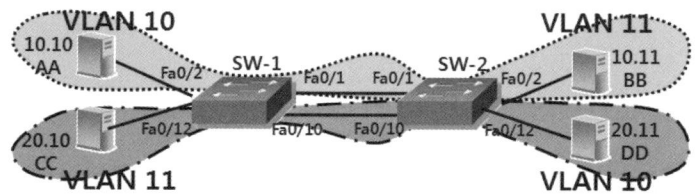

(a) 액세스 포트를 이용한 서로 다른 VLAN_ID 간 통신

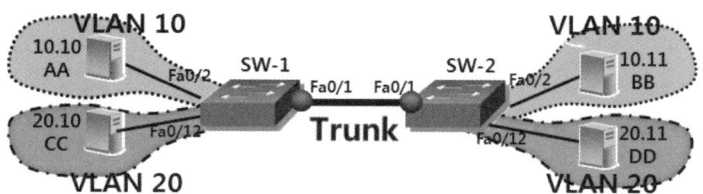

(b) 트렁크 포트를 사용하는 VLAN 간 통신

그림 4.7 액세스 포트와 트렁크 포트의 VLAN 통신

그림 4.7의 (a) 경우 SW-1에서 Fa0/1과 Fa0/2는 VLAN 10에 할당돼 있고 Fa0/10과 Fa0/12는 VLAN 11에 할당돼 있다. 마찬가지로 SW-2에서 Fa0/1과 Fa0/2는 VLAN 11에 할당돼 있고, Fa0/10과 Fa0/12는 VLAN 10에 할당돼 있다.

그렇다면 그림 4.7의 (a) 구성에서 시스템 AA와 BB 간에, 그리고 시스템 CC와 DD 간에 상호 통신이 가능할까? 답은 가능하다.

스위치를 VLAN으로 분리했을 때 스위치 내부에서는 VLAN_ID에 기반해 브로드캐스트 영역이 분리된다. 하지만 VLAN의 액세스 포트는 외부와 연계돼 있는 액세스 포트로 VLAN_ID 정보를 전달하지 않는다. 결국 VLAN ID는 개별 스위치 내부에서만 의미가 있으며, SW-1과 SW-2는 기본적으로 VLAN 정보를 상호 알수 없다.

달리 말하면 액세스 포트를 통해 전파되는 프레임은 VLAN_ID를 식별할 수 있는 정보가 제공되지 않는 일반 이더넷 프레임이다. 따라서 위와 같은 상황에서 스위치 간의 VLAN_ID별로 통신을 하고자 할 경우 VLAN_ID별로 분리된 물리적 액세스 포트를 상호 연결하면 VLAN별 통신이 가능하다.

그림 4.7의 (b) 경우 SW-1과 SW-2의 Fa0/2와 Fa0/12는 각각 VLAN 10과 VLAN 20의 액세스 포트이고, Fa0/1은 트렁크 포트로 VLAN 10, 20이 모두 트렁크 포트에 할당돼 있다. 이 경우도 마찬가지로 시스템 AA와 BB, 그리고 CC와 DD는

상호 통신이 가능하다.

스위치는 트렁크 포트를 통해 VLAN_ID 정보를 포함해 전송하고 수신 스위치는 트렁크 포트로 인입되는 프레임의 태그에 포함되 있는 VLAN_ID 정보를 보고 태그를 제거한 후 자신의 스위치에 할당된 해당 VLAN_ID 영역에 포워딩하기 때문이다. 따라서 스위치와 연계된 시스템으로 들어오는 프레임에는 태그 정보가 포함되지 않는 순수 이더넷 프레임이 전송된다.

4.4 트렁크 VLAN 할당과 장애 처리

4.4.1 라우팅 이중화 구간 구성

트렁크 포트는 여러 개의 VLAN이 속할 수 있는 포트다. 그림 4.8에서 백본과 외부망 연계 라우터 구간을 백본 BB_1, BB_2에서 VLAN 인터페이스를 할당해 설정했다. 그리고 두 백본 간 인터링크 포트를 표준 LACP 또는 시스코의 PAgP로 두 개의 포트를 어그리게이션으로 설정해 채널링하고, 동시에 트렁크 포트로 설정해 이 포트에 VLAN 1, 20, 30, 40, 50, 60을 할당했다.

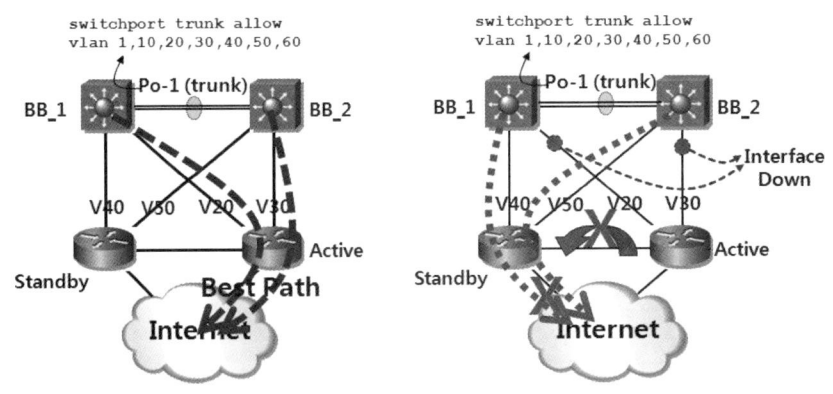

(a) VLAN을 통한 풀 메시(Full-Mesh) 구성   (b) 장애 시 라우팅 전환이 되지 않는 문제

그림 4.8 트렁크 포트에 속한 VLAN에 의한 장애 시 라우팅 전환 문제

BB_1, BB_2 백본에서 디폴트 라우팅을 위한 정적 라우팅을 액티브^{Active} 라우터 쪽으로, 그리고 백업 경로 설정을 위해 스탠바이^{Standby} 라우터 쪽으로 각각 코스트

값을 조정해 액티브 라우터 쪽이 트래픽 처리의 마스터가 되게 했다. 이렇게 정적 라우팅 메트릭의 코스트 값을 조정해 액티브 스탠바이Active-Stanby 구성을 갖는 라우팅을 플로팅 스태틱 라우팅Floating Static Routing, 유동 정적 라우팅이라고 한다.

액티브 라우터 장애로 인해 BB_1의 VLAN 20과 BB_2의 VLAN 30으로 설정된 포트가 다운됐을 경우 당연히 스탠바이 라우터 쪽으로 트래픽은 전환돼야 한다. 하지만 이 경우 포트가 다운됐음에도 불구하고 라우팅 전환은 발생하지 않는다. 왜 그럴까?

이유는 VLAN 인터페이스(SVI Switch Virtual Interface for Cisco3)는 그 VLAN에 해당된 포트가 모두 다운됐을 경우에만 논리적인 VLAN 인터페이스(SVI)가 다운된다. 따라서 물리적인 트렁크 포트에 해당 VLAN이 설정돼 활성화돼 있기 때문에 VLAN 인터페이스는 다운되지 않으며, 결과적으로 라우팅은 전환되지 않고 계속 장애가 발생할 것이다(물론 다음 홉next-hop의 ARP 테이블이 만료되면 라우팅은 전환될 것이다).

결국 불필요한 (특히 시리얼 구간과 연계된 라우터의 WAN 연계 구간) VLAN 정보를 트렁크 포트에 포함시킬 경우 이중화 구간의 장애가 발생할 가능성이 있으며, 따라서 필요한 VLAN 정보만이 트렁크 포트에 할당될 수 있게 조정이 필요하다.

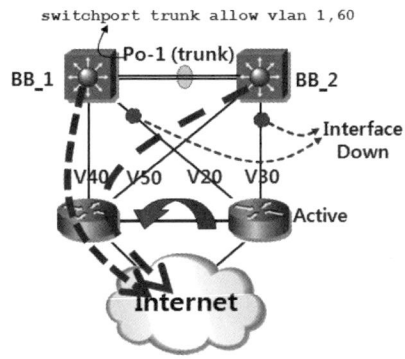

그림 4.9 트렁크 포트에 할당될 VLAN 조정

문제의 해결을 위해 그림 4.9와 같이 트렁크 포트에 속한 VLAN 중 라우터와

---

3. SVI(Switch Virtual Interface, 스위치 가상 인터페이스)는 라우팅이나 브리징 시스템에서 VLAN에 할당된 스위치 포트를 대표하는 가상의 논리적 인터페이스다. 실상 VLAN을 위한 물리적 인터페이스가 없기 때문에 스위치는 SVI를 통해 VLAN에 할당된 모든 포트에서 생성된 패킷의 3계층 프로세싱을 위한 논리적 인터페이스를 제공한다. VLAN과 SVI는 일대일로 매핑되며, 따라서 하나의 SVI는 하나의 VLAN과 매칭된다.

연계된 VLAN들을 모두 제거했다.

앞에서도 언급했지만, 일반 스위치는 트렁크 설정을 하고 나서 트렁크에 포함될 VLAN을 별도로 설정하는 과정을 거친다. 그러나 시스코 제품은 트렁크를 설정하면 일단 스위치의 모든 VLAN이 기본적으로 트렁크 포트에 속하는 특징이 있다. 예를 들면 노텔 장비의 경우 트렁크 포트에 속할 VLAN들을 정확히 지정해줘야 통신이 가능하다. 장단점은 있다고 생각한다.

일단 시스코의 경우 트렁크 설정만 하면 모든 VLAN이 기본적으로 트렁크 포트에 속하기 때문에 트렁크 포트를 통해 VLAN 통신을 해야만 하는 상황하에서는 따로 VLAN을 트렁크 포트에 할당해야 하는 이중 작업이 필요 없어 편한 방법이긴 하지만(대부분의 관리자들이 또는 초보 엔지니어들은 이렇게 하고 설정을 끝낸다), 최적화된 구성으로 반드시 필요한 VLAN만이 트렁크 포트를 통해 통신하기를 원하는 관리자라면 그리 달갑지 않는 방법이다.

또한 L3 스위치를 이용해 라우팅이 요구되는 구간을 연계할 때 스위치 모드의 SVI로 설정하는 것보다 포트를 라우팅 모드로 전환해 사용하는 것도 하나의 방법이다.

4.5 FCoE와 DCB

FCoE^{Fiber Channel Over Ethernet}[4]는 용어의 의미대로 이더넷 통신 방식을 이용해 파이버 채널^{Fiber Channel}을 전송하는 방식이다. 이는 이더넷 통신 방식으로의 매체 통합^{convergence} 통신 방식이며, 이를 위해 부가적으로 요구되는 기술인 우선순위 기반의 흐름 제어, 대역폭 관리 메커니즘, 그리고 혼잡 통보 기술들을 DCB^{Data Center Bridging}에 정의했다.

---

4. FCoE 표준화는 2007년 4월 시작해 2009년 6월에 ANSI의 INCITS T11 FC-BB-5의 부분에 정의됐으며, 또한 FC-BB-5 표준은 ANSI/INCITS 462-2010으로 2010년 5월에 발표됐다.

4.5.1 FCoE

전통적인 데이터 센터에서는 통신 서비스 특성에 따라 각기 다른 형식의 프로토콜을 지원하기 위해 그림 4.10과 같은 몇 개의 네트워크 인프라 영역이 요구된다.

- 스토리지와 서버 간 고용량 무손실의 신뢰적 통신을 위해 파이버 채널 프로토콜을 이용하는 SAN$^{\text{Storage Area Network}}$ 영역
- 통상적 IP 통신을 위한 이더넷 네트워크 영역, 그리고 레이턴시$^{\text{latency, 처리 지연}}$가 최소화될 수 있는 클러스터링 HPC$^{\text{High Performance Computing}}$를 위한 IB^{Infiniband} 네트워크 영역

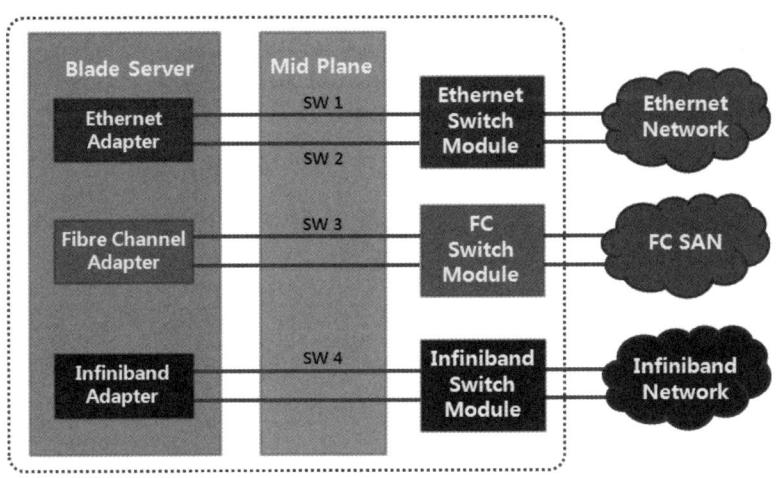

그림 4.10 데이터 센터의 다양한 네트워크 인프라 영역

IP의 데이터 네트워크, FC의 스토리지 네트워크, IB의 클러스터링 네트워크와 같은 네트워크를 통합하기 위해 IT 분야의 여러 관계 기관이 네트워크 어댑터, 스위치, 스토리지 시스템 등의 분야에서 노력을 경주해 왔으며, 이는 물리적으로 단일화된 인프라를 통한 기술 통합이 가져다 줄 비용적, 관리적 효과의 극대화를 위해서다.

이러한 노력들이 구체화된 계기는 다중 트래픽 전송이 충분히 가능할 정도의 대역폭을 확보할 수 있는 10G 이더넷 기술의 출현이었으며(지금은 40G 그리고 100G 이더넷까지 출시된 상황이다), 기술 통합을 위해 부가적으로 요구되는 기술들은 DCB 워크그룹을 통해 DCB 프로토콜군으로 탄생했다.

FCoE 기술의 핵심은 FC 트래픽을 어떠한 성능 감소나 FC 프레임의 변경 없이

이더넷 네트워크로 전송이 가능하다는 점으로, FCoE를 통해 기존에 두 개로 분리돼 구성되는 이더넷 데이터망과 FC 스토리지망을 그림 4.11과 같이 하나의 FCoE망으로 통합할 수 있다.

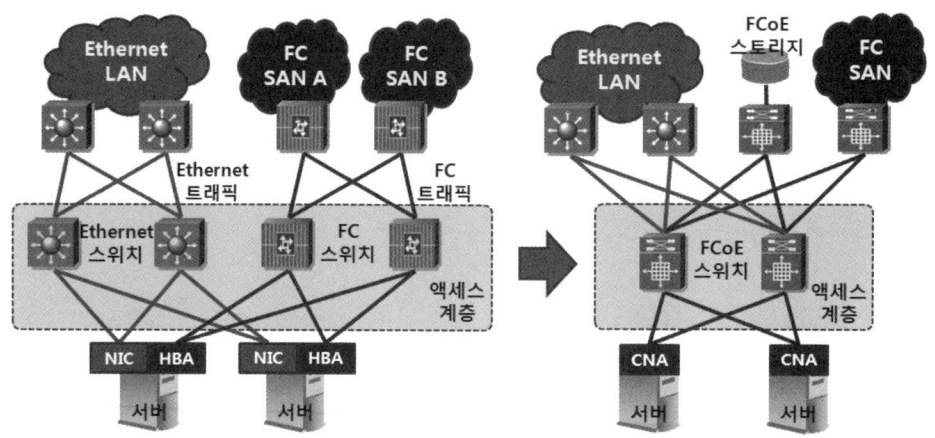

그림 4.11 FCoE를 통한 데이터 센터 인프라 통합

인프라 통합을 위한 구성은 서버와 연계되는 액세스 계층 스위치에 FC를 인식할 수 있는 FCoE를 적용하고, 서버의 어댑터(기존 NIC과 HBA$^{Host\ Bus\ Adapter}$)를 그림 4.12에서와 같이 CNA$^{Converged\ Network\ Adapter}$로 교체함으로써 단일화된 인프라 구성이 가능하다. 서버의 입장에서도 두 개의 통신 어댑터를 하나로 통합함으로써 단일화된 관리 운영과 비용 절감도 고려할 수 있다.

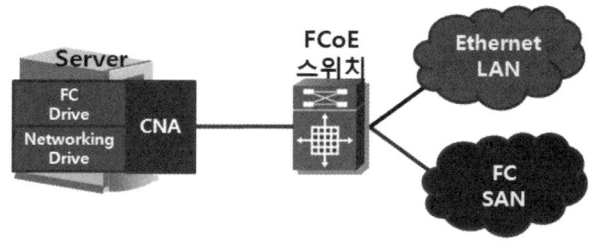

그림 4.12 CNA의 역할

CNA의 역할은 원래의 FC 프레임을 이더넷 프레임으로의 프레임 변환하는 것과 이더넷 MAC 주소와 FC N_Port ID^{FCID}의 매핑 작업을 수행하는 역할을 한다.

4.5.2 FCoE 프레임 포맷

그림 4.13에서와 같이 FCoE 프레임은 기존 FC 프레임 위에 이더넷 프레임을 덮어 씌운 형식으로 캡슐화된다.

그림 4.13 FCoE - FC Frame - SCSI[5] 캡슐화

더욱 세부적인 FCoE 프레임 포맷을 보면 그림 4.14와 같이 이더넷의 802.1Q 프레임 포맷으로 캡슐화되며, 이더 타입 0X8906을 사용한다. 또한 FC 프레임의 앞과 뒤의 SOF(Start of Frame)와 EOF(End Of Frame)는 RFC 3643에 정의된 인코딩 방식을 따른다.

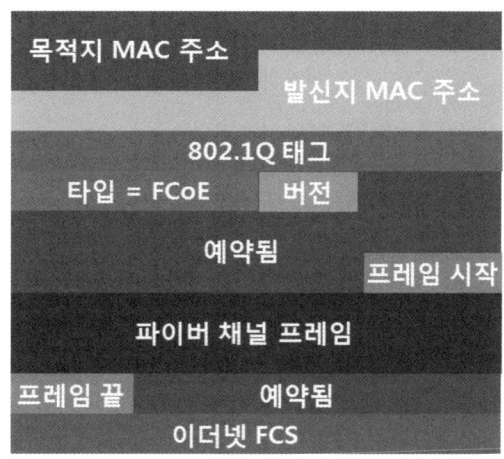

그림 4.14 FCoE 프레임 포맷

그림 4.14의 프레임 포맷에서 예약(Reserved) 필드는 이더넷에서 요구되는 최소 프레임 크기를 만족하기 위해 사용된다. 또한 이더넷망에서 FCoE가 활성화돼 있는 장비를 탐지하고 초기화하는 FCoE 초기화 프로토콜인 FIP(FCoE Initialization Protocol)는 이더 타입 0X8914를 사용한다.

---

5. SCSI(Simple Computer System Interface): 컴퓨터와 주변장치 간의 물리적 연결과 데이터 전송에 대한 표준을 통칭하는 의미. 여기서는 SAN 통신을 위한 SCSI-over-Fibre Channel Protocol (FCP)에 사용되는 실제 데이터 블록을 의미한다.

4.5.3 DCB

버스트bust한 트래픽의 혼잡 및 지연에 대해 별다른 처리를 하지 않는다는 점과 어느 정도의 프레임 손실(충돌 에러 같은)을 감수하는 이더넷의 동작 특성상, 무손실과 빠른 처리 속도를 보장해야 하는 FC 트래픽의 전송에는 약간의 무리가 따른다.

이를 극복하기 위해 표준화 단체는 차세대 데이터 센터를 위한 향상된 성능의 이더넷 표준을 제시했다. 제안된 표준을 CEE^{Converged Enhanced Ethernet}라 하고, 여기에는 우선순위 기반 흐름 제어^{PFC}, 향상된 선택 전송^{ETS}, 혼잡 통보^{CN} 기능 등을 정의하고 있다. 이렇게 향상된 이더넷 구현 기술 및 기능이 IEEE 802.1 표준화 그룹인 Data Center Bridging Workgroup에서 만들었다고 해서 이를 총칭해 DCB라 부른다.

이들은 무손실 데이터 전달과 통합 패브릭으로의 I/O 컨버전스를 보장하기 위한 기술로 아키텍처의 각 요소는 데이터 센터 브리징을 향상시키고, 현재와 다가올 미래에 데이터 센터 요구 사항을 만족시키기 위한 견고한 이더넷 인프라 구조를 구현한다. 표 4.1은 DCB 아키텍처가 갖는 중요한 특징과 이점을 보여준다.

표 4.1 DCB 프로토콜의 특징과 이점

프로토콜	설명
우선순위 기반 흐름 제어(PFC, Priority-based Flow Control), IEEE 802.1 Qbb	멀티프로토콜 링크상에서 단일 트래픽 소스의 버스트한 트래픽을 관리하기 위한 능력을 제공한다.
향상된 선택 전송(ETS, Enhanced Transmission Selection), IEEE 802.1 Qaz	멀티프로토콜 링크를 위한 트래픽 타입별 가용 대역폭 관리 능력을 제공한다.
혼잡 통보(CN, Congestion Notification), IEEE 802.1Qau	지속적인 네트워크 혼잡 문제를 바로잡기 위해 혼잡을 네트워크 말단에 혼잡을 통보한다.

결국 IEEE DCB는 전형적인 이더넷 강점을 최대한 살리면서 데이터 센터 네트워크에 차세대 통합 인프라 구조를 제공하기 위한 목적으로 설계됐다.

(1) 우선순위 기반 흐름 제어

물리적 링크를 공유하는 것은 I/O 통합 관점에서는 매우 중요한 요소이지만, 성공을 위해서는 링크를 공유하는 트래픽 타입이 상호 독립적으로 운영돼야 한다는 점이 보장돼야 한다. 즉, 임의의 트래픽 타입이 대규모 버스트한 트래픽을 발생시켜 링크의 물리적 대역폭이나 스위치의 대기 큐를 고갈시키거나 특정 트래픽의 우선순위와 같은 처리가 나머지 트래픽 타입들에 처리 지연을 야기하는 문제들은 발생하지 않아야 하며, 특히 FC 트래픽은 다른 이더넷 트래픽에 영향을 받지 않아야 한다.

현재는 잘 사용하지 않는 기술로, 이더넷의 일시정지^{pause} 메커니즘은 하나의 트래픽 타입이 다른 트래픽 타입에 영향을 주는 것을 제어하기 위해 사용될 수 있다. PFC$^{Priority-based\ Flow\ Control,\ IEEE\ 802.1Qbb}$는 현재는 사용하지 않고 있는 일시정지 메커니즘을 개선한 기술로, PFC는 사용자의 우선순위나 서비스의 클래스에 기반을 두고 일시정지를 활성화한다. 그림 4.15와 같이 물리적 링크는 PFC에서 여덟 개의 가상 링크로 분리될 수 있으며, 나머지 가상 링크에 영향을 주지 않고 특정 가상 링크에 일시정지를 적용할 수 있는 기능을 제공한다.

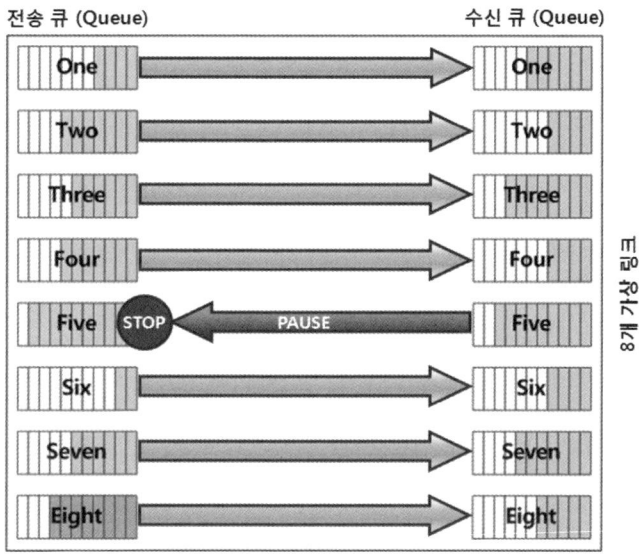

그림 4.15 802.1Qbb PFC의 pause 동작 방식

IP 트래픽이 랜덤한 패킷 폐기$^{packet\ drop}$를 통한 혼잡 관리를 수행하는 데 반해, 사용자 우선순위에 기반을 둔 일시정지 활성화는 관리자가 FCoE$^{Fibre\ Channel\ over\ Ethernet}$와 같이 어떠한 패킷도 폐기될 수 없는 서비스 환경에서의 트래픽 처리를 위한 무손실 링크 생성을 가능하게 한다.

(2) 향상된 선택 전송

ETS^{Enhabced Transmission Selection, IEEE 802.1Qaz}는 가상 링크에 대한 최적화된 대역폭 관리 수행을 목적으로 설계된 이더넷 서비스 품질 관리 기법^{QoS, Quality of Service}의 향상된 기술이다.

PFC는 하나의 물리적 링크에 여덟 개의 개별적인 가상 링크 타입들을 생성할 수 있으며, 이는 각각의 가상 링크 내에 정의된 서로 다른 트래픽 클래스들을 가질 수 있다는 장점이 있다. 또한 동일한 PFC IEEE 802.1p 클래스 내의 트래픽은 상호간에 그룹핑될 수 있으며, 각 그룹 내에서 서로 다르게 처리될 수 있다. 이때 ETS는 그룹마다 트래픽 클래스를 할당함으로써 대역폭 할당, 낮은 처리 지연 또는 최선 노력^{best effort}에 기반을 둔 우선순위 처리를 제공한다.

네트워크 인터페이스 컨트롤러^{NIC}는 가상 링크 개념을 확장해, 각 트래픽 클래스에 하나씩 가상 인터페이스 큐들을 제공한다. 각각의 가상 인터페이스 큐는 트래픽 그룹을 위해 할당된 대역폭을 관리할 책임이 있으며, 트래픽의 동적 관리를 위해 그룹 내 유연성을 갖는다. 예를 들면 IP 트래픽 클래스를 위해 가상 링크 3에 높은 우선순위를 부여하고 동일 클래스에서 최선 노력 방식으로 동작하게 하면서 다른 트래픽 클래스와 가상 링크 3 클래스가 전체 링크의 대역폭에 대한 비율을 공유할 수 있게 구현할 수 있다.

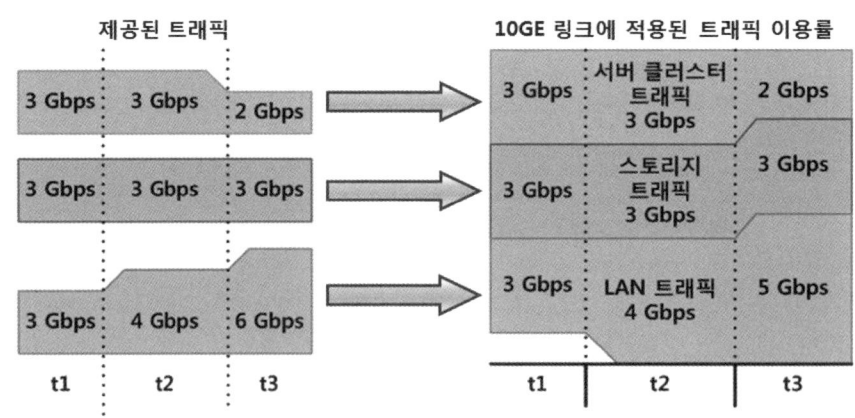

그림 4.16 802.1Qaz ETS의 동작 방식

ETS는 동일한 우선순위 클래스의 트래픽 간 차별성에 따라 우선순위 그룹을 생성한다. 그림 4.16은 서로 다른 우선순위를 갖는 세 개의 트래픽 클래스가 10기가

이더넷 트래픽을 이용하는 상황을 보여준다. 각 클래스는 명시된 대역폭에 대한 비율로 할당되고, 타임 슬롯 t3에서 랜 트래픽은 여분의 가용할 수 있는 대역폭을 점유한다.

오늘날의 IEEE 802.1p 동작은 우선순위에 기반을 둔 큐들의 엄격한 스케쥴링으로 설명된다. ETS에서의 유연성과 대기 큐의 폐기 없는$^{drop-free}$ 스케쥴러에 의해 각각의 우선순위 그룹 내에 지정된 트래픽 처리 계층과 IEEE 802.1p 트래픽 클래스에 따라 트래픽에 대한 우선순위를 부여할 수 있다. 따라서 ETS[6]는 동일한 우선순위 클래스에서 성격이 틀린 트래픽의 차별화된 처리를 위해 사용될 수 있다.

(3) 혼잡 통보

혼잡 통보$^{CN, Congestion\ Notification,\ IEEE\ 802.1Qau}$는 혼잡을 야기하는 트래픽을 셰이프^{shaping}해 트래픽 몰림 현상^{jamming}을 억제하기 위해 전송률 제어$^{rate\ limit}$를 혼잡 야기 지점에 적용함으로써 네트워크 에지에서 혼잡을 억제하는 2계층 트래픽 관리 시스템이다.

혼잡이란 결국 혼잡점$^{congestion\ point}$에서 측정될 수 있는데, 혼잡이 발생한다면 트래픽 조절을 위해 전송율 제어나 백 프레슈어$^{back\ pressure}$를 수행함으로써 혼잡의 영향이 전체 네트워크 영역으로 확산되는 것을 방지할 수 있다.

이를 수행하기 위해 그림 4.17과 같이 어그리게이션 계층 스위치는 두 개의 액세스 계층 스위치들로 트래픽 발생 억제를 요청하는 제어 요청 프레임을 보낸다. 결국 CN[7] 동작을 통해 네트워크 코어의 무결성을 유지하고 혼잡을 야기하는 네트워크 영역, 즉 혼잡을 유발하는 소스에 근접한 범위로 혼잡의 범위를 한정할 수 있다.

---

6. IEEE 802.1Qaz at http://www.ieee802.org/1/pages/802.1az.html 참조
7. IEEE 802.1Qau at http://www.ieee802.org/1/pages/802.1au.html 참조

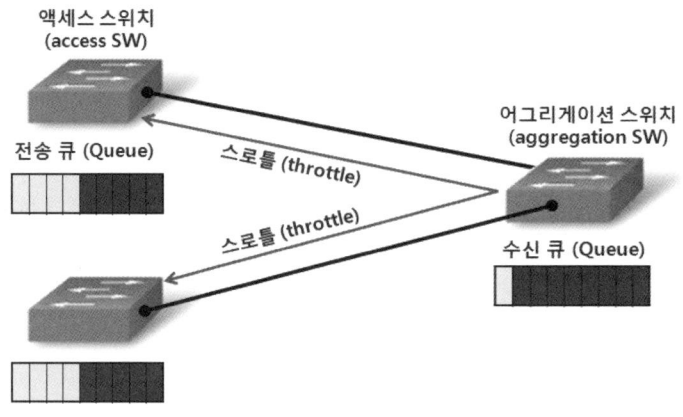

그림 4.17 802.1Qau CN의 동작 방식

결과적으로 위에서 살펴본 IEEE DCB 프로토콜군을 통해 데이터 센터 스위치들은 FCoE와 통합 패브릭의 구조를 가능하게 하는 무손실 패브릭 같은 향상된 기능을 수행할 수 있다.

FCoE 표준 이전에는 지리적으로 원거리에 떨어져있는 스토리지와 통신을 위해 IP 기반의 스토리지 네트워크 프로토콜이 사용됐는데, 이를 iSCSI^{Internet Small Computer System Interface}라 한다. FCoE와 iSCSI와의 차이는 FCoE 역시 라우팅이 지원되지 않으므로 원거리 통신에는 부적합하다는 점이고, 동일한 점은 둘 다 이더넷 기반하에 동작한다는 점이다.

iSCSI는 IP가 가져야 하는 여러 가지의 장단점을 모두 갖고 있으므로 전송의 신뢰성과 지연 처리 등의 해결해야 하는 과제도 있다. 향후 클라우드 IDC 환경에서의 스토리지 네트워크는 FCoE와 iSCSI가 중요한 역할을 할 것이다(iSCSI에 관해서는 깊게 다루지 않겠다).

> **FCoE 에 대한 개인적인 생각**
>
> FCoE의 가장 큰 장점은 매체의 융합일 것이다. 기존 스토리지를 위한 SAN 네트워크 인프라와 데이터 통신을 위한 이더넷 네트워크 인프라의 두 가지 인프라를 하나의 통신 장비로 융합할 수 있기 때문이다. 기술적 측면에서만 고려하면 이더넷의 버스트한 트래픽 특성으로 인한 에러의 감쇄는 FCoE 트래픽에서는 결코 발생해서는 안 되기 때문에 DCB라는 프로토콜군이 발표됐다. 이에 따라 모든 것에 문제가 없다거나 바로 적용해도 된다는 의미는 아니다. 운영적인 측면을 충분히 고려해야 하기 때문이다.

이러한 프로토콜 융합은 전화에서 일찍이 찾아 볼 수 있는데, IP 전화(IPT, IP Telephony) 역시 데이터 통신 방식으로 융합돼 서비스되는 음성 통신 방식이다. 하지만 실제 데이터 통신에 이용되는 장비와 전화에 이용되는 장비는 별도 구축하는 것이 현실이다. 이는 서비스의 중요도 때문인데, PC나 사용자의 문제(바이러스 또는 사용자가 잘못 연결한 허브로 인한 루핑 등)에 의해 네트워크 장비에 문제가 발생하면 전화도 동시에 서비스가 되지 않는 엄청난 장애 상황이 발생되기 때문이다.

결국 매체는 융합됐지만 FCoE 역시 이러한 이유로 중요한 기관이나 데이터 센터에서는 개별적인 네트워크 장비를 통해 스토리지 네트워크와 데이터 서비스 네트워크는 어느 정도 분리돼 구성돼야 할 것이다. 물론 운영이라는 것이 기관의 정책에 따라 결정되는 것이기 때문에 반드시라고는 말할 수 없다. 하지만 확실한 것은 네트워크 엔지니어의 할 일이 늘었다는 점이다. 이젠 SAN 트래픽을 위한 관리 및 운영도 해야 하기 때문이다.

또한 FCoE 네트워크로의 설계 시점은 모든 서버 시스템의 NIC와 FC 카드를 CNA로 일시에 교체하기는 어려울 것이기 때문에 신규 시스템의 도입에 맞춰 설계가 이뤄지거나 데이터 센터의 신축 시점이 될 것이다.

4.6 정리

4장에서는 VLAN의 동작과 IEEE 802.3pQ 트렁크에 대해 알아봤다. 스위치에서 태깅된 정보를 다루는 방법을 살펴봤고, 잘못 설정된 트렁크 포트에 의한 장애 상황도 아울러 다뤘다. 또한 최신 기술에 속하는 FCoE의 소개와 이 기술의 구현을 위해 정의된 DCB 프로토콜군에 대해서도 알아봤다. 5장에서는 VLAN의 주요 기술인 루핑looping 방지를 위한 802.1D STP 프로토콜에 대해 알아본다.

5

2계층 스위치 루핑 방지 기술

5장은 2계층 스위치의 이중화 구성 시에 발생할 수 있는 루핑(looping)을 방지하기 위한 스패닝 트리 프로토콜에 대해 다룬다.

스패닝 트리 프로토콜 STP(Spanning-Tree Protocol, IEEE 802.3d)와 수렴 시간을 대폭 개선한 빠른 스패닝 트리 프로토콜(Rapid STP, IEEE 802.3w)의 동작 방식과 프로토콜의 프레임 구조를 살펴보고, 스패닝 트리의 연산 과정을 통해 토폴로지 변화에 따른 스위치 포트의 역할과 변화, 스패닝 트리 프로토콜 상황에서의 네트워크 안정화를 위한 소요 수렴 시간 등을 알아본다.

마지막으로 STP 파라미터 조정을 통한 웹 방화벽(WAF, WEB Application Firewall)의 이중화 구성 방법을 알아본다.

5.1 STP와 RSTP의 개념

스패닝 트리 프로토콜STP, Spanning Tree Protocol, IEEE 802.1d과 빠른 스패닝 트리 프로토콜 RSTP, Rapid STP, IEEE 802.1w은 스위치를 이용한 네트워크의 이중화Redundancy 구성 시 발생할 수 있는 프레임 루프를 방지해주는 스위치의 핵심 기술로, 그림 5.1과 같이 스위치나 회선 장애를 극복하려는 스위치 이중화 구조에서 반드시 필요한 기술이다.

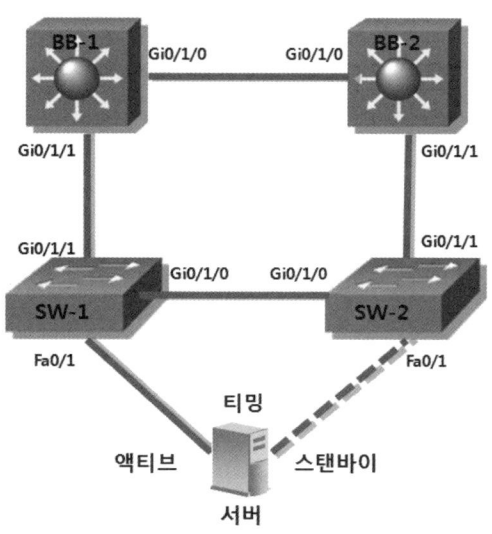

그림 5.1 서버 티밍(Teaming) 구성과 스위치 이중화(Redundancy) 구성

그림 5.1을 보면 서버는 NIC를 2개 사용해 네트워크 경로에 대한 장애 극복형 Fault-Tolerant 티밍Teaming 구성을 하고, 스위치는 장비 이중화를 통해 액티브 스탠바이 Active-Standby 구조로 구성했다. 현재 대부분의 이중화 시스템 구성이라고 하면 그림 5.1과 같은 구성을 말하며, 이러한 구조를 백본 스위치와 하단 스위치 간의 모양대로 박스BOX 구성이라 한다.

> **같은 의미 다른 용어: 장애 극복형(Fault-Tolerant)과 이중화(Redundancy)**
> 이중화를 구현해 시스템의 장애가 발생해도 이를 자동으로 보완해 장애로 인한 서비스의 중단을 회피할 수 있게 구성하는 방법을 말한다.

- 장애 극복형(Fault-Tolerant) 구성이란 시스템 자체에 여분의 중복 자원이나 부품을 두는 방식으로, 예를 들면 네트워크 장비에 파워 모듈이 하나만 있어도 동작이 가능하지만 두 개를 두어 하나가 고장이 나더라도 나머지 하나로 서비스를 지속하게 하는 구성이다.
- 이중화(Redundancy) 구성이란 동일한 시스템을 추가로 구성해 시스템 장애 시 나머지 시스템으로 서비스를 지속하게 하는 구성으로, L4 스위치인 로드 밸런서를 통해 여러 개의 시스템에 로드 밸런싱 서비스를 제공하면서 서버 한 대의 장애 시 다른 서버를 통해 서비스를 지속하게 하는 방안이나 네트워크에서는 백본 스위치를 이중화하는 구성을 말한다.

티밍(Teaming) 구성

서버의 NIC 카드를 이중으로 구성해 하나의 NIC 장애 시 통신 서비스를 유지하기 위해 윈도우 시스템에서 구현되는 방법으로, 리눅스 시스템에서는 이러한 기능을 Bonding(본딩)이라 하고, HP는 APA(Auto Port Aggregation), SUN은 SunTrunking이라고 한다.

5.1.1 스위치 이중화 구성과 루핑

스위치를 이용해 네트워크를 이중화로 구성할 때 발생하는 대표적인 문제가 프레임 루핑Looping으로 일단 루핑이 발생하면 스위치의 CPU는 80% 이상[1]으로 폭증하고, 스위치의 LED를 보면 모든 포트가 굉장히 빨리 깜빡일 것이다. 또한 루핑이 발생한 스위치와 연결된 대부분의 통신 서비스는 점점 느려지다가 결국 스위치의 행업hang-up 현상으로 장애가 발생할 것이다.

3계층 IP 패킷의 경우는 헤더에 패킷 생존 시간인 TTL$^{Time\ To\ Live}$ 필드(8비트)가 존재해 기본적으로 라우터(또는 홉^{Hop}) 하나를 지날 때마다 TTL 값을 255에서 1씩 감소시키는데, 라우팅 루프가 발생하면 라우터를 거치면서 1씩 감소된 TTL 값은 루프 구간의 라우터에서 결국 0이 되고, TTL이 0인 IP 패킷을 라우터가 폐기시킴으로써 루프의 지속을 방지한다. 하지만 2계층 프레임의 경우에는 3계층 IP 헤더의 TTL과 같은 필드가 존재하지 않아 루핑이 발생하면 이를 막을 수 없다.

STP와 RSTP는 이러한 2계층 스위치 루프 현상을 예방하기 위한 기술로, 대부분의 스위치에 적용돼 있어 루핑의 발생 없이 스위치 이중화 구성을 가능케 해준다.

---

1. 루핑 영향으로 스위치의 성능에 따라 차이는 발생할 수 있지만, CPU 수치는 거의 90% 이상 100% 수준에 다다를 것이다.

5.1.2 루핑 발생의 영향

다음은 루핑이 발생할 때 일어나는 상황들을 설명하는데, 각각의 상황들이 개별적으로 발생하는 것이 아니라 루핑 발생과 함께 동시 다발적으로 발생할 것이다.

그림 5.2와 같이 백본 스위치를 중심으로 하단에 SW-1, SW-2가 각각 연결돼 있는 트라이앵글 구조에서 루핑의 영향을 고려해보자.

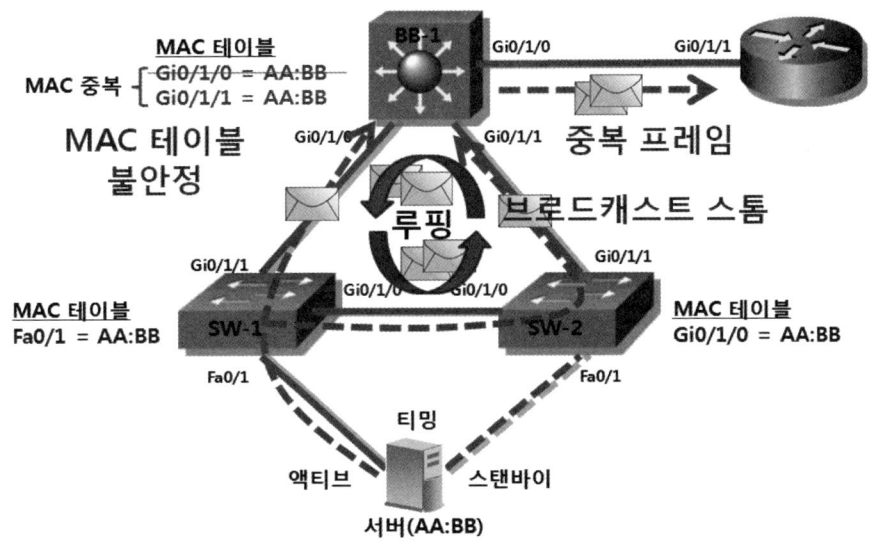

그림 5.2 서버에서 라우터로 향하는 프레임의 루핑 발생에 따른 영향

(1) MAC 테이블 불안정

서버가 브로드캐스트 통신을 하면 서버의 MAC 주소(AA:BB)는 SW-1에서 Fa0/1로 학습되고, 다시 BB-1에서는 Gi0/1/0으로 학습돼 MAC 테이블에 저장된다. 그리고 이중화된 SW-2에서는 Gi0/1/0으로 학습되면서 다시 이 프레임을 BB-1로 포워딩하게 된다.

SW-2에서 포워딩된 프레임을 통해 BB-1은 서버의 MAC 주소를 다시 Gi0/1/1으로 학습하게 되는데, 이때 MAC 테이블의 정보가 중복되는 현상이 발생하고 BB-1은 기존 MAC 정보를 지우고 새로운 정보로 갱신하는 일련의 과정을 반복하게 된다. 결국 모든 스위치의 MAC 정보가 안정적이지 못한 불안정 상태가 되고, 해당 스위치는 로그에 중복 주소(Duplication Address)와 MAC 재학습(Relearning)이라는 로그 정보를 발생시켜 현재 스위치의 MAC 테이블이 불안정한 상태임을 표시한다.

(2) 중복 프레임 생성

이 브로트캐스트 통신을 통해 서버에서 SW-1로 전송한 프레임은 SW-1에서 BB-1과 SW-2로 포워딩되고, SW-2는 이 프레임을 다시 BB-1로 포워딩한다. 이는 마치 SW-2를 통하면서 프레임이 복사되는 결과를 갖고, 결과적으로 BB-1은 두 개의 프레임을 받아 원래의 하나의 프레임이 두 개로 복사돼 라우터에 전달된다.

(3) 브로드캐스트 스톰 발생

서버가 ARP^{Address Resolution Protocol} 요청 프레임을 발생시키면 ARP 프로토콜의 특성상 브로드캐스트 프레임이 생성된다. 이 ARP 브로드캐스트 프레임이 스위치에 수신되면 인입된 포트를 제외한 나머지 포트로 플러딩될 것이다. 이 플러딩되는 프레임은 다시 루핑 구간의 스위치에서 여러 개의 프레임으로 증폭돼 회선 대역폭을 모두 고갈시키게 되며, 또한 이의 처리를 위해 스위치의 CPU 또한 폭증한다. 이를 브로드캐스트 스톰^{Broadcast Storms}이라 한다.

스위치 또는 브리지 루핑의 가장 큰 영향은 과도한 트래픽 플러딩의 발생으로 링크의 대역폭을 모두 잠식하고, 장비에 부하를 주어 결국 네트워크를 마비시킨다는 점이다.

브로드캐스트 스톰에서의 네트워크 보호

L2 스위치의 루핑이나 바이러스성 공격 패킷은 다수의 프레임을 생성하는 브로드캐스트를 유발시키는데, 이는 네트워크 장비의 부하를 급증하게 하고 대역폭을 소진하게 만들어 네트워크의 안정성을 저해한다.

이를 방지하기 위해 시스코에서는 storm-control, 과거 Nortel(노텔)은 cp-limit이라는 명령을 이용해 각 포트로 유입되는 멀티캐스트, 브로드캐스트의 양을 제어할 수 있다. 특히 Nortel 8000 시리즈의 경우에는 cp-limit이 기본적으로 설정돼 있어 초당 10,000개를 초과한 브로드캐스트, 멀티캐스트 프레임을 전송하는 포트를 비활성화시킨다. 따라서 Nortel 을 사용하는 경우 바이러스, 또는 루핑으로 인해 갑자기 링크가 다운되는 경우가 발생할 수 있으며, 이 경우에는 인터페이스 불량으로 착각할 수 있다.

로그 및 포트의 입출력 브로드캐스트, 멀티캐스트 트래픽 양과 cp-limit의 적용 사항을 확인하고, 설정이 적용돼 빈번한 포트 다운이 발생한다면 cp-limit의 임계값을 높여 조정하는 것도 하나의 방법이다.

스위치 구간의 이중화 루핑 구조는 결국 스위치 연계 구간이 폐회로^{Closed Circuit}를 형성하기 때문에 발생하는 문제이며, 이를 개회로^{Open Circuit} 구간으로 만들어 주면 루핑은 발생하지 않는다. 따라서 스위치 이중화 구조에서 폐회로 구간을 만들지 않고 논리적으로 개회로를 만들게 자동으로 조정해 주는 것이 바로 STP 프로토콜이다.

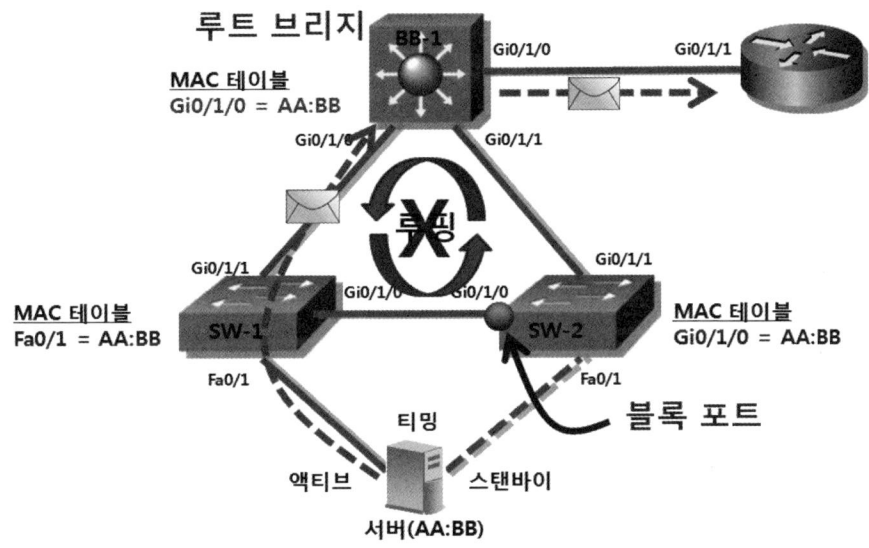

그림 5.3 STP에 의해 루프 구조가 제거된 개회로(Open Circuit) 상태

스위치 간 STP 자동 연산을 통해 그림 5.3과 같이 논리적으로 SW-2의 Gi0/1/0 포트가 블록 포트^{Block Port}로 설정되면 스위치 네트워크의 구성이 폐회로에서 개회로로 변환돼 더 이상의 루프가 발생할 수 없는 구조가 된다.

5.2 STP 동작

2계층 프로토콜인 STP^{Spanning-Tree Protocol, IEEE 802.1D}는 이더넷 스위치 네트워크의 루프 방지^{Loop-free} 토폴로지 구현을 위해 만들어졌으며, 이는 DEC^{Digital Equipment Corporation}의 레디아 펄만^{Radia Perlman}에 의해 개발된 알고리즘에 기반을 두고 있다.

스패닝 트리 연산을 위해 STP는 스위치 간에 2초마다 멀티캐스트 프레임인 BPDU^{Bridge Protocol Data Unit} 프레임을 이용해 연산에 필요한 정보를 교환한다. 2초마다 교환되는 이 BPDU를 헬로우Hello BPDU라고 하며, 교환된 BPDU 정보를 통해 스위치는 다음과 같은 일련의 연산을 수행한다(연산 방법은 뒤에서 자세히 다룬다).

① 네트워크에서 하나의 루트 브리지Root Bridge 선출
② 루트 브리지가 아닌 모든 스위치에서 루트 브리지까지의 최단 비용 경로를 갖는 하나의 루트 포트Root Port를 선정
③ 모든 스위치에서 세그먼트Segment마다 하나의 지정 포트Designated Port 선정
④ 루트 포트나 지정 포트가 아닌 포트는 비지정 포트Non-designated Port 또는 대체 포트Alternative Port라 하며, 차단 포트Blocking Port, BLK port로 선정

5.2.1 STP 연산 파라미터

STP 연산을 위해서는 브리지 IDBID, Bridge ID와 경로 값Path Cost 정보가 반드시 필요하며, 이외에 포트 IDPort ID가 필요한데, 이러한 값들은 스패닝 트리 연산 초기에 BPDU라는 프레임으로 캡슐화돼 스위치 간에 상호 전달된다.

(1) 브리지 ID

BID는 '브리지 우선순위Bridge Priority 2바이트 + MAC 주소 6바이트'로 구성되며, 가장 낮은 BID 값을 갖는 스위치가 루트 브리지로 선출된다.

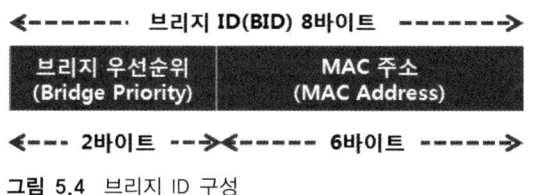

그림 5.4 브리지 ID 구성

우선순위Priority 2바이트는 0~65,535 사이 값을 사용하며, 기본 값은 중간 값인 32,768로 0x8000을 사용한다. 따라서 스위치의 MAC 주소가 00:01:30:12:34:56일 때 이 스위치의 기본 BID 값은 80:00:00:01:30:12:34:56이다.

모든 스위치는 STP 연산 초기에 자신의 BID를 BPDU에 넣어 보내면서 자신이 루트 브리지라고 주장한다. 그러나 상대방 스위치에서 받은 BID와 자신의 BID를 비교해 가장 낮은 BID를 갖는 스위치가 루트 브리지로 선출된다.

802.1D 표준에서 모든 VLAN은 CST^{Common Spanning Tree}로 표현되는 하나의 STP 연산을 수행한다. 이를 MST^{Mono Spanning Tree}라고도 한다. 시스코 스위치에서는 PVST^{per VLAN ST}라는 VLAN별로 각각의 스패닝 트리 구성을 기본으로 지원하고, 이를 위해 VLAN ID 정보를 전달할 수 있도록 시스코 장비는 BID의 우선순위 필드를 그림 5.5와 같이 변형해 사용한다.

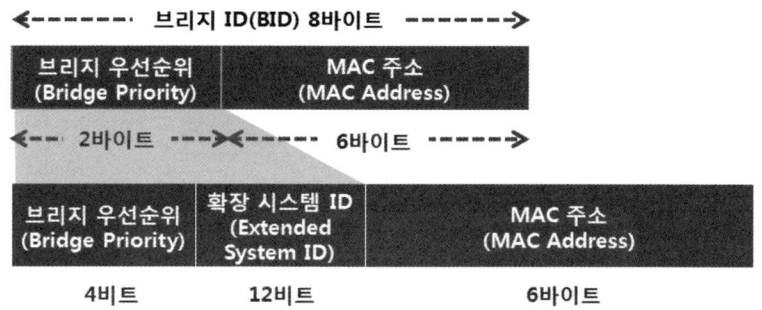

그림 5.5 시스코 스위치의 PVST 지원을 위한 BID 구성

VLAN을 식별해야 하는 PVST 연산을 위해 시스코는 그림 5.5와 같이 BPDU BID 필드의 우선순위 필드를 원래의 우선순위를 부여하기 위한 필드와 '확장 시스템 ID'라는 VID(VLAN_ID)를 표현하기 위한 필드로 분할해 사용한다. 이 때문에 시스코 스위치의 스패닝 트리 우선순위를 변경하려면 2의 12승 이상의 값인 4,096을 더한 값을 사용해야 한다.

결과적으로 그림 5.6에서와 같이 PVST 스위치에서 VLAN에 대한 우선순위는 'priority + VLAN' 번호가 되기 때문에 VLAN1에 대한 우선순위 값은 32,769이고 VLAN10에 대한 우선순위 값은 32,778이 된다.

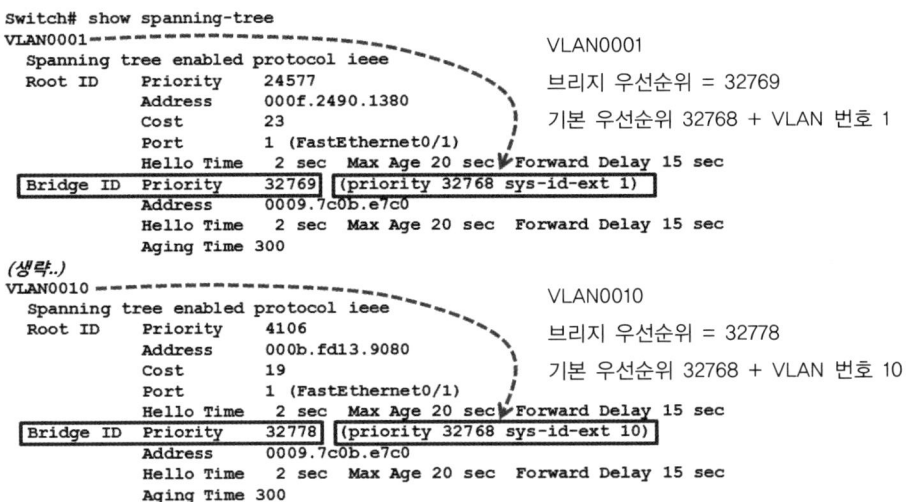

그림 5.6 시스코 스위치의 PVST상에서의 브리지 우선순위 값

(2) 경로 값

BPDU를 전송하는 해당 스위치에서 루트 브리지까지의 수신 포트 대역폭에 해당하는 비용 값을 모두 합산한 값으로, 수신한 스위치는 루트 브리지까지 가장 좋은 경로를 결정하기 위해 가장 낮은 경로 값$^{Path\ Cost}$을 선택한다.

포트별 대역폭에 따른 비용 값은 표 5.1과 같이 정의돼 있지만, 임의로 수정이 가능하다.

표 5.1 STP 연산을 위해 IEEE에서 정의한 대역폭별 경로 값

링크 속도	16비트 짧은 메트릭	32비트 긴 메트릭	16비트 과거 버전
10Gbps	2	2 000	1
2Gbps	3	10 000	1
1Gbps	4	20 000	1
622Mbps	6	32 154	
155Mbps	14	129 032	
100Mbps	19	200 000	10
45Mbps	39	444 444	

표 5.1 STP 연산을 위해 IEEE에서 정의한 대역폭별 경로 값(이어짐)

링크 속도	16비트 짧은 메트릭	32비트 긴 메트릭	16비트 과거 버전
16Mbps	62	1 250 000	
10Mbps	100	2 000 000	100
4Mbps	250	5 000 000	

경로 값은 3가지 타입이 있는데, 다음과 같다.

- 더 이상 사용하지 않는 과거에 정의된 16비트 값의 올드 메트릭old metric(패스트 이더넷 초창기의 오래된 장비는 아직도 이 값을 사용할 것이다)
- 새롭게 정의된 16비트 짧은 메트릭short metric 값(시스코 스위치에서 사용)
- 새롭게 정의된 32비트 긴 메트릭long metric 값(HP, Juniper 등에서 사용)

시스코 스위치에서 Path-Cost 메트릭 조정
```
Switch(config)# spanning-tree pathcost method {long | short}
```

참고로 32비트 경로 값을 이용해 링크 속도를 정의할 때 (20 000 000 000) / (링크 속도 / Kbps)의 수식을 사용할 것을 권장한다. 예를 들어 10G 인터페이스의 경우는 20 000 000 000 / 10 000 000 = 2000이 된다.

(3) 포트 ID

포트 IDPort ID는 BPDU를 전송하는 스위치의 포트 우선순위와 포트 번호로 구성되는데, 루트 포트를 선정함에 있어 경로 값과 BID 값이 동일한 상황에서 포트의 역할을 정의하기 위한 마지막 단계의 비교 값으로 사용된다.

그림 5.7은 시스코 스위치에서의 스패닝 트리 포트 상태를 보여주며, 포트 ID를 표현하는 박스 부분이 '우선순위.포트 번호'로 구성돼 있음을 확인할 수 있다. 또한 기본 우선순위는 128로 설정돼 있음을 볼 수 있다.

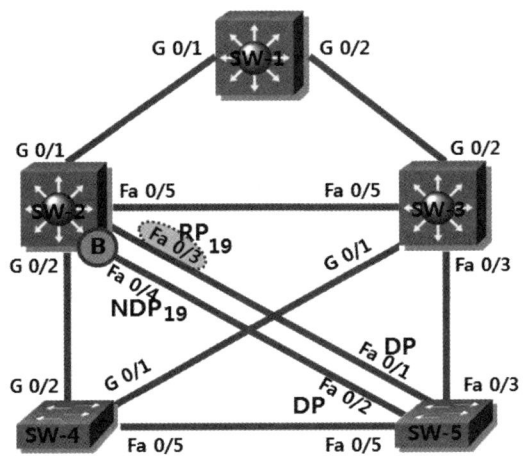

```
SW-2# show spanning-tree
VLAN0001
  Spanning tree enabled protocol ieee
  Root ID    Priority    32769
             Address     0009.7c0b.e7c0
             Cost        19
             Port        3 (FastEthernet0/3)
             Hello Time  2 sec  Max Age 20 sec  Forward Delay 15 sec
  Bridge ID  Priority    32769  (priority 32768 sys-id-ext 1)
             Address     000b.fd13.9080
             Hello Time  2 sec  Max Age 20 sec  Forward Delay 15 sec
             Aging Time 300
Interface        Port ID                              Designated                 Port ID
Name             Prio.Nbr    Cost Sts             Cost Bridge ID                 Prio.Nbr
---------------  ----------  ---- ---             ---- ------------------------  --------
Fa0/1            128.1       19   BLK             19   32769 000b.befa.eec0      128.1
Fa0/2            128.2       19   BLK             19   32769 000b.befa.eec0      128.2
Fa0/3            128.3       19   FWD             0    32769 0009.7c0b.e7c0      128.1
Fa0/4            128.4       19   BLK             0    32769 0009.7c0b.e7c0      128.2
Fa0/5            128.5       19   FWD             19   32769 000b.fd13.9080      128.5
Gi0/1            128.25      4    FWD             19   32769 000b.fd13.9080      128.25
```

그림 5.7 시스코 스위치에서의 스패닝 트리 상황, show spanning-tree

이 값 역시 낮은 포트 ID 값을 수신하는 포트가 우월한 경로로 선출된다. 선출 방식은 포트의 우선순위를 비교하고 동일할 경우 포트의 번호를 비교하게 되는데, 기본적으로 모든 포트는 128의 우선순위 값을 갖고 있어, 결국 연계된 스위치의 포트 번호가 낮은 포트 값을 수신하는 포트가 포트 역할을 결정할 때 승자가 된다.

그림 5.8에서와 같이 논루트 브리지non-Root Bridge인 SW-2는 포트 역할을 정하기 위해 연산을 수행하며, 루트와의 경로 값과 송신자의 BID가 모두 일치해 결국 포트 ID가 낮은 값을 수신하는 포트인 Fa0/24가 루트 포트로 선정되고, 높은 포트 ID 값을 수신하는 Fa0/1이 차단 포트BLK가 된다.

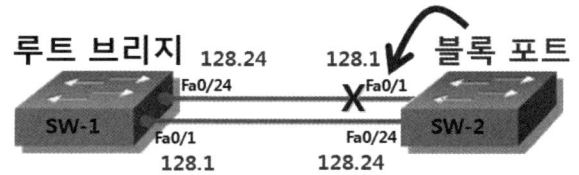

그림 5.8 이중화 링크 포트의 STP 연산을 위한 포트 ID 사용

5.2.2 BPDU

네트워크에서 이더넷 스위치 간 루트 브리지를 결정하고 스위치 포트의 역할을 정의하기 위한 연산 정보를 제공해주는 특별한 데이터 프레임이 BPDU$^{Bridge\ Protocol\ Data\ Unit}$다. 스위치는 STP 연산 초기에 BPDU 정보들을 2초마다 스위치 간에 교환하며, 이때 발신자 주소는 BPDU를 전송하는 스위치 포트의 MAC 주소[2]가 되고 목적지 주소는 01:80:C2:00:00:00의 멀티캐스트 주소가 된다. 연산이 종료된 후, 즉 STP 수렴이 모든 스위치에서 끝나면 그 후로는 루트 브리지만 2초마다 BPDU를 전송한다.

(1) BPDU 캡슐화

- BPDU는 LLC$^{Logical\ Link\ Control}$ 타입 1을 사용하며, DSAP와 SSAP 필드 값이 0X42로 설정돼 MAC 프레임으로 캡슐화^{Encapsulation}된다. 또한 목적지 MAC 주소는 01:80:C2:00:00:00을 사용한다.

- 이때 BPDU 프레임을 나타내기 위해 사용되는 0X42의 LLC SAP 필드는 특별한 의미를 갖는데, 0X42를 비트로 표현하면 '0100 0010'으로, 이 값을 앞으로 또는 뒤로 읽었을 때 모두 0X42의 값을 갖는다.

- 이는 바이트 전송 시 처음에 LSB[3], 그리고 맨 마지막에 MSB[4]가 전송되는 리틀 엔디언$^{Little\ Endian}$ 비트 순서 전송 방식인 이더넷의 경우와, 이와 반대로 처음에 MSB가 맨 마지막에 LSB가 전송되는 빅 엔디언$^{Big\ Endian}$ 전송 방식인 토큰링$^{Token-Ring}$의 경우에도 모두 동일한 0X42 값으로 표현되기 때문에 비트의 배열 방식이 다르더라도 0X42가 BPDU를 나타낸다는 일관성을 유지할 수 있다.

---

2. 모든 이더넷 인터페이스마다 MAC 주소가 있으며, 스위치 역시 물리적 포트마다 MAC 주소가 있다.
3. LSB(Least Significant Bit): 최하위 자리 비트로, 가장 오른쪽에 위치하는 비트
4 MSB(Most Significant Bit): 최상위 자리 비트로, 가장 왼쪽에 위치하는 비트

(2) BPDU 프레임의 두 가지 형태

- 스패닝 트리 연산을 위해 이용되는 '설정 BPDU$^{\text{CBPDU, Configuration BPDU}}$'
- 특정 링크가 다운되거나 업되는 등의 네트워크 토폴로지의 변화가 발생했을 때 스위치가 이러한 변화를 루트 브리지에게 알리기 위해 이용되는 '토폴로지 변경 알림 BPDU$^{\text{TCN BPDU, Topology Change Notification BPDU}}$'
- TCN 프레임 수신을 확인하기 위해 사용하는 '토폴로지 변경 확인 BPDU$^{\text{TCA BPDU, Topology Change Acknowledgement BPDU}}$', 그리고 루트 브리지가 토폴로지의 변경을 모든 스위치에게 알리기 위해 사용하는 '토폴로지 변경 BPDU$^{\text{TC BPDU, Topology Change BPDU}}$'가 있는데, 이 TCA와 TC 프레임의 구조는 CBPDU 프레임의 구조와 동일하며 프레임 내의 플래그 필드 값을 통해 식별된다.

그림 5.9는 BPDU '메시지 타입'이 0X00으로 CBPDU 프레임 구조를 보여주며, 각 필드에 대한 용도는 표 5.2에 간략히 정의했다. 패킷 캡처 화면에서 BPDU의 목적지 MAC 주소와 SAP 필드의 값, 그리고 BID 값의 기본 우선순위, 플래그 필드 값이 어떻게 설정돼 있는지 살펴보자.

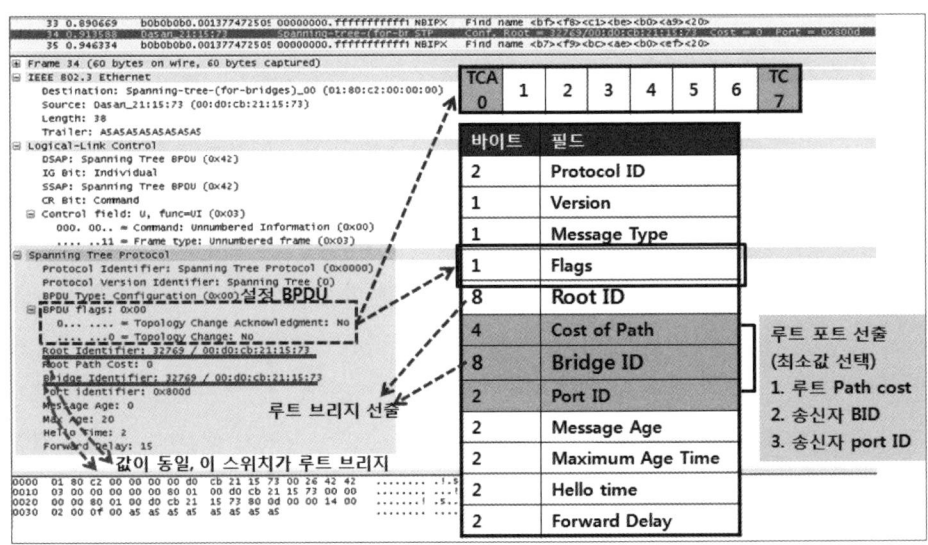

그림 5.9 BPDU 프레임 구조

BPDU 필드 중 STP 연산에 사용되는 정보 값인 '루트 ID', '경로 값', '브리지 ID', '포트 ID' 필드와 STP 수렴 시간에 관련된 파라미터인 '맥스 에이지 타임',

'헬로우 타임', '포워드 딜레이'가 함께 교환되는 것을 확인할 수 있다.

표 5.2 STP BPDU 필드 요약

필드	설명
프로토콜 ID(Protocol ID)	항상 0의 값을 갖는다.
버전(Version)	STP는 (0), RSTP (2), MSTP (3)으로 표시된다.
메시지 타입 (Message Type)	BPDU 종류를 나타내며 두 가지 값이 사용된다. CBPDU(0X00), TCN BPDU(0X80)
플래그(Flags)	토폴로지 변경 알림과 토폴로지 변경 확인 프레임 표현 TC(MSB 마킹), TCA(LSB 마킹)
루트 ID(Root ID)	루트 브리지의 ID 표시
경로 값(Cost of Path)	루트 브리지까지의 경로 값을 표시
브리지 ID(Bridge ID)	BPDU를 전송하는 브리지 ID
포트 ID(Port ID)	BPDU를 전송하는 포트 ID
메시지 에이지(Message Age)	루트 브리지가 BPDU를 생성한 후 전달되는 시간 길이 전달 동안 거치는 스위치의 개수, TTL와 유사
맥스 에이지 타임 (Maximum Age Time)	'설정 BPDU'(CBPDU)에 대한 최대 생존 시간
헬로우 타임(Hello Time)	헬로우(Hello) 타이머에 이용되는 종료 값 헬로우 전송 주기
포워드 딜레이(Forward Delay)	전송 지연(Forward delay) 타이머에 이용되는 종료 값

(3) 메시지 에이지와 스위치 연계 범위

메시지 에이지$^{Message\ Age}$ 필드는 TTL과 유사한 기능을 수행하는데, 그림 5.10과 같이 루트 브리지는 메시지 에이지 값을 0으로 설정해 BPDU를 전송하고, 순차적으로 이를 수신한 하단의 스위치들이 이 값에 1을 더해 재전송한다. 결국 이 값을 통해 스위치가 BPDU를 수신할 때 루트 브리지로부터 얼마나 많이 떨어져 있는지에 대한 정보를 제공받는다.

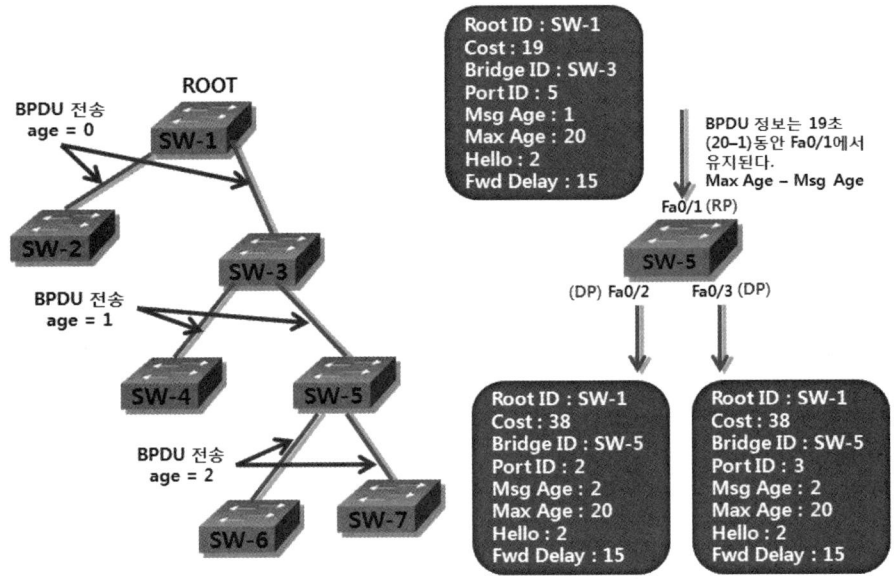

그림 5.10 메시지 에이지 필드의 동작 방식과 '맥스 에이지'와의 관계

    새로운 설정 BPDU가 포트에 저장된 정보와 동일하거나 더 좋은 값을 수신한다면 모든 BPDU 정보는 저장되고 에이지 타이머가 동작하게 된다. 에이지 타이머는 설정 BPDU 포함된 '메시지 에이지'로 시작되는데, 타이머를 갱신시키는 BPDU를 수신하지 못해 에이지 타이머가 '맥스 에이지'에 도달하면 정보는 포트상에서 만료돼 삭제된다.

    이때 사용되는 '맥스 에이지' 값은 20초에서 '메시지 에이지' 값을 뺀 값을 사용한다. 결국 20개 이상의 홉[hop]을 갖는 스위치 네트워크에서는 BPDU가 전송되지 못할 것이다. 따라서 스위치의 데이지 체인식의 연결은 20개가 한계인 셈이다.

(4) STP와 MAC 에이지 타임

스위치의 토폴로지가 변경됐을 때 MAC 주소 테이블과 STP 연산과의 관계를 고려해볼 필요가 있다. 기본적으로 스위치의 MAC 주소 테이블은 프레임이 플러딩되는 상황을 방지하고 목적지 MAC 주소로 바로 프레임을 전달해 주기 위해 스위치에 일정 기간 저장되는데, 이 저장 기간을 MAC 주소 '에이징 타임[Aging Time]'이라 하고 해당 포트로 5분간 프레임이 유입되지 않으면 '에이징 타임'은 만료되고 MAC 주소 테이블에서 해당 정보는 삭제된다.

정상적 상태에서 각 스위치는 포트에 유입되는 프레임을 보고 MAC 주소 테이블을 만든다. 이를 통해 스위치는 프레임을 포워딩하게 되는데, 링크가 절단되고 스위치가 MAC 주소 갱신을 5분 동안의 '에이징 타임' 기반에 의해 삭제시킨다면 아마 두 서버 시스템 간의 통신은 5분 이상 지연될 것이다.

이를 방지하기 위해 네트워크 토폴로지 변화를 인식해 MAC 주소 테이블의 '에이징 타임'을 300초에서 '포워드 딜레이 타임'인 15초로 줄이기 위해 STP는 토폴로지 변경을 알리는 BPDU 프레임을 사용한다.

이와 같은 통신 지연 현상을 보완하기 위해 그림 5.11과 같이 S1과 S2의 링크가 다운되면 S1과 S2 스위치는 '토폴로지 변경 알림' TCN BPDU를 루트 브리지로 전송하고, 이를 수신한 루트 브리지는 '토폴로지 변경' TC BPDU 프레임을 모든 스위치들에 플러딩한다. 플러딩된 TC 이벤트를 수신한 모든 스위치는 자신의 '에이징 타임'을 15초로 감소시켜 주소 갱신 시간을 앞당긴다.

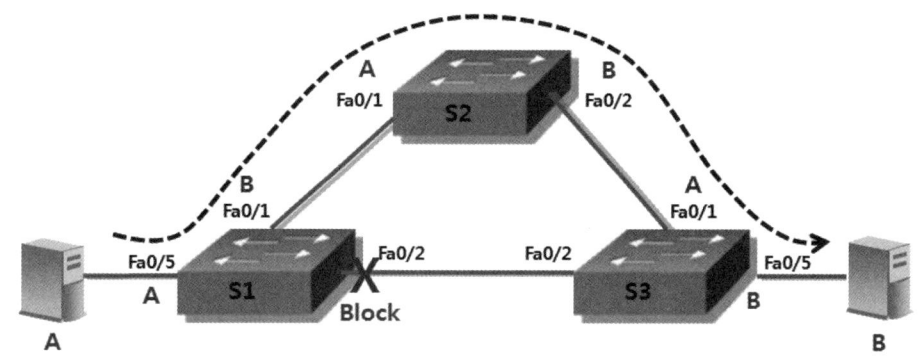

(a) 정상 상태의 통신 흐름

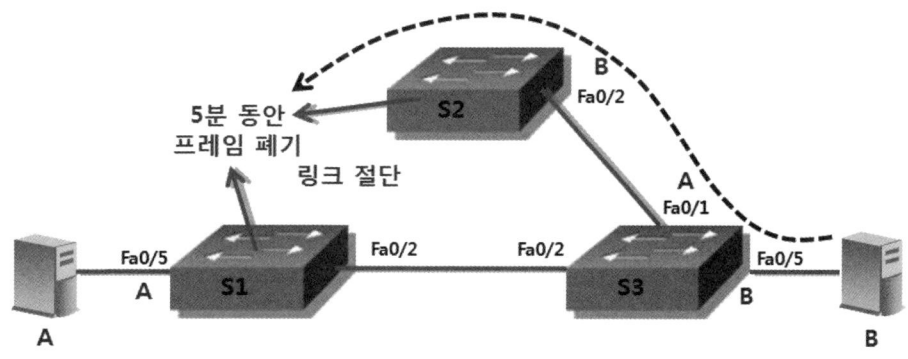

(b) Link Fail시의 프레임 폐기 와 Mac 주소 테이블 에이징 타임

그림 5.11 MAC 주소 테이블 에이징 타임 갱신 역할

S3가 S2와 연결된 포트 fa0/1로 15초 동안 발신지 MAC 주소가 A인 프레임을 수신하지 못하면 이 포트에서 MAC 주소 정보 A는 삭제된다. S1과 S3 사이의 링크가 전송 상태로 될 때 트래픽은 임시로 플러딩되고 MAC 주소는 재학습된다.

(5) STP 토폴로지 변경과 TCN, TCA, TC 프레임

스위치가 토폴로지 변경을 감지하는 경우는 다음과 같다.

① 포워딩 상태의 포트가 다운될 때
② 포트가 포워딩 상태로 전이되고 스위치가 지정^{designated} 포트를 갖는 경우(이는 스위치가 네트워크상에서 단독으로 구성되지 않았음을 의미한다)

위와 같은 토폴로지의 변경에 대해 STP는 토폴로지 변화에 대한 알림 정보를 전송하기 위해 다음과 같은 세 단계를 거친다.

① 토폴로지 변화를 감지한 스위치가 루트 브리지를 향해 TCN을 전송한다.
② 루트 브리지는 TCN을 전송한 스위치에 TCA 응답을 전송하고
③ 네트워크 전체에 TC를 전송해 토폴로지 변화를 알린다.

(6) TCN, TCA, TC 프레임 구성과 동작

STP 동작을 보면 정상 상황에서 각 스위치는 루트 브리지가 전송하는 CBPDU를 루트 포트로 수신하며, 이 값을 유지하고 루트 브리지로 BPDU를 전송하지 않는다.

토폴로지의 변화가 발생하면 토폴로지 변화를 인지하거나 발생한 스위치는 루트 브리지를 향해 자신의 루트 포트로 TCN 프레임을 전송한다. 루트 브리지까지 연계된 스위치가 TCN 프레임을 수신하면 잘 받았다는 확인응답 TCA 프레임을 TCN 프레임을 송신한 스위치로 전송하고, 다시 자신의 루트 포트로 루트 브리지를 향해 TCN 프레임을 전송한다.

TCN을 전송하는 스위치는 TCA를 수신할 때까지 TCN을 재전송하기 때문에 TCN을 수신한 스위치는 루트 브리지로부터 CBPDU를 수신하지 않았더라도 TCA로 응답한다.

그림 5.12와 같이 TCN 프레임의 목적은 토폴로지의 변화가 발생했음을 루트 브리지에게 알리기 위해 사용하는 프레임으로, CBPDU 같은 설정 정보가 포함되지

않는 간단한 구조로 돼 있다.

	Size (offset)
Protocol ID	2 (0)
Protocol Version	1 (2)
BPDU Type = CONFIG	1 (3)
TC .... TCA	1 (4)
Root Bridge ID	8 (5)
Root Path Cost	4 (13)
Bridge ID	8 (17)
Port ID	2 (25)
Message Age	2 (27)
Max Age	2 (29)
Hello Time	2 (31)
Forward Delay	2 (33)

| Protocol ID |
| Protocol Version |
| BPDU TYPE = TCN |

TC = 토폴로지 변경
TCA = 토폴로지 변경 확인

(a) 설정 BPDN   (b) TCN BPDN

그림 5.12 설정 BPDU(CBPDU)와 토폴로지 변경 알림 BPDN(TCN BPDU) 포맷

그림 5.13과 같이 일단 루트 브리지가 TCN을 수신해 네트워크상의 토폴로지 변화를 인지하면 그림 5.14와 같이 CBPDU를 포함하는 TC 프레임을 브로드캐스트로 전송한다.

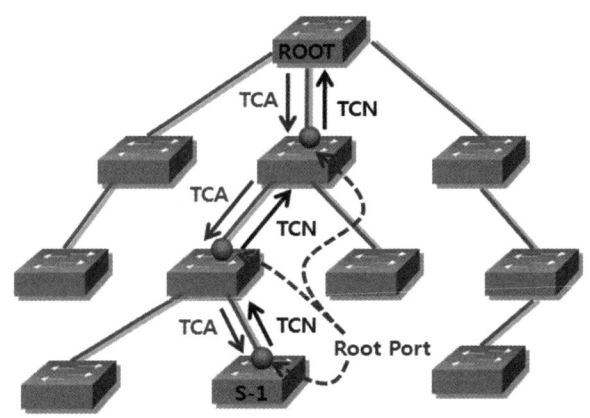

그림 5.13 TCN, TCA 프레임 발생

CBPDU 플래그 필드의 TC 비트가 1로 설정된 TC BPDU 프레임을 수신한 스위치들은 자신의 지정 포트로 다시 TC 프레임을 전송함으로써 모든 스위치는 토폴로지 변화를 인지하게 되고, 자신의 MAC 주소 테이블 '에이징 타임'을 '포워드 딜레이 타임'인 15초로 감소시킨다.

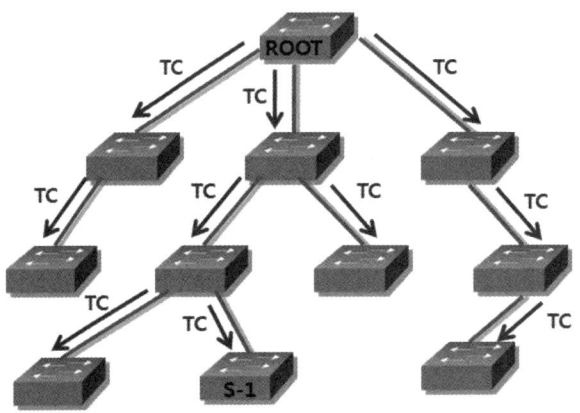

그림 5.14 TC 프레임 발생

TC BPDU 프레임은 기본적으로 '맥스 에이지^{Max Age}' 20초 + '포워드 딜레이^{Forward Delay}' 15초 동안, 즉 35초 동안 루트 브리지에서 전체 네트워크에 통보된다.

5.2.3 STP 포트 상태

STP가 동작하는 스위치에서 스위치 포트는 다음 4가지 중 하나로 동작하며, 각 모드별 처리 단계는 그림 5.15와 같다.

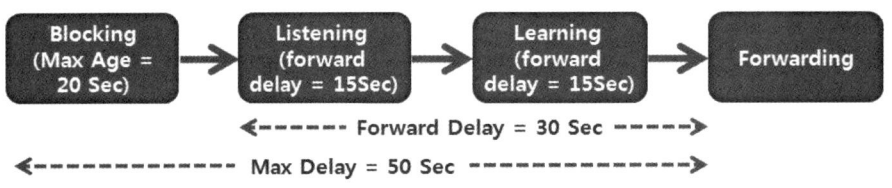

그림 5.15 STP에 따른 포트 상태 및 지연 시간

① **차단 모드(Blocking)** 스위치를 처음 시작할 때 또는 STP 연산을 통해 비지정 포트^{non-designated port} 상태가 되는 경우로, 차단 모드 상태의 포트는 어떤 프레임도 포워딩하지 않고 MAC 주소 학습도 하지 않고 단지 BPDU 프레임만 수신한다. 차단 상태의 포트가 '청취 모드'로 변경되는 경우는 다음과 같다.

  ▫ '맥스 에이지' 20초 동안 상대 포트로부터 BPDU를 받지 못하는 경우 스위치는 네트워크 토폴로지가 변화된 것으로 간주한다.

  ▫ 상대 포트로부터 열등한^{inferior} BPDU 값을 수신한 경우 이는 기존의 우수한

superior BPDU 값보다 더 안 좋은(더 높은) BID 값을 갖는 BPDU를 수신하는 경우로 네트워크 토폴로지가 변경으로 루트 브리지가 변화됐음을 의미한다.

② **청취 모드(Listening)** 네트워크 토폴로지가 변경돼 STP 연산을 통해 '학습 모드'로 전이하기 전 단계에서 해당 포트를 전달 상태로 변경했을 때 루프가 발생할 수 있는지를 체크하기 위해 BPDU를 전송하며, 이를 통해 포트의 상태가 확정된다. 청취 포트는 '포워드 딜레이 타임' 15초 동안 토폴로지의 변화가 없다면 '학습 모드' 상태로 변환된다.

③ **학습 모드(Learning)** '전송 모드'로의 전이 전에 MAC 주소를 학습하기 위한 단계로, '포워드 딜레이 타임' 15초 동안 토폴로지의 변화가 없으면 전송 포트로 변환된다.

④ **전송 모드(Forwarding)** 프레임을 전달하는 활성 포트를 말한다.

5.2.4 STP 연산 절차

스패닝 트리 프로토콜은 스위치 간에 2초마다 멀티캐스트 프레임인 BPDU 프레임을 이용해 연산에 필요한 정보를 교환한다. 이 교환된 정보를 통해 스위치는 다음과 같은 일련의 연산을 수행한다.

① 하나의 루트 브리지 선출
② 루트 브리지가 아닌 모든 스위치에서 루트 브리지까지의 최단 경로 비용을 갖는 하나의 '루트 포트' 선정

  ▫ **루트 포트(Root Port)** BID 값이 낮은 우등한 BPDU를 수신하는 포트

③ 스위치 간 세그먼트[5]마다 하나의 지정 포트 선정

  ▫ **지정 포트(Designated Port)** BID 값이 낮은 우등한 BPDU를 전송하는 포트

④ 루트 포트나 지정 포트로 선정되지 못한 포트는 비지정 포트^{Non-designated Port} 또는 대체 포트^{Alternative Port}가 되며, 차단 포트^{Blocking Port}로 선정

---

5. 스위치 간에 연결된 포트를 두 스위치 간 세그먼트(segment)라 한다.

> 스위치가 선정한 루트 브리지 BID보다 높은 값을 갖는 BPDU를 열등(Inferior) BPDU라 하고, 낮은 BID 값을 갖는 BPDU를 우등(Superior) BPDU라 한다.

정리하면 CBPDU 정보로 스패닝 트리 연산을 수행하는 5단계 프로세스는 다음과 같다.

1단계 가장 낮은 BID 값, '루트 브리지' 선출

2단계 모든 스위치에서 루트 브리지까지의 가장 낮은 '경로 값'으로 '루트 포트' 선출

3단계 낮은 송신 BID 값으로 '지정 포트' 선출, 값이 동일할 때 4단계

4단계 낮은 수신 포트 ID 값으로 '지정 포트' 선출

5단계 '차단 포트' 선출

(1) STP 연산 예

루트 브리지 선출

스위치로 구성된 네트워크에서는 반드시 하나의 루트 브리지가 선정돼야 한다.

루트 브리지는 스위치 중에서 가장 낮은 BID 값을 갖는 스위치가 선정되며, 그림 5.16의 스위치들에 대한 우선순위가 32768(기본 값)로 동일함에 따라 MAC 주소가 가장 낮은 S1 스위치가 루트 브리지가 된다.

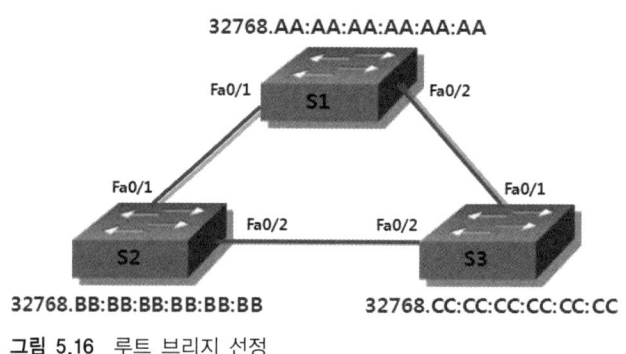

그림 5.16 루트 브리지 선정

루트 포트 선정

루트 포트는 루트 브리지에서 보내지는 우등 BPDU를 루트 브리지가 아닌 모든 스위치에서 수신하는 포트를 말한다. 이는 루트 브리지에 도달하기 위한 경로 값이 가장 좋은 포트로, 결국 루트 브리지에 가장 근접한 포트가 루트 포트가 된다.

그림 5.17에서와 같이 루트 브리지가 아닌 S2, S3에서 루트 브리지까지 가장 좋은 경로 값(Path Cost = 19)을 갖는 Fa0/1 포트가 루트 포트가 된다.

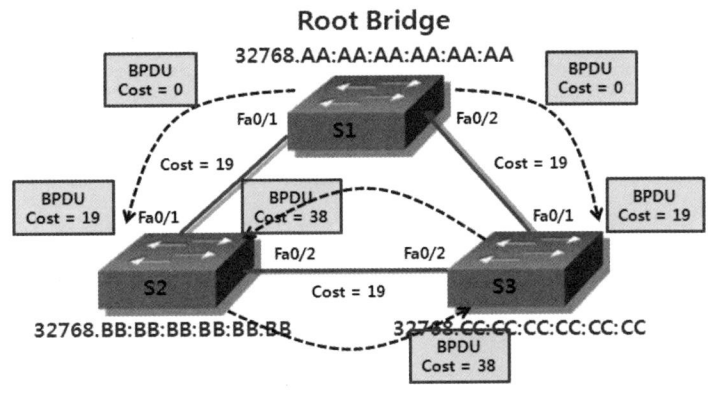

그림 5.17 루트 포트의 선정

지정 포트와 차단 포트 선정

스위치의 세그먼트마다 하나의 지정 포트가 선정돼야 한다. 참고로 스위치 네트워크에서 세그먼트란 용어는 스위치와 스위치 사이에 연결된 물리적 구간을 말하며, 예제에서는 3개의 세그먼트가 존재한다.

지정 포트란 루트 브리지에서 전송하는 우등 BPDU를 다른 스위치로 전송하는 포트를 말한다. 결과적으로 루트 브리지의 모든 포트는 지정 포트가 된다. 따라서 그림 5.18에서 보면 루트 브리지 S1의 Fa0/1, Fa0/2는 지정 포트가 된다. 그렇다면 세그먼트 3에서의 지정 포트는 무엇일까? 경로 값은 스위치 둘 다 38로 일치한다.

이 경우 STP 연산 단계 3단계의 절차에 따라 스위치 BID 값이 작은 S2의 Fa0/2 포트가 지정 포트가 되며, S3의 Fa0/2 포트는 루트 포트도 지정 포트도 아닌 포트로 차단 포트^{BLK Port} 또는 비지정 포트^{Non-Designated Port}가 된다.

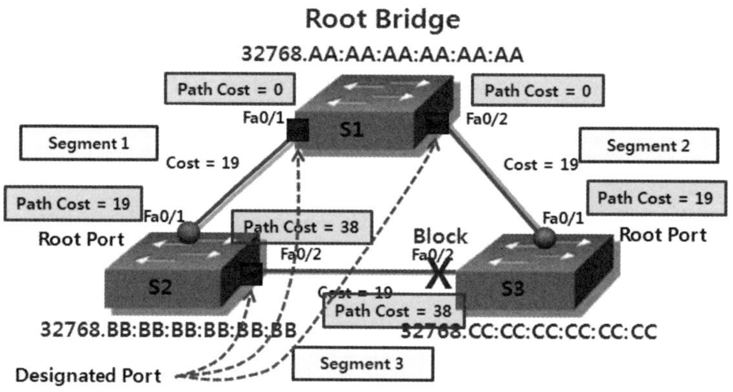

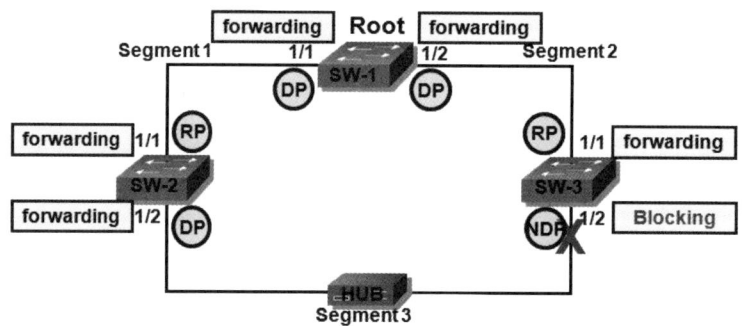

그림 5.18 지정, 비지정 포트의 선정

(2) STP 재연산

STP 재연산을 설명하기 위한 토폴로지는 그림 5.19와 같다. 스위치 3개가 연결된 구성으로 SW-1은 루트 브리지로, 모든 포트가 지정 포트[DP]이고 SW-2의 1/1은 루트 포트[RP], 1/2는 지정 포트[DP], 그리고 SW-3의 1/1은 루트 포트[RP], 1/2는 차단 포트[BLK]로 차단 상태에 있다. 또한 SW-2와 SW-3은 허브를 이용해 연계돼 있다.

그림 5.19 STP 재연산 과정 – 1

그림 5.20과 같이 SW-2의 1/2 포트가 다운됐을 때를 살펴보자.

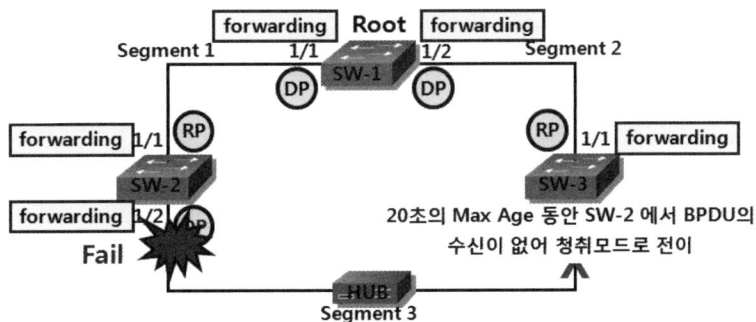

그림 5.20 STP 재연산 과정 - 2

- SW-2는 1/2에 대한 링크의 절단을 즉시 감지하고, 자신의 MAC 테이블에서 1/2로 학습된 MAC 주소를 바로 제거한다.
- SW-3은 허브와의 연계를 통해 SW-2와 연결돼 있어 SW-2의 1/2가 물리적으로 다운됐는지를 감지하지 못하고, 단지 SW-2로부터의 BPDU를 수신하지 못할 것이다.
- 링크가 다운된 후 맥스 에이지 20초 동안 BPDU를 수신하지 못한 SW-3은 SW-2와의 링크에 문제가 있다고 생각하고 세그먼트 3에 대한 자신의 포트 역할을 지정 포트로 변경하기 위해 15초 동안 청취 모드로 전환한다.

이후 그림 5.21과 같이 SW-3의 1/2 포트는 루트 브리지에서 받은 우등 BPDU를 전송하는 포트로 연산되며, 따라서 지정 포트가 되기 위해 청취 모드 종료 후 전송 모드로 전환해 15초를 더 기다린다. 결과적으로 이러한 재연산은 맥스 에이지$^{Max-Age}$ 20초 + 리스닝 15초^{Listening} + 러닝 15초^{Learning}로 총 50초의 시간이 필요하다.

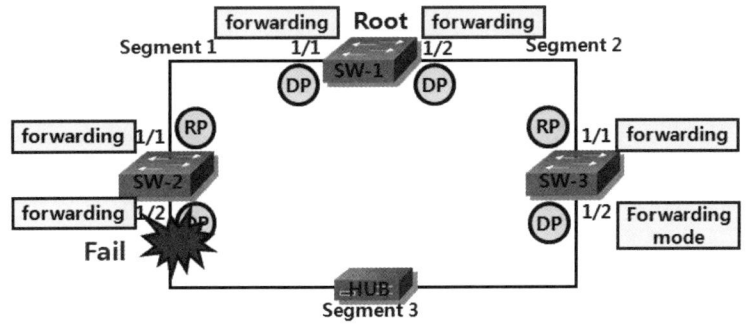

그림 5.21 STP 재연산 과정 - 3

(3) STP 수렴 시간과 TCN BPDU

토폴로지 변화에 적응하기 위해 스위치에서 소요되는 시간은 30~50초가 소요된다. 네트워크의 수렴 동안 실질적으로 도달될 수 없는 물리적 주소가 여전히 MAC 테이블에 존재하기 때문에 스위치는 도달할 수 없는 목적지로 프레임을 전송하려 한다.

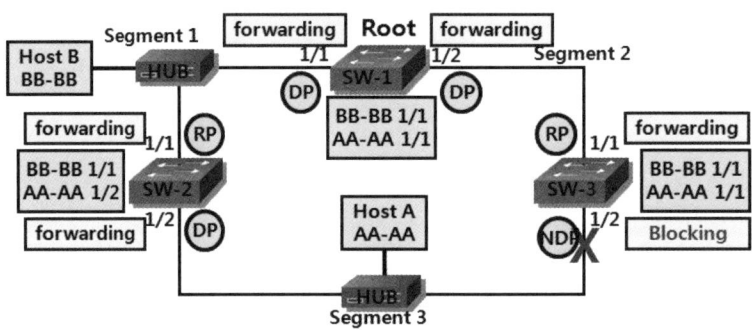

그림 5.22 STP 수렴 시간과 TCN BPDU - 1

호스트 B는 SW-2를 통해 호스트 A와 통신하려 하는데, SW-2의 1/2의 링크가 다운됐다고 가정해보자.

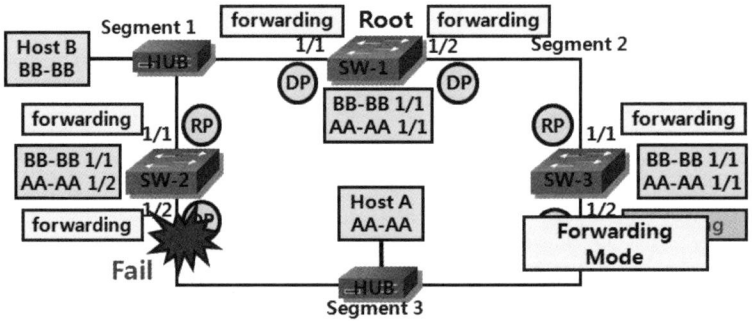

그림 5.23 STP 수렴 시간과 TCN BPDU - 2

앞의 STP 재연산에서도 언급한 바와 같이 SW-3의 1/2는 50초 후에 지정 포트로 변경된다. 그러나 TCN BPDU가 없다면 데이터 트래픽은 SW-3의 1/2가 지정 포트로 전환된 후에도 4분10초 동안 통신이 불가할 것이다.

SW-2를 제외한 나머지 스위치들의 MAC 테이블에 호스트 A에 대한 MAC 주소가 기존 정보를 유지하고 있기 때문으로, SW-3의 1/2 포트가 블로킹 모드여서 세 개의 스위치들은 시계 반대 방향으로 프레임을 보낼 것이다. SW-3의 1/2 포트가 전송 모드로 전환됐더라도 MAC 테이블은 STP 토폴로지의 변경을 정확히 반영하지 못할 것이다.

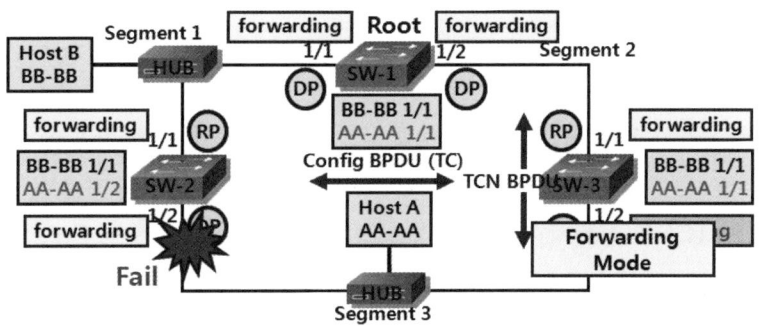

그림 5.24 STP 수렴 시간과 TCN BPDU - 3

MAC 테이블의 정보 값이 네트워크의 변화를 정확히 반영하려면 300초(5분)의 'MAC 에이징' 값인 MAC 테이블 타임아웃 동안 대기해야 한다. 이 문제를 해결하기 위해 스위치는 포트의 상태가 변경됐을 때 그림 5.24와 같이 TCN BPDU를 전송하고, 이를 수신한 스위치는 300초에서 15초의 포워드 딜레이 값으로 그들의 MAC 테이블 만료 시간을 변경해 MAC 테이블 정보를 최신 정보로 안정적으로 유지토록 한다.

즉, MAC 테이블을 초기화시키는 것이 아니라 MAC 테이블이 주소 목록을 유지하는 만료 시간을 단축시킴으로써 15초 동안에 지속적으로 통신에 참여하는 MAC 주소는 MAC 테이블 목록에 유지될 것이고, 그 외에 통신에 참여하지 않는 MAC 주소는 스위치의 MAC 테이블에서 삭제돼 MAC 테이블의 갱신을 촉진시킨다. 그리고 MAC 테이블에 없는 주소를 갖는 프레임들은 스위치가 MAC 주소를 학습할 때 까지 플러딩될 것이다.

STP 수렴 과정은 더 이상 도달할 수 없는 물리적인 MAC 주소를 MAC 테이블에서 빨리 제거할 수 있게 하는 과정이 요구된다.

스위치가 토폴로지 변화[6]를 감지하면 스위치는 TCN BPDU를 루트 포트로 전송

---

6. TCN을 발생시키는 토폴로지 변화에 해당하는 경우는 서버나 클라이언트 PC의 포트가 활성화되는 것도 포함된다. 따라서 사용자 PC가 연결된 포트를 STP 연산에서 제외시키는 방법도 불필요한 TCN 트래픽의 발생을 억제할 수 있는 방법 중 하나다.

하고 TCN BPDU는 네트워크를 통해 루트 스위치에 전달된다. 주의할 것은 TCN 자체로 STP 재연산이 시작되는 것이 아니라는 점이다.

스위치는 두 개의 조건에서 TCN BPDU를 생성한다.

- 최소 하나의 지정 포트나 루트 포트가 있는 스위치에서 특정 포트가 전송 상태로 전이되는 경우
- 포트가 전송이나 학습 상태에서 차단(블로킹) 상태로 전이되는 경우

결국 TCN의 발생 자체는 이상한 현상이라 할 수 없는데, 망의 변화에 따라 스위치가 TCN을 발생시킬 것이기 때문이다. 따라서 스위치의 인터페이스 상황에서 모니터링되는 TCN의 누적치만으로 망의 이상 유무를 판단하기는 어렵고, 단지 토폴로지가 변경됐다는 정보로 사용할 수는 있다.

(4) STP 연산 예제

그림 5.25와 같은 스위치망에서 루트 브리지의 선출과 각 스위치의 포트 상태를 연산해보자

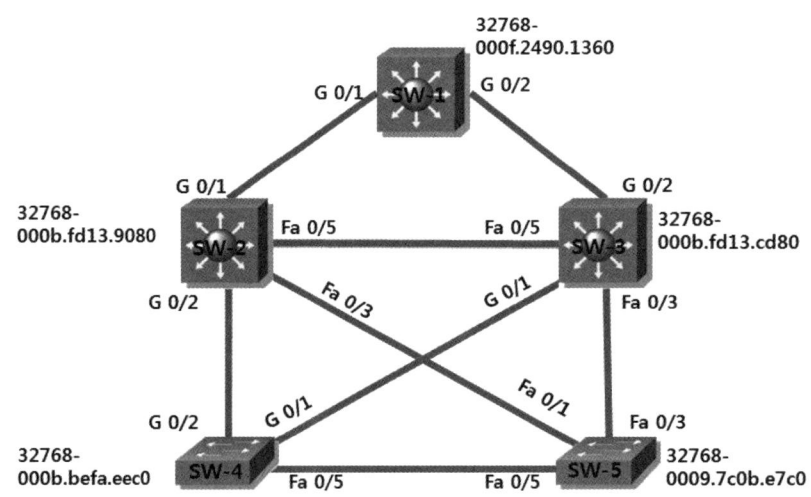

그림 5.25 STP 연산 예

그림 5.25의 STP 연산 결과는 그림 5.26과 같을 것이다.

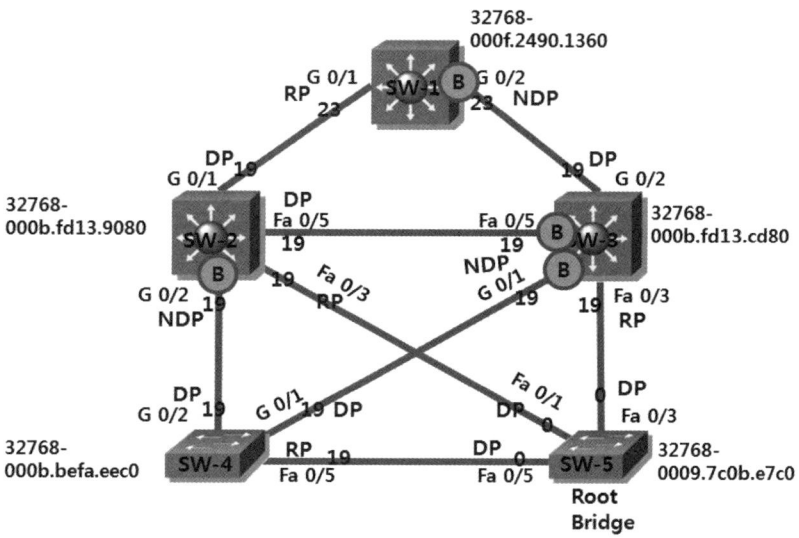

그림 5.26 STP 연산 결과

5.3 RSTP 동작

토폴로지 변경 시에 STP의 연산 수렴 시간이 30초에서 최대 50초 정도 소요되는 단점을 극복하기 위해 IEEE에서는 802.1w라는 표준으로 RSTP[Papid STP]를 발표했다. 2001년 6월에 발표된 이 표준은 현재 2004년 판인 2004-802.1D[7]의 표준 문서에 포함돼 있다.

RSTP의 핵심 사항은 BPDU 프레임 중 STP에서는 사용하지 않았던 플래그 필드의 6개 비트에 '제안 BPDU[Proposal BPDU]'와 '동의 BPDU[Agreement BPDU]' 등을 추가함으로써 STP가 루핑 방지를 위해 적용하는 수렴 시간을 단 몇 초로 단축시켰다.

앞의 STP 재연산에서 다뤘듯이 허브로 연결된 간접 링크의 다운 시 블로킹 포트가 바로 지정 포트로 전이되지 못하고 20초간의 '맥스 에이징 타임'을 기다리고 다시 15의 청취 모드와 15초의 학습 모드를 대기한 후 전송 모드로 전이된다.

RSTP는 루트 브리지 선정이나 포트 역할의 선정은 STP와 유사하지만, STP에

---

7. 이 문서는 http://standards.ieee.org/getieee802/download/802.1D-2004.pdf에서 다운로드할 수 있다.

비해 토폴로지 변화 시의 재연산 수렴 시간이 빠르다. RSTP는 헬로 주기(2초)의 3배인 6초 동안 루트 포트로 BPDU를 수신하지 못하면 RSTP 재연산이 시작되며, 제안proposal BPDU와 동기화Synchronization 과정, 그리고 동의agreement BPDU를 통한 빠른 수렴을 갖는다.

5.3.1 RSTP와 STP

RSTP가 제대로 동작하기 위해서는 스위치 간 전이중 포인트 투 포인트point-to-point 링크로 구성돼야 한다. 반이중 링크는 여러 장비가 연결돼 있는 허브와 같은 공유 매체와의 링크로 인식하고, RSTP 동작 특성상 반이중 모드에서는 빠른 수렴을 달성할 수 없다.

STP와 RSTP는 포트의 명칭도 약간 차이가 있다. RSTP는 '대체 포트', '백업 포트Backup port'를 갖는다. 스패닝 트리 연산에 참여하지 않는 서버나 호스트와 같이 네트워크 장비와 연결되지 않는 포트들은 '에지 포트Edge port'라 하며, '에지 포트'가 자신의 포트로 BPDU를 수신하면 바로 '논에지 포트Non-edge port'로 동작한다.

'논에지 포트'가 스패닝 트리 알고리즘에 참여해 전송 상태로 전이될 때에만 TC를 생성한다. 중요한 점은 TC는 오직 '논에지 포트'만이 발생시킨다는 점이다. 반면 전형적인 STP는 모든 활성 포트에서 토폴로지 변화 시 TCN을 생성할 수 있다.

RSTP는 802.1D에서처럼 수렴을 위한 시간들이 필요하지 않으며, 802.1D를 대체하는 동시에 상호 공존할 수 있다. RSTP BPDU 프레임은 802.1D 프레임 포맷과 동일해, RSTP 프레임을 식별하기 위해 프레임 내 버전 필드 값과 메시지 타입 값을 2로 설정한다. 그리고 RSTP 스패닝 트리 알고리즘에서 루트 브리지 선출 방식은 802.1d STP와 동일하다.

5.3.2 RSTP 포트 상태와 역할

RSTP는 STP와 모든 면에서 거의 흡사하지만, 포트의 상태와 역할을 정의하는 부분에 차이가 있다.

(1) RSTP 포트 상태

RSTP 포트 상태는 폐기, 학습, 전송의 3가지 상태로 분류된다. 폐기 상태는 STP의 차단Blocking 상태와 동일하며, BPDU를 수신은 하지만 송신은 하지 않고, 데이터 프레임의 경우에는 송신도 수신도 하지 않는 상태다. 그림 5.27에서 STP와 RSTP의 포트 상태를 비교했으며, 표 5.3에서는 RSTP 포트 상태에 따른 동작 특성을 설명했다.

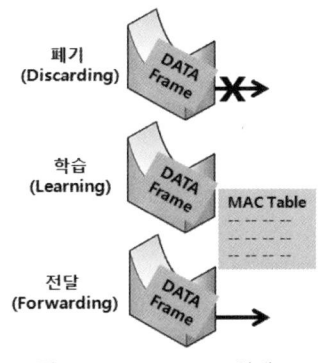

포트 상태	STP 포트 상태	RSTP 포트 상태
활성(Enable)	차단(Blocking)	폐기(Discarding)
활성(Enable)	청취(Listening)	폐기(Discarding)
활성(Enable)	학습(Learning)	학습(Learning)
활성(Enable)	전달(Forwarding)	전달(Forwarding)
비활성(Disable)	비활성(Disabled)	폐기(Discarding)

그림 5.27 RSTP 포트 상태

표 5.3 RSTP 포트 상태에 따른 동작

포트 상태	동작
차단 상태 (Discarding)	• 활성 토폴로지의 안정화 상태에서, 또는 토폴로지 동기화와 토폴로지 변경 시 발생되는 상태 • 이 상태에서 해당 포트는 데이터 프레임을 전달하지 않음으로써 2계층의 루핑을 막는다.
학습 상태 (Learning)	• 활성 토폴로지의 안정화 상태에서, 또는 토폴로지 동기화와 토폴로지 변경 시 발생되는 상태 • 이 상태에서 해당 포트는 MAC 주소 테이블을 갱신해 알지 못하는 MAC 주소를 갖는 유니캐스트 프레임에 대한 플러딩을 줄인다.
전송 상태 (Forwarding)	• 안정화된 활성 토폴로지 상태 • 토폴로지 변경 이후 또는 제안(proposal)과 동의(agreement)의 동기화 과정 후에 해당 포트는 전송 상태로 전이해 데이터 프레임을 전달할 수 있다.

(2) RSTP 포트의 역할

RSTP 포트는 역할에 따라 루트 포트(Root Port), 지정 포트(Designated Port), 대체 포트(Alternate Port), 백업 포트(Backup Port), 비활성 포트(Disabled Port)로 분류된다.

- 루트 포트 Ⓡ(STP와 동일)

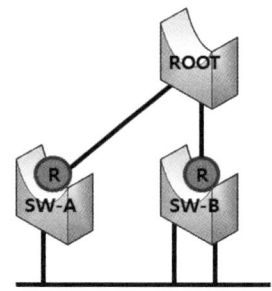

- STP의 루트 포트와 동일하다.
- 루트 스위치가 아닌 모든 스위치는 루트 스위치까지 최소 경로 비용 값을 갖는 포트를 루트 포트로 설정해 루트 포트로부터 우등 BPDU 값을 수신한다.
- 루트 포트는 전송 상태를 유지한다.
- 그림 5.28에서 SW2의 Fa0/1과 SW3의 Fa0/1

- 지정 포트 Ⓓ(STP와 동일)

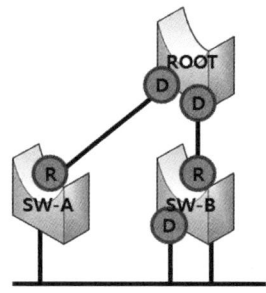

- STP의 지정 포트와 동일하다.
- 세그먼트마다 하나의 지정 포트를 가져야 한다.
- 지정 포트는 우등 BPDU를 전송하는 포트다.
- 지정 포트는 전송 상태를 유지한다.
- 그림 5.28에서 SW1의 모든 포트와 SW3의 Fa0/2

- 대체 포트 Ⓐ(STP에서는 비지정, 차단 BLK)

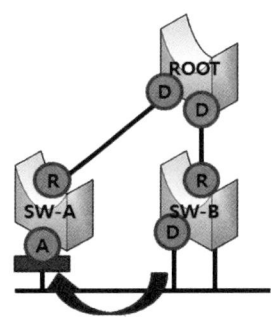

- □ 스위치에 루트 브리지로의 대체 경로가 존재할 때 생성된다.
- □ 루트 포트가 다운되면 그 역할을 대신할 포트다.
- □ 대체 포트는 BPDU만을 수신하고 데이터 프레임은 송수신하지 않는 차단 상태를 유지한다.
- □ 그림 5.28에서 SW2의 Fa0/3

- 백업 포트 Ⓑ(STP에서는 비지정 Non-designated port, 차단, BLK)

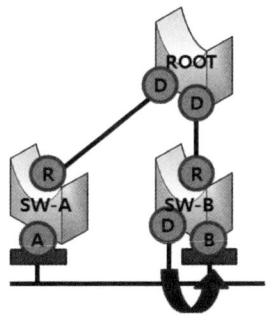

- □ 이중화 링크가 존재하는 스위치에서 생성된다.
- □ 스위치가 송신한 BPDU가 다른 포트로 수신될 때 포트 ID가 높은 포트가 백업 포트로 지정된다.
- □ 백업 포트는 BPDU만을 수신하고 데이터 프레임은 송수신하지 않는 차단 상태를 유지한다.
- □ 그림 5.28에서 SW2의 Fa0/2

위에 설명한 RSTP 포트 역할에 따라 그림 5.28의 스위치 구성에서 각 스위치의 포트 역할을 보면(스위치 SW1의 BID 값이 제일 낮고, SW3의 BID 값이 두 번째로 낮다고 가정) 다음과 같다.

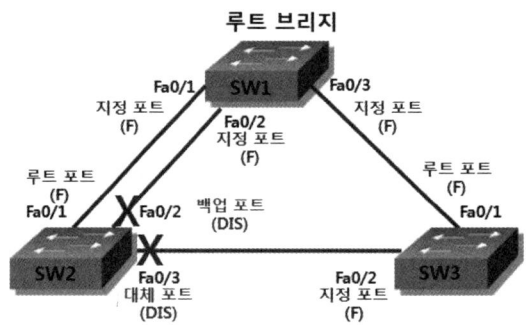

그림 5.28 RSTP의 포트 역할(D: 차단, Discarding, F: 전송, Forwarding)

- SW1이 루트 브리지이므로 모든 포트는 지정 포트(D)로 정의된다.
- SW3은 루트 브리지를 향한 루트 포트를 선출해야 하며, Fa0/1이 루트 포트로 선정되고, SW3의 BID가 S2의 BID보다 우월하기 때문에 SW2와 SW3 사이의 세그먼트 포트 Fa0/2는 지정 포트로 선정된다.
- SW2도 루트 브리지를 향한 루트 포트를 선출해야 하며, Fa0/1과 Fa0/2 중에서 포트 ID 값이 낮은 값을 수신하는 Fa0/1이 루트 포트가 된다. 또한 '이 루트 포트에 문제가 발생했을 때 백업으로 동작'의 의미로 백업 포트는 Fa0/2가 되고 차단 상태^{DIS}로 동작한다.

그리고 SW2와 SW3 사이의 세그먼트에서 S2의 BID가 더 높기 때문에 '스위치들의 루트 포트에 문제가 발생했을 경우 동작'의 의미로, 대체 포트는 Fa0/3이 선정된다.

(3) RSTP Link 분류

그림 5.29와 같이 RSTP가 동작하는 스위치의 포트는 접속된 링크에 따라 다음과 같이 분류된다.

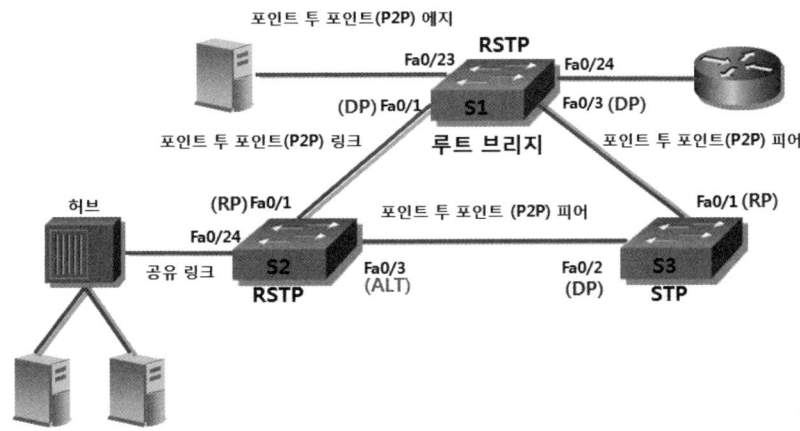

그림 5.29 RSTP 링크 분류

- **에지 포트**(Edge port) 스패닝 트리가 동작하지 않는 서버와 같은 장비와 연결된 포트
- **피어 포트**(Peer port) STP가 동작하는 스위치와 연결된 포트
- **링크 포트**(Link port) RSTP가 동작하는 스위치와 연결된 포트

포트 타입	설명
포인트 투 포인트(P2P)	▶전이중(full-duplex) 모드로 동작하는 포트 ▶단일 스위치에 직접 연결돼 있는 포트
공유(Shared)	▶반이중(half-duplex) 모드로 동작하는 포트 ▶다중의 스위치에 허브와 같은 공유 매체를 통해 연결돼 있는 포트

5.3.3 RSTP BPDU

RSTP는 STP와 동일하게 2초마다 01:80:C2:00:00:00의 멀티캐스트 주소로 헬로 BPDU를 전송하며, RSTP의 '설정 BPDU^{CBPUD}' 구조 역시 STP 구조와 유사하지만 STP에서 사용하지 않는 플래그^{Flag} 필드의 1~6번 비트를 사용하고, 마지막에 버전 Version Length이 추가된 점이 틀리다. 따라서 STP의 BPDU는 35바이트이고, RSTP의 BPDU는 36바이트다. 그림 5.30에서는 RSTP BPDU의 포맷을 보여주고, 표 5.4에서는 BPDU 필드 값을 보여준다.

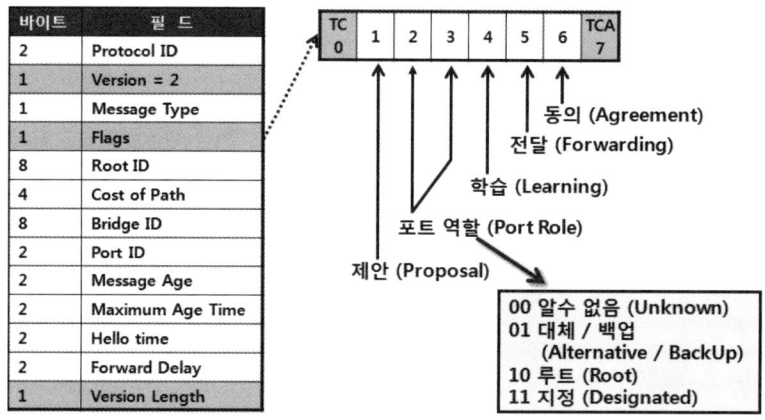

그림 5.30 RSTP BPDU 포맷

표 5.4 RSTP BPDU 필드 설명

필드	설명
프로토콜 ID(Protocol ID)	항상 0의 값을 갖는다.
버전(Version)	STP는 (0), RSTP (2), MSTP (3)으로 표시된다.
메시지 타입 (Message Type)	RSTP를 나타내기 위해 2의 값을 갖는다.
플래그(Flags)	토폴로지 변경 알림과 토폴로지 변경 확인 프레임을 표현한다. STP의 사용하지 않는 필드를 이용한다.
루트 ID(Root ID)	루트 브리지의 ID다.
경로 값(Cost of Path)	루트 브리지까지의 경로 값을 표시한다.
브리지 ID(Bridge ID)	BPDU를 전송하는 브리지 ID다.
포트 ID(Port ID)	BPDU를 전송하는 포트 ID다.
메시지 에이지 (Message Age)	루트 브리지가 BPDU를 생성한 후 전달되는 시간 길이다. 전달되는 동안 거치는 스위치의 개수로, TTL와 유사하다.
맥스 에이지 타임 (Maximum Age Time)	설정 BPDU(CBPDU)에 대한 최대 생존 시간이다.
헬로우 타임(Hello Time)	헬로우(Hello) 타이머에 이용되는 종료 값으로, 헬로우 전송 주기다.
포워드 딜레이 (Forward Delay)	전송 지연(Forward delay) 타이머에 이용되는 종료 값이다.
버전 길이 (Version Length)	BPDU의 버전 1 정보로, 0으로 설정된다. RSTP에서 추가된 필드다.

그림 5.30에서 RSTP 플래그 필드의 2번과 3번 비트의 값을 이용해 포트 역할을 정의하고 있으며, 이 값에 대한 설명은 다음과 같다.

포트 역할 정의 비트(2비트)

00 : 미정 (Unknown)
01 : 대체 포트 / 백업 포트 (Alternative / Backup Port)
10 : 루트 포트 (Root Port)
11 : 지정 포트 (Designated Port)

5.3.4 RSTP 연산 방식

RSTP는 STP의 연산 수렴 시간을 대폭 개선해 수 초대의 재연산 수렴이 가능하다. 이는 RSTP의 수렴 방식이 기존 STP와는 다른 방식을 사용하기 때문으로, 다음과 같은 토폴로지 변경 시의 동작 방식을 살펴보자.

STP에서는 루트 브리지만이 BPDU를 생성해 다른 스위치들로 전송하며, 논루트 브리지들은 이 BPDU를 받아 인접 스위치로 전파하는 역할을 수행한다. 즉, 루트 브리지가 BPDU를 전송하지 않으면 인접 스위치로의 BPDU를 전파하지 않는다. 하지만 RSTP는 루트 브리지와 무관하게 스스로 BPDU를 생성하고 2초마다 인접 스위치에게 상호 전송함으로써 인접 스위치들의 토폴로지 변화를 신속히 감지한다.

(1) 토폴로지 변경 인지

- RSTP는 STP와 달리 에지 포트를 제외한 모든 포트는 차단 상태에서 전송 상태로 변화됐을 때, 또는 인접 스위치와 연결된 포트로 헬로 주기의 3배(6초) 동안 BPDU를 받지 못할 때 토폴로지 변경이 발생한 것으로 간주한다.
- 링크 유실을 토폴로지 변화로 여기지 않으며, 링크 유실로 인해 블로킹 상태로 변경되는 포트는 TC$^{Topology\ Change}$ BPDU를 생성하지 않는다.
- 토폴로지 변경을 인지한 스위치들은 에지 포트를 제외한 지정 포트와 루트 포트에 'TC 와일 타이머$^{TC\ while\ timer}$(Hello 타임의 2배 = 4초)를 작동해 MAC 테이블을 삭제하고, 동시에 해당 포트를 전송 상태로 변경한다.
- STP에서는 루트 브리지로 TCN이 전송되고, 이를 받은 루트 브리지가 TC를 모든 스위치로 다시 전송하는 두 단계의 토폴로지 변경 전파 절차를 수행했지

만, 그림 5.31과 같이 RSTP는 토폴로지 변경을 인지하는 스위치가 모든 스위치로 TC를 플러딩하는 한 단계의 전파 방식을 사용한다(이를 통해 RSTP가 토폴로지 변경에 대한 빠른 수렴을 가능케 한다).

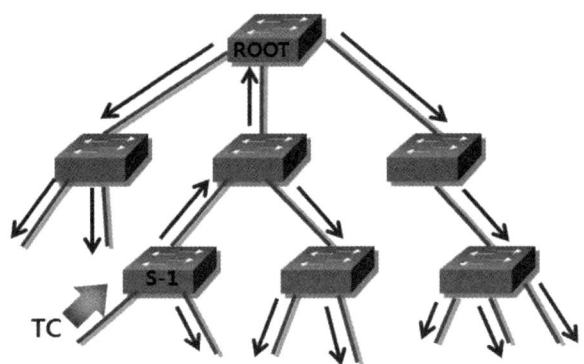

그림 5.31 토폴로지 변경 정보 TC의 플러딩

RSTP로 동작하는 스위치는 TC를 감지하는 순간 다음의 순서로 동작한다.

1. TC를 감지한 RSTP 스위치는 TC '와일 타이머'를 동작한다.
   - RSTP 스위치는 에지 포트를 제외한 지정 포트와 루트 포트에 헬로우 타임의 2배로 TC '와일 타이머'를 설정한다.
2. RSTP 스위치는 에지 포트를 제외한 모든 포트의 MAC 주소를 지운다.
3. TC '와일 타이머' 동안 RSTP 스위치는 TC 비트가 1로 설정된 TC BPDU를 스위치의 루트 포트로 전송하고, 이를 통해 상위 RSTP 스위치에게 토폴로지 변경을 알린다.
4. TC 비트가 1로 설정된 TC BPDU를 수신한 스위치는 TC BPDU를 수신한 포트로 학습된 주소를 제외한 모든 포트의 MAC 주소를 지운다.
5. TC BPDU를 수신한 스위치는 마찬가지로 TC '와일 타이머' 동안 TC BPDU를 자신의 루트 포트로 전송한다.

간접 링크의 다운 시 RSTP 스위치는 간접 링크와 연계된 포트로 헬로우 타임의 3배의 대기 시간인 6초 동안 BPDU의 수신이 없으면 토폴로지 변경으로 인지한다. 그리고 다시 TC '와일 타이머' 4초 동안 해당 링크의 MAC 테이블을 삭제해 프레임의 드롭을 막는다. RSTP는 결국 수렴을 통한 정상 통신까지 총 10초 동안의 수렴 시간이 소요된다. 결국 STP가 최대 50초의 토폴로지 재연산 수렴 시간을 갖는다면 RSTP는 이를 10초로 단축하는 것이다.

(2) 제안과 동의 프로세스 동작

STP에서 지정 포트는 전송 상태로 전이하기 전에 두 배의 포워드 딜레이$^{FD, Forward\ Delay}$(15초)라는 전송 지연 시간을 기다린다. 하지만 RSTP는 토폴로지 변경 이후에 토폴로지 연산이 링크 기반으로 수렴되며, 포트의 전이가 타이머의 만료와 무관하게 동작하기 때문에 빠른 재연산이 가능하다.

RSTP에서 전송 상태로의 빠른 전이는 에지 포트와 포인트 투 포인트 링크에서만 가능하다.

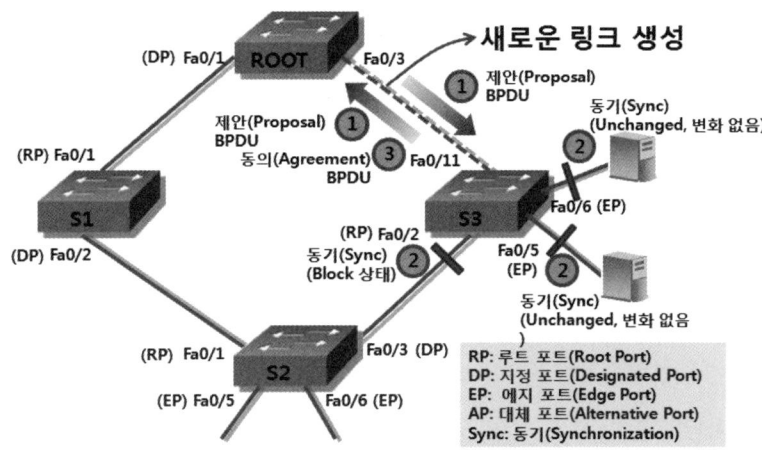

그림 5.32 RSTP 스위치의 토폴로지 변화에 따른 수렴 과정 - 1

그림 5.32와 같이 S3 스위치가 S2, S1을 통해 루트 스위치와 연계된 상황에서 추가로 루트 스위치와 S3 사이에 새로운 링크를 연결했다. 이후 스위치의 토폴로지 변경에 따른 RSTP 수렴 과정은 다음 순서로 동작한다.

1. 제안 BPDU$^{Proposal\ BPDU}$ 교환
   - 링크를 연결하고 루트 스위치와 S3 상호 간 BPDU를 교환하기 전까지 포트의 상태는 차단 상태$^{designated\ blocking\ 또는\ discarding}$로 동작한다.
   - 스위치 상호 간에 자신이 루트 스위치라고 주장하는 '제안 BPDU'를 전송한다.

- 상대방에게 수신한 '제안 BPDU'에 있는 루트 브리지 정보가 자신이 알고 있는 정보보다 우수하다면 '제안 BPDU'를 전송하지 않고 동기화 과정을 수행한 후 바로 '동의 BPDU'를 전송한다.
- 결국 상대방에서 받은 정보가 내가 알고 있는 정보보다 우수하지 않을 때 '제안 BPDU'를 교환하게 된다.
- 해당 포트는 루트 브리지의 Fa0/3과 S3 스위치의 Fa0/11이다.

2. 제안 BPDU 수신과 동기화^{Synchronization} 과정

- 루트 브리지부터 '우등 BPDU'를 수신한 S3 스위치는 에지 포트를 제외한 나머지 포트를 차단 상태로 변경하는 동기화 과정을 수행한다.
- 동기화 과정은 제안과 동의 BPDU 교환 과정에서 발생할 수 있는 루핑을 방지하는 역할을 수행하며, 에지 포트와 블로킹(또는 차단 상태, 비활성화 상태의 포트) 포트는 동기화 과정 동안 차단 상태로 변경되지 않는다.
- 동기화 과정 중 S3 스위치의 Fa0/2는 차단 상태, Fa0/5, Fa0/6은 에지 포트로 포트 역할의 변경은 발생하지 않는다.

3. 동의 BPDU^{Agreement BPDU} 교환

- S3 스위치는 '제안 BPDU'를 수신한 포트인 Fa0/11로 동의 BPDU를 전송해 Fa0/11 포트 역할을 루트 포트의 전송 상태로 전이할 것을 알린다.
- 루트 브리지가 S3 스위치의 동의 BPDU를 수신하는 즉시 루트 브리지 포트 Fa0/3은 지정 포트 전송 상태로 상태를 전이한다.

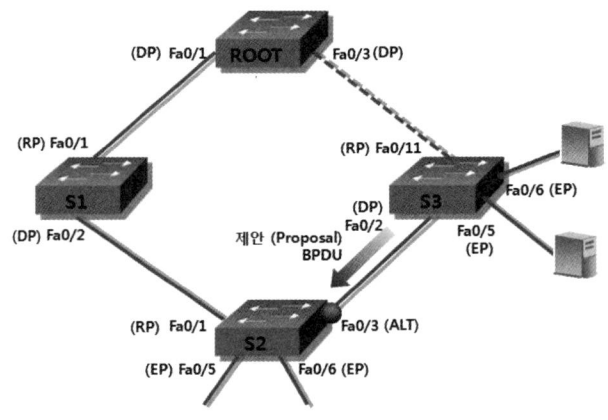

그림 5.33 RSTP 스위치의 토폴로지 변화에 따른 수렴 과정 - 2

- 그림 5.33과 같이 루트 브리지와 S3 간 링크의 RSTP 연산이 종료되고, S3 와 S2 간 링크의 RSTP 연산이 다시 시작된다.

4. 하단 스위치와의 제안, 동의 프로세스

- S3 스위치는 루트 브리지와의 동기화 과정을 끝내고, 하단 연계 스위치인 S2와 다시 제안/동의 프로세스를 시작한다.
- S3 스위치는 제안 BPDU를 S3 스위치에게 전송하며, S2는 자신이 알고 있는 루트 스위치의 정보로 경로 값이 동일하다는 것을 인지한다. 하지만 하나의 스위치에 두 개의 루트 포트가 존재할 수 없고 Fa0/3에서 수신하는 BID가 더 우수하기 때문에 대체^{ALT} 포트 상태로 전이된다.
- S2 스위치의 Fa0/3은 대체 포트인 차단 상태에 있어서 S3 스위치로 '동의 BPDU'를 전송하지 않는다. 즉, Fa0/3의 지정 포트로 스위치 S3에서 전송한 '제안 BPDU'를 수신했지만, 자신이 루트 포트가 될 자격이 없기 때문에 추가로 응답하지 않는다.
- 응답을 받지 못한 S3 스위치는 Fa0/2를 차단 상태로 15초 동안 계속 BPDU를 전송하며, 15초 후에 학습 상태로 전이하고 15초 후 지정 포트인 전송 상태로 전이한다.
- 결국 지정 포트로 전이되기까지 약 30초가 소요되지만, 이 구간은 활성 토폴로지에 포함되지 않는 구간이므로 서비스에는 전혀 영향을 미치지 않는다.

RSTP는 토폴로지 변화 시 연산을 위해 제안과 동의 BPDU를 사용해 서로의 포트 역할을 정의하는 협상 과정을 수행하며, 이때 루핑을 방지하기 위해 동기화 과정이 사용된다. 협상 과정은 링크 대 링크로 진행돼 전체 토폴로지 변화에 대한 빠른 수렴 시간을 갖는다.

'제안 BPDU'와 '동의 BPDU'는 다음과 같이 정의할 수 있다.

- **제안 BPDU** 자신의 브리지 정보가 우수하므로 상대방의 포트는 루트 포트가 돼야 함을 주장한다.
- **동의 BPDU** 상대방의 제안 BPDU가 우수하므로 자신의 포트를 루트 포트로 정의하겠다는 동의를 주장한다.

5.4 WAF 이중화 구간의 STP 조정

요즘 네트워크 보안 장비로 많이 사용되는 WAF^{Web Application Firewall, 웹 방화벽}의 이중화 시에 고려해야 할 STP 조정을 알아보자.

WAF의 종류에는 성능과 동작 방식에 따라 몇 가지가 있을 수 있겠지만, 간단히 하드웨어적으로 분류하면 서버 기반 WAF, 네트워크 기반 WAF의 두 가지 종류로 분류할 수 있으며, 현재 사용 중인 Piolink 제품을 제외한 대부분의 국산 WAF들은 서버 기반의 WAF로 생각하면 무리가 없을 듯하다.

네트워크 기반의 WAF 장비들은 이중화 시에 특별히 STP에 대해 고민할 필요가 없다. 이유는 이중화 구현 시 WAF의 STP 기능을 비활성화하더라도 멀티캐스트 프레임을 포워딩하기 때문에 WAF를 기준으로 상하단에 구성되는 네트워크 장비 상호 간의 BPDU 전달에 큰 문제가 없다(BPDU 프레임은 목적지 주소를 01:80:C2:00:00:00 사용해 전달하는 멀티캐스트 프레임).

하지만 서버 기반의 WAF일 경우 STP 기능을 비활성화하면 WAF를 사이에 둔 스위치 간의 BPDU 전달에 문제가 발생한다. 서버 기반의 WAF가 멀티캐스트 프레임을 포워딩하지 않고 수신한 후 무시하기 때문이다(즉, 폐기한다. 참고로 최근에 나온 일부 제조사의 WAF는 BPDU 프레임을 포워딩한다).

그림 5.34는 기본적인 WAF 이중화 구성을 보여준다.

결국 멀티캐스트 프레임을 포워딩하지 않는 WAF를 네트워크 구간에 이중화로 구성하려면 WAF에 STP 기능을 활성화해 STP 연산에 참여시켜야 한다. 이러한 상황은 네트워크 관리자에게 부담이 될 수밖에 없는데, WAF를 관리하는 보안 관리자들이 STP 동작에 대한 이해가 부족하고 WAF 장비에서 제공하는 STP 관련 정보가 미비해, 결국 WAF에 의해 발생되는 STP 관련 장애 처리 시에 네트워크 엔지니어가 확인할 수 있는 정보가 극히 적기 때문에 장애 처리가 상당히 힘들어질 수 있다는 점이다.

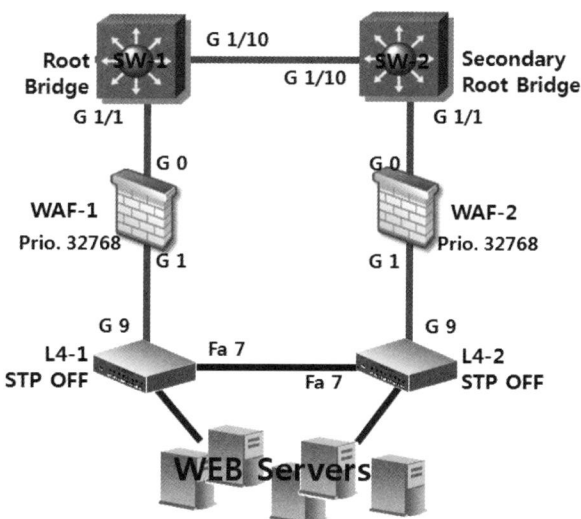

그림 5.34 WAF 이중화 구성

그림 5.34의 구성을 보면 SW-1, SW-2 각각은 WAF-1, WAF-2와 연결돼 있으며, 그 하단에 서버 로드 밸런싱을 위한 L4 스위치인 L4-1, L4-2를 거느린 박스 구조를 하고 있다. 이러한 물리적인 구성을 STP가 비활성화돼 있는 L4-1, L4-2를 제외한 그림 5.35와 같은 논리적인 STP 연산 구성으로 변경해서 볼 수 있다(참고로 WAF의 이중화 구성을 위해 L4 스위치를 추가로 구매해 방화벽 로드 밸런싱을 구현하면 지금 다루는 이슈가 발생하지 않는다).

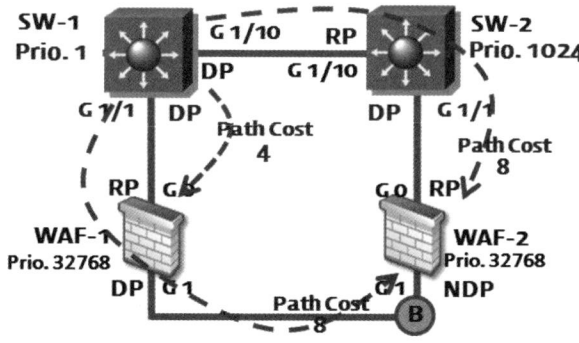

그림 5.35 WAF 이중화 STP 구성

그림 5.35에서와 같이 기본적으로 백본 역할을 하는 SW-1을 루트 브리지로, SW-2를 2차 루트 브리지로 설정하면 WAF-2의 WAF-1 연계 포트가 블로킹된다. 네트워크 운영 관점에서 관리하지 못하는 장비에 STP 블로킹 포트가 생성된다는

것은 부담스러운 일임에 분명하다. 특히 앞에서도 언급한 것과 같이 보안 담당자들은 STP를 네트워크 엔지니어보다 자주 다뤄보지는 않았을 것이다. 따라서 가능한 한 네트워크 장비의 포트가 블로킹이 될 수 있게 조정함으로써 STP 변경 상황을 네트워크 담당자가 제어할 수 있는 구성으로 바꿔줘야 한다. 또한 STP 값의 조정 시에 WAF의 STP 변수를 조정하지 않고 SW-1, SW-2에서의 STP 값 조정을 통해 이를 구현해야 한다. 즉, WAF를 STP 연산에 참여시키되 STP 연산의 조정은 네트워크 담당자가 할 수 있게 하자는 것이다.

결론은 SW-2의 G1/10의 포트 코스트 값을 8 < Cost < 12를 만족하는 경로 값$^{path\ cost}$을 선정해 그림 5.36과 같이 STP 구성을 조정해 SW-2의 G1/1 포트가 블로킹될 수 있게 했다.

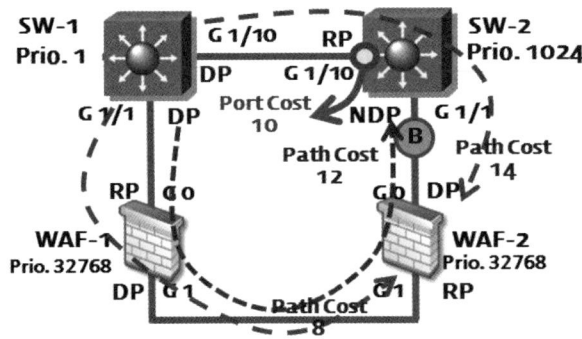

그림 5.36 Path Cost를 조정한 WAF 이중화 구성

5.4.1 새시 가상화 기술

현재 대부분의 고가용성 네트워크 장비를 생산하고 있는 제조사들은 스패닝 트리 이슈를 해결하는 방법으로 자신만의 독자적인 기술을 제공한다. 이 기술들은 대부분 이중화된 물리적 장비를 하나의 논리적인 새시로 인식할 수 있게 하는 네트워크 가상화의 한 부분인 새시 가상화 기술이며, 시스코, 주니퍼, HP, Brocade 등의 제조사들이 각기 다른 이름으로 이를 구현하고 있다(과거의 여러 스위치를 하나의 스위치로 묶는 스위치 스택킹^{stacking} 기술과 비슷하다고 접근하면 이해하기 쉬울 것이다. 물론 세부적인 구현은 차이가 많다).

이중화된 물리적 새시를 하나의 논리적인 새시로 구성함으로써 스패닝 트리의 이슈를 제거하는 것으로, 물론 제조사별 가상화 방식과 그 외의 부가적인 기능들이 많지만, 스패닝 트리의 관점에서만 보면 가상화를 이용해 루핑 없는 네트워크의 구성이 가능하다. 또한 스패닝 트리로 인한 이중화 구간의 블록 포트 발생이 없기 때문에 온전히 이중화된 링크 모두를 사용할 수 있다는 대역폭 이용의 효율성도 증진시킬 수 있다.

5.5 정리

5장에서는 스위치 이중화를 구성할 때 루프 발생의 영향과 이를 회피할 수 있는 표준 프로토콜인 STP, RSTP의 특성과 동작 방식, 두 프로토콜 간 특징을 비교해봤다. 또한 STP 연산 파라미터를 조정해 루핑 구간의 블록 포트 선정을 조정하는 방법도 알아봤다.

6장에서는 시스코의 PVST+(VLAN별 스패닝 트리 프로토콜)를 자세히 살펴보고, 이종 밴더 간에 STP를 연동시킬 때의 이슈를 알아본다.

6

PVST+ 동작과 장애 처리

5장에서는 루핑을 방지하는 표준 스패닝 트리 프로토콜에 대해 언급했다. 6장에서는 시스코 스위치에서 독점적으로 사용하는 PVST(Per-VLAN Spanning Tree)의 동작을 자세히 살펴본다.

업계에 다수 소비 계층을 형성하고 있는 시스코 스위치와 다른 제조사 스위치와의 연계 시에 발생하는 스패닝 트리 이슈에 대한 원인과 조치 방안을 설명하고, 이에 대한 장애 처리 방법도 같이 언급한다. 또한 주니퍼 스위치와 시스코 스위치와의 PVST 호환 방식에 대해 설명함으로써 시스코 스위치와 다른 제조사 간 스위치 구성 시에 고려해야 할 사항을 전반적으로 이해할 수 있게 했다.

6.1 PVST+ 동작과 STP, RSTP 상호 연동

시스코 스위치는 연결된 포트가 액세스^{access}인지, ISL 트렁크^{trunk} 또는 802.1Q 트렁크인지에 따라 다른 형태의 스패닝 트리 프로토콜을 사용해 동작한다. 기본적으로 시스코 스위치는 VLAN 생성 시에 자동으로 생성돼 VLAN별로 분리되는 스패닝 트리ST 인스턴스로 동작하는 VLAN별 스패닝 트리인 PVST$^{Per-VLAN\ Spanning\ Tree}$로 동작한다.

반면 표준 IEEE 호환 스위치(논시스코 스위치들)는 모든 VLAN을 공유하는 하나의 스패닝 트리 인스턴스인 CST$^{Common\ Spanning\ Tree}$로 동작한다. 따라서 표준 STP나 RSTP는 VLAN 수에 상관없이 하나의 스패닝 트리만 동작한다. 이렇게 CST로 동작하는 IEEE 표준 스패닝 트리 프로토콜 스위치 그룹을 MST$^{Mono\ Spanning\ Tree}$ 영역이라 부른다.

> 시스코의 PVST와 PVST+[1]는 사용자가 의도하지 않아도 VLAN을 생성할 때 자동으로 스패닝 트리 인스턴스를 생성하는 방식으로 동작한다(단, 장비의 사양에 따라 지원하는 VLAN에 대한 스패닝 트리 인스턴스의 개수가 달라지는데, 시스코 3750의 경우는 약 300개 이상의 스패닝 트리 인스턴스는 지원하지 않는다. 즉, 300개를 초과하는 VLAN은 스패닝 트리가 연산되지 못한다). 이 때문에 결과적으로 타 장비 제조사와의 호환성이 문제가 될 수 있는데, 이와 호환되기 위해 타 제조사에서는 다음과 같은 프로토콜을 제시했다.
>
> - Foundry(현재 Brocade) 시스코와의 호환성을 위해 per-VALN 모드를 제공
> - 주니퍼(Juniper) MX, EX 새로운 코드 버전으로, 시스코와의 호환성을 위해 VSTP를 제공
> - Force10 FTOS, SFTOS 시스코와의 호환성을 위해 PVST+를 제공
> - HP 최근 버전(12500 시리즈는 comware 1335, 7500 시리즈는 comware 5.20 버전 R6626 이상)에서 PVST 모드 제공
>
> 참고로 시스코 스위치와의 PVST 호환성 이슈로 인한 위험 부담 때문에 대부분 주요 백본 구간에 시스코 스위치와 타 밴더 장비와의 연동 시에는 routed port를 이용한 라우팅 구조를 권장한다.

---

[1]. PVST(Per VLAN Spanning Tree)는 L2 네트워크의 VLAN마다 개별적인 스패닝 트리를 구성하는 것을 말하며, PVST+에서 '+'의 의미는 시스코 장비와 논시스코 장비와의 스패닝 트리 상호 연동이 가능한 버전임을 나타낸다.

6.1.1 포트의 역할에 따른 시스코 스위치의 스패닝 트리 동작 방식

각 포트의 역할에 따른 시스코 스위치의 스패닝 트리 동작 방식을 알아보자.

(1) 액세스 포트

시스코 스위치의 액세스 포트$^{Access\ Port}$는 전통적인 IEEE 스패닝 트리 프로토콜 버전으로 동작한다. IEEE 스패닝 트리 BPDU들은 IEEE에 의해 예약된 멀티캐스트 MAC 주소인 '0180.C200.0000'을 목적지 주소로 해, SSAP와 DSAP 값이 '0X42'로 동일한 IEEE 802.2 LLC SAP 캡슐화를 이용해 전송한다(참고로 BPDU에 대한 2계층 필터링^{filtering}을 하려면 IEEE BPDU는 LSAP 값을 '0X4242'로 설정한 MAC ACL을 이용하면 된다). 시스코 스위치와 논시스코 스위치를 액세스 포트로 상호 연계한다면 완벽히 호환되며, 이때 스위치들은 IEEE 스패닝 트리 인스턴스(MST)로 각각의 액세스 VLAN 인스턴스로 동작할 것이다.

(2) ISL 트렁크 포트

ISL 트렁크 포트$^{Inter-Switch\ Link\ Trunk\ Port}$를 통해 시스코 스위치는 PVST로 동작한다(PVST의 특징은 ISL 트렁크 포트만으로 제한된다는 점을 주목하라). IEEE 스패닝 트리 BPDU들이 ISL 트렁크 구간을 지날 때 VLAN_ID가 포함돼 있는 ISL 헤더를 추가한 ISL 프레임으로 캡슐화돼 전송된다. ISL 헤더는 전달하는 프레임이 스패닝 트리 BPDU 인지를 식별할 수 있는 특별한 플래그를 통해 PVST가 일반적인 IEEE BPDU를 이용해 다중 스패닝 트리를 구성할 수 있게 한다.

참고로 PVST BPDU는 IEEE BPDU(IEEE 802.2 LLC SAP)와 동일한 포맷을 사용하기 때문에 프레임 분석 시에 분석기의 2계층 필터에서 SSAP/DSAP을 '0X42'의 값으로 설정하면 된다. 또한 ISL 트렁크를 이용한 시스코 스위치 스패닝 트리군을 PVST 영역이라 부른다.

(3) 802.1Q 트렁크 포트

802.1Q 트렁크$^{IEEE\ 802.1Q\ Trunk}$ 링크에서 시스코 스위치는 PVST+$^{Per-VLAN\ Spanning\ Tree\ Plus}$로 동작한다. 어떻게 보면 복잡성이 증가된 형태인데, PVST+의 목적은 표준 IEEE 스패닝 트리$^{MST,\ Mono\ Spanning\ Tree}$와 시스코 스위치의 상호 호환을 보장하고, PVST+ 인스턴스가 생성한 BPDU들이 MST 영역에서 투명하게 터널링돼 통과할

수 있게 하는 것이다.

이는 시스코 스위치가 MST 영역을 지나 다른 시스코 스위치와 연계되는 구조를 갖는 것을 고려한 기능이며, 이를 위해 시스코 스위치는 PVST+ MAC 주소로 '0100.0CCC.CCCD'를 사용한다. 따라서 802.1Q 트렁크를 이용해 연결된 시스코 스위치 그룹들을 PVST+ 영역이라 하며, PVST+ 영역은 802.1Q 트렁크를 이용해 MST 영역에, 그리고 ISL 트렁크를 이용해 PVST 영역에 연결될 수 있다. 또한 PVST와 PVST+ 스패닝 트리 인스턴스들 상호 간에는 별도 상호 호환을 위한 조치가 필요하지 않다.

그러나 PVST+ 영역의 다수 스패닝 트리 인스턴스와 대조적으로 MST 영역에는 오직 하나의 CST 스패닝 트리 인스턴스만이 존재한다. 그렇다면 "MST의 CST 싱글 인스턴스와 PVST+ 영역 간의 상호 호환이 요구될 때 PVST+ VLAN의 스패닝 트리 인스턴스가 MST와 연계될 수 있을까?"

이에 대한 해결책으로 PVST+는 MST의 CST와 연계를 위해 기본적으로 VLAN 1 스패닝 트리 인스턴스를 이용하는데, PVST+의 VLAN 1 스패닝 트리 인스턴스와 연계된 MST의 싱글 스패닝 트리 인스턴스들은 'Common Spanning Tree' 또는 CST 라고 불린다. 결국 이러한 형태로 자연스럽게 CST는 PVST, PVST+, MST 영역으로 스패닝 트리 범위를 확장할 수 있다.

6.1.2 VLAN 종류와 관련 용어 정의

우선 그림 6.1과 같은 몇 가지 VLAN 종류에 대한 개념을 명확히 할 필요가 있다. 물론 시스코 스위치를 기준으로 정리했지만, 대부분의 다른 제조사 스위치도 약간의 용어상 차이가 있을 뿐 설명 내용과 유사하다.

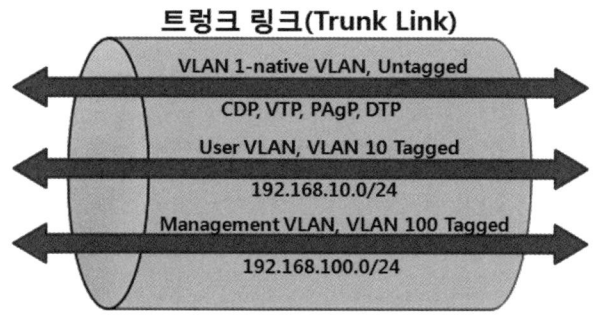

그림 6.1 시스코 스위치에서의 VLAN 명칭과 용도

스위치상에서 용도에 따라 VLAN을 분류하면 다음과 같다.

- VLAN 1
- 디폴트 VLAN
- 사용자 VLAN
- 네이티브 VLAN
- 관리 VLAN^{Management VLAN}

공장 초기화^{Factory default}로 동작하는 시스코 스위치의 모든 인터페이스는 VLAN 1에 속한다. 이는 다른 벤더의 스위치들도 거의 마찬가지다. 시스코의 카탈리스트 스위치에서 보면 위에서 나열한 VLAN들은 공장 초기화 설정에서 기본적으로 모두 VLAN 1상에 존재하기 때문에 위에 열거한 VLAN들의 차이에 혼동이 발생할 수 있다.

(1) VLAN 1

VLAN 1은 기본적으로 관리 포트를 포함해 모든 물리적 포트가 할당돼 있는 특별한 VLAN이며, 시스코 스위치에서 CDP, PAgP, VTP 같은 많은 2계층 프로토콜이 트렁크 링크로 전송되기 위해 이용하는 VLAN이다.

시스코 스위치의 독점적인 프로토콜인 CDP, VTP, PAgP, DTP는 항상 VLAN 1로 전송되는데, 이는 변경될 수 없으며 시스코에서도 VLAN 1을 이용하도록 권장한다. 반면 관리 VLAN과 사용자 VLAN들은 VLAN 1을 사용할 수도 있지만, 다른 VLAN으로 변경할 수 있으며 다른 VLAN으로 사용되는 것이 권장된다.

또한 VLAN 1은 시스코 스위치가 트렁크 링크를 통해 IEEE 표준 MST 영역과 스패닝 트리 정보를 교환하기 위해 BPDU를 전송할 때 이용되는 VLAN이기도 하다.

(2) 디폴트 VLAN

별다른 설정이 없는 공장 초기화 상태라면 모든 스위치 포트는 VLAN 1에 소속돼 있으며, 이런 이유로 인해 기본적으로 스위치에 존재하는 VLAN이라는 의미로 VLAN 1을 디폴트 VLAN이라고 한다. 기본적으로 존재하기 때문에 그 외의 VLAN 타입인 네이티브 VLAN, 관리 VLAN, 사용자 VLAN들은 스위치 설정 이전인 초기 상태에 모두 자동으로 VLAN 1의 멤버가 된다.

VLAN 1에 속해있는 포트는 시스코 스위치 액세스 포트에 switchport access vlan n 명령을 사용해 다른 VLAN으로 할당되지 않는 한 스위치 포트에 연결되는 모든 장비 또한 VLAN 1의 멤버가 된다.

참고로 주니퍼^{Juniper} 스위치의 경우에는 시스코 스위치와 달리 기본적으로 모든 스위치 포트가 VLAN 1이 아닌 'default VLAN'이라는 인스턴스 0 VLAN에 속한다.

(3) 사용자 VLAN

사용자 VLAN은 일반적으로 VLAN을 고려할 때 언급되는 VLAN으로, VLAN의 원래 목적대로 사용자 그룹이나 브로드캐스트 영역을 분할하기 위해 생성되는 VLAN이다. VLAN을 생성한 후에 시스코 스위치의 액세스 포트에 switchport access vlan n 명령을 적용함으로써 다양한 사용자 VLAN을 포트별로 할당할 수 있다.

(4) 네이티브 VLAN

앞서 나열한 VLAN의 목록 중 가장 혼란을 많이 야기하는 용어가 '네이티브 VLAN'이다. 네이티브 VLAN이란 용어는 IEEE 802.1Q 트렁크 포트에서 사용된다.

스위치 트렁크 포트는 전송되는 프레임이 소속된 VLAN의 VLAN ID로 프레임을 태깅하는데, 모든 VLAN 프레임들은 802.1Q 태그를 달고 트렁크 포트를 통과해야 하지만, 예외적으로 네이티브 VLAN인 VLAN 1에 속하는 프레임들은 이러한 태깅 프로세스에서 제외된다. 달리 표현하면 기본적으로 네이티브 VLAN에 속하는 VLAN 1 프레임은 태깅되지 않은 언태그^{untagged} 프레임 상태로 트렁크 포트를 통과한다.

802.1Q를 정의한 IEEE 위원회는 802.1Q 트렁크 포트에서 명시적으로 어떤 태깅도 되지 않는 VLAN을 일명 '네이티브 VLAN'이라 명명했고, 이 VLAN을 통해 하위 호환성을 지원하기로 결정했다. 결국 이 VLAN은 802.1Q로 동작할 수 있는 트렁크 포트가 태깅되지 않은 프레임을 수용할 수 있게 함으로써 802.1Q 태깅을 이해하지 못하는 오래된 이더넷 스위치에서 생성되는 태깅되지 않은 프레임을 802.1Q 포트로 연계할 수 있는 호환성을 보장한다. 그래서 스패닝 트리 연산의 관점에서 보면 표준 IEEE 스위치들은 이 네이티브 VLAN의 BPDU를 통해 CST 스패닝 트리 인스턴스를 연산한다.

위와 같은 이유들로 네이티브 VLAN과 관련된 프레임들은 태그가 필요 없기 때문에 가끔 애매한 상황이 발생하기도 하는데, 예를 들어 802.1Q 링크에서 프레임을 강제적으로 식별할 필요가 있는 COS$^{Class\ of\ Service}$ 서비스와 같은 우선순위 서비스들은 네이티브 VLAN으로 사용될 수 없을 것이다. 트렁크 링크에서 네이티브 VLAN을 VLAN 1이 아닌 다른 VLAN으로 변경하기 위해 시스코 스위치에서는 다음과 같은 명령을 사용하면 된다.

```
switch(confg-if)#switchport trunk native vlan VLAN-ID
```

VLAN을 구성할 때 '네이티브 VLAN'은 사용자 VLAN 또는 관리 VLAN으로 할당되지 않게 권고된다. 시스코 스위치에서 제어 트래픽인 CDP, VTP, PAgP, DTP는 별다른 설정이 없다면 VLAN 1, 즉 '네이티브 VLAN'으로 전달된다. '네이티브 VLAN'이 VLAN 1이 아닌 다른 VLAN으로 변경돼 제어 트래픽이 VLAN 1로 태깅돼 전송된다 하더라도 제어 트래픽 통신상에는 아무런 문제가 없다.

대부분의 경우 디폴트 VLAN인 VLAN 1과 기본 '네이티브 VLAN' 또한 VLAN 1을 사용하기 때문에 제어 트래픽은 '네이티브 VLAN'으로 태깅되지 않고 전달되는 셈이 된다.

스위치와 스위치를 연결하는 트렁크 포트는 반드시 상호 동일한 '네이티브 VLAN'을 사용해야 한다. 양 스위치의 연결 링크에 정의된 '네이티브 VLAN'이 불일치하면 두 VLAN 사이의 브로드캐스트 영역에 혼란을 야기할 것이고, 결국 두 VLAN은 각각의 독립적인 브로드캐스트 영역을 유지할 수 없을 것이다. 하지만 최근의 시스코 IOS는 '네이티브 VLAN 미스매치'를 인지하고 이 문제에 대해 불일치 로그를 생성해 관리자로 하여금 문제를 해결토록 한다.

결과적으로 '네이티브 VLAN'은 802.1Q 트렁크 포트에서 태그되지 않고 전달되는 VLAN이며, 트렁크 포트에서 태그되지 않고 수신되는 프레임은 '네이티브 VLAN' 프레임으로 간주된다.

(5) 관리 VLAN

오늘날 대부분의 스위치와 라우터는 장비에 부여된 IP주소로 원격지 텔넷^{Telnet} 서비스를 통해 관리를 위한 접근이 가능하다. 이는 필요에 따라 장비의 관리 IP를 '관리 VLAN'이라 명명한 VLAN에 할당해 사용할 수 있는데, 이때의 VLAN은 '사용자 VLAN', '네이티브 VLAN'과도 구별되는 별도의 분리된 VLAN이 될 것이다. 브로드캐스트 스톰이나 스패닝 트리 수렴 같은 네트워크단의 문제가 발생한 경우에 독립적으로 운영되는 관리 VLAN은 장애 처리를 위한 네트워크 장비로의 접근 경로를 제공할 수 있다.

하지만 이러한 구성은 별도의 관리 네트워크를 구성해야만 가능할 것이며, 결국 '사용자 VLAN'과는 독립적인 '관리 VLAN'의 유지는 잘못된 설정, 사고 등의 장애 시에 항상 장비로 접근할 수 있는 경로를 유지해주는 '신뢰적 장비 운영' 구현을 가능케 한다. 하지만 별도의 관리망을 구축 운영해야 하는 비용적 측면도 고려해야 한다.

6.1.3 VLAN 식별과 PVST+ SSTP TLV

VLAN 인식의 관점에서 보면 IEEE 802.1Q는 태그^{Tag} 정보를 통해 VLAN을 인식하지만, 802.1D는 VLAN을 인식하지 못하기 때문에 모든 VLAN에 대해 하나의 스패닝 트리 인스턴스로 동작한다. 따라서 특정 포트가 블로킹이 되면 그 포트는 모든 VLAN에 대해 블로킹 포트로 동작한다. 하지만 시스코의 PVST+ SSTP$^{Shared\ STP}$ BPDU는 TLV(타입; Type, 길이; Length, VLAN-ID) 필드를 포함하고 있어 VLAN 정보를 인식할 수 있기 때문에 VLAN별 스패닝 트리 인스턴스를 별도로 가져갈 수 있다.

PVST는 802.1Q 트렁크 포트에서 PVID$^{Port\ VLAN-ID}$로 SSTP BPDU가 태그되지 않더라도 SSTP BPDU는 TLV를 포함하고 있다. 시스코 스위치는 이 TLV를 통해 수신 포트의 PVID와 수신된 SSTP BPDU의 TLV에 들어있는 전송 포트의 PVID를 비교하고, 일치하지 않으면 PVID 불일치[2]로 판단해 해당 포트를 블로킹^{BLK} 상태로 전이시킨다(이 상황은 뒤에 자세히 설명한다).

---

2. PVID 불일치의 경우 스위치는 루핑의 발생으로 간주하며, 결과적으로 루핑 방지를 위해 PVST 스위치는 해당 포트를 블로킹한다.

6.2 PVST+의 네이티브 VLAN에 따른 논시스코 스위치와의 연계

6.2.1 네이티브 VLAN이 VLAN 1인 경우 프레임 전송

그림 6.2와 같이 양단의 시스코 스위치와 중간의 논시스코 스위치 구성 상황에서 '네이티브 VLAN'이 VLAN 1인 경우의 상황을 고려해보자.

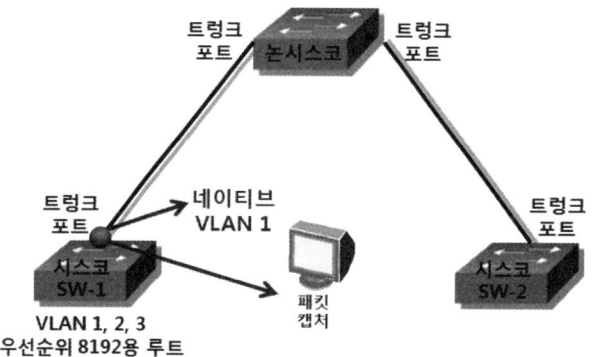

그림 6.2 시스코 스위치에서 PVST+ 트렁크 포트의 네이티브 VLAN이 VLAN 1인 경우

이 경우 논시스코 스위치를 경유하는 각 프레임과 프레임 구성은 그림 6.3과 같다.

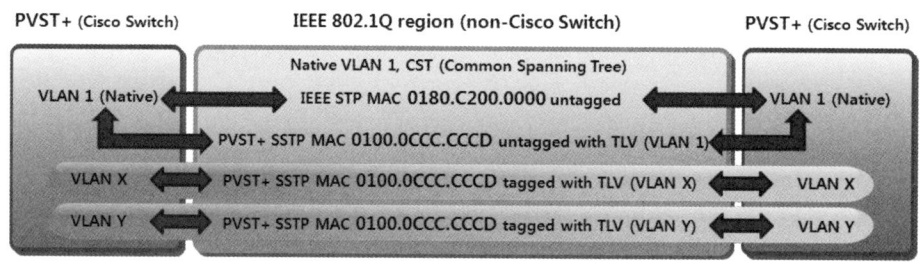

그림 6.3 네이티브 VLAN이 VLAN 1인 경우

- VLAN 1 IEEE STP BPDU는 802.1Q로 태그되지 않고 목적지 주소 '0180. C200.0000'을 사용해 전송된다.

- VLAN 1 SSTP BPDU는 802.1Q로 태그되지 않고 목적지 주소 '0100.0CCC. CCCD'를 사용해 전송된다.

- VLAN X SSTP BPDU는 802.1Q로 태그돼 목적지 주소 '0100.0CCC.CCCD'를 사용해 전송된다.
- PVST+로 동작하는 시스코 스위치는 IEEE STP MAC 주소 '0180.C200.0000'을 갖는 BPDU를 모두 VLAN 1의 BPDU로 간주한다.
- PVST+가 사용하는 SSTP BPDU는 TLV 필드를 통해 전송 포트의 PVID 값을 포함해 전송하고, 수신 포트는 이 TLV 값을 통해 수신 포트의 PVID 값과 비교해 각 프레임의 VLAN을 식별할 수 있다.

시스코 스위치에 설정된 네이티브 VLAN 1은 IEEE 멀티캐스트 MAC 주소로 태그되지 않고 논시스코 스위치로 전송되고 논시스코 스위치는 이를 이해하고 VLAN 1에 대한 스패닝 트리 연산을 수행한 후, 이를 다시 IEEE 멀티캐스트 MAC 주소로 다음번 시스코 스위치로 전송한다. 논시스코 스위치에서 전송된 IEEE 스패닝 트리 BPDU를 수신한 시스코 스위치는 PVST+ 영역의 VLAN 1에 대한 스패닝 트리 연산을 위해 이 정보를 사용한다.

시스코 스위치는 VLAN 1에 대한 BPDU를 IEEE 스패닝 트리 BPDU의 형태로 보내는 것과 동시에 PVST+를 위한 SSTP 멀티캐스트 MAC 주소(0100.0CCC.CCCD)를 사용하는 BPDU를 생성해 태그하지 않고 전송하며, 이러한 SSTP BPDU의 프레임은 IEEE 802.2 LLC SNAP 헤더(SSAP=DSAP='0XAA', SNAP PID='0X010B')를 이용해 캡슐화된다. 또한 SSTP BPDU는 IEEE 스패닝 트리 BPDU와 동일한 정보를 포함하고 있다.

IEEE 스위치(논시스코 스위치)들은 시스코 스위치에서 전송하는 SSTP BPDU를 이해하지 못할 것이고, 단순히 멀티캐스트 프레임으로 간주해 이를 플러딩시킬 것이다. 이러한 동작을 통해 시스코 스위치는 중간에 IEEE 스위치에 연결돼 있는 시스코 스위치들과 일종의 SSTP BPDU 터널링을 형성해 PVST+를 연산할 수 있다.

네이티브 VLAN이 아닌 VLAN들에 대해 시스코 스위치는 모두 SSTP BPDU를 이용해 각각 VLAN 정보를 태그해 전송한다. 이 역시 중간의 IEEE 스위치들은 이를 모두 플러딩할 것이고, 각각의 SSTP 터널링을 통해 시스코 스위치 간의 PVST+ 연산이 가능하게 된다.

참고로 시스코 스위치가 동일한 VLAN 1에 대한 BPDU를 IEEE STP BPDU와 PVST+ SSTP BPDU 형태로 동시에 두 개를 전송하는데, 이는 시스코 스위치 간의 일치성 체크^{consistency checking}를 수행하기 위해서다.

시스코 스위치가 논시스코 스위치와 연결돼 있는 네트워크 구조에서 IEEE STP BPDU을 전송한다면 이를 논시스코 스위치에서 이해하고 다른 인접 스위치로 전달할 것이다. 또한 동시에 논시스코 스위치가 이해하지 못하는 형태의 멀티캐스트 PVST+ SSTP BPDU 프레임을 전송해 멀티캐스트 프레임에 대한 플러딩 처리를 유도하고, 이 플러딩된 프레임을 동일 네트워크에 존재하는 모든 시스코 스위치가 수신함으로써 SSTP 연산에 대한 일관성을 보장한다.

이해를 돕기 위해 그림 6.2의 상황에서 패킷을 캡처해 이를 그림 6.4부터 6.7까지 설명했다.

그림 6.4는 SW-1에서 전송된 VLAN의 태깅된 SSTP BPDU를 보여준다. '네이티브 VLAN'이 기본 값으로 VLAN 1임에 따라 VLAN 1을 제외한 나머지 VLAN에 대한 SSTP BPDU는 모두 태깅돼 전송될 것이다.

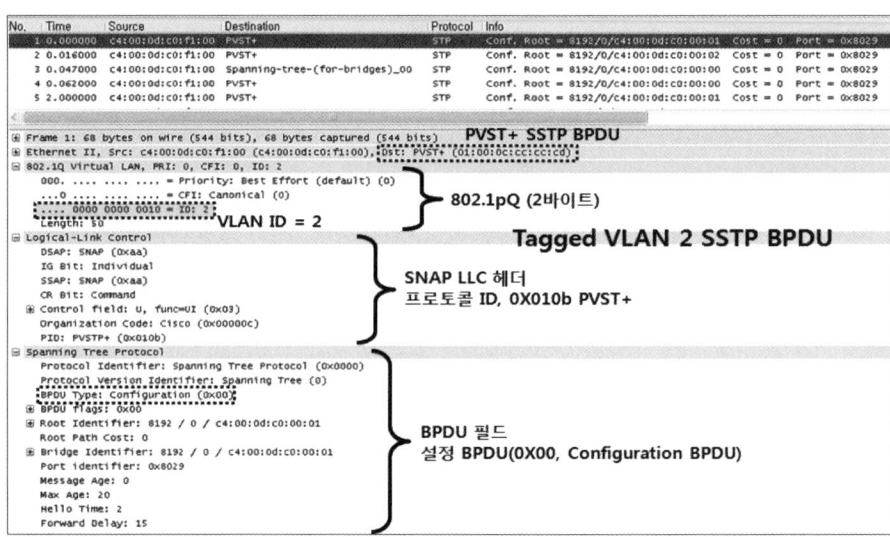

그림 6.4 VLAN 2의 태그된(tagged) PVST+ SSTP BPDU

이런 이유로 그림 6.5 역시 VLAN 3에 대한 태깅된 SSTP BPDU를 보여준다.

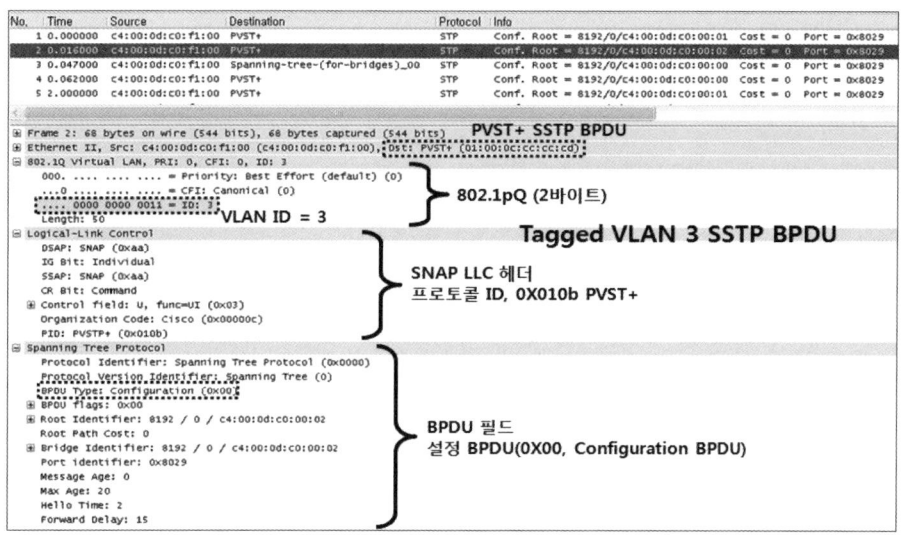

그림 6.5 VLAN 3의 태그된(tagged) PVST+ SSTP BPDU

그림 6.6과 6.7은 VLAN 1에 대한 IEEE STP BPDU와 PVST+ SSTP BPDU를 보여주는데, 이 둘은 모두 '네이티브 VLAN'이므로 태깅되지 않고 전송됐다.

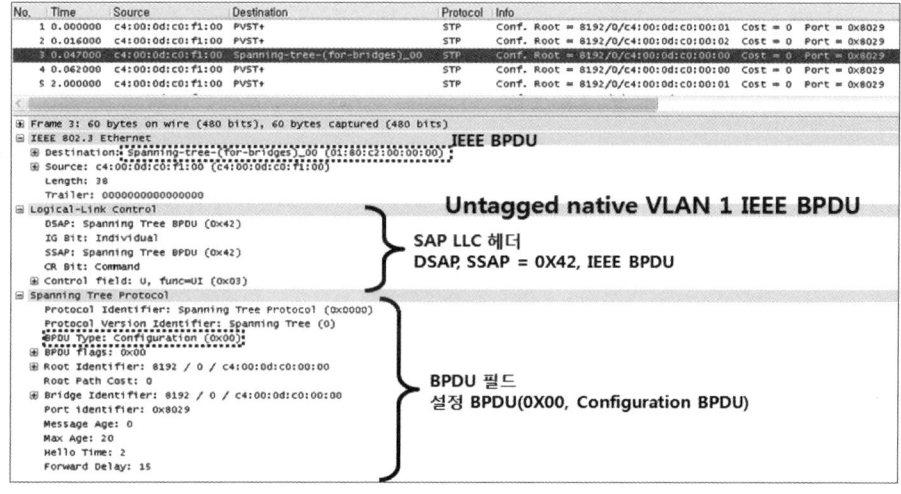

그림 6.6 VLAN 1의 태그되지 않은(untagged) STP BPDU

시스코 스위치에서는 기본적으로 논시스코 스위치와의 연동을 위해 VLAN 1 STP BPDU는 태그하지 않고 전송하며, 네이티브 VLAN 역시 태그하지 않고 PVST+ SSTP BPDU로 전송한다. 이 예제의 경우 VLAN 1과 네이티브 VLAN이 동일하기 때문에 두 개의 태깅되지 않은 BPDU가 전송됐으며, 시스코는 이러한 두

PVST+ 동작과 장애 처리 [**207**]

개의 BPDU를 통해 수신 포트에서 일치성 체크를 수행한다.

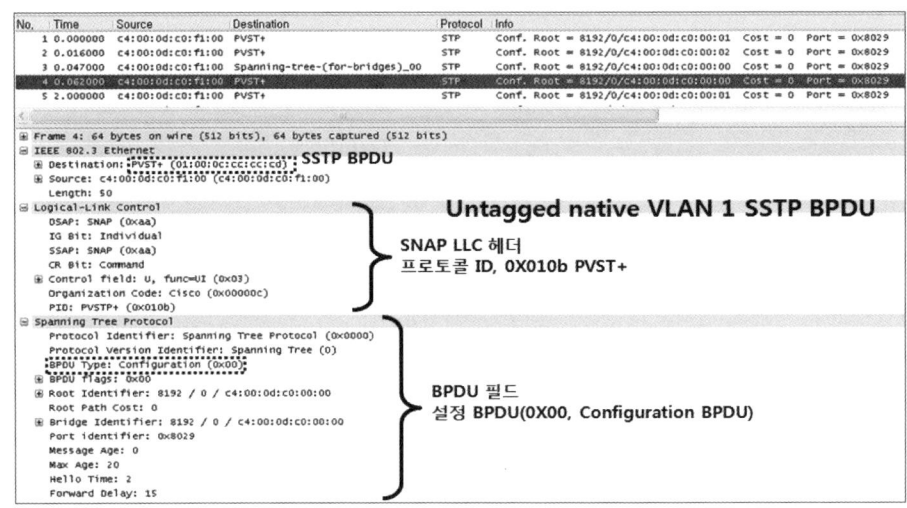

그림 6.7 VLAN 1의 태그되지 않은(untagged) PVST+ SSTP BPDU

참고로 그림 6.7의 프레임 시간을 보면 프레임 1과 5의 차이와 같이 BPDU를 전송한 후 2초의 Hello 타임마다 BPDU를 전송함을 확인할 수 있다.

6.2.2 네이티브 VLAN이 VLAN N인 경우 프레임 전송

앞에서 언급한 내용과 유사한 구성이지만 시스코 스위치의 트렁크 포트의 네이티브 VLAN이 변경됐을 경우도 고려해보자.

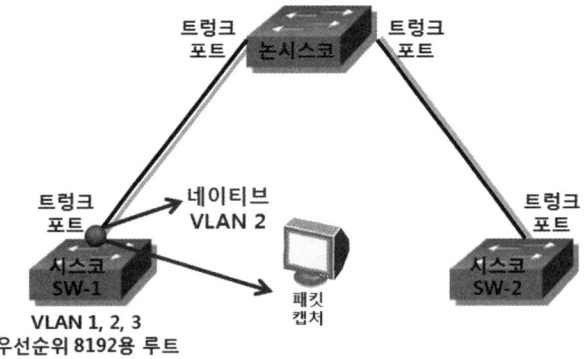

그림 6.8 시스코 스위치에서 PVST+ 트렁크 포트의 native VLAN이 VLAN 2인 경우

이 경우 논시스코 스위치를 경유하는 각각의 프레임은 그림 6.9와 같다.

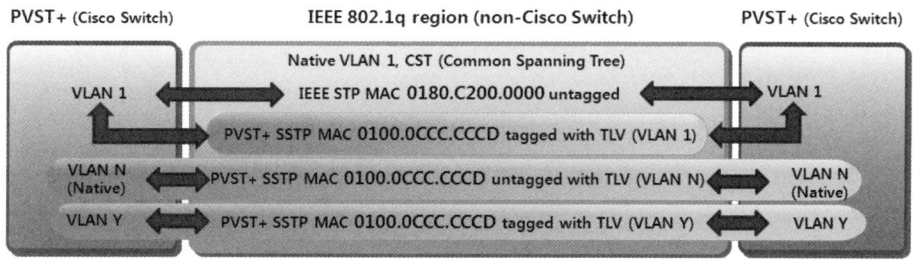

그림 6.9 네이티브 VLAN이 VLAN 1이 아닌 경우

- VLAN 1 IEEE STP BPDU는 802.1Q로 태그되지 않고 목적지 주소 '0180.C200.0000'을 사용해 전송된다.
- 동시에 VLAN 1 SSTP BPDU는 802.1Q로 태그돼 목적지 주소 '0100.0CCC.CCCD'를 사용해 전송된다.
- 네이티브 VLAN N SSTP BPDU는 802.1Q로 태그되지 않고 목적지 주소 '0100.0CCC.CCCD'를 사용해 전송된다.
- VLAN Y SSTP BPDU는 802.1Q로 태그돼 목적지 주소 '0100.0CCC.CCCD'를 사용해 전송된다.

PVST+가 전송하는 VLAN에 대해 태그되지 않은 VLAN 1 STP BPDU 프레임을 수신한 IEEE 스위치의 802.1Q 포트는 해당 프레임이 '네이티브 VLAN'이라고 간주해 자신의 스위치에 STP 연산을 수행할 것이며, 트렁크 포트를 통해 인접 스위치로 우등한 VLAN 1 IEEE STP BPDU를 전송할 것이다.

또한 PVST+가 VLAN 1에 대한 SSTP 멀티캐스트 BPDU를 VLAN 1으로 태그해 전송함과 동시에 SSTP BPDU로 '네이티브 VLAN' N을 태그하지 않고 전송함으로써 시스코 스위치에게 '네이티브 VLAN'이 VLAN 1이 아닌 VLAN N임을 알린다.

이를 수신한 논시스코 스위치는 이를 이해하지 못하기 때문에 해당 VLAN의 모든 포트로 플러딩할 것이며, 또한 플러딩된 PVST+ SSTP BPDU를 수신한 시스코 스위치는 '네이티브 VLAN'이 VLAN 1이 아님을 인지하고 다른 PVST+ SSTP BPDU를 통해 시스코 스위치 간의 PVST+ 연산을 위한 VLAN 정보를 제공받는다.

시스코 스위치 간에서 수신된 VLAN ID가 CST와 동일하지 않는(즉, '네이티브 VLAN'이 아닌) SSTP BPDU는 해당 VLAN의 PVST+ 연산을 위해 사용되고, VLAN

ID가 CST와 동일한 SSTP BPDU는 이를 수신한 시스코 스위치에서 폐기되며, 오로지 PVID의 일치성 체크를 위해서만 사용된다.

그리고 논시스코 스위치가 전송하는 IEEE STP BPDU인 '0180.C200.0000'을 수신하는 시스코 스위치는 이를 모두 VLAN 1(CST 인스턴스)에 대한 정보로 간주한다.

다음은 그림 6.8과 같은 환경에서 '네이티브 VLAN'을 1이 아닌 VLAN 2로 설정했을 때의 패킷 캡처 화면이다.

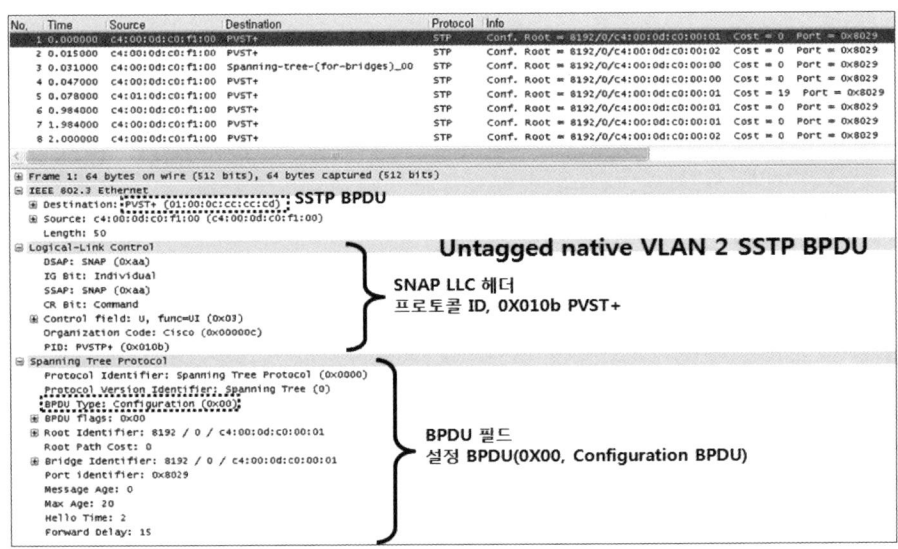

그림 6.10 네이티브 VLAN 2의 태그되지 않은(untagged) PVST+ SSTP BPDU

그림 6.10과 같이 '네이티브 VLAN'이 VLAN 2로 설정됐기 때문에 VLAN 2에 대한 PVST+ SSTP BPDU는 태깅되지 않고 전송된다. 또한 그림 6.11과 같이 '네이티브 VLAN'을 제외한 VLAN 3에 대한 PVST+ SSTP BPDU 정보는 태깅돼 전송된다.

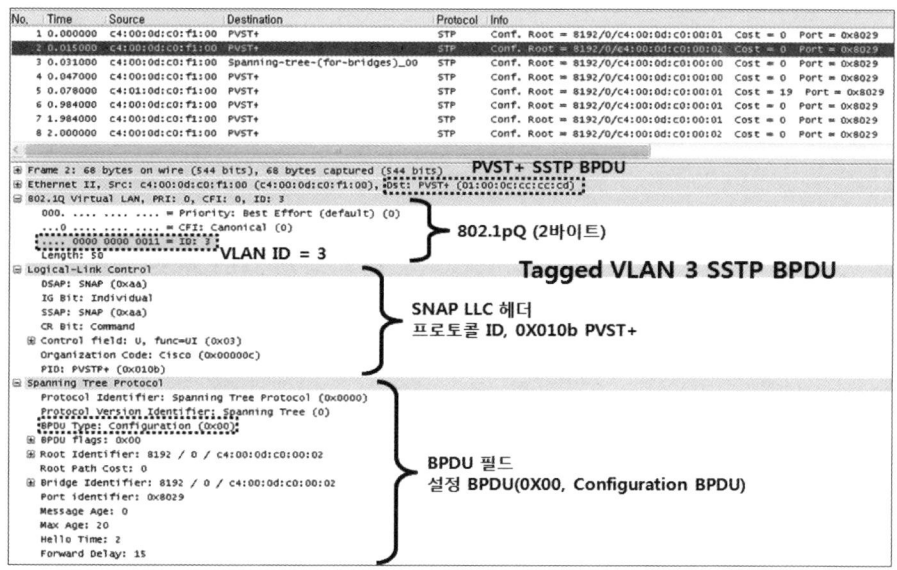

그림 6.11 VLAN 3의 태그된(tagged) PVST+ SSTP BPDU

그림 6.12는 VLAN 1에 대한 태깅되지 않은 STP BPDU를 보여주며, 이는 인접한 논시스코 스위치를 위한 CST 스패닝 트리 인스턴스 연산을 지원할 것이다. 또한 그림 6.13과 같이 이와 동시에 시스코 스위치는 PVST+ 연산을 위해 VLAN 1에 대한 태깅된 PVST+ SSTP BPDU를 전송한다.

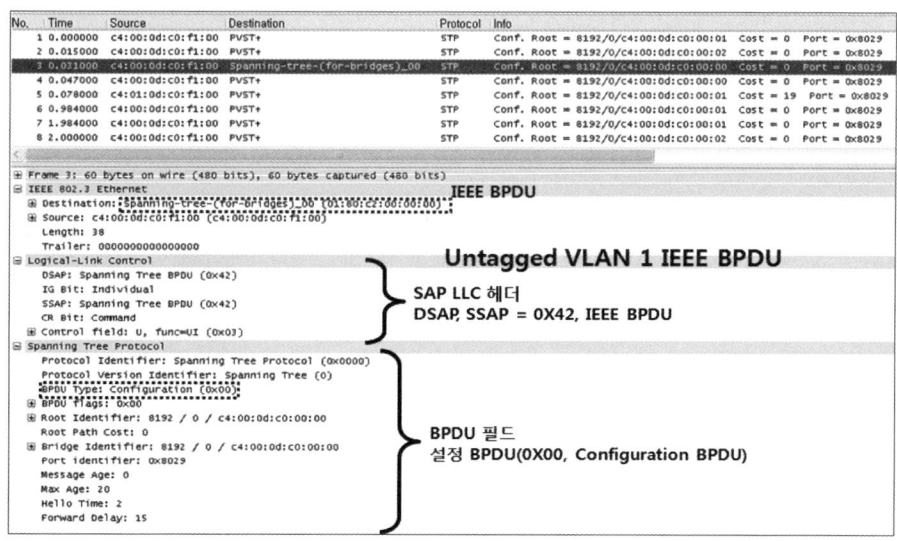

그림 6.12 VLAN 1의 태그되지 않은(untagged) STP BPDU

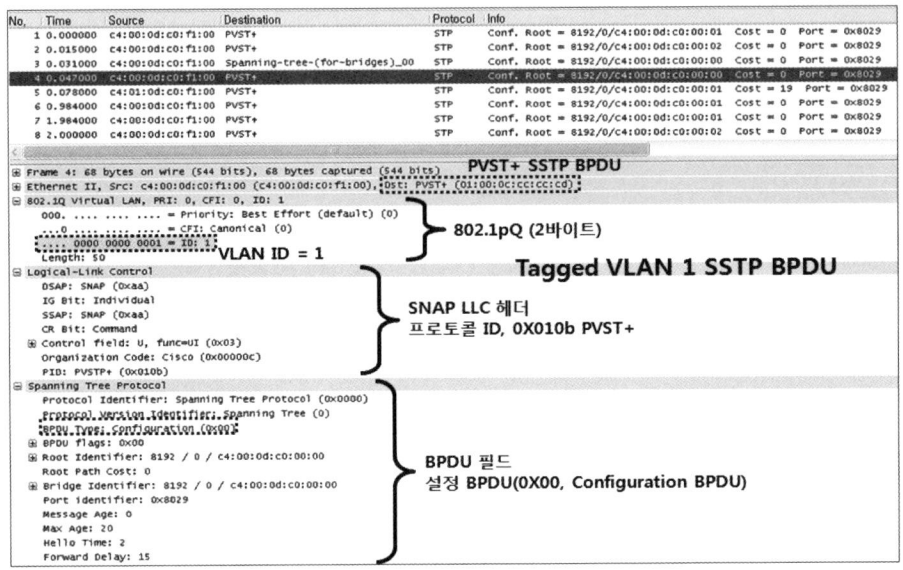

그림 6.13 VLAN 1의 태그된(tagged) PVST+ SSTP BPDU

6.2.3 시스코 스위치가 네이티브 VLAN으로 802.1Q 트렁크 포트를 통해 MST 스위치와 연결되는 경우

MST(표준 IEEE 스위치) 측에서는 IEEE STP BPDU의 목적지 2계층 주소를 IEEE 멀티캐스트 MAC 주소인 '0180.C200.0000'으로 설정해 전송한다. 이런 BPDU들은 시스코 스위치(PVST+ 영역)에서 VLAN 1 스패닝 트리 인스턴스로 처리되고 이해된다.

PVST+(시스코 스위치) 측에서는 로컬 VLAN 1 스패닝 트리 인스턴스로 적용되는 IEEE STP BPDU를 802.1Q 트렁크 링크로 태그하지 않고 IEEE 멀티캐스트 MAC 주소를 목적지 주소로 설정해 전송한다. 이와 동시에 SSTP[Shared Spanning Tree Protocol, PVST+ 스패닝 트리 프로토콜] BPDU를 멀티캐스트 MAC 주소인 '0100.0CCC.CCCD'를 목적지 주소로 사용해 태그하지 않고 전송한다. 이러한 SSTP BPDU는 IEEE 802.2 SNAP 헤더(SSAP = DSAP = '0XAA', SNAP PID = '0X010B')를 이용해 캡슐화된다.

프로토콜 필드	필드의 값
Destination MAC	01 80 C2 00 00 00 'IEEE reserved BPDU MAC'
Source MAC	00 00 0C A0 01 96 'Port's MAC address'
LENGTH	00 26
LLC HEADER	
Destination Service Access Point	42
Source Service Access Point	42
Unnumbered Information	03
PROTOCOL	00 00
PROTOCOL VERSION	00
BPDU TYPE	00
BPDU FLAGS	00
ROOT ID	20 00 00 D0 00 F6 BA 04
PATH COST	00 00 00 00
BRIDGE ID	20 00 00 D0 00 F6 BA 04
PORT	81 14
MESSAGE AGE	00 00
MAXIMUM AGE	12 00
HELLO TIME	02 00
FORWARD DELAY	0F 00

(a) IEEE BPDU(태그되지 않음, Untagged)

프로토콜 필드	필드의 값
Destination MAC	01 00 0C CC CC CD 'IEEE reserved BPDU MAC'
Source MAC	00 02 FC 90 08 38 'Port's MAC address'
PROTOCOL TYPE IDENTIFIER	81 00 '802.1q Ethertype'
TAG CONTROL INFO	00 0A 'COS and VLAN ID (VLAN 10)'
LENGTH	00 32
802.2 LLC HEADER	
DSAP	AA 'Indicates SNAP encapsulation'
SSAP	AA
Unnumbered Information	03
SNAP HEADER	
VENDOR ID	00 00 0C 'Cisco Systems'
TYPE	01 0B 'SSTP'
PROTOCOL	00 00
PROTOCOL VERSION	00
BPDU TYPE	00
BPDU FLAGS	00
ROOT ID	20 00 00 D0 00 66 2C 0A
PATH COST	00 00 00 00
BRIDGE ID	20 00 00 D0 00 66 2C 0A 'Bridge ID of VLAN 10'
PORT	81 41
MESSAGE AGE	00 00
MAXIMUM AGE	14 00
HELLO TIME	02 00
FORWARD DELAY	0F 00
VLAN ID Type Length Value	
PAD	34
TYPE	00 00
LENGTH	00 02
VLAN ID	00 0A VLAN 10

(b) VLAN 10 PVST+ BPDU(태그됨, Tagged)

그림 6.14 IEEE BPDU와 시스코 PVST+ BPDU 프레임 구조

SSTP BPDU는 VLAN 1에 대해 IEEE STP와 병행함으로써 동일한 BPDU 정보뿐만 아니라, 발신지 VLAN 번호를 포함한 별도의 TLV 필드를 추가적으로 포함한다. IEEE 스위치들은 SSTP BPDU를 이해하지 못하고 단순히 VLAN 토폴로지로 플러딩하며, 이 경우 MST 영역에 연결된 시스코 스위치는 이 플러딩된 SSTP BPDU를 수신받는다. 이를 앞에서는 터널링 효과로 언급했다.

결국 그림 6.14에서와 같이 MST를 사용하는 IEEE STP는 트렁크 포트에서 '네이티브 VLAN'으로만 통신하기 때문에 항상 태그되지 않는다. 더불어 그림 6.14의 VLAN 10의 태그된 SSTP BPDU와 같이 '네이티브 VLAN'이 아닌 VALN 2~4095에 대해 시스코 스위치는 오직 SSTP BPDU만을 이용하고, 각각의 VLAN 번호로 태그해 SSTP MAC 주소를 목적지 주소로 설정해 전송한다. 또한 모든 SSTP BPDU들은 그들이 속하는 VLAN 번호를 포함해 전송한다는 점을 명심하자.

각각의 VLAN STP 인스턴스들은 MST 영역으로 '투명하게 확장'되며, 이를 마치 '가상 허브'로 간주할 수 있다. 이는 몇 가지의 트래픽 엔지니어링 측면의 의미를 갖는데, 시스코 스위치와 논시스코 스위치들로 구성된 MST 영역을 지나 연결되는 시스코 스위치의 경로 값과 시스코 스위치들 간에 바로 연결된 경우의 경로 값은 당연한 결과지만 동일하다.

그렇다면 왜 시스코 스위치는 동일한 VLAN 1 BPDU를 IEEE STP BPDU와 SSTP BPDU로 두 번 전송할까? 위에서도 언급했지만, 이것은 MST의 연산을 하는 논시스코 스위치의 VLAN 1 스패닝 트리 인스턴스를 연결하기 위해 시스코 스위치가 사용하는 것이며, VLAN 1을 통해 추가적인 SSTP BPDU를 전송하는 것은 시스코 스위치 간의 '네이티브 VLAN'에 대한 순수 일치성 체크를 수행하기 위한 정보 제공의 차원이다. 결과적으로 '네이티브 VLAN'으로 MST 영역에 연결돼 있을 수 있는 잠재적인 시스코 스위치들에게 PVST+ SSTP 정보를 제공하기 위한 방안이다. 이를 수신하는 스위치는 VLAN 1(CST) 연산을 위해 IEEE BPDU를 이용하고 VLAN 1로 전송된 SSTP BPDU는 '네이티브 VLAN'이 일치하는지 확인한 후 무시될 것이다.

마지막으로 패킷 분석을 위해 단순 2계층의 필터링을 사용해 이더타입^{ethertype} 필드의 값을 '0X010B'로 설정함으로써 SSTP BPDU를 캡처하면 되지만, SSTP BPDU가 SNAP로 캡슐화되기 때문에 실제 필드는 그림 7.3에서와 같이 이더타입이 아니라 SNAP 프로토콜 ID 필드를 참조할 것이다.

대부분의 경우 '네이티브 VLAN'을 VLAN 1로 설정하고 시스코 스위치와 논시스코 스위치를 트렁크로 연계했을 때는 위와 같은 이유로 이슈가 발생하지 않는다.

6.3 네이티브 VLAN 변경과 시스코 스위치 포트 타입 불일치

6.3.1 네이티브 VLAN에 따른 시스코와 논시스코 스위치의 동작 특성

계속 설명 중인 내용이지만, MST(표준 IEEE 스위치) 측에서는 IEEE STP BPDU를 IEEE 멀티캐스트 MAC 주소인 '0180.C200.0000'을 목적지로 해 전송하고, 이러한 BPDU는 시스코 스위치에서 '네이티브 VLAN' 스패닝 트리 인스턴스(CST)로 처리된다.

시스코 스위치 트렁크 포트의 '네이티브 VLAN'을 VLAN 100으로 변경한다면 PVST+(시스코 스위치) 측에서는 트렁크 링크를 통해 VLAN 1 BPDU를 IEEE MAC 주소인 '0180.0C00.0000'으로 VLAN 1 스패닝 트리 인스턴스(CST)에 대응시켜 IEEE STP BPDU를 태그하지 않고 전송하고, 동시에 PVST+ 스패닝 트리 인스턴스를 위해 SSTP BPDU를 태그해 전송한다. 이를 통해 시스코 스위치는 VLAN 1이 '네이티브 VLAN'이 아니라는 것을 명시적으로 다른 시스코 스위치에 알린다.

또한 VLAN 100 스패닝 트리 인스턴스 BPDU를 SSTP BPDU 멀티캐스트 주소로 태그하지 않고 전송하지만, 수신하는 시스코 스위치는 TLV 필드 값의 VLAN-ID에 의해 네이티브 VLAN 100을 인지할 것이고, 또한 이 VLAN 100을 트렁크 포트의 PVID와 비교한 후 적절히 처리할 것이다.

'네이티브 VLAN'이 아닌 (VLAN 100을 제외한 VLAN 1-4095) 나머지 VLAN들에 대해서는 6.2절에서와 동일하게 SSTP BPDU를 각각의 VLAN 번호로 태그하고, SSTP MAC 주소를 사용해 전송할 것이다. MST 영역과 연결된 나머지 시스코 스위치들은 이렇게 전송된 SSTP BPDU를 수신하고, 각각의 VLAN STP 인스턴스들을 이용해 다중 스패닝 트리인 PVST+를 동작한다.

(1) 네이티브 VLAN 1을 이용한 시스코_SW1과 논시스코 스위치 연결

그림 6.15를 보자. 모든 스위치는 VLAN 1, 2, 3을 트렁크 링크에 포함하고 있으며, 논시스코 장비는 CST 스패닝 트리 인스턴스로 동작하고 시스코 장비는 모든 VLAN에 대해 PVST+ 인스턴스로 동작한다. 또한 스위치들 간의 모든 포트는 802.1Q 트렁크 포트로 설정했다.

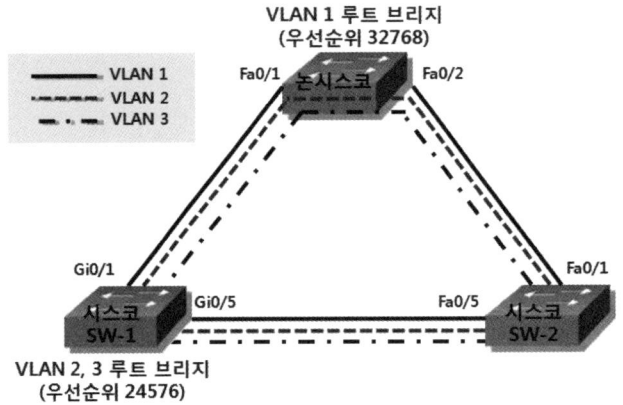

그림 6.15 시스코 스위치와 논시스코 스위치 간의 PVST+ 연동

시스코 스위치에서 VLAN 우선순위를 VLAN 1에 대해 SW-1은 36864로, SW-2는 40960으로 조정해 논시스코 스위치가 VLAN 1에 대해 루트 브리지로 동작하게 했다. 그리고 VLAN 2, 3에 대해서는 SW-1의 우선순위를 24576으로 조정해 SW-1이 루트 브리지로 동작하게 했다.

SW-1, SW-2의 VLAN 1 인스턴스들은 논시스코 스위치에서 동작하는 STP 인스턴스와 연동해 동작하고, VLAN 2와 VLAN 3은 SW1와 SW2 사이의 논시스코 스위치의 경로를 단순히 바로 연결돼 있는 것처럼 하나의 세그먼트로 인식하고, 그들의 SSTP BPDU 정보는 논시스코 스위치를 통해 투명하게 통과될 것이다.

show spanning-tree 명령을 이용한 스위치의 스패닝 트리의 상태는 다음과 같다.

```
Cisco_SW1#show spanning-tree

VLAN0001
  Spanning tree enabled protocol ieee
  Root ID    Priority    32768
             Address     00e0.7b3d.f2d8    ##### 논시스코 장비 MAC address
             Cost        19
             Port        1 (GigabitEthernet0/1)
             Hello Time  2 sec  Max Age 20 sec  Forward Delay 15 sec

  Bridge ID  Priority    36865  (priority 36864 sys-id-ext 1)
             Address     001b.9028.b080    ##### SW-1 MAC address
             Hello Time  2 sec  Max Age 20 sec  Forward Delay 15 sec
```

```
                    Aging Time    300

Interface         Role   Sts   Cost      Prio.Nbr  Type
-------------     ----   ---   -------   --------  ----------------------
Gi0/1             Root   FWD   19        128.1     P2p
Gi0/5             Desg   FWD   19        128.5     P2p
```

VLAN0002

```
    Spanning tree enabled protocol ieee
    Root ID     Priority      24578
                Address       001b.9028.b080
                This bridge is the root
                Hello Time    2 sec  Max Age 20 sec  Forward Delay 15 sec

    Bridge ID   Priority      24578  (priority 24576 sys-id-ext 2)
                Address       001b.9028.b080
                Hello Time    2 sec  Max Age 20 sec  Forward Delay 15 sec
                Aging Time 300

Interface         Role   Sts   Cost      Prio.Nbr  Type
-------------     ----   ---   -------   --------  ----------------------
Gi0/1             Desg   FWD   19        128.1     P2p
Gi0/5             Desg   FWD   19        128.5     P2p
```

VLAN0003

```
    Spanning tree enabled protocol ieee
    Root ID     Priority      24579
                Address       001b.9028.b080
                This bridge is the root
                Hello Time    2 sec  Max Age 20 sec  Forward Delay 15 sec

    Bridge ID   Priority      24579  (priority 24576 sys-id-ext 3)
                Address       001b.9028.b080
                Hello Time    2 sec  Max Age 20 sec  Forward Delay 15 sec
                Aging Time 300
```

```
Interface        Role  Sts   Cost      Prio.Nbr  Type
-----------      ----  ---   -------   --------  ------------------------
Gi0/1            Desg  FWD   19        128.1     P2p
Gi0/5            Desg  FWD   19        128.5     P2p
```

Cisco_SW2#**show spanning-tree**

VLAN0001
   Spanning tree enabled protocol ieee
   Root ID   Priority   32768
              Address   **00e0.7b3d.f2d8**
              Cost   19
              Port   1 (FastEthernet0/1)
              Hello Time 2 sec Max Age 20 sec Forward Delay 15 sec

   Bridge ID Priority   40961 (priority 40960 sys-id-ext 1)
              Address   **000c.ce8d.ee80**   ##### **SW-2 MAC** 주소
              Hello Time 2 sec Max Age 20 sec Forward Delay 15 sec
              Aging Time 300

```
Interface        Role  Sts   Cost      Prio.Nbr  Type
-----------      ----  ---   -------   --------  ------------------------
Fa0/1            Root  FWD   19        128.1     P2p
Fa0/5            Altn  BLK   19        128.5     P2p
```

VLAN0002
   Spanning tree enabled protocol ieee
   Root ID   Priority   24578
              Address   **001b.9028.b080**
              Cost   19
              Port   1 **(FastEthernet0/1)**
              Hello Time 2 sec Max Age 20 sec Forward Delay 15 sec

   Bridge ID Priority   32770 (priority 32768 sys-id-ext 2)
              Address   **000c.ce8d.ee80**

```
                       Hello Time    2 sec   Max Age 20 sec  Forward Delay 15 sec
                       Aging Time 300

Interface        Role    Sts    Cost       Prio.Nbr  Type
-------------    ----    ---    -------    --------  ------------------------
Fa0/1            Root    FWD    19         128.1     P2p
Fa0/5            Altn    BLK    19         128.5     P2p

VLAN0003
    Spanning tree enabled protocol ieee
    Root ID      Priority     24579
                 Address      001b.9028.b080
                 Cost         19
                 Port         1 (FastEthernet0/1)
                 Hello Time   2 sec   Max Age 20 sec  Forward Delay 15 sec

    Bridge ID    Priority     32771   (priority 32768 sys-id-ext 3)
                 Address      000c.ce8d.ee80
                 Hello Time   2 sec   Max Age 20 sec  Forward Delay 15 sec
                 Aging Time 300

Interface        Role    Sts    Cost       Prio.Nbr  Type
------------     ----    ---    --------   --------  ------------------------
Fa0/1            Root    FWD    19         128.1     P2p
Fa0/5            Altn    BLK    19         128.5     P2p
```

논시스코 스위치(IEEE 브리지)는 VLAN 1 인스턴스(CST)에 대한 루트 브리지이고, SW-1은 VLAN 2와 3에 대한 루트 브리지다. 논시스코 스위치는 VLAN 2와 3에 대해 아무것도 판단하지 못하고, 단지 루트 브리지가 아닌 SW-2가 수신할 수 있게 SSTP BPDU를 투명하게 플러딩한다. 이와 동시에 VLAN 1 BPDU는 IEEE STP BPDU로 수신되고 SSTP 복사본들은 무시된다.

debug spanning-tree bpdu 명령을 통한 SW-2에서 BPDU 수신 상황은 다음과 같다.

```
Cisco_SW2#debug spanning-tree bpdu
Spanning Tree BPDU debugging is on
시스코_SW2#
STP: VLAN0001 rx BPDU: config protocol = ieee, packet from FastEthernet0/1,
linktype IEEE_SPANNING, enctype 2, encsize 17
STP: enc 01 80 C2 00 00 00 00 E0 7B 3D F2 D8 00 26 42 42 03
STP: Data    0000000000800000E07B3DF2D800000000800000E07B3DF2D880020000140002000F00
STP: VLAN0001 Fa0/1:0000 00 00 00 800000E07B3DF2D8 00000000 800000E07B3DF2D8
8002 0000 1400 0200 0F00
STP(1) port Fa0/1 supersedes 0

STP: VLAN0001 rx BPDU: config protocol = ieee, packet from FastEthernet0/5,
linktype IEEE_SPANNING, enctype 2, encsize 17
STP: enc 01 80 C2 00 00 00 00 1B 90 28 B0 85 00 26 42 42 03
STP: Data    0000000000800000E07B3DF2D80000001390001001B9028B08080050100140002000F00
STP: VLAN0001 Fa0/5:0000 00 00 00 800000E07B3DF2D8 00000013 9001001B9028B080
8005 0100 1400 0200 0F00
STP(1) port Fa0/5 supersedes 0

STP: VLAN0002 rx BPDU: config protocol = ieee, packet from FastEthernet0/1,
linktype SSTP, enctype 3, encsize 22
STP: enc 01 00 0C CC CC CD 00 1B 90 28 B0 81 00 32 AA AA 03 00 00 0C 01 0B
STP: Data    00000000006002001B9028B0800000000006002001B9028B0808001000014 0002000F00
STP: VLAN0002 Fa0/1:0000 00 00 00 6002001B9028B080 00000000 6002001B9028B080
8001 0000 1400 0200 0F00
STP(2) port Fa0/1 supersedes 0

STP: VLAN0002 rx BPDU: config protocol = ieee, packet from FastEthernet0/5,
linktype SSTP, enctype 3, encsize 22
STP: enc 01 00 0C CC CC CD 00 1B 90 28 B0 85 00 32 AA AA 03 00 00 0C 01 0B
STP: Data    00000000006002001B9028B0800000000006002001B9028B08080050000140002000F00
STP: VLAN0002 Fa0/5:0000 00 00 00 6002001B9028B080 00000000 6002001B9028B080
8005 0000 1400 0200 0F00
STP(2) port Fa0/5 supersedes 0
```

```
STP: VLAN0003 rx BPDU: config protocol = ieee, packet from FastEthernet0/1,
linktype SSTP, enctype 3, encsize 22
STP: enc 01 00 0C CC CC CD 00 1B 90 28 B0 81 00 32 AA AA 03 00 00 0C 01 0B
STP: Data    00000000006003001B9028B080000000006003001B9028B08080010000140002000F00
STP: VLAN0003 Fa0/1:0000 00 00 00 6003001B9028B080 00000000 6003001B9028B080
8001 0000 1400 0200 0F00
STP(3) port Fa0/1 supersedes 0

STP: VLAN0003 rx BPDU: config protocol = ieee, packet from FastEthernet0/5,
linktype SSTP, enctype 3, encsize 22
STP: enc 01 00 0C CC CC CD 00 1B 90 28 B0 85 00 32 AA AA 03 00 00 0C 01 0B
STP: Data    00000000006003001B9028B080000000006003001B9028B08080050000140002000F00
STP: VLAN0003 Fa0/5:0000 00 00 00 6003001B9028B080 00000000 6003001B9028B080
8005 0000 1400 0200 0F00
STP(3) port Fa0/5 supersedes 0
```

SW-1은 기본 '네이티브 VLAN'인 VLAN 1에 대한 BPDU를 IEEE STP(linktype IEEE_SPANNING)와 PVST+ SSTP(linktype SSTP)의 두 개 형태로 태그하지 않고 전송한다. 이를 수신한 논시스코 스위치는 IEEE STP를 재생성해(위의 디버그 정보에서 VLAN 1에 대한 소소 MAC 주소가 '00 E0 7B 3D F2 D8'로 논시스코 스위치의 MAC임을 확인하라) SW-2로 전송하고, VLAN 1의 SSTP BPDU를 다시 SW-2로 태그하지 않고 전달한다. 나머지 VLAN들은 모두 SSTP 형태로 802.1Q 태그되고 논시스코 스위치를 통해 투명하게 플러딩돼 전송된다.

SW-1에서 논시스코 스위치를 통과해 시스코_SW2로의 BPDU를 전송하는 과정을 그림으로 표시하면 그림 6.16과 같다(SW-1과 SW-2 간 링크의 BPDU 전송은 표현하지 않았다).

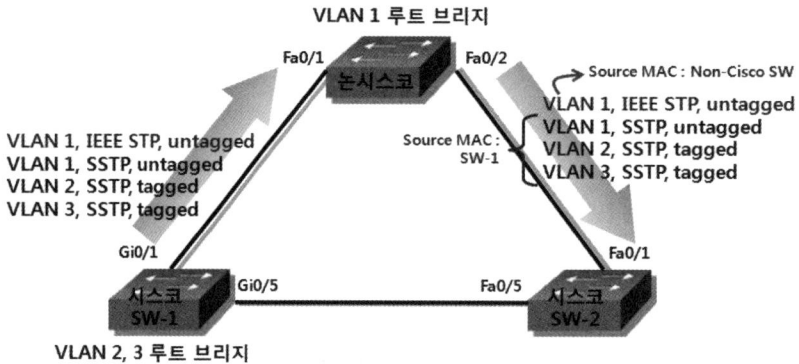

그림 6.16 시스코 스위치와 논시스코 스위치 간의 SSTP 플러딩

시스코_SW1과 논시스코 스위치 연결 구간의 '네이티브 VLAN'을 VLAN 2로 변경하는 상황은 다음과 같다.

interface GigaEthernet 0/1

 switchport trunk native vlan 2

 ### Giga 0/1 인터페이스의 트렁크 포트의 native vlan을 vlan 2로 설정

Cisco_SW1#**show interface trunk**

Port	Mode	Encapsulation	Status	Native vlan
Gi0/1	**on**	**802.1Q**	**trunking**	**2**
Gi0/5	on	802.1Q	trunking	1

 ### Gi0/1 트렁크 인터페이스의 native vlan 상태 확인

Cisco_SW1#

%**CDP-4-NATIVE_VLAN_MISMATCH: Native VLAN mismatch discovered on FastEthernet0/1 (1), with cisco_1 GigabitEthernet0/1 (2).**

 ### CDP를 통해 native vlan 미스매치 감지

%SPANTREE-2-UNBLOCK_CONSIST_PORT: Unblocking GigabitEthernet0/1 on VLAN0001. Port consistency restored.

%SPANTREE-2-UNBLOCK_CONSIST_PORT: Unblocking GigabitEthernet0/1 on VLAN0002. Port consistency restored.

%**SPANTREE-2-RECV_PVID_ERR: Received BPDU with inconsistent peer vlan id 1 on GigabitEthernet0/1 VLAN2.**

%SPANTREE-2-BLOCK_PVID_PEER: Blocking GigabitEthernet0/1 on VLAN0001. Inconsistent peer vlan.

%SPANTREE-2-BLOCK_PVID_LOCAL: Blocking GigabitEthernet0/1 on VLAN0002. Inconsistent local vlan.

스패닝 트리의 PVID 미스매치 감지로 포트를 블로킹(BLK) 선언

STP: VLAN0001 Gi0/1 fwd dly expired, inconsistency 2 cleared

%SPANTREE-2-UNBLOCK_CONSIST_PORT: Unblocking GigabitEthernet0/1 on VLAN0001. Port consistency restored.

STP: VLAN0002 Gi0/1 fwd dly expired, inconsistency 2 cleared

%SPANTREE-2-UNBLOCK_CONSIST_PORT: Unblocking GigabitEthernet0/1 on VLAN0002. Port consistency restored.

%SPANTREE-2-RECV_PVID_ERR: Received BPDU with inconsistent peer vlan id 1 on GigabitEthernet0/1 VLAN2.

%SPANTREE-2-BLOCK_PVID_PEER: Blocking GigabitEthernet0/1 on VLAN0001. Inconsistent peer vlan.

PVST+: VLAN0001 Gi0/1 now blocking, inconsistency 2

%SPANTREE-2-BLOCK_PVID_LOCAL: Blocking GigabitEthernet0/1 on VLAN0002. Inconsistent local vlan.

PVST+: VLAN0002 Gi0/1 now blocking, inconsistency 2

STP SW: vlan2 Gi0/1: pvid inc peer vlan1 port mode trunk(2), encap dot1q(3), access 1, native 2, rx vlan 2 - dot1q

Cisco_SW2#**show interface trunk**

Port	Mode	Encapsulation	Status	Native vlan
Fa0/1	**on**	**802.1Q**	**trunking**	**1**
Fa0/5	on	802.1Q	trunking	1

Cisco_SW2#

%CDP-4-NATIVE_VLAN_MISMATCH: Native VLAN mismatch discovered on FastEthernet0/1 (1), with Cisco_SW1 GigabitEthernet0/1 (2).

Cisco_SW2#**debug spanning-tree pvst**

PVST+: VLAN0002 Fa0/1 still blocking, inconsistency 2

```
PVST+: VLAN0001 Fa0/1 still blocking, inconsistency 2
```
STP SW: vlan1 Fa0/1: pvid inc peer vlan2 port mode trunk(2), encap dot1q(3), access 1, native 1, rx vlan 1 - dot1q

```
PVST+: VLAN0002 Fa0/1 still blocking, inconsistency 2
PVST+: VLAN0001 Fa0/1 still blocking, inconsistency 2
```
STP SW: vlan1 Fa0/1: pvid inc peer vlan2 port mode trunk(2), encap dot1q(3), access 1, native 1, rx vlan 1 - dot1q

SW-2는 자신의 기본 '네이티브 VLAN' 1과 일치하지 않는 VLAN ID 2로 설정된 태그되지 않은 패킷을 감지하고, 이를 수신한 포트는 ≪inconsistent≫ 불일치 상태로 변경한다. 이에 대한 과정은 그림 6.17과 같다. SW1이 아니라 SW_2가 이러한 상황을 감지하는 이유는 SW_1이 SSTP BPDU를 전송하는 입장이고, 루트 브리지가 아닌 SW_2는 우등한 BPDU를 수신하는 입장이기 때문이다. 그리고 '네이티브 VLAN'이 SW1에서 ≪1≫로 바뀌자마자 일치성은 회복된다.

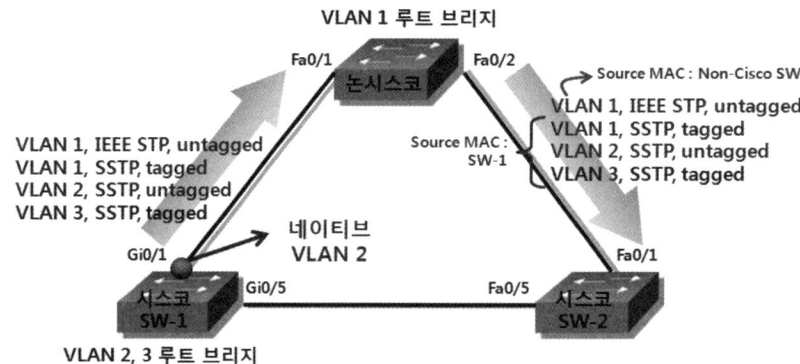

그림 6.17 SW_2 Fa0/1 포트의 네이티브 VLAN 불일치로 인한 PVID 불일치 발생

show spanning-tree를 통해 스패닝 트리의 상태는 다음과 같다.

```
Cisco_SW1#show spanning-tree

VLAN0001
  Spanning tree enabled protocol ieee
  Root ID    Priority    36865
             Address     001b.9028.b080
```

```
                This bridge is the root
                Hello Time    2 sec  Max Age 20 sec  Forward Delay 15 sec
   Bridge ID    Priority    36865  (priority 36864 sys-id-ext 1)
                Address     001b.9028.b080
                Hello Time    2 sec  Max Age 20 sec  Forward Delay 15 sec
                Aging Time 15

Interface       Role  Sts   Cost      Prio.Nbr Type
-------------   ----  ---   -------   -------- --------------------------
Gi0/1           Desg  BKN*  19        128.1    P2p *PVID_Inc
Gi0/5           Desg  FWD   19        128.5    P2p

VLAN0002
   Spanning tree enabled protocol ieee
   Root ID      Priority    24578
                Address     001b.9028.b080
                This bridge is the root
                Hello Time    2 sec  Max Age 20 sec  Forward Delay 15 sec
   Bridge ID    Priority    24578  (priority 24576 sys-id-ext 2)
                Address     001b.9028.b080
                Hello Time    2 sec  Max Age 20 sec  Forward Delay 15 sec
                Aging Time 300

Interface       Role  Sts   Cost      Prio.Nbr Type
-------------   ----  ---   -------   -------- --------------------------
Gi0/1           Desg  BKN*  19        128.1    P2p *PVID_Inc
Gi0/5           Desg  FWD   19        128.5    P2p

VLAN0003
   Spanning tree enabled protocol ieee
   Root ID      Priority    24579
                Address     001b.9028.b080
                This bridge is the root
                Hello Time    2 sec  Max Age 20 sec  Forward Delay 15 sec
```

```
    Bridge ID   Priority    24579  (priority 24576 sys-id-ext 3)
                Address     001b.9028.b080
                Hello Time  2 sec  Max Age 20 sec  Forward Delay 15 sec
                Aging Time 300

Interface       Role Sts    Cost       Prio.Nbr Type
-------------   ---- ---    -------    -------- --------------------------------
Gi0/1           Desg FWD    19         128.1    P2p
Gi0/5           Desg FWD    19         128.5    P2p

Cisco_SW2#show spanning-tree
```

VLAN0001
```
   Spanning tree enabled protocol ieee
   Root ID      Priority    32768
                Address     00e0.7b3d.f2d8
                Cost        38
                Port        5 (FastEthernet0/5)
                Hello Time  2 sec  Max Age 20 sec  Forward Delay 15 sec

   Bridge ID    Priority    40961  (priority 40960 sys-id-ext 1)
                Address     000c.ce8d.ee80
                Hello Time  2 sec  Max Age 20 sec  Forward Delay 15 sec
                Aging Time 15

Interface       Role Sts    Cost       Prio.Nbr Type
-------------   ---- ---    -------    -------- --------------------------------
Fa0/1           Desg BKN*   19         128.1    P2p *PVID_Inc
Fa0/5           Root FWD    19         128.5    P2p
```

VLAN0002
```
   Spanning tree enabled protocol ieee
   Root ID      Priority    24578
                Address     001b.9028.b080
                Cost        19
                Port        5 (FastEthernet0/5)
```

```
                  Hello Time    2 sec  Max Age 20 sec  Forward Delay 15 sec
   Bridge ID      Priority      32770  (priority 32768 sys-id-ext 2)
                  Address       000c.ce8d.ee80
                  Hello Time    2 sec  Max Age 20 sec  Forward Delay 15 sec
                  Aging Time 300

Interface       Role   Sts    Cost       Prio.Nbr  Type
-------------   ----   ---    --------   --------  --------------------------
Fa0/1           Desg   BKN*   19         128.1     P2p *PVID_Inc
Fa0/5           Root   FWD    19         128.5     P2p

VLAN0003
   Spanning tree enabled protocol ieee
   Root ID        Priority      24579
                  Address       001b.9028.b080
                  Cost          19
                  Port          1 (FastEthernet0/1)
                  Hello Time    2 sec  Max Age 20 sec  Forward Delay 15 sec
   Bridge ID      Priority      32771  (priority 32768 sys-id-ext 3)
                  Address       000c.ce8d.ee80
                  Hello Time    2 sec  Max Age 20 sec  Forward Delay 15 sec
                  Aging Time 300

Interface       Role   Sts    Cost       Prio.Nbr  Type
-------------   ----   ---    --------   --------  --------------------------
Fa0/1           Root   FWD    19         128.1     P2p
Fa0/5           Altn   BLK    19         128.5     P2p
```

참고로 ≪inconsistent≫ 상황에 대한 내용은 뒤에 다시 자세히 설명한다.

6.3.2 SW-2의 논시스코 연결 링크를 VLAN 2 액세스 포트로 변경

그림 6.18에서 SW-2의 Fa0/12를 제외한 모든 스위치 연계 포트는 트렁크로 설정됐다. CST로 동작하는 논시스코 스위치의 우선순위는 32768이고, SW-1에서 VLAN 1의 우선순위는 40960으로, VLAN 2, 3의 우선순위는 24576, SW-2의 모든 VLAN에 대한 우선순위는 40960으로 설정했다.

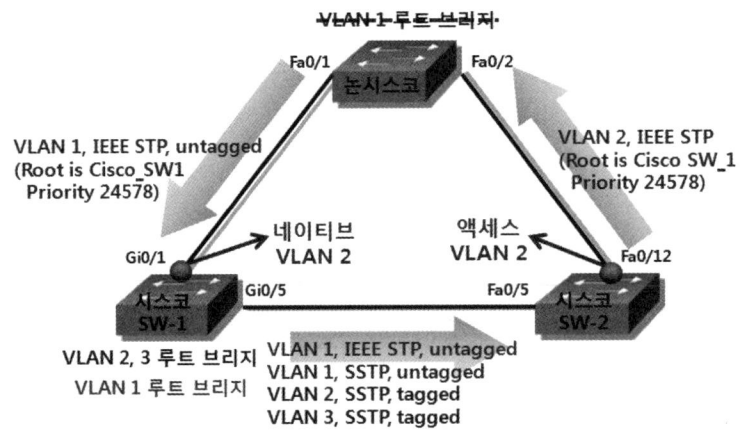

그림 6.18 포트 설정 불일치 발생-1

SW2 Fa0/12의 VLAN 2 액세스 포트는 SW1로부터 태그되지 않은 VLAN 2 SSTP BPDU와 VLAN 1 IEEE STP BPDU, 그리고 태그된 VLAN 1, VLAN 3 SSTP BPDU를 수신한다. 이 경우 SW2 Fa0/12 포트는 이 태그된 프레임들을 수신하면 바로 타입 불일치$^{Type-Inconsistent}$ 상황으로 포트를 선언하고 블록^{BLK} 상태로 전이해야 하지만, 이 예에서는 전이하지 못하고 SW2는 Fa0/5 포트로 학습된 VLAN 2에 대한 루트 브리지 정보 BPDU를 논시스코 SW에게 전송한다.

논시스코 스위치는 SW-2로부터 수신한 BPDU를 태깅되지 않고 전송된 VLAN 1, 즉 CST 스패닝 트리 인스턴스 정보로 간주해 자신의 VLAN 1 루트 정보를 갱신하고 SW-1로 전송한다. 이를 수신한 SW-1은 자신의 VLAN 2 루트 브리지 정보가 VLAN 1의 정보로 덮어씌워져 다시 자신에게 전달되는 줄 모르고 수신한 BPDU BID 정보의 루트 브리지 ID로 자신의 VLAN 1 인스턴스의 루트 정보를 수정하고 우등한 BPDU를 수신한 자신의 Gi0/1 포트를 루트 포트로 선언한다.

결국 SW-2의 액세스 포트가 전달한 태깅되지 않은 VLAN 2 STP BPDU 정보를 논시스코 스위치는 자신의 CST 스패닝 트리 인스턴스를 위해 재연산하고 (자신이 알고 있는 정보보다 우등한 BID를 가지므로) 논시스코 스위치가 이를 다시 태깅되지 않은 VLAN 1 CST 인스턴스의 BPDU로 SW-1에 전송함으로써 잘못된 연산이 수행된다. 따라서 그림 6.19와 같이 어떤 포트도 블록되지 않는 루핑 상황이 발생하게 된다.

시스코 스위치에서 show spanning-tree를 통해 VLAN 1의 루트 브리지가 SW-1로 설정돼 있으며, 또한 루트 브리지임에도 Gi0/1의 포트가 루트 포트이고 경로 값이 SW-1에서는 48로, 그리고 SW-2에서는 다시 67로 증가한다. 참고로 논시스코 스위치가 오래된 장비로 올드 버전의 경로 값을 사용하고 있어 100M 링크에 대해서는 10으로 연산한다. 따라서 SW-1에서의 48은 SW-1에서 전송한 값을 수신한 SW-2의 19에 논시스코 스위치의 10, 그리고 SW-1의 19를 더해 나온 값이다. 또한 경로 값 계산의 혼란을 없애기 위해 시스코 스위치의 모든 포트 코스트를 19로 설정했다.

```
Cisco_SW1#show spanning-tree

VLAN0001
  Spanning tree enabled protocol ieee
  Root ID    Priority    24578
             Address     001b.9028.b080
             Cost        48
             Port        1 (GigabitEthernet0/1)
             Hello Time  2 sec  Max Age 20 sec  Forward Delay 15 sec

  Bridge ID  Priority    36865  (priority 36864 sys-id-ext 1)
             Address     001b.9028.b080
             Hello Time  2 sec  Max Age 20 sec  Forward Delay 15 sec
             Aging Time  300

Interface       Role Sts  Cost      Prio.Nbr Type
--------------- ---- ---  --------- -------- --------------------------------
Gi0/1           Root FWD  19        128.1    P2p
Gi0/5           Desg FWD  19        128.5    P2p

VLAN0002
  Spanning tree enabled protocol ieee
```

```
    Root ID     Priority    24578
                Address     001b.9028.b080
                This bridge is the root
                Hello Time  2 sec  Max Age 20 sec  Forward Delay 15 sec

    Bridge ID   Priority    24578  (priority 24576 sys-id-ext 2)
                Address     001b.9028.b080
                Hello Time  2 sec  Max Age 20 sec  Forward Delay 15 sec
                Aging Time 300

Interface       Role Sts   Cost       Prio.Nbr Type
-------------   ---- ---   -------    -------- --------------------------
Gi0/1           Desg FWD   19         128.1    P2p
Gi0/5           Desg FWD   19         128.5    P2p
```

VLAN0003
```
    Spanning tree enabled protocol ieee
    Root ID     Priority    24579
                Address     001b.9028.b080
                This bridge is the root
                Hello Time  2 sec  Max Age 20 sec  Forward Delay 15 sec

    Bridge ID   Priority    24579  (priority 24576 sys-id-ext 3)
                Address     001b.9028.b080
                Hello Time  2 sec  Max Age 20 sec  Forward Delay 15 sec
                Aging Time 300

Interface       Role Sts   Cost       Prio.Nbr Type
-------------   ---- ---   -------    -------- --------------------------
Gi0/1           Desg FWD   19         128.1    P2p
Gi0/5           Desg FWD   19         128.5    P2p

Cisco_SW1#

Cisco_SW2#show spanning-tree
```

VLAN0001

```
    Spanning tree enabled protocol ieee
  Root ID    Priority    24578
             Address     001b.9028.b080
             Cost        67
             Port        5 (FastEthernet0/5)
             Hello Time  2 sec  Max Age 20 sec  Forward Delay 15 sec

  Bridge ID  Priority    40961  (priority 40960 sys-id-ext 1)
             Address     000c.ce8d.ee80
             Hello Time  2 sec  Max Age 20 sec  Forward Delay 15 sec
             Aging Time 300

Interface       Role  Sts  Cost      Prio.Nbr  Type
--------------  ----  ---  --------  --------  --------------------------------
Fa0/5           Root  FWD  19        128.5     P2p
```

VLAN0002

```
    Spanning tree enabled protocol ieee
  Root ID    Priority    24578
             Address     001b.9028.b080
             Cost        19
             Port        5 (FastEthernet0/5)
             Hello Time  2 sec  Max Age 20 sec  Forward Delay 15 sec

  Bridge ID  Priority    32770  (priority 32768 sys-id-ext 2)
             Address     000c.ce8d.ee80
             Hello Time  2 sec  Max Age 20 sec  Forward Delay 15 sec
             Aging Time 300

Interface       Role  Sts  Cost      Prio.Nbr  Type
--------------  ----  ---  --------  --------  --------------------------------
Fa0/5           Root  FWD  19        128.5     P2p
Fa0/12          Desg  FWD  19        128.12    P2p
```

VLAN0003

```
    Spanning tree enabled protocol ieee
```

```
        Root ID    Priority    24579
                   Address     001b.9028.b080
                   Cost        19
                   Port        5 (FastEthernet0/5)
                   Hello Time  2 sec  Max Age 20 sec  Forward Delay 15 sec

        Bridge ID  Priority    32771  (priority 32768 sys-id-ext 3)
                   Address     000c.ce8d.ee80
                   Hello Time  2 sec  Max Age 20 sec  Forward Delay 15 sec
                   Aging Time 300

Interface       Role  Sts  Cost      Prio.Nbr  Type
------------    ----  ---  -------   --------  ------------------------
Fa0/5           Root  FWD  19        128.5     P2p

Cisco_SW2#
```

이를 다시 그려보면 그림 6.19와 같다.

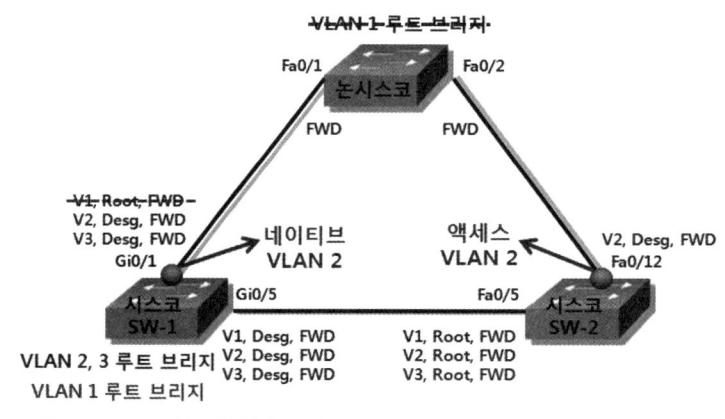

그림 6.19 포트 설정 불일치 발생 -2

결과적으로 논시스코 스위치는 더 이상 VLAN 1 인스턴스의 루트 브리지가 아니고 대신 SW-1이 루트 브리지로 선정되고 이상하게도 SW-1의 Gi0/1 포트가 루트 포트로 연산된다. 이로써 어떤 포트도 블로킹되지 않는 루핑 구조가 발생하고 SW-1에서 로그 메시지를 통해 논시스코 스위치의 MAC 주소가 플래핑flapping되는 현상을 확인할 수 있다.

```
Cisco_SW1#
%SW_MATM-4-MACFLAP_NOTIF: Host 00e0.7b3d.f2d8 in vlan 2 is flapping between
port Gi0/5 and port Gi0/1
%SW_MATM-4-MACFLAP_NOTIF: Host 00e0.7b3d.f2d8 in vlan 2 is flapping between
port Gi0/5 and port Gi0/1
##### 00e0.7b3d.f2d8는 논시스코 스위치의 MAC 주소다.
```

또한 논시스코 스위치의 SW-2와 연결된 포트를 액세스 포트로 구성해도 동일한 증상이 발생했다. 물론 이러한 구성이나 현상이 일상적인 것은 아니지만, 이를 통해 PVST+로 동작하는 시스코 스위치와 CST로 동작하는 IEEE 표준 스위치들 간의 STP 연계 시 발생할 수 있는 문제를 고민해볼 필요가 있다. 또한 이 문제에 대해서는 뒤에 다시 비슷한 구성으로 불일치가 발생하는 상황을 설명한다.

> 추후 다른 벤더의 스위치와 테스트를 구성했지만 루프는 발생하지 않음을 확인할 수 있었다. 모든 벤더의 모든 기종 스위치들을 전부 테스트해볼 수 없다는 한계를 떠나 시스코와 PVST+가 호환되지 않는 다른 벤더와의 STP 연계 시에는 Inconsistent Port Type / BROKEN port의 발생 예에 언급한 권장 사항을 지켜주길 바란다.

6.4 불일치 포트 타입

PVST+가 동작하는 시스코 스위치에서 루핑을 회피하기 위해 '불일치 포트inconsistency Port'라는 블록 포트를 선정하는 동작과 원인을 살펴보자.

6.4.1 불일치의 종류

불일치는 요약하면 다음의 두 가지로 분류된다.

- **타입 불일치(Type inconsistency)** PVST+ BPDU를 802.1Q 트렁크 포트가 아닌 포트로 수신하는 경우 발생
- **포트 VLAN ID 불일치(PVID inconsistency)** Per-VLAN 스패닝 트리PVST+

BPDU 수신 시에 수신 포트의 VLAN_ID와 전송 시에 설정된 VLAN_ID가 다른 경우 발생(Port VLAN ID Mismatch 또는 *PVID_Inc)

(1) 타입 불일치

액세스 포트가 802.1Q 태그된 SSTP BPDU를 수신한 경우를 살펴보자.
그림 6.20과 같이 스위치 A의 액세스 포트가 스위치 B로부터 VLAN 1 이외에 태그된 PVST+ SSTP BPDU를 수신하거나 그림 6.20의 경우에 액세스 포트가 VLAN ID TLV의 값이 1이 아닌 다른 값으로 설정된 태그되지 않은 PVST+ SSTP BPDU를 수신하면 스위치 A의 수신 포트는 BKN*Broken 타입 불일치type-inconsistency 상태로 전환된다.

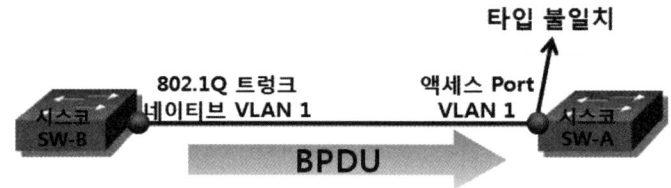

그림 6.20 타입 불일치

스위치들이 직접 연결돼 있지 않고, 하나 이상의 IEEE 802.1D나 IEEE 802.1Q 스위치 또는 허브를 통해 연결돼 있다면 역시 위와 동일한 상황이 발생한다.

(2) 포트 VLAN ID 불일치

802.1Q 트렁크 포트로 수신된 태그되지 않은 SSTP BPDU가 수신 포트의 네이티브 VLAN과 불일치하는 TLV 값을 갖는 경우를 살펴보자.
그림 6.21과 같이 스위치 A의 트렁크 포트가 태그되지 않는 VLAN 2의 PVST+ SSTP BPDU를 수신해 자신의 VLAN-ID와 불일치하는 경우 스위치 A는 해당 포트를 VLAN 1과 VLAN 2 둘 다에 대한 블로킹 상태로 전환한다.

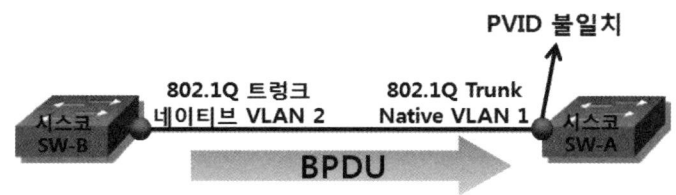

그림 6.21 PVID 불일치(PVID-inconsistency)

6.4.2 포트 불일치와 논시스코 장비 연계 시 주의 사항

(1) 포트 불일치의 발생

그림 6.22는 시스코 스위치가 논시스코 스위치와 트렁크를 통해 연계되고, 논시스코 스위치는 시스코 스위치와 액세스 포트로 연결되는 데이지 체인식의 구성에서 발생하는 불일치 발생의 예다.

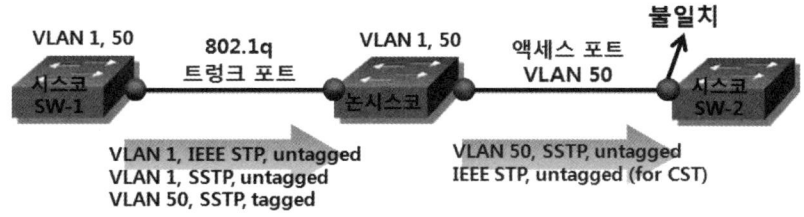

그림 6.22 포트 불일치 발생 예

시스코 스위치는 액세스 포트로 '0100.0CCC.CCCD' BPDU의 수신 시 포트 불일치 상태$^{\text{Port Inconsistent state}}$로 전이하는데, 이 과정은 다음과 같다.

SW-1은 VLAN 50에 대해 PVST+ SSTP BPDU를 802.1Q로 태그해 전송한다. 이를 수신하는 논시스코 스위치는 액세스 포트로 VLAN 50의 PVST+ SSTP BPDU를 태그하지 않고 플러딩한다. SW-2는 플러딩된 SSTP BPDU를 수신하고 포트 상태를 포트 불일치 상태로 전이한다.

(2) 논시스코 장비 연동 시 주의 사항

PVST+(시스코 스위치)와 단일 STP 스위치(논시스코 스위치)의 연동은 CST 스패닝 트리 인스턴스 영역을 통해 연계되고, 따라서 시스코 스위치에서 VLAN 1(네이티브 VLAN) 스패닝 트리 인스턴스와 결합된다. 결과적으로 시스코 스위치 그룹들이 논시스코 스위치와 연계하려면 다음의 사항을 준수해야 한다.

1. 스위치 간 연결되는 인터페이스 타입이 동일해야 한다.
   - 모든 스위치가 액세스 포트나 아니면 트렁크 포트로 연결돼야 한다.
2. 네이티브 VLAN(PVID)가 MST 영역과 연결되는 모든 트렁크 포트에 동일해야 한다.
   - 802.1Q 트렁크 포트로 태그되지 않고 전송되는 모든 SSTP BPDU의 PVID는 수신되는 802.1Q 포트의 PVID와 일치해야 한다.
   - 802.1Q 트렁크 포트와 연결된 스위치 간 포트들의 네이티브 VLAN이 VLAN 1로 설정돼야 한다.
3. CST와의 연계를 위해 트렁크 포트에는 반드시 VLAN 1이 포함돼야 한다.
4. PVST+ 장비와 MST 영역을 연결하려면 항상 트렁크 포트를 사용해야 한다.

특히 스위치 간의 STP 루트 선출에 대한 혼란을 피하기 위해 네이티브 VLAN은 VLAN 1로 설정하길 권장한다.

6.4.3 타입 불일치 발생 예

그림 6.23은 BROKEN 포트 발생 상황의 예다. 스위치 1, 2는 시스코 PVST+가 동작하는 스위치이며, 맨 위의 스위치는 논시스코 스위치로 CST로 동작하는 스위치다.

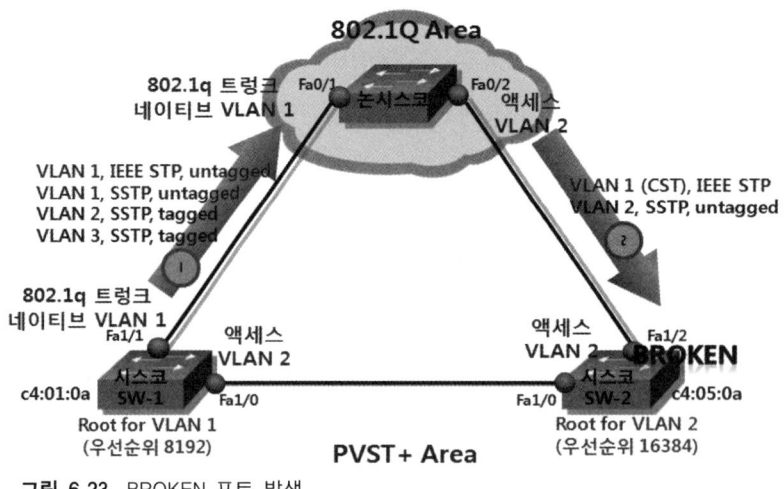

그림 6.23 BROKEN 포트 발생

시스코 SW-1의 Fa1/1 포트는 802.1Q, 네이티브 VLAN 1로 설정돼 있으며, VLAN 1의 스패닝 트리 우선순위는 8192로 설정해 VLAN 1의 루트 브리지로 설정했다. 또한 시스코 SW-2의 모든 포트는 VLAN 2의 액세스 포트로 설정했고, VLAN 2의 스패닝 트리 우선순위는 16384로 설정해 VLAN 2의 루트 브리지로 설정했다. SW-1의 VLAN 1 스패닝 트리 우선순위가 SW-2의 VLAN 2 우선순위보다 더 우수한 값으로 설정돼 있다는 점에 유의하자.

SW-1은 그림 6.24와 같이 802.1Q 트렁크 포트로 VLAN에 대한 STP BPDU와 SSTP BPDU를 전송한다(참고로 그림 6.24는 SW-1의 Fa1/1 포트에서 미러링한 패킷이다).

1번 프레임은 SW-1에서 생성해 논시스코 스위치로 전송하는 VLAN 3에 대한 태깅된 SSTP BPDU이며, 2번과 3번 프레임은 각각 SW-1에서 생성해 논시스코 스위치로 전송하는 태깅되지 않은 VLAN 1의 IEEE STP BPDU와 SSTP BPDU이고, 프레임 4는 SW-2에서 생성한 VLAN 2의 STP BPDU를 SW-1이 수신한 후 이를 다시 태깅해 VLAN 2의 SSTP BPDU로 논시스코 스위치로 전송한 것이다.

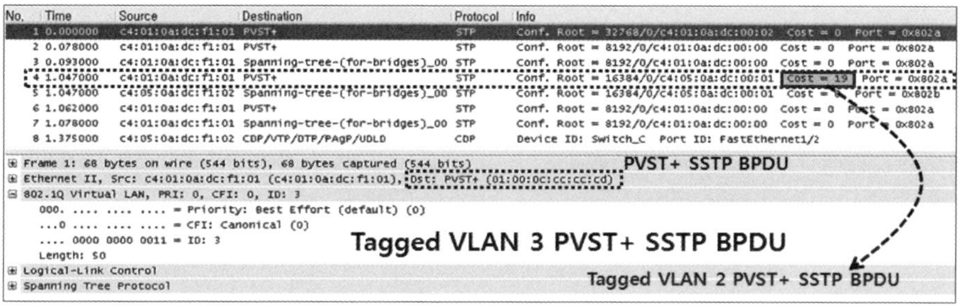

그림 6.24 SW-1에서 전송하는 STP BPDU, SSTP BPDU

논시스코 스위치는 SW-2로 VLAN 2보다 우등한 CST 스패닝 트리 인스턴스 VLAN 1 BPDU를 전달하고, 이를 수신한 SW-2는 자신의 VLAN 2 인스턴스를 CST 인스턴스로 대체해 스패닝 트리를 재연산한다. 결과적으로 VLAN 2 토폴로지는 루프를 형성하게 되는데, 이는 논시스코 스위치와 시스코 스위치 간의 링크에서 PVST+ 인스턴스들이 VLAN 1 인스턴스, 즉 하나의 CST 인스턴스로 덮어씌워지기 때문이다.

하지만 SW-1이 전송한 태그된 VLAN 2 SSTP BPDU를 수신한 논시스코 스위치는 VLAN 2의 태그를 제거한 SSTP BPDU를 SW-2로 전달한다. SW-1이 전송한 VLAN 2에 대한 태그되지 않은 TLV의 VLAN ID 값이 2인 SSTP BPDU를 SW-2

가 수신함으로써 SW-2는 중간에 논시스코 또는 포트 타입의 불일치를 인지하고 루프를 방지하기 위해 태그되지 않은 SSTP BPDU를 수신한 액세스 포트 Fa1/2를 BROKEN 상태로 변경한다.

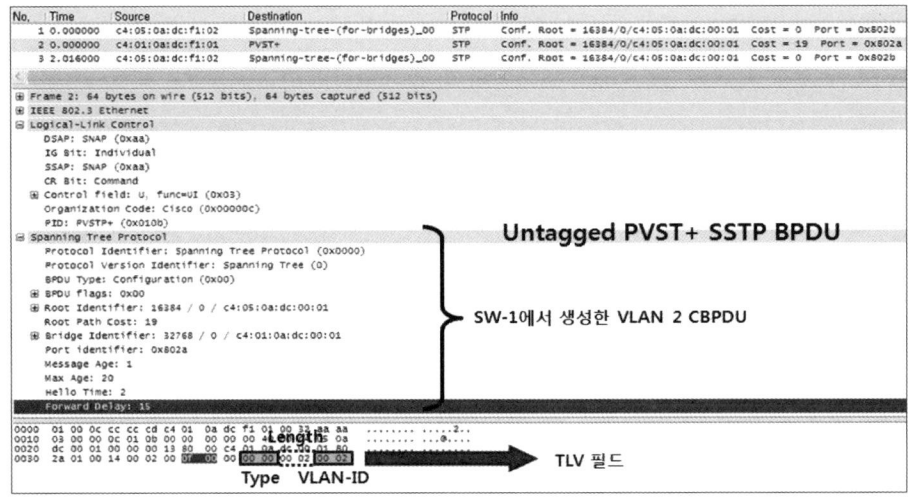

그림 6.25 SW-2에 전송되는 STP BPDU, SSTP BPDU

그림 6.25의 패킷 캡처 화면은 SW-2의 Fa1/2 포트에서 미러링한 패킷으로, 1번 패킷은 SW-2가 생성한 STP BPDU이고, 2번 패킷은 SW-1이 생성한 VLAN 2 SSTP BPDU다.

```
Sw_2(config)#int fa1/2
Sw_2(config-if)#shut
Sw_2(config-if)#no shut
*Mar  1 04:17:55.062: %LINK-5-CHANGED: Interface FastEthernet1/2, changed
state to administratively down
*Mar  1 04:17:56.106: %SPANTREE-7-RECV_1Q_NON_TRUNK: Received 802.1Q BPDU on
non trunk FastEthernet1/2 VLAN2.
*Mar  1 04:17:56.106: %SPANTREE-7-BLOCK_PORT_TYPE: Blocking FastEthernet1/2
on VLAN2. Inconsistent port type.
```

Sw-2가 액세스 포트로 SSTP BPDU를 수신하면 이 포트를 '타입 불일치 포트'로 정의하고 BLOKEN한다. 결과적으로 SW-2의 스패닝 트리 상태는 다음과 같다.

```
Sw_2#show spanning-tree brief

VLAN2
   Spanning tree enabled protocol ieee
   Root ID    Priority     16384
              Address      c405.0adc.0001
              This bridge is the root
              Hello Time   2 sec  Max Age 20 sec  Forward Delay 15 sec

   Bridge ID  Priority     16384
              Address      c405.0adc.0001
              Hello Time   2 sec  Max Age 20 sec  Forward Delay 15 sec
              Aging Time 300

Interface                              Designated
Name              Port ID Prio Cost Sts Cost   Bridge ID         Port ID
---------------   ------- ---- ---- --- ----   --------------    -------
FastEthernet1/0   128.41  128  19   FWD 0      16384 c405.0adc.0001 128.41
FastEthernet1/2   128.43  128  38   BKN 0      16384 c405.0adc.0001 128.43
```

결과적으로 시스코 스위치와 IEEE 표준 스위치 간의 연계 시에 지금까지 설명한 사항들을 고려해 구성한다면 PVST+가 동작하는 시스코 스위치는 VLAN 1을 제외한 다른 VLAN에 대해 STP 연산 측면에서 CST로 동작하는 논시스코 스위치들을 단순한 링크 또는 허브로 간주할 것이고, 이 점을 이용해 물리적으로 직접 연결된 스위치가 아니더라도 포트의 우선순위 값을 조정해 루트 포트 선출을 컨트롤해 VLAN간 로드 밸런싱을 수행할 수 있다.

6.5 주니퍼 스위치와 시스코 PVST+ 상호 연동

6.5.1 주니퍼 STP/RSTP와 시스코 PVST+ 상호 연동

기본적으로 주니퍼의 EX 시리즈 이더넷 스위치들은 RSTP로 동작하게 돼 있으며, 표준 RSTP 방식은 STP와 동일하게 싱글 스패닝 트리[CST, Common Spanning Tree] 인스턴스로 동작한다. 하지만 시스코 스위치는 기본적으로 PVST+의 멀티스패닝 트리 인스턴스를 사용하기 때문에 결과적으로 주니퍼 스위치와 시스코 스위치의 상호 연동 역시 앞에서 다뤘던 시스코의 PVST+ BPDU를 통해 이뤄진다.

(1) 트렁크 포트가 네이티브 VLAN 1인 경우 시스코 스위치와 주니퍼 스위치의 동작

그림 6.26과 같이 802.1Q 트렁크 포트로 전달되는 네이티브 VLAN 1의 CST 스패닝 트리 인스턴스 BPDU는 표준 기반의 잘 알려진 예약된 IEEE 2계층 멀티캐스트 주소('01:80:C2:00:00:00')를 사용하기 때문에 주니퍼 스위치는 이를 IEEE CST 인스턴스로 처리한다. 하지만 PVST+ SSTP BPDU는 비표준 기반의 프로토콜로, 시스코가 독자적으로 사용하는 멀티캐스트 주소('01:00:0C:CC:CC:CD')를 사용하기 때문에 주니퍼 스위치는 여타의 2계층 멀티캐스트 프레임과 동일하게 각각 SSTP BPDU가 해당되는 VLAN 영역의 모든 포트에 이 멀티캐스트 프레임을 플러딩한다.

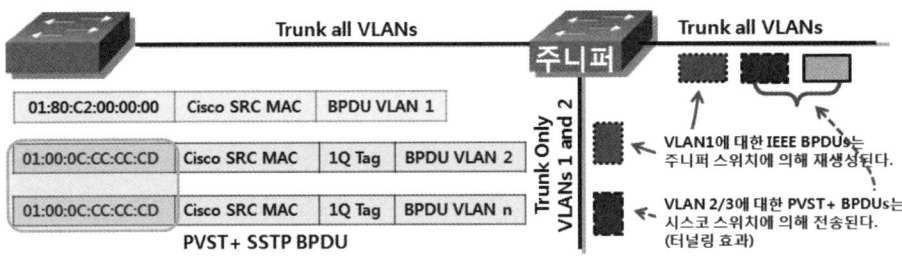

그림 6.26 네이티브 VLAN이 1인 경우 주니퍼 스위치의 동작

(2) 트렁크 포트가 네이티브 VLAN 2인 경우 시스코 스위치와 주니퍼 스위치의 동작

앞에서도 설명했지만, 그림 6.27과 같이 시스코 스위치에서 트렁크 포트의 네이티브 VLAN을 1이 아닌 다른 VLAN으로 변경할지라도 트렁크 포트로 CST 싱글 스패닝 트리 인스턴스에 대한 정보는 항상 VLAN 1을 통해 태그되지 않는 IEEE STP BPDU 형태로 전송된다. 또한 네이티브 VLAN으로 설정된 VLAN에 대해서는 트렁크 포트를 통해 태그되지 않는 PVST+ SSTP BPDU 형태로 전송해 변경된 네이티브 VLAN의 정보와 해당 VLAN의 스패닝 트리 인스턴스 정보를 알린다(위의 경우 VLAN 2에 대한 태그되지 않은 PVST+ SSTP BDPU).

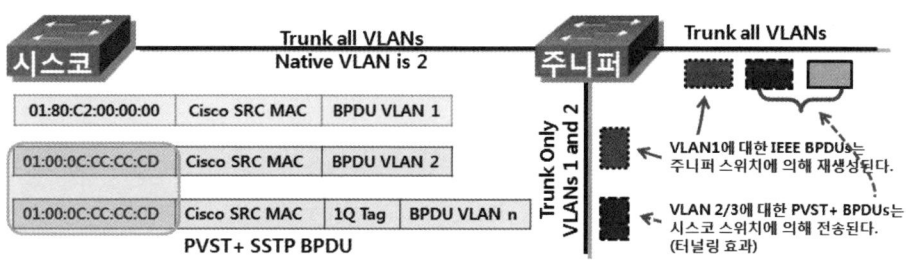

그림 6.27 네이티브 VLAN이 2인 경우 주니퍼 스위치의 동작

위의 결과는 주니퍼 장비에서 show spanning-tree bridge 명령으로 스패닝 트리 상황을 확인할 수 있으며, 이때의 경로 값은 긴 메트릭long metric으로 표현된다. 두 장비 간 경로 값 메트릭path cost metric을 일치시키려면 시스코 장비에서 spanning-tree pathcost method long 명령을 사용한다.

6.5.2 주니퍼 스위치의 VSTP

주니퍼 스위치는 시스코 스위치와의 PVST+ 호환성을 위해 VSTP라는 프로토콜을 지원하며, VSTP의 동작을 위해서는 EX 3200과 EX4200 스위치의 경우 Junos OS 9.4R1 이상 버전이 필요하다(JunOS 9.4R1은 128개, 9.4R2는 253개의 VSTP 인스턴스를 지원한다).

주니퍼의 VSTP는 PVST+와의 호환을 위해 1Q 트렁크 포트에서는 PVST+ SSTP BPDU와 동일한 멀티캐스트 MAC 주소인 '01-00-0C-CC-CC-CD'를 사용하고, 또한 액세스 포트에서는 IEEE BPDU 멀티캐스트 MAC 주소인 '01-80-C2-00-00-00'을 사용한다.

> 주니퍼 스위치에서 VSTP를 동작시키려면 VSTP를 활성화하기 전에 기존 RSTP 관련 설정은 삭제 또는 비활성한 후 VSTP로 설정할 VLAN들을 다음 명령으로 지정해주면 된다.
>
> ```
> Juniper# set protocols vstp vlan <vlan-id or name>
> ```

주니퍼 VSTP는 엄밀히 말하면 시스코의 Rapid-PVST+로 동작하며, PVST+와도 호환될 수 있게 디자인됐다. 따라서 상대편 시스코 스위치가 PVST+ BPDU를 전송하면 주니퍼 스위치는 이와 호환하기 위해 PVST+ BPDU와 호환될 수 있는 VSTP BPDU를 전송할 것이다. 하지만 주니퍼의 권고는 시스코 스위치의 스패닝 트리 모드를 STP에 기반을 둔 PVST+가 아닌 Rapid STP에 기반을 둔 RPVST+로 변경해 주니퍼와 연동하도록 권장한다.

시스코 스위치와 주니퍼 EX 스위치를 PVST+와 VSTP로 연동할 때 유의할 사항이 있다. VLAN 1에 대한 제조사 간의 다른 시각차인데, 기본적으로 시스코 스위치는 기본 VLAN으로 VLAN 1을 사용하지만 주니퍼 스위치는 'default-vlan'이라는 값을 사용 한다.[3] 즉, 주니퍼 스위치는 VLAN 1이라는 VLAN-ID 값을 갖고 있지 않다.

이 VLAN 1은 트렁크 포트로 지정할 때 네이티브 VLAN과도 연관을 갖는데, 네이티브 VLAN이란 앞에서도 설명했지만 802.1Q를 인지하지 못하는 오래된 스위치들이 통신할 수 있게 트렁크 포트에서 프레임이 전송될 때 태그되지 않고 전송되는 VLAN을 말한다. 그리고 시스코 스위치의 경우에 기본적으로 VLAN 1이 모든 트렁크 포트의 네이티브 VLAN으로 설정된다(이해가 어려우면 6장 앞부분에 정의된 VLAN 이름과 관련 용어를 확인하라).

(1) JunOS 10.2 이전 버전에서의 VSTP 오동작

시스코 스위치에서 VLAN 1은 CST를 위한 IEEE 싱글 스패닝 트리 인스턴스로 처리되지만, 안정 권장 버전인 10.4R5.5 이전 버전에서 주니퍼 EX4200 스위치들은 VLAN 1(CST 싱글 스패닝 트리 인스턴스를 전달하는 VLAN)에 대한 BPDU를 시스코 스위치가 다루는 것과 동일한 방식으로 처리하지 못했다. 동작을 보면 그림 6.28과 같이

---

3. Factory-Default 상태에서 시스코 스위치는 모든 포트가 기본적으로 VLAN 1에 할당되고 vlan-id 값은 1로 인식되지만(그리고 이 VLAN 1 은 시스코 스위치에서 모든 포트의 native vlan으로 동작한다), 주니퍼 스위치는 모든 포트가 default-vlan에 속해 있으며 vlan-id 값은 0으로 인식된다.

시스코 스위치와 주니퍼 스위치가 트렁크 포트로 연결돼 있는 경우 'native-vlan'으로 설정된 VLAN에 대한 BPDU를 수신하면 주니퍼 스위치는 CST를 위한 스패닝 트리 연산으로 처리하지 못하고 일반적인 멀티캐스트 BPDU로 취급해 스위치 내에서 플러딩한다.

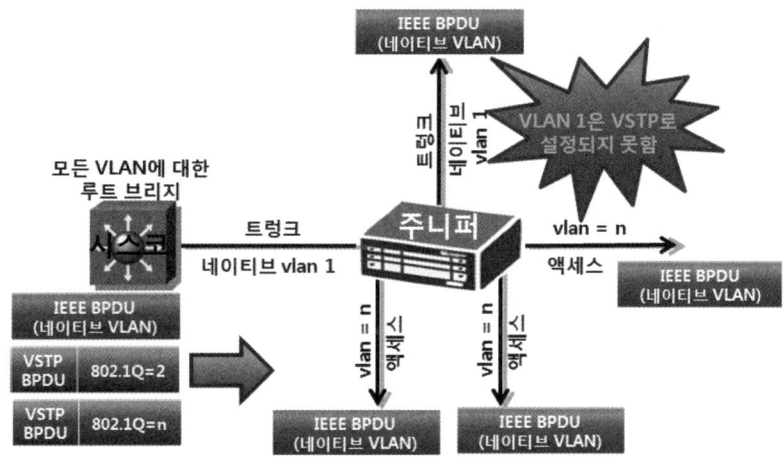

그림 6.28 네이티브 VLAN으로 수신된 BPDU는 일반적인 멀티캐스트 패킷으로 처리된다.

결과적으로 그림 6.29와 같은 구성에서 VLAN 1에 대한 블록 포트는 주니퍼 스위치가 아닌 시스코 스위치 포트에 형성된다.

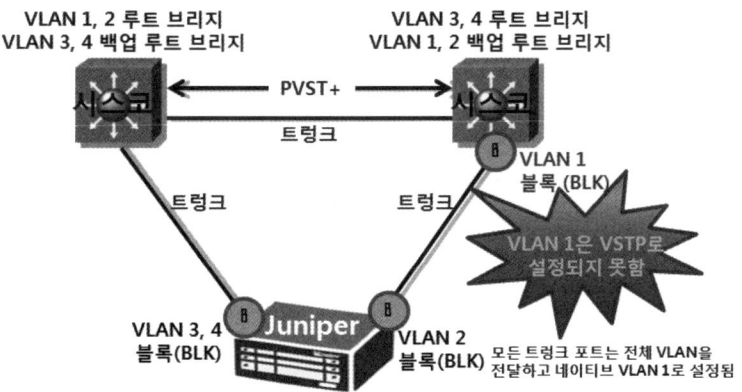

그림 6.29 시스코 스위치에서의 VLAN 1 블록 포트 선정

결국 EX4200은 리던던시를 위한 이중화 링크의 VLAN 1 인스턴스 블록BLK 연산을 시스코 스위치에 의존해야만 했다. 이러한 원인은 EX4200이 VSTP를 동작시키면서 RSTP를 구동해 CST 싱글 인스턴스를 처리하는 VLAN 1 인스턴스 연산을 지원해야 하지만, 과거 버전에서는 VSTP를 동작시키려면 RSTP를 비활성화(delete 명령을 통한 프로토콜 설정 삭제 또는 deactivate 명령을 통한 비활성화)해야 했기 때문이다. 즉, RSTP와 VSTP가 동시에 동작하지 못했다.

JunOS 10.2 이상의 버전부터 RSTP는 VSTP와 동시에 적용될 수 있으며, 이를 통해 시스코의 PVST+/RPVST+와 완벽히 호환될 수 있다. 참고로 현재 (이 책이 나올 즈음엔 바뀌어 있을지도 모르지만) JUNOS 권장 버전은 10.4R5.5다.

(2) 주니퍼 스위치 VSTP와 시스코 스위치 PVST+/RPVST+의 상호 연동

시스코 스위치 RPVST+와 주니퍼 스위치 VSTP의 연동은 IEEE STP BPDU(또는 CST 연산)의 처리 문제에 달려있다. 이를 해결하기 위해 그림 6.30에서와 같이 주니퍼 스위치에서의 RSTP를 활성화해 VLAN 1 인스턴스에 대한 연산을 가능하게 하고, 트렁크 포트에 대한 'native-vlan' 명령으로 네이티브 VLAN을 정의한다. 그리고 나머지 VLAN에 대해서는 VSTP로 동작하게끔 설정해주면 된다.

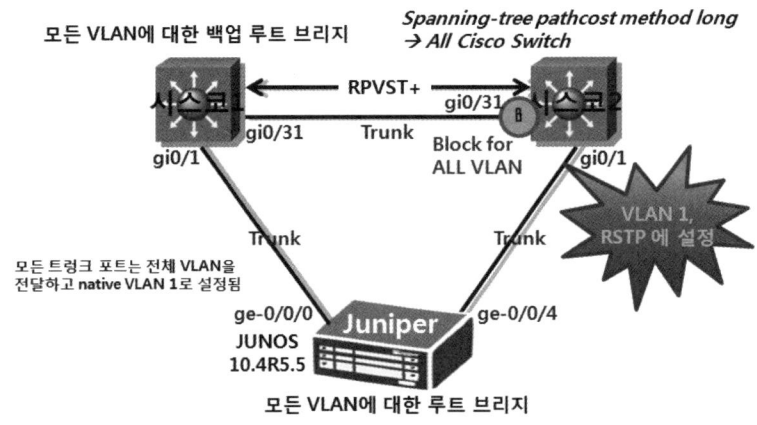

그림 6.30 주니퍼 VSTP와 시스코 스위치의 RPVST+ 연동

정리하자면 RPVST+Rapid-PVST+로 동작하는 시스코 스위치는 기본 네이티브 VLAN(VLAN 1)에 대해 '01:80:C2:00:00:00' 멀티캐스트 주소로 BPDU를 전송하고, 나머지 태그된 VLAN에 대해서는 '01:00:0C:CC:CC:CD' 멀티캐스트 주소를 사용

한다. 반면 주니퍼 스위치는 VSTP를 활성화하면 네이티브 VLAN에 대해 '01:80:C2:00:00:00'의 멀티캐스트 주소를 사용한 BPDU를 전송하지 않고, 대신 '01:00:0C:CC:CC:CD'를 사용해 전송한다.

이를 연동해주려면 주니퍼 스위치에 RSTP와 VSTP의 두 프로토콜을 활성화한 다음 네이티브 VLAN으로 사용될 VLAN 1을 생성하고 트렁크 포트의 네이티브 VLAN 조정을 위해 'native-vlan-id 1'을 설정해줘야 한다. 또한 시스코에서 경로 값 연산의 혼란을 피하기 위해 spanning-tree pathcost method long을 설정해 연산 비트도 일치시킬 것을 권장한다.

위와 같은 구성을 위한 설정은 다음과 같다.

- 시스코 1(Catalyst 3560G) Switch Configuration:

```
Cisco_SW_1(config)# spanning-tree mode rapid-pvst   ## Rapid STP 기반의 RPVST+로 조정
Cisco_SW_1(config)# spanning-tree vlan 1,10,20 root primary   ## (priority 24576)
Cisco_SW_1(config)# spanning-tree pathcost method long   ## 경로 값 메트릭을 32비트로 조정
Cisco_SW_1(config)# interface GigabitEthernet0/1
Cisco_SW_1(config-if)# switchport trunk encapsulation dot1q
Cisco_SW_1(config-if)# switchport trunk allow vlan 1,10,20
Cisco_SW_1(config-if)# switchport mode trunk
Cisco_SW_1(config-if)# exit
   ### interface gi0/31은 gi0/1 설정과 동일
```

- 시스코 2(Catalyst 2560G) Switch Configuration:

```
Cisco_SW_2(config)# spanning-tree mode rapid-pvst   ## Rapid STP 기반의 RPVST+로 조정
Cisco_SW_2(config)# spanning-tree vlan 1,10,20 root secondary   ## (priority 28672)
Cisco_SW_2(config)# spanning-tree pathcost method long ## 경로 값 메트릭을 32비트로 조정
Cisco_SW_2(config)# interface GigabitEthernet0/1
Cisco_SW_2(config-if)# switchport trunk allow vlan 1,10,20
Cisco_SW_2(config-if)# switchport mode trunk
Cisco_SW_2(config-if)# exit
   ### interface gi0/31은 gi0/1 설정과 동일
```

- 주니퍼(EX 4200) Switch Configuration:

```
Juniper@Juniper_Switch# show | display set
```

```
set version 10.4R5.5

.....

set interfaces ge-0/0/0 unit 0 family ethernet-switching port-mode trunk
set interfaces ge-0/0/0 unit 0 family ethernet-switching vlan members vlan10
set interfaces ge-0/0/0 unit 0 family ethernet-switching vlan members vlan20
set interfaces ge-0/0/0 unit 0 family ethernet-switching native-vlan-id 1
                                          ## 트렁크포트 네이티브 VLAN 조정
.....

set interfaces ge-0/0/4 unit 0 family ethernet-switching port-mode trunk
set interfaces ge-0/0/4 unit 0 family ethernet-switching vlan members vlan10
set interfaces ge-0/0/4 unit 0 family ethernet-switching vlan members vlan20
set interfaces ge-0/0/4 unit 0 family ethernet-switching native-vlan-id 1
                                          ## 트렁크포트 네이티브 VLAN 조정
.....

set protocols rstp bridge-priority 4k    ## CST 인스턴스 연산을 위한 VLAN 1 프로토콜 및
                                         ## 우선순위 4096 설정
set protocols vstp vlan vlan10 bridge-priority 4k   ## VLAN별 인스턴스 연산을 위한
                                                    ## 프로토콜 및 우선순위 설정
set protocols vstp vlan vlan20 bridge-priority 4k   ## VLAN별 인스턴스 연산을 위한
                                                    ## 프로토콜 및 우선순위 설정
.....

set vlans vlan1 vlan-id 1        ## 네이티브 VLAN으로 사용될 VLAN 1 생성
set vlans vlan10 vlan-id 10
set vlans vlan20 vlan-id 20

.....
```

주니퍼 스위치에서의 스패닝 트리 상황은 다음과 같다.

```
Juniper@Juniper_Switch# run show spanning-tree interface
Spanning tree interface parameters for instance 0

Interface     Port ID   Designated   Designated         Port    State  Role
                        port ID      bridge ID          Cost

ge-0/0/0.0    128:513   128:513      4096.0019e251ad80  20000   FWD    DESG
ge-0/0/4.0    128:517   128:517      4096.0019e251ad80  20000   FWD    DESG

Spanning tree interface parameters for VLAN 10
```

```
Interface      Port ID   Designated   Designated              Port    State  Role
                         port ID      bridge ID               Cost
ge-0/0/0.0     128:513   128:513      4106.0019e251ad80       20000   FWD    DESG
ge-0/0/4.0     128:517   128:517      4106.0019e251ad80       20000   FWD    DESG
```

Spanning tree interface parameters for VLAN 20

```
Interface      Port ID   Designated   Designated              Port    State  Role
                         port ID      bridge ID               Cost
ge-0/0/0.0     128:513   128:513      4116.0019e251ad80       20000   FWD    DESG
ge-0/0/4.0     128:517   128:517      4116.0019e251ad80       20000   FWD    DESG
```

{master:0}[edit]

또한 주니퍼 스위치의 스패닝 트리 동작 상태 정보는 다음과 같다.

```
Juniper@Juniper_Switch# run show spanning-tree bridge
STP bridge parameters
Context ID                          : 0
Enabled protocol                    : RSTP
    Root ID                         : 4096.00:19:e2:51:ad:80
    Hello time                      : 2 seconds
    Maximum age                     : 20 seconds
    Forward delay                   : 15 seconds
    Message age                     : 0
    Number of topology changes      : 5
    Time since last topology change : 7401 seconds
    Topology change initiator       : ge-0/0/0.0
    Topology change last recvd. from: dc:7b:94:0d:d4:01
    Local parameters
        Bridge ID                   : 4096.00:19:e2:51:ad:80
        Extended system ID          : 0
        Internal instance ID        : 0

STP bridge parameters
Context ID                          : 1
```

```
    Enabled protocol              : RSTP

  STP bridge parameters for VLAN 10
      Root ID                     : 4106.00:19:e2:51:ad:80
    Hello time                    : 2 seconds
    Maximum age                   : 20 seconds
    Forward delay                 : 15 seconds
    Message age                   : 0
    Number of topology changes    : 5
    Time since last topology change : 12881 seconds
    Topology change initiator     : ge-0/0/4.0
    Topology change last recvd. from : 00:19:06:da:16:01
    Local parameters
      Bridge ID                   : 4106.00:19:e2:51:ad:80
      Extended system ID          : 1
      Internal instance ID        : 0

STP bridge parameters
Context ID                        : 2
Enabled protocol                  : RSTP

  STP bridge parameters for VLAN 20
      Root ID                     : 4116.00:19:e2:51:ad:80
    Hello time                    : 2 seconds
    Maximum age                   : 20 seconds
    Forward delay                 : 15 seconds
    Message age                   : 0
    Number of topology changes    : 5
    Time since last topology change : 7458 seconds
    Topology change initiator     : ge-0/0/0.0
    Topology change last recvd. from : dc:7b:94:0d:d4:01
    Local parameters
      Bridge ID                   : 4116.00:19:e2:51:ad:80
      Extended system ID          : 2
      Internal instance ID        : 0

{master:0}[edit]
```

주니퍼 스위치가 루트 브리지로 설정됐으므로 모든 트렁크 포트는 지정, 포워딩 ^{Desg, FWD} 상태로 동작하고, 우선순위가 제일 높은 값을 갖는 시스코 2 스위치의 gi0/31 포트는 모든 VLAN에 대해 블록 상태로 동작한다. 다음은 시스코 2 스위치에서의 스패닝 트리 상태를 보여준다.

```
Cisco_SW_2#sh spanning-tree

VLAN0001
  Spanning tree enabled protocol rstp
  Root ID    Priority    4096
             Address     0019.e251.ad80
             Cost        20000
             Port        1 (GigabitEthernet0/1)
             Hello Time  2 sec  Max Age 20 sec  Forward Delay 15 sec

  Bridge ID  Priority    28673  (priority 28672 sys-id-ext 1)
             Address     0019.06da.1600
             Hello Time  2 sec  Max Age 20 sec  Forward Delay 15 sec
             Aging Time  300 sec

Interface        Role Sts   Cost      Prio.Nbr Type
---------------- ---- ---   -------   -------- --------------------------
Gi0/1            Root FWD   20000     128.1    P2p
Gi0/31           Altn BLK   20000     128.31   P2p

VLAN0010
  Spanning tree enabled protocol rstp
  Root ID    Priority    4106
             Address     0019.e251.ad80
             Cost        20000
             Port        1 (GigabitEthernet0/1)
             Hello Time  2 sec  Max Age 20 sec  Forward Delay 15 sec

  Bridge ID  Priority    28682  (priority 28672 sys-id-ext 10)
             Address     0019.06da.1600
```

```
                    Hello Time    2 sec  Max Age 20 sec  Forward Delay 15 sec
                    Aging Time  300 sec

Interface        Role    Sts     Cost       Prio.Nbr  Type
-------------    ----    ---     --------   --------  -------------------------
Gi0/1            Root    FWD     20000      128.1     P2p
Gi0/31   Altn    BLK     20000      128.31    P2p
```

VLAN0020
```
  Spanning tree enabled protocol rstp
  Root ID      Priority    4116
               Address     0019.e251.ad80
               Cost        20000
               Port        1 (GigabitEthernet0/1)
               Hello Time  2 sec  Max Age 20 sec  Forward Delay 15 sec

  Bridge ID    Priority    28692  (priority 28672 sys-id-ext 20)
               Address     0019.06da.1600
               Hello Time  2 sec  Max Age 20 sec  Forward Delay 15 sec
               Aging Time  300 sec

Interface        Role    Sts     Cost       Prio.Nbr  Type
-------------    ----    ---     --------   --------  -------------------------
Gi0/1            Root    FWD     20000      128.1     P2p
Gi0/31           Altn    BLK     20000      128.31    P2p
```

이러한 VSTP와 RPVST+의 호환은 주니퍼 스위치에서 시스코 스위치에 VLAN 1에 대한 정보를 CST 스패닝 트리 인스턴스 BPDU로 다음과 같이 전송하기 때문에 가능하다. 시스코 1 스위치에서 debug spannning-tree bpdu 정보는 다음과 같다.

```
Cisco_SW_2# debug spanning-tree bpdu

STP: VLAN0001 rx BPDU: config protocol = rstp, packet from
GigabitEthernet0/1, linktype IEEE_SPANNING, enctype 2, encsize 17
STP: enc 01 80 C2 00 00 00 00 19 E2 51 AD 80 00 27 42 42 03
STP: Data    000002027C10000019E251AD80000000000100000 19E251AD8082010000140002000F00
```

STP: VLAN0001 Gi0/1:0000 **02 02** 7C 10000019E251AD80 00000000 10000019E251AD80 8201 0000 1400 0200 0F00

RSTP(1): Gi0/1 repeated msg

RSTP(1): Gi0/1 rcvd info remaining 6

STP: VLAN0010 rx BPDU: config protocol = rstp, packet from GigabitEthernet0/1, linktype SSTP, enctype 3, encsize 22

STP: enc **01 00 0C CC CC CD** 00 19 E2 51 AD 80 00 32 AA AA 03 00 00 0C **01 0B**

STP: Data   0000**0202**3C100A0019E251AD800000000**100A0019E251AD80**82010000140002000F00

STP: VLAN0010 Gi0/1:0000 **02 02** 3C 100A0019E251AD80 00000000 100A0019E251AD80 8201 0000 1400 0200 0F00

RSTP(10): Gi0/1 repeated msg

RSTP(10): Gi0/1 rcvd info remaining 6

RSTP(1): sending BPDU out Gi0/31

RSTP(10): sending BPDU out Gi0/31

RSTP(20): sending BPDU out Gi0/31

STP: VLAN0020 rx BPDU: config protocol = rstp, packet from GigabitEthernet0/1, linktype SSTP, enctype 3, encsize 22

STP: enc **01 00 0C CC CC CD** 00 19 E2 51 AD 80 00 32 AA AA 03 00 00 0C **01 0B**

STP: Data   0000**0202**7C10140019E251AD800000000**10140019E251AD80**82010000140002000F00

STP: VLAN0020 Gi0/1:0000 **02 02** 7C 10140019E251AD80 00000000 10140019E251AD80 8201 0000 1400 0200 0F00

RSTP(20): Gi0/1 repeated msg

RSTP(20): Gi0/1 rcvd info remaining 6

   위의 debug 내용에서 볼 수 있듯이 주니퍼 스위치는 IEEE STP BPDU와 VSTP BPDU를 시스코 스위치에게 RSTP로 전송하는데, 이는 VSTP가 RSTP에 기반을 두고 동작하기 때문이다. 주니퍼 스위치는 VSTP와 RSTP의 조합을 통해 시스코의 PVST+/RPVST+와 완벽히 호환되고 나아가 주니퍼 스위치의 VLAN별 인스턴스 우선순위를 적절히 조정하면 시스코 스위치에서와 마찬가지로 VLAN별 로드 밸런싱 구성도 가능하다.

6.6 정리

6장에서는 시스코 스위치의 독점적인 스패닝 트리 프로토콜인 PVST/PVST+의 구조와 동작 방식, 그리고 STP/RSTP를 사용해 싱글 스패닝 트리 인스턴스[CST]로 동작하는 다른 제조사의 표준 스위치와 연동 시에 고려해야 하는 이슈도 알아봤다. 또한 대표적인 네트워크 장비 제조사인 주니퍼의 스위치와 연동하는 방법과 주니퍼 스위치의 VSTP 프로토콜에 대해서도 살펴봤다.

7장에서는 실무에서 발생할 수 있는 스패닝 트리 장애와 원인, 처리 방안을 알아보고, 궁극적으로 루핑이 발생하지 않게 루핑 구조를 회피할 수 있는 2계층 네트워크 디자인에 대해 알아본다.

7
루핑 장애와 루프 회피 구성

6장에서는 시스코 독점적 기술인 PVST+의 동작 특성과 논시스코 장비와의 연동 시에 고려해야 하는 사항과 루핑 및 스패닝 트리 토폴로지의 비정상 연산 동작에 대한 원인을 살펴봤다. 7장에서는 사례를 통해 루핑이 발생했을 때의 증상과 장애 처리 방법, 그리고 스패닝 트리 구성 최적화의 중요성과 루프 자체가 형성되지 않는 루프 회피 구성에 대해 알아본다.

7.1 스패닝 트리 장애 처리와 루프 회피 구성

STP와 관련된 장애 발생 시의 현상에 대해 살펴보고, 스패닝 트리 구조에서 트래픽 흐름의 최적화 방안과 루핑^{Looping}이 발생하지 않는 루프 프리$^{Loop\ Free}$ 또는 회피 구성을 고려해본다.

7.1.1 프레임 루핑의 증상

① 통신 절단 현상과 NMS$^{Newsork\ Management\ System}$ 모니터링 시에 LAN 구간 링크의 플래핑^{flapping} 현상이 발생한다.
  - 하나의 세그먼트^{segment}나 VLAN으로 이중화된 구간에 동적 라우팅 프로토콜을 사용해 상호 라우팅 정보를 주고받는 네이버^{Neighbor} 간 업/다운 플래핑 현상이 발생
  - 멀티레이어 스위치의 HSRP$^{Hot\ Standby\ Router\ Protoco}$(시스코 독점)나 VRRP$^{Virtual\ Router\ Redundancy\ Protocol}$(IETF RFC5798 표준 프로토콜) 구성의 경우 이중화 장비 간 상호 액티브-스탠바이$^{Active-Standby}$를 반복하는 네트워크 불안정 상태 발생으로 패킷 누수 현상 발생

② 장비 자원 사용률을 확인한다.
  - 스위치의 CPU 사용률이 증가해 거의 100%까지 급증
  - 스위치의 멀티캐스트, 브로드캐스트 사용량이 증가하며, 링크의 대역폭 사용량 또한 급증
  - 스위치의 다수 인터페이스에서 폐기되는 패킷$^{packet\ drop}$ 수 증가

③ 시스템이나 로그 서버(Syslog)의 로그^{log} 정보를 확인한다.
  - HSRP, VRRP Duplicate IP address$^{중복\ IP\ 주소}$ 같은 MAC 테이블 불안정에 관련된 다수의 에러 메시지 발생
  - 빈번한 'constant address relearning$^{주소\ 재학습}$'이나 'MAC address Flapping$^{주소\ 플래핑}$' 메시지 발생

몇 개 사항은 다른 이슈로 발생될 수 있지만 루핑 발생의 경우에는 이런 사항들이 동시에 발생하며, 실무에서 스위치 CPU가 평상시에 비해 갑자기 급등하는 대부분의 원인은 루핑에 의해서다.

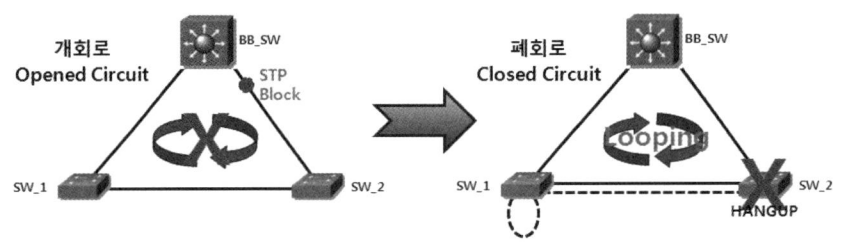

그림 7.1 네트워크 장비 비정상 동작(Hangup)과 잘못된 케이블 구성으로 인한 루핑

그림 7.1의 왼편과 같이 정상적인 상황에서는 스패닝 트리 연산을 통해 개회로 Open-Circuit 구간이 형성되지만, 오른편과 같이 장비 행업hangup이나 케이블 구성 실수로 루핑 구조가 형성될 수 있다.

> **네트워크 장비 운영 시 관리 파라미터**
>
> 네트워크 운영을 위해 반드시 관리해야 할 파라미터가 있는데, 이는 장비의 정상 상태 시 CPU, 메모리, 대역폭 이용 현황이다.
>
> 　대형 네트워크일 경우 다양한 서비스 영역이 존재할 것이고, 각 영역마다 동일 시리즈 장비일지라도 관리 파라미터의 평균 사용률은 각기 다를 것이기 때문에 관리자는 NMS 또는 MRTG나 상용 PRTG와 같은 장비 성능 모니터링 툴을 이용해 정상 상태의 파라미터 임계치를 정의하고, 임계치를 초과한 상태를 비정상 상태로 규정해 이때의 초과 원인을 관리해야 한다.

7.1.2 분석과 해결 방안

링크 사용률이 가장 높은 인터페이스부터 차례로 비활성화shutdown시키면서 인터페이스 사용률과 CPU 사용률을 동시에 점검해 사용률의 하락을 모니터링한다. 루핑 상황 시 모니터링 기능이 좋은 장비들은 여러 가지 명령을 통해 장비의 상태 확인이 가능하지만, 그렇지 못한 장비에서는 물리적으로 포트를 제거해 가면서 점검할 수밖에 없다.

- 인터페이스 점검 포인트는 사용량이 많은 것부터 우선적으로 점검하되, 특히 브로드캐스트/멀티캐스트 프레임의 전송량이 많은 것을 맨 먼저 점검한다.

- 백본 스위치의 CPU 상황을 모니터링하면서 백본에서부터 하단으로의 업링크 포트를 순차적으로 제거하는 식으로 점검해 문제 범위를 액세스 계층으로 점차 좁혀간다.

7.2 VLAN 불일치에 따른 루핑 발생

7.2.1 PVST+와 CST 간 루핑

그림 7.2와 같이 VLAN 100, VLAN 70으로 웹 서비스하고 있는 구성에서 L4 스위치의 7번 포트를 VLAN 90으로, 그리고 SW-2 스위치의 Gi0/27을 VLAN 100으로 서로 다른 VLAN을 설정했다. 테스트를 위해 이 두 개의 VLAN의 포트에 케이블을 연결한 순간 스패닝 트리 연산을 통해 SW-2의 정상 서비스 포트인 Gi0/25 포트가 블록[BLK]이 됐다.

그림 7.2의 왼편이 정상 상태 시의 구성이고, 오른편이 실수로 잘못 설정한 구성이다.

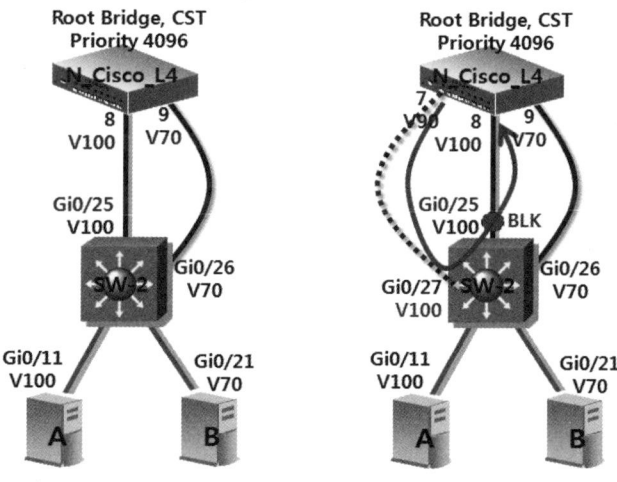

그림 7.2 PVST+와 CST 간의 루핑

(1) 분석과 해결 방안

- L4 스위치는 우선순위 4096으로 루트 브리지로 동작 중이며, 스패닝 트리 연산은 싱글 스패닝 트리 인스턴스인 CST로 동작한다.
- 시스코 SW-2 스위치가 PVST+로 동작하더라도 결국 L4 스위치는 VLAN과 무관한 하나의 스패닝 트리 인스턴스 영역으로 간주해 신규로 연결된 링크는 루프 구조를 형성하게 된다.
- 결국 작업한 엔지니어는 VLAN 번호가 틀리기 때문에 루프가 발생하지 않을 것으로 판단했지만, VLAN 번호와 상관없이 루핑 구조가 형성돼 스패닝 트리 연산에 의해 서비스 링크 Gi0/25가 블록[BLK]됐다.
- 이때 블록되는 포트가 Gi0/25인 이유는 Gi0/27에서 수신되는 BPDU의 포트 ID 값이 Gi0/25에서 수신되는 것보다 더 작기 때문이다.

SW-2에서의 show spanning-tree 명령을 통한 스패닝 트리 상태는 다음과 같다.

```
SW_2#show spanning-tree

VLAN0070
  Spanning tree enabled protocol ieee
  Root ID    Priority    4096
             Address     0006.c442.052f
             Cost        4
             Port        26 (GigabitEthernet0/26)
             Hello Time  2 sec  Max Age 20 sec  Forward Delay 15 sec

  Bridge ID  Priority    32838  (priority 32768 sys-id-ext 70)
             Address     fcfb.fbc8.6e00
             Hello Time  2 sec  Max Age 20 sec  Forward Delay 15 sec
             Aging Time  300 sec

Interface       Role Sts  Cost      Prio.Nbr  Type
--------------  ---- ---  --------  --------  ------------------------
Gi0/26          Root FWD  4         128.26    P2p

VLAN0100
```

```
Spanning tree enabled protocol ieee
Root ID      Priority     4096
             Address      0006.c442.052f
             Cost         4
             Port         27 (GigabitEthernet0/27)
             Hello Time   2 sec  Max Age 20 sec  Forward Delay 15 sec

Bridge ID    Priority     32868  (priority 32768 sys-id-ext 100)
             Address      fcfb.fbc8.6e00
             Hello Time   2 sec  Max Age 20 sec  Forward Delay 15 sec
             Aging Time   300 sec

Interface       Role Sts    Cost      Prio.Nbr Type
--------------- ---- ---    --------- -------- --------------------------------
Gi0/25          Altn BLK    4         128.25   P2p
Gi0/27          Root FWD    4         128.27   P2p
```

- 스위치에서 VLAN ID는 스위치 간 트렁크 포트에서 태깅되면서 식별될 수 있지만, 액세스 포트에서 VLAN ID를 스위치 간에 식별할 수 있는 방법은 없다. 물론 시스코 스위치는 뒤에 설명하겠지만 CDP를 통해 TLV 값을 전달하면서 보조적인 기능을 지원한다.

SW-2에서 debug spanning-tree bpdu 결과를 살펴보자.

```
SW_2#debug spanning-tree bpdu
STP: VLAN0100 rx BPDU: config protocol = ieee, packet from
GigabitEthernet0/27, linktype IEEE_SPANNING, enctype 2, encsize 17
STP: enc 01 80 C2 00 00 00 00 06 C4 42 06 08 00 26 42 42 03
STP: Data    00000000001000006C442052F0000000010000006C442052F80080000140002000F00
STP: VLAN0100 Gi0/27:0000 00 00 00 10000006C442052F 00000000
10000006C442052F 8008 0000 1400 0200 0F00
STP(100) port Gi0/27 supersedes 0

STP: VLAN0100 rx BPDU: config protocol = ieee, packet from
GigabitEthernet0/25, linktype IEEE_SPANNING, enctype 2, encsize 17
```

```
STP: enc 01 80 C2 00 00 00 00 06 C4 42 06 09 00 26 42 42 03
STP: Data     00000000001000006C442052F0000000010000006C442052F80090000140002000F00
STP: VLAN0100 Gi0/25:0000 00 00 00 10000006C442052F 00000000
10000006C442052F 8009 0000 1400 0200 0F00
STP(100) port Gi0/25 supersedes 0

STP: VLAN0070 rx BPDU: config protocol = ieee, packet from
GigabitEthernet0/26, linktype IEEE_SPANNING, enctype 2, encsize 17
STP: enc 01 80 C2 00 00 00 00 06 C4 42 06 0A 00 26 42 42 03
STP: Data     00000000001000006C442052F0000000010000006C442052F800A0000140002000F00
STP: VLAN0070 Gi0/26:0000 00 00 00 10000006C442052F 00000000
10000006C442052F 800A 0000 1400 0200 0F00
STP(70) port Gi0/26 supersedes 0
```

※ STP: Data 00000000001000006C442052F0000000010000006C442052F8
0080000140002000F00 분석은 STP 관련 장의 BPDU 프레임 포맷을 참조하길 바란다.

0000	00	00	00	10000006C442052F	00000000	10000006C442052F	80	08	0000	1400	0200	0F00
①	②	③	④	⑤	⑥	⑦	⑧	⑨	⑩	⑪	⑫	⑬

① **Protocol ID**   2바이트, 항상 0

② **Protocol Version**   1바이트, 항상 0

③ **BPDU Type**   1바이트, Configuration BPDU(0X00), TCN BPDU(0X80)

④ **Flags**   1바이트, STP의 프레임 포맷 참조

⑤ **Root Bridge ID**   8바이트, Priority 0X1000(4096)(2바이트) + MAC 06C442052F (6바이트)

⑥ **Root Path Cost**   4바이트

⑦ **Bridge ID**   BPDU를 전송하는 브리지 ID

⑧ **Port Priority**   1바이트, 0X80(128) + ⑨ **Port Number** 1바이트, 0X08(8) = Port ID

⑩ Message Age   2바이트
⑪ Max Age   2바이트, 0X14(20)
⑫ Hello Time   2바이트, 0X02(2)
⑬ Forward Delay   2바이트, 0X0F(15)

SW_2는 VLAN 100으로 할당된 포트 Gi0/27, Gi0/25로 BPDU가 수신되고, 이에 따라 논루트 브리지인 SW_2는 루프를 방지하기 위해 포트 ID 값이 높은 값을 수신하는 Gi0/25를 블록 포트^{BLK}로 선정한다.

이해를 돕기 위해 그림 7.3과 같은 테스트망을 구성해보자. 스위치 2대에 각기 다른 VLAN인 VLAN 90, VLAN 100을 설정하고, 이 두 VLAN 간 케이블을 연결한다. 스위치 간의 링크는 트렁크 설정이 아닌 액세스 포트 설정이다(참고로 VLAN 단락에서 설명했던 사항과 유사하다).

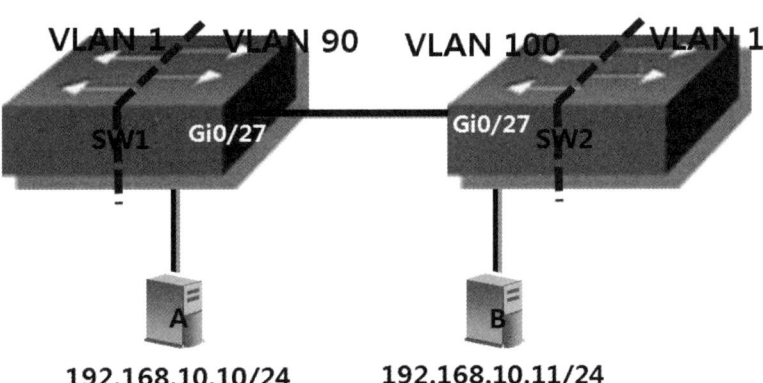

그림 7.3   액세스 포트의 VLAN 이름 불일치

시스템과 스위치 포트는 모두 액세스 포트로 설정돼 있고, 시스템 A, B는 상호 통신이 가능하다.

- 시스코 스위치의 경우 BPDU가 수신되는 포트의 VLAN과 매칭해 PVST+를 수행하고, 또한 CDP 정보를 통해 자신의 포트가 어떤 VLAN에 속해 있는지를 인접 스위치에게 알린다. 위와 같이 다른 VLAN으로 액세스 포트가 설정되면 다음과 같은 에러 로그가 발생하지만, A 시스템과 B 시스템이 통신하는 데에는 전혀 문제가 없다.

```
SW_1#
%CDP-4-NATIVE_VLAN_MISMATCH: Native VLAN mismatch discovered on
GigabitEthernet0/27 (90), with SW_2 GigabitEthernet0/27 (100).
```

%CDP-4-NATIVE_VLAN_MISMATCH: Native VLAN mismatch discovered on **[local interface (local interface VLAN ID)]**, with **[neighbor name neighbor interface (neighbor VLAN ID)]**.

- 시스코 스위치는 CDP를 이용해 TLV$^{Type, Length, Value}$의 값을 전송하는데, 이 정보 안에 액세스 인터페이스에 할당된 VLAN-ID^{PVID} 정보도 포함되며, 이를 수신한 스위치의 CDP 상태는 다음 내용과 같이 VLAN 100 미스매치 상태가 된다.

```
SW_1# show cdp neighbors detail
-------------------------
Device ID: SW_2
Entry address(es):
   IP address: 10.180.100.20
Platform: cisco WS-C3560G-24TS,  Capabilities: Router Switch IGMP
```
Interface: GigabitEthernet0/27, Port ID (outgoing port): GigabitEthernet0/27
```
Holdtime : 155 sec

Version :..........생략............

advertisement version: 2
Protocol Hello: OUI=0x00000C, Protocol ID=0x0112; payload len=27,
value=00000000FFFFFFFF010221FF000000000000001873C45F00FF0000
VTP Management Domain: ''
```
Native VLAN: 100 (Mismatch)
```
Duplex: full
Management address(es):
  IP address: 10.180.100.20
..........생략............
```

CDP(Cisco Discovery Protocol)를 이용한 장애 처리 활용 TIP

- 시스코의 독점적인 관리 프로토콜인 CDP는 데이터링크 계층의 장애 처리 판단에 긴요하게 사용될 수 있는 프로토콜이기도 하다. CDP는 데이터링크 계층에서 동작하는 프로토콜이기

때문에 장애 시 show cdp neighbor를 통해 인접 스위치를 발견할 수 있다면 데이터 링크 계층까지의 문제(케이블 불량과 같은)는 없는 것으로 간주할 수 있다. 물론 듀플렉스 불일치 같은 경우도 CDP v2부터 에러 로그를 통해 모니터링될 수 있다.

- cdp v2의 활성화는 글로벌 컨피그 명령 레벨에서 수행된다.

```
SW(config)# cdp advertise-v2
```

- IP 통신이 되지 않는 상황에서 CDP 정보를 통해 인접 네이버 장비를 발견할 수 있다면 장애 처리의 과정을 2계층까지는 이상이 없음을 확인했기 때문에 (장애 처리 과정을) 상위 계층 프로토콜인 ARP나 IP 계층으로 전환할 수 있다(계층별 장애 처리: 장애 처리는 항상 하위 계층에서 상위 계층별로 수행하는 것을 권장한다).

CST로 동작하는 논시스코 스위치와 시스코 스위치와의 VLAN 불일치 상황을 재구성하면 다음과 같은 그림 7.4가 된다.

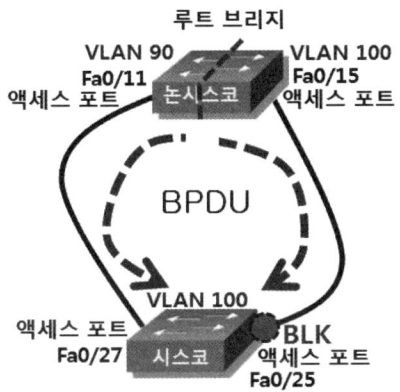

그림 7.4 VLAN 이름 불일치에 따른 PVST 와 CST 루핑

- 결국 논시스코 스위치는 하나의 STP BPDU(정확히 말하면 VLAN 1의 IEEE STP 또는 RSTP BPDU를 가지고 스패닝 트리 연산을 수행하는 싱글 스패닝 트리 인스턴스)로 동작하는 CST 방식이기 때문에 VLAN 90과 100에 루프가 형성되고 루프 방지를 위해 포트가 블록BLK된다.

해결 방법은 간단하다. 불필요한 포트이면 제거하고, 그렇지 않다면 VLAN을 일치시켜야 한다. 그리고 필요에 따라 포트 ID를 조정해야 할 수도 있다.

7.2.2 PVST+ 간 루핑

이번 경우는 7.2.1의 상황과 유사한 경우이지만, 이기종 장비 간의 스패닝 트리 상황이 아닌 두 스위치 모두 PVST+가 동작하는 시스코 스위치라는 점이 다르다.

그림 7.5와 같이 각 스위치에서 VLAN 100, VLAN 70을 구성할 때 SW-1의 Gi0/27번 포트를 VLAN 90으로, 그리고 SW-2의 Gi0/27을 VLAN 100으로 설정해 이 포트들을 서로 연결했다.

스패닝 트리 연산의 결과로 브리지 우선순위를 4096으로 조정한 루트 브리지인 SW-1의 모든 포트가 지정 포트이어야 하지만 Gi0/25는 루트 포트로 설정됐고, 또한 논루트 브리지인 SW-2의 모든 포트가 루트 포트이어야 하지만 Gi0/25는 지정 포트가 됐다. 결국 모든 포트는 포워딩 상태로 루프가 형성됨을 확인할 수 있다.

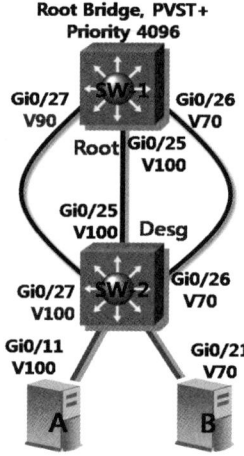

그림 7.5 VLAN 이름 미스매치에 따른 PVST 간 Looping

(1) 분석 해결 방안

시스코 스위치는 액세스 포트에 할당된 VLAN ID를 갖고 해당 포트로 수신되는 BPDU를 포트에 할당된 VLAN(PVID)에 매칭시켜 개별적인 PVST+를 구현한다.
SW-1과 SW-2에서의 `debug spanning-tree bpdu` 상황을 살펴보자.

- SW-2의 `debug spanning-tree bpdu`
    □ SW_2는 Gi0/27로 수신하는 BPDU를 SW-1의 VLAN 90에 해당하는 BPDU로 인지하지 않고(인지할 수도 없다) VLAN 100에 할당된 포트로 수신했

기 때문에 VLAN 100의 BPDU로 간주한다.

```
SW_2#debug spanning-tree bpdu
STP: VLAN0100 rx BPDU: config protocol = ieee, packet from GigabitEthernet0/27,
linktype IEEE_SPANNING, enctype 2, encsize 17
STP: enc 01 80 C2 00 00 00 FC FB FB C8 6E 1B 00 26 42 42 03
STP: Data    0000000000105AFCFBFBC86E0000000000105AFCFBFBC86E00801B0000140002000F00
STP: VLAN0100 Gi0/27:0000 00 00 00 105AFCFBFBC86E00 00000000 105AFCFBFBC86E00
801B 0000 1400 0200 0F00
STP(100) port Gi0/27 supersedes 0

STP: VLAN0070 rx BPDU: config protocol = ieee, packet from GigabitEthernet0/26,
linktype IEEE_SPANNING, enctype 2, encsize 17
STP: enc 01 80 C2 00 00 00 FC FB FB C8 6E 1A 00 26 42 42 03
STP: Data    00000000001046FCFBFBC86E00000000001046FCFBFBC86E00801A0000140002000F00
STP: VLAN0070 Gi0/26:0000 00 00 00 1046FCFBFBC86E00 00000000 1046FCFBFBC86E00
801A 0000 1400 0200 0F00
STP(70) port Gi0/26 supersedes 0
```

- SW_2에서의 수신 BPDU를 보면 VLAN 100의 포토인 Gi0/27로 유입되는 BPDU의 루트 브리지 우선순위 값이 0X105A(4186 = 4096 + 90)임을 볼 수 있다. 이는 SW_1의 우선순위 4096에 VLAN ID 90을 더한 값이다. 또한 STP:VLAN0100으로, 시스코 스위치는 자신의 포트로 유입되는 BPDU를 수신된 포트의 VLAN으로 매핑시켜 PVST를 연산함을 알 수 있다.

- 마찬가지로 VLAN 70인 Gi0/26에서 수신하는 BPDU의 루트 브리지 우선순위 값은 0X1046으로 SW_1에서 우선순위 4096 + VLAN_ID 70 = 4166임을 확인할 수 있다.

- SW-1의 **debug spanning-tree bpdu**

```
SW_1#debug spanning-tree bpdu
STP: VLAN0100 rx BPDU: config protocol = ieee, packet from GigabitEthernet0/25,
linktype IEEE_SPANNING, enctype 2, encsize 17
STP: enc 01 80 C2 00 00 00 00 18 73 C4 5F 19 00 26 42 42 03
STP: Data    0000000000105AFCFBFBC86E0000000048064001873C45F0080190100140002000F00
STP: VLAN0100 Gi0/25:0000 00 00 00 105AFCFBFBC86E00 00000004 8064001873C45F00
```

```
8019 0100 1400 0200 0F00
STP(100) port Gi0/25 supersedes 0
```

- SW_1에서의 수신 BPDU를 보면 VLAN 100의 포트인 Gi0/25로 유입되는 BPDU의 루트 브리지 우선순위 값이 0X105A(4186)임을 볼 수 있다. 이는 SW_1의 VLAN 90에 대한 BPDU가 SW-2의 VLAN 100을 거쳐 다시 SW_1로 돌아온 값이다. 하지만 SW-1은 이 값이 자신의 PVST+ 우선순위인 4196보다 더 좋은 값이기 때문에 이를 수신한 포트를 루트 포트로 지정한다.

물론 스위치 포트 간 VLAN ID가 불일치함으로써 앞에서도 설명한 포트 간 CDP VLAN 미스매치 에러 로그인 %CDP-4-NATIVE_VLAN_MISMATCH 메시지가 VLAN을 일치시키지 않는 한 계속 발생할 것이다. 이 에러 메시지를 발생시키고 싶지 않다면 기본적으로 활성화돼 있는 CDP 기능을 비활성화하면 되지만, 권장하는 방법은 아니다. 물론 요즘 모든 네트워크 장비의 보안 설정에 대한 이슈가 제기되고 있어 대부분의 기업이나 관공서에서 사용하는 시스코 장비의 CDP 기능은 강제로 비활성화돼 있을 것이다(참고로 보안 측면에서 보면 CDP 정보를 통해 가능한 보안 위협, 풋프린팅Footprinting의 정보가 정말 어느 정도로 위협적일까 궁금하기도 하다. 내 경우 외부기관ISP과 연계된 장비의 인터페이스만 CDP 기능을 비활성화시킨 것으로 기억한다).

- SW_1, SW_2의 spanning-tree 상황

SW-1에서의 스패닝 트리 상황을 보면 다음과 같다.

```
SW_1# show spanning-tree

VLAN0070
  Spanning tree enabled protocol ieee
  Root ID    Priority    4166
             Address     fcfb.fbc8.6e00
             This bridge is the root
             Hello Time  2 sec  Max Age 20 sec  Forward Delay 15 sec

  Bridge ID  Priority    4166     (priority 4096 sys-id-ext 70)
             Address     fcfb.fbc8.6e00
             Hello Time  2 sec  Max Age 20 sec  Forward Delay 15 sec
```

```
                    Aging Time  300 sec

Interface         Role   Sts    Cost       Prio.Nbr  Type
--------------    ----   ---    --------   --------  --------------------
Gi0/26            Desg   FWD    4          128.26    P2p
```

VLAN0090
```
  Spanning tree enabled protocol ieee
  Root ID      Priority     4186
               Address      fcfb.fbc8.6e00
               This bridge is the root
               Hello Time   2 sec  Max Age 20 sec  Forward Delay 15 sec

  Bridge ID    Priority     4186    (priority 4096 sys-id-ext 90)
               Address      fcfb.fbc8.6e00
               Hello Time   2 sec  Max Age 20 sec  Forward Delay 15 sec
               Aging Time   300 sec

Interface         Role   Sts    Cost       Prio.Nbr  Type
--------------    ----   ---    --------   --------  --------------------
Gi0/27            Desg   FWD    4          128.27    P2p
```

VLAN0100
```
  Spanning tree enabled protocol ieee
  Root ID      Priority     4186
               Address      fcfb.fbc8.6e00
               Cost         8
               Port         25 (GigabitEthernet0/25)
               Hello Time   2 sec  Max Age 20 sec  Forward Delay 15 sec

  Bridge ID    Priority     4196    (priority 4096 sys-id-ext 100)
               Address      fcfb.fbc8.6e00
               Hello Time   2 sec  Max Age 20 sec  Forward Delay 15 sec
               Aging Time   300 sec

Interface         Role   Sts    Cost       Prio.Nbr  Type
--------------    ----   ---    --------   --------  --------------------
```

```
    Gi0/25          Root    FWD    4         128.25      P2p
```

SW-1의 VLAN 100에 대한 경로 값이 8이고, Gi0/25번 포트가 루트 포트로 연산돼 있는 것을 볼 수 있다. 즉, 루프가 형성됐다.

SW-2에서의 스패닝 트리 상황을 보면 다음과 같다.

```
SW_2# show spanning-tree
```

VLAN0070

```
   Spanning tree enabled protocol ieee
   Root ID    Priority    4166
              Address     fcfb.fbc8.6e00
              Cost        4
              Port        26 (GigabitEthernet0/26)
              Hello Time  2 sec  Max Age 20 sec  Forward Delay 15 sec

   Bridge ID  Priority    32838  (priority 32768 sys-id-ext 70)
              Address     0018.73c4.5f00
              Hello Time  2 sec  Max Age 20 sec  Forward Delay 15 sec
              Aging Time  300 sec

Interface       Role  Sts  Cost      Prio.Nbr  Type
-------------   ----  ---  --------  --------  -------------------------
Gi0/26          Root  FWD  4         128.26    P2p
```

VLAN0100

```
   Spanning tree enabled protocol ieee
   Root ID    Priority    4186
              Address     fcfb.fbc8.6e00
              Cost        4
              Port        27 (GigabitEthernet0/27)
              Hello Time  2 sec  Max Age 20 sec  Forward Delay 15 sec

   Bridge ID  Priority    32868  (priority 32768 sys-id-ext 100)
              Address     0018.73c4.5f00
              Hello Time  2 sec  Max Age 20 sec  Forward Delay 15 sec
```

```
           Aging Time  300 sec
Interface     Role  Sts  Cost      Prio.Nbr  Type
------------  ----  ---  --------  --------  -------------------------
Gi0/25        Desg  FWD  4         128.25    P2p
Gi0/27        Root  FWD  4         128.27    P2p
```

SW-2의 VLAN 100에 대한 브리지 우선순위 값이 VLAN 90 + 4096인 4186임을 다시 확인할 수 있다. 그리고 Gi0/25 포트가 루트 포트가 아닌 지정 포트임을 볼 수 있다. 결과적으로 그림 7.6에서와 같이 SW-1과 SW-2의 VLAN 90과 VLAN 100만을 살펴보면 다음과 같다.

- SW_1의 VLAN 90에 대한 BPDU는 우선순위 4186으로, SW-2의 VLAN 100에 할당된 Gi0/27 포트로 수신된다.

- SW_2의 Gi0/27은 VLAN 100에 할당된 포트로 수신된 BPDU 브리지 우선순위 4186와 동시에 Gi0/25로 수신된 BPDU 브리지 우선순위 4196을 PVST의 VLAN 100의 연산을 위해 사용하고, 그 결과 Gi0/27로 수신한 BPDU를 우등한 BPDU로 연산하고, 다시 이 우등한 BPDU 정보를 Gi0/25 포트로 전달한다.

- STP 연산의 결과에 따라 SW-2의 VLAN 100에 대해 Gi0/27은 루트 포트로, Gi0/25는 지정 포트로 정의되고, SW-1의 VLAN 90에 대한 Gi0/27은 지정 포트로, 그리고 VLAN 100에 대한 Gi0/25는 루트 포트로 정의된다.

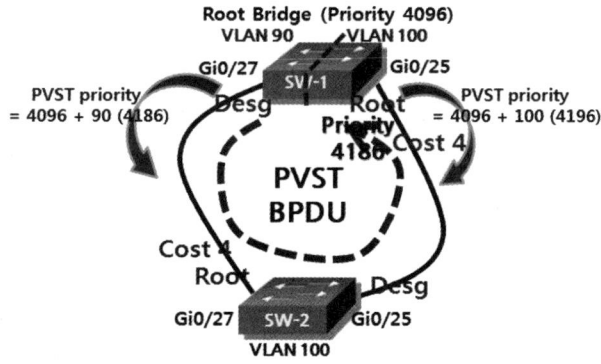

그림 7.6 SW-1, SW-2 간 VLAN 미스매치에 따른 PVST 루핑

- SW-1은 자신이 루트 브리지임에도 불구하고 결과적으로 VLAN 100에 대한 루트 정보가 VLAN 90의 브리지 우선순위 값으로 덮어씌워지면서 Gi0/25의 경로 값은 SW-1의 VLAN 90에서 SW-2의 VLAN 100을 거쳐 다시 SW-1의 VLAN 100으로 오는 8이 된다.
- 물론 이러한 구성을 하는 곳은 없을 것이라고 본다. 이 테스트를 통해 액세스 포트에서 VLAN-ID를 식별할 능력이 없는 일반적인 BPDU로 어떻게 시스코 장비가 PVST+를 구현하는지 이해할 수 있을 것이다.

7.3 스패닝 트리 구조의 루트 브리지 최적화

7.3.1 구조 진단

루트 브리지의 위치가 그림 7.7과 같이 네트워크 중심에서 트래픽을 분배하는 메인 백본 스위치(M_BB)가 아닌 네트워크 하단의 말단 액세스 계층인 서버팜 스위치(S_BB)에 위치한 경우, 메인 백본 스위치를 통해 외부망과 연계되는 서비스 트래픽 경로(그림에서 점선으로 표현된 화살표)는 메인 백본 스위치 간의 상대적으로 넓은 대역폭으로 구성된 이더채널 또는 LACP 구간을 이용하지 못하고 상대적으로 저속인 하단 링크를 경유하는 우회적 경로를 이용하게 된다.

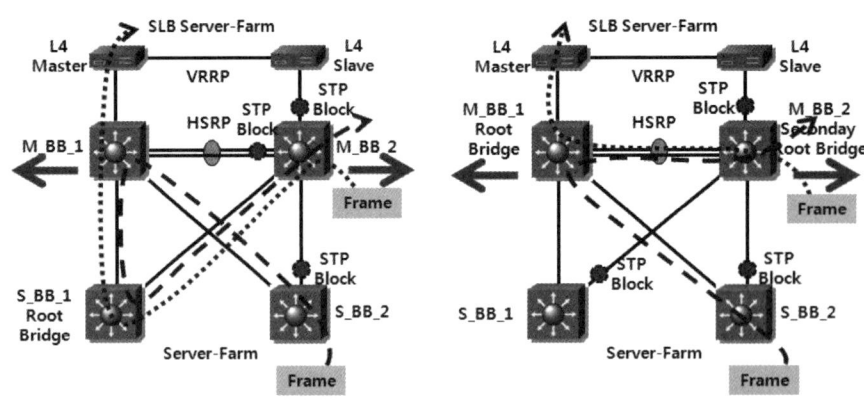

(a) 최적화 이전 – Channel 구간의 BLK   (b) 최적화 – 하단 링크 구간의 BLK

그림 7.7 스패닝 트리 구조의 루트 브리지 최적화

또한 HSRP 헬로우 패킷, VTP, DTP, CDP의 제어 트래픽들도 백본 간의 인터링크를 이용하지 못하고 우회한다.

7.3.2 분석과 해결 방안

백본 스위치를 루트 브리지로 선정하기 위해 우선순위를 기본 값인 32768(0x8000)보다 더 작은 값으로 백본 스위치에 설정해 양 백본 스위치를 루트와 차순위 루트 브리지로 만들어 줌으로써 트래픽이 우회되는 스패닝 트리 구조를 개선한다.

L4 스위치를 박스^BOX 또는 Square 구조로 이중화 구성하는 경우 L4 스위치에서 스패닝 트리 기능을 비활성^OFF 또는 disable해 스패닝 트리에 대한 연산을 백본 스위치에 맡겨두는 편이 효율적이다.

L4 스위치를 스패닝 트리 연산에 참여시키는 경우 L4 스위치 간의 링크가 블록돼 SLB^Server Load Balancing 트래픽이 백본 스위치를 우회해 L4 스위치 간 연결되며, 또한 L4 스위치 간의 VRRP 헬로우 패킷도 마찬가지로 L4 스위치 간의 링크를 통하지 못하고 백본을 우회하는 구조가 발생한다.

이러한 경우를 회피하려면 스패닝 트리 연산에 의해 생성될 블록 포트의 위치를 미리 정하고, 스패닝 트리의 연산 결과가 미리 정한 위치에 블록 포트를 생성시킬 수 있게 브리지 우선순위나 스패닝 트리 경로 값, 그리고 때에 따라서는 포트 우선순위 값을 조정해야 한다.

하지만 이러한 조정은 운영상의 부담을 가중시키는 일로, 실제 구성상에 L4 스위치 하단에 L2 스위치를 두어 서버팜 네트워크를 구성하는 복잡한 구성이 아니라면 스패닝 트리 연산에서 제외해 백본 스위치가 스패닝 트리 연산의 주체가 되게 하기 위해 L4 스위치의 스패닝 트리 기능을 비활성^OFF하는 방안을 권장한다.

7.4 루프 회피 네트워크 구성

2계층 스위칭 기반 네트워크의 이중화 구성 시 반드시 고려해야 하는 문제가 스패닝 트리의 구조다. 물론 3계층의 라우팅 구성으로 이중화를 고려한다면 이러한 스패닝 트리 구조를 고민하지 않아도 된다. 요즘 네트워크 구성의 흐름 또한 3계층의 라우팅 기반 구성으로의 이중화이지만, 다양한 네트워크 장비가 연결되는 환경에서 2계층 구성으로만 설계돼야 하는 경우가 빈번히 발생한다. 이에 다양한 루프 회피 구조를 고려하고 이 구성의 장단점을 알아보자.

7.4.1 루프 회피 구성

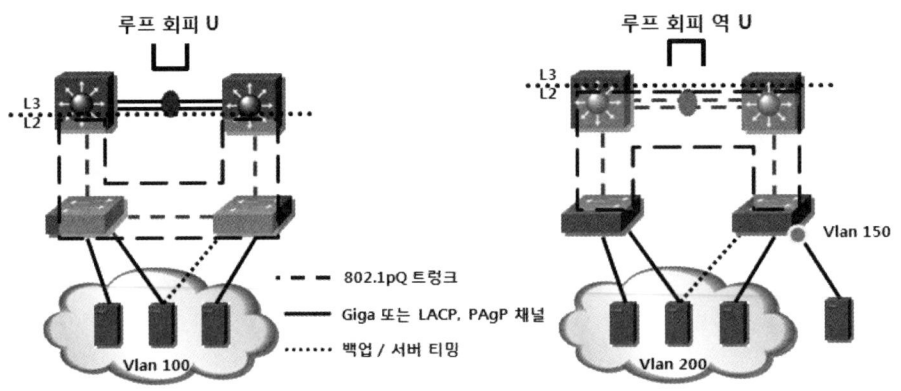

그림 7.8 루프 회피 U 구조와 루프 회피 역 U 구조

그림 7.8과 같이 루프 회피 U 구조에서 각 액세스 스위치에 설정된 VLAN들은 상위 업링크 백본에서 이중화된 액세스 스위치와 802.1Q로 연계되지만, 백본 간 LACP^{Link Aggregation Control Protocol, 802.1ad}와 이더채널^{EtherChannel}의 인터링크 구간으로는 확장되지 않는다.

루프 회피 역^{inverted} U 구조의 각 액세스 스위치에 설정된 VLAN들은 상위 업링크 백본 스위치와 802.1Q로 연계되며, 백본 스위치 간 인터링크 LACP와 이더채널 구간으로 확장되지만 액세스 스위치 간에는 연계되지 않는다. 루프가 발생하지 않는 구조이기는 하지만 케이블링이나 설정 오류 등의 휴먼 에러로 인해 발생할 수 있는 루프를 방지하기 위해 스패닝 트리 기능은 활성화돼야 한다.

7.4.2 루프 회피 U 구조 분석

루프 구조가 발생하지 않기 때문에 스패닝 트리에 의한 블로킹 포트는 존재하지 않는다. 그림 7.9와 같이 루프 회피 U 구조에서 VLAN들은 액세스 스위치 간, 그리고 백본 업링크 포트의 802.1Q 설정을 통해 상호 간에 통신한다. 백본 간의 VRRP나

HSRP 헬로우는 백본 간 인터링크를 이용하지 않고 하단의 액세스 스위치를 경유한다(그림 7.9에서 백본 스위치 사이의 점선은 L2와 L3 동작의 경계를 표현한다).

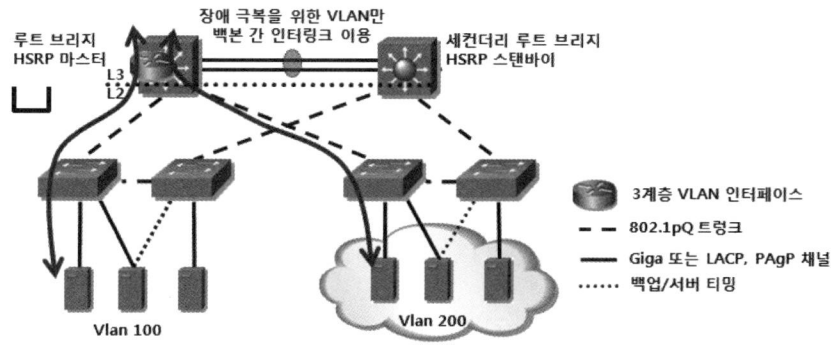

그림 7.9 루프 회피 U 구조의 동작

백본 스위치에 서비스 모듈이 탑재돼 있다면 이 또한 장애 극복FT, Fault Tolerant을 위한 이중화 동작을 위해 VLAN들은 802.1Q 트렁크 포트로 통신을 하며, 모든 VLAN들이 두 개의 업링크를 통해 하나의 링크 장애 시에도 백본 스위치와의 통신을 유지할 수 있게 한다.

백본 스위치 이중화를 위해 VRRP, HSRP를 이용하기 때문에 하나의 VLAN의 트래픽 관점에서 보면 액세스 스위치와 백본 간의 2개 업링크는 결과적으로 액티브-스탠바이 구조를 형성한다.

이 루프 회피 U 구조에서는 VLAN을 액세스 스위치 쌍 이외의 영역으로 확장할 수 없으며, 확장하게 되면 4개의 업링크에 대한 루프 구조가 형성돼 블록 포트가 발생한다. 따라서 액세스 스위치에 다수의 서버를 연결하기 위해 백본과 연계된 액세스 스위치의 포트 밀도가 상당히 높아야 한다. 따라서 다수의 서버 시스템을 구성할 때 시스템 확장에 제약이 존재하는 구성이다.

그림 7.10과 같이 루프 회피 U 구조에서 업링크 장애 시에 VRRP나 HSRP의 멀티캐스트 헬로우 제어 프레임은 두 백본 간에 전송되지 못하고, 결국에는 백본 둘 다 액티브-액티브Active-Active 상황이 발생된다. 액세스 쌍 1의 서버는 VRRP나 HSRP 세컨더리를 통한 통신은 가능하지만 FWSM(시스코의 서비스 모듈 중 FireWall Service Module방화벽 모듈) 등과 같은 서비스 모듈이 장착돼 있다면 백본 간 링크를 통한 액티브 FWSM으로의 통신은 불가능하다. 따라서 서비스 모듈이 사용되고 있는 백본에서는 루프 회피 U 구조는 권장되지 않는다.

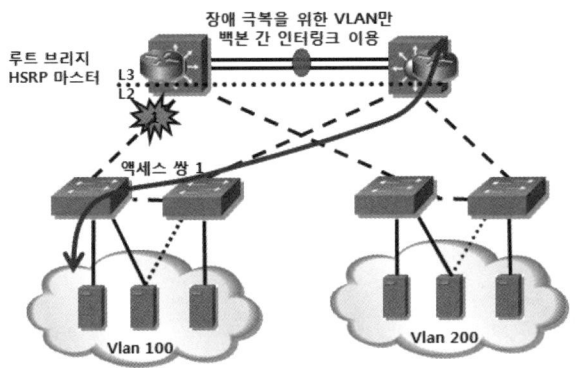

그림 7.10 루프 회피 U 구조의 업링크 장애

    다수의 서비스 모듈이 이중화돼 있는 구조에서 모듈 장애 시 스위치 간 서비스 전체가 자동으로 수행되지만, 액세스 스위치와의 단일 업링크 장애 시에 전체 모듈을 스위치 오버해야 하는 부담감이 크다고 할 수 있다. 따라서 이러한 구조는 바람직하지 않으며, 특히 다수의 업링크 장애 혹은 작업을 위해 링크를 업/다운하는 경우 더욱 복잡한 상황이 연출될 수 있다.

7.4.3 루프 회피 역 U 구조 분석

루프 구조가 발생하지 않기 때문에 스패닝 트리에 의한 블로킹 포트는 존재하지 않는다. VLAN들은 백본 스위치 간에, 그리고 액세스 스위치와 백본 업링크 포트에 802.1Q 설정을 통해 통신한다(백본에 그려진 점선은 L2와 L3 동작의 경계를 표현한다).

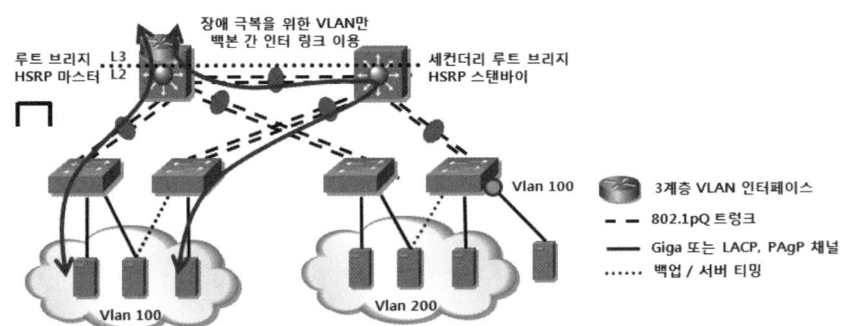

그림 7.11 루프 회피 역 U 구조

    그림 7.11에서와 같이 서비스 모듈의 장애 극복을 위해 모든 VLAN은 백본 간의

802.1Q 링크를 통해 이중화 동작하고, 모든 VLAN이 각각의 업링크를 통해 백본과 연계되며 다른 액세스 스위치에서의 VLAN 확장이 가능하다.

액세스 스위치 간 인터링크가 없어 백본을 향한 업링크에 대한 백업링크가 제공되지 않기 때문에 액세스 스위치와 백본 간 링크는 LACP나 이더채널을 이용한 회선 이중화 구성이 요구된다.

이외에도 백본 장비의 CPU 엔진 이중화, 서버의 티밍 구성을 통해 백본 스위치 장애, 액세스 스위치 장애와 업링크 포트 장애 등 전체를 고려해야 하는 비용 측면의 고려 사항이 많다는 단점이 있다.

특히 액티브-스탠바이의 서버 측 티밍 구성에서, 서버 티밍의 이중화된 랜카드 중 액티브 쪽과 연계된 액세스 스위치와 백본 간의 업링크 장애 시에 서버는 상단의 경로가 유실됐음을 인지할 수 없기 때문에 서버 입장에서는 티밍 구조의 액티브-스탠바이 전환을 수행하지 않는다. 결과적으로 트래픽 경로가 유실돼 서비스 불가 상황이 발생할 수 있다는 문제가 있다.

7.5 L4 스위치 이중화

7.5.1 L4 스위치 이중화와 스패닝 트리 구성

그림 7.12와 같이 서버 로드 밸런싱을 위해 사용되는 L4 스위치를 이중화할 때의 스패닝 트리 구조와 구성 방안의 장단점을 살펴보자.

백본 스위치와 L4 스위치를 단일 네트워크 영역으로 박스 구성을 이중화하는 경우 SLB 서버들의 게이트웨이를 통상 백본 스위치의 VRRP나 HSRP로 설정한다. 이러한 단일 네트워크의 박스 이중화 구성은 루프 구조를 형성해 스패닝 트리 연산을 통한 블록^{BLK} 포트가 형성된다.

스패닝 트리의 최적화 구성을 위해 그림 7.12와 같이 백본 스위치를 루트 브리지로 설정하게 되는데, 그 결과 L4 스위치 간의 인터링크가 블록 포트로 설정된다. 따라서 루프 회피 역 U 구조가 형성되며, 앞에서 설명한 구성의 장단점을 모두 수용하게 된다.

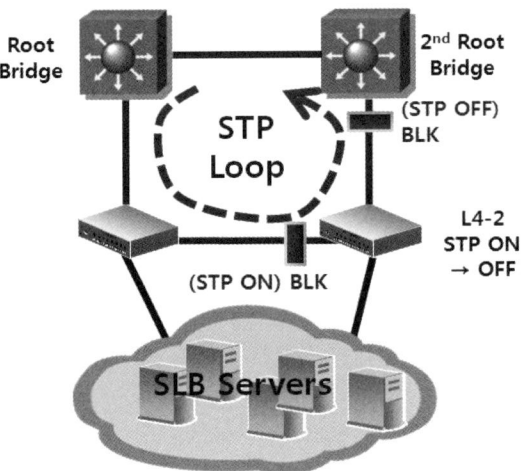

그림 7.12 백본 스위치와 L4 스위치의 동일 네트워크 박스 이중화 구성

또한 L4 스위치에서 루프 회피 역 U 구조는 백본 스위치의 VRRP, HSRP 마스터와 L4 스위치의 SLB 액티브 스위치의 위치가 일직선상으로 위치하지 않은 경우, 또는 서버의 위치가 다른 경우 SLB가 정상 동작하지 못하는 문제가 발생할 수 있다. 그림 7.13과 같은 구성을 살펴보자.

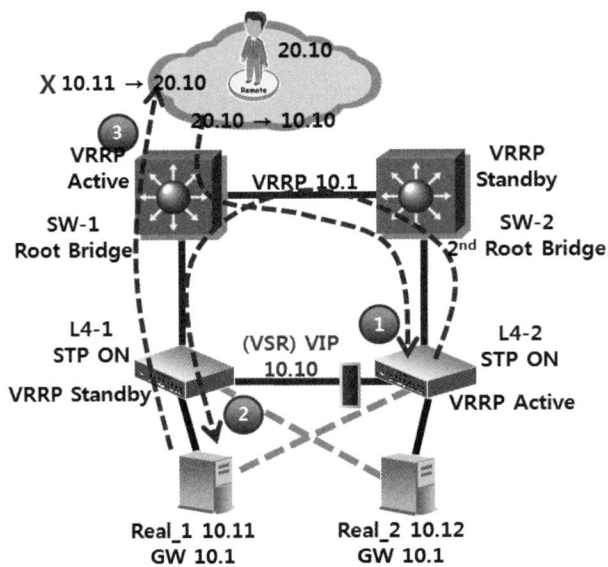

그림 7.13 L4 이중화 구성 이슈로 인한 통신 불가

백본 스위치의 VRRP 마스터 위치와 L4 스위치의 VSR[Virtual Service Router1] 액티브의 위치가 동일한 링크상에 존재하지 않고, L4 스위치의 스패닝 트리 연산에 의해 L4 스위치 간 인터링크가 블록 포트로 선정된다. 또한 서버의 랜카드 이중화 구성도 L4 스위치의 VRRP 액티브 위치와 일관성이 없이 구성돼 있다.

사용자 IP가 20.10이고, VSR IP인 VIP[Virtual IP, 서비스 대표 IP]는 10.10, 그리고 이에 대한 실제 서버 IP가 10.11, 10.12이고, 서버의 게이트웨이는 모두 백본의 VRRP IP(10.1)라고 할 때 트래픽의 흐름은 다음과 같다.

❶ 20.10이 VIP 10.10으로 요청되면 L4 액티브 스위치는 이 요청에 대해 SLB 클라이언트 프로세싱을 수행한다(목적지 IP 10.10을 실제 서버 1의 IP인 10.11로 치환해 실제 서버 1로 전달한다).

❷ 이중화된 L4 스위치의 SLB 클라이언트 프로세싱은 액티브 스위치에서만 이뤄지기 때문에 스탠바이 L4 스위치는 단순 L2 스위치로 동작해 실제 서버 1로 패킷을 포워딩한다.

❸ 실제 서버는 자신에게 요청된 패킷을 처리해 자신의 게이트웨이 주소인 10.1로 패킷을 전송하게 되고, 상단의 스탠바이 L4 스위치는 이를 백본 스위치로 포워딩해 결국 클라이언트는 자신이 원래 요청했던 패킷(발신지 IP 20.10, 목적지 IP 10.10)이 아닌 잘못된 패킷(발신지 IP 10.11, 목적지 IP 20.10)을 수신해 이를 폐기하고 세션은 성립되지 못한다.

위의 경우 장애 극복을 위한 방법이 있다면 다음과 같이 서버의 게이트웨이를 L4 스위치의 VIR인 10.5로 설정하는 방법이 있을 수 있다.

---

1. 과거 VRRP 표준인 RFC 2338을 개정한 RFC 3768에 기반을 두고 Alteon 사가 (현재는 Radware Alteon) 기능을 확장해 SLB에 사용되는 대표 가상 IP인 VIP(Virtual IP)을 위한 VSR(Virtual Server Router)를 정의했으며, SLB를 위해 사용하는 VSR의 VRRP와 혼동을 피하기 위해 순수 VRRP인 한 홉(hop) 라우팅 이중화의 기능은 VIR(Virtual Interface Router)로 명명했다.

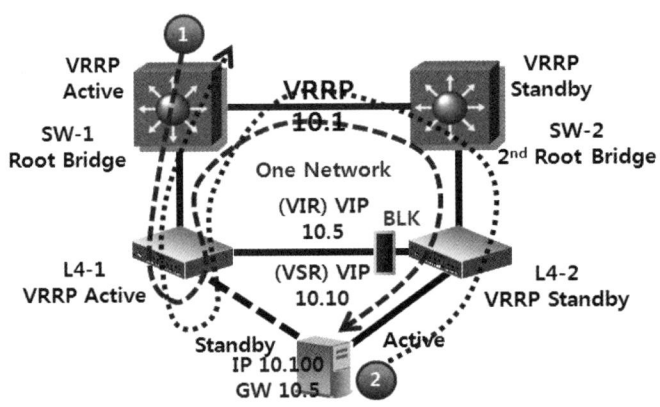

그림 7.14 STP 환경에서 서버 게이트웨이를 L4 스위치의 VRRP로 설정

구성이 위와 같은 경우가 있을까? 하지만 여러 사이트를 관리하다 보면 가능성은 충분하다. 결론부터 말하자면 통신에는 이상이 없을 것이다. 그림 7.14의 ❶과 같은 요청에 대해 서버는 게이트웨이가 L4 스위치로 설정돼 있으므로 ❷의 트래픽 흐름으로 응답할 것이다. 여기서 주목할 점은 하나의 동일 네트워크에서 L4 스위치가 다시 SW-1로 패킷을 라우팅한다는 점이고, 위와 같이 동작하기 위해 L4 스위치의 (Alteon의 경우) 모든 포트는 클라이언트와 서버 프로세스를 동시에 수행해야 한다.

이외에 여기서 언급되지 않은 루핑 회피 방안을 사례별로 검토한다는 것은 망 구조에 따라 다양하기 때문에 거의 불가능할 것이다. 때문에 대표적인 L4 스위치 이중화 권장 구성 방안의 장단점을 파악해 자신의 환경에 적용하는 것이 바람직하다.

7.5.2 L4 스위치 이중화를 위한 권장 구성

(1) 스패닝 트리 환경 구성

루핑 구조에서 백본과 달리 RSTP와 같은 성능이 향상된 스패닝 트리 프로토콜이 동작하지 않는 L4 스위치라면 백본 스위치 간의 링크가 절단되는 경우와 같이 자신과 직접 연결되지 않는 링크 절단 시에 발생하는 최대 50초라는 스패닝 트리 수렴 지연 시간은 무중단 서비스 측면에서는 커다란 위협 요소다. 따라서 L4 스위치 간의 인터링크 포트가 블록 포트로 지정되는 것을 방지하기 위해 L4 스위치의 스패닝 트리 기능을 비활성OFF하는 것을 권장한다.

백본 입장에서는 L4 스위치를 통한 링크의 경우 스패닝 트리 연산에서는 단순히 허브를 사용해 연결된 구간으로 간주되고, 결과적으로 백본 간에 두 개의 물리적인 링크가 연결된 것으로 취급된다. 따라서 백본 스위치 인터링크 구간이 블록 포트로 선정되는 것을 피하려면 포트-ID 또는 포트 우선순위를 그림 7.15와 같이 조정해야 한다.

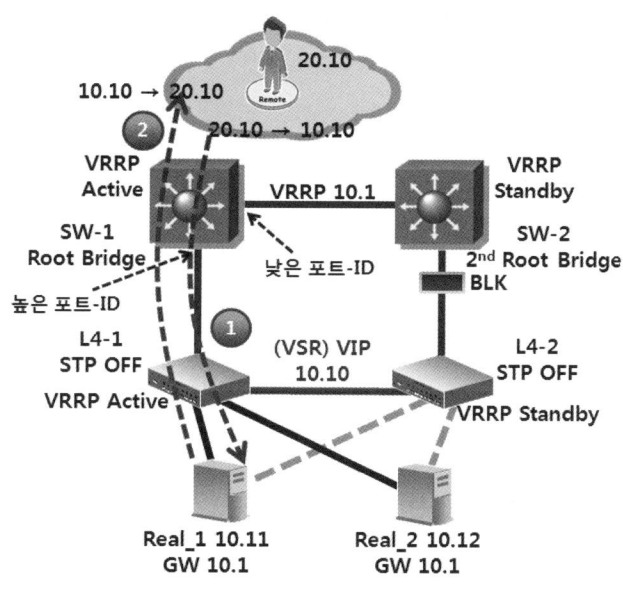

그림 7.15 스패닝 트리 기능을 비활성화(OFF)한 L4 이중화 구성

그림 7.15와 같이 L4 스위치의 스패닝 트리 연산 참여를 배제함으로써 L4 구성의 액티브-액티브 설정 이슈도 함께 배제할 수 있다. 위의 구성 시 또 하나 고려해야 할 부분은 물리적으로 L4 스위치가 다운되는 경우를 제외한 VSR 액티브 L4 스위치와 백본 스위치 간의 업링크가 다운됐을 때 이 인터페이스를 감시해 VSR 액티브 권한을 백본과 업링크가 활성화돼 있는 스탠바이 L4 스위치로 넘길 수 있게 하는 인터페이스 트랙track 설정이 요구된다.

L4 스위치에 트랙 설정이 돼 있지 않는 상황에서 그림 7.16과 같이 백본 스위치의 업링크 장애와 서버 랜카드 장애로 티밍 환경의 액티브-스탠바이 위치가 변경되는 경우를 고려해보자.

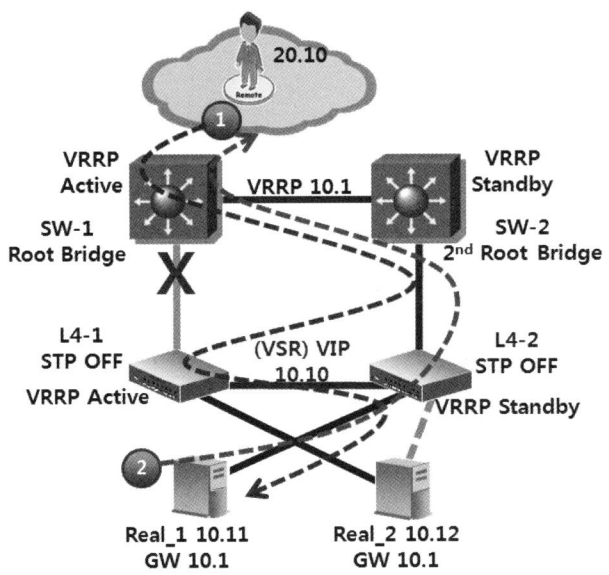

그림 7.16 링크 장애에 대한 구성 붕괴

이 구성 역시 그림 7.13과 마찬가지로 클라이언트 측에서 세션이 성립되지 않아 장애가 발생한다. 이를 극복하기 위한 방법으로는 L4 스위치 SLB 프로세싱을 이중화된 L4 스위치에 액티브-액티브로 설정하는 방법이 있다.

그림 7.17은 L4 스위치 SLB 프로세싱을 액티브-액티브로 설정했을 때의 동작을 보여준다.

그림의 ❶번 플로우와 같이 클라이언트가 VSR VIP 10.10으로 요청 패킷을 전송하면 SLB 이중화의 스탠바이 L4 스위치가 이 요청을 액티브 L4 스위치로 전달해 주는 것이 아니라, 이 요청을 처리하고 세션 테이블에 기록한다.

그 후 서버의 응답 패킷 역시 그림의 ❷번 플로우와 같이 스탠바이 L4 스위치가 처리함으로써 서비스가 정상적으로 이뤄진다. 즉, 액티브-액티브 동작이란, VSR VIP로의 요청 패킷을 수신하는 L4 스위치가 자신의 역할이 VRRP의 액티브, 스탠바이에 관계없이 SLB 요청을 처리한다는 것이다. 하지만 이러한 액티브-액티브 구조는 네트워크 기반의 L4 스위치에서는 권장되지 않는다(참고로 Alteon L4 스위치에서의 명령은 `shared enable`이다).

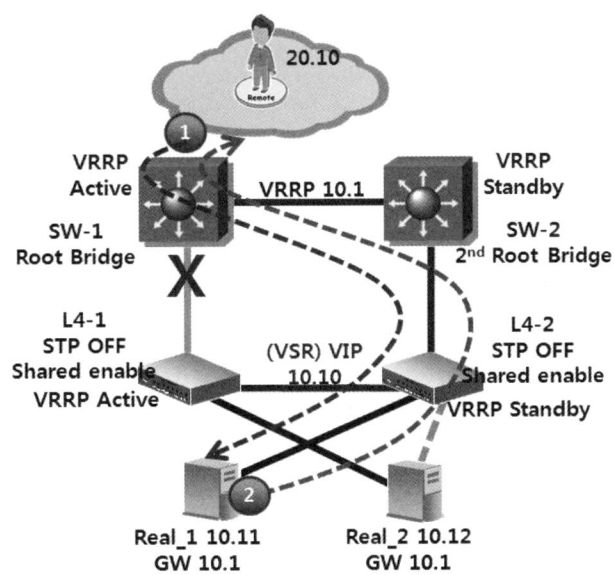

그림 7.17 L4 SLB의 액티브-액티브 동작을 통한 장애 극복

(2) 루프 회피 이중화 구성

앞에서 스패닝 트리, 즉 루핑이 발생하는 구조에서의 L4 스위치 이중화 방안을 고려했다면 원천적으로 루핑이 발생하지 않게 네트워크를 분리해 L4 스위치를 구성하는 구조를 살펴보자.

L4 스위치 단독으로 이중화 구성

- 루프 회피 역 U 구조

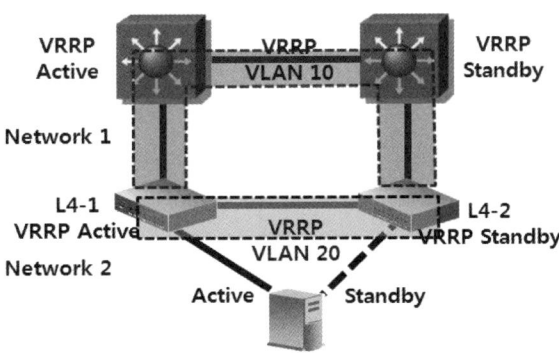

- 네트워크를 백본 스위치 중심으로 하나 그린 후 L4 스위치를 중심으로 분리 구성해 루프 구조를 회피한다.
- 백본 스위치 간이나 L4 스위치 간 인터링크 장애 시에 구성이 붕괴됨에 따라 LACP나 PAgP를 이용한 채널 구성이 필수적이다.
- 서버 랜카드 이중화 액티브 라인 구성이 L4 스위치 VRRP 액티브 위치와 무관하다.
- 이 구성은 앞에서 설명한 루프 프리 역 U 구조의 장점과 단점을 모두 포함하고 있다.

L4 스위치 하단에 액세스 스위치 연결 이중화 구성

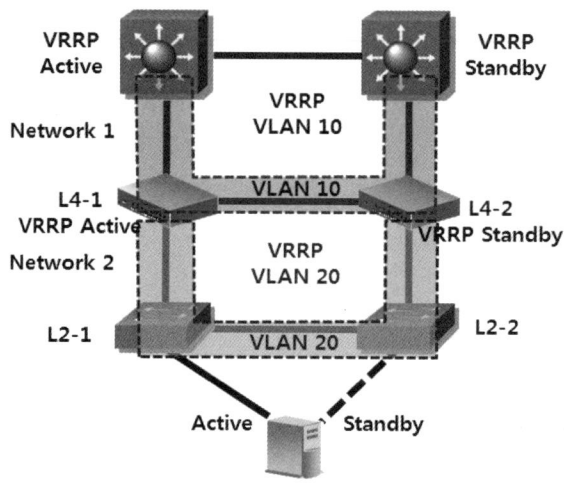

- **루프 회피 U 구조**
  - 네트워크를 L4 스위치를 중심으로 백본 스위치 쪽에 하나 그리고, L2 스위치 쪽으로 하나씩 분리 구성해 루프 구조를 회피한다.
  - 백본 스위치 간, L4 스위치 간, L2 스위치 간 인터링크 장애 시에 구성이 붕괴됨에 따라 LACP, PAgP를 이용한 채널 구성이 필수다.
  - 서버 랜카드 이중화 액티브 라인 구성이 L4 스위치 VRRP 액티브 위치와 무관하다.

- 대부분 이 구성은 L4 스위치의 물리적 포트 부족을 해결하기 위한 방안으로 사용된다.
- 이 구성은 앞 단락에 설명한 루프 프리 U 구조의 장점과 단점을 모두 포함하고 있다.

위 두 가지 구성의 공통점은 루프가 원천적으로 발생하지 않게 구성했다는 점과 서버 게이트웨이가 L4 스위치의 VIR로 설정돼 있다는 점이다. 또한 네트워크 대역이 분리 구성되기 때문에 일반 서버 대역과 SLB 서버 대역의 IP 설계가 요구된다. 이외에 루프를 회피할 수 있는 L4 스위치의 구성으로는 DSR[Direct Server Return]이나 원암[One-Armed] 구성이 있으며, 이런 구성은 현재 클라우드 및 가상화 데이터 센터 네트워크 인프라의 SLB 서비스를 위한 적용 방안으로 고려되고 있다.

7.6 정리

7장에서는 스패닝 트리 장애 처리와 루프 회피 방안에 대해 살펴봤다. 특히 일반적이지 않는 스위칭 구성을 통한 루핑 환경을 분석함으로써 스패닝 트리의 연산 처리가 어떻게 이뤄지는지 살펴봤다. 또한 루프 자체가 발생하지 않는 스위치 네트워크 구조를 언급했으며, L4 스위치와의 루프 회피 이중화 구성 방안과 이 경우 발생할 수 있는 문제들을 고려해봤다.

8장에서는 2계층 채널링 프로토콜인 LACP와 PAgP를 언급하고, 회선 장애나 물리적 포트 장애를 감지하고 통보하는 기술인 LLCF와 LLR에 대해 살펴본다.

8

링크 채널링과 장애 감지 기술

8장에서는 2계층 링크 채널링 프로토콜인 IEEE 표준 LACP와 시스코 독자적 기술인 PAgP의 동작 방식을 설명하고, 채널링 링크의 로드 밸런싱 이슈에 대해 살펴본다. 그리고 링크 장애를 감지해 능동적으로 연관 링크를 제어할 수 있는 기술인 LLCF와 표준 양방향 링크 에러 감지 프로토콜인 BFD에 대해서도 알아본다.

8.1 LACP, PAgP, LLCF, BFD

8.1.1 LACP와 PAgP

이 기술은 이더넷 네트워크에서 추가 장비의 구매 없이 또는 장비의 업그레이드(예를 들어 1Gbps 지원 장비를 10Gbps 장비로의 변경 등) 없이 물리적 대역폭과 회선의 이중화 구성을 가능토록 하는 기술이며, 네트워크 장비 간에만 구성될 수 있는 것이 아니라 네트워크 장비와 서버의 랜카드 사이에도 적용 가능한 기술이다. 네트워크 장비와의 병렬적 링크 연결을 위해 서버에서는 하나의 랜카드에 다수의 인터페이스가 포함돼 있는 쿼드Quad 또는 옥탈Octal 랜카드NIC를 사용한다(그림 8.1 참조).

그림 8.1 Sun 사의 쿼드 PCI 이더넷 카드

스패닝 트리 동작의 관점에서 보면 LACPLink Aggregation Control Protocol나 PAgPPort Aggregation Protocol로 구성된 최대 8개(제조사마다 차이가 있을 수 있음)의 물리적 회선은 하나의 논리적 회선으로 간주되기 때문에 루핑 구조도 형성되지 않는다.

LACP는 IEEE 802.3ad로 표준화된 기술이고, PAgP는 시스코에서 독자적으로 개발한 기술이다. 용어상 LACP로 구성된 물리적인 다중 회선 다발을 트렁크 trunk[1] 라고 표현하는데, 시스코에서는 이 구성을 이더채널EtherChannel이라고 말한다.

---

[1] 트렁크(Trunk)라는 용어는 원래 음성 통신의 전송로 구간에서 탄생한 용어로, 저속의 통신 회선을 상대적으로 큰 대역폭을 갖는 고속 회선으로 통합하는 링크를 의미한다.

이 책에서는 편의상 '채널'이라고 표현하겠다. 참고로 '트렁크'나 '이더채널' 외에도 '링크 어그리게이션'에 대해 벤더별로 사용하는 다양한 용어들이 있는데, Ethernet bonding, NIC Teaming, Trunking, Port Channel, Link Bonding, Multi-Link Trunking[MLT], NIC Bonding, Network bonding, Network Fault Tolerance[NFT] 등으로 불리고 있다.

8.1.2 LACP(IEEE 802.3ad)

1990년대 중반에 대부분의 스위치 제조사들이 스위치 간의 대역폭을 확대시키는 방안으로 독자적인 링크 어그리게이션 방법을 사용했다. 이는 호환성에 문제를 가져왔고, 이에 따라 IEEE 802.3 그룹은 1997년 11월 회합에서 상호호환성을 제공할 수 있는 링크 계층의 표준을 만들기 위해 연구 그룹을 구성했다.

사실 표준화 그룹에서 채택한 표준화 기술은 대부분 시스코의 100Mbps 패스트 이더채널(PAgP) 기술을 도입해 정비한 것으로, 많은 이전 표준화 단계를 거쳐 현재 802.3ad로 표준화됐다. 따라서 LACP의 구조와 동작은 시스코의 PAgP와 일부 특징을 제외하고는 거의 유사하다고 볼 수 있다.

2000년에는 802.3ad에 기가 이더넷을 수용했으며, 현재 거의 모든 제조사가 자신의 네트워크 장비에 링크 어그리게이션을 위해 802.3ad LACP 표준을 사용한다.

(1) LACP 동작 모드

LACP로 설정된 인터페이스는 능동 모드[Active Mode]와 수동 모드[Passive Mode], 그리고 협상[negotiation] 기능을 사용하지 않는 활성 모드[ON Mode]의 세 가지 모드 중 하나로 동작한다. 능동 모드로 설정된 인터페이스는 상대방 인터페이스로 LACP 설정을 협상하기 위해 LACP 협상 패킷인 LACP 데이터 유닛[LACPDU, LACP Data Unit]을 정기적으로 전송한다(이때 정기적 주기는 빠른 주기와 느린 주기의 설정으로 나뉘는데, 빠른[fast time] 주기인 경우는 매초, 그리고 느린[slow time] 주기인 경우는 30초의 값을 갖는다).

그리고 수동 모드로 설정되는 포트는 상대방이 전송하는 LACPDU를 수신해 협상이 성공될 때만 링크를 채널화한다. 따라서 LACP 설정 시에는 반드시 두 장비 중 한 대는 능동 모드로 설정돼야 한다. 또한 이러한 LACPDU 프레임은 목적지 주소로 01-80-C2-00-00-02의 멀티캐스트 주소와 이더타입 0X8809를 사용해 이더넷 프레임으로 캡슐화된다.

(2) LACP 설정 시 제약 사항

동작 방식에서 언급한 바와 같이 두 스위치 간에 채널을 설정하려면 최소한 한쪽 스위치가 능동 모드로 동작해야 하며, 양쪽이 모두 수동 모드로 설정되는 경우는 채널 설정이 불가능하다. 또한 링크에 LACP 채널을 구성하려면 같은 채널 그룹으로 설정되는 인터페이스는 동일한 물리적 링크 속도, 동일 VLAN 번호(VLAN-ID), 스패닝 트리 설정을 갖고 전이중(Full-Duplex) 모드로 동작하며, 점대점(Point to Point) 링크로 구성해야 한다.

네트워크 장비 입장에서는 채널 그룹에 속하는 물리적인 인터페이스가 동일한 스위치에 존재해야 하는데, 이를 극복하는 방법으로 Nortel에서 제안한 SMLT(Split Multi-Link Trunking)이라는 방식이 있다(참고로 Nortel은 Avaya로 인수됐으며, Nortel에서는 LACP를 사용한 채널링을 MLT(Multi-Link Trunk)로 표현한다). 또한 새시 가상화가 지원되는 장비라면 가상화를 통해 동일 스위치의 제약을 극복할 수 있다. 하지만 SMLT와 가상화 같은 기술은 벤더에 종속적인 기술로 표준화된 기술이 아니다.

8.1.3 링크 어그리게이션 아키텍처 모델

링크 어그리게이션은 다수의 MAC 프레임을 수집 통합하고, 또한 이를 분배해야 하며, 다시 상위 계층에 전달해야 한다. 따라서 그림 8.2와 같이 프로토콜 계층 구조에서 링크 어그리게이션 서브레이어(Link Aggregation Sublayer)는 LLC 계층과 MAC 계층 사이에 삽입된다.

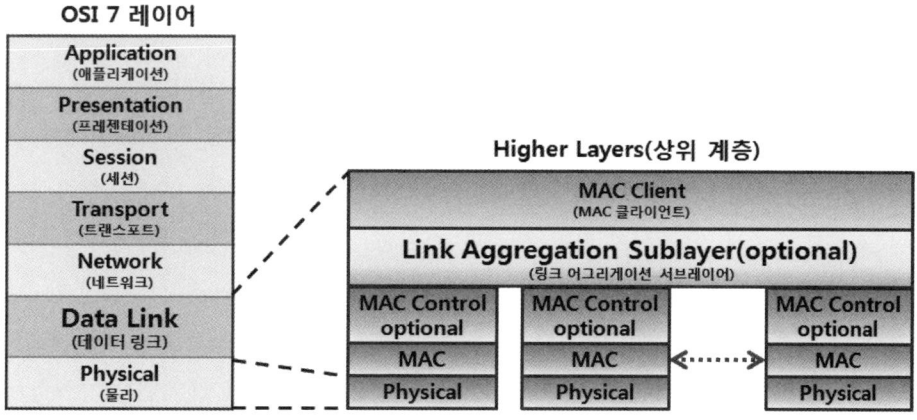

그림 8.2 링크 어그리게이션 서브레이어의 위치

링크 어그리게이션 서브레이어는 그림 8.3에서와 같이 분배기[Distributor], 수집기[Collector], 그리고 어그리게이션 수행에 요구되는 추가적인 몇 가지 기능으로 구성된다.

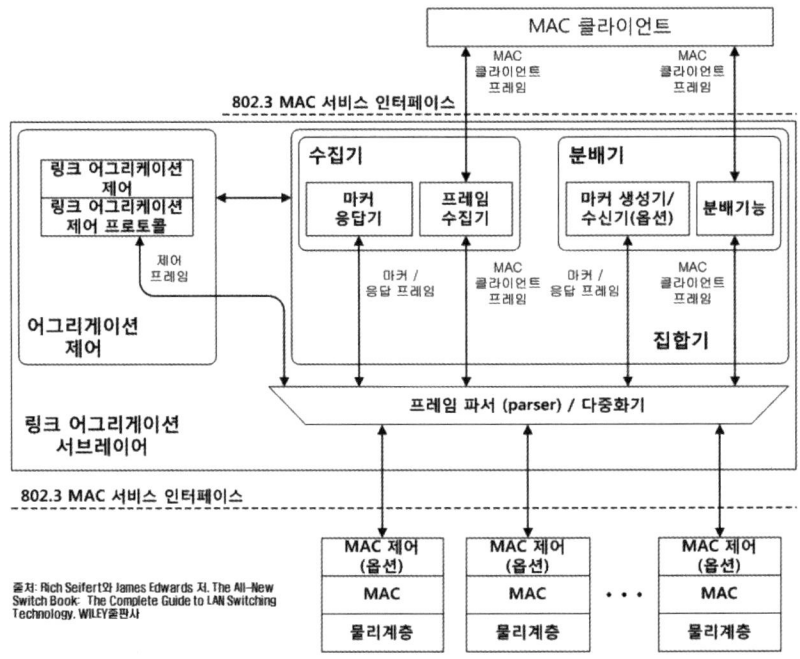

그림 8.3 링크 어그리게이션 서브레이어 구조

(1) 분배기

분배기[Distributor]는 MAC 클라이언트로부터 프레임을 수신하고, 이 수신된 프레임을 가용할 수 있는 물리적 인터페이스에 분배 알고리즘을 사용해 프레임 다중화기인 멀티플렉서를 통해 분배해주는 역할을 수행한다.

다수의 물리적 링크를 사용해 프레임을 링크 간에 분산 전송하려 할 때 분배기는 마커 생성기/수신기를 사용한다. 전송하는 프레임들을 링크 간에 전환하기 위해 분배기는 마커 메시지를 삽입함으로써 다음 프레임이 전송될 링크가 바뀔 것임을 상대편 수신부의 수집기에게 알리고, 상대편 수집기로부터 마커 응답을 기다린다.

이러한 일련의 마커 메시지를 교환함으로써 다수의 링크로 프레임을 분산 전송하기 위해 프레임을 변형하지 않고 전송할 수 있으며, 수신자는 수신된 프레임이 어떤 링크를 통해 전송될지 식별할 수 있기 때문에 도착 프레임들을 재배열하기 위한 별도의 프로세싱 버퍼를 필요로 하지 않는다.

분배기는 상대 수집기로부터 전송된 정상적인 마커 응답Marker Response을 수신함으로써 대기 큐에 있는 다음 프레임의 전송을 지속한다. 또한 마커 응답의 전송 에러를 방지하기 위해 간단한 시간 만료timeout 메커니즘을 이용한다(그림 8.4 참조).

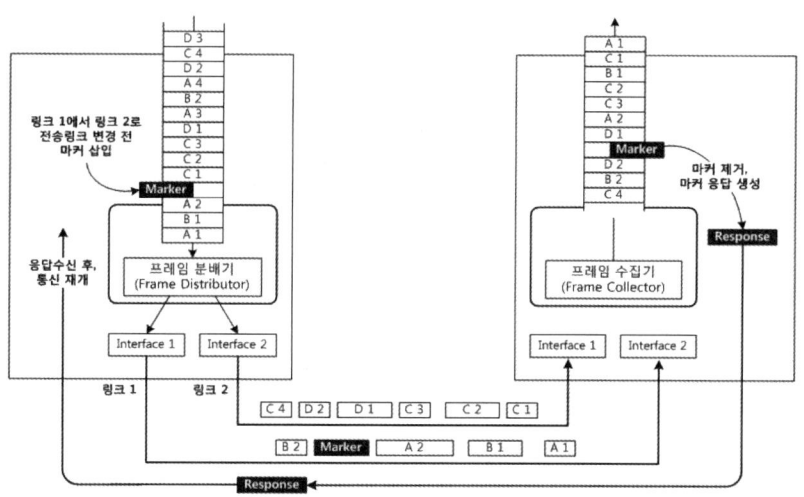

그림 8.4 마커 메시지와 마커 응답 메시지

(2) 수집기

수집기Collector는 관련 인터페이스에서 수신된 두 가지 프레임을 파서Parser로 처리하는데, 상대편 분배기에서 전송된 마커 메시지는 마커 응답기Marker Responder에서 처리하고 마커 메시지가 수신됐던 물리적 링크와 동일한 링크로 마커 응답을 전송한다. 또한 마커 프로토콜에 속하지 않는 프레임들은 MAC 클라이언트로 전달된다(이의 동작은 그림 8.4의 마커와 마커 응답으로 표현했다).

분배기의 프레임 분배 알고리즘에 따라 프레임 전송을 단일한 물리적 링크와 매칭될 수 있게 보장하기 때문에 수집기는 프레임 재배열이나 분배기의 분배 알고리즘에 신경 쓸 필요 없이 관련 인터페이스로부터 프레임들을 자유롭게 수집한다.

(3) 프레임 파서/다중화기

프레임 다중화기Multiplexer란 어떤 기능적 모듈을 말한다기보다는 설명을 위해 표현한 인위적 단계다. 이것의 역할은 다양한 모듈(분배기, 수집기, 어그리게이션 제어)로부터 전송을 위해 도달된 프레임을 수용하고, 이들을 관련된 인터페이스로 전달하는 것이다. 프레임 파서는 수신된 프레임을 세 가지 그룹으로 분리하고 각각 적당한 모듈로 다음과 같이 프레임을 전달한다.

- 제어 프로토콜 메시지는 링크 어그리게이션 제어 프로토콜로 전달된다.
- 마커 메시지는 마커 응답기로 전달된다.
- 마커 응답 메시지는 마커 수신기 Marker Receiver로 전달된다.

그 외의 모든 프레임은 프레임 수집기를 통해 MAC 클라이언트에 전달된다.

(4) 물리적 포트의 어그리게이터 바인딩

실질적으로 물리적 포트를 논리적 링크인 채널로 묶는 것은 (이는 수동 설정이나 자동의 LACP에 의해서 수행되는데) 어그리게이션 제어 Aggregation Control에 의해 수행된다. 일단 어그리게이션 제어가 임의의 링크를 어그리게이션할지 결정하면 어그리게이션될 물리적 링크가 적당한 논리적 링크인 어그리게이터로 묶이면서 비로소 링크에 대한 프레임 분배와 수집 처리가 시작된다(여기서 어그리게이터란 시스코로 말하면 Port-Channel 인터페이스가 되고, 어그리게이션된 물리적 링크는 Channel-group 에 속하는 물리적 인터페이스를 말한다).

어그리게이션 제어의 수행을 위해 링크 분배기 Distributor 이전에 링크 수집기 Collector가 활성화돼야 하며, 그렇지 못할 경우 불필요한 프레임 유실이 발생한다.

(5) 어그리게이터의 주소 할당

어그리게이션된 논리적 인터페이스인 채널 포트는 채널된 물리적 포트 멤버 중 가장 낮은 물리적 주소를 갖는 인터페이스의 MAC 주소를 어그리게이션된 채널 포트의 논리적 주소로 사용하는데, 이는 마치 스패닝 트리 연산에서 루트 브리지를 선출하는 것과 비슷하다. 그러나 이것은 꼭 지켜야 할 사항은 아니며, 이미 물리적 인터페이스에 할당된 주소가 있음에도 불구하고 논리적 어그리게이션 인터페이스인 채널 포트를 위해 주소를 할당하는 데 대한 부담감을 덜기 위한 방법이다. 참고로 시스코의 PAgP는 채널 그룹의 물리적 링크 중에 맨 처음 등록되는 포트 멤버의 물리적 주소를 채널의 논리적 주소로 사용한다.

8.1.4 LACPUD의 마커 프로토콜과 제어 프로토콜

그림 8.5와 같이 LACPDU는 서브타입 프로토콜로 링크 어그리게이션 마커 프로토콜(서브 타입 값, 0X02)과 링크 어그리게이션 제어 프로토콜(서브타입 값, 0X01)로 나뉜다.

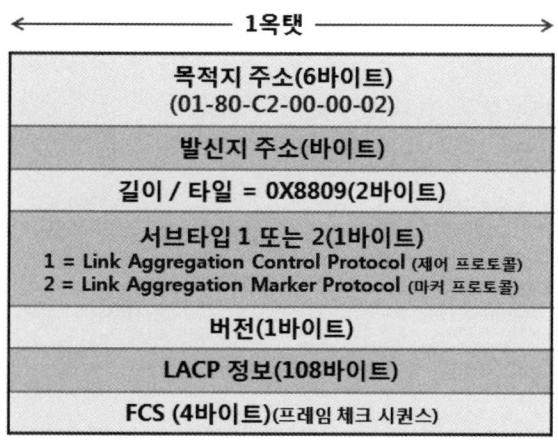

그림 8.5 LACPDU 프레임 구조

(1) 마커 프로토콜

마커 프로토콜Marker Protocol은 분배기가 상대방에게 전송될 프레임의 채널 멤버인 물리적 포트를 다른 포트로 링크 전환함을 알리기 위해 사용되며, 전송하는 프레임의 마지막에 전달하는 마커 메시지와 수집기가 상대방 분배기에 마커 응답 메시지를 전송할 때 사용되는 프로토콜이다.

   마커 프로토콜과 같은 유형의 프로토콜을 슬로우 프로토콜Slow Protocol이라 하는데, 슬로우 프로토콜은 초당 다섯 개 이상의 프레임을 전송할 수 없는 제약 사항이 있다. 또한 표준에서 서로 다른 슬로우 프로토콜은 최대 10개까지만 동일한 이더타입 필드를 사용할 수 있게 정의하고 있어 수신부에서는 1초에 10×5, 즉 50개 이상의 슬로우 프로토콜을 수신할 수 없다.

(2) 링크 어그리게이션 제어 프로토콜

링크 어그리게이션 제어 프로토콜LACP, Link Aggregation Control Protocol은 자동으로 시스템 상호 간에 어그리게이션의 설정, 유지를 위해 사용되는 프로토콜이다. LACP는 상호 간 채널 설정 협상을 위해 LACPDU를 이용해 어그리게이션 링크 정보를 공유한다.

LACPDU 프레임은 그림 8.5와 같은 형식을 취하고 서브타입 값은 0X01을 갖는다. 또한 LACP 설정 협상에 필요한 연산 수렴 시간은 1초 미만의 값을 갖는다.

(3) 액터와 파트너

LACPDU 프레임을 교환하는 두 개의 장비를 액터Actor와 파트너Partner라고 하고, 각 스위치는 자기 자신을 액터로, 그리고 상대방을 파트너로 간주한다. LACP는 액터와 파트너의 정보를 상호 비교해 어떤 행동을 취할지 결정한다.

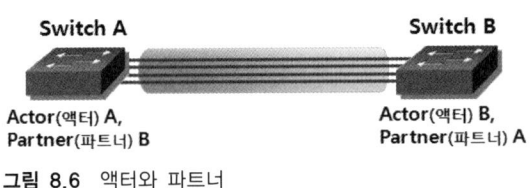

그림 8.6 액터와 파트너

그림 8.6에서와 같이 각 스위치는 상대방에 대한 액터임과 동시에 파트너의 관계를 갖으며, 서로 상대방의 정보를 비교해 자신의 정보를 정확히 수신했는지 여부를 판단한다.

(4) LACP 파라미터

장비 사이에서 교환되는 LACPDU에 포함돼 있는 일부 중요한 LACP 파라미터들은 다음과 같다. 그리고 이런 파라미터들을 이용해 LACP는 스패닝 트리 프로토콜과 유사한 방식으로 동작한다.

시스템 ID와 우선순위

스패닝 트리의 브리지 ID와 동일한 방식으로 자신을 식별하는 시스템 ID를 구성한다. 시스템 ID는 '2바이트의 우선순위 + 6바이트의 시스템 MAC 주소'로 구성되며, 기본 우선순위 32768로 스패닝 트리에서 사용하는 브리지 ID와 동일하다. 이 값은 시스코 스위치에서 'Cisco(config)#lacp system-priority [0-65535]'를 통해 변경할 수 있고, 'Cisco#show lacp sys-id'를 통해 확인할 수 있다.

시스템 ID는 액터와 파트너 스위치 상호 간에 동일한 채널 그룹에 대한 멤버십을 공유하는데, 낮은 시스템 ID 값을 갖는 시스템이 링크의 액티브, 스탠바이 상태를 정의한다. 또한 어그리게이션 링크를 구성하는 파트너 상호 간에 동시 변경이 발생해 링크의 안정성이 훼손되지 않게 링크 변경을 동적으로 제어한다.

포트 번호와 우선순위

스패닝 트리의 포트 ID와 동일한 형식으로 포트 ID를 구성하는데, 포트 ID는 '2바이트 우선순위 + 2바이트 포트 번호'로 구성된다.

포트 ID는 어떤 포트를 스탠바이 상태로 만들지를 결정하는 데 사용하고 낮은 값을 갖는 포트 ID가 액티브 상태가 되는데, 포트 ID가 동일하다면 MAC 주소가 낮은 포트가 액티브 상태가 된다. 어그리게이션에 최대로 허용될 수 있는 포트의 수가 16개이기 때문에 8개는 액티브, 그리고 8개는 스탠바이로 선정된다. 이 값 역시 다음 명령을 통해 변경할 수 있다.

```
Cisco(config-if)#lacp port-priority [0-65535]
```

예를 들어 1번부터 10번까지 포트를 동일한 LACP 포트 채널 그룹에 할당했다면 1~8번 포트가 액티브로, 그리고 9~10번 포트가 스탠바이로 동작할 것이다.

LACP 관리 키

자동으로 생성되며, 동일한 LACP 채널 그룹이나 어그리게이터 그룹은 동일한 키 값을 사용해 그룹 간을 식별하기 위해 이용한다.

8.1.5 LACP 로드 밸런싱

LACP로 설정된 채널 그룹의 이중화된 링크를 통해 트래픽을 로드 밸런싱하는 과정에서 순차적으로 전송되는 프레임이 목적지에서는 도착 순서가 뒤바뀌는 현상이 발생할 수 있으며, 결국 목적지 서버는 배열이 뒤바뀐 패킷에 대한 재배열^{reordering}을 수행해야 한다.

예를 들어 두 개의 링크를 하나의 채널로 설정하고 이를 로드 밸런싱하는 경우 처음 큰 크기의 프레임은 첫 번째 링크로, 그리고 두 번째 상대적으로 적은 크기의 프레임은 두 번째 링크로 전송될 경우 도착지에서의 순서는 두 번째 프레임이 첫 번째 전송한 프레임보다 먼저 도달할 것이다.

어그리게이션된 링크에서 재배열을 방지하면서 적절하게 트래픽 부하를 분산할 수 있는 로드 밸런싱 방안이 고려돼야 하며, 이는 분배기가 다중 링크에 프레임을 전송할 때 전송할 물리적 링크를 결정해야 하는 과정에서 수행된다. 분배기가 로드 밸런싱을 위해 사용하는 기본적인 알고리즘은 목적지 MAC 주소를 변수로 하는 해시Hash 알고리즘이다.

802.3ad 표준에는 어떤 링크를 사용할 것인가에 대한 결정, 즉 로드 밸런싱을 위해 어떤 알고리즘을 사용해야 한다는 언급은 없지만 링크에 가중치를 부여하는 방식은 설명하고 있다. 달리 말하면 IEEE 표준에 어그리게이션된 물리적 링크 간 완벽한 로드 밸런싱에 관한 사항이지만 로드 밸런싱 비율이 보장돼 있지 않기 때문에 장비 제조사별로 각기 다른 로드 밸런싱 알고리즘을 적용하고 있다.

대부분 많이 사용하고 있는 목적지 MAC 주소 기반의 로드 밸런싱 수행의 경우 특정 목적지로 전송되는 프레임은 어그리게이션된 다수의 링크 중 하나의 링크만을 사용해 전송될 것이고, 트래픽이 폭주해 링크가 포화 상태에 이르면 링크 대역폭에 수용되지 못한 오버플로우overflow된 프레임은 다른 링크로 전환되지 않고 폐기된다. 즉, 프레임 손실이 발생하게 된다. 이러한 경우 로드 밸런싱을 위해 사용되는 파라미터를 목적지 MAC 주소 외에 다른 방식으로 변경해야 할 것이다.

재배열 문제와 로드 밸런싱을 위해 가장 많이 사용하는 방법이 L2 계층의 주소인 MAC 주소를 사용하는 방법이고, 더 정교한 로드 밸런싱을 하기 위해 시스코의 경우는 L3 계층의 파라미터(IP 주소), L4 계층의 파라미터(Port 번호)를 로드 밸런싱 알고리즘 연산의 변수로 사용하기도 한다.

참고로 델Dell 사의 스위치에서 LACP 로드 밸런싱을 위해 사용하는 방식은 다음과 같다.

(발신지 MAC 주소 마지막 6비트) XOR (목적지 MAC 주소 마지막 6비트)
 MODULUS (채널 그룹된 링크 수 + 1 = 포트 번호)

참고로 XOR 연산은 배타적 OR 연산으로 같은 값일 경우 0, 서로 다른 값이면 1이 된다. 즉, 0 XOR 0 = 0, 1 XOR 0 = 1이다. 그리고 MODULUS나머지 연산은 나머지 값을 추출하는 연산으로 3 MODULUS 2 = 1, 즉 3을 2로 나눈 값의 나머지를 취하는 연산이다(XOR 연산, MODULUS 연산은 통신 분야, 보안의 암호 분야에 많이 사용되므로 기억해두자).

다음의 예를 통해 살펴보자. 3개의 회선이 채널 그룹으로 설정돼 있고, 프레임의 발신지 MAC 주소와 목적지 MAC 주소가 다음과 같다고 하자.

- SA MAC = 00 0b db d7 9a d2, 마지막 6비트 = 01 0010

- DA MAC = 00 02 2d ba f0 2c, 마지막 6비트 = 10 1100
- 채널 그룹에 사용되는 3개의 포트는 = g11, g12, g13이면
  - 연산 결과는 (01 0010) XOR (10 1100) = 111110 = 62(decimal), 62 MODULUS 3 + 1 = 3 으로, 결국 실제로 이 프레임을 전송하는 포트는 g13이 된다.

로드 밸런싱은 프레임의 전송 시점에 적용되는 기술로, 양방향으로 동작하지 않기 때문에 장비 간의 로드 밸런싱 방식의 차이에 따라 패킷을 수신하는 장비에서 재배열과 부하 쏠림 현상(링크의 부하 비율이 균등하지 않고 한쪽으로 몰리는 현상)이 발생할 수 있다. 결국 어그리게이션을 통한 로드 밸런싱은 관리자의 서비스에 따른 로드 밸런싱 파라미터 설정에 상당히 의존적이다.

8.2 PAgP

PAgP^{Port Aggregation Protocol}는 이더채널^{EtherChannel}이라고 불리고, 1990년대 초에 10Mbps 이더넷 링크의 어그리게이션을 위해 Kalpana에 의해 구현됐다. 1997년 이 기술을 시스코에서 채택해 100Mbps 패스트 이더채널을 만들었는데, 원래 이더채널은 ISL 트렁크를 지원하기 위해 고안됐다.

PAgP는 장비 간에 이더채널을 구성하기 위해 시스코에서 독자적으로 사용하는 기술이며, 시스코만의 기술이기 때문에 다른 벤더와의 호환성은 제공하지 않는다. 이더채널의 자동 생성과 관리를 위한 PAgP 프레임은 이더타입 필드 값이 0X0104이며, 멀티캐스트 그룹 주소인 01-00-0C-CC-CC[2]를 목적지 주소로 사용한다. 기본적으로 30초마다 관리 프레임을 전송하는데, PAgP의 설정 시에도 LACP와 유사한 제약 사항(링크 속도, 채널 그룹을 구성하는 인터페이스의 위치)이 있다.

---

2. 01-00-0C-CC-CC-CC 멀티캐스트 주소는 시스코의 CDP, UDLD, VTP와 DTP 프로토콜에서도 동일하게 사용된다.

8.2.1 PAgP 모드 동작 방식

PAgP는 자동Auto, 디자이어러블Desirable, 활성On의 3가지 모드로 동작하는데, 기본은 자동 모드로 동작한다.

- 자동 모드는 LACP의 수동 모드Passive Mode와 동일한 수동 모드로, 채널 협상Channel negotiation을 위한 PAgP 프레임을 수신할 때에만 채널로 설정되며, 채널 협상을 위한 초기 협상 PAgP 프레임을 전송하지 않는다.

- 디자이어러블 모드는 LACP의 능동 모드Active Mode로, 채널 협상을 위한 PAgP를 개시해 상대방과 협상을 시도하고 성공하면 채널을 설정한다(시스코 스위치는 이더채널을 설정하면 기본적으로 디자이어러블 모드로 동작한다).

- 활성 모드는 강제 모드로, PAgP나 LACP에 무관하게 협상을 위한 제어 프레임(PAgP나 LACP)을 주고받지 않고 해당 인터페이스에 강제로 채널을 설정한다. 이는 LACP의 활성 모드On Mode와 동일하다.

PAgP는 채널 형성을 위해 어떤 PAgP 프레임도 필요 없는 모드로 설정될 수 있으며, 이 모드를 침묵 모드Silent Mode라고 한다. 이 모드는 자동과 디자이어러블 모드 둘 다와 함께 사용될 수 있는데, 상대 장비가 파일 서버와 패킷 분석기 같이 채널이 설정될 수 없는 장비와 이더채널을 설정할 때 사용된다. 상대 장비가 PAgP를 수용할 수 있다면 non-silent비침묵 키워드를 추가해 링크 연결 수립을 위한 PAgP 수신을 준비할 것을 장비에게 알릴 수 있다.

두 장비 상호 간에 모두 auto silent자동 침묵 서브 모드에 있다면 링크 수립에 약 15초 정도가 소요될 것이며, auto non-silent자동 비침묵 서브 모드이면 45초에서 50초가 소요될 것이다(이는 STP의 전송 지연에 의해 약 30초가 소요될 것이기 때문에).

PAgP PDU는 자동/디자이어러블 모드의 활성 포트로 송/수신되는 반면에 CDP나 DTP와 같은 관리 트래픽과 사용자 트래픽은 모든 물리적 포트로 분배된다. 포트 채널이 트렁크로 설정돼 있다면 PAgP PDU는 최초로 채널 멤버가 된 물리적 포트로 가장 낮은 VLAN ID를 이용해 전달되며, STP 역시 최초의 채널 멤버 포트를 이용한다.

8.2.2 PAgP 러너 타입

PAgP가 활성화된 모든 장비는 자신을 식별할 수 있는 장비 ID를 갖고 이더채널을 통해 포트 그룹을 상호 간에 학습한다. PAgP로 운영되는 스위치는 다음 두 가지 역할 중 하나로 동작한다.

- 물리적 러너physical learner는 논리적인 이더채널이 아닌 이더채널 그룹 멤버인 물리적 포트를 이용해 MAC 주소를 학습하는 스위치로, MAC 주소의 포트는 Fa0/1과 같은 물리적 인터페이스 이름을 갖는다. 물리적 러너는 주소가 학습된 물리적 포트에 기반을 두고 트래픽을 전달하며, 결국 스위치는 학습된 발신지 주소를 통해 이더채널의 동일한 포트를 사용해 상대 스위치에게 패킷을 전달한다.
- 어그리게이트 러너aggregate learner는 어그리게이트나 논리적 이더채널 포트를 기반으로 MAC 주소를 학습하는 스위치다. 이 논리적 포트는 PortChannel1과 같은 형식으로 구성되며, 현재 시스코 스위치는 기본적으로 어그리게이트 러너로 동작한다.

기본적으로 PAgP는 상대 스위치가 물리적 러너로 동작하는지 아닌지를 알 수 없다. 따라서 PAgP 스위치를 물리적 러너로 동작시키려면 이더채널을 설정할 때 학습 방식을 반드시 물리적 러닝으로 설정해야 한다. 이 모드로 동작할 때 유의 사항은 로드 밸런싱 방식을 발신지 기반 분산 방식으로 조정해 학습된 발신지 주소를 기반으로 패킷을 전달할 때 동일한 물리적 포트를 이용할 수 있게 해야 한다.

참고로 러너 타입은 반드시 수동으로 설정해야 하고, 포트 채널 설정 이전에 양 장비 간에 동일하게 설정돼야 한다.

8.2.3 PAgP 로드 밸런싱

이더채널로 설정된 채널 그룹의 로드 밸런싱 방식은 시스코의 해시 알고리즘에 따르며, 각 링크당 프레임별 라운드 로빈RR, Round Robin, 순환 순서 방식 방식의 전달을 수행하지 않는다. 즉, 프레임의 도착 시 재배열이 발생하지 않게 하는 방법을 취하는데, 로드 밸런싱 방법이나 프레임 분배 방법은 스위치 플랫폼에 따라 차이가 있을 수 있으며, Catalyst 6500의 경우 로드 밸런싱은 발신지와 목적지 MAC 주소를 XOR해 수행된다.

표 8.1은 시스코 장비별 로드 밸런싱 방식을 보여준다.

표 8.1 시스코 장비에서 사용 가능한 로드 밸런싱 방식과 적용 가능한 스위치 모델

로드 밸런싱 방식	해시(Hash) 입력 값	해시 연산 동작	스위치 모델
src-ip	발신지 IP 주소	비트	모든 모델
dst-ip	목적지 IP 주소	비트	모든 모델
src-dst-ip	발신지-목적지 IP 주소	XOR	모든 모델
src-mac	발신지 MAC 주소	비트	모든 모델
dst-mac	목적지 MAC 주소	비트	모든 모델
src-dst-mac	발신지-목적지 MAC 주소	XOR	모든 모델
src-port	발신지 포트	비트	4500, 6500
dst-port	목적지 포트	비트	4500, 6500
src-dst-port	발신지-목적지 포트	XOR	4500, 6500

LACP 로드 밸런싱에서도 언급했지만 XOR 연산을 통한 로드 밸런싱의 장점은 '순서가 뒤 섞이는$^{\text{out-of-order}}$' 프레임이 발생하지 않는다는 점이다. 하지만 이 방식은 정확한 로드 밸런싱이 되지 않는다는 단점도 있다.

예를 들어 2개 포트로 채널이 구성된 링크를 통해 특정 서버와 특정 클라이언트가 FTP 서비스를 통해 대용량의 부하를 발생시킨다면 이 트래픽은 하나의 링크를 통해서만 전송될 것이다. 결국 로드 밸런싱의 공평성을 위해 Catalyst 6500에서는 발신지, 목적지 MAC 주소뿐만 아니라 IP 주소, TCP/UDP 포트 번호까지 연산의 파라미터로 이용한다. 시스코 스위치에서 로드 밸런싱에 사용되는 파라미터 변경은 'Catalyst_6509(config)#port-channel loadbalance [변수]' 명령을 통해 가능하고, 로드 밸런스 메트릭을 확인하려면 'Catalyst_6509#show etherchannel load-balance'를 사용하면 된다. 다음은 각 로드 밸런싱 메소드의 확인과 변경 과정을 보여준다.

```
Catalyst_6509#show etherchannel load-balance
EtherChannel Load-Balancing Configuration:
    src-dst-ip       ##### 현재 사용 중인 로드 밸런스 메트릭
    mpls label-ip

EtherChannel Load-Balancing Addresses Used Per-Protocol:
```

```
Non-IP: Source XOR Destination MAC address
   IPv4: Source XOR Destination IP address
   IPv6: Source XOR Destination IP address
   MPLS: Label or IP

Catalyst_6509#port-channel load-balance ?
   dst-ip                   Dst IP Addr
   dst-mac                  Dst Mac Addr
   dst-mixed-ip-port        Dst IP Addr and TCP/UDP Port
   dst-port                 Dst TCP/UDP Port
   mpls                     Load Balancing for MPLS packets
   src-dst-ip               Src XOR Dst IP Addr
   src-dst-mac              Src XOR Dst Mac Addr
   src-dst-mixed-ip-port    Src XOR Dst IP Addr and TCP/UDP Port
   src-dst-port             Src XOR Dst TCP/UDP Port
   src-ip                   Src IP Addr
   src-mac                  Src Mac Addr
   src-mixed-ip-port        Src IP Addr and TCP/UDP Port
   src-port                 Src TCP/UDP Port
```

이더채널의 로드 밸런싱은 XOR 연산을 통한 해시 함수의 결과 값으로, 물리적 포트로 로드 밸런싱이 이뤄지며, 표 8.2를 통해 2~8개의 물리적 포트로 입력되는 8개의 프레임에 대한 로드 밸런싱 비율을 살펴보자.

표 8.2 채널의 포트 멤버 수에 따른 로드 밸런싱 비율

물리적 포트 수	로드 밸런싱 비율
8	1 : 1 : 1 : 1 : 1 : 1 : 1 : 1
7	2 : 1 : 1 : 1 : 1 : 1 : 1
6	2 : 2 : 1 : 1 : 1 : 1
5	2 : 2 : 2 : 1 : 1
4	2 : 2 : 2 : 2
3	3 : 3 : 2
2	4 : 4

따라서 정확한 로드 밸런싱을 위해서는 채널에 설정될 물리적 포트 멤버의 수를 2^n(즉, 2, 4, 8의 개수)으로 설정하는 것이 바람직함을 알 수 있다.

> **시스코 Virtual Switching System(VSS)**
> 시스코의 가상 스위칭 시스템(VSS)은 두 개의 물리적인 Catalyst 6500 스위치를 하나의 논리적인 스위치로 동작하게끔 한다. VSS로 동작하는 스위치 중 한 대는 액티브로 나머지는 스탠바이로 동작하는데, 이 두 개의 스위치는 상호 이더채널로 제어 패킷을 교환한다. 액세스 스위치는 멀티섀시 이더채널(MEC, Multichassis EtherChannel)을 이용해 VSS와 연결되는데, 이는 하나의 MEC를 통해 물리적으로는 두 대지만 논리적으로 한 대인 가상 스위치와 이더채널로 연결되는 형태를 취한다.

8.3 LACP, PAgP 구성

이 절에서는 다양한 방식의 LACP, PAgP 구성 방식을 살펴본다.

8.3.1 시스코 장비 간 또는 시스코와 논시스코 장비 간

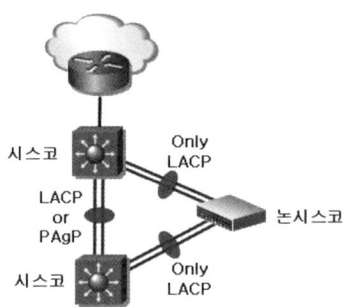

- 시스코 장비 간에는 독자적인 프로토콜인 PAgP나 표준 프로토콜인 LACP를 사용해 채널링이 가능하다.
- 시스코 장비와 그 외 제조사 간에는 표준 프로토콜인 LACP를 사용해 채널링이 가능하다.

> 현재는 Radware로 합병된 Nortel NAS(L4 스위치, 구 Alteon) 등은 PAgP와 호환되는 특성을 갖는다.

PAgP 프로토콜의 경우는 시스코 독자적인 기술로, 기본적으로 시스코 장비에서만 지원하는 기술이다(하지만 일부 벤더들은 PAgP와의 호환성을 제공하기도 한다). 따라서 시스코 장비와 타사 장비와의 채널링 설정은 표준인 LACP로 구성해야 한다.

8.3.2 논시스코 장비를 통한 LACP, PAgP 터널링 구성

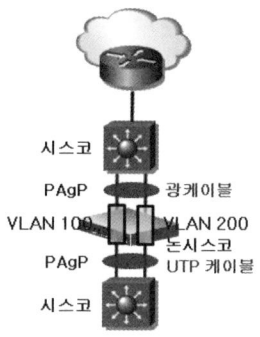

- 네트워크 장비 간 거리상의 문제로 인해, 또는 여타 이유로 인해 중간에 L2 말단 장비를 경유해 채널을 설정하는 경우다.
- L2 장비는 인터페이스 변환을 수행하는 중계 장비로 사용하며, 이때 각 포트를 VLAN으로 분리하고 STP 기능을 OFF해 BPDU를 전송하지 않게 한다.
- STP를 OFF하지 않으면 시스코 스위치는 `ERR_DISABLE : channel-misconfig detected` 상태로 전이하며, 해당 포트 채널을 다운시킨다.

이 구성과 같이 L2 스위치 장비를 중간에 경유해 LACP 또는 PAgP 프레임을 투명하게 터널링해 원격 채널을 설정할 수 있다. 단, 일반적인 L2 스위치가 LLCF 기능을 지원하지 않기 때문에 회선의 절단 시 LACPDU나 PAgP 제어 패킷 같은 제어 패킷(또는 프레임)을 받기 전까지 링크 절단을 인지하지 못해 채널링 그룹의 재연산을 수행하고 링크가 회복되기까지의 시간 지연이 시스코의 경우 90초 이상 소요된다.

이를 개선하기 위해 LACPDU(LACP 제어 프레임)나 PAgP 제어 패킷을 전달하는 주기 값을 변경해줘야 하며, 시스코의 경우는 pagp rate fast 같은 명령을 사용하면 된다. 이렇게 LACPDU나 PAgP 제어 패킷 전달 주기를 변경하면 회복 속도는 1초 내외로 줄어든다(시스코 3560의 경우 설정 값 변경 후 해당 포트를 강제로 down, up을 해줘야 했다). 또는 이 구간이 라우팅 구간이면 동적 라우팅 프로토콜을 사용하는 것도 링크 절단을 감지해 서비스의 중단을 회피하는 유용한 방법이 될 것이다.

또한 (앞에서 언급한 대로) 중간 L2 스위치의 STP 기능을 OFF해 L2 스위치가 BPDU를 채널 설정된 장비로 전달하지 않게 해야 하는데, 이는 채널이 설정된 포트로 상대편 채널 포트의 BPDU외의 BPDU를 수신할 경우 채널 설정이 잘못된 것으로 판단하고, 채널 설정이 이뤄지지 않기 때문이다.

시스코의 경우 이때의 에러 메시지로 '%PM-4-ERR_DISABLE : Channel-misconfig error detected on Gi0/1, putting Gi0/1 in err-disable state.'를 발생시키며, 상이한 BPDU를 수신해 루프가 발생한 것으로 판단하고 이 포트를 err-disable 상태로 천이시킨다.

장비는 Cisco의 3560과 Foundary GS624P 장비로 테스트했다.

```
Cisco(config)# int gi 0/1
Cisco(config-if)# pagp rate fast
```

옵션은 normal과 fast가 있으며, normal은 30초마다 PAgP PDU를 전송하고, fast는 1초마다 전송한다. 기본 설정은 Slow로 돼 있으며, 이는 90초마다 전송하는 특성을 보였다. 시스코 3560의 경우 lacp에 대한 rate 옵션은 지원하지 않고, 6500 시리즈에서는 지원한다.

```
Cisco(config)# int gi 0/1
Cisco(config-if)# lacp rate fast
```

설정 후 show etherchannel detail 명령을 통해 결과 값을 살펴보면 설정 전에 S(Slow)로 표시되던 플래그 값이 사라지고 없음을 볼 수 있다.

fast 설정 전

```
Local information:
                                Hello    Partner  PAgP     Learning  Group
Port      Flags     State       Timers   Interval Count    Priority  Method    Ifindex
Gi0/1     SC        U6/S7       H        30s      1        128       Any       5010
```

fast 설정 후

```
Local information:
```

```
                  Hello    Partner   PAgP   Learning  Group
Port    Flags  State  Timers   Interval  Count  Priority  Method   Ifindex
Gi0/1    C    U5/S7   H       1s       1     128      Any      5010
```

위의 구성은 보기 드문 구성으로, 예를 들면 대학교와 같은 사이트에서 상단 백본이 있는 본관 건물과 하단 백본이 있는 연구소 건물이 상당히 떨어져 있으며, 이를 위해 채널을 설정해야 하지만 장비의 물리적 포트가 UTP밖에 없는 상황에서 구성할 수 있는 변칙적인 방법이다.

8.3.3 보안 장비(IPS)를 통한 PAgP 터널링 구성

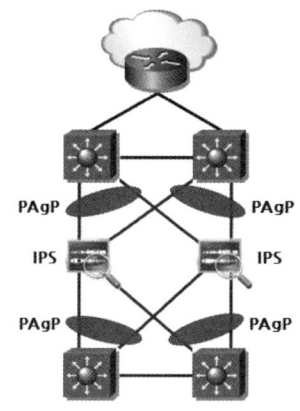

- 상단과 하단 백본 사이에 IPS가 존재하며, 브리지 모드로 동작하고 있다. 각 백본에서의 이더채널을 통해 로드 밸런싱 효율을 극대화하고, 또한 IPS로의 처리 부하 효율도 증가시키기 위해 채널을 구성했다.
- IPS를 통해 투명하게 LACP, PAgP 터널이 형성돼 채널이 구성된다.
- IPS의 LLCF 기능 제공으로 이전 구성(8.3.2절)에서 발생할 수 있는 링크 절단 시의 수렴 대기 시간이 존재하지 않는다.

상단 백본과 하단 백본 사이의 브리지 모드 IPS를 경유해 완전 이중화Full-Mesh 구조로의 네트워크 구성 시에 로드 밸런싱의 효율성을 위해 채널을 설정한 예다. IPS는 LACPDU에서 사용하는 멀티캐스트 MAC 주소 01-80-C2-00-00-02와

PAgP에서 사용하는 멀티캐스트 MAC 주소 01-00-0C-CC-CC-CC를 투명하게 상호 간에 전달해 마치 터널링을 구성하는 것과 같은 효과로 상단과 하단 백본 사이의 채널링을 가능하게 한다.

그림 8.7은 주니퍼 스위치에서의 LACP 구성 예를 보여준다.

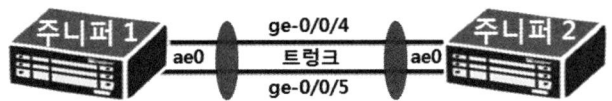

그림 8.7 주니퍼 스위치의 LACP 구성

1. ae(Aggregation Ethernet) interface의 생성(Chassis)

juniper@Juniper_Switch# **run show interface terse | match ae0**
ae0 인터페이스의 사용 여부 확인

juniper@Juniper_Switch# **set aggregated-devices ethernet device-count 1**
생성할 ae 인터페이스 수를 한 개로 정의, 추후 증가 시 변경 가능

juniper@Juniper_Switch# **commit**
configuration check succeeds commit complete
설정 적용

juniper@Juniper_Switch# **run show interface terse | match ae0**
ae0   up   down
물리적 인퍼테이스 멤버가 LAG에 추가되기 전 링크 상태가 다운 상태로 돼 있음

2. ae(Aggregation Ethernet) interface LACP와 Trunk 설정

juniper@Juniper_Switch# **set interface ae0 unit0 family ethernet-switching**
juniper@Juniper_Switch# **set interface ae0 aggregated-ether-options lacp active**
ae0 LACP 모드를 active로 설정

juniper@Juniper_Switch# **set interface ge-0/0/4 ether-option 802.3ad ae0**
juniper@Juniper_Switch# **set interface ge-0/0/5 ether-option 802.3ad ae0**
물리적 인터페이스를 ae0 채널 그룹에 할당

juniper@Juniper_Switch# **commit**

juniper@Juniper_Switch# **run show interface terse | match ae0**

```
ge-0/0/4.0                      up      up      agent    --> ae0.0
ge-0/0/5.0                      up      up      agent    --> ae0.0
ae0                             up      up
ae0.0                           up      up      eth-switch
```

juniper@Juniper_Switch# **set interface ae0 unit 0 family ethernet-switching port-mode trunk**

juniper@Juniper_Switch# **set interface ae0 unit 0 family ethernet-switching vlan members v100**

juniper@Juniper_Switch# **set interface ae0 unit 0 family ethernet-switching vlan members v200**

ae0 인터페이스를 트렁크로 설정하고 vlan을 할당

juniper@Juniper_Switch# **commit**

configuration check succeeds commit complete

설정 적용

> LACP 제어 패킷은 RE(Routing Engine)에서 생성되며, 항상 가장 낮은 물리적 멤버 링크(member link) 인터페이스로 전송된다. 이 예에서는 ge-0/0/4.0이 된다.

8.4 LFP인 LLCF/LLR

LLCF^{Link Loss Carry Forward}와 LLR^{Link Loss Return} 기술은 회선 장애나 물리적인 포트 장애에 따른 패킷 손실을 최소화하고 회선의 관리와 장애 처리에 대한 효율성을 지원하기 위한 기술이다(LFP는 Link Fault Passthrough의 약어다). UTP 케이블을 광케이블로 변환해 주는 미디어 컨버터나 EOS^{Ethernet Over SONET}를 수용하는 MSPP^{Multi-Service Provisioning Platform} 같은 전송로 장비에서 사용하는 기술로, 시스코에서는 이를 종단 간 이더넷 링크 무결성^{End-to-End Ethernet Link Integrity} 기능이라고 한다.

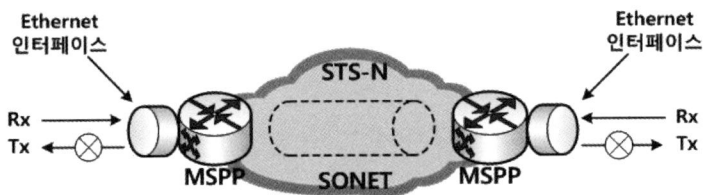

그림 8.8 LLCF 기능의 동작

    이 기능은 종단을 연결하는 전송로 일부 구간의 장애는 결국 전체 통신 경로의 장애와 같다는 의미를 갖는다. 그림 8.8에서와 같이 MSPP 간의 SONET 전송 구간이나 사용자들이 연결돼 있는 이더넷 구간에 장애가 발생하면(원격지 이더넷 포트가 시그널을 수신하지 못하거나 SONET 전송로의 장애를 감지하는 경우) 이를 상대방의 MSPP 장비에 에러 시그널인 CSF$^{Client\ Signal\ Fail}$를 통지해 왼편 이더넷 포트와 대응되는 원격지 MSPP의 이더넷 포트를 비활성화시키고 알람을 발생시켜 전송로의 장애를 알린다.

    이를 통해 로컬과 원격지를 연결하는 MSPP에 접속된 이더넷 장비들은 마치 상호 간 직접 케이블로 연결돼 있는 것처럼 동작할 수 있다.

    이더넷 환경에서 UTP를 광케이블로 변환하는 미디어 컨버터 동작의 경우 TP 포트에 장애가 발생하면 광 포트로의 시그널 전송을 중단해 원격지 광 링크의 비활성을 유도한다.

    현재 네트워크에 인라인$^{In-Line}$ 모드로 이더넷 경로상에 삽입되는 보안 장비는 대부분 LLCF 기능을 지원하지만 아직 지원되지 않는 장비가 많다. 참고로 침입 탐지 시스템^{IDS}, 침입 차단 시스템^{IPS}, 방화벽^{FW}은 대부분 이 기능을 지원하며, 일부 제조사의 WAF$^{Web\ Application\ FW}$가 LLCF 기능을 지원한다.

    그림 8.9와 같은 상황을 고려해보자. BB-1, 2와 BB-3은 IPS를 통해 구성돼 있으며, BB-3은 스태틱^{static} 라우팅을 이용해 로드 밸런싱 구조로 서비스를 하고 있다. 이 경우 IPS-1과 BB-1의 연결 링크에 장애가 발생하면 BB-3의 입장에서는 원격 링크 다운을 감지하지 못하고, 10.10.6.1에 대한 ARP 캐시 정보를 갱신하기 전까지는 IPS-1로 패킷을 전송할 것이며, 이는 결국 장애로 이어질 것이다.[3]

---

3. 리모트 회선의 물리적 절단 같은 장애를 감지할 수 없는 구성의 경우 정적 라우팅보다 네이버 상호 간에 상태를 확인할 수 있는 OSPF 같은 링크 상태 라우팅 프로토콜을 사용하는 것을 권장한다.

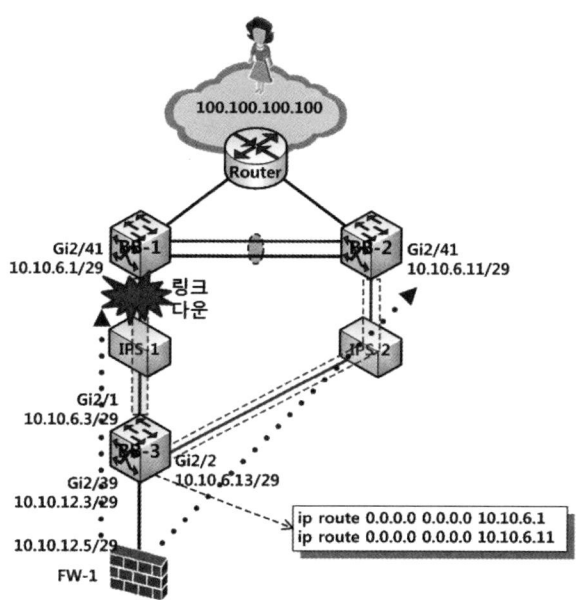

그림 8.9 LLCF 기능이 지원되지 않는 IPS 장비 사용 시 장애

이때 LLCF^{Link Loss Carry Forward} 기능이 지원되는 IPS라면 BB-1과의 연계 링크 장애 시 이를 감지하고, 자신의 인터페이스 중 BB-3과의 연계 인터페이스를 강제로 다운시킴으로써 BB-3으로 하여금 링크 장애가 발생한 다음 홉의 라우팅 정보를 갱신해 장애 구간의 라우팅을 삭제하고, 이중화된 구간으로 서비스의 연속성을 확보할 수 있게 한다.

8.4.1 LLCF 동작

LLCF^{Link Loss Carry Forward} 동작 방식은 물리적인 인터페이스가 링크 시그널을 수신하지 못하면 링크를 통해 시그널을 감지하기 전까지 자신의 수신 인터페이스와 대응되는 송신 인터페이스에 링크 시그널을 전송하지 않는 기능으로 광^{Optical}이나 TP 포트에 설정된다.

이를 통해 원격지 링크 장애를 네트워크 장비가 인지할 수 있게 함으로써 라우팅 테이블, ARP 테이블, MAC 테이블을 재수렴(연산)할 수 있게 한다.

그림 8.10은 연계 장비에 LLCF가 활성화돼 있고, 각 인터페이스는 정상적으로 동작하는 상태를 보여준다.

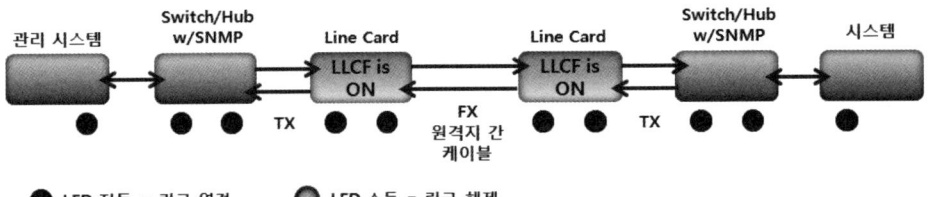

그림 8.10 정상 상태 시의 LLCF 동작

그림 8.11과 8.12 같이 링크 다운이 발생하면 LLCF 라인 카드는 NMS 같은 관리 시스템으로 트랩trap을 생성할 수 있는 스위치나 허브로 링크 훼손에 대한 정보 링크 로스 캐리Link Loss Carry를 발생시키고, 상대방과 연결된 포트에서 링크 시그널을 수신할 때까지 자신의 반대편 포트로 링크 시그널을 전송하지 않는다. 이를 통해 관리자가 문제의 원인을 파악할 수 있게 한다.

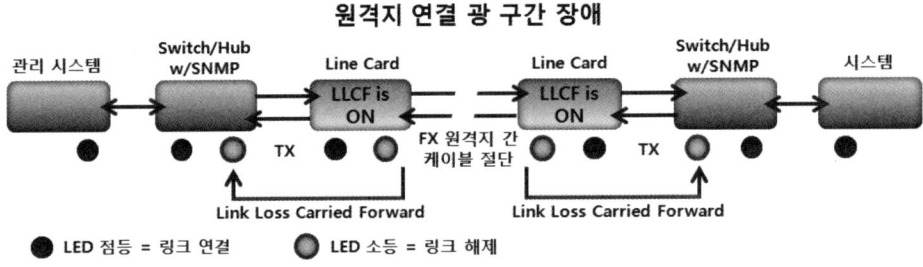

그림 8.11 전송로 링크 장애 시의 LLCF 동작

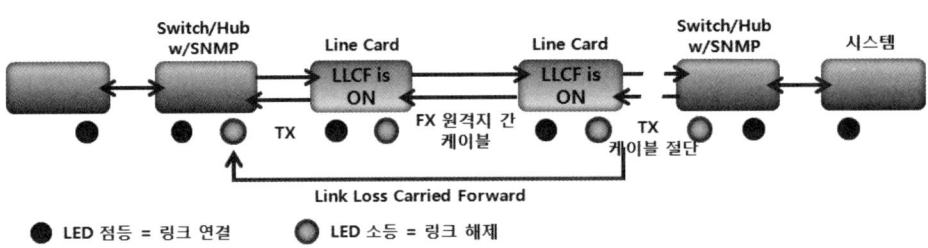

그림 8.12 사용자 구간 링크 장애 시의 LLCF 동작

(1) LLCF와 자동 협상(AN)

자동 협상 기능이 있는 장비의 라인 카드에 LLCF를 설정할 때 가능하면 자동 협상 기능을 비활성화하고 속도와 듀플렉스를 로컬과 원격지 간의 라인 카드에 강제로 설정해 라인 카드가 링크 펄스를 즉시 감지할 수 있게 한다. 하지만 반대로 LLCF가 설정돼 있는 장비와 이더넷 라우터, 스위치 간에는 자동 협상 기능을 활성화해야 한다.

LLCF가 활성화된 장비는 로컬 이더넷 구간에 장애를 탐지하면 원격지 LLCF 장비로 링크 로스 캐리^{Link Loss Carry}를 전달해 원격지 LLCF 장비가 자신과 연결된 이더넷 인터페이스를 비활성화함으로써 연계 이더넷 장비의 인터페이스도 비활성화 상태로 유도해야 하는데, 연계 이더넷 장비의 인터페이스를 비활성화하기 위해 사용되는 것이 자동 협상 기능의 링크 무결성과 관련된 코드 워드 정보이기 때문이다.

8.4.2 LLR 동작

LLR^{Link Loss Return} 기능은 LLCF 기능과 같이 동작하는 기술로, 인터페이스의 수신부(RX)가 유효한 신호를 감지하지 못하면 인터페이스의 전송부(TX)를 강제로 비활성화시키는 기술이다. 그림 8.13과 같이 원격지 연결을 위한 기가 광 라인 카드에 LLR와 LLCF가 연계돼 동작한다.

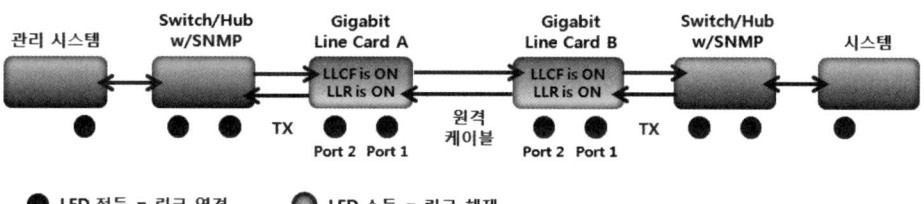

그림 8.13 정상 상태 시의 LLR 동작 방식

그림 8.14와 같이 광 접속 단자에 장애가 발생하는 경우 링크 장애를 감지한 라인 카드 B는 상대 링크 파트너에게 링크 훼손에 대한 에러 정보를 알리며, 동시에 LLCF를 동작해 로컬 인터페이스를 다운 상태로 유도한다. 이를 인지한 라인 카드 A 역시 LLCF를 동작시켜 장애 포트에 대응하는 자신의 로컬 인터페이스를 다운 상태로 유도한다(참고로 LLR은 광 라인 카드에서 동작하는 기술이다).

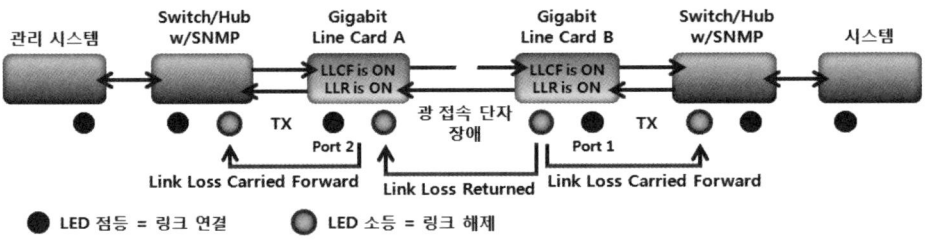

그림 8.14 장애 시의 LLR 동작 방식

8.5 LLCF 기능이 지원되지 않는 경우 네트워크 구성 방안

LLCF가 지원되지 않는 장비를 경유해 정적 라우팅을 하는 경우 회선의 장애가 서비스의 장애로 이어질 수밖에 없는 구조가 만들어진다. 이를 예방하려면 시스코의 트래킹tracking 기능을 적용하는 방법과 라우팅 구간이 이더넷 기반일 경우 네트워크 장비의 해당 인터페이스 ARP 캐시 정보 갱신 주기를 극단적으로 1초로 줄여주는 방법이 있다.

시스코의 트래킹 기법을 사용하는 경우의 제약 조건은 라우터 장비가 우선 시스코 장비이어야 하며, IOS 버전은 Cisco IOS Enterprise Version 12.3(4)T 이상을 권장한다. 트래킹에 사용할 수 있는 프로토콜은 ICMP/UDP ping, HTTP Get request가 있다.

ARP 프로토콜에 대해서는 9장에서 자세히 설명하며, 참고로 이더넷 통신이 ARP를 이용한 브로드캐스트 통신을 기반으로 하고 있으므로 ARP 프로토콜 동작 방식의 이해는 매우 중요하다. 이 예제에서는 구성 이슈의 이해 정도로 ARP를 언급하겠다.

테스트에 이용한 장비는 시스코의 3660 라우터 3대와 IOS는 c3660-js-mz. 124-19.bin을 이용했으며, 스위치는 2960을 사용했다(물론 더 나은 방법은 BFD를 이용하는 방안으로 뒤에 설명한다).

8.5.1 정적 라우팅의 구성 예

ISP와 연결되는 접점에 광 인터페이스 부족으로 메트로 이더넷 스위치를 두었다고 가정해 그림 8.15와 같은 예제를 구성했다. ISP 장비는 R2, R3이며, 사용자 측 장비는 R1이다.

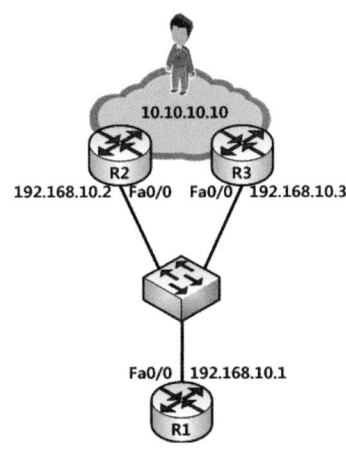

그림 8.15 PBR을 이용한 Multi-Tracking 구성

R1에서의 설정은 다음과 같다.

```
R1#show run
version 12.4
!
no ip cef       ##### 프로세스 스위칭으로 로드 셰어링의 테스트를 위해 ip cef 기능을
                      비활성화했다.
no ip domain lookup
!
ip sla monitor 1
   type echo protocol ipIcmpEcho 192.168.10.2
      timeout 500      ##### 타임아웃 시간을 500으로 조정했다.
      frequency 1      ##### ICMP 체크 시간을 1초마다로 조정했다.
ip sla monitor schedule 1 life forever start-time now

ip sla monitor 2
   type echo protocol ipIcmpEcho 192.168.10.3
```

```
   timeout 500       ##### 타임아웃 시간을 500으로 조정했다.
   frequency 1       ##### ICMP 체크 시간을 1초마다로 조정했다.
ip sla monitor schedule 2 life forever start-time now
!!
track 10 rtr 1 reachability    ##### Response Time Reporter 10에 sla monitor
                                     1을 매칭했다.
!
track 20 rtr 2 reachability    ##### Response Time Reporter 20에 님 monitor
                                     2을 매칭했다.
!
interface Loopback0
   ip address 192.168.100.1 255.255.255.0
!
interface FastEthernet0/0
   ip address 192.168.10.1 255.255.255.0
   no ip route-cache           ##### 테스트를 위해 인터페이스에 process
                                     switching 기능을 활성화했다.
   duplex auto
   speed auto
ip route 0.0.0.0 0.0.0.0 192.168.10.2 track 10 ##### tracking을 적용 icmp
                                                     체크를 활성화했다
ip route 0.0.0.0 0.0.0.0 192.168.10.3 track 20 ##### tracking을 적용 icmp
                                                     체크를 활성화했다
```

R1 라우터가 ISP 라우터 인터페이스로 ICMP 트래킹을 통해 회선의 생존성을 체크하는 방식이다.

정상 동작일 경우 R1의 라우팅 테이블, ARP 캐시 정보는 다음과 같다.

```
R1#show ip route
Codes: C - connected, S - static, R - RIP, M - mobile, B - BGP
   ... (생략)
Gateway of last resort is 192.168.10.3 to network 0.0.0.0
```

```
C    192.168.10.0/24 is directly connected, FastEthernet0/0
C    192.168.100.0/24 is directly connected, Loopback0
S*   0.0.0.0/0 [1/0] via 192.168.10.3
               [1/0] via 192.168.10.2

R1#show ip arp
Protocol  Address           Age (min)  Hardware Addr    Type   Interface
Internet  192.168.10.2          1      cc01.0400.0000   ARPA   FastEthernet0/0
Internet  192.168.10.3         81      cc02.0400.0000   ARPA   FastEthernet0/0
Internet  192.168.10.1          -      cc00.0400.0000   ARPA   FastEthernet0/0
```

따라서 R1에서 10.10.10.10으로 ping 테스트를 수행하면 패킷은 R2와 R3로 프로세스 스위칭돼 전달된다. 테스트를 위해 R2의 Fa0/0을 비활성화한 후 R1의 라우팅 테이블과 ARP 캐시 정보는 다음과 같다.

```
R1#show ip route
Codes: C - connected, S - static, R - RIP, M - mobile, B - BGP
... (생략)
Gateway of last resort is 192.168.10.3 to network 0.0.0.0

C    192.168.10.0/24 is directly connected, FastEthernet0/0
C    192.168.100.0/24 is directly connected, Loopback0
S*   0.0.0.0/0 [1/0] via 192.168.10.3

R1#show ip arp
Protocol  Address           Age (min)  Hardware Addr    Type   Interface
Internet  192.168.10.2          4      cc01.0400.0000   ARPA   FastEthernet0/0
Internet  192.168.10.3         81      cc02.0400.0000   ARPA   FastEthernet0/0
Internet  192.168.10.1          -      cc00.0400.0000   ARPA   FastEthernet0/0
```

ARP 캐시 정보에는 다음 홉인 192.168.10.2의 정보가 활성화돼 있지만, 라우팅 테이블에는 사라졌다. 따라서 통신의 절단은 ip sla monitor scheduler 주기인 1초 정도가 발생하고 바로 모든 트래픽은 R3를 통해 통신이 될 것이다. 이때 tracking 정보는 다음과 같다.

```
R1#show track 10
Track 10
  Response Time Reporter 1 reachability
  Reachability is Down
    37 changes, last change 00:00:01
  Latest operation return code: Timeout
  Tracked by:
    STATIC-IP-ROUTING 0

R1#show track 20
Track 20
  Response Time Reporter 2 reachability
  Reachability is Up
    15 changes, last change 00:15:57
  Latest operation return code: OK
  Latest RTT (millisecs) 80
  Tracked by:
    STATIC-IP-ROUTING 0
```

위와 같은 이더넷 구간의 환경에서 정적 라우팅을 사용해 연결되는 회선이 직접 연결돼 있지 않고 스위치 장비 등을 통해 연결된 원격지 회선이 절단되는 경우 LLCF가 지원되지 않을 때 항상 문제가 발생한다. 문제의 궁극적인 원인은 ARP 테이블의 갱신 주기가 시스코 라우터나 백본 스위치의 경우 기본 값이 4시간이기 때문이다. 결과적으로 ARP 캐시 테이블의 갱신 주기를 1초로 극단적으로 변경하는 방법도 장애 극복의 한 가지 방법일 것이다.

다음과 같이 R1의 Fa0/0 인터페이스의 ARP 캐시 정보 갱신 주기를 1초로 변경했다.

```
R1#show interface fa0/0
FastEthernet0/0 is up, line protocol is up
  Hardware is AmdFE, address is cc00.0400.0000 (bia cc00.0400.0000)
  Internet address is 192.168.10.1/24
  MTU 1500 bytes, BW 100000 Kbit, DLY 100 usec,
```

```
        reliability 255/255, txload 1/255, rxload 1/255
    Encapsulation ARPA, loopback not set
    Keepalive set (10 sec)
    Full-duplex, 100Mb/s, 100BaseTX/FX
    ARP type: ARPA, ARP Timeout 04:00:00        ###### 변경 이전 값
    Last input 00:00:00, output 00:00:00, output hang never
    --- 생략

R1(config-if)#arp timeout ?
    <0-2147483>  Seconds      ##### 초 단위로 변경 시킨다.
R1(config-if)#arp timeout 1
R1(config-if)#end

R1#show interface fa0/0
FastEthernet0/0 is up, line protocol is up
    Hardware is AmdFE, address is cc00.0400.0000 (bia cc00.0400.0000)
    Internet address is 192.168.10.1/24
    MTU 1500 bytes, BW 100000 Kbit, DLY 100 usec,
        reliability 255/255, txload 1/255, rxload 1/255
    Encapsulation ARPA, loopback not set
    Keepalive set (10 sec)
    Full-duplex, 100Mb/s, 100BaseTX/FX
    ARP type: ARPA, ARP Timeout 00:00:01        ###### 1초로 변경
    Last input 00:00:00, output 00:00:00, output hang never
    --- 생략
```

ARP 갱신 주기의 조정 후 동일하게 R2의 Fa0/0 인터페이스를 비활성화해 R1에서 라우팅 테이블을 확인하면 최대 1초의 에이징 타임$^{aging\ time}$ 후에 R2로의 라우팅 정보가 삭제됨을 확인할 수 있다.

라우팅 구간의 ARP 정보는 호스트가 연결되는 구간에 비해 브로드캐스트에 대한 영향 범위가 작기 때문에 ARP 갱신 주기를 1초로 변경해도 큰 문제는 되지 않을 것이다.

결과적으로 시스코 장비의 트래킹 기법은 WAN 라우팅 구간에서 정적 라우팅을 통해 연계되는 경우에, 그리고 ARP 캐시 타임의 조정은 이더넷 라우팅 구간에 LLCF가 동작하지 않는 장비를 경유해 정적 라우팅을 설정해야 하는 경우에 적용하면 된다. 하지만 궁극적으로 이 두 가지 방법 모두 최대 1초의 서비스 중단 시간을 감수해야 한다.

8.5.2 시스코 장비의 PBR을 이용한 다중 트래킹 예제

시스코 장비의 경우 PBR을 사용해 다중 트래킹$^{Multiple\ Tracking}$ 옵션을 설정해 LLCF 기능을 대신 해결할 수 있다. 참고로 이 기능은 Cisco IOS Enterprise Version 12.3(4)T 이상에서 지원되며, 트래킹에 이용할 수 있는 트래픽은 ICMP, UDP Ping, HTTP GET request다.

(1) 다중 트래킹 설정 단계

트래킹 설정 단계를 매뉴얼에 따라 기술했다.

Step 1. C_BB(config)# rtr 11

글로벌 모드에서 SAA 동작 설정과 SAA RTR 설정 모드 진입

Step 2. C_BB(config-rtr)# type echo protocol ipicmpecho 192.168.6.1

동작 감시를 위한 SAA 종단 간 응답 시간 설정

Step 3. C_BB(config)# rtr schedule 11 life forever start-time now

SAA 동작을 위한 시간 파라미터 설정

Step 4. C_BB(config)# track 100 rtr 11 reachability

RTR 개체 중 도달성에 대해 트랙하고 트래킹 설정 모드로 진입

Step 5. C_BB(config-track)# delay up 60 down 30

(옵션) 트래킹할 개체의 통신 상태 변화에 대한 지연 시간 주기를 기술

Step 6. C_BB(config)# interface gi2/1

C_BB(config-if)# ip policy route-map tracking

인터페이스에 라우트 맵을 통한 정책 적용

Step 7. C_BB(config)# route-map tracking
       C_BB(config-route-map)# set ip next-hop verify-availability 192.168.6.1 10 track 100

   ### (옵션) 유효성을 트랙할 다음 홉$^{next-hop}$을 설정 [ip-address sequence track object].
   ### SAA : Service Assurance Agent, RTR : Response Time Reporter

(2) 다중 트래킹 설정 예

그림 8.16은 트래킹을 설정할 네트워크 구성의 예다.

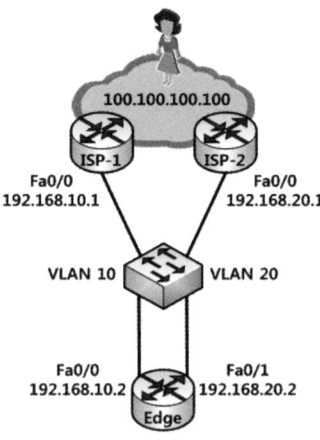

그림 8.16 트래킹 설정 예

100.100.100.100에 대한 정적 라우팅 트래킹을 설정하는 예이며, 시스코의 IOS 12.3(8) 또는 12.3(9) 버전에서 테스트한 내용이다.

```
EDGE(config)# track 10 rtr 5 reachability
EDGE(config-track)# exit
EDGE(config)# rtr 5
EDGE(config-rtr)# type echo protocol ipicmpEcho 192.168.10.1
EDGE(config-rtr-echo)# exit
EDGE(config)# rtr schedule 5 life forever start-time now
EDGE(config)# ip route 100.100.100.100 255.255.255.255 192.168.10.1 track 10
EDGE(config)# ip route 100.100.100.100 255.255.255.255 192.168.20.1
```

그림 8.17에서 보여주는 것처럼 정상적인 상태에서 EDGE 라우터의 라우팅 테이블을 보면 ISP-1로 다음 홉이 설정돼 있음을 볼 수 있다.

```
EDGE# show ip route
Gateway of last resort is not set
     200.200.200.0/32 is subnetted, 1 subnets
C       200.200.200.200 is directly connected, Loopback0
     100.0.0.0/32 is subnetted, 1 subnets
S       100.100.100.100 [1/0] via 192.168.10.1
C    192.168.10.0/24 is directly connected, FastEthernet0/0
C    192.168.20.0/24 is directly connected, FastEthernet1/0
```

그림 8.17 EDGE 라우터의 라우팅 테이블

ISP-1의 인터페이스를 그림 8.18과 같이 다운시키면 그림 8.19와 같이 정상 상태에서 Reachability is down 상태로 변경된다.

```
ISP-1(config-if)# shut
*Mar  1 00:14:35.039: %LINK-5-CHANGE: Interface FastEthernet0/0, changed state to administratively down
*Mar  1 00:14:36.039: %LINEPROTO-5-UPDOWN: Line protocol on Interface FastEthernet0/0, changed state to down
```

그림 8.18 EDGE 라우터의 라우팅 테이블

```
EDGE# show track                          EDGE# show track
Track 10                                  Track 10
  Response Time Reporter 5 reachability     Response Time Reporter 5 reachability
  Reachability is Up                        Reachability is Down
    3 changes, last change 00:03:54           4 changes, last change 00:00:00
  Latest operation return code: OK          Latest operation return code: Timeout
  Latest RTT (millisecs) 1480               Tracked by:
  Tracked by:                                 STATIC-IP-ROUTING 0
    STATIC-IP-ROUTING 0
```

그림 8.19 인터페이스 다운에 따른 트래킹의 상태 변화

따라서 라우팅 테이블은 그림 8.20과 같이 트래킹 상태 정보에 따라 기존의 100.100.100.100에 대한 다음 홉이 192.168.20.1로 변경된다.

```
EDGE# show ip route
Gateway of last resort is not set
     200.200.200.0/32 is subnetted, 1 subnets
C       200.200.200.200 is directly connected, Loopback0
     100.0.0.0/32 is subnetted, 1 subnets
S       100.100.100.100 [1/0] via 192.168.20.1
C    192.168.10.0/24 is directly connected, FastEthernet0/0
C    192.168.20.0/24 is directly connected, FastEthernet1/0
```

그림 8.20 트래킹의 상태 변화에 따른 라우팅 테이블 변경

8.6 BFD

전송 프로토콜인 SONET의 경우 밀리초^{msec} 단위의 전송로 에러 감지 알람 기능이 제공돼 상위 계층의 경로 재지정이 신속히 이뤄지지만, 이더넷에서는 이런 감지 기능이 제공되지 않는다.

또한 기존 동적 라우팅 프로토콜을 사용해 전송 구간의 신뢰성을 확보하더라도 라우팅 프로토콜에 사용되는 슬로우 헬로우$^{Slow\ Hello}$ 메커니즘들은 여전히 SONET에서 제공하는 알람 감지 기능에 비해서는 매우 느리다는 단점과, 이를 해결하기 위한 개별적 프로토콜이 아닌 모든 프로토콜에 통합 적용될 수 있는 에러 감지 프로토콜의 필요성이 대두됐다.

두 노드 사이에 양방향경로의 에러 감지를 위한 링크 에러감지 기능과 이를 통한 동적 라우팅 프로토콜의 빠른 라우팅 경로 수렴 기능을 지원하기 위해 IETF는 2004년 5월 라우팅 영역에 BFD$^{Bi\text{-}directional\ Forwarding\ Detection}$ 워킹 그룹[4]을 결성해 2004년 8월 최초의 드래프트를 발표했다.

IETF 워킹 그룹은 이를 위해 독립적으로 동작하는 BFD 프로토콜을 개발했으며, 이는 SONET과 동일한 수준(50msec)의 에러 감지 복구 기능을 지원하고, 나아가서 BFD에 의해 수행되는 링크 감지 정보를 동적 및 정적 라우팅 프로토콜과도 연동할 수 있게 구현했다.

8.6.1 BFD 기능과 적용 범위

(1) BFD 기능

BFD를 통해 인접한 두 L3 장비는 양방향 포워딩 엔진의 데이터 플레인 다음 홉 $^{data\ plane\ next\ hop}$ 상호 간에 에러를 감지하며, 기존 라우팅 프로토콜 및 데이터 링크 계층의 프로토콜과 무관하게 동작하는 특성이 있다. 그 외의 BFD 프로토콜의 특징은 다음과 같다.

- POS$^{Packet\ Over\ SONET}$ 수준의 에러 감지 기능 제공

---

4. IETF BFD 워킹 그룹은 http://datatracker.ietf.org/wg/bfd

- 전송 매체, 데이터 링크 계층 및 동적 라우팅 프로토콜과 무관하게 독립적으로 동작
- 양 노드 간의 유니캐스트 점대점 방식으로 동작
- 멀티세션을 지원해 노드 간의 다수 BFD 세션 설정 가능
- BFD 세션을 설정한 양 노드 간의 세션 유지와 관련된 파라미터 협상 기능 제공
- BFD 세션의 유효성을 확인하기 위한 인증 기능 제공

(2) BFD 적용 영역

BFD는 에러 감지 시간을 초 단위 이하로 감소시키며, 다른 제어 프로토콜에 비해 부하 소모가 적다. 그리고 특정 라우팅 프로토콜에 종속적이지 않고 다양한 프로토콜과 융합이 가능토록 설계됐다. BFD를 적용할 수 있는 영역은 다음과 같다.

- 정적, 동적 라우팅 프로토콜의 생존성 감지
- 스위치와 라우터 간의 생존성 감지
- 라우터와 서버 간의 생존성 감지
- 가상 링크의 생존성 감지(MPLS, IP-in-IP/GRE-터널 등)
- 에지 네트워크의 가용성 확보
- 이더넷상의 BFD 적용

8.6.2 BFD 동작 방식

BFD 프로토콜은 간단한 헬로우 프로토콜로, 동적 라우팅 프로토콜들이 네이버neighbor 간에 인접성adjacency을 확보하기 위해 두 시스템 간에 채널을 설정하고, 주기적으로 제어 패킷을 보내는 일련의 행위와 매우 유사하게 동작한다.

    BFD 패킷은 그림 8.21과 같이 인터페이스 모듈인 포워딩 엔진에서 처리되고, 라우팅 프로토콜의 헬로우 패킷은 제어 엔진인 메인 CPU에서 처리된다.

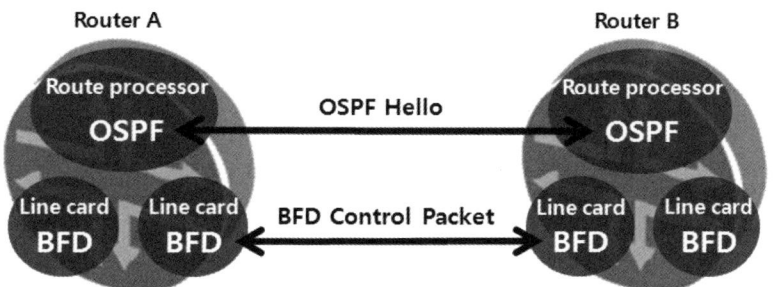

그림 8.21 포워딩 엔진에서의 BFD 동작

(1) BFD 패킷 포맷

BFD가 에러 검출을 위해 사용하는 패킷은 UDP를 이용하며, 제어 패킷과 에코 패킷의 두 가지 타입으로 정의된다.

제어 패킷

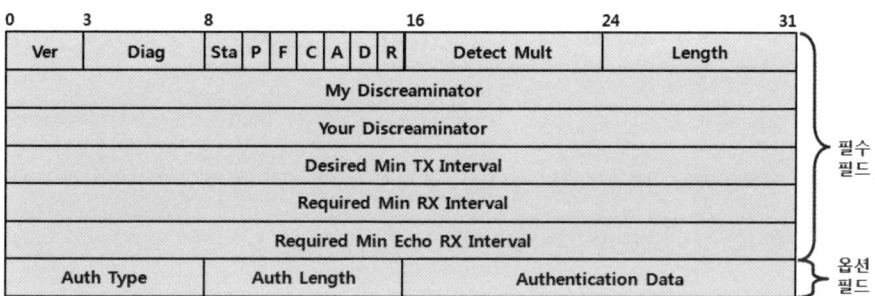

그림 8.22 BFD 패킷 포맷

BFD 패킷 포맷은 그림 8.22와 같으며, 각 필드의 의미는 다음과 같다.

- Ver(Version)　BFD 버전을 나타내며, 현재는 1
- Diag(Diagnosis)　로컬 BDF 시스템이 업^{UP} 상태에서 변경됐을 때의 마지막 상태 변화에 대한 이유를 설명하는 코드
    - 0　Diag 없음
    - 1　에러 감지 시간 만료
    - 2　에코 기능 실패

- ☐ 3 네이버 세션 다운 시그널
- ☐ 4 포워딩 플랜plane 리셋
- ☐ 5 경로 다운
- ☐ 6 연계 경로 다운
- ☐ 7 관리자에 의한 다운

- **Sta(Status)** 로컬 BFD의 상태
- **P(Poll)** 파라미터가 변경됐을 때 이 필드를 마킹해 송신자가 전송하고 수신자는 수신 즉시 이 패킷에 응답해야 한다(파라미터 변경 통지 플래그).
- **F(Final)** P 플래그 수신에 대한 응답 패킷임을 나타내기 위해 사용(P 플래그 패킷의 응답 확인 플래그)
- **C** 포워딩/제어 분리 플래그, 일단 이 플래그가 마킹되면 제어 영역의 변화가 BFD 검출에 어떠한 영향도 미치지 못한다. 예를 들면 제어 영역이 ISIS로 동작하고 있을 때 ISIS을 리셋하더라도 BDF는 지속적으로 링크 상태를 모니터링할 것이다.

> 네트워크 장비는 제어 영역과 포워딩 영역으로 크게 분리될 수 있으며, 라우팅은 제어 영역에서 BFD는 포워딩 영역에서 수행된다.

- **A(Auth)** 인증 플래그, 이 플래그의 마킹을 통해 해당 세션의 인증 요구를 알린다.
- **D(Demand)** 질의query 요청 플래그, 송신자는 링크를 모니터링할 때 상대가 질의 모드로 동작할 것을 알리기 위해 사용한다.
- **R(Reserved)** 예약된 플래그 비트
- **Detect Mult** 에러 검출을 위한 만료 시간의 배수, 에러 검출에 사용될 검출 만료 시간을 계산하기 위해 이용된다(결국 제어 패킷 응답의 실패 횟수가 된다).
- **Length** 패킷의 길이
- **My Discriminator(자신 식별자)** 로컬 영역에 연결된 BFD 세션을 위한 식별자

- Your Discriminator(상대 식별자) 원격지 영역에 연결된 BFD 세션을 위한 식별자
- Desired Min TX Interval(희망 최소 전송 인터벌) 로컬 영역에서 제공하는 BFD 패킷의 최소 전송 시간 간격
- Required Min RX Interval(요구 최소 수신 인터벌) 로컬 영역에서 제공하는 BFD 패킷의 최소 수신 시간 간격
- Required Min Echo RX Interval 로컬 영역에서 제공하는 에코 패킷의 최소 수신 시간 간격
- Auth Type 인증 타입, 현재 프로토콜이 제공하는 인증 타입은 다음과 같다.
  - 심플 패스워드 방식, MD5 키 교환, SHA1 키 교환
- Auth Length 인증 데이터 길이
- Authentication Data 인증 데이터

BFD의 인증 기능은 선택적으로 옵션에서 제공되며, BFD 제어 패킷을 전달할 때 사용하는 UDP 프로토콜의 서비스 포트 번호는 3784를 이용한다.

에코 패킷

BFD 프로토콜은 에코 패킷의 포맷을 따로 정의하지 않는다. 에코 패킷 포맷은 로컬 시스템과 관련이 있는데, 원격지 시스템은 에코 패킷을 다시 되돌려 주기만 하면 되기 때문이다. 로컬 시스템은 패킷의 콘텐츠에 관련된 부분과 세션에 관련된 부분을 분리할 수 있어야 한다(에코 패킷의 송신과 수신 처리가 프로토콜에 정의되지 않았기 때문). BFD 에코 패킷을 전달할 때 사용하는 UDP 포트 번호는 3785를 이용한다.

또한 BDF 프로토콜은 단일 홉으로 설정되기 때문에 BDF 제어 패킷에 사용되는 IP 패킷의 TTL 값이 255로 설정되는 특징이 있다. 그리고 제어 패킷과 에코 패킷의 UDP 발신지 포트 번호는 49152부터 65535의 범위를 갖는다.

(2) BFD 검출 모드

BFD는 제어 패킷의 전송 방법에 따라 비동기 모드와 질의 모드로 동작한다. 추가적으로 에코 기능은 이 두 가지에 모두 적용할 수 있다. 비동기 모드와 질의 모드의 차이는 에러 검출 위치가 다르다는 점인데, 비동기 모드에서는 로컬 시스템이 주기

적으로 BFD 제어 패킷을 전송하고, 원격지는 이의 검출을 담당하는 반면에 질의
모드에서는 로컬 시스템이 로컬 영역에서 전송한 BFD 제어 패킷을 검출한다.

비동기 모드

비동기 모드$^{Asynchronous\ Mode}$에서 두 시스템은 상호 간에 BFD 제어 패킷을 주기적으
로 교환한다. 시스템이 검출 시간 내에 상대 시스템의 BFD 제어 패킷을 수신하지
못하면 세션 다운을 선언한다. 현재 시스코 IOS는 우선 운영 모드$^{Primary\ Operating\ Mode}$
인 비동기 모드만을 지원한다.

질의 모드

질의 모드$^{Query\ Mode}$에서 각 시스템은 다른 시스템과의 연결 검증을 각각의 시스템이
독립적으로 수행한다. 일단 BFD 세션이 설정된 후 시스템이 연결에 대한 명확한
검증이 필요하지 않다고 판단하면 시스템은 주기적인 BFD 제어 패킷의 전송을 중
단한다. 그리고 시스템이 세션을 검증하려 할 때 제어 패킷의 P 플래그 비트와 F
플래그 비트를 이용해 BFD 제어 패킷에 대한 요구/응답 방식으로 제어 패킷을 전송
한다.

검출 시간 내에 응답 패킷을 수신하지 못하면 세션 다운을 선언하고 반대로 응답
을 수신하게 되면 다음 요구 패킷 전송 전 까지 다시 침묵을 유지한다.

에코 기능

로컬 시스템이 일련의 BFD 에코 패킷을 전송하면 원격지 시스템은 에코 패킷이
수신된 포워딩 링크로 이를 다시 반송한다. 로컬 시스템이 몇 개의 연속적인 에코
패킷을 수신하지 못하는 상황이 발생하면 세션 다운을 선언한다. 에코 기능은 위의
두 모드 모두에서 사용할 수 있으며, 에코 기능을 통해 BFD 검출 기능을 수행함으로
써 비동기 모드의 주기적인 제어 BFD 패킷 전송이나 질의 모드에서의 BFD 질의
제어 패킷의 전송을 완전히 배제시킬 수 있다.

(3) BFD 전송 주기와 검출 시간

제어 패킷에서 전송 주기의 연산은 검출 모드와 무관하다. 어떤 검출 모드를 사용하
든 링크상의 지터$^{jitter,\ 지연\ 변이}$가 고려된 어떤 범위가 요구되는데, 실상 두 가지의
BFD 검출 모드가 존재하고 모드별 동작 특성이 틀리기 때문에 검출 시간 산정은

모드에 따라 약간 다르다.

비동기 모드

비동기 모드에서는 에러 검출의 위치가 상대 시스템이기 때문에 원격 시스템의 검출 배수가 검출 시간을 계산하기 위해 사용된다. 검출 시간을 계산하는 식은 다음과 같다.

> 검출 시간 = 수신된 원격 시스템의 Detect Multi × (자신의 BFD 패킷에 설정된 '요구 최소 수신 인터벌'과 상대로부터 수신한 BFD 패킷의 '희망 최소 송신 인터벌' 중의 최댓값)

질의 모드

질의 모드에서는 에러 검출의 위치가 로컬 시스템이기 때문에 로컬 시스템의 검출 배수가 검출 시간을 계산하기 위해 사용된다. 검출 시간을 계산하는 식은 다음과 같다.

> 검출 시간 = 자신의 Detect Multi × (자신의 BFD 패킷에 설정된 '요구 최소 수신 인터벌'과 상대로부터 수신한 BFD 패킷의 '희망 최소 송신 인터벌' 중의 최댓값)

8.6.3 BFD 세션 관리

BFD 프로토콜은 에러 검출을 위해 두 시스템 간 동등한 세션을 반드시 수립해야 한다. 세션이 수립된 후에 시스템들은 에러 검출을 수행하기 위해 협의된 속도로 상호 간에 BFD 제어 패킷을 전송한다.

(1) 세션 초기화

BFD 세션 수립 과정에서는 초기화 단계에서 애플리케이션에 따라 두 시스템이 액티브나 패시브 역할을 수행하는데, 최소한 하나의 시스템은 반드시 액티브 역할을 수행해야 한다.

(2) 세션 수립 과정

BFD 세션 수립 처리는 3방향 핸드셰이킹으로 수행된다. 이 과정 후 두 시스템의 세션은 UP 상태가 될 것이다. 이 과정에서 양 시스템은 세션 관리에 요구되는 파라미터들을 상호 간 협상한다. 이후의 상태는 에러 검출 결과에 따라 변경되고 이에 상응하는 과정이 수행된다. BFD의 상태 변화는 그림 8.23과 같다.

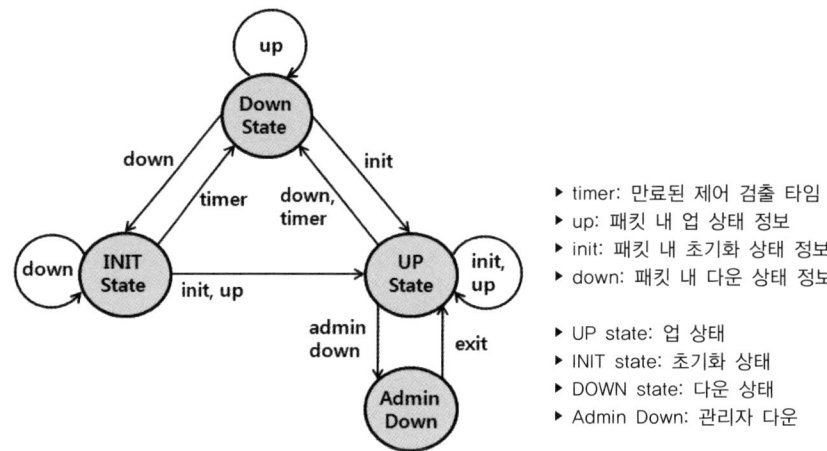

그림 8.23 BFD 상태 변화 다이어그램

BFD 프로토콜은 초기init, 업up, 다운down, 관리자 다운admin down의 4가지 상태로 동작한다.

- **초기 상태** 상대 시스템과 통신을 개시하고 BFD 세션 설정을 원하는 상태이며, BFD 세션 수립을 위해 BFD 제어 패킷의 전송 이전 단계다.
- **업 상태** 시스템 상호 간 BFD 제어 패킷을 송수신해 BFD 세션이 수립된 상태다. BFD 세션이 설정되면 각 시스템은 에러 검출이나 관리자에 의해 세션이 종료되기 전까지 업 상태를 유지한다.
- **다운 상태** 에러 검출로 인해 세션이 종료되는 상태다.
- **관리자 다운 상태** 관리자가 BFD 세션을 운영상 목적으로 강제 종료한 상태다.

시스템 간 BFD 제어 패킷을 교환하면서 세션이 수립되는 패킷 전달 과정은 그림 8.24와 같다.

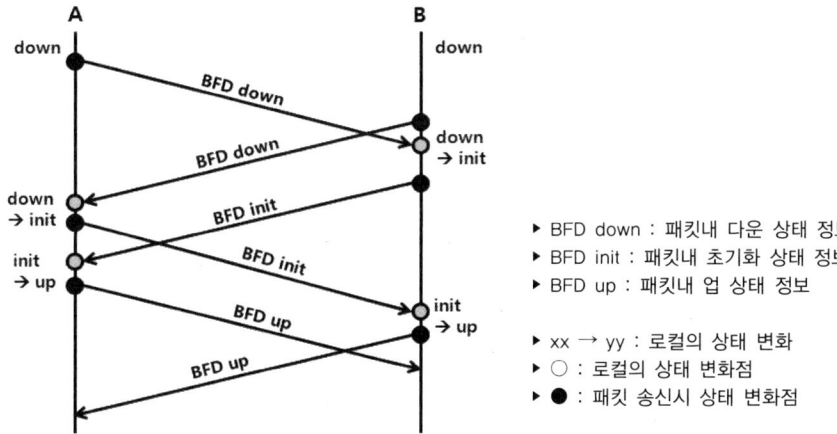

그림 8.24 BFD 세션 수립을 위한 제어 패킷 전달 과정

- 시스템 A, B는 BFD를 개시한다. 그들의 초기 상태는 다운 상태이고, 자신의 상태인 다운을 알리는 BFD 제어 패킷을 전송한다.
- 시스템 B가 다운 상태 정보를 갖는 BFD 제어 패킷을 수신하면 자신의 상태를 초기 상태로 변경하고, 상대 시스템에게 초기 상태 정보가 포함된 BFD 제어 패킷을 전송한다.
- 시스템 B의 로컬 BFD 상태가 초기 상태가 되고 난 후에 시스템 B가 다운 상태 정보가 포함된 패킷을 수신하더라도 이를 처리하지 않는다.
- 시스템 A의 BFD 상태 변화 과정도 위와 유사하다.
- 시스템 B는 초기 상태 정보를 포함한 BFD 제어 패킷을 수신하고, 자신의 상태를 업으로 변경한다. 또한 시스템 A 역시 동일한 과정을 갖는다.
- 시스템 A, B의 상태가 다운에서 초기 상태로 변경된 후에 타임아웃 타이머가 시작될 것이다. 타이머는 로컬 상태가 항상 초기 상태에 머무는 것을 방지한다 (시스템 A, B 사이의 연결이 끊어지고 나서 다시 세션이 정상적으로 수립되지 못하게 될 수 있는 상태). 초기/업 상태 정보를 갖는 BFD 패킷이 정해진 시간 내에 수신되지 못하면 시스템 상태는 자동으로 다운 상태로 변경된다.
- 시스템의 상태가 업이 되고 세션은 정상적으로 수립된다.

(3) IGP 라우팅 프로토콜과의 연동

BFD 프로토콜은 이웃한 BFD 노드를 자동으로 발견하는 메커니즘을 제공하지 않는다. BFD 기능을 이용하기 위해 설정된 동적 라우팅 프로토콜이 새로운 네이버를 감지하면 라우팅 프로토콜은 BFD 모듈에 새로운 네이버에 대한 가용성 검증 기능을 요구한다. 새로운 네이버와 BFD 세션이 수립되고 이웃 노드에 대한 링크 에러를 감지하면 BFD는 라우팅 프로토콜에 링크 다운을 알림으로써 라우팅 프로토콜의 장애 감지 시간을 단축시킨다. 이 과정은 그림 8.25와 같다.

그림 8.25 OSPF 프로세스의 BFD 기능 연동

각 라우터는 OSPF 라우팅 프로세스를 동작시키고 헬로우를 교환함으로써 네이버 관계를 갖는다. 이웃 관계가 확립되면 OSPF 프로세스는 BFD 프로세스에게 새로운 네이버에 대한 에러 검사를 의뢰하고, 이 단계에서 BFD는 새로운 네이버와 BFD 제어 패킷을 교환해 BFD 세션을 수립한다.

네이버와의 경로에 에러가 검출되면 BFD 세션은 종료되고, 이를 OSPF 프로세스에 통보해 라우팅 수렴을 촉진시킨다.

8.6.4 BFD 적용 예

BFD 프로토콜을 그림 8.26의 정적 라우팅에 적용한다. 참고로 주니퍼 장비로 테스트를 수행했음을 밝혀둔다.

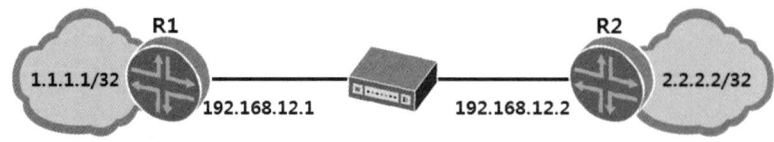

그림 8.26 정적 라우팅 환경에서 BFD 적용

주니퍼 라우터 1, 2에서의 정적 라우팅과 BFD 설정은 다음과 같다.

라우터 1

```
Juniper@R1# show routing-options | display set
set routing-options static route 2.2.2.2/32 next-hop 192.168.12.2
set routing-options static route 2.2.2.2/32 bfd-liveness-detection neighbor
192.168.12.2
set routing-options static route 2.2.2.2/32 bfd-liveness-detection local-address
192.168.12.1
set routing-options static route 2.2.2.2/32 bfd-liveness-detection
minimum-interval 1000
```

라우터 2

```
Juniper@R2# show routing-options | display set
set routing-options static route 1.1.1.1/32 next-hop 192.168.12.1
set routing-options static route 1.1.1.1/32 bfd-liveness-detection neighbor
192.168.12.1
set routing-options static route 1.1.1.1/32 bfd-liveness-detection local-address
192.168.12.2
set routing-options static route 1.1.1.1/32 bfd-liveness-detection
minimum-interval 1000
```

위와 같이 맨 처음 정적 라우팅을 정의한 후 BFD를 통해 세션을 수립할 네이버와 로컬 시스템 IP를 설정한 다음에 최소 인터벌 타임을 설정하는데, msec 단위다. 별다른 설정이 없으면 기본 Detec Multi 값은 3으로 설정된다.

설정 후 라우터 1, 2의 BFD 세션 수립을 확인하면 다음과 같다.

라우터 1

```
Juniper@R1# run show bfd session extensive
                                             Transmit
Address          State    Interface   Detect Time   Interval   Multiplier
192.168.12.2     Up       fxp0.0         3.000       1.000        3
 Client Static, TX interval 1.000, RX interval 1.000, multiplier 3
 Session up time 00:01:57
 Local diagnostic NbrSignal, remote diagnostic None
```

```
Remote state Up, version 1
Min async interval 1.000, min slow interval 1.000
Adaptive async TX interval 1.000, RX interval 1.000
Local min TX interval 1.000, minimum RX interval 1.000, multiplier 3
Remote min TX interval 1.000, min RX interval 1.000, multiplier 3
Local discriminator 1, remote discriminator 1
Echo mode disabled/inactive

1 sessions, 1 clients
Cumulative transmit rate 1.0 pps, cumulative receive rate 1.0 pps
```

라우터 2

```
Juniper@R2# run show bfd session extensive
                                              Transmit
Address          State    Interface   Detect Time   Interval   Multiplier
192.168.12.1     Up       fxp0.0      3.000         1.000      3
 Client Static, TX interval 1.000, RX interval 1.000, multiplier 3
 Session up time 00:03:18
 Local diagnostic None, remote diagnostic NbrSignal
 Remote state Up, version 1
 Min async interval 1.000, min slow interval 1.000
 Adaptive async TX interval 1.000, RX interval 1.000
 Local min TX interval 1.000, minimum RX interval 1.000, multiplier 3
 Remote min TX interval 1.000, min RX interval 1.000, multiplier 3
 Local discriminator 1, remote discriminator 1
 Echo mode disabled/inactive

1 sessions, 1 clients
Cumulative transmit rate 1.0 pps, cumulative receive rate 1.0 pps
```

다음은 라우터 1 인터페이스 이상 상태 발생 시 라우터 2의 BFD 상태 확인 및 정적 라우팅 테이블의 변화를 보여준다.

라우터 2(BFD 다운 상태)

```
Juniper@R2# run show bfd session detail
                                              Transmit
```

```
Address          State    Interface    Detect Time    Interval    Multiplier
192.168.12.1     Down     fxp0.0       3.000          1.000       3
  Client Static, TX interval 1.000, RX interval 1.000, multiplier 3
  Session down time 00:02:11, previous up time 00:08:32
  Local diagnostic CtlExpire, remote diagnostic NbrSignal
  Remote state Up, version 1

1 sessions, 1 clients
Cumulative transmit rate 1.0 pps, cumulative receive rate 1.0 pps
  Adaptive async TX interval 1.000, RX interval 1.000
  Local min TX interval 1.000, minimum RX interval 1.000, multiplier 3
  Remote min TX interval 1.000, min RX interval 1.000, multiplier 3
  Local discriminator 1, remote discriminator 1
  Echo mode disabled/inactive
```

라우터 2(1.1.1.1/32 라우팅 삭제)

```
Juniper@R2# run show route
inet.0: 3 destinations, 3 routes (3 active, 0 holddown, 0 hidden)
+ = Active Route, - = Last Active, * = Both
2.2.2.2/32          *[Direct/0] 00:29:09
                    > via lo0.0
192.168.12.0/24     *[Direct/0] 00:29:09
                    > via fxp0.0
192.168.12.2/32     *[Local/0] 00:29:09
                    Local via fxp0.0
```

BFD의 업에 따른 라우터 2의 BFD 및 라우팅 테이블 변화는 다음과 같다.

라우터 2(BFD 업 상태)

```
Juniper@R2# run show bfd session detail
                                              Transmit
Address          State    Interface    Detect Time    Interval    Multiplier
192.168.12.1     Up       fxp0.0       3.000          1.000       3
  Client Static, TX interval 1.000, RX interval 1.000, multiplier 3
  Session up time 00:02:39, previous down time 00:02:43
  Local diagnostic NbrSignal, remote diagnostic None
```

```
Remote state Up, version 1

1 sessions, 1 clients
Cumulative transmit rate 1.0 pps, cumulative receive rate 1.0 pps
...
```

라우터 2 (BFD 1.1.1.1/32 라우팅 추가)

```
Juniper@R2# run show route
inet.0: 4 destinations, 4 routes (4 active, 0 holddown, 0 hidden)
+ = Active Route, - = Last Active, * = Both
1.1.1.1/32         *[Static/5] 00:00:02
                   > to 192.168.12.1 via fxp0.0
2.2.2.2/32         *[Direct/0] 00:29:17
                   > via lo0.0
192.168.12.0/24    *[Direct/0] 00:29:17
                   > via fxp0.0
192.168.12.2/32    *[Local/0] 00:29:17
                    Local via fxp0.0
```

시스코 라우터에서의 설정은 다음과 같다.

라우터 1

```
configure terminal
 interface fastethernet 0/0
   ip address 192.168.12.1 255.255.255.0
   bfd interval 500 min_rx 500 multiplier 5

 ip route static bfd fastethernet 0/0 192.168.12.2
 ip route 2.2.2.2 255.255.255.255 fastethernet 0/0 192.168.12.2
```

라우터 2

```
configure terminal
 interface fastethernet 0/0
   ip address 192.168.12.2 255.255.255.0
```

```
bfd interval 500 min_rx 500 multiplier 5
```

```
ip route static bfd fastethernet 0/0 192.168.12.1
ip route 1.1.1.1 255.255.255.255 fastethernet 0/0 192.168.12.1
```

설정 확인을 위해서는 Router_1#show bfd neighbors details을 통해 BFD의 상태 확인이 가능하다.

그림 8.27은 BFD 제어 패킷을 보여준다.

```
No. Time       Source       Destination  Protocol     Length Info
  3 4.312000   192.168.12.1 224.0.0.5    OSPF         94 Hello Packet
  5 6.015000   192.168.12.2 224.0.0.5    OSPF         94 Hello Packet
  8 11.593000  192.168.12.1 192.168.12.2 BFD Control  66 Diag: No Diagnostic, State: Down, Flags: 0x00
  9 11.625000  192.168.12.2 192.168.12.1 BFD Control  66 Diag: No Diagnostic, State: Init, Flags: 0x00
 10 11.640000  192.168.12.1 192.168.12.2 BFD Control  66 Diag: No Diagnostic, State: Up,   Flags: 0x00
 11 11.640000  192.168.12.2 192.168.12.1 BFD Control  66 Diag: No Diagnostic, State: Init, Flags: 0x00
 13 11.671000  192.168.12.2 192.168.12.1 BFD Control  66 Diag: No Diagnostic, State: Up,   Flags: 0x00

⊞ Frame 8: 66 bytes on wire (528 bits), 66 bytes captured (528 bits)
⊞ Ethernet II, Src: ca:00:0e:f4:00:1c (ca:00:0e:f4:00:1c), Dst: ca:02:0e:f4:00:1c (ca:02:0e:f4:00:1c)
⊞ Internet Protocol Version 4, Src: 192.168.12.1 (192.168.12.1), Dst: 192.168.12.2 (192.168.12.2)
⊞ User Datagram Protocol, Src Port: 49152 (49152), Dst Port: bfd-control (3784)
⊟ BFD Control message
    001. .... = Protocol Version: 1
    ...0 0000 = Diagnostic Code: No Diagnostic (0x00)
    01.. .... = Session State: Down (0x01)
  ⊟ Message Flags: 0x00
    0... .. = Poll: Not set
    .0.. .. = Final: Not set
    ..0. .. = Control Plane Independent: Not set
    ...0 .. = Authentication Present: Not set
    .... 0. = Demand: Not set
    .... .0 = Multipoint: Not set
    Detect Time Multiplier: 3 (= 3000 ms Detection time)
    Message Length: 24 bytes
    My Discriminator: 0x00000001
    Your Discriminator: 0x00000000
    Desired Min TX Interval: 1000 ms (1000000 us)
    Required Min RX Interval: 1000 ms (1000000 us)
    Required Min Echo Interval:  50 ms (50000 us)
```

그림 8.27 BFD 제어 패킷 교환과 상태 변화

그림 8.27은 시스코 7200 라우터(IOS, c7200-adventerprisek9-mz.124.24.T5.bin)를 사용해 라우터 R1, R2 간 OSPF를 통해 네이버를 맺고 BFD를 연동했을 때의 동작을 분석한 내용이다.

내용을 보면(그림 8.25 참조) 라우터의 라우팅 프로세스인 OSPF는 상호 간 헬로우를 통해 네이버 관계를 수립한다. 라우팅 프로세스에 의한 네이버 수립 이후에 링크 감시를 위한 포워딩 엔진의 BFD 프로토콜을 실행하게 되는데, BFD는 에러 감시를 위한 상호 간 세션을 수립하기 위해 UDP를 사용한 BFD 제어 패킷을 교환하면서

다운에서 초기화, 그리고 업 상태로의 BFD 상태 변경 과정을 거친다.

8.7 정리

8장에서는 장애 극복Fault Tolerance 이중화 방식인 채널링 기술을 다뤘으며, 채널링 기술의 표준인 LACP와 시스코의 독점적인 PAgP의 동작과 특성을 비교해봤다. 또한 LACP와 PAgP를 이용한 구성 방안도 설명했다. 그 외에 링크 무결성 보장을 위한 LLCF에 대한 기능도 함께 살펴봤으며, LLCF가 적용되지 못하는 구간에서의 대안인 시스코의 멀티 트래킹 기술을 설명했다. 마지막으로 최근 표준으로 완성되고 있는 BFD 프로토콜을 통해 논리 링크와 이더넷 링크의 에러 감지를 통한 라우팅 프로토콜의 효율적 경로 관리 기법을 살펴봤다. 8장까지 2계층 기술과 장애 처리에 대해 살펴봤으며, 9장부터는 ARP 프로토콜을 시작으로 3계층 이상의 프로토콜과 장애 처리 방안에 대해 알아본다.

9
ARP와 장애 처리

9장에서는 다양한 ARP 프로토콜들의 용도와 동작 특성, ARP를 이용한 스푸핑 공격, 그리고 ARP를 이용한 장애 처리 방법과 ARP 테이블 관리 방안을 살펴본다.

9.1 ARP

ARP^{Address Resolution Protocol} 프로토콜은 이더넷 같은 브로드캐스트 기반의 다중 접속 환경을 사용하는 네트워크에서 반드시 필요한 프로토콜로 3 계층의 주소(IP 주소)와 2계층의 주소(MAC 주소)를 매칭시켜주는 프로토콜이다. 따라서 이더넷 TCP/IP 프로토콜을 사용하는 구조에서는 트러블슈팅의 기본이 되는 프로토콜이기도 하다.

장애 처리 시에 서버가 통신이 안 된다면 우선 물리적인 링크 상태를 살펴봐야 할 것이고, 물리적 연결이 정상적이라면 ARP 캐시 테이블에 IP와 MAC 주소가 정확히 매칭돼 있는지 계층적으로 살펴봐야 할 것이다.

9.1.1 ARP 개요

동일한 네트워크 세그먼트에 물리적으로 연결된 두 장비가 IP 통신을 하는 경우에 이 장비들은 프로토콜에 따라 정의된 물리 계층의 프로토콜과 주소 지정 방식을 사용한다. 예를 들면 이더넷은 MAC 주소라는 것을 사용하고, 프레임 릴레이^{Frame-Relay}는 DLCI^{Data Link Connection Identifier}라는 것을 사용한다.

ARP는 1982년 RFC 826에 정의됐고 이후 ARP를 인터넷 표준 프로토콜로 정의한 STD 37로 재간됐는데, RFC 826의 모호한 부분이 후에 RFC 1122를 통해 명료하게 정의됐다.

RFC 826에서는 ARP 개념을 '장비들이 같은 네트워크에 있는 다른 IP 호스트의 이더넷 하드웨어 주소를 파악하는 데 사용하는 방식'이라고 정의하고 있다. 실제로도 ARP는 이더넷 프로토콜뿐만 아니라 IEEE 802 표준, X.25, DECnet, FDDI^{Fiber Distributed Data Interface}, 프레임 릴레이, ATM, IEEE 802.11 등 다양한 2계층 프로토콜에 캡슐화돼 사용되고 있다.

장비가 로컬 네트워크에서 상호 간에 IP 통신을 하려면 우선 장비는 목적지 IP 주소와 맵핑되는 상대의 하드웨어 주소를 알아야 한다. 하드웨어 주소(이더넷에서의 MAC 주소)를 알고 있으면 전송하려는 시스템은 매체에 적합한 프로토콜과 주소를 사용해 목적지 시스템으로 전송을 개시한다.

그러나 목적지의 하드웨어 주소를 알고 있지 못하다면 데이터를 전송하기 전에 상대방의 하드웨어 주소를 알아내기 위해 ARP를 실행한다. ARP의 실행 결과를 통해 상대방의 하드웨어 주소를 알아내고, 한 동안 이 주소를 시스템의 캐시 메모리에 저장해 재사용할 수 있게 보관한다.

9.1.2 ARP 동작

ARP는 이더넷과 같은 다중 접속$^{multi-access}$ 매체에서 논리적인 IP 주소와 물리적인 MAC 주소를 매칭시키기 위해 브로드캐스트 방식의 요청과 유니캐스트 방식의 응답으로 동작한다. 자세한 동작을 알아보자.

동일한 네트워크 세그먼트에서 시스템 상호 간에 통신을 개시할 때는 다음과 같다.

❶ 이더넷 프레임에 목적지 MAC 주소를 결정하기 위해 자신의 ARP 캐시 테이블에서 목적지 IP에 매칭되는 MAC 주소의 유무를 확인한다.

❷ 캐시 테이블에 주소가 없다면 시스템은 목적 시스템의 MAC 주소를 찾기 위해 ARP 요청 패킷을 2계층 프레임 주소 FF:FF:FF:FF:FF:FF로 브로드캐스트한다.

❸ 동일한 네트워크 세그먼트상의 모든 시스템은 ARP 요청을 수신하지만 목적 시스템만이 ARP 요청 브로드캐스트 패킷에 대한 ARP 응답 패킷을 송신자에게 유니캐스트로 전송한다.

❹ ARP 응답 패킷을 전송한 시스템과 수신한 시스템은 자신의 ARP 캐시에 상대방의 MAC 주소와 IP 주소를 매칭한 ARP 캐시 테이블을 생성해 일정 시간 보관한다.

❺ ARP 요청에는 응답 만료 시간^{timeout}의 개념이 존재하지 않기 때문에 응답이 없어도 ARP는 크게 신경 쓰지 않는다.

시스템에서 ARP 캐시 테이블을 확인하기 위한 명령은 다음과 같다.

서버 `Server_1# arp -a`

네트워크 장비 (시스코의 경우) `SW#show ip arp`

그림 9.1은 앞의 ❶ ❷의 과정을 통해 Steve 호스트가 Web 서버로의 ARP 요청 패킷을 보여준다.

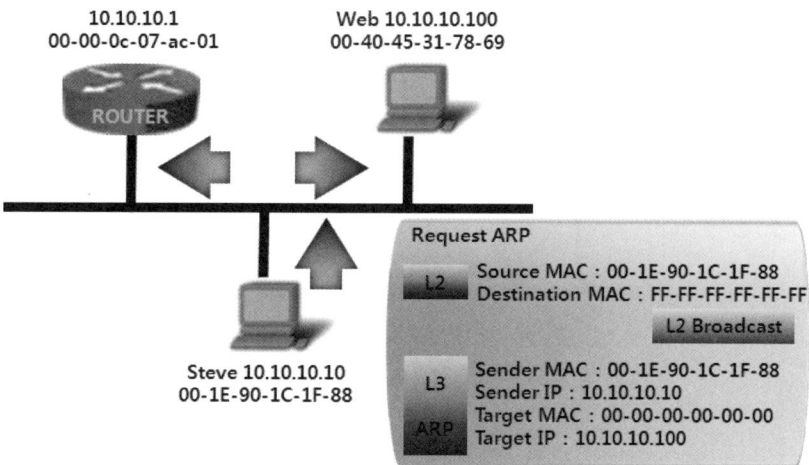

그림 9.1 ARP 요청 패킷

2계층 이더넷 헤더의 목적지 MAC 주소가 FF-FF-FF-FF-FF-FF인 2계층 브로드캐스트 주소이므로 동일 네트워크 세그먼트의 모든 호스트는 ARP 요청을 수신하게 된다.

3계층 ARP 헤더 내용을 보면 송신자 Steve의 IP와 MAC 주소, 그리고 알고자 하는 목적지의 IP가 삽입돼 있음을 알 수 있다.

결국 모든 동일 세그먼트상의 시스템들이 ARP 요청 패킷을 수신하기 때문에 ARP 요청 패킷의 타겟 IP가 자신이 아닌 시스템들은 송신 시스템의 IP와 MAC 주소를 자신의 ARP 캐시 엔트리에 저장할 수 있다. 하지만 기존 캐시 정보의 다른 엔트리를 지울 수 있으므로 ARP 캐시에 송신 시스템의 IP 주소가 이미 존재하는 시스템만이 ARP 캐시 엔트리를 갱신하고, ARP 캐시에 송신 시스템의 IP 주소가 없는 시스템은 ARP 요청 패킷을 무시한다.

그림 9.2는 앞서 설명한 ARP 통신 절차 ❸번의 ARP 응답 패킷 전송 과정을 보여준다.

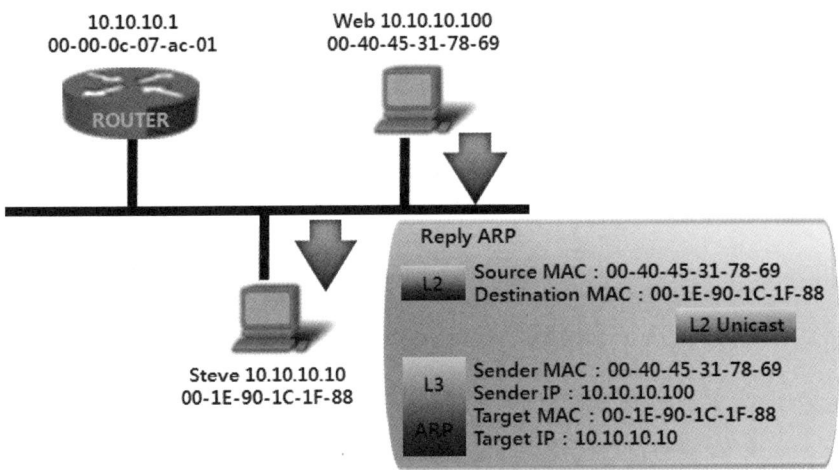

그림 9.2 ARP 응답 패킷

Web 호스트는 ARP 요청 패킷을 수신하고 자신의 IP가 ARP 요청 패킷의 목적지임을 확인한 후 자신의 ARP 캐시 엔트리에 Steve의 IP와 MAC 주소를 등록하고 유니캐스트 프레임을 통해 Steve에게 ARP 응답 패킷을 전송한다.

또한 Web 호스트로부터 ARP 응답 패킷을 수신한 Steve 호스트는 자신의 ARP 캐시 엔트리에 Web 호스트의 IP 주소와 MAC 주소 정보를 추가한다.

(1) ARP 헤더

ARP 프로토콜의 헤더 구조는 그림 9.3과 같으며, 이더넷 프레임 구성은 그림 9.4와 같이 이더타입 필드 값 0X0806을 사용해 캡슐화된다.

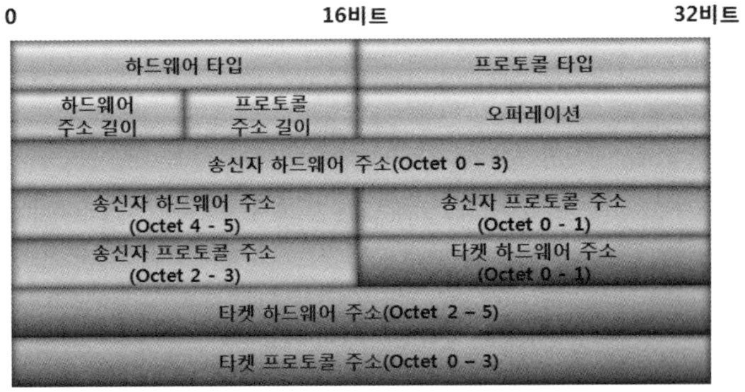

0	16비트	32비트
하드웨어 타입		프로토콜 타입
하드웨어 주소 길이	프로토콜 주소 길이	오퍼레이션
송신자 하드웨어 주소(Octet 0 - 3)		
송신자 하드웨어 주소 (Octet 4 - 5)		송신자 프로토콜 주소 (Octet 0 - 1)
송신자 프로토콜 주소 (Octet 2 - 3)		타켓 하드웨어 주소 (Octet 0 - 1)
타켓 하드웨어 주소(Octet 2 - 5)		
타켓 프로토콜 주소(Octet 0 - 3)		

그림 9.3 ARP 패킷 헤더 구조

| 이더넷 헤더 타입 0X0806 | ARP 헤더와 데이터 | 테일 |

그림 9.4 ARP 이더넷 프레임 구성

- **하드웨어 타입(Hardware Type)** 2바이트, ARP 패킷을 전송하는 로컬 네트워크에서 사용하는 하드웨어 타입 및 사용하는 주소 지정 방식도 규정한다(표 9.1 참조).

표 9.1 ARP 헤더의 하드웨어 타입

HRD 값	하드웨어 타입
1	DIX이더넷과 FDDI
6	IEEE802.3 이더넷과 802.5 토큰링 네트워크
7	ARCNet
15	Frame-Relay
16	ATM
17	HDLC
18	Fibre Channel
19	ATM
20	Serial Line
31	IPsec tunnel

- **프로토콜 타입(Protocol Type)** 2바이트, 하드웨어 필드를 보완하며 메시지에 사용하는 3계층 주소 타입을 지정한다. IPv4 주소의 경우 이 값은 2048(16진수로 0X0800)로, 이는 IP를 위한 이더넷 프레임 헤더의 이더타입 값과 일치한다.

- **하드웨어 주소 길이(Hardware Address Length)** 1바이트, 하드웨어 주소 길이로 이 메시지에 포함된 하드웨어 주소 길이를 바이트 단위로 지정한다. 이더넷 또는 IEEE 802 MAC 주소를 사용하는 네트워크에서는 이 값이 6이다.

- **프로토콜 주소 길이(Protocol Address Length)** 1바이트, 프로토콜 주소 길이로 이 메시지에 포함된 프로토콜(3계층) 주소 길이를 바이트 단위로 지정하며, IPv4 주소의 경우 값이 4다.

- **오퍼레이션(Operation)** 2바이트, 동작 코드로 이 필드는 전송 중인 ARP 패킷의 동작 상태를 말한다. ARP 요청은 1, 응답은 2로 표시된다. 표 9.2는 ARP의 종류별 동작 코드를 보여준다.

표 9.2 ARP 동작 코드(OP Code) 종류

동작 코드	ARP 메시지 타입
1	ARP 요청
2	ARP 응답
3	RARP 요청
4	RARP 응답
5	DRARP 요청
6	DRARP 응답
7	DRARP 에러
8	InverseARP 요청
9	Inverse ARP 응답

- **송신자 하드웨어 주소(Sender Hardware Address, SHA)** 가변 길이로, 하드웨어 주소 길이와 동일하다. 송신자 하드웨어 주소로, 이더넷의 경우 6바이트 이다. ARP 메시지를 송신하는 시스템의 하드웨어(2계층) 주소 길이가 프로토콜마다 상이한데, 이더넷, 토큰링은 6바이트, ARCnet은 1바이트, FDDI는 6바이트, Frame-Relay 2, 3, 4, 그리고 SMDS는 8로 표현된다.

- **송신자 프로토콜 주소(Sender Protocol Address, SPA)** 가변 길이로, 프로토콜 주소 길이와 동일하다. 송신자 프로토콜 주소로, 메시지를 송신하는 장비의 IP 주소다.

- **타겟 하드웨어 주소(Target Hardware Address, THA)** 가변 길이로, 하드웨어 주소 길이와 동일하다. 수신하는 장비의 하드웨어 주소로, 요청 메시지일 경우 장비는 목적지 장비이고, 응답 메시지일 경우 그 장비는 출발지 장비다.

- **타겟 프로토콜 주소(Target Protocol Address, TPA)** 가변 길이로, 프로토콜 주소 길이와 동일하다. 수신자 프로토콜 주소로, 이 메시지를 수신하는 장비의

IP 주소다.

다음은 그림 9.1과 9.2에 표현된 ARP 패킷의 ARP 요청과 응답을 캡처한 내용이다.

```
No.    Time         Source              Destination         Protocol  Info
135    15.356228    00:c0:ee:19:fb:f9   ff:ff:ff:ff:ff:ff   ARP       Who has 10.65.85.68?  Tell 10.65.85.85
136    15.418374    00:1e:90:1c:1f:88   ff:ff:ff:ff:ff:ff   ARP       Who has 10.10.10.100? Tell 10.10.10.100
137    15.418568    00:40:45:31:78:69   00:1e:90:1c:1f:88   ARP       10.65.85.164 is at 00:40:45:31:78:69

⊞ Frame 136 (42 bytes on wire, 42 bytes captured)
⊟ Ethernet II, Src: 00:1e:90:1c:1f:88 (00:1e:90:1c:1f:88), Dst: ff:ff:ff:ff:ff:ff (ff:ff:ff:ff:ff:ff)
  ⊟ Destination: ff:ff:ff:ff:ff:ff (ff:ff:ff:ff:ff:ff)
      Address: ff:ff:ff:ff:ff:ff (ff:ff:ff:ff:ff:ff)
      .... ...1 .... .... .... .... = IG bit: Group address (multicast/broadcast)
      .... ..1. .... .... .... .... = LG bit: Locally administered address (this is NOT the factory default)
  ⊟ Source: 00:1e:90:1c:1f:88 (00:1e:90:1c:1f:88)
      Address: 00:1e:90:1c:1f:88 (00:1e:90:1c:1f:88)
      .... ...0 .... .... .... .... = IG bit: Individual address (unicast)
      .... ..0. .... .... .... .... = LG bit: Globally unique address (factory default)
    Type: ARP (0x0806)
⊟ Address Resolution Protocol (request)
    Hardware type: Ethernet (0x0001)
    Protocol type: IP (0x0800)
    Hardware size: 6
    Protocol size: 4
    Opcode: request (0x0001)
    [Is gratuitous: False]
    Sender MAC address: 00:1e:90:1c:1f:88 (00:1e:90:1c:1f:88)
    Sender IP address:  10.10.10.10 (10.10.10.10)
    Target MAC address: 00:00:00:00:00:00 (00:00:00:00:00:00)
    Target IP address:  10.10.10.100 (10.10.10.100)
```

그림 9.5 ARP 요청 패킷

그림 9.5의 ARP 요청 패킷을 살펴보자. 이더넷 프레임 헤더의 목적지 주소는 상대방의 주소를 알지 못하기 때문에 MAC 주소의 모든 비트가 '1'로 채워진 FF-FF-FF-FF-FF-FF로 2계층 브로드캐스트 통신이며, 이더넷 헤더의 타입 필드는 상위 계층 프로토콜이 ARP임을 지정하기 위해 0X0806으로 지정돼 있다. ARP 헤더의 동작 코드$^{OP\ Code}$는 1로 ARP 요청을 의미하고, 상대방의 MAC 주소를 알지 못하기 때문에 타겟 MAC 주소가 00:00:00:00:00:00으로 채워져 있다.

그림 9.6은 ARP 요청(그림 9.5)에 대한 ARP 응답 패킷을 캡처한 내용으로, 이를 자세히 살펴보면 다음과 같다

ARP의 응답은 2계층 유니캐스트 통신인데, 이는 ARP 요청 프레임에 질의 시스템의 IP 주소와 MAC 주소가 포함돼 있기 때문에 ARP 응답 시스템은 이 정보를 자신의 ARP 캐시 테이블에 등록하고, 이 정보를 사용해 ARP 응답은 유니캐스트로 질의 시스템에 직접 보내게 된다.

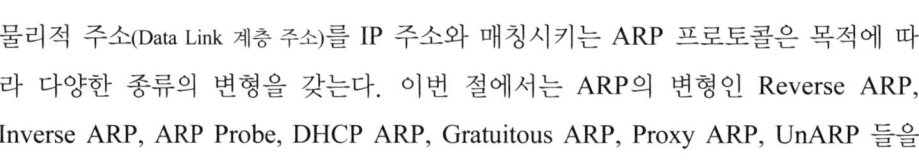

그림 9.6 ARP 응답 패킷

이더넷 프레임 헤더의 목적지 주소가 요청자의 MAC 주소이기 때문에 유니캐스트 통신이며, 타입 필드는 0X0806, 그리고 ARP 헤더의 동작 코드는 2로 ARP 응답을 나타내고, 타겟 MAC 주소는 요청자의 주소로 채워진다.

9.2 ARP 종류

물리적 주소(Data Link 계층 주소)를 IP 주소와 매칭시키는 ARP 프로토콜은 목적에 따라 다양한 종류의 변형을 갖는다. 이번 절에서는 ARP의 변형인 Reverse ARP, Inverse ARP, ARP Probe, DHCP ARP, Gratuitous ARP, Proxy ARP, UnARP 들을 살펴본다.

9.2.1 Reverse ARP

IP를 사용하는 장비가 ARP를 통해 특정 장비의 물리적 주소를 인식할 수 있듯이 반대로 물리적 주소를 기반으로 IP 주소를 파악할 수 있게 한 ARP의 변형이 Reverse ARP와 Inverse ARP다.

Reverse ARP(RFC 903)는 물리적 저장 공간(디스크)이 없는 시스템이 ARP 요청을 통해 자신의 물리적 주소에 대한 IP 주소를 획득하기 위해 이용된다. 과거 클라이언트-서버 시스템에서 대부분의 단말(일명 터미널)들이 서버와 통신하기 위해 이더넷 LAN에서 사용된 방법이다.

그림 9.7은 RARP 요청과 응답 과정을 간략하게 보여준다. 저장 매체인 하드디스크가 없는 시스템은 시스템의 기동과 함께 자신의 MAC 주소에 대한 IP 주소를 획득하기 위해 로컬 세그먼트로 RARP 요청 패킷을 브로드캐스트하면 RARP 서버가 이를 수신하고 요청 시스템에 가용할 수 있는 IP 주소를 포함한 RARP 응답 패킷을 전송한다.

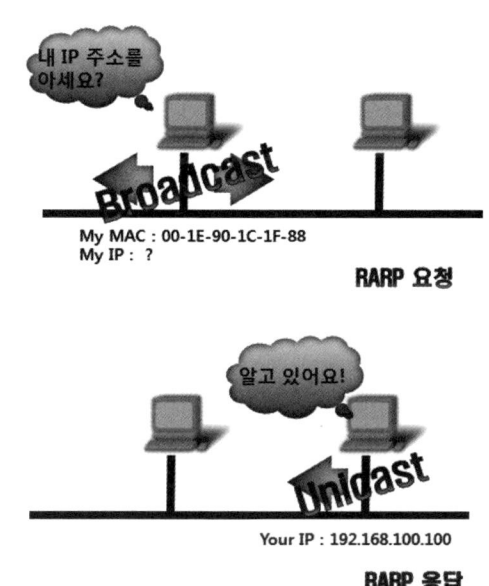

그림 9.7 RARP 요청과 응답

그림 9.8에서 RARP 요청 패킷은 송신자 MAC 주소와 타겟 MAC 주소를 자신의 하드웨어 주소로 채우고, 송신자 IP 주소와 타겟 IP 주소 필드를 0으로 채워 2계층 브로드캐스트 통신을 수행하는 것을 볼 수 있다.

```
No. Time        Source              Destination   Protocol   Info
  1 0.000000   Marquett_12:dd:88    Broadcast     RARP       who is 00:00:a1:12:dd:88?  Tell 00:00:a1:12:dd:88

⊞ Frame 1: 60 bytes on wire (480 bits), 60 bytes captured (480 bits)
⊞ Ethernet II, Src: Marquett_12:dd:88 (00:00:a1:12:dd:88), Dst: Broadcast (ff:ff:ff:ff:ff:ff)
⊟ Address Resolution Protocol (reverse request)
    Hardware type: Ethernet (0x0001)
    Protocol type: IP (0x0800)
    Hardware size: 6
    Protocol size: 4
    Opcode: reverse request (0x0003)
    [Is gratuitous: False]
    Sender MAC address: Marquett_12:dd:88 (00:00:a1:12:dd:88)
    Sender IP address: 0.0.0.0 (0.0.0.0)
    Target MAC address: Marquett_12:dd:88 (00:00:a1:12:dd:88)
    Target IP address: 0.0.0.0 (0.0.0.0)
```

그림 9.8　RARP 요청 패킷

  RARP는 단순한 기능으로 IP를 필요로 하는 시스템에 IP 자원을 배분하는 방법을 제공하지만, 서브넷 마스크 값과 게이트웨이 주소 등은 제공해주지 않는다. 따라서 과거에 라우팅이 필요 없는 내부 LAN 구조의 클라이언트-서버 네트워크 구성에서 사용했으며, 현재의 네트워크에서는 BOOTP나 DHCP 설정 프로토콜을 사용한다.

9.2.2 Inverse ARP

InARP(RFC 2390)는 Frame-Relay^{프레임 릴레이}망을 사용하는 WAN 구간에서 물리적 주소와 IP 주소와의 매칭 방법을 제공한다. Inverse ARP는 IP 주소에 결합된 하드웨어 주소를 찾는 ARP와는 정반대로, IP 기반 네트워크 장비가 하드웨어 주소에 결합된 IP 주소를 찾는 데 사용된다.

  이는 데이터링크 계층에서의 연결은 설정됐지만 상호 간의 IP 주소를 확인할 수가 없어 통신하지 못하는 경우에 유용하게 사용되며, 프레임 릴레이망, ATM망처럼 물리 계층을 통합해 데이터 링크 주소를 공유하는 네트워크에서 발생한다.

  특히 프레임 릴레이망에서는 프레임 릴레이 장비 자체가 자신만의 하드웨어 주소를 갖지 못하고, 회선에 관리자가 할당하는 '데이터 링크 회선 식별자(일명 DLCI^{Data-Link Connection Identifier} 주소,)'를 사용하며, 프레임의 전송 시 목적지 장비에 할당된 DLCI 번호와 IP가 매칭된 DLCI 주소로 프레임을 전송한다.

  결국 프레임 릴레이망에서는 전송 장비가 수신 장비의 IP에 자신의 DLCI를 매칭시킨 ARP 캐시 정보를 갖고 있어야 하며, 이를 정적으로 관리자가 설정할 수도 있지만 동적으로 자동화하는 기술이 바로 InARP다.

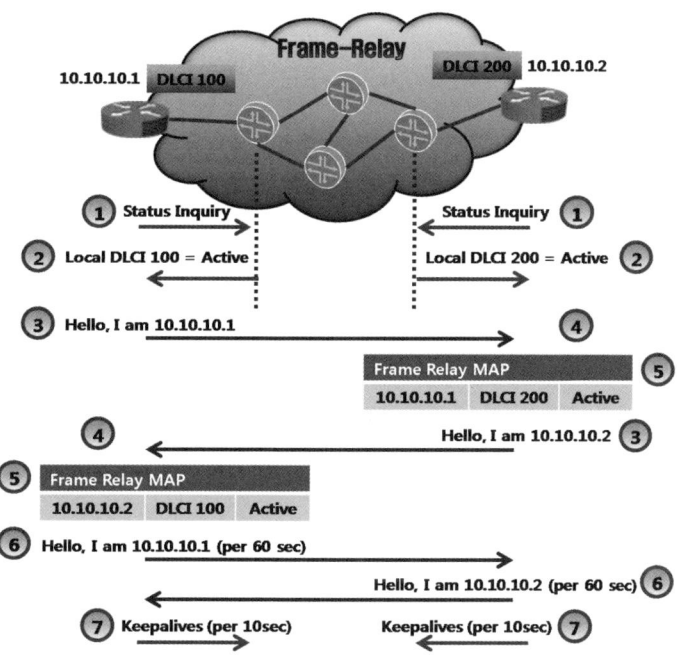

그림 9.9 Inverse ARP의 동작

그림 9.9는 InARP의 동작 절차를 보여준다.

❶ 라우터는 프레임 릴레이 스위치와 연결 상태에 대한 정보를 요구한다.

❷ 연결이 확인되면 프레임 릴레이 스위치는 상태 정보를 라우터에게 전송한다.

❸ 모든 연결이 완료되면 라우터는 목적지 라우터와 프레임 릴레이로 연결해 라우팅 정보 등의 교환을 위한 우선 작업으로 헬로우 메시지를 전송한다.

❹ ❺ 헬로우 메시지를 수신한 라우터는 전송 라우터의 IP와 자신에게 할당된 DLCI 번호를 매핑해 자신의 InARP 캐시에 저장한다.

❻ 라우터 상호 간의 연결 확인을 위해 헬로우를 주기적으로 60초마다 한 번씩 교환한다.

❼ 라우터는 프레임 릴레이 스위치와의 상태 확인을 위해 10초마다 킵얼라이브 keepalive 프레임을 전송한다.

프레임 릴레이 네트워크의 모든 장비는 InARP를 사용해 네트워크에 정의된 모든 회선에 대한 상대 장비의 IP 주소를 찾을 수 있다. 모든 장비가 같은 물리 매체를 공유하는 LAN에서는 이런 방법이 필요가 없지만, 프레임 릴레이와 ATM과 같이 같은 물리 네트워크 매체에 연결돼 있지 않더라도 데이터 링크 연결을 공유하는 구조에서는 반드시 필요한 기술이다(따라서 이런 구조의 프레임 릴레이나 ATM과 같은 망을 NBMA$^{\text{Non-Broadcast Multi-Access}}$ 네트워크라 한다).

InARP에 대해서는 RFC 2390, 프레임 릴레이에서의 IP 사용에 대한 내용은 RFC 2427, 그리고 ATM에서의 IP 사용에 대한 내용은 RFC 2225에 자세히 기술돼 있다.

9.2.3 DHCP ARP

RARP의 주소 분배 방식을 개선한 것이 DHCP$^{\text{Dynamic Host Configuration Protocol}}$이며, RARP와 DHCP의 가장 큰 차이점 중 하나가 DHCP는 IP 자원 풀이라는 주소 목록을 가지고 IP를 자동으로 재분배하며, 이때 게이트웨이와 DNS 정보도 함께 제공한다는 점이다.

DHCP를 사용하는 망에서 DHCP 자원 풀에 정의돼 있는 IP를 임의의 사용자가 수동으로 설정하는 경우 문제가 발생하게 된다. DHCP 사용 시의 IP 충돌 문제를 해결하기 위해 RFC 2131(DHCP RFC)은 시스템이 DHCP 서버에서 할당 받은 주소를 사용하기 전에 IP 충돌 회피를 위한 점검의 목적으로 사용되는 DHCP ARP를 정의했다(DHCP의 동작에 대해서는 13장에서 자세히 다룬다).

DHCP ARP의 동작 방식은 ARP 요청 시스템이 ARP 요청 패킷의 송신자 프로토콜 주소$^{\text{SPA, Sender Protocol Address}}$ 필드에 DHCP로부터 부여받은 IP를 넣는 대신, 0.0.0.0의 IP 주소 값을 채우고 나머지 필드는 정상적인 ARP 요청과 마찬가지로 송신자 하드웨어 주소$^{\text{SHA, Sender Hardware Address}}$ 필드에 자신의 MAC 주소를, 타겟 프로토콜 주소$^{\text{TPA, Target Protocol Address}}$ 필드에 질의 대상(DHCP로부터 할당 받은 IP 주소) IP 주소를 입력하고, 타겟 하드웨어 주소$^{\text{THA, Target Hardware Address}}$ 필드는 모두 0으로 채운 뒤 전송한다.

SHA 필드에 자신의 로컬 MAC 주소를 입력함으로써 DHCP로부터 배포 받아 확인을 요청하는 IP 주소를 이미 사용하고 있는 시스템일지라도 ARP 요청에 응답할 수 있다(ARP 프로토콜은 통신을 위해 IP를 사용하지 않으며, ARP 응답을 위해 IP 주소를 필요로 하지 않는다는 점을 상기하라). 또한 SPA 필드가 0으로 채워져 있기 때문에 DHCP ARP 요청을 수신한 시스템들이 자신들의 ARP 캐시 엔트리를 갱신하지도 않는다.

이런 방식을 사용하지 않는다면 네트워크 장비는 다른 시스템에서 동일한 IP 주소를 사용하고 있더라도 자신의 ARP 캐시 엔트리에 SPA 필드와 동일한 IP가 존재할 경우 IP 주소에 대한 MAC 주소를 갱신할 것이다.

그림 9.10은 DHCP ARP를 통해 할당받은 IP를 검사하는 과정을 보여준다.

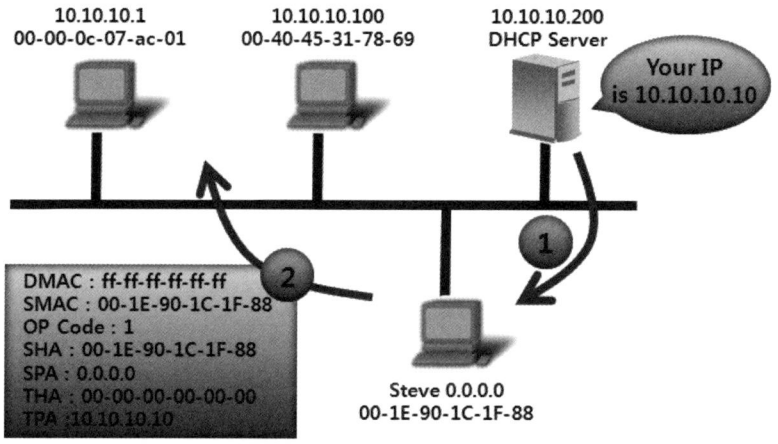

그림 9.10 DHCP ARP의 동작

그림 9.10의 동작을 보면 ❶ Steve 시스템은 DHCP 서버로부터 IP 풀Pool의 자원 (10.10.10.10)을 할당 받고, ❷ 이를 검사하기 위해 DHCP ARP 요청을 개시한다. Steve가 요청에 대한 응답을 수신하지 못한다면 동일 네트워크상에 다른 시스템이 부여받은 IP 주소를 사용하지 않는다는 것이고, 응답을 수신한다면 Steve 시스템이 부여 받은 IP 주소를 다른 시스템에서 사용하고 있다고 인지하고 다시 DHCP 서버에 다른 IP를 할당해줄 것을 요구할 것이다.

영구적으로 IP를 부여받아 사용하고 있는 시스템이 일시적 점검을 위해 전원을 꺼놓은 경우 시스템의 재기동 시 IP 충돌이 발생할 것이다. 또한 일부 시스템은 SPA가 0으로 입력돼 있는 ARP 요청을 이해하지 못할 수도 있다.

RFC 2131에서는 "클라이언트는 자신의 새로운 IP 주소를 네트워크 세그먼트의 다른 시스템에게 보고하기 위해 ARP 응답을 브로드캐스트해 자신의 서브넷에 있는 시스템들이 오래된 ARP 캐시 엔트리를 갱신토록 해야 한다."고 규정하고 있다. 하지만 대부분의 시스템에서 이 목적을 달성하기 위해 ARP 응답 대신 ARP 요청 메시지를 브로드캐스트하는 Gratuitous ARP 방식을 통해 이를 구현한다.

9.2.4 Gratuitous ARP(gARP)

시스템이 자신의 IP나 MAC이 변동됐을 때 다른 시스템의 ARP 캐시 엔트리를 갱신하기 위한 목적으로 Gratuitous$^{불필요, 무료}$ ARP를 이용해 자신의 MAC 주소 및 IP 주소를 브로드캐스트한다. 일반적으로 시스템의 고가용성을 보장하기 위해 시스템에 2개의 NIC를 설정하고 하나의 IP를 사용해 이중화 구성하는 경우(NIC Teaming 구성), 메인 NIC의 장애 시에 이중화된 두 번째 NIC MAC 주소로 통신 시스템의 ARP 테이블이 갱신돼야 하는 경우에 gARP를 사용해 상대방의 ARP 캐시 엔트리를 갱신토록 한다.

또한 gARP는 동일 서브넷에 존재하는 시스템들의 ARP 캐시 테이블을 갱신하는 것이 목적이기 때문에 gARP 요청에 대한 응답을 기대하지 않는다.

앞에서도 언급했지만, 시스템들은 ARP 요청 브로드캐스트에 있는 IP 주소와 MAC 주소에 대해 자신의 엔트리에 속해 있지 않는 정보는 무시하고, 기존에 들어 있는 정보에 대해서만 엔트리를 갱신해 ARP 캐시 엔트리의 무차별적인 갱신을 방지한다.

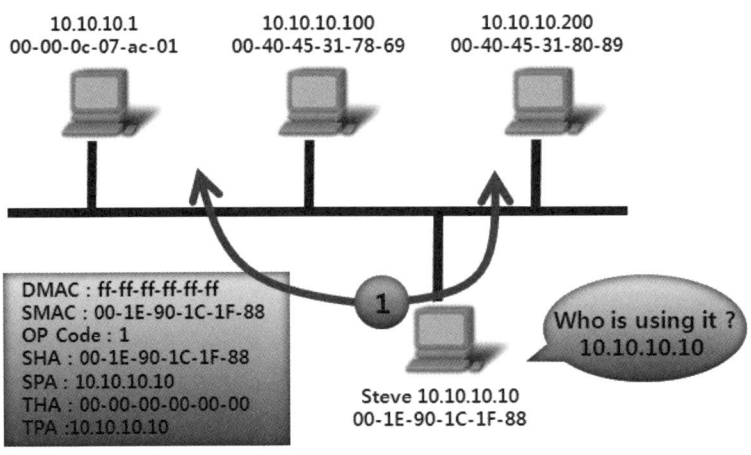

그림 9.11 Gratuitous ARP의 동작

그림 9.11의 gARP 동작을 살펴보자. Steve 시스템은 자신의 IP를 10.10.10.10으로 설정한 후 gARP 요청을 브로드캐스트하는데, 이때 SHA는 자신의 하드웨어 주소, SPA는 자신의 IP 주소, THA는 0으로 채우고 시스템들에 질의할 TPA 주소에 자신이 할당받거나 설정한 IP 주소를 입력해 전송한다.

ARP 요청에 대한 응답을 수신한다면 응답을 송신한 시스템이 동일한 IP 주소를 사용하는 것을 의미한다. 이 경우 시스템은 IP 충돌을 감지하고 IP 충돌에 대한 경고 메시지를 표시할 수 있으며, 충돌 문제가 해결될 때까지 인터페이스를 비활성화시킨다(대표적인 OS가 윈도우 XP다).

9.2.5 ARP 프로브

ARP 프로브^{Probe, 질의}는 송신자의 IP 주소를 모두 0으로 조정해 전송한다. 이는 IP 주소 충돌 검출이라는 항목으로 RFC 5227에 기술돼 있다. IPv4 주소를 직접 설정하든 또는 DHCP로부터 할당받든 간에 사용하기 전에 시스템은 이러한 ARP 프로브 패킷을 브로드캐스트함으로써 설정하려는 IP의 사용 여부를 테스트할 수 있다.

ARP 프로브를 이용한 유틸리티가 ARPing이며, IP의 변경을 수행하기 전에 IP의 사용 여부를 체크할 수 있는 툴로 이를 응용해 사용하면 상대방의 MAC을 가지고 IP를 알아낼 수 있고, ICMP를 사용하지 않고 ARP 프로토콜을 이용함으로써 ICMP를 차단한 시스템에 대해서도 시스템 방화벽을 우회해 연결성 테스트가 가능하다(물론 동일 서브넷에 한정된다).

gARP를 이용하는 경우 IP가 충돌했을 때 기존 시스템들이 ARP 엔트리를 gARP 요청 패킷에 입력된 정보로 갱신하는 문제가 발생할 수 있는데, ARP 프로브를 이용하면 SPA 필드가 0으로 채워지기 때문에 ARP 갱신 문제를 막을 수 있다.

9.2.6 UnARP

처음에 설명한 것과 같이 시스템에서의 ARP 캐시 엔트리 만료 시간은 표준에 정의돼 있지 않아 모든 벤더가 자신만의 만료 시간을 사용한다. 보통 서버 시스템의 경우는 수분으로, 그리고 네트워크 장비의 경우는 4시간 정도를 캐시 만료 시간으로 사용한다.

ARP 캐시 만료 시간은 임시로 IP를 사용하는 환경에서 문제를 발생할 수 있다. ADSL 등을 통해 DHCP로 IP를 할당 받아 사용하는 경우 잠시 사용한 후 시스템 연결을 종료하더라도 다른 시스템은 DHCP 서버를 통해 ARP 캐시의 만료 시간까지 동일한 IP를 사용할 수 없을 것이다.

ARP 캐시 만료 시간 문제를 해결하기 위해 만들어진 방식이 UnARP다. 이 방식은 시스템이 네트워크에서 연결을 종료할 경우 특별한 ARP 패킷을 브로드캐스트해 모든 시스템에 해당 ARP 캐시 엔트리를 삭제할 수 있게 한다.

UnARP의 동작 특징은 다음과 같다.

- SPA^{Source Protocol Address} 필드에서 제공되는 IP 주소와 결합된 하드웨어 주소가 없다는 것을 명시하기 위해 SHA^{Source Hardware Address}와 DHA^{Destination Hardware Address} 필드는 모두 0으로 채워지며, 하드웨어 주소 길이^{Hardware Address length} 필드 역시 항상 0으로 채워진다.
- UnARP 동작은 반드시 ARP 응답 패킷의 형태를 갖는다. 이를 통해 UnARP가 하드웨어 주소 필드에 0을 채우는데, 주소 필드에 정보가 저장될 것이라 판단하는 일반적 ARP 구동 방식에서는 동작하지 않을 수 있기 때문이다.

많은 시스템들이 RFC 1868에 정의된 UnARP를 지원하지 않고 있으며, 지원 여부의 판단을 위해서는 벤더에 문의해야 한다. 또한 UnARP를 지원하려면 장비 내에 특수한 코드의 설정이 필요할 수도 있다. 이런 코드는 UnARP가 하드웨어 주소 필드에 0을 채워 발생할 수 있는 문제를 최소화하는 데 도움을 준다.

9.2.7 프록시 ARP

프록시^{Proxy} ARP는 ARP 요청에 대한 응답을 라우터가 해당 호스트 대신 수행하는 기술이다. 쉽게 표현하자면 '위조^{proxy}'라 할 수 있는데, 이는 "라우터는 모든 패킷을 실제 목적지 호스트로 라우팅할 책임이 있다."는 것을 수용한 것이라 볼 수 있다(프록시 ARP는 몇 가지 운영상 이슈가 있어 9장에서 자세히 다룬다).

프록시 ARP는 호스트가 디폴트 게이트웨이나 라우팅 설정을 하지 않고도 자신의 로컬 서브넷에서 원격지의 서브넷으로 전송을 가능케 한다. 자세한 사항은 RFC 1027를 참고하자.

오래된 시스템 중에는 디폴트 게이트웨이^{Gateway}를 설정하지 못하는 시스템도 있었으며, 이러한 시스템은 네트워크 장비의 프록시 ARP 기능을 통해 원격지와 통신이 가능했다. 하지만 현재 시스템에서는 프록시 ARP 기능을 사용할 필요가 없으며, 사용 중인 시스템이 있다면 이는 서버의 IP 설정(특히 서브넷 마스크 설정)이 잘못인 경우가 대부분이다.

(1) 프록시 ARP 동작

프록시 ARP의 동작 방식 예제는 그림 9.12와 같으며, 이 예에서 서브넷 A상의 호스트 A(172.16.10.100)가 서브넷 B의 호스트 D(172.16.20.200)로 패킷을 전송하려 한다.

그림처럼 호스트 A는 /16비트 서브넷(255.255.0.0)으로 설정돼 있어 호스트 A는 172.16.0.0 네트워크를 로컬 네트워크로 인식한다(따라서 예제의 전체 시스템과 직접 연결돼 있는 것으로 믿고 있다).

결국 호스트 A가 호스트 D와 통신을 개시할 때 호스트 A는 호스트 D가 로컬에 존재하는 것으로 인식하고 ARP 브로드캐스트 요청 패킷을 호스트 D의 IP 주소를 타겟 프로토콜 주소로 설정해 전송할 것이다.

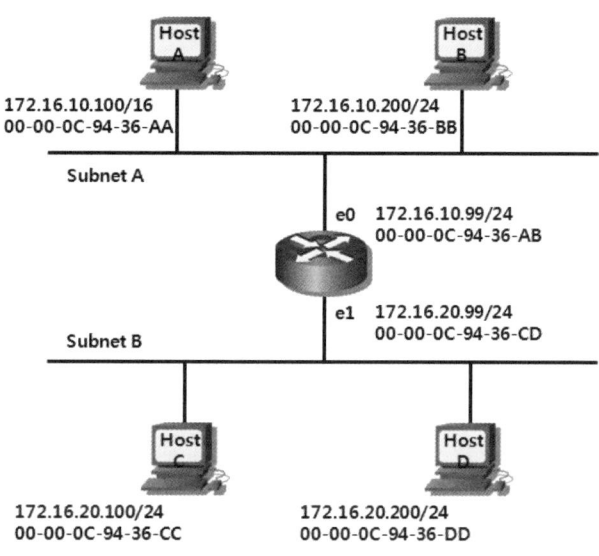

그림 9.12 프록시 ARP 동작

서브넷 마스크(subnet mask)에 대해

시스템들은 어떻게 목적지 네트워크가 동일한 로컬에 있는지 아니면 다른 원격지에 있는지를 판단할까? 이 판단을 위해 시스템은 관리자가 설정한 서브넷 마스크 값을 이용한다.

어떻게 호스트 A가 호스트 D를 같은 네트워크로 인지하는가 하는 문제는 서브넷 마스크를 이용한 연산의 결과 때문이다.

Host A는 Host D와 통신하기 위해 우선 같은 네트워크에 존재하는지 여부를 알아야 한다. 이를 알기 위해 Host A는 자신의 서브넷 마스크 값과 호스트 D의 IP를 AND 연산하며, 이의 값이 자신의 IP(Host A)와 자신의 서브넷 마스크를 AND 연산한 값과 일치하면 목적지의 호스트

> (Host D)를 동일 네트워크에 있는 것으로 간주하고 ARP 브로드캐스트를 요청한다. 같지 않다면 다른 네트워크로 인지해 설정돼 있는 라우팅 정보의 다음 홉으로 ARP를 생성할 것이다.
>
> 1. 호스트 A에서 D로의 통신 시 호스트 A의 연산: 동일 네트워크(로컬, Local Net)
>   172.16.10.100 + 255.255.0.0 = 172.16.0.0
>   172.16.20.200 + 255.255.0.0 = 172.16.0.0
> 2. 호스트 D에서 A로의 통신 시 호스트 D의 연산: 다른 네트워크(원격, Remote Net)
>   172.16.20.200 + 255.255.255.0 = 172.16.20.0
>   172.16.10.100 + 255.255.255.0 = 172.16.10.0
>
> 서브넷 마스크에 대한 사항은 10장에서 다시 자세히 다룬다.

호스트 D(172.16.20.200)에 도달하기 위해 호스트 A는 호스트 D에 대한 MAC 주소가 요구되며, 따라서 호스트 A는 서브넷 A상으로 ARP 요청을 표 9.3과 같이 브로드캐스트한다.

표 9.3 호스트 A에서의 호스트 D에 대한 ARP 요청 메시지

송신자 MAC	송신자 IP	타켓 MAC	타켓 IP
00-00-0C-94-36-AA	172.16.10.100	00-00-00-00-00-00	172.16.20.200

위의 ARP 요청에서 호스트 A(172.16.10.100)는 호스트 D(172.16.20.200)가 그 자신의 MAC 주소를 전송할 것을 요구한다. ARP 요청 패킷은 목적지 주소로는 브로드캐스트(FFFF.FFFF.FFFF)를, 발신지 주소로는 호스트 A의 MAC 주소를 갖는 이더넷 프레임으로 구성된다.

ARP 요청이 브로드캐스트이기 때문에 이는 라우터의 e0 인터페이스를 포함한 서브넷 A의 모든 노드에 도달하지만, 정작 호스트 D에는 도달하지는 못한다. 기본적으로 라우터는 브로드캐스트를 다른 네트워크로 전달하지 않기 때문이다.

라우터는 목적지 주소(172.16.20.200)가 다른 서브넷에 있고, 자신이 호스트 D에 도달할 수 있기 때문에 프록시 ARP로 동작해 호스트 A에게 마치 자신이 호스트 D인 것처럼 위장해 자신의 MAC(e0 인터페이스의 MAC 주소)으로 ARP 요청에 응답한다.

표 9.4는 호스트 A에게 라우터가 응답하는 프록시 ARP 응답이다. 프록시 ARP 응답 패킷은 목적지 주소로는 호스트 A의 MAC과 발신지 주소로는 라우터의 MAC 주소를 갖는 이더넷 프레임으로 구성되며, 요청한 호스트와의 유니캐스트 통신이다.

표 9.4 프록시 ARP로 동작하는 라우터의 호스트 A에 대한 ARP 응답 메시지

송신자 MAC	송신자 IP	타켓 MAC	타켓 IP
00-00-0C-94-36-AB	172.16.20.200	00-00-0C-94-36-AA	172.16.10.100

ARP 응답을 수신하면 호스트 A는 자신의 ARP 캐시 테이블을 표 9.5와 같이 갱신한다.

표 9.5 호스트 A에서의 호스트 D에 대한 ARP 캐시 테이블

IP 주소	MAC 주소
172.16.20.200	00-00-0C-94-36-AB

호스트 A는 172.16.20.200(호스트 D)로의 전송을 위한 모든 패킷을 MAC 주소 00-00-0C-94-36-AB(Router)로 전달할 것이며, 라우터는 이 패킷을 호스트 D로 전달해줄 것이다. 호스트 A의 ARP 캐시 테이블 정보는 서브넷 B상의 모든 호스트에 대해 라우터의 MAC 주소로 정의되며, 라우터는 서브넷 B상의 호스트들로 이러한 패킷을 전달한다.

호스트 A에서의 ARP 캐시 테이블은 다음과 같다.

표 9.6 호스트 A의 전체 ARP 캐시 테이블

IP 주소	MAC 주소
172.16.20.200	00-00-0C-94-36-AB
172.16.20.100	00-00-0C-94-36-AB
172.16.10.99	00-00-0C-94-36-AB
172.16.10.200	00-00-0C-94-36-BB

결과적으로 프록시 ARP가 라우터나 멀티레이어 스위치에서 활성화돼 사용되는 경우 프록시 ARP를 사용하는 시스템은 원격 시스템과의 통신을 위해 표 9.6과 같이 다중의 IP 주소들을 단일 MAC 주소(라우터의 MAC)와 맵핑시킨 ARP 테이블을 유지하게 된다.

시스코 라우터의 인터페이스는 프록시 ARP를 활성화시킬 수 있으며, 기본적으로

활성화돼 있다. 이를 비활성화하려면 인터페이스 설정 모드에서 'no ip proxy-arp' 명령을 통해 가능하며, 설정 예는 다음과 같다.

```
Router# configure terminal
Enter configuration commands, one per line.   End with CNTL/Z.
Router(config)# interface ethernet 0
Router(config-if)# no ip proxy-arp
Router(config-if)# ^z
Router#
```

반대로 프록시 ARP를 인터페이스에 활성화하려면 인터페이스 설정 모드에서 ip proxy-arp 명령을 사용한다(멀티레이어 스위치인 경우 SVI 인터페이스에 적용한다).

호스트 A와 달리 서브넷 A상의 호스트 B(172.16.10.200/24)가 목적지를 서브넷 B상의 호스트 D(172.16.20.200)로 패킷을 전송하려 한다면 호스트 B는 자신의 라우팅 테이블을 참고해 패킷을 정확히 라우팅할 것이다.

호스트 B는 이더넷 인터페이스 172.16.10.200/24의 서브넷 연산을 통해 목적지 호스트 D가 자신과 다른 네트워크에 속함을 알기 때문에 호스트 B(172.16.10.200/24)는 호스트 D의 IP 주소 172.16.20.200에 대한 ARP 정보를 갖지 않는다.

(2) 프록시 ARP를 사용하는 이유

프록시 ARP의 장점은 프록시 ARP 기능을 이용해 같은 슈퍼 네트워크 안에서 라우팅 처리 없이 쉽게 라우터나 멀티레이어 스위치를 추가할 수 있으며, 호스트 또한 디폴트 게이트웨이를 설정하지 않아도 된다.

프록시 ARP는 디폴트 게이트웨이가 설정되지 않거나 어떤 지능적 라우팅을 가질 수 없는 IP 호스트들이 존재하는 네트워크 상황에 이용될 수 있다.

(3) Proxy ARP 사용의 문제점

호스트들이 그들의 네트워크에 대한 물리적 구성에 대해 알 필요가 없고 네트워크 구성 또한 브로드캐스트 통신인 ARP를 전송함으로써 목적지에 도달할 수 있는 계층적이지 못한 평평한 구조로 운영된다. 따라서 모든 상황에 대해 ARP를 이용한다는 것은 결국 네트워크의 계층적 구조를 무시하는 결과로, 다음과 같은 문제가 발생할 수 있다.

- 호스트가 속한 세그먼트의 ARP 트래픽이 과도하게 증가한다.
  - ARP 브로드캐스트 트래픽의 증가가 원인이다.
- 호스트에서 IP에 대한 MAC 주소 매핑을 관리하는 ARP 테이블 크기가 증가한다.
  - 호스트에서의 통신 개시마다 ARP를 생성해야 하므로 통신 효율이 저하된다.
  - 많은 ARP 테이블 관리가 요구됨에 따라 호스트 메모리 사용 효율이 저하된다.
- 목적지 시스템과의 통신을 위해 ARP를 사용하기 때문에 공격자가 패킷을 가로채기 위해 대상 호스트에게 "내가 해당 목적지이니 패킷을 나에게 보내라."는 식의 '스푸핑spoofing, 속이기 또는 위장하기'이 가능하다(뒤에 ARP 스푸핑에서 자세히 설명한다).
- ARP 통신이 없다면 네트워크는 침묵할 것이다.
- 모든 네트워크 토폴로지에 대해 보편적인 구성이 아니다.
  - 두 개의 물리적 네트워크를 연결하는 3계층 장비(라우터 또는 멀티레이어 스위치)가 하나 이상인 구조에서는 패킷의 라우팅 처리가 타당하다.

(4) 프록시 ARP를 비활성화할 경우 발생할 수 있는 시나리오

보안 이슈로 라우터나 멀티레이어 스위치에서 프록시 ARP 기능을 비활성화Disable하기 전에 서버에서 확인해야 할 사항은 다음과 같다. 다음 사항을 확인하지 않으면 프록시 ARP를 네트워크 장비에서 비활성화하는 순간 통신이 두절될 것이다.

① 서버의 서브넷 및 호스트 또는 정적 라우팅 설정이 맞게 돼 있는지 확인한다.
  - 잘못 설정돼 있을 때 프록시 ARP를 통한 통신을 수행하고 있을 가능성이 있다.
② 서버에서 디폴트 게이트웨이 설정이 맞게 돼 있는지 확인한다.
  - 잘못 설정돼 있을 때 프록시 ARP를 통한 통신을 수행하고 있을 가능성이 있다(서버의 `netstat` 명령은 10장에서 자세히 살펴본다).

②의 경우는 당연히 생각할 수 있는 부분이며, ①의 예를 서버의 다음과 같은 설정

을 통해 살펴볼 수 있다.

- 서버의 인터페이스 상태

```
Server1# netstat -i

Name   Mtu    NetworkAddress    Ipkts              Ierrs      Opkts    Oerrs  Coll
lan3   1500   100.50.110.128    100.50.110.171     16176990   225048   0      0
lan1   1500   192.168.239.0     192.168.239.183    31466820   015189   0      0
lo0    4136   127.0.0.0         127.0.0.1          80190      8019     0      0
```

- 서버의 라우팅 정보

```
Server1# netstat -nr

Destination       Gateway            Flags  Refs  Interface  Pmtu
127.0.0.1         127.0.0.1          UH     0     lo0        4136
100.50.110.171    100.50.110.171     UH     0     lan3       4136
192.168.239.183   192.168.239.183    UH     0     lan1       4136
100.50.110.128    100.50.110.171     U      2     lan3       1500
192.168.239.0     192.168.239.183    U      2     lan1       1500
10.0.0.0          192.168.239.183    U      0     lan1       1500
127.0.0.0         127.0.0.1          U      0     lo0        0
default           100.50.110.131     UG     0     lan3       0
```

- 서버의 ARP 캐시 테이블 정보

```
Server1# arp -a
   10.168.33.136 (10.168.33.136) at 0:0:c:7:ac:1 ether
   10.167.244.82 (10.167.244.82) at 0:0:c:7:ac:1 ether
   10.164.37.128 (10.164.37.128) at 0:0:c:7:ac:1 ether
   10.167.63.153 (10.167.63.153) at 0:0:c:7:ac:1 ether
   10.163.41.139 (10.163.41.139) at 0:0:c:7:ac:1 ether
   10.164.60.153 (10.164.60.153) at 0:0:c:7:ac:1 ether
   10.164.18.183 (10.164.18.183) at 0:0:c:7:ac:1 ether
   10.167.175.9 (10.167.175.9) at 0:0:c:7:ac:1 ether
   10.164.16.181 (10.164.16.181) at 0:0:c:7:ac:1 ether
   10.167.61.155 (10.167.61.155) at 0:0:c:7:ac:1 ether
   10.168.24.179 (10.168.24.179) at 0:0:c:7:ac:1 ether
```

```
10.163.98.194 (10.163.98.194) at 0:0:c:7:ac:1 ether
10.168.11.167 (10.168.11.167) at 0:0:c:7:ac:1 ether
10.167.219.127 (10.167.219.127) at 0:0:c:7:ac:1 ether
10.163.142.46 (10.163.142.46) at 0:0:c:7:ac:1 ether
  ......
10.163.233.172 (10.163.233.172) -- no entry
```

위의 'netstat -nr'에서 정적 라우팅 정보가 192.168.239.1로 돼야 하지만, 이를 잘못 설정해 192.168.239.183으로 설정했다.

```
 10.0.0.0    192.168.239.183    U    0    lan1    1500
```

결과적으로 프록시 ARP를 이용해 이 서버는 외부 10.0.0.0/8과 통신을 하고 있으며, 이는 위의 서버 상황 중 arp 캐시 테이블을 통해 쉽게 알 수 있다. 즉, 10.0.0.0/8 네트워크단의 모든 호스트의 IP 주소가 로컬 라우터의 MAC으로 맵핑돼 있음을 볼 수 있다.

보안상의 이유로 라우터에서 프록시 ARP를 비활성화하면 외부 10.0.0.0/8과의 통신은 중단될 것이다. 따라서 보안 점검을 위해 프록시 ARP 기능을 비활성화하기 이전에 모든 서버에서의 라우팅 설정과 게이트웨이 설정을 확인해야 한다.

> 지금까지 일부 ARP 프로토콜에 대해 알아봤다. 이를 정리하자면 ARP 패킷은 네트워크 계층에서 동작하며, 데이터 링크 계층에서 제공하는 물리 매체와의 통신을 수행하는 IP와 무관한 별도의 독립적인 프로토콜이다. 이더넷 프레임에서 ARP 프로토콜을 지칭하는 타입 번호는 0X0806이며, IP의 경우는 0X0800이다.
> RFC 826에 따라 ARP 패킷은 9개의 필드로 구성되며, 패킷의 총 길이는 물리 계층의 하드웨어 주소의 길이에 따라 가변적이다. 다양한 ARP의 변형 프로토콜들이 존재하며, 이는 그만큼 IP 네트워크에서 ARP 프로토콜의 의존도는 크기 때문인데, 동작 특성상 브로드캐스트로 동작하기 때문에 네트워크상에서 ARP 패킷의 사용률 또한 네트워크 효율 및 디자인 적합성을 검토하는 중요한 요소가 된다. 통상 전체 트래픽 비율 중 2계층 브로드캐스트 비율이 5%를 초과하면 네트워크 구성에 대한 검토가 필요하다고 본다.

9.3 프록시 ARP를 이용한 확장 LAN 간 라우팅

매트로 이더넷Metro-Ethernet으로 본사와 지사 간 네트워크를 확장해 하나의 VLAN 대역(즉, 하나의 브로드캐스트 영역)으로 구성하는 경우가 종종 있다. 이 경우 장애 예방과 대역폭의 문제를 해결하기 위해 본/지사 간의 회선을 이중화해 사용한다고 가정하자.

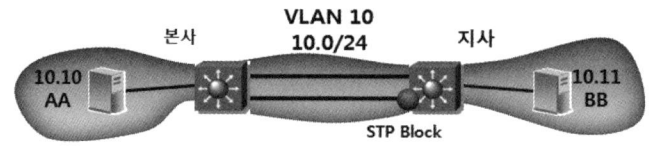

그림 9.13 확장 VLAN으로 구성된 네트워크(10.10.10.0/24)

그림 9.13과 같은 확장 LAN의 구조를 관리자 입장에서 보면 이중화 회선을 모두 이용하려 하지만, 실제적으로 회선 이중화 구간이 STP 구조임에 따라 두 회선 중의 하나는 STP 블로킹BLK 상태로 동작하고 이중화 회선은 액티브Active-스탠바이Standby 상태로 동작한다.

이는 운영 유지비를 고려할 때 고가의 전용선 비용을 낭비하는 결과를 낳는다. 실제 망에서는 이러한 구성은 절대 추천되지 않으며, 이중화의 구현은 브로드캐스트를 통한 2계층 통신의 이중화보다는 라우팅을 통한 3계층 통신의 이중화를 권장한다.

관리자 입장에서 이중화 회선을 모두 이용하는 액티브-액티브 구성을 수행하려면 그림 9.14와 같이 2계층 구간의 중간에 3계층의 라우팅 구간을 추가하면 된다.

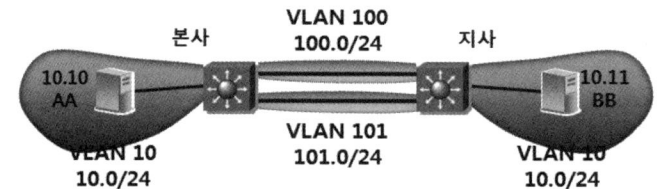

그림 9.14 100.100.100.0/24, 100.100.101.0/24 대역을 통한 VLAN 구간의 분할

중간에 라우팅 구간으로 확장 LAN을 분할해 STP 구성을 제거함으로써 이중화 회선을 모두 이용할 수 있는 구성은 가능하지만, 두 개의 분할된 VLAN 간의 통신을

수행하는 방법이 문제가 된다. 이런 구성에서 VLAN 상호 간 통신을 지원할 수 있는 해결책은 프록시 ARP를 이용하는 방법이다. 또한 각 3계층 멀티레이어 스위치에 상대편 장비에 대한 라우팅을 지원하기 위해 32비트의 호스트 라우팅을 추가한다. 과정은 다음과 같다.

❶ 각 L3 스위치에 해당 VLAN 10에 대한 proxy-arp 설정을 활성화한다.

```
L3(config-if)# ip proxy-arp
```

❷ L3 스위치 상호 간에 라우팅을 위해 32비트 호스트 기반의 정적 라우팅을 추가한다.

```
L3-1(config)# ip routing 10.10.10.11 255.255.255.255 100.100.100.2
L3-1(config)# ip routing 10.10.10.11 255.255.255.255 100.100.101.2
```

> Nortel 장비의 경우 ip specific-route 명령을 추가해야 한다.

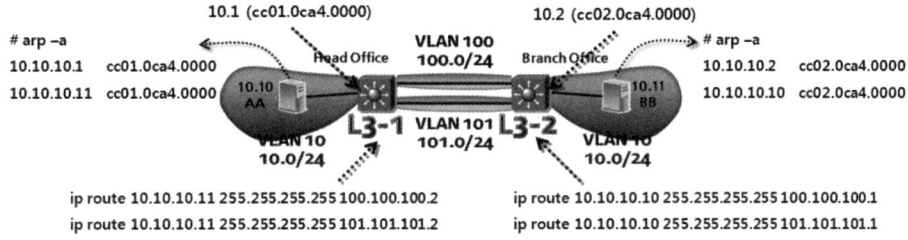

그림 9.15 확장 VLAN 간 라우팅 구성

그림 9.15와 같이 구성한 후 각 시스템에서의 상호 VLAN 간 시스템으로의 통신이 개시됨을 확인할 수 있다. 또한 각 시스템에서의 ARP 테이블을 통해 시스템 상호 간 통신을 위해 proxy-arp를 사용하고 있음을 (상대방의 MAC이 라우터의 MAC임을 확인함으로써) 알 수 있다.

위와 같은 구성은 앞에서도 말한 바와 같이 절대 권장되지 않는다. 가장 좋은 방법은 지사의 IP 대역을 변경해 사용하는 것이다(시스템이 많다면 32비트 라우팅 테이블을 관리하는 일도 만만치 않을 것이다).

하지만 고객기관이나 자신이 운영하고 있는 구간이 위와 같은 2계층 STP 구조의 회선 이중화 구간으로 IP 변경 없이 전용 회선 비용에 대한 효율화를 요구해 3계층 라우팅 구조로 변경해야 하는 경우 불가피하게 이러한 `proxy-arp`를 통한 구조 변경을 고려할 수 있다.

9.4 ARP 스푸핑 공격

ARP 스푸핑Spoofing, 속이기 공격은 로컬 네트워크에서 사용하는 ARP 프로토콜의 허점을 이용해 자신의 MAC 주소를 다른 컴퓨터의 MAC 주소인 것처럼 속이는 공격이며, ARP 캐시 정보를 임의로 바꾼다는 의미로 'ARP Cache Poisoning 공격'이라고 한다. ARP 스푸핑의 목적은 패킷을 공격자 시스템으로 우회시켜 스니핑sniffing하거나 가로챈 패킷을 변조하는 중간자main in the middle 공격을 수행하기 위해 사용된다.

공격 방법은 공격자가 패킷을 우회시키고자 하는 시스템(대부분의 경우 시스템이 디폴트 게이트웨이로 사용하고 있는 라우터 및 멀티레이어 스위치)의 MAC 주소를 자신의 MAC 주소로 위조한 ARP 응답 패킷을 전파해 희생자 시스템의 ARP 캐시 엔트리를 갱신시킨다. 공격자에 의해 변조된 ARP 캐시 정보를 통해 희생자 호스트는 공격자 시스템으로 패킷을 전송하게 된다.

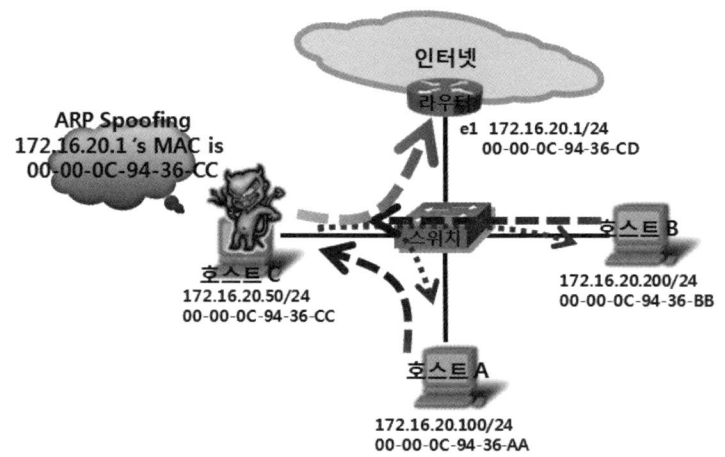

그림 9.16 ARP 스푸핑

그림 9.16을 보면 호스트 C가 호스트 A, B와 라우터 e1 간의 통신을 스니핑하기 위해 호스트 C에서 호스트 A, B에게 172.16.20.1의 MAC 주소가 00-00-0C-94-36-CD가 아니라 공격자 호스트 C의 MAC인 00-00-0C-94-36-CC라는 ARP 응답 패킷을 발송하면 호스트 A, B는 이를 의심 없이 받아들이고 ARP 정보를 갱신한 후 통신을 하게 된다.

결국 호스트 A, B와 라우터 간의 모든 통신은 호스트 C로 보내지며 호스트 C는 이를 받아 스니핑한 후 다시 라우터 e1으로 포워딩하면 된다. 이때 호스트 C의 네트워크 설정은 IP를 포워딩하기 위해 'net.ipv4.ip_forward=1 로 설정돼 있어야 원래의 목적지로 패킷을 포워딩할 수 있고, 희생양들인 호스트 A, B는 속도가 조금 늦지만 정상적으로 통신이 이뤄지므로 패킷이 호스트 C를 거쳐 간다는 사실을 알 수가 없다.

9.5 ARP를 통한 장애 처리

시스템을 네트워크와 연계하고 처음으로 수행해야 할 테스트는 연결성 테스트인 ping일 것이다. ping 테스트를 수행했는데, 게이트웨이로부터 응답이 오지 않을 경우(케이블, 즉 물리 계층을 확인했다면) 서버의 ARP 캐시 테이블 상태를 확인해볼 필요가 있다.

다음의 장애 처리 절차를 수행해본다.

- IP 주소 설정 확인(IP 충돌 확인), 서브넷 마스크 설정 확인, 랜카드 불량 또는 비활성 상태를 확인한다.
    - 시스템에 다수의 랜카드^{NIC}가 설정돼 있는 경우 장애가 발생한 랜카드에 할당된 IP가 정확히 설정됐는지, 혹시 다른 랜카드에 설정한 것은 아닌지 확인한다.
    - 네트워크 장비에 연결된 케이블이 목적하는 VLAN에 할당된 포트에 연결돼 있는지 확인한다.
- 시스템의 인터페이스 상태, ARP 캐시 테이블의 상태를 확인한다.

□ 서버의 인터페이스 설정 상태를 'netstat -i', 그리고 'ifconfig -a'로 확인한다.

□ 서버 ARP 캐시 테이블의 상태를 'arp -a'로 확인한다.

- 상태는 'dynamic(동적 엔트리)', 'Permanent(정적 엔트리)', 'incomplete(비정상 엔트리)'로 표시된다. 'Incomplete'의 경우 비정상 동작으로 2계층의 문제이며, 대부분이 랜카드의 IP 설정 실수 또는 네트워크 장비에 연결된 VLAN 대역이 잘못된 경우다.

□ 네트워크 장비에서 캐시 테이블의 상태는 'show ip arp IP-Number'(시스코 장비의 경우)로 확인한다.

- 시스템의 ifconfig -a를 통해 확인된 MAC 주소가 네트워크 장비의 ARP 테이블에도 동일하게 설정돼 있는지 확인한다.

- 기존 동일한 IP를 사용하는 시스템의 랜카드를 교체하는 경우 네트워크 장비의 ARP 캐시 테이블의 갱신 시간의 문제로 인해 통신이 불가능할 수 있다. 즉, 시스템의 ARP 테이블은 정상적이지만 네트워크 장비의 ARP 테이블 정보가 동일 IP에 대해 과거의 MAC 주소를 캐시 정보에 갖고 있다면 통신은 불가능하다.

시스코 Catalyst 백본 스위치의 기본 ARP 캐시 정보 만료 시간(4시간)은 다음과 같다.

```
Catalyst_6509#show interface vlan33
Vlan33 is up, line protocol is up
   Hardware is EtherSVI, address is 0013.5f81.2000 (bia 0013.5f81.2000)
   Description: [ IS_BB_1 >> ICS_FW_1 ]
   Internet address is 192.168.33.1/24
   MTU 1500 bytes, BW 1000000 Kbit, DLY 10 usec,
      reliability 255/255, txload 152/255, rxload 146/255
   Encapsulation ARPA, loopback not set
   Keepalive not supported
   ARP type: ARPA, ARP Timeout 04:00:00
   Last input 00:00:00, output 00:00:00, output hang never
```

```
Last clearing of "show interface" counters 39w0d
Input queue: 0/75/13096/12941 (size/max/drops/flushes); Total output drops: 0
-- 생략 --
```

- 네트워크 장비의 ARP 캐시 정보를 강제 갱신시킨다.
  - 시스템의 MAC 주소와 네트워크 장비의 ARP 캐시 정보 값이 일치하지 않을 경우 네트워크 장비의 ARP 캐시 정보를 강제로 갱신토록 한다.

    ```
    clear arp int vlan n
    ```

    - ARP 캐시의 생성 및 갱신은 순간적으로 발생하기 때문에 갱신에 대한 장애의 위험은 거의 없다.

시스템마다 ARP 만료 시간이 상이하며, 대부분의 서버의 경우는 60초, 그리고 네트워크 장비는 서버보다 상당히 긴 시간을 갖으며, 시스코의 경우 4시간의 만료 시간을 갖는다. 다음은 네트워크 장비에서의 ARP 만료 시간 갱신 명령과 서버에서의 갱신 명령을 보여준다.

- 네트워크 장비에서 ARP 만료 시간 값 변경
  - **Cisco**   Cisco(config-if)# arp timeout n ➡ <0-2147483>Seconds
  - **Nortel** Nortel# config ip arp aging n ➡ <1-32767>mins (기본 값은 360)
  - **Juniper** [edit system arp interfaces interface-name]
            Juniper#set aging-timer n ➡ <1 - 240>mins (기본 값은 40)
- 서버 시스템에서 ARP 만료 시간 값 변경

  ```
  # sysctl -a | grep gc_stale_time
      net/ipv4/neigh/eth1/gc_stale_time = 60
      net/ipv4/neigh/eth0/gc_stale_time = 60
      net/ipv4/neigh/lo/gc_stale_time = 60
      net/ipv4/neigh/default/gc_stale_time = 60
  ```

리눅스 시스템의 경우 위의 만료 시간 값과 같이 60초로 설정돼 있으며, 소프트 커널 튜닝^{Soft Kernel Tuning}(sysctl -w kernel_parameter=value)으로 이 값을 적절히 조정할 수 있다. 변동이 없는 네트워크에 시스템들의 ARP 요청이 과도할 경우 60초보다 높은 값으로 설정해 ARP 요청에 의한 브로드캐스트의 수를 적정 수준으로 조절할 필요가 있다.

네트워크 장비의 경우 4시간으로 돼 있는 ARP 캐시 만료 시간의 조정을 너무 낮은 값으로 하게 되면 시스템이 연결돼 있는 네트워크의 크기에 따라 과도한 ARP 요청으로 인한 다량의 브로드캐스트 패킷으로 네트워크 효율성이 저하될 수도 있음을 주의해야 한다.

9.6 정적 ARP를 통한 ARP 테이블 관리

시스템에서는 ARP 스푸핑 공격에 대한 보안 방지를 위해, 그리고 네트워크 장비에서는 주요 시스템들의 IP 충돌에 따른 서비스의 안전성을 보호하기 위한 방법으로 정적Static ARP 설정을 권고한다.

9.6.1 시스템에서 정적 ARP 설정

시스템에서의 ARP 스푸핑 공격은 주로 시스템과 게이트웨이 사이의 트래픽을 스니핑하기 위한 목적으로 이뤄진다. 따라서 공격자는 시스템의 ARP 캐시 엔트리에 저장된 게이트웨이 주소(백본 스위치 또는 라우터의 MAC 주소)를 스니핑 시스템의 MAC 주소로 변조한다. 이를 방지하기 위한 방법으로 시스템에서 게이트웨이 주소에 대한 정적 ARP를 설정하면 된다.

시스템에서의 정적 ARP 설정은 다음과 같다.

- 설정하고자 하는 IP 주소와 MAC 주소를 확인한 후 'arp -s <IP 주소> <MAC 주소>' 명령을 사용한다.
- **설정 예** `Server# arp -s 192.168.1.142 00:06:5B:89:D0:CC`
- 설정 후 `arp -a` 명령을 통해 PERMpermanent 옵션이 설정돼 있음을 확인한다.

9.6.2 네트워크 장비에서 정적 ARP 설정

시스템에서 ARP 스푸핑 방지의 목적을 위해 정적 ARP를 설정했다면 네트워크 장비에서는 IP 충돌이 발생해 서비스가 중단되는 사고를 방지하기 위해 설정한다.

주요 설정 대상은 로드 밸런서(L4 스위치라 불리는)를 통해 서비스를 수행하는 대표 IP[일명 VIP, Virtual IP]와 라우팅을 위해 설정돼 있는 다음 홉 IP[next-hop IP]가 될 것이며, 이외에 관리자의 판단에 따라 주요 서버 IP 주소도 이에 해당될 것이다.

네트워크 장비에서의 정적 ARP 설정(시스코 경우)은 다음과 같다.

- SW(config)# arp ip-주소 하드웨어-주소 encap-type [interface-type]

- **설정 예**   SW(config)# **arp 10.31.7.19 0800.0900.1834 arpa**

ARP의 정적 설정은 관리자로 하여금 설정 후 변경 및 이력 관리에 대한 부담을 주기 때문에 서비스 관점, 관리적 문제 등의 여러 가지 부분을 고려해야 한다.

참고로 사용자 네트워크 구간에 IP 관리 시스템이나 NAC[Network Access Control] 시스템을 별도로 도입하지 않은 곳을 관리하는 관리자라면 정적 ARP의 설정은 유용한 관리 도구가 될 수 있다.

예를 들어 말썽을 일으키거나 불법적으로 도용되는 IP를 차단하고 싶다면 해당 IP가 정의된 VLAN이 있는 멀티레이어 스위치에서 문제의 IP에 대한 MAC 주소를 엉터리로 설정해 정적 ARP를 등록하면 이 IP는 외부와 전혀 통신이 되지 않을 것이다. 물론 필터링(ACL[access list])을 해도 되지만, 심각한 이슈가 아니라면 한 줄의 정적 ARP도 효과적일 것이다.

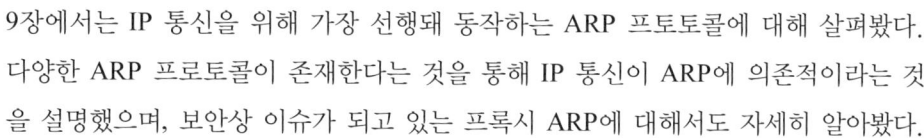

9.7 정리

9장에서는 IP 통신을 위해 가장 선행돼 동작하는 ARP 프로토콜에 대해 살펴봤다. 다양한 ARP 프로토콜이 존재한다는 것을 통해 IP 통신이 ARP에 의존적이라는 것을 설명했으며, 보안상 이슈가 되고 있는 프록시 ARP에 대해서도 자세히 알아봤다.

또한 ARP를 이용한 장애 처리와 정적으로 ARP 테이블을 관리하는 방안도 언급했다. 10장에서는 IP 프로토콜과 이와 관련된 3계층 프로토콜에 대해 알아본다.

10

IP 프로토콜과 장애 처리

10장에서는 IP 프로토콜 헤더의 구성과 IP 주소 범위, 그리고 DHCP 동작과 DHCP 에이전트 동작 방식을 설명한다. 또한 인터넷 제어 메시지와 NAT, VRRP, HSRP의 동작과 설정, 그리고 라우팅 장애 사례 등을 통해 인터넷 계층의 장애 처리 방법을 살펴본다.

10.1 IP, ICMP, NAT, 라우팅 프로토콜

네트워크 계층이나 인터넷 계층에는 여러 프로토콜이 있지만 TCP/IP 프로토콜에서 가장 중요한 것은 IP 프로토콜일 것이다. 네트워크 엔지니어가 가장 많이 신경 쓰는 부분이고, 패킷을 전달하기 위한 기술인 라우팅 결정이 이뤄지는 계층이기도 하다. 이 책에서는 동적 라우팅 프로토콜의 세부적인 사항은 다루지 않고 프로토콜 중심의 설명과 예제를 다뤘다(라우팅 부분에 대해서는 전문가들이 집필한 좋은 책들이 시중에 많이 나와 있거니와 또한 일부 경우만으로 라우팅 프로토콜의 모든 것을 설명할 수 없기 때문이다).

이 절에서는 IP^{Internet Protocol}에 대한 간략한 설명과 DHCP^{Dynamic Host Control Protocol}, ICMP^{Internet Control Message Protocol}에 대해 설명하고, NAT^{Network Address Translation}와 VRRP^{Virtual Router Redundancy Protocol}, HSRP^{Hot Standby Router Protocol}, 라우팅^{Routing} 관련 이슈를 살펴본다.

10.1.1 IPv4 개요

IP 프로토콜은 출발지 호스트에서 목적지 호스트로의 종단 간^{End-to-End} 통신을 위해 구성된 네트워크 장비들 간의 패킷 전달을 위한 방법을 제공한다. 대부분의 정상적인 통신 상황에서 패킷은 목적지에 도달할 것이지만, 장애나 설정 잘못 등의 비정상적인 상황에서는 패킷이 목적지로 전달되지 못할 것이다.

IP는 목적지까지 패킷을 전달하기 위해 최선의 노력을 다할 것이지만^(Best-Effort Delivery Service), 궁극적으로 목적지 시스템에 전달되지 못하더라도(목적 시스템이 없거나, 통신이 불가한 상황 등으로) 전달 실패에 대해 책임을 지지 않는다. 단지 ICMP 메시지를 통해 일시적 혹은 장애 상황으로 패킷이 전달되지 못함을 출발지 호스트에게 통보할 뿐이다. 이 때문에 IP 프로토콜을 비신뢰적인 서비스라고 한다.

결국 TCP/IP 통신의 데이터 전송에 대한 신뢰성을 확보하기 위해서 IP는 TCP나 혹은 애플리케이션과 같은 상위 계층 프로토콜에 의존해야 한다.

IP 프로토콜은 비신뢰성^{Unreliability} 또는 비연결형^{Connectionless} 서비스를 제공하는데, 이는 IP가 패킷에 대한 상태 정보를 관리하지 않는다는 의미로 IP 패킷이 순서에 상관없이 전달될 수 있음을 말한다. 라우터를 통해 이중화된 링크로 부하를 분산해 전송하는 경우 목적지 호스트에서 패킷을 수신하는 순서가 출발지 호스트에서 순차적으로 전송된 순서와 일치하지 않을 수 있다. 결국 수신 호스트에서는 이렇게 순차적이지 않게 수신된 패킷을 순차적으로 재배열해야 하며, 재배열을 수행해야 하는 계층은 IP의 상위 계층 프로토콜의 몫이 된다.

IP 프로토콜은 글로벌한 시스템들의 상호 간 식별을 위해 논리적 자원인 32비트의 IP 주소를 제공한다(IP 주소에 대한 부분은 뒤에 자세히 다룬다).

또한 그림 10.1과 같이 IP 프로토콜은 하위 계층과 연계를 위해 TCP/IP 스택과 호환되는 모든 종류의 데이터 링크 계층 프로토콜과 동작할 수 있게 설계됐다. 이를 위해 다양한 물리 계층 네트워크의 최대 전송 프레임 크기를 수용할 수 있게 큰 데이터 블록을 단편화^{Fragmentation}해 전송하고, 수신자가 이를 재조합^{Reassemble}할 수 있는 기능을 제공한다.

TCP / UDP						
IP						
Ethernet	Token-Ring	PPP	HDLC	PoS	ATM	Frame-Relay

그림 10.1 IP와 하위 계층 프로토콜

네트워크 토폴로지는 서로 다른 최대 전송 프레임 크기(최대 전송 단위, MTU$^{Maximum Transmission Unit}$)를 갖으며, 이 MTU는 한 프레임에 전달할 수 있는 데이터의 최대 용량이 된다. 이더넷의 경우 일반적으로 MTU 값이 1,500바이트이고, 16Mbps 토큰링의 경우 17,914 바이트, PPP는 296바이트 등의 값을 갖는다.

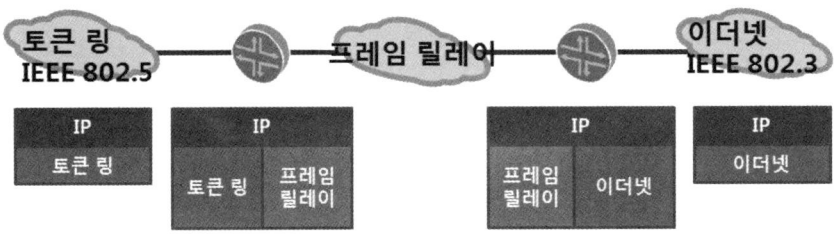

그림 10.2 다양한 데이터 링크 계층 프로토콜간의 IP 통신

다중의 하위 계층 프로토콜과 동작하므로 인터넷 계층인 3계층을 매체 변환 계층$^{Media Translation Layer}$이라 하는데, 그림 10.2와 같이 왼쪽에 있는 LAN 구간의 802.5의 토큰 링 프레임을 WAN 구간의 프레임 릴레이 프레임으로 변환하고 이를 다시

LAN 구간의 이더넷 프레임으로 변환해 통신하는 과정을 나타냈다.

IP가 수행하는 기능들은 프로토콜 정의 초기에 수립됐지만, 초기의 TCP/IP 프로토콜 규격에는 IP라는 프로토콜 계층이 별도로 존재하지 않았다. 다시 말하면 개발 초창기에는 TCP만을 정의해 IP의 역할까지 수행하게 개발했다.

초기 TCP에서 분리된 지금의 IP 프로토콜로의 탄생은 1981년 9월 RFC 791의 '인터넷 프로토콜' 문서가 발표되면서 이뤄졌으며, RFC 791의 미흡한 호스트 네트워크 요구 사항 부분을 보완해 RFC 1122가 발표됐다. 이를 통해 현재 널리 사용하는 TCP/IP의 모습이 완성됐다. RFC 791의 최초 IP 버전은 4로 정의됐는데, 이는 TCP가 초창기에 세 가지 버전으로 개선 발표됐으므로 TCP에서 IP를 분리하는 RFC791을 발표하면서 IP와 TCP 모두에게 버전 4를 부여했다.

RFC 791은 "인터넷 프로토콜은 상호 연결된 패킷 스위칭 컴퓨터 통신 네트워크에서 네트워크를 통해 인터넷 데이터그램(패킷의 다른 이름)을 출발지에서 목적지 시스템으로 전달하는 기능을 정의한다. 그리고 다양한 데이터 링크 계층의 네트워크를 통한 데이터그램의 전송을 위해 큰 데이터그램의 단편화와 재조합 기능을 제공한다."고 정의했다.

또한 신뢰성과 비연결형 특성에 대해서는 "인터넷 프로토콜의 역할은 상호 연결된 네트워크를 통해 패킷을 출발지에서 목적지까지 전달하는 데 필요한 기능을 제공하는 것이며, 종단 간 데이터의 신뢰성 향상, 흐름 제어, 전송 순서 제어 및 기타 호스트 간$^{host-to-host}$ 프로토콜의 기능들은 제공하지 않는다."로 정의했다.

10.2 IP 프로토콜의 구성

10.2.1 IP 헤더 구조

IP 프로토콜을 사용해 연결된 시스템들은 IP 데이터그램 또는 패킷이라고 불리는 IP 메시지의 본문에 캡슐화된다. 캡슐화란 상위 계층에서 동작하는 프로토콜의 독립된 형태의 메시지를 받은 각 하위 계층 프로토콜이 자신의 메시지 포맷으로 전체 콘텐츠를 구성하는 일련의 작업을 말한다(제어 정보를 포함하는 헤더와 선택적으로 꼬리를 포함한다).

그림 10.3과 같이 IP 프로토콜은 일반적으로 20바이트(옵션 제외) 헤더를 상위 계층의 프로토콜 데이터 유닛PDU, Protocol Data Unit에 첨부한다.

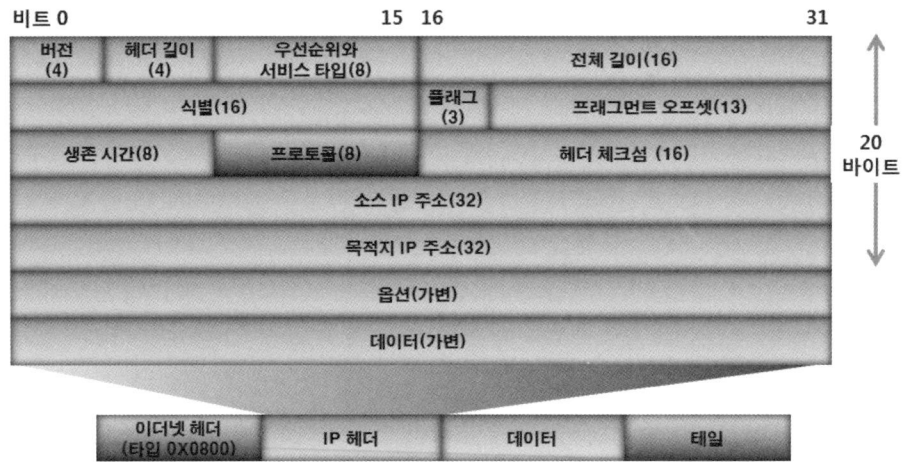

그림 10.3 IP 프로토콜 헤더 구조와 이더넷 프레임 구조

버전(Version) 필드, 4비트

사용 중인 IP 버전을 표시한다. IPv4의 값은 4이며, 이 필드를 통해 서로 다른 버전의 IP를 운영 중인 장비 간 호환성을 제공한다.

헤더 길이(Header Length) 필드, 4비트

IP 헤더의 길이를 32비트 워드 단위로 표시한다. 옵션 필드도 포함하는 값으로 대부분의 옵션이 없는 경우 이 필드의 값은 20바이트(5 × 4바이트 = 20바이트)다.

우선순위와 서비스 타입(Priority and Type of Service) 필드, 8비트

IP 패킷의 서비스 품질QoS, Quality of Service을 제공하기 위한 필드다. 이 필드는 초창기에 RFC 791에서 우선 필드Precedence field 3비트와 패킷의 특정 처리를 위한 4비트 필드로 구성됐지만, RFC 2474에서 앞의 6비트를 사용해 차등화 서비스DS, Differentiated Services라는 기술을 지원하게 변형됐다.

전체 길이 필드(Total Length), 16비트

전체 길이를 나타내는 필드로, IP 패킷의 전체 길이를 바이트 단위로 표시한다. 최대 16비트로, IP 패킷의 최대 길이는 65,535바이트다.

식별(Identification) 필드, 16비트

송수신 시스템이 각각의 패킷을 확인할 수 있게 IP 패킷을 생성할 때 16비트의 일련 번호를 부여한다. 이 필드의 길이가 16비트로 한정돼 있어 전체 통신상에서 이 필드 값이 단일한 값을 유지하지 못하고 중복된 값이 사용될 수도 있다.

이 필드는 또한 단편화와 함께 이용되는데, 패킷을 단편화할 때 단편화 이전 패킷의 식별자 값을 단편화된 패킷에 동일하게 부여해 전송한다. 단편화 패킷을 수신하는 시스템이 패킷을 재조합할 때 동일한 식별자 값을 갖는 단편화 패킷만을 재조합해 원래의 패킷에 대해 단편화된 패킷을 식별할 수 있게 한다.

플래그(Flag) 필드, 3비트

3개의 제어 비트로 각각 0, DF, MF로 패킷 단편화와 관련된 정보를 제공하며, 첫 번째 비트는 예약돼 있어 항상 0이고, 두 번째 비트는 DF$^{Don't\ Fragment}$로, 1로 설정되면 단편화를 하지 말라는 의미로 사용되고, 0으로 설정돼 있으면 단편화가 가능하다는 의미다. 마지막 MF 비트는 패킷 단편화 시에 사용된다.

패킷이 단편화됐을 때 수신한 패킷이 세 번째 비트인 MF$^{More\ Fragment}$가 0으로 설정돼 있으면 추가 단편화 패킷이 없음을 나타내고, 1로 설정돼 있으면 단편화된 패킷이 더 있음을 의미한다. 단편화되지 않는 패킷이라면 이 비트는 항상 0으로 설정될 것이다. 패킷이 5개로 단편화된다면 앞의 4번째까지 단편화된 패킷은 이 비트가 1일 것이고, 마지막 다섯 번째 단편화된 패킷은 0으로 설정될 것이다.

또한 DF 필드를 다른 목적으로 사용하기도 한다. DF 필드를 1로 설정해 MTU 값을 점점 증가시키면서 전송하다보면 어떤 시점에서 노드에서 ICMP 에러 보고 메시지인 '목적지 도달 불가'의 하위 에러인 코드 4 '단편화 불가 에러'를 수신하게 되는데, 단편화 불가 에러를 수신하기 이전에 전송한 MTU 값이 시험하는 링크로 패킷을 분할하지 않고 전송할 수 있는 최대 MTU 값이 된다(이러한 방법을 Path MTU Discovery라고 한다).

상위 계층이 TCP를 사용하는 통신은 대부분이 DF 필드가 1로 설정이 돼 있는데, 이는 TCP가 상호 간의 통신을 개시하기 이전에 '3방향 핸드셰이킹$^{3-way\ handshaking}$'을 수행하고, 이때 시스템 상호 간에 전송할 최대 세그먼트 크기$^{MSS,\ Maximum\ Segment\ Size}$(보통은 1,460바이트로 설정)를 상호 협의하기 때문에 IP 계층에서의 패킷 단편화가 발생하지 않는다. 따라서 대부분 단편화는 상위 계층 프로토콜을 TCP를 사용하지 않는 UDP나 ICMP 프로토콜을 기반으로 하는 `ping` 같은 애플리케이션에서 발생한다.

프래그먼트 오프셋(Fragment Offset) 필드, 13비트

단편화가 발생하면 이를 순차적으로 재조합하는 것은 목적지의 수신 시스템이 담당한다. 이때 단편화된 패킷에 대한 순서 번호를 대신해 프래그먼트 오프셋 필드 값이 전체 메시지에 대한 각 단편의 위치를 알려줌으로써 재조합의 순서를 제공하는 역할을 담당한다.

단편화는 8바이트 단위로 지정되며, 필드의 길이가 13비트이므로 0에서 최대 8,191까지의 값을 가질 수 있다. 또한 8바이트 단위로의 지정한 것은 단편의 길이가 8의 배수여야 하기 때문이다.

생존 시간(Time to Live) 필드, 8비트

TTL이라고도 불리는 생존 시간 필드는 패킷의 생존 시간을 정의하는 필드로, 이 값은 0에서 255의 범위를 갖는다. 패킷 전달을 수행하는 라우터들 사이에서 라우팅 루프가 발생하면 패킷은 무한성 이 루프 구간을 떠돌게 되는데, 이런 쓰레기 패킷들이 네트워크상에 떠도는 것을 방지하기 위한 패킷의 생존 시간 정보를 제공한다.

TTL 필드는 기본 255의 초기 값으로 생성되며, 목적지 노드까지의 라우터들은 수신된 패킷을 라우팅할 때마다 (기본적으로) 1씩 감소시켜 패킷을 포워딩한다. 수신한 패킷의 TTL 연산 결과 값이 0이 되면 라우터는 이 패킷을 폐기하고, 해당 패킷의 최초 송신자에게 ICMP의 시간 초과[Time Exceeded] 메시지를 전송한다.

그렇다면 이름이 HTL[Hop to Live, 홉 생존 시간]이 돼야 더 타당하지 않을까 싶지만, 실제 이 필드는 시간에 굉장히 민감한 패킷에 대한 유효성이 감소되거나 만료 시간이 지나지 않게 보장하기 위해 만들어졌기 때문에 TTL이라는 이름이 지어졌다. 하지만 실제 라우터는 패킷을 전달함에 있어 처리 지연 및 전송 지연의 시간이 총 1초도 걸리지 않기 때문에 패킷의 수명을 시간으로 판단하는 것은 무리가 있으므로 현재는 단순히 홉 수를 나타내는 데 사용한다.

프로토콜(Protocol) 필드, 8비트

프로토콜 필드는 상위 계층 프로토콜과의 연결을 위한 SAP[Service Access Point] 기능을 제공한다. 이 필드에 정의되는 값은 IETF[1]의 RFC 790에 정의됐으며, 현재는

---

1. IETF(Internet Engineering Task Force), TCP/IP 기술에 초점을 맞춘 인터넷의 주요 이슈에 대한 표준 제정

IANA[2]에서 관리한다. 표 10.1은 프로토콜 필드 값 목록을 보여준다.

표 10.1 IP 프로토콜 필드 값

16진수	10진수	프로토콜
00	0	예약
01	1	ICMP
02	2	IGMP
04	4	IP-in-IP 캡슐화
06	6	TCP
11	17	UDP
32	50	ESP(EncapsulatingSecurity Payload) 확장 헤더
33	51	AH(Authentication Header) 확장 헤더

헤더 체크섬(Header CheckSum) 필드, 16비트

전송 에러 유무를 판단하기 위해 헤더에 대한 체크섬을 수행한다. 이더넷의 데이터 링크 계층에서 수행하는 복잡한 CRC$^{Cyclic\ Redundancy\ Check,\ 순환\ 중복\ 검사}$가 아닌 헤더 부분만을 2바이트의 워드 단위로 나눈 후 그 워드들을 더하는 단순한 체크섬을 통해 전송 중 발생할 수 있는 에러를 판단하고 에러가 보고되면 해당 패킷을 폐기한다.

발신지 IP 주소(Source IP Address) 필드, 32비트

이 필드에는 패킷을 생성한 출발지 시스템의 IP 주소를 채운다.

목적지 IP 주소(Destination IP Address) 필드, 32비트

이 필드에는 패킷이 도착하는 최종 목적지 시스템의 IP 주소를 채운다.

옵션 필드(Options), 가변 길이

이 필드를 통해 출발지 라우팅, 타임스탬프 등의 특별한 처리를 하기 위해 가변 길이로 이용될 수 있다. 옵션 필드는 거의 사용하지 않으며, 옵션을 사용했을 경우 IP

---

2. IANA(Internet Assigned Numbers Authority), IP 주소와 AS 번호의 부여 및 관리를 관할하는 단체다. 프로토콜 번호에 자세한 할당 사항은 http://www.iana.org/assignments/ptotocol-numbers/protocol-numbers.xml 참조

헤더의 길이는 20바이트를 초과하게 된다.

패딩(Padding) 필드, 필요한 경우 가변 길이

IP 패킷의 헤더 길이는 32비트 워드 단위여야 한다. 헤더에 옵션이 추가되는 경우 헤더가 32비트의 배수가 될 수 있게 빈 공간을 채우는 데 사용한다.

10.2.2 IP 단편화

IP 패킷의 단편화^{Fragmentation}는 전송하려는 물리적 링크에 규정된 최대 전송 단위 ^{MTU}를 초과해 상위 계층 데이터를 전송하는 경우 이를 링크가 전송할 수 있는 적정 MTU 크기로 분할해 전송하는 것을 말한다. 참고로 앞에서도 언급했지만 TCP를 사용하는 통신에서는 최대 세그먼트 크기^{MSS}를 상호 간에 규정함으로써 단편화가 발생하지 않는다.

다음 예에서는 ping을 사용해 5,000바이트의 데이터를 전송하려 한다. 대부분의 이더넷을 사용하는 IP 시스템의 MTU는 헤더를 포함해 1,500바이트로 정의돼 있으므로, 5,000바이트를 전송하기 위해 전송하고자 하는 IP 시스템에서 패킷을 4개로 분할해 전송한다.

단편화된 패킷들이 원래는 하나의 패킷이었음을 알리기 위해 동일한 식별 필드 값을 사용하고, 단편화돼 전송되는 패킷 간의 재조합 위치를 알리기 위해 오프셋 필드 값이 사용된다.

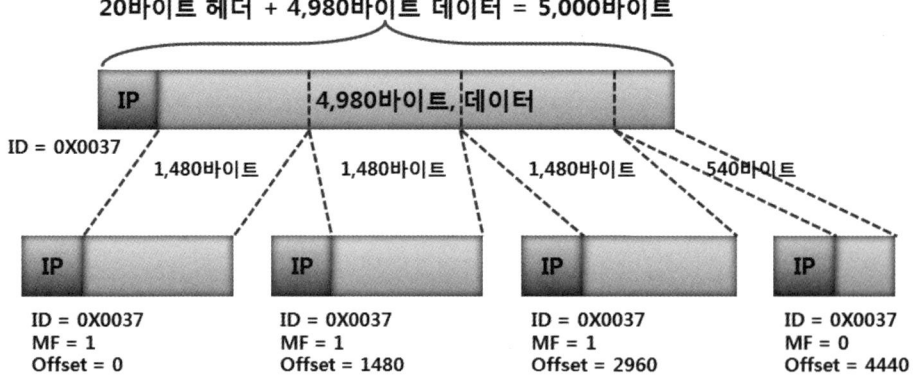

그림 10.4 IP 단편화 예(5,000바이트)

그림 10.4의 예에서 5,000바이트 패킷은 4,980바이트의 데이터와 20바이트의 IP 헤더를 포함한 크기다. MTU 크기 역시 이더넷의 경우 1,500바이트에 IP 헤더 20바이트가 포함된 크기이며, 이더넷을 사용하는 TCP의 MSS 크기 1,460바이트는 TCP 헤더 20바이트를 제외한 크기를 말한다. 따라서 통상 이더넷에서의 MTU 크기는 MSS + 40바이트(TCP + IP 헤더)인 1,500바이트가 된다.

그림 10.4에서처럼 모든 단편화된 패킷은 동일한 식별 필드 값(0X0037, 55)을 사용해 단편화된 패킷들이 원래는 하나의 패킷이었음을 나타낸다. 그리고 단편화된 패킷은 오프셋 값이 0이며, 뒤에 단편이 더 있음을 의미하는 MF 값이 1로 설정된다.

그림 10.4의 실제 단편화된 패킷에 대한 캡처는 그림 10.5에서 프레임 순서 번호 7~10이다. 처음 단편화된 패킷(프레임 순서 번호 7번)의 MF 값은 1로 추가 단편 패킷들이 있음을 알리며, 오프셋 값 0으로 자신이 단편화된 첫 번째 패킷임을 나타낸다.

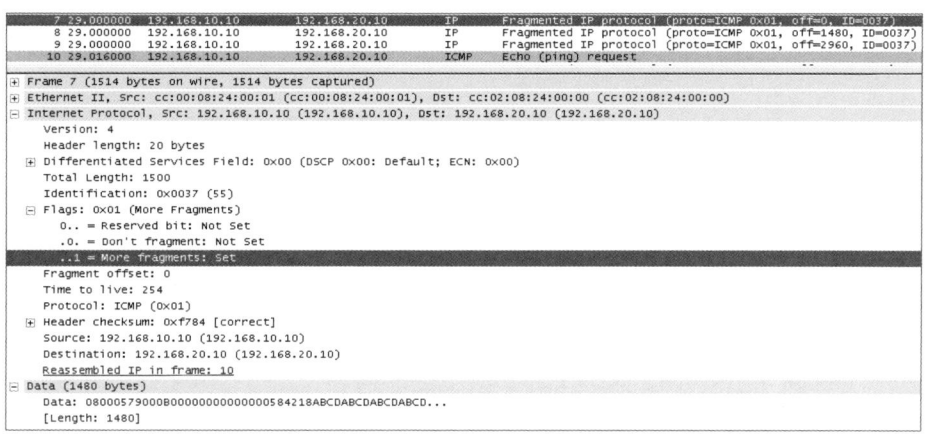

그림 10.5 IP 단편화 예, 맨 처음 단편화된 IP 패킷

맨 마지막 단편은 그림 10.6과 같다. 자신이 맨 마지막 단편임을 나타내기 위해 MF 필드 값은 0으로 설정돼 있으며, 재조합 순서를 나타내기 위한 오프셋 값은 4,440이다. 처음 단편화된 패킷과 마찬가지로 식별 필드 값으로 0X0037을 사용해 원래는 같은 패킷이었음을 나타낸다.

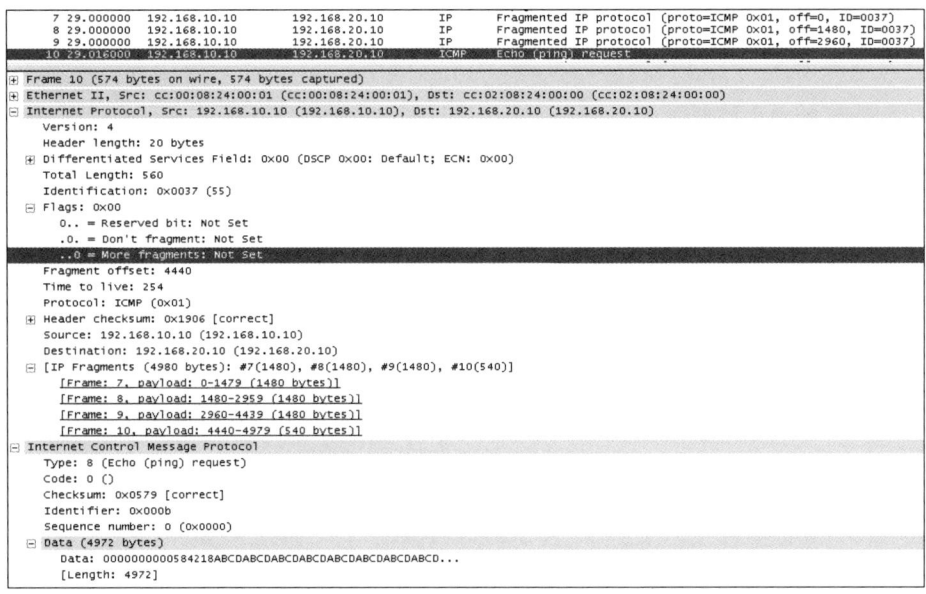

그림 10.6 IP 단편화 예, 마지막으로 단편화된 IP 패킷

10.2.3 식별 필드 값 분석을 통한 네트워크 장애 파악

IP 패킷의 식별 필드 값은 IP 패킷의 생성과 함께 만들어지며, 중간 노드에서 (라우터 등) 단편화가 이뤄질 때 동일한 식별 필드 값을 통해 재조합 패킷의 범위를 식별할 수 있다. 즉, IP 패킷의 식별 필드 값은 패킷의 유일함을 보장한다.

식별 필드 값을 통해 캡처한 패킷이 재전송 패킷인지, 아니면 네트워크 장애인 루프 상황에 만들어진 복제 패킷인지를 판단해본다.

그림 10.7의 패킷은 패킷 유실에 따른 재전송 요청 패킷이며, IP 측면에서 보면 패킷 식별 필드의 값이 (a)는 0X1aa9, (b)는 0X1aaa로 상호 다르기 때문에 서로 다른 패킷임이 분명하다(추후 4계층 TCP 절에서 재전송에 대해 자세히 다룬다).

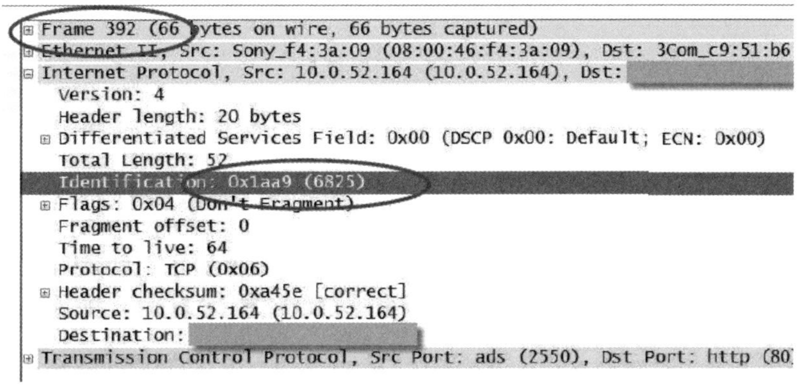

(a) ID 0X1aa9(6825) 패킷

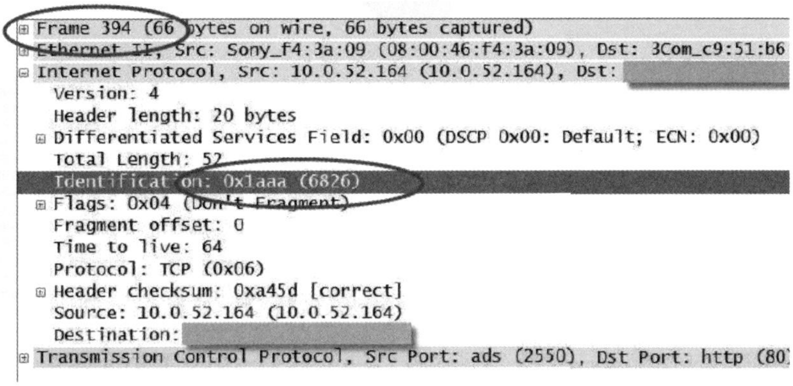

(b) 0X1aaa (6826) 패킷

그림 10.7 재전송 패킷

    그림 10.8의 패킷은 2계층 스위치단에서 발생된 루핑looping으로 복제된 패킷이다. IP 측면에서 보면 패킷 헤더의 식별 필드 값이 0XB8C7로, 두 패킷이 동일하기 때문이다.

    IP 패킷 헤더의 식별 필드 값은 16비트로 0~65,535의 범위를 갖고, 시스템에서 순차적으로 증가돼 사용된다. 하나의 세션에 사용되는 패킷의 수가 많으면 헤더의 식별 필드 값은 재사용될 수도 있을 것이다. 하지만 패킷을 캡처해 프레임 번호를 비교했을 때 복제된 패킷의 프레임 번호는 기존의 번호와 큰 차이가 나지 않을 것이다. 위의 예에서도 프레임 번호 17이 프레임 번호 18로 복제됐음을 볼 수 있다.

(a) ID 0Xb8c7(47303) 패킷

(b) 0Xb8c7 (47303) 패킷

그림 10.8 프레임 루핑 상황에서 복제된 패킷

10.2.4 IP 주소 구성

IP 프로토콜은 32비트로 구성된다. 일반적으로 IP 주소를 이야기할 때 10진수로 표기 하지만 실질적으로 시스템은 2진수를 사용한다. 기본적으로 IP 주소 구조는 네트워크 ID 부분과 호스트 ID 부분으로 나뉘고, 전통적인 클래스 구조에 따라 A, B, C, D, E 클래스의 5가지로 구분된다(참고로 IPv6는 128비트로 구성되며, IPv6 설명은 이 책의 범위를 벗어나기 때문에 IP 프로토콜에 대한 설명은 IPv4로 한정한다).

(1) 네트워크 ID

IP 주소의 맨 왼쪽 비트부터 시작해 임의의 비트까지 사용된다. 이 비트열은 개별적 시스템의 식별을 위해 시스템에 부여할 수 없으며, IP를 사용하는 시스템이 속해 있는 네트워크의 주소를 나타낸다. 이를 네트워크 프리픽스[prefix] 또는 간단히 프리픽스라고 부른다.

(2) 호스트 ID

IP 주소의 네트워크 주소를 나타내는 비트열 다음부터 끝까지를 호스트 ID라 부르며, 각 시스템에 부여해 네트워크상에서 시스템 각각을 식별하기 위해 사용한다.

네트워크에 부여된 모든 주소를 다 호스트 비트로 사용할 수 있는 것은 아니다. 호스트 비트열이 모두 0인 것은 네트워크 ID 또는 네트워크 주소를 나타내기 위해 사용되며, 호스트 비트열이 모두 1인 것은 호스트 자신이 속한 네트워크의 브로드캐스트 주소로 사용되게 예약돼 있어 네트워크마다 2개의 주소는 호스트에 부여될 수 없는 주소가 된다.

그림 10.9는 B 클래스 IP 구성으로, 네트워크 주소 부분과 호스트 주소 부분의 두 부분으로 구성된 IP 주소 구조를 보여준다.

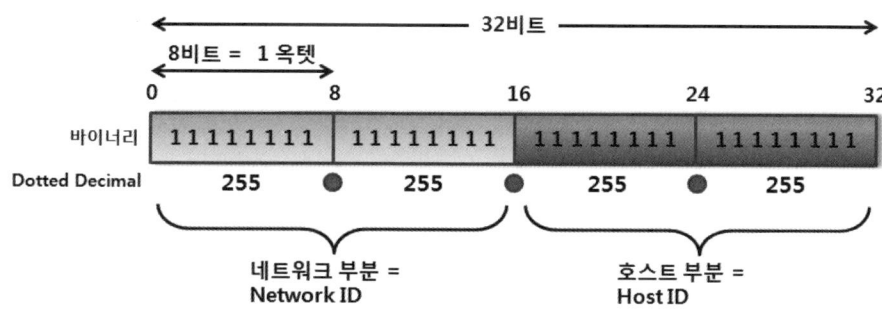

그림 10.9 네트워크 ID와 호스트 ID로 구성된 IP 주소의 구조

(3) 클래스 분류에 따른 IP 주소

IP 주소 체계를 클래스에 따라 분류한 방식으로, 클래스 단위 주소 방식이 있다. 이는 가장 기본적인 주소 분류 방식으로, 네트워크 ID와 호스트 ID를 구분하기 위해 클래스 단위를 사용하고, 구분 지점을 식별하기 위해 주소의 처음 몇 비트를 사용한다.

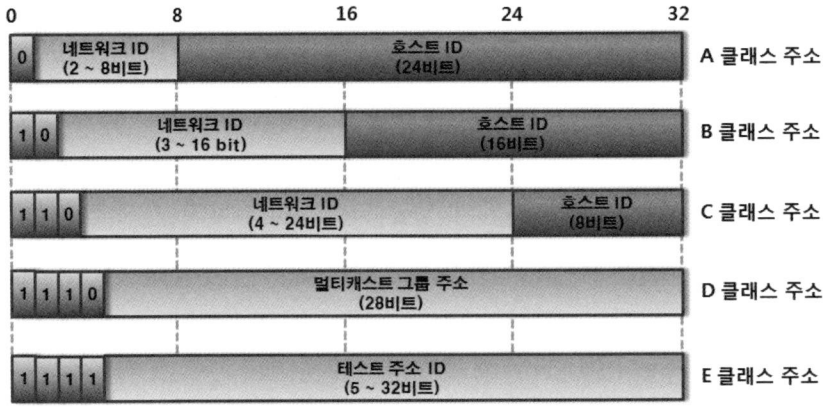

그림 10.10 IP 주소의 클래스 단위 분류

A 클래스

첫 옥텟(Octet)의 첫 비트가 0으로 시작한다. 첫 옥텟이 모두 네트워크 ID로 사용되며, 나머지 3개의 옥텟이 호스트 ID를 식별하기 위해 사용된다. 따라서 네트워크 ID의 수는 0에서 127까지로 정의되지만 0과 127은 특별 용도로 정의돼 있어 사용할 수 없기 때문에 실제 사용 가능한 네트워크 ID 범위는 1에서 126까지이며, 호스트 ID는 224 - 2 = 16,277,214의 범위를 갖는다. 또한 서브넷 마스크는 네트워크 ID의 범위를 나타내므로 255.0.0.0로 표현된다.

B 클래스

첫 옥텟의 첫 두 비트는 10으로 시작한다. 두 번째 옥텟까지 네트워크 ID로 사용되며, 나머지 2개의 옥텟이 호스트 ID를 식별하기 위해 사용된다. 따라서 네트워크 ID의 수는 128에서 191까지로 정의되며, 호스트 ID는 216 - 2 = 65,534의 범위를 가진다. 그리고 서브넷 마스크는 네트워크 ID의 범위를 나타내므로 255.255.0.0로 표현된다.

C 클래스

첫 옥텟의 첫 세 비트가 110으로 시작한다. 세 번째 옥텟까지 네트워크 ID로 사용되며, 나머지 1개의 옥텟이 호스트 ID를 식별하기 위해 사용된다. 따라서 네트워크 ID의 수는 192에서 223까지로 정의되며, 호스트 ID는 28 - 2 = 254의 범위를 가진다. 그리고 서브넷 마스크는 네트워크 ID의 범위를 나타내므로 255.255.255.0로 표현된다.

D 클래스

첫 옥텟의 첫 네 비트가 1110으로 시작한다. 네트워크 ID, 호스트 ID의 범위 구분은 없고, 첫 옥텟의 범위는 224에서 239까지다. 28비트가 모두 멀티캐스트 그룹 주소로 사용돼 특정 호스트에 부여할 수 있는 주소는 아니다.

E 클래스

첫 옥텟의 첫 네 비트가 1111으로 시작한다. 첫 옥텟의 범위가 240에서 255까지이며, 테스트 주소로 예약돼 있어 호스트에게 부여할 수 있는 주소 범위는 아니다.

결국 인터넷을 위해 사용자에게 부여할 수 있는 네트워크 클래스는 A, B, C 클래스에 한정적이며, 이 클래스 범위 내에서도 특정 목적을 위해 예약돼 있는 주소 범위가 존재한다.

(4) IP 브로드캐스트 주소

IP 주소에서 사용되는 브로드캐스트 주소는 직접 브로드캐스트와 로컬 네트워크 브로트캐스트 주소의 두 가지가 있다.

① **직접 브로드캐스트 주소**(Directed Broadcast Address) 호스트 필드가 모두 1로 설정된 주소로, 예를 들면 192.168.10.0/24 네트워크의 직접 브로드캐스트 주소는 192.168.10.255가 된다. 이는 원격지의 모든 호스트에 대한 브로드캐스트에 이용된다.

② **로컬 네트워크 브로드캐스트 주소**(Local Network Broadcast Address) 네트워크, 호스트 필드가 전부 1로 설정된 주소로, 255.255.255.255를 말한다. 이는 동일한 네트워크 내에서의 모든 호스트와 통신을 하고자 할 때 사용된다.

직접 브로드캐스트 주소는 보안상 라우팅이 되지 않게 라우터나 멀티레이어 스위치에서 차단한다. 스머프 공격이나 SYN 플러딩 공격과 같이 DoS[Denial of Service] 공격에 악용될 수 있기 때문이다.

직접 브로드캐스트와 SMURF 공격

호스트 비트가 모두 1인 IP 주소를 직접 브로드캐스트 주소라 하며, 이에 대한 라우팅은 시스코 IOS 10.0 버전부터 제공됐지만, 스머프 공격이나 SYN 플러딩 등의 서비스 거부 공격(DoS)에 악용돼 IOS 12.0 이후 버전부터는 기본적으로 모든 인터페이스에 'no ip directed-broadcast'가 설정돼 있어 목적지 IP 주소가 직접 브로드캐스트이면 라우팅이 되지 않게 하고 있다.

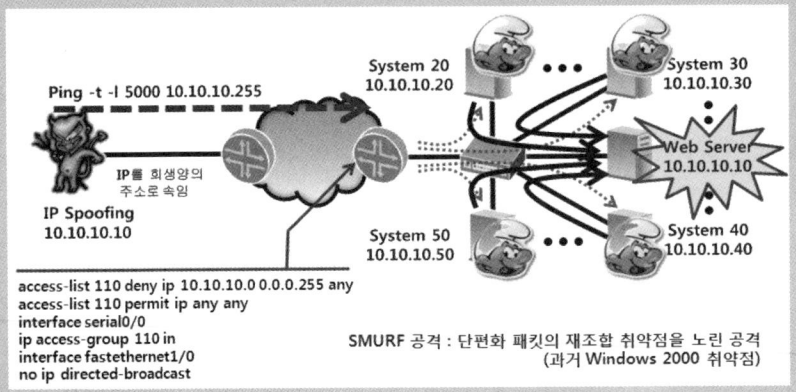

SMURF 공격 : 단편화 패킷의 재조합 취약점을 노린 공격
(과거 Windows 2000 취약점)

위의 그림과 같이 SMURF 공격 방법은 외부의 공격자가 희생양의 IP 주소로 자신의 IP를 속인 후 목적지 IP 주소를 직접 브로드캐스트로 설정해 패킷을 단편화해 ping으로 전송한다. 단편화돼 전송되는 브로드캐스트 패킷(단편화된 ICMP 에코 요청)은 착한 스머프 같은 내부 로컬 시스템들을 증폭기로 사용해 응답을 (응답 역시 단편화된 ICMP 에코 응답) 희생자 시스템으로 향하게 한다. 이런 식의 직접 브로드캐스트가 라우팅돼 공격으로 악용되는 것을 막기 위해 'no ip directed-broadcast' 명령을 인터페이스에 적용한다.

공격자가 희생자와 같은 IP로 자신의 발신지 IP를 속이는 공격은 스머프 공격과 티어드롭(Teardrop)이 있다. 차이가 있다면 스머프 공격은 목적지 IP 주소가 직접 브로드캐스트 주소이고, 티어드롭은 목적지 주소가 희생자의 주소라는 점이 차이가 있다. 이외에 TCP SYN 플러딩 역시 공격을 위해 IP를 변조하는데, 이와 같이 IP를 변조하는 행위를 스푸핑(Spoofing)이라 한다. 스푸핑 공격은 대부분의 서비스거부 공격을 위해 필수적으로 적용된다.

네트워크 장비에서 스푸핑 공격을 막기 위한 방법의 하나로, 외부망 또는 ISP와 연계돼 있는 라우터의 인터페이스에 내부 네트워크 IP 대역이 발신지 IP 주소로 사용돼 유입되는 것을 차단하는 ACL(Access-List)를 설정함으로써 가능하다. 공격자들이 자신들의 IP를 희생자 내부망의 IP로 속여 공격하는데, 상식적으로 내부망의 IP가 외부망에서 발신지 IP 주소로 유입될 일은 없기 때문이다.

10.2.5 예약, 사설, 루프백 등의 네트워크 대역

A, B, C 클래스의 주소 범위에서 특수 목적을 위해 인터넷으로 라우팅이 불가한, 즉 호스트에게 직접 부여할 수 없는 네트워크 주소 대역과 공공의 인터넷망에 접속할 수 없는 사설망을 구축하기 위한 클래스별 사설 네트워크 대역이 존재한다. 표 10.2는 이를 정리한 것이다.

표 10.2 특수 목적으로 예약된 IP 주소 범위

주소 범위	프리픽스(prefix)	설명
0.0.0.0 ~ 0.255.255.255	0.0.0.0/8	예약
10.0.0.0 ~ 10.255.255.255	10.0.0.0/8	A 클래스 사설 IP 주소
127.0.0.0 ~ 127.255.255.255	127.0.0.0/8	Loopback IP 주소
128.0.0.0 ~ 128.0.255.255	128.0.0.0/16	예약
169.254.0.0 ~ 169.254.255.255	169.254.0.0/16	자동 개인 IP 할당(APIPA)을 위한 예약
172.16.0.0 ~ 172.31.255.255	172.16.0.0/12	B 클래스 사설 IP 주소
191.255.0.0 ~ 191.255.255.255	191.255.0.0/16	예약
192.0.0.0 ~ 192.0.0.255	192.0.0.0/24	예약
192.168.0.0 ~ 192.168.255.255	192.168.0.0/16	C 클래스 사설 IP 주소
223.255.255.0 ~ 223.255.255.255	223.255.255.0/24	예약

특정한 IP 주소는 특정 인터페이스를 가리키기보다는 다수의 장비를 간접적으로 가리키는 '이것' 또는 '이쪽의 그룹'과 같이 대명사적으로 사용되는데, 네트워크 ID와 호스트 ID가 전부 0으로 구성된 주소는 대명사적으로 '이것'의 의미를 갖는다.

(1) 0.0.0.0/8 대역

처음 옥텟이 0인 이 주소 범위는 보통의 IP 범위로 사용할 수 없으며, 특수한 경우에 사용하기 위해 예약돼 있다. 이 주소 블록은 '이this' 네트워크에 속하는 송신 호스트들을 의미한다.

0.0.0.0/32는 '이this' 네트워크상의 '이this' 송신 호스트 주소로, 즉 '이 호스트'의 의미다. 자신의 IP를 모르는 장비가 자기 자신을 가리킬 때 사용되는데, 예를 들어

DHCP를 사용해 자신의 IP를 부여받기 위해 요청할 때 호스트의 송신자 주소로 사용된다. 또한 0.0.0.0/8 내의 다른 주소들은 네트워크상의 특정 호스트를 지칭할 때 사용된다.

또한 디폴트 라우팅을 위해 사용되는 0.0.0.0 0.0.0.0의 IP 대역과 서브넷 마스크가 모두 0으로 표현되는 문구는 ANY의 의미, 즉 '내가 알지 못하는 어떤' 또는 '내 라우팅 테이블에 없는 어떤'의 의미로 사용된다.

(2) 10.0.0.0/8 대역

A 클래스의 사설 IP 대역으로, 공용 인터넷에서의 라우팅이 불가한 대역이다.

(3) 127.0.0.0/8 대역

IP 호스트의 루프백 주소 대역으로, 송신자의 출력 IP 데이터그램은 데이터 링크 계층으로 전달되지 않고 송신자 입력 IP 계층으로 되돌아온다. 대부분의 서버에서 IP 이상의 상위 계층 동작을 테스트하기 위해 사용하며, 대부분 127.0.0.1이 기본 루프백 주소로 시스템에 설정된다.

(4) 128.0.0.0/16 대역

B 클래스 주소의 최하위 주소인 이 블록은 초창기부터 현재까지 IANA에 예약돼 있다. IP 주소 체계의 클래스리스(Classless) IP 주소 환경이 제시되면서 이 블록의 예약은 더 이상 필요하지 않기 때문에 정상적인 등록이 가능하게 대륙별 인터넷 레지스트리(RIR, Regional Internet Registry)로 할당될 것이다.

(5) 169.254.0.0/16 대역

링크 로컬 대역으로 단일 링크상에 있는 호스트들 사이의 통신을 위해 사용하게 할당돼 있다. DHCP 설정이 돼 있는 호스트들이 자동으로 DHCP 서버로부터 IP를 부여받지 못하는 상황이 발생하면 APIPA를 통해 스스로 IP를 할당해 사용할 수 있게끔 이 대역을 예약했다(참고로 APIPA에 대해서는 뒤에 자세히 설명한다).

(6) 172.16.0.0/12 대역

B 클래스의 사설 IP 대역으로 공용 인터넷에서의 라우팅이 불가한 대역이다.

(7) 191.255.0.0/16 대역

B 클래스 주소의 최상위 주소인 이 블록은 초창기부터 현재까지 IANA에 예약돼 있다. IP 주소 체계의 클래스리스 IP 주소 환경이 제시되면서 이 블록의 예약은 더 이상 필요하지 않기 때문에 정상적인 등록이 가능하게 대륙별 인터넷 레지스트리로 할당될 것이다.

(8) 192.0.0.0/24 대역

C 클래스 주소의 최하위 주소인 이 블록은 초창기부터 현재까지 IANA에 예약돼 있다. IP 주소 체계의 클래스리스 IP 주소 환경이 제시되면서 이 블록의 예약은 더 이상 필요하지 않기 때문에 정상적인 등록이 가능하게 대륙별 인터넷 레지스트리로 할당될 것이다.

(9) 192.0.2.0/24 대역

이 주소 블록은 문서나 예제 등으로 사용되는 'TEST-NET'으로 예약돼 있다. 흔히 장비 제조사나 프로토콜 문서에 'example.com' 혹은 'example.net' 같은 도메인 이름과 함께 쓰이는데, 이 블록의 주소도 사설 주소와 마찬가지로 공용 인터넷에선 사용될 수 없다.

(10) 192.168.0.0/24 대역

C 클래스의 사설 IP 대역으로, 공용 인터넷에서의 라우팅이 불가한 대역이다.

(11) 223.255.255.0/24 대역

C 클래스의 최상위 주소로, 현재까지 IANA에 예약돼 있지만 정상적인 등록이 가능하게 대륙별 인터넷 레지스트리로 할당될 것이다.

10.2.6 서브넷 마스크

서브넷 마스크는 IP 주소와 마찬가지로 32비트로 구성된다. 서브넷 마스크^{Subnet Mask}는 IP 주소 부분 중 네트워크 ID 부분을 추출하기 위해 사용하며, 이를 위해 서브넷 마스크의 구성은 네트워크 ID 또는 서브넷 ID에 해당하는 비트열을 1로 표현하고 호스트 ID에 해당하는 부분을 0으로 표현한다.

따라서 서브넷되지 않는 A 클래스의 서브넷 마스크 값은 255.0.0.0이고, B 클래스의 경우는 255.255.0.0, 그리고 C 클래스는 255.255.255.0의 값을 갖는다.

서브넷 마스크 값을 사용하는 가장 큰 이유는 임의의 목적지 IP 주소가 로컬 네트워크에 위치하는지 아니면 원격지 네트워크에 위치하는지를 판단해 로컬일 경우 ARP 요청을 통해 바로 통신을 개시하고, 원격지일 경우 목적지 IP에 대한 패킷을 라우터에 전달하기 위해서다(즉, 라우팅 된다).

이러한 판단을 위해 서브넷 마스크는 발신지 IP 주소와 목적지 IP 주소를 각각 불리언^{Boolean} AND 연산해 네트워크 ID 값을 추출하는 데 이용하며, 이 값을 비교해 목적지 시스템이 로컬 네트워크인지 원격지 네트워크인지를 판단하게 된다.

다음의 간단한 예제를 통해 서브넷 마스크의 불리언 연산을 살펴보자.

- 호스트 1의 IP는 192.168.10.10/24로, 서브넷 마스크 값은 255.255.255.0이다.
- 호스트 2의 IP는 192.168.10.100/24로, 서브넷 마스크 값은 255.255.255.0이다.
- 호스트 3의 IP는 192.168.20.10/28로, 서브넷 마스크 값은 255.255.255.240이다.

호스트 1은 호스트 2, 3과 통신하려 할 때 각각 목적지 호스트의 위치가 로컬인지 원격지인지를 파악하기 위해 자신의 서브넷 마스크 값을 이용해 불리언 연산을 수행한다.

그림 10.11의 연산 결과, 호스트 1은 호스트 2와는 같은 로컬 네트워크(192.168.10.0/24)로 인식하고 호스트 3과는 원격지 네트워크(192.168.20.0/24)로 인식한다. 이때 중요한 것은 호스트 1의 서브넷 마스크 값으로 목적지인 호스트 2와 호스트 3의 IP와 불리언 연산을 한다는 점이다.

결과적으로 호스트 1이 호스트 2와의 통신을 수행할 때는 브로드캐스트를 통해 ARP 정보를 알아낸 다음 동일 세그먼트에서 통신을 수행할 것이고, 호스트 3과의 통신은 목적지가 네트워크가 다른 원격지에 있으므로 라우터(디폴트 게이트웨이)로 패킷을 전달할 것이다.

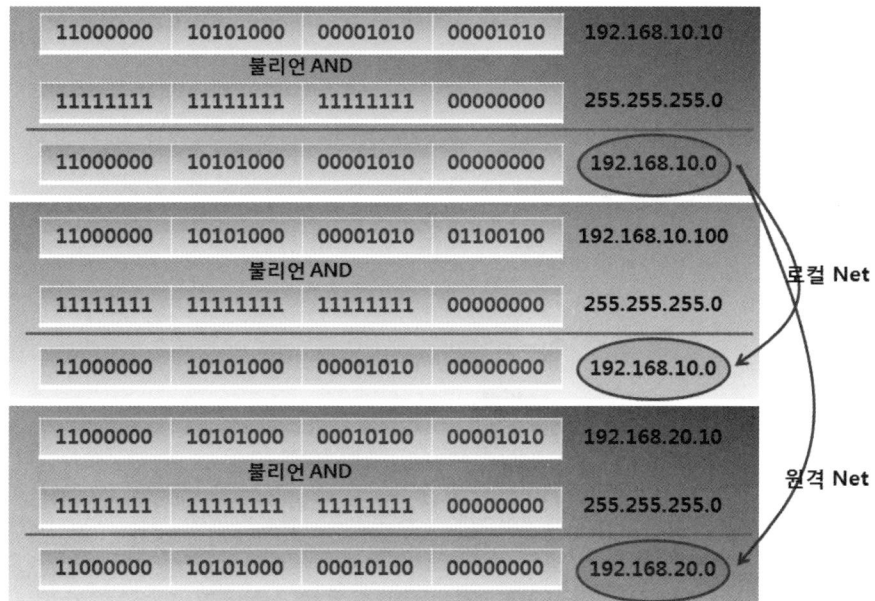

그림 10.11 서브넷 마스크의 불리언 AND 연산

서브넷 마스크라는 기능도 실상은 클래스리스 네트워크를 지원하기 위해 만들어진 기능으로, 서버 담당자들이 간혹 서브넷팅된 호스트 아이피에 대해 서브넷 마스크를 클래스 단위로 설정하는 경우가 종종 발생한다. 이때 발생할 수 있는 장애에 대해 알아보자.

(1) 서브넷 마스크를 잘못 설정한 경우의 통신 - 1

호스트에서 서브넷 마스크를 잘못 설정한 경우 통신이 되지 않을 수도 있는데, 이는 게이트웨이 IP가 서브넷 범위를 벗어나는 경우가 될 것이다. 예를 들면 192.168.10.1/24가 게이트웨이 주소이고, 호스트에 192.168.10.50/28과 같이 설정이 되면 이 호스트는 인터넷 접속이 되지 않을 것이다.

예제를 통해 서브넷 마스크를 잘못 설정한 경우의 통신을 살펴보자.

- 호스트 1의 IP는 192.168.10.10/24로, 서브넷 마스크 값은 255.255.255.0이다.
- 호스트 2의 IP는 192.168.10.100/24로, 서브넷 마스크 값은 255.255.255.0이다.
- 호스트 3의 IP는 192.168.10.14/28로, 서브넷 마스크 값은 255.255.255.240이다.

- 호스트의 모든 게이트웨이, 즉 라우터의 IP는 192.168.10.1로 설정됐다.

위의 경우 호스트 3의 서브넷 마스크를 255.255.255.0으로 설정해야 하지만, 잘못 설정해 255.255.255.240으로 설정돼 있는 상황이다.

호스트 3이 호스트 2로 ping 192.168.10.100을 수행했을 때 트래픽의 흐름은 그림 10.12와 같다.

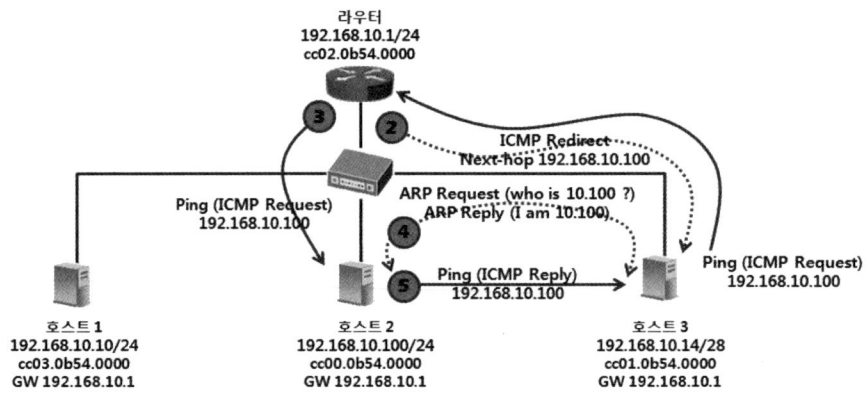

그림 10.12 서브넷 마스크를 잘못 설정한 경우 트래픽 흐름

위의 LAB은 라우터 4대를 이용해 GNS 3로 수행됐으며, 호스트 1, 2, 3은 no ip routing과 ip default-gateway 명령을 통해 라우터를 호스트처럼 사용했다.

❶ 호스트 3은 목적지 IP 192.168.10.100이 로컬 네트워크가 아니므로, 게이트웨이 주소인 라우터로 ping (ICMP Request)을 전송한다.

❷ 라우터는 이를 수신하고, 호스트 3에게 ICMP 타입 5인 재지정[Redirect] 메시지를 발송해 목적지가 같은 로컬 네트워크에 있으므로, 그림 10.13처럼 다음 홉을 192.168.10.100으로 설정하라는 메시지를 보낸다(ICMP 재지정은 뒤에서 설명한다).

```
14 46.359000    192.168.10.14   192.168.10.100  ICMP    Echo (ping) request
15 46.391000    192.168.10.1    192.168.10.14   ICMP    Redirect (Redirect for network)
16 46.391000    192.168.10.14   192.168.10.100  ICMP    Echo (ping) request
19 48.359000    192.168.10.14   192.168.10.100  ICMP    Echo (ping) request
20 48.375000    192.168.10.1    192.168.10.14   ICMP    Redirect (Redirect for network)
21 48.375000    192.168.10.14   192.168.10.100  ICMP    Echo (ping) request
22 48.437000    192.168.10.14   192.168.10.100  ICMP    Echo (ping) request
```

```
⊞ Frame 15 (70 bytes on wire, 70 bytes captured)
⊞ Ethernet II, Src: cc:02:0b:54:00:00 (cc:02:0b:54:00:00), Dst: cc:01:0b:54:00:00 (cc:01:0b:54:00:00)
⊞ Internet Protocol, Src: 192.168.10.1 (192.168.10.1), Dst: 192.168.10.14 (192.168.10.14)
⊟ Internet Control Message Protocol
    Type: 5 (Redirect)
    Code: 0 (Redirect for network)
    Checksum: 0xafc7 [correct]
    Gateway address: 192.168.10.100 (192.168.10.100)
  ⊞ Internet Protocol, Src: 192.168.10.14 (192.168.10.14), Dst: 192.168.10.100 (192.168.10.100)
  ⊟ Internet Control Message Protocol
      Type: 8 (Echo (ping) request)
      Code: 0 ()
      Checksum: 0x782a [incorrect, should be 0xf7fe]
      Identifier: 0x0000
      Sequence number: 1 (0x0001)
```

그림 10.13 라우터에서 캡처한 호스트 1로의 ICMP 재지정 메시지

❸ 호스트 3이 ICMP 재지정(ICMP 타입 5, 코드 0)을 수신하지만, 자신의 서브넷과 목적지 IP의 연산을 통해 목적지가 원격지라고 간주하기 때문에 이를 무시하고 다음 패킷 역시 라우터로 보낸다. 라우터는 호스트 3의 ICMP 요청을 호스트 2에게 전달한다.

❹ ICMP 요청을 수신한 호스트 2는 서브넷 연산을 통해 목적지가 로컬 네트워크임을 알고 ARP 요청을 브로드캐스트해 192.168.10.14의 MAC 주소를 요청한다(그림 10.14 참조).

```
13 24.578000    cc:00:0b:54:00:00   ff:ff:ff:ff:ff:ff   ARP    who has 192.168.10.14? Tell 192.168.10.100
14 24.610000    cc:01:0b:54:00:00   cc:00:0b:54:00:00   ARP    192.168.10.14 is at cc:01:0b:54:00:00
```

```
⊞ Frame 13 (60 bytes on wire, 60 bytes captured)
⊞ Ethernet II, Src: cc:00:0b:54:00:00 (cc:00:0b:54:00:00), Dst: ff:ff:ff:ff:ff:ff (ff:ff:ff:ff:ff:ff)
⊟ Address Resolution Protocol (request)
    Hardware type: Ethernet (0x0001)
    Protocol type: IP (0x0800)
    Hardware size: 6
    Protocol size: 4
    Opcode: request (0x0001)
    [Is gratuitous: False]
    Sender MAC address: cc:00:0b:54:00:00 (cc:00:0b:54:00:00)
    Sender IP address: 192.168.10.100 (192.168.10.100)
    Target MAC address: 00:00:00:00:00:00 (00:00:00:00:00:00)
    Target IP address: 192.168.10.14 (192.168.10.14)
```

그림 10.14 호스트 3에서 캡처한 호스트 2에서의 ARP 요청 메시지

❺ 그림 10.14와 15의 과정을 통해 호스트 2는 ARP 응답을 수신하고 ICMP 응답 메시지를 호스트 3으로 직접 전송한다.

```
 9 14.750000   cc:01:0b:54:00:00   cc:00:0b:54:00:00   ARP    192.168.10.14 is at cc:01:0b:54:00:00
11 16.656000   192.168.10.14       192.168.10.100      ICMP   Echo (ping) request
12 16.687000   192.168.10.100      192.168.10.14       ICMP   Echo (ping) reply
```
```
⊞ Frame 9 (60 bytes on wire, 60 bytes captured)
⊞ Ethernet II, Src: cc:01:0b:54:00:00 (cc:01:0b:54:00:00), Dst: cc:00:0b:54:00:00 (cc:00:0b:54:00:00)
⊟ Address Resolution Protocol (reply)
    Hardware type: Ethernet (0x0001)
    Protocol type: IP (0x0800)
    Hardware size: 6
    Protocol size: 4
    Opcode: reply (0x0002)
    [Is gratuitous: False]
    Sender MAC address: cc:01:0b:54:00:00 (cc:01:0b:54:00:00)
    Sender IP address: 192.168.10.14 (192.168.10.14)
    Target MAC address: cc:00:0b:54:00:00 (cc:00:0b:54:00:00)
    Target IP address: 192.168.10.100 (192.168.10.100)
```

그림 10.15 호스트 2에서 캡처한 호스트 3에서의 ARP 응답 메시지

각 시스템의 arp 캐시 테이블을 살펴보면 다음과 같다.

라우터

```
Router#sh ip arp
Protocol  Address         Age (min)  Hardware Addr    Type  Interface
Internet  192.168.10.100       1     cc00.0b54.0000   ARPA  FastEthernet0/0
Internet  192.168.10.1         -     cc02.0b54.0000   ARPA  FastEthernet0/0
Internet  192.168.10.10        1     cc03.0b54.0000   ARPA  FastEthernet0/0
Internet  192.168.10.14        1     cc01.0b54.0000   ARPA  FastEthernet0/0
```

호스트 2

```
Host2#sh ip arp
Protocol  Address         Age (min)  Hardware Addr    Type  Interface
Internet  192.168.10.100       -     cc00.0b54.0000   ARPA  FastEthernet0/0
Internet  192.168.10.10        1     cc03.0b54.0000   ARPA  FastEthernet0/0
Internet  192.168.10.14        9     cc01.0b54.0000   ARPA  FastEthernet0/0
```

호스트 3

```
Host3#sh ip arp
Protocol  Address         Age (min)  Hardware Addr    Type  Interface
Internet  192.168.10.1         8     cc02.0b54.0000   ARPA  FastEthernet0/0
Internet  192.168.10.10        0     cc03.0b54.0000   ARPA  FastEthernet0/0
Internet  192.168.10.14        -     cc01.0b54.0000   ARPA  FastEthernet0/0
```

시스템의 arp 캐시 테이블을 통해 호스트 2는 호스트 3의 ARP 정보를 알고 있지만, 호스트 3은 반대로 호스트 2의 ARP 정보를 알고 있지 못함을 알 수 있다. 결과적으로 서브넷 마스크를 더 길게 잘못 설정한 위의 경우 통신의 두절은 발생하지 않지만 트래픽이 비대칭으로 우회해 통신하고 있음을 확인할 수 있다.

(2) 서브넷 마스크를 잘못 설정한 경우의 통신 - 2

이번에는 서브넷 마스크를 큰 범위로 설정한 경우를 살펴보자. 그림 10.16과 같이 호스트 2의 서브넷 마스크 값이 255.255.255.0이 아닌 255.255.0.0으로 잘못 설정됐다.

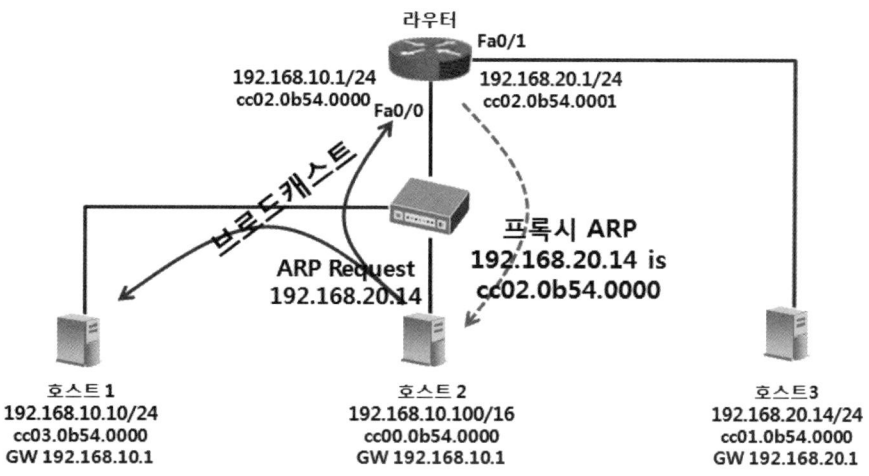

그림 10.16 서브넷 마스크를 잘못 설정한 호스트를 위한 프록시 ARP 동작

❶ 호스트 2는 호스트 3으로 ping 요청을 개시하면 호스트 2는 목적지를 자신의 로컬 네트워크로 생각하고 호스트 3으로 ARP 요청을 브로드캐스트한다.

❷ 라우터는 호스트 2의 ARP 요청을 받고 마치 자신이 호스트 3인 것처럼 프록시 ARP를 동작시켜 ARP 응답 메시지를 전송한다(이는 라우터가 패킷을 가능한 라우팅해야 한다는 책임을 성실히 수행하는 것으로 판단해야 한다. 특히 시스코의 경우 Proxy-arp 기능이 기본적으로 활성화돼 있다).

```
   16 94.484000   cc:00:0b:54:00:00    ff:ff:ff:ff:ff:ff   ARP    who has 192.168.20.14?  Tell 192.168.10.100
   17 94.547000   cc:02:0b:54:00:00    cc:00:0b:54:00:00   ARP    192.168.20.14 is at cc:02:0b:54:00:00
   18 95.765000   192.168.10.100       192.168.20.14       ICMP   Echo (ping) request
   19 96.078000   192.168.20.14        192.168.10.100      ICMP   Echo (ping) reply
   20 96.172000   192.168.10.100       192.168.20.14       ICMP   Echo (ping) request
⊞ Frame 17 (60 bytes on wire, 60 bytes captured)
⊞ Ethernet II, Src: cc:02:0b:54:00:00 (cc:02:0b:54:00:00), Dst: cc:00:0b:54:00:00 (cc:00:0b:54:00:00)
⊟ Address Resolution Protocol (reply)
    Hardware type: Ethernet (0x0001)
    Protocol type: IP (0x0800)
    Hardware size: 6
    Protocol size: 4
    Opcode: reply (0x0002)
    [Is gratuitous: False]
    Sender MAC address: cc:02:0b:54:00:00 (cc:02:0b:54:00:00)
    Sender IP address: 192.168.20.14 (192.168.20.14)
    Target MAC address: cc:00:0b:54:00:00 (cc:00:0b:54:00:00)
    Target IP address: 192.168.10.100 (192.168.10.100)
```

그림 10.17 라우터에서 호스트 2로의 Proxy-ARP 응답

❸ 호스트 2는 자신의 캐시 테이블에 호스트 3의 정보를 라우터의 MAC 주소로 생성하고 호스트 3과의 통신을 개시한다.

다음은 호스트 3의 캐시 테이블을 보여준다. 라우터의 fa0/0 인터페이스에 보안 강화를 위해 `no ip proxy-arp`를 설정하면 호스트 2에서 호스트 3으로의 통신은 되지 않는다.

호스트 2의 ARP 캐시 테이블

```
Host2#sh ip arp
Protocol  Address         Age (min)  Hardware Addr    Type   Interface
Internet  192.168.10.100      -      cc00.0b54.0000   ARPA   FastEthernet0/0
Internet  192.168.10.1        3      cc02.0b54.0000   ARPA   FastEthernet0/0
Internet  192.168.10.10       5      cc03.0b54.0000   ARPA   FastEthernet0/0
Internet  192.168.20.14       0      cc02.0b54.0000   ARPA   FastEthernet0/0
```

프록시 ARP에 대한 자세한 사항은 9장의 ARP를 참조하기 바란다.

이렇듯 서브넷 마스크 값을 잘못 설정했다는 점으로 장애의 원인은 동일하지만, 동작하는 방식은 틀리다는 점을 볼 수 있다. 앞의 예에서는 서브넷 마스크 길이를 길게 한 경우이고, 지금은 짧게 한 경우로 결국 장애를 처리한다는 것은 상황에 대한 이해와 연관된 프로토콜의 동작 특성을 파악해야 가능한 것이다.

10.3 DHCP와 APIPA

TCP/IP는 사용자 측면에서는 그리 편한 프로토콜은 아니다. 기본적으로 사용자는 자신의 시스템에 IP 주소, 서브넷 마스크 그리고 G/W^{Gateway} 주소와 DNS 서버 주소를 모두 설정해야 하기 때문이다(반면에 IPX는 자신의 MAC 주소를 IPX 주소로 자동 사용하기 때문에 사용자단의 주소 할당과 설정이 간편하다).

또한 IP 주소를 관리하는 네트워크 관리자 입장에서 한정된 IP 주소 자원을 요청하는 사용자에게 영구적으로 부여할 수는 없는 일이고, 또한 끊임없이 변경되는 IP 주소의 사용자 내역을 관리한다는 것 자체는 여간 힘든 일이 아닐 수 없다.

이에 대한 해결 방안으로 IETF는 DHCP$^{Dynamic\ Host\ Control\ Protocol}$를 제공했고, RFC 1541을 통해 공식화했다. DHCP는 이전에 이와 비슷한 프로토콜인 BOOTP에 기초해 설계됐으며, 기본적인 동작 방식은 클라이언트가 설정 정보 요청을 브로드캐스트하면 이를 받은 DHCP 서버가 해당 정보를 제공하는 형식을 취한다.

10.3.1 DHCP 동작

DHCP$^{Dynamic\ Host\ Control\ Protocol}$는 IP를 배정하는 동작에 있어서 수동 할당, 자동 할당, 동적 할당의 3가지 IP 할당 방식으로 동작할 수 있다.

- **수동 할당** 수동 할당은 할당될 IP를 관리자가 수동으로 DHCP 서버에 설정하는 방식으로, 주로 중앙 집중적인 IP 관리를 위해 사용하기 위해 사용하는 방식이다.

- **자동 할당** 자동 할당은 DHCP 서버에서 자원 풀의 IP 주소를 자동으로 영구할당하고, 이 할당된 IP는 다른 시스템에서 재사용할 수 없다.

- **동적 할당** 동적 할당은 자동 할당과 마찬가지로 자원 풀의 IP 주소를 자동으로 임시 할당하고, 임대 기간의 만료 후에 할당된 IP를 다른 시스템에 재사용할 수 있다. 따라서 동적 할당을 수행할 때에는 임대 기간에 대한 정책을 설정해야 한다.

DHCP 클라이언트가 DHCP 서버로 설정 정보를 요청하는 방식이 IP 브로드캐스트 방식(목적지 IP가 255.255.255.255, 로컬 네트워크 브로드캐스트)이기 때문에 서버가 동일한 네트워크에 존재하지 않는다면 클라이언트는 DHCP 서버로부터 응답을 받을 수 없다. 이는 라우터가 로컬 네트워크 브로드캐스트를 다른 네트워크로 전달하지 않기 때문이다. 결국 이 요청을 중계하는 장비가 필요한데, 대부분 라우터 또는 3계층 멀티레이어 스위치가 특정 설정을 통해 이 역할을 수행하게 되며, 이를 DHCP 중계 에이전트라고 한다.

DHCP 클라이언트의 동작에 따른 상태 변화는 그림 10.18과 같다

그림 10.18   DHCP 클라이언트 동작과 상태 변화

1. DHCP 클라이언트가 부팅Client Boots할 때 상태는 초기화Initialize State된다.
2. 초기화 상태에서 클라이언트는 bootstrap 프로토콜을 사용해 DHCP 서버로 bootpc UDP 발신지 포트 68, bootps UDP 목적지 포트 67을 설정해 DHCPDISCOVER 브로드캐스트를 통해 IP 배당을 요청한다(그림 10.19 참조).

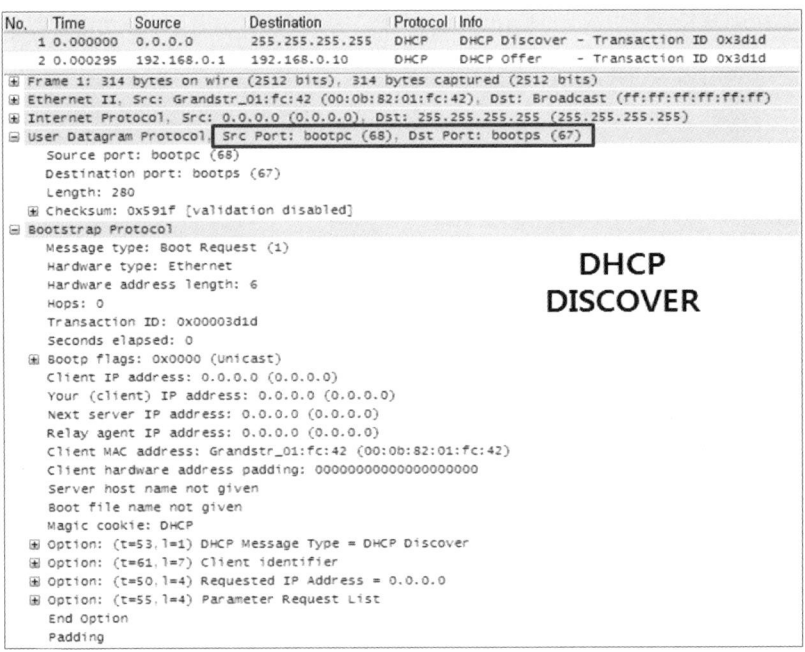

그림 10.19   DHCPDISCOVER 패킷

이때 DHCP 서버가 동일한 네트워크에 존재하지 않는다면 백본과 라우터는 그림 10.20과 같이 UDP 67을 감시^{Listening}하고 있다가 이에 대한 브로드캐스트를 수신하면 DHCP 중계 에이전트의 역할을 수행한다.

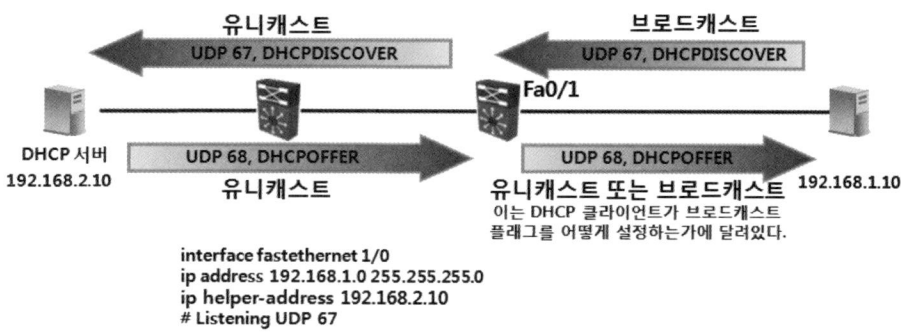

그림 10.20 DHCP 중계 에이전트 동작

DHCP 서버가 중계 에이전트로의 IP 유니캐스트 통신이 가능한 이유는 중계 에이전트가 DHCP 서버로 DHCPDISCOVER 메시지를 중계할 때 메시지 헤더 부분의 GIAddr^{게이트웨이 IP 주소} 필드의 값을 0이 아닌 자신의 IP 주소를 삽입해 전달하기 때문이다.

이를 수신한 DHCP 서버는 GIAddr 필드 값으로 0이 아닌 값이 삽입돼 있음을 보고 이 요청이 중계됐음을 판단하며, DHCPOFFER 메시지를 전송할 때 GIAddr 필드의 주소를 사용해 유니캐스트 응답을 하게 된다.

3. 클라이언트는 선택 상태로 전이하며 DHCP 서버로부터의 DHCPOFFER 메시지를 모아 처리한다. 클라이언트는 편의상 맨 처음 수신한 메시지를 선택할 것이다.

클라이언트에서의 이런 선택 동작 때문에 캠퍼스망과 같은 엔터프라이즈망의 DHCP 서비스 구현에 힘이 드는 경우가 있다. 네트워크상에 임의로 설치된 윈도우 서버에서[3] 잘못된 DHCPOFFER를 제공하는 경우 클라이언트는 원격 DHCP 서버의 응답보다 먼저 도착하는 가까이 있는 불법 DHCP 서버의

---

3. 통상 윈도우 2000, 2003을 설치하면 DHCP 서버도 함께 설치되고, 사용자가 공유기를 사용하는 환경이나 vmware로 윈도우 2000을 설치할 때, 또는 랜카드가 두 개인 노트북에서 인터넷 공유 기능을 활성화한 경우에도 불법 DHCP 서버가 만들어진다.

DHCPOFFER 정보를 수신해 사용할 것이기 때문이다.

이런 불법 DHCP 서버에서의 잘못된 정보 제공을 막기 위한 방법으로 액세스 스위치에서 정상적인 DHCP 서버와의 경로인 업링크 인터페이스를 제외한 나머지 사용자 인터페이스에 불법 DHCP 서버의 bootps 응답을 차단하는 ACL을 'access-list 110 deny udp any eq bootps any'와 같이 설정하고 각 인터페이스의 인바운드에 적용해 불법 DHCP에서의 DHCPOFFER 제공을 차단함으로써 해결할 수 있다.

4. 클라이언트는 자신이 선택한 첫 응답에 대해 DHCPREQUEST 메시지를 생성해, 자신이 선택한 정보를 서버에게 알리고 다중 DHCP 서버가 있다면 이들에게 자신이 이미 다른 DHCP 서버로부터 정보를 수신했음을 알린다(이 메시지에는 IP 주소, 대여 기간 등의 옵션 값이 포함된다).

DHCPREQUEST 메시지 역시 클라이언트 발신지 IP 주소는 0.0.0.0을 사용하고 목적지 IP 주소는 255.255.255.255를 사용하는데, 이는 제공된 IP가 아직 검증되지 않았기 때문이고 모든 DHCP 서버가 이 메시지를 받아봐야 하기 때문에 목적지는 브로드캐스트를 사용한다.

5. 서버는 DHCPREQUEST 메시지를 수신해 처리하고, DHCPACK를 통해 임대한 주소가 사용 가능함을 확인시키거나 DHCPNAK를 통해 불가함을 통지한다.

6. DHCPACK를 수신한 클라이언트는 배당 주소의 사용 전에 최종 확인을 위해 임대 받은 IP 주소를 사용해 ARP 요청(DHCP ARP)을 발생시키고 응답이 있다면 DHCP 서버에게 DHCPDECLINE 메시지를 전송해 IP 배당의 실수를 알린 후 위의 과정을 처음부터 시작한다. 이때 사용되는 ARP 요청은 9장에서 설명한 DHCP ARP를 이용한다.

7. ARP 요청에 대한 응답이 없음을 확인한 클라이언트는 배당된 주소의 사용을 최종 승인하고 BOUND 상태로 변화해 네트워크 사용을 위한 동작을 수행한다.

10.3.2 APIPA의 동작

DHCP를 통한 IP 임대에 실패하는 경우 클라이언트는 네트워크에 연결하기 위해 APIPA^{Automatic Private IP Addressing, 자동 사설 IP}를 실행해 예약된 주소 범위 (169.254.0.0/16)

에서 사용하지 않는 주소 하나를 임의로 사용한다. 이 주소 범위는 RFC 3330에서 'Hosts obtain these addresses by aunto-configuration, such as when a DHCP server may not be found'로 예약됐으며, 후에 RFC 3927의 'Dynamic Configuration of IPv4 Link-Local Address'에서 APIPA에 대한 공식 표준을 정의했다.

DHCP 클라이언트들이 DHCP 서버와의 통신 실패로 IP를 할당받지 못하고 APIPA를 이용해 사용 중이더라도 기본적으로 5분마다 한 번씩 DHCP 서버로 IP 할당 요청을 시도하고, 시도에 성공하면 자동 설정된 주소는 DHCP 서버에서 받은 임대 주소로 교체된다.

APIPA의 동작은 간단하다. DHCP 서버로의 통신이 실패하면 클라이언트는 APIAP를 통해 IP를 할당하기 위해 169.254.0.0/16 대역의 임의의 IP를 선택해 ARP 요청을 발생시킨다. 이는 앞서의 DHCP 클라이언트가 IP를 할당받는 과정의 6번 단계와 동일한 동작을 수행하며, ARP 응답이 없으면 ARP 요청에 사용했던 임의의 주소를 사용한다.

APIPA의 제약은 DHCP와 같이 게이트웨이 주소 등을 제공하지 못하며, 프록시 ARP와 연동돼 사용할 수 없고, 모든 사설 아이피를 사용하는 호스트와 동일한 제약 사항을 갖는다. 특히 서브넷을 사용하는 대규모 네트워크에서는 부적합하고, 소규모 네트워크 사용자를 위한 IP 주소 자동 부여 방식이라 할 수 있다.

169.254.0.0/16 와 Home Network 장애 처리

집에서와 같이 통신사를 통해 인터넷에 접속하는 환경에서 IP는 부여받은 것 같은데 통신이 되지 않아 장애 접수를 위해 통신사의 상담원에게 전화로 문의를 하는 경우 대부분의 상담원들이 DOS 명령 창을 통해 'ipconfig /all' 명령을 사용해 현재 설정된 IP를 확인해 달라는 요청을 한다.

이때 상담원에게 컴퓨터에 설정돼 있는 169.254로 시작하는 IP 주소를 불러주면 아마 거의 모든 상담원이 모뎀(?)을 다시 재부팅할 것을 요청할 것이다. 이는 사용자 PC가 부팅하면서 기본적으로 서비스 업체의 DHCP 서버를 통해 IP를 부여받는데, 간혹 회선의 일시적 장애나 모뎀 장비 장애 등으로 DHCP와의 통신이 불가한 경우 PC가 APIPA 주소 범위를 자동으로 설정해 사용하기 때문이다.

결과적으로 169.254로 시작되는 IP로 자동 할당돼 있으면 내 컴퓨터가 DHCP로부터 IP를 부여받지 못하고 자체의 APIPA로부터 IP를 생성했다는 의미다. 따라서 컴퓨터를 부팅할 것이 아니라, 모뎀을 리셋하거나 랜카드를 비활성화했다가 다시 활성화해보는 것이 현명한 방법일 것이다. 그래도 문제가 지속된다면 다시 콜센터로 전화를 해서 그간의 상황을 차근차근 설명해 주면 된다. 아마 담당 기사로 하여금 연계 장비를 확인하게 할 것이다.

10.4 ICMP

ICMP^{Internet Control Message Protocol}은 TCP/IP 프로토콜의 인터네트워크 계층(3계층)에서 발생하는 에러 보고, 진단, 테스트 등을 수행하기 위해 만들어진 말 그대로의 인터넷 제어 메시지 프로토콜이다. IP의 특징은 신뢰성이 없고 비연결형이며, 상호 간에 승인이 되지 않고 단지 최선 노력을 통한 패킷 전달에 목적이 있다는 의미다. 이 때문에 IP는 상위 계층의 TCP나 애플리케이션 프로토콜에서 신뢰적인 기능을 지원 받게 되고, 이로써 시스템 상호 간에 완전한 통신을 구현하게 된다. 하지만 IP 자체적인 문제로 인해 통신이 불가능할 경우 이에 대한 정보를 IP 스스로가 제공하지 못한다는 큰 단점이 있기 때문에 이를 보완하기 위해 만들어진 것이 바로 ICMP다.

ICMP는 RFC792, RFC1122, RFC1812을 통해 개정돼 왔다. RFC791은 IP 프로토콜 스택을 정의한 문서이며, 이와 동시에 발표된 RFC 792가 ICMP를 정의한 문서라는 것을 보더라도 ICMP가 IP의 보조 프로토콜이라는 것은 분명하다.

RFC 792에서는 "ICMP는 네트워크 계층의 일부일 뿐만 아니라 모든 IP 모듈에 구현돼야 하는 IP의 필수 요소이며, ICMP는 IP가 자체적으로 문제를 보고할 때 반드시 사용돼야 한다."라고 정의하고 있다. 이는 프로토콜의 계층적 구조를 보면 IP 상위에서 ICMP가 동작하지만, 실질적으로 IP가 잘 동작하려면 ICMP에 의존적이라는 사실을 말해준다.

ICMP 메시지는 종류에 따라 에러 보고 메시지^{Error Report Message}와 정보 제공 메시지^{Query Message}로 분류할 수 있으며, 에러 보고 메시지는 IP 계층의 에러 발생에 대한 내용을 해당 패킷을 송신한 발신지 주소로 보고한다. 또한 정보 제공 메시지는 에코 응답, 에코 요청을 사용하는 ping과 같은 애플리케이션에 의해 다른 장비에 정보를 주기적으로 보내기 위해 대부분 생성된다.

에러 보고 메시지가 발생되는 몇 가지 중요한 조건이 있는데, ICMP는 IP의 체크섬 에러나 노드의 순간적 에러로 발생하는 일시적 장애에 대해 관심이 없으며, 목적지 IP를 잘못 지정하는 등의 지속적으로 발생할 수 있는 장애와 같은 반영구적일 수 있는 장애에 대해 잘못된 목적지 주소를 사용한 송신 시스템으로 ICMP 에러 메시지를 전송하게 된다.

ICMP 메시지가 송신 시스템에게 전달되는 이유는 ICMP 에러 메시지를 전송하는 시스템이 볼 수 있는 정보가 IP 헤더의 발신지 IP이기 때문이다.

ICMP는 대부분의 메시지를 라우터가 전송한다는 가정하에 설계됐지만, 실제로는 재지정^{Redirect}과 같이 라우터만 사용하는 일부 메시지를 제외하고는 라우터와 호스트 모두가 ICMP를 발생시킨다.

ICMP의 메시지를 수신했을 때의 처리 방법은 메시지의 타입에 따라 달라지는데, 재지정과 같이 IP로 전달되는 것이면 이를 처리하기 위해 에러 메시지가 IP 소프트웨어로 전달될 것이고, 포트 도달 불가$^{Port\ Unreachable}$와 같은 메시지는 상위의 전송 프로토콜에서 처리돼 해당 응용 프로토콜에 에러를 보고하고, 실패한 특정 포트로의 통신을 중단할 것이다. 이와 같이 IP 소프트웨어에 전달돼 처리되는 메시지도 있지만, 대부분의 ICMP 에러 메시지는 상위 계층인 트랜스포트 계층의 프로토콜을 위해 사용된다.

ICMP 메시지는 반드시 처리해야 하는 구속력이 없는 권고의 의미로 사용되기 때문에 수신 시스템이 ICMP 에러 메시지를 반드시 처리해야 하는 것은 아니다.

10.4.1 ICMP 에러 메시지 전송 제한

네트워크의 자원인 대역폭 사용의 관점에서 될 수 있는 한 서비스 트래픽이 아닌 순수 제어 메시지가 담긴 ICMP 에러 메시지는 최대한 신중히 전송돼야 한다. 필요 없이 많은 양의 ICMP 에러 메시지가 전송되는 상황을 배제시키고자 하는 것이다.

① ICMP 에러 메시지에 대한 응답으로 ICMP 에러 메시지를 생성할 수 없다. 단, ICMP 요청 메시지에 대한 응답으로 ICMP 에러 메시지를 생성할 수는 있다.

② ICMP 에러 메시지의 목적지 주소가 브로드캐스트 또는 멀티캐스트인 경우 ICMP 에러 메시지를 생성할 수 없다.

③ IP 패킷이 단편화된 경우 첫 번째 단편을 제외한 나머지 단편에 대해 ICMP 에러 메시지를 생성할 수 없다.

④ 라우팅이 불가능한 목적지 주소를 사용하는 경우(모두 0, 루프백 주소) ICMP 에러 메시지를 생성할 수 없다.

10.4.2 ICMP 구조

ICMP 패킷 구조는 에러 상황 보고를 위한 에러 보고 메시지인지, 또는 추가 정보 제공을 위한 정보 제공 메시지인지에 따라 헤더의 구성 형태에 차이가 있지만, 모든 ICMP 패킷 헤더의 처음 0부터 32비트까지의 구성은 동일한 형태다(그림 10.21 참조).

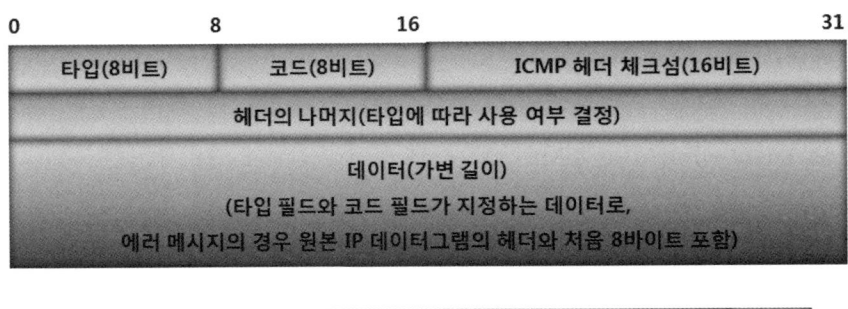

그림 10.21 일반적 형태의 ICMP 헤더 구조와 이더넷 프레임 구성

- **타입(Type), 1바이트** ICMP 메시지 타입을 식별하는 필드로 사용되며, 0이면 에코 응답echo reply, 8이면 에코 요청echo request, 3이면 '목적지 도달 불가Destination Unreachable' 등이다.

- **코드(Code), 1바이트** ICMP 메시지의 타입에 따른 하위 타입 정보를 표현하는데, 타입 3의 코드 0일 경우에는 타입 3인 '목적지 도달 불가' 타입에서 코드 0인 '네트워크 도달 불가Network Unreachable'를 나타낸다.

- **체크섬(Checksum), 2바이트** 16비트의 체크섬 필드로 IP와 유사하게 헤더의 에러 유무를 판단하기 위해 이용된다.

- **헤더의 나머지(Rest of the Header), 4바이트** ICMP 타입에 따라 사용 여부가 결정된다.

- **데이터(Data), 가변 길이** ICMP 타입에 따라 가변 길이의 데이터 부분이 포함된다. 그림 10.22와 같은 에러 보고 메시지의 경우 데이터 부분에 에러를 유발한 수신 패킷의 IP 헤더 전체와 데이터 부분인 상위 UDP 또는 TCP 헤더의 첫 8바이트를 포함한다. 따라서 ICMP 메시지 내에는 UDP, TCP의 출발지와 목적지 포트 번호가 포함된다.

그림 10.22 ICMP 에러 보고 메시지 패킷 구성

(1) ICMP 메시지 종류

ICMP 메시지의 종류는 에러 보고 메시지와 질의 정보 제공 메시지로 분류할 수 있으며, 이를 ICMP 타입에 따라 표 10.3과 같이 정의할 수 있다.

표 10.3 ICMP 메시지의 타입에 따른 기능 분류

Error Report(에러 보고)		Query(질의, 정보 제공)	
타입	메시지 이름	타입	메시지 이름
3	Destination Unreachable (목적지 도달 불가)	0 8	Echo Reply(에코 응답) Echo Request(에코 요청)
4	Source Quench(발신지 억제)	9 10	Router Advertisement(라우터 광고) Router Solicitation(라우터 권유)
5	Redirection(재지정)	13 14	Timestamp Request(타임스탬프 요청) Timestamp Reply(타임스탬프 응답)
11	Time exceeded(시간 초과)	17 18	Address Mask Request(주소 마스크 요청) Address Mask Reply(주소 마스크 응답)
12	Parameter problem (파라미터 문제)		

(2) 에러 보고 메시지

라우터나 호스트는 IP 패킷을 처리하는 과정에서 에러로 인해 패킷이 폐기되는 경우나 반영구적 에러 상황에 대해 최초 발신지 호스트에게 에러 사실을 알리는 기능을 수행한다. 에러 수정의 문제는 상위 계층 프로토콜의 몫이며, ICMP는 단순 보고를 통해 에러 상황에 대해 출발지 시스템이 인지할 수 있게 돕는다. 다음은 표 10.3에서의 에러 보고 메시지 타입을 설명한다.

목적지 도달 불가(Destination Unreachable)

라우터가 패킷을 라우팅할 수 없거나 호스트가 패킷을 전달할 수 없을 때 해당 패킷은 전달이 불가하다고 판단한 라우터나 호스트가 폐기하고 출발지 호스트에 '목적지 도달 불가' 메시지를 타입 3의 값으로 전달한다. 그리고 메시지 전달에 대한 상세 이유는 하위 타입 코드를 사용해 0~15번까지의 값으로 표현된다.

표 10.4 목적지 도달 불가 타입의 하위 코드 값 목록

코드	메시지 하위 타입	설명
0	Network Unreachable (네트워크 도달 불가)	라우터에 라우팅 정보가 누락되는 경우 등의 라우팅 문제로 인해 발생하며, 간혹 잘못된 주소의 문제일 수 있다.
1	Host Unreachable (호스트 도달 불가)	목적지 네트워크로는 전달됐지만 목적지 호스트로는 전달이 불가한 상태를 알린다.
2	Protocol Unreachable (프로토콜 도달 불가)	목적지 호스트에 유효한 프로토콜이 동작하지 않고 있다.
3	Port Unreachable (포트 도달 불가)	목적지 호스트에 유효한 서비스 포트(TCP/UDP)가 리슨하지 않고 있다. 즉, 서비스 데몬이 실행되고 있지 않다.
4	Fragmentation Needed and DF set(DF 설정으로 분할 불가)	라우터가 패킷 전달 중 단편화돼야 하지만 IP 헤더에 DF(Don't Fragment) 필드가 1로 설정돼 있어 단편화할 수 없어 폐기함을 알린다. 이 에러 메시지는 다중 링크를 사용하는 경우의 링크 MTU를 찾기 위해 사용된다.
5	Source Route Failed (발신지 라우팅 실패)	IP 패킷 옵션에 발신지 라우팅이 정의돼 있지만 라우터가 정의된 경로로 패킷을 전달할 수 없음을 알린다.
7	Destination Host Unknown (알 수 없는 목적지 호스트)	목적지 호스트를 알 수 없음을 목적지의 라우터가 알리며, 대부분 잘못된 IP 주소가 원인이다.

표 10.4의 코드 항목 대부분이 라우터에서 수행되지만, 코드 2와 3은 해당 목적지 호스트에서 생성된다. 목적지 도달 불가 ICMP 메시지 포맷은 그림 10.21의 일반적 구성 방식과 동일하며, 중간에 '헤더의 나머지$^{Rest\ of\ the\ Header}$' 필드 32비트는 모두 0으로 채워진다.

발신지 억제(Source Quench)

IP는 데이터 전송에 송수신 속도를 제어하는 일종의 흐름 제어 기능이 전혀 없다. 그렇다면 여러 개의 라우터를 경유하는 통신을 가정해보자.

각 라우터는 다양한 인터페이스를 통해 통신을 수행하며, 인터페이스마다 데이터 처리 전에 패킷을 임시로 보관하기 위한 버퍼를 갖고 있을 것이다. 고속 링크와 저속 링크를 모두 갖고 있는 라우터가 고속 링크의 패킷을 저속 링크로 전달해야 하는 상황에서 고속 링크의 트래픽 폭주로 버퍼가 꽉 차버린다면 라우터는 해당 버퍼로 들어오는 패킷을 폐기해야 할 것이다.

또한 이 경우 라우터는 폐기된 패킷을 보낸 송신자에게 링크에 혼잡이 발생함으로써 패킷이 폐기됐음을 알려줘야 하는데, 이때 사용되는 것이 ICMP 발신지 억제 메시지다. 이 메시지는 타입이 4이고 코드가 0으로 하위 타입이 존재하지 않고, 메시지의 포맷 역시 그림 10.21의 일반적 구성 방식과 동일하며, 중간에 헤더의 나머지 필드 32비트는 모두 0으로 채워져 사용되지 않는다.

발신지 억제 메시지는 혼잡 상황을 알려줄 뿐 혼잡의 원인이 어떤 IP 주소인지 또는 혼잡이 해결됐을 때 혼잡 해결에 대한 정보 등의 상세 내용은 제공하지 않는다. 또한 시스템 입장에서 발신지 억제 메시지를 생성하는 시점 또한 정의된 것이 없다

결국 대부분 시스템이 패킷을 폐기하면서 폐기된 모든 패킷에 대해 메시지를 발생시키지만 버려지는 패킷이 혼잡을 유발의 원인인지에 대한 판단이 불가능하기 때문에 발신지 억제 메시지를 수신하는 시스템 역시 자신이 혼잡을 유발하고 있다고 단정할 수는 없다.

재지정(Redirection)

라우터가 특정한 목적지에 대해 더 나은 경로를 갖고 있는 다른 라우터가 있음을 데이터 링크상의 호스트에게 통보하기 위해 이용된다. 재지정 ICMP 하위 타입 코드는 표 10.5에 정리했다.

표 10.5 ICMP 재지정(Redirect) 메시지 코드 타입

코드	메시지 하위 타입	설명
0	Network or Subnet (네트워크, 서브넷 재지정)	메시지를 발생시킨 목적지 주소와 목적지 네트워크로 향하는 모든 패킷을 재지정할 것을 권고한다.
1	Host(호스트 재지정)	메시지를 발생시킨 목적지 호스트 주소로 향하는 모든 패킷을 재지정할 것을 권고한다.

타입 5를 사용하는 재지정에 관련된 코드는 코드 0에서 3까지 정의돼 있지만, 2와

3은 IP 필드의 TOS$^{\text{Type of Service, 서비스 타입}}$에 관련된 것으로, 2는 사용이 금지됐으며 3은 TOS 필드 자체가 거의 선택적으로 사용되기 때문에 설명에서 제외했다.

ICMP 재지정 메시지 포맷은 그림 10.23과 같다

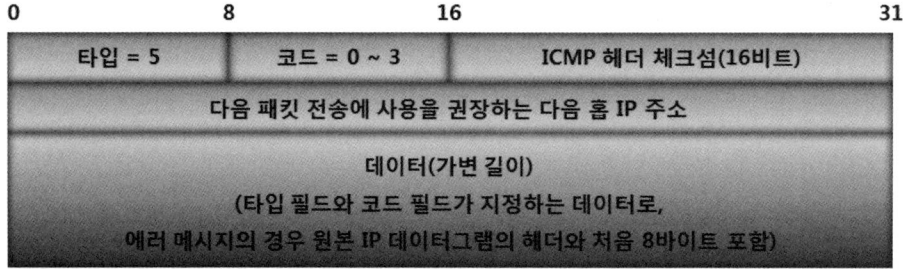

그림 10.23 ICMP 재지정 (Redirection) 메시지 포맷

시간 초과(Time Exceeded)

IP 패킷에 포함돼 있는 TTL$^{\text{Time to Live}}$은 IP 패킷의 생존 시간을 결정한다. 이 필드는 IP 패킷이 TCP/IP 네트워크상에서 동작할 수 있는 초 단위의 최대 시간을 정의하기 위해 고안됐지만, 현재 최대 이동 가능한 라우터 간의 홉^{Hop}을 제한하기 위해 사용한다.

출발지 IP 시스템이 TTL 값을 필드에 채우면(기본 255) 각 라우터는 이 패킷을 목적지 시스템으로 라우팅하는 과정에서 값을 1씩 감소시키고, 이 값이 0이 되는 라우터는 이 패킷을 폐기한다. 이때 IP 패킷을 폐기하는 라우터는 출발지 IP 시스템에게 TTL 만료로 패킷이 폐기됐음을 알리게 되는데, 그것이 ICMP 시간 초과 에러 보고 메시지다.

ICMP 시간 초과 메시지는 TTL 값의 만료뿐만 아니라, IP 단편화 에러 상황에서도 생성된다. 단편화된 처음 패킷이 수신 시스템에 도착하면 수신 시스템은 이를 다시 재조합하기 위해 순차적으로 단편화된 패킷을 버퍼에 대기시키면서 동시에 단편화 만료 타이머를 작동시킨다. 이는 단편 중 하나가 에러로 인해 사라졌을 경우 재조합을 위해 수신 시스템이 단편을 무한정 대기하는 상황을 방지하기 위해서다.

단편화된 전체 패킷이 타이머 만료 시간 동안 도착하지 못한다면 수신 시스템은 버퍼에서 대기 중인 모든 단편을 폐기하고 출발지 시스템에 단편 재조합 만료 시간이 초과했음을 알리는 에러 보고 메시지를 보낸다. 시간 초과 ICMP 에러 보고 메시지 타입 값은 11이며, 코드 값의 사용은 다음과 같다.

- 코드 값이 0일 경우 IP TTL 필드 값의 만료
- 코드 값이 1일 경우 단편화 타이머 만료

시간 초과 ICMP 메시지의 포맷은 그림 10.21의 일반적 구성 방식과 동일하며, 중간의 '헤더 나머지' 필드 32비트는 공백으로 사용되지 않는다. 데이터 부분에는 그림과 같이 에러를 유발한 패킷의 전체 IP 헤더와 상위 계층 데이터 8바이트가 포함된다.

(3) ICMP 재지정 동작

그림 10.24는 호스트 1과 호스트 2 사이의 Ping 통신에서 ICMP 재지정 메시지가 어떻게 동작하는지를 설명한다. 단계별 패킷 캡처 부분의 재지정 전과 후의 목적지 MAC 주소 변화와 ICMP 타입 5 재지정 메시지상의 게이트웨이 주소 부분을 이해하기 바란다.

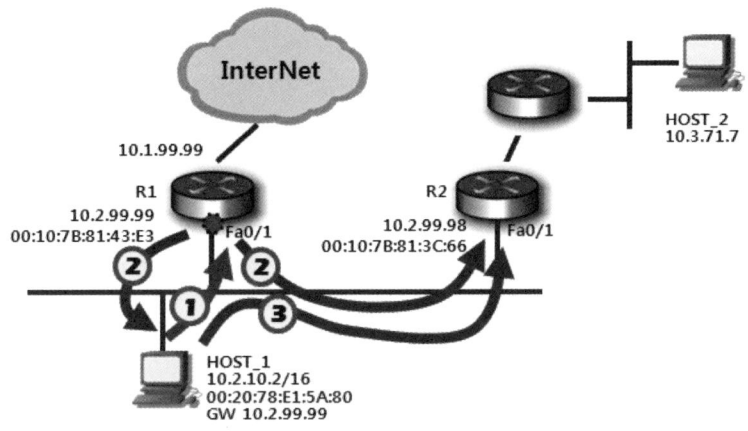

그림 10.24 ICMP Redirection 동작

참고로 테스트는 모두 3600 라우터로 수행됐으며, HOST_1은 `no ip routing`과 `default-gateway` 설정을 해 호스트로 동작하게 했다.

1. 호스트 1이 호스트 2와의 통신을 위해 GW인 R1으로 ping 패킷을 전송한다. 패킷 캡처 그림 10.25를 통해 목적지 MAC 주소가 R1의 주소임을 확인할 수 있다.

```
No. Time     Source    Destination Protocol Info
  1 0.000000 10.2.10.2 10.3.71.7   ICMP     Echo (ping) request  (id=0x0200, seq(be/le)=12544/49, ttl=32)
  2 0.002000 10.2.99.99 10.2.10.2  ICMP     Redirect             (Redirect for host)
  3 0.003000 10.2.10.2 10.3.71.7   ICMP     Echo (ping) request  (id=0x0200, seq(be/le)=12544/49, ttl=31)
  4 0.004000 10.3.71.7 10.2.10.2   ICMP     Echo (ping) reply    (id=0x0200, seq(be/le)=12544/49, ttl=31)

⊞ Frame 1: 74 bytes on wire (592 bits), 74 bytes captured (592 bits)
⊞ Ethernet II, Src: 00:20:78:e1:5a:80 (00:20:78:e1:5a:80), Dst: 00:10:7b:81:43:e3 (00:10:7b:81:43:e3)
⊞ Internet Protocol, Src: 10.2.10.2 (10.2.10.2), Dst: 10.3.71.7 (10.3.71.7)
⊞ Internet Control Message Protocol
```

그림 10.25 ICMP 재지정 동작 캡처 – 1

2. R1은 호스트 1 패킷을 수신하고 라우팅 테이블을 통해 목적지 서브넷에 대한 다음 홉이 자신이 패킷을 수신한 인터페이스와 동일함을 확인하고, 동일 서브넷에 대한 더 나은 경로가 있다고 판단한다(이 예에서는 R2가 된다).

따라서 R1은 호스트 1으로 ICMP 재지정 메시지를 보내 해당 목적지 서브넷에 대한 다음 패킷은 R1의 라우팅 테이블의 다음 홉인 R2의 10.2.99.98 (00.10.7D.81:3C:66)로 전달할 것을 권고하고, 동시에 R2로 패킷을 포워딩한다.

그림 10.26에서 2번 프레임의 ICMP 타입 5와 게이트웨이 주소 10.2.99.98 부분을 확인할 수 있다. 또한 그림 10.27은 R1에서 R2로 패킷을 포워딩함을 MAC 주소를 통해 확인할 수 있다(S_MAC 00:10:7B:81:43:E3, D_MAC 00:10:7B:81:3C:66).

```
No. Time     Source     Destination Protocol Info
  1 0.000000 10.2.10.2  10.3.71.7   ICMP     Echo (ping) request  (id=0x0200, seq(be/le)=12544/49, ttl=32)
  2 0.002000 10.2.99.99 10.2.10.2   ICMP     Redirect             (Redirect for host)
  3 0.003000 10.2.10.2  10.3.71.7   ICMP     Echo (ping) request  (id=0x0200, seq(be/le)=12544/49, ttl=31)
  4 0.004000 10.3.71.7  10.2.10.2   ICMP     Echo (ping) reply    (id=0x0200, seq(be/le)=12544/49, ttl=31)

⊞ Frame 2: 70 bytes on wire (560 bits), 70 bytes captured (560 bits)
⊞ Ethernet II, Src: 00:10:7b:81:43:e3 (00:10:7b:81:43:e3), Dst: 00:20:78:e1:5a:80 (00:20:78:e1:5a:80)
⊞ Internet Protocol, Src: 10.2.99.99 (10.2.99.99), Dst: 10.2.10.2 (10.2.10.2)
⊟ Internet Control Message Protocol
    Type: 5 (Redirect)
    Code: 1 (Redirect for host)
    Checksum: 0x383e [correct]
    Gateway address: 10.2.99.98 (10.2.99.98)
  ⊞ Internet Protocol, Src: 10.2.10.2 (10.2.10.2), Dst: 10.3.71.7 (10.3.71.7)
  ⊞ Internet Control Message Protocol
```

그림 10.26 ICMP 재지정 동작 캡처 – 2

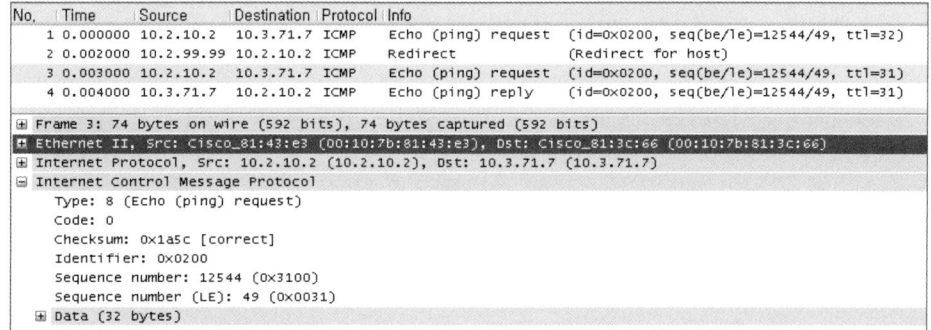

그림 10.27 ICMP 재지정 동작 캡처 – 3

3. 호스트 1은 호스트 2와의 다음 패킷을 권고받은 10.2.99.98 (00:10:7B:81:3C:66) 인 R2로 바로 전송한다(다음과 같이 Host_1의 라우팅 테이블이 추가된다).

HOST_1# **show ip route**

Default gateway is 10.2.99.99

Host   Gateway   Last Use   Total Uses Interface

ICMP redirect cache is empty

HOST_1# **ping 10.3.71.7**

Type escape sequence to abort.

Sending 5, 100-byte ICMP Echos to 10.3.71.7, timeout is 2 seconds:

!!!!!

Success rate is 100 percent (5/5), round-trip min/avg/max = 20/446/1092 ms

HOST_1# **show ip route**

Default gateway is 10.2.99.99

Host   Gateway   Last Use   Total Uses Interface
10.3.71.7   10.2.99.98   0:11   8   FastEthernet0/0

(4) ICMP 재지정 동작 조건

ICMP 재지정이 동작하려면 다음 4가지 조건을 모두 만족해야 한다.

- 라우터에서 패킷이 입력되는 인터페이스와 라우팅되는 출력 인터페이스 (IN/OUT 인터페이스)가 동일해야 한다.

- 출발지 IP 주소의 네트워크 주소가 라우팅 되는 패킷의 다음 홉 IP 주소의 네트워크 주소와 동일해야 한다.
- 발신지 라우팅^{source-routing}되는 패킷은 해당되지 않는다.
- 시스템 커널이 ICMP 재지정을 지원해야 한다.

(5) 질의, 정보 제공 메시지

라우터나 호스트로부터 질의를 통해 상태 정보를 수집하고, 이 정보는 현재 IP 시스템들의 동작 상황을 진단하고 테스트하는 용도로 사용된다. 대부분 IP의 다양한 기능을 구현하기 위한 정보를 주고받는 경우 생성된다.

에코 요청/응답(Echo Request/Reply)

시스템 상호 간에 IP 프로토콜의 동작을 검사하기 위해 사용되며, 주요 검사 목적은 호스트로의 도달 가능성을 진단한다. 이를 이용한 애플리케이션인 ping은 여러 개의 에코 요청과 에코 응답 메시지를 생성하고, 이들에 대한 통계 정보를 제공한다.

에코 요청과 에코 응답을 이용해 시스템 간의 연결성 테스트에 사용되는 ICMP 메시지 포맷과 각 필드의 구성은 그림 10.28, 표 10.6과 같다.

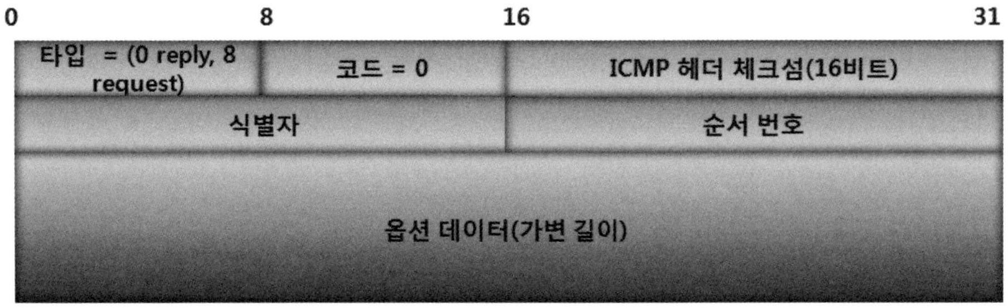

0	8	16	31
타입 = (0 reply, 8 request)	코드 = 0	ICMP 헤더 체크섬(16비트)	
식별자		순서 번호	
옵션 데이터(가변 길이)			

그림 10.28 ICMP 에코 요청/응답 메시지 포맷

표 10.6 ICMP 에코 메시지 필드 구성

필드	설명
Type(타입)	1바이트로 구성되며, ICMP 메시지의 타입을 식별한다. 에코 요청은 8, 에코 응답은 0의 값이 사용된다.
Code(코드)	에코 요청/응답에는 사용되지 않으며, 0으로 설정된다.

표 10.6 ICMP 에코 메시지 필드 구성(이어짐)

필드	설명
Checksum(체크섬)	ICMP 헤더의 에러 체크를 위한 체크섬 필드
Identifier(식별자)	요청 프로세스의 ID를 표시해 에코 요청/응답 메시지를 매칭하는 식별자 필드
Sequence Number(순서 번호)	일련의 메시지 그룹에서 특정 에코 요청/응답 메시지를 매칭하는 순서 번호 필드

시스코 장비에서의 ping 테스트 결과 메시지

시스코 라우터나 백본에서 ping 테스트를 수행했을 때 표시되는 ICMP 에러 보고 메시지에 따른 결과 기호를 표 10.7에 정리했다.

표 10.7 시스코 장비에서의 ping 테스트 결과 기호

기호	설명
!	각 느낌표는 Ping 요청(echo request)에 대한 응답 수신을 나타냄
.	각 마침표는 응답을 기다리는 동안의 네트워크 서버 시간 만료를 나타냄
U	목적지 도달 불가(Destination Unreachable)을 수신함
Q	발신지 억제(Source Quench)를 수신함
M	단편화되지 못해 폐기됐음을 수신함
?	알지 못하는 패킷 타입임을 수신함
&	TTL 값이 0이 돼 폐기됐음을 수신함

발신지 억제(Source Quench) 메시지 사례

서버로 ping 테스트를 수행한 결과로 QQQQQQQQQQQQQ의 응답 결과가 나왔을 경우 대부분의 서버 담당자는 장애가 아닌가를 의심하게 된다. 이 메시지는 위에서 언급한 ICMP 에러 보고 메시지 중 발신 억제 메시지에 해당하며, "목적지 서버가 너무 바빠서 또는 자원이 없어서 지금 처리가 곤란하다."라는 의미로 받아들이면 된다. 발신 억제 메시지를 수신하더라도 대부분의 텔넷[Telnet]과 FTP 등의 서비스에는 전혀 이상이 없다. 즉, 너무 민감하게 반응할 필요는 없다.

HP-UX 서버로 ping 테스트를 하는 경우 응답의 첫 부분은 정상적이다가 뒷부분으로 가면서 QQQQQ 메시지가 발생하는데, 이는 HP-UX의 특징으로 불필요한 네트워크 프로세스를 발생시키지 않으려는 의도다. 이 현상을 없애고 ping에 대한 정상적 응답을 수행토록 하려면 HP-UX의 ndd 파라미터인 ip_send_source_quench 변수를 1(enable)에서 0(disable)로 변경해 조정할 수 있다.

- HP-UX 설정

```
# ndd -set /dev/ip ip_send_source_quench 0
```

- 시스템이 재시작하면 설정이 사라진다. 설정을 유지하기 위해 환경 파일 설정

```
/etc/rc.config.d/nddconf
    TRANSPORT_NAME[X]=ip
    NDD_NAME[X]=ip_send_source_quench
    NDD_VALUE[X]=0
```

Tracert와 Traceroute의 동작

Traceroute는 ICMP와 IP 헤더의 TTL 필드를 사용한다. TTL 필드는 8비트 필드로, 0~255까지의 범위를 표현한다. TTL 필드의 목적은 IP 패킷이 전송 도중 무한 라우팅 루프에 빠져 IP 패킷이 무한히 인터넷을 배회하는 것을 방지하기 위한 IP 패킷의 생존 시간을 부여한다.

라우터를 거치면서 TTL 값을 1씩(또는 관리자가 설정한 값만큼) 감소시키는데, TTL 필드 값의 연산 결과가 0인 IP 패킷을 받았다면 라우터는 그 IP 패킷을 포워드하지 않는다(이와 같은 IP 패킷을 수신한 목적지 호스트는 더 이상 라우팅할 필요가 없으므로 이것을 응용 계층으로 보낸다. 그러나 TTL이 0인 IP 패킷을 받는 호스트는 거의 없다).

대신 라우터는 IP 패킷을 버리고 원래 호스트에게 ICMP 에러 보고 메시지에 시간 초과를 알린다. Traceroute에 있어서의 요점은 ICMP 메시지를 포함하고 있는 IP 패킷이 시간 초과를 감지한 송신자 주소인 라우터의 IP 주소를 갖고 있다는 것이다. 따라서 TTL 값을 1로 부여하고 시작해 지속적으로 1씩 증가시키면서 전송하고 이의 응답으로 되돌아오는 ICMP 에러 보고 메시지를 통해 목적지 호스트까지 거쳐 가는 라우터의 경로를 확인할 수 있다.

tracert는 윈도우 계열의 traceroute 프로그램으로 tracert라는 이름은 과거 DOS 운영체제 시절 파일명이 8자를 넘지 못한다는 제약에 근거한 것이다. tracert

프로그램의 가장 큰 특징은 전송을 개시하는 시스템이 순수히 ICMP 에코 요청 메시지를 사용해 되돌아오는 ICMP 메시지의 정보 값으로 경로를 판단한다는 점이다.

반면 유닉스/리눅스 계열 또는 라우터에서 사용되는 Traceroute는 목적지 호스트가 사용하지 않을 것 같은 UDP 포트 번호(30,000보다 큰 값, 구현에서는 33434~38000 범위의 포트 번호)를 선택해 UDP 데이터그램을 전송하고, 목적지 호스트에서의 UDP 모듈이 ICMP 포트 도달 불가 에러를 발생케 함으로써 경로를 판단한다.

라우팅 경로를 확인하는 Traceroute 애플리케이션은 마지막에 수신된 ICMP 메시지가 에코 응답인지 포트 도달 불가인지에 따라 윈도우 계열인지 유닉스 계열인지로 구별될 수 있다.

윈도우 계열의 tracert 동작

송신 호스트는 ICMP 에코 요청 메시지의 TTL 값을 1로 해 전송하면 라우터는 이를 폐기하고 TTL 시간 초과 ICMP 에러 메시지로 송신 호스트에게 응답한다. TTL을 1씩 증가하면서 테스트를 진행하다가 목적지 호스트로부터 ICMP 에코 응답 메시지를 수신하면 테스트를 종료한다(그림 10.29 참조).

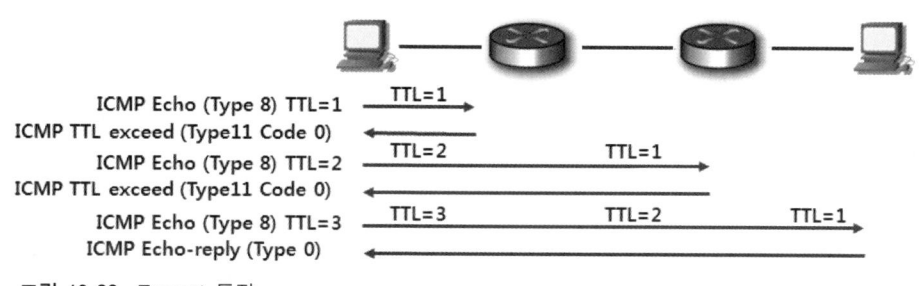

그림 10.29 Tracert 동작

따라서 tracert를 사용해 시스템 간의 라우팅 경로를 확인하려면 네트워크 구간에 존재하는 보안 장비(방화벽, 침입 차단 장비 등)에서 ICMP 필터링 정책을 허용해줘야 한다.

유닉스/리눅스 계열의 traceroute 동작

송신 호스트는 목적지 호스트가 사용하지 않을 것 같은 목적지 포트 번호를 이용해 TTL 값을 1로 지정해 UDP 메시지(이를 프로브probe라고 한다)를 전송하면 라우터는 이를 폐기하고 TTL 시간 초과 ICMP 에러 메시지로 송신 호스트에게 응답한다(그림 10.30 참조).

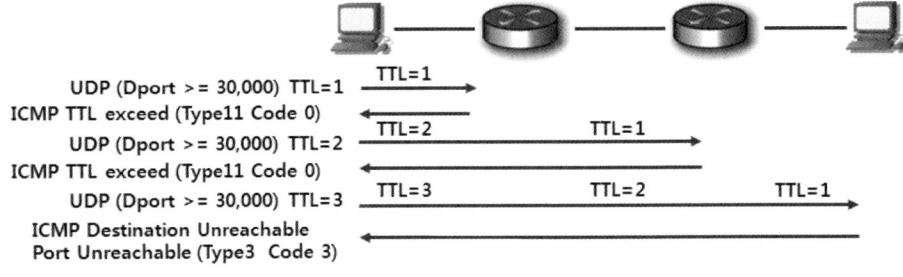

그림 10.30 Traceroute 동작

TTL을 1씩 증가하면서 테스트를 진행하다가 목적지 호스트로부터 ICMP 포트 도달 불가 메시지를 수신하면 테스트를 종료한다. 따라서 traceroute는 ICMP와 UDP 메시지를 사용하기 때문에 traceroute를 통해 경로를 확인하려면 네트워크 구간상의 보안 장비에서 ICMP뿐만 아니라 UDP(포트 30,000 이상) 메시지에 대해서도 필터링 정책을 허용해줘야 한다.

시스코 라우터나 백본에서 traceroute 테스트를 수행했을 때 표시되는 결과 기호를 표 10.8에 정리했다.

표 10.8 시스코 장비에서의 Traceroute 테스트 결과 기호

기호	설명
nn msec	각 노드에 대해 테스트 순서 번호에 대한 라운드 트립(round-trip) 시간을 표시
*	테스트 시간 만료
A	관리자에 의해 제한됨(예를 들어 ACL에 적용돼)
Q	발신지 억제(SourceQuench)를 수신함(목적지 시스템이 너무 바쁨)
I	사용자에 의해 중단된(interrupted) 테스트
U	포트 도달 불가
H	호스트 도달 불가
N	네트워크 도달 불가
P	프로토콜 도달 불가
T	타임아웃
?	알지 못하는 패킷 타입

10.5 NAT

NAT^{Network Address Translation} 기술은 IPv4의 주소 부족 문제를 해결하기 위해 한정된 공인 IP를 사용해 사설 IP를 이용하는 내부 네트워크의 시스템들이 공중 인터넷망과 통신하기 위해 고안됐다.

NAT를 사용함으로써 얻는 부가적인 이득은 공중 인터넷의 IP 시스템들이 내부의 사설 IP 시스템으로 직접 접근하기가 어렵기 때문에 사설 IP 네트워크 영역의 보안성을 강화할 수 있는 장점을 갖는다.

NAT는 1990년 후반에 RFC 1631 'The IP Network Address Translator'로 발표됐으며, 이는 정보 수준의 표준으로 공식 표준은 아니다(참고로 RFC 1631의 Translator는 라우터를 의미한다).

10.5.1 NAT의 장단점

NAT의 장점은 다음과 같다.

- 공인 IP 주소 공유를 통한 비용 절감과 IP 주소 공간 보존
- 네트워크 구성의 쉬운 확장과 변경
    - 내부 네트워크의 사설 IP 사용으로 인한 IP의 체계적, 효율적 배분 가능
- 로컬 네트워크의 관리자 통제력 강화
    - NAT 정책이 네트워크 관리자의 몫으로 로컬 사용자들에 대한 제어가 용이
- 외부 악의적 공격자가 내부 IP 시스템으로 접근이 어려움에 따른 보안성 강화
- NAT 구현 장비 동작의 투명성 제공

NAT의 단점은 다음과 같다.

- 장애 처리 시 IP 변환 테이블(NAT 테이블) 관리 수행의 복잡성 증가
- 일부 애플리케이션의 호환성 문제와 P2P 등의 일부 서비스를 이용할 때 어려움 발생

- IPSec 등의 보안 프로토콜과 NAT과의 연계할 때 어려움 발생

10.5.2 NAT 관련 용어 정리

NAT 관련 용어를 알아보기 위해, 예를 들어 내부 호스트 10.6.1.20이 외부 호스트 172.69.68.10과 통신하기 위해 100.10.10.10으로 NAT되는 동작을 살펴보자. 그림 10.31과 10.32는 각각 내부 주소와 외부 주소를 설명한다.

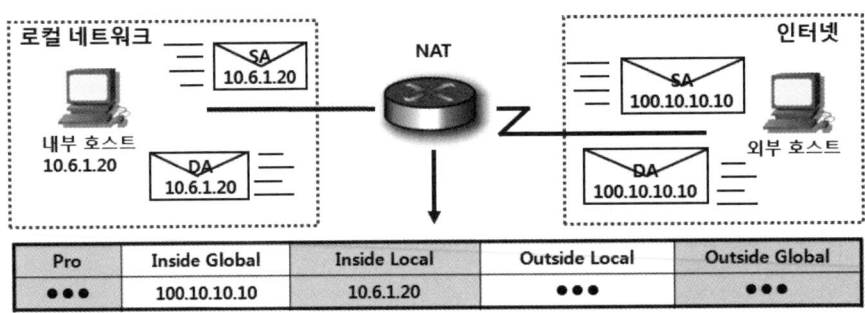

그림 10.31 NAT 동작과 내부 주소

- **내부 로컬 주소(Inside Local Address)** 내부 로컬 네트워크에 존재하는 시스템에 할당된 IP 주소로, 그림 10.31에서는 10.6.1.20이다.

- **내부 전역 주소(Inside Global Address)** 외부 네트워크에서 보이는 내부 로컬 주소에 대응하는 IP 주소로 NAT돼 변환된 발신지 IP 주소를 말하며, 그림 10.31에서는 100.10.10.10이다.

- **외부 로컬 주소(Outside Local Address)** 내부 로컬 네트워크에 존재하는 시스템이 알고 있는 외부 네트워크의 시스템 IP 주소로, 그림 10.32에서는 172.69.68.10이다.

- **외부 전역 주소(Outside Global Address)** 외부 네트워크에서 시스템에 할당된 IP 주소로, 그림 10.32에서는 172.69.68.10이다.

이와 같이 일반적인 NAT(발신지 NAT)에서는 외부 로컬 주소와 외부 전역 주소가 동일하다.

그림 10.32는 목적지 NAT의 경우로, 로컬 네트워크에서 목적지 192.168.1.20이 외부 네트워크와 통신하기 위해 171.69.68.10으로 변경돼 전달된다.

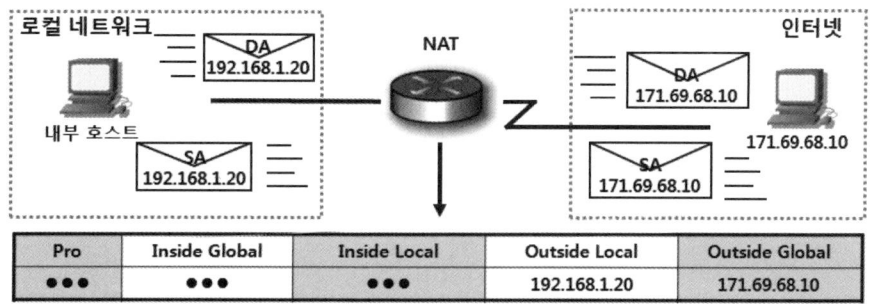

그림 10.32 목적지 NAT 동작과 외부 주소

이때 외부 로컬 주소는 내부 로컬 시스템이 알고 있는 네트워크 주소로 192.168.1.20이며, 외부 전역 주소는 외부 네트워크에서 시스템에 할당된 주소로 171.69.68.10이다. 즉, 로컬 네트워크는 외부 시스템을 192.168.1.20으로 알고 있지만, 실상 외부 시스템의 IP 주소는 171.69.68.10이기 때문에 중간 라우터에서 목적지 NAT를 통해 통신한다.

NAT에 대한 사상이나 동작들은 대부분 잘 알고 있음에도, 용어에 혼란을 겪어 상호 간의 장애 처리 시에 혼선이 빚어지기도 한다. 특히 네트워크 연동 부분의 NAT 장애 처리 시에 관리자들은 자신의 로컬 네트워크 대한 NAT 정책 외에 상대방의 IP 변환 정책에 대한 정보를 알지 못하기 때문에 용어와 정책 내용을 잘 관리하지 않으면 장애 처리가 어려워진다.

(1) 정적 NAT와 동적 NAT

공인 IP 주소의 할당 방식에 따라 정적static NAT와 동적dynamic NAT로 구별되며, 각각의 구성과 용도는 다음과 같다.

정적 NAT

정적 NAT는 내부 로컬 주소와 내부 전역 주소가 영구적으로 고정돼 사용되는 방식으로 1:1 NAT(공인 IP와 사설 IP가 1:1 영구 대칭)라고도 한다. 이는 외부의 공인 네트워크에 있는 클라이언트들이 내부의 사설 네트워크의 서버에 접속하기 위해 사용되기도 하는데, 이러한 설정은 NAT의 취지인 공인 IP의 공유의 관점에서는 위배된다.

동적 NAT

동적 NAT는 내부 로컬 주소가 동적 풀pool로 구성된 일정 범위의 내부 전역 주소로 자동 할당되며, 세션이 끝나면 이를 다시 풀에 반환하는 구성을 갖는다. 동적 NAT는 NAT의 주요 목적인 공인 IP 주소의 공유를 위해 사용되며, 이를 N:1+(사설 N개 IP에 대해 1 이상의 공인 IP 매칭) 구조라고 할 수 있다.

정적 NAT와 동적 NAT는 동시에 구현되는 경우가 많으며, 내부 로컬 사용자를 위해서는 동적 NAT를 구현하고 일부 외부 사용자를 위한 내부망의 서버 접속을 위해서는 정적 NAT를 구성한다.

(2) NAT 구성 방식

NAT의 구성 방식은 전통적인 발신지 NAT 구성 방식과 목적지 NAT의 구성 방식으로 나뉠 수 있다

단방향 NAT, 발신지 NAT

아웃바운드 트랜잭션에 대해 동작하는 방식으로 전통적인 NAT 구성 방식이다. 이는 내부 로컬 사설 IP 주소가 내부 전역 공인 IP 주소로 매칭돼 통신한다.

양방향 NAT, 목적지 NAT

사설 IP를 사용하는 로컬 네트워크를 목적지로 하는 외부 클라이언트의 통신에 사용되는 방식이다. NAT 장비는 입력되는 목적지 주소에 대해 외부 로컬 주소를 외부 전역 주소로 변환하는데, 구조는 전통적인 발신지 NAT과 유사하지만, 트랜잭션의 시작이 사설 IP를 사용하는 로컬 네트워크가 아니라 공인 IP를 사용하는 외부 시스템이므로 목적지 주소를 변환한다는 점에 차이가 있다. 그림 10.33은 양방향 NAT가 설정된 라우터와 주소 변환 과정을 보여준다.

그림 10.33에서는 내부 네트워크 시스템 호스트 1이 외부 네트워크의 호스트 2와의 NAT를 이용한 통신 과정을 예로 들었다. 두 네트워크 모두 사설 IP를 사용해 구성돼 있고, 호스트 1은 호스트 2의 IP를 100.100.100.100으로, 호스트 2는 호스트 1의 IP를 172.100.100.10으로 인지한다. 이 예제를 통해 내부 로컬 주소, 내부 전역 주소, 외부 로컬 주소, 외부 전역 주소가 어떻게 사용되는지를 살펴보기 바란다.

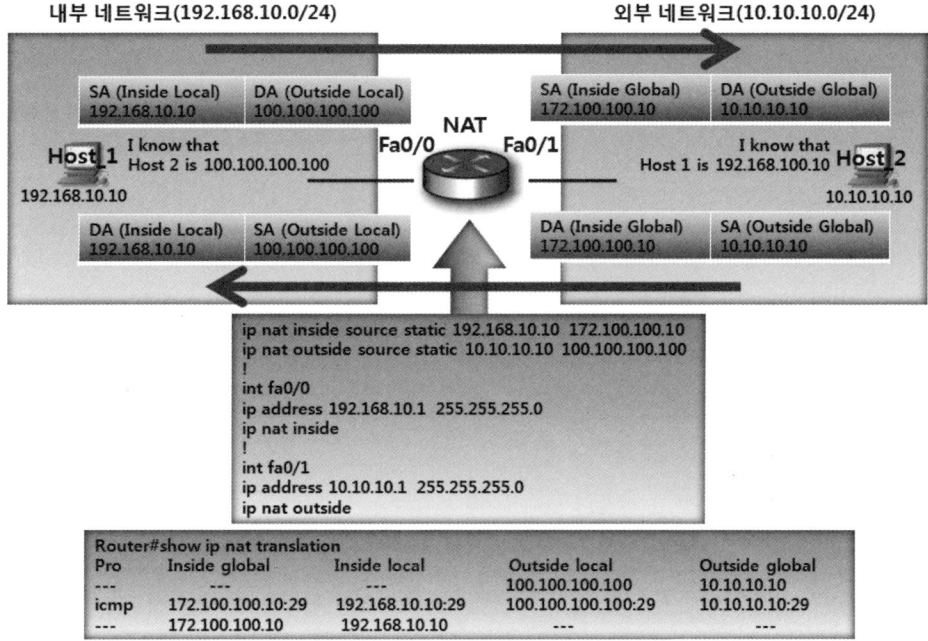

그림 10.33 양방향 NAT 설정과 동작

(3) NAT 트러블슈팅 - 1

장애 내용은 그림 10.34의 VLAN 50의 시스템에서 VLAN 10의 시스템으로 통신이 안 되는 상황이다. 장애 처리를 위해 `show ip cache flow`를 통해 트래픽 흐름을 확인한 결과 ❶과 같이 초기 접속에 대한 트래픽은 보이지만 ❷의 응답 트래픽이 보이지 않았다.

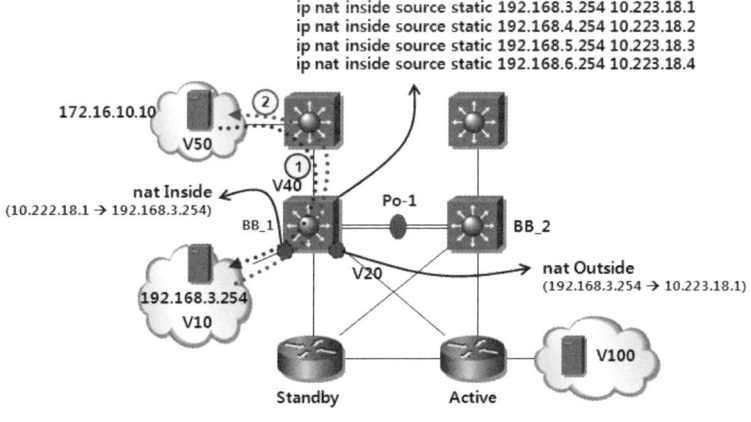

그림 10.34 NAT 설정 누락으로 인한 통신 장애 - 1

show ip nat transaction, show ip nat statistics 명령으로 원인을 분석해 본 결과, 원인은 ❶과 같이 초기 접속(172.16.10.10에서 10.223.18.1로의 접속)은 되지만, ❷의 응답 트래픽이 NAT되지 않고 192.168.3.254로 응답하기 때문에 통신이 절단되는 현상이 발생했다.

결과적으로 NAT의 내부inside와 외부outside 범위를 명확하게 정의하지 않아 발생한 설정 누락이었으며, 이를 위해 그림 10.35와 같이 VLAN 40에 ip nat outside를 설정함으로써 해결했다.

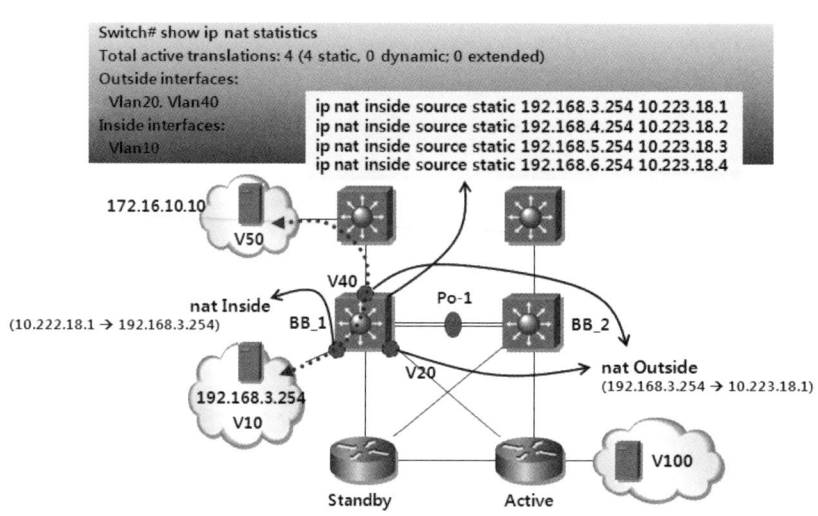

그림 10.35 NAT 설정 누락으로 인한 통신 장애 - 2

(4) NAT 트러블슈팅 - 2

그림 10.36과 같이 VLAN 200이 내부적으로 사설 IP 10.10.50.0/24로 구성돼 있지만, 외부와의 통신을 위해 192.168.100.0/24 대역의 일부 IP를 사용해 NAT 통신을 하고 있고, 내부의 VLAN 100 또한 192.168.100.0/24 대역을 사용해 외부의 발신지 IP로 허가된 서버와 통신을 하고 있다. 이 두 시스템은 상호 통신은 없었지만, 필요에 의해 VLAN 200의 10.10.50.10 시스템과 VLAN 100의 192.168.100.10 시스템 간에 통신을 하려 한다.

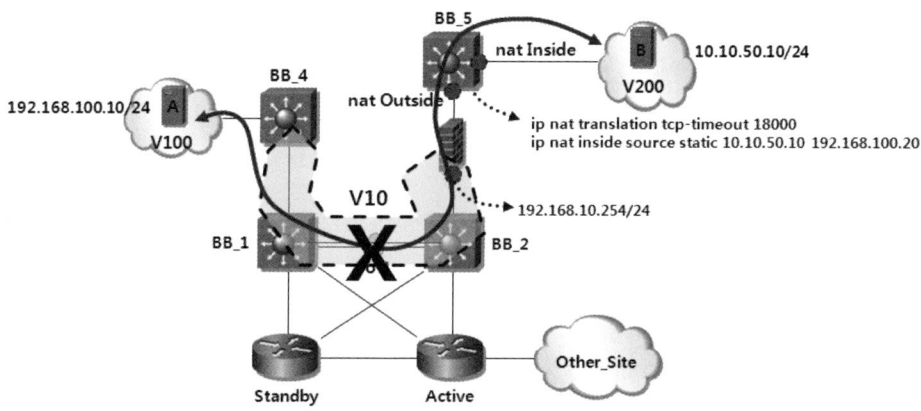

그림 10.36 NAT 구성된 복잡한 네트워크 설정

네트워크 구성에서 BB_1, 2, 4는 VLAN 10의 동일한 네트워크 대역을 사용하고 VLAN 100이 VLAN 200과 통신을 하려면 방화벽 192.168.10.254를 다음 홉으로 이용한다.

NAT 설정 자체는 문제가 없으며, 이러한 구성 자체가 문제다. 가장 좋은 방법은 외부 사이트와의 접점에서 NAT를 설정해주는 것이 좋다. 하지만 당장 서비스가 진행돼야 하는 시점에서 조정의 여력이 없을 것이다.

이 문제에 대한 해결책은 그림 10.37과 같이 9장에서 소개한 프록시 ARP 설정과 정적 호스트 라우팅이다. 이 예제는 NAT 사용이 네트워크 트러블슈팅에 복잡성을 증가시킨다는 것을 보여준다.

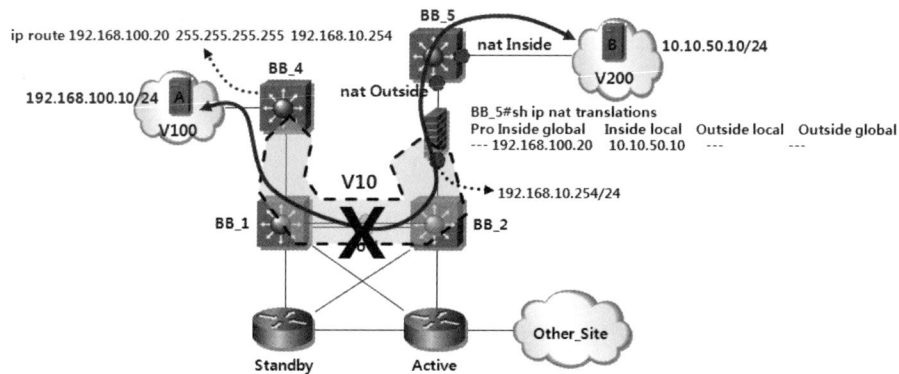

그림 10.37 NAT 구성된 복잡한 네트워크 설정

BB_4에서의 설정 변경

1. 프록시 ARP 설정 enable

    BB_4(config-if)# **ip proxy-arp**

2. 백본 및 서버 A에 32비트 호스트 라우팅 추가

    BB_4(config)# **ip route 192.168.100.20 255.255.255.255 192.168.10.254**

    A# **route add 192.168.100.20 mask 255.255.255.255 192.168.100.1**

10.6 PAT

NAT은 내부의 사설 IP를 공인 IP 풀에 매칭시키는 방식을 사용한다. 그렇다면 매우 많은 내부 단순 사용자를 갖고 있는 사설 IP망을 가정해 보면 내부 사설 IP에 할당될 수 있는 공인 IP 주소 풀이 매우 커야 할 것이다. 내부 사용자들을 위해 또다시 IP 주소 자원에 비용을 지불해야 하는 상황을 해결하기 위해 사용되는 기법이 PAT^{Port Address Translation}다.

PAT는 사설 IP 주소를 상위 계층의 TCP 또는 UDP의 포트 번호에 매칭시키는 방식을 사용하는데, 이 때문에 PAT^{Port Address Translation}, 포트 주소 변환라고 불린다. PAT 는 여러 명칭으로 불리는데, 과부하 NAT^{Overloaded NAT}(따라서 시스코 명령은 overload라는 옵션을 통해 이를 구현한다), 네트워크 주소 포트 변환^{NAPT, Network Address Port Translation}이라 고도 한다.

대부분 가정에서 사용하는 IP 공유기는 PAT 방식으로 동작하며, 리눅스 시스템에 서는 이러한 PAT를 IP 마스커레이딩^{Masquerading}이라고 한다. 그림 10.38은 PAT 동 작에 따른 PAT 트랜잭션 테이블을 보여준다.

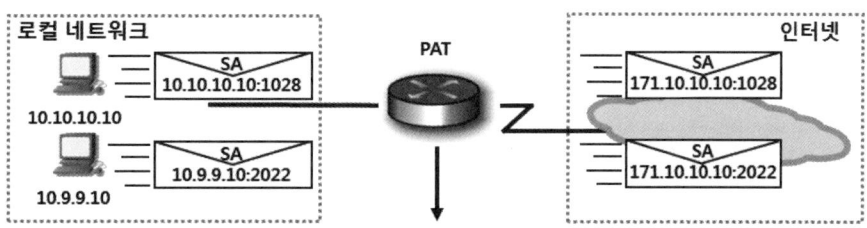

그림 10.38 PAT 동작

10.6.1 Ping (ICMP)이 PAT될 때

PAT을 사용하는 환경에서 IP의 상위 계층 프로토콜이 TCP나 UDP가 아닌 ICMP인 경우, 즉 그림 10.38에서 10.10.10.10 시스템이 목적지 100.100.100.100으로 ping을 하는 경우의 동작은 어떻게 될까? 이런 경우 일반적으로는 ICMP 헤더의 식별자 필드의 값을 마치 상위 계층의 포트 번호인 것처럼 사용한다.

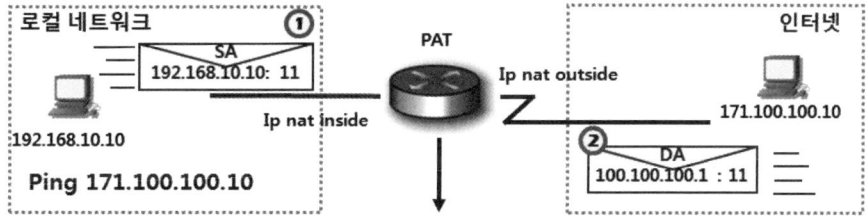

그림 10.39 ping 패킷의 PAT

따라서 시스코 라우터에서 NAT 트랜잭션의 상황이나 패킷을 캡처해보면 ICMP 헤더의 순서 번호가 사용돼 PAT 테이블에 명기되는 것을 확인할 수 있다. 그리고 시스코 라우터의 경우 IOS가 연속적인 핑(ping -s 100.100.100.100)에 대해서는 단일 플로우로 처리하기 때문이다. 하나의 ping 명령의 플로우당 하나의 NAT 트랜잭션 테이블로 관리된다. 그림 13.40은 ping에 대한 PAT 동작을 캡처한 내용이다.

로컬 네트워크에서 외부 서버로의 ICMP 요청 패킷인 137번 프레임(그림 10.40)은 PAT 테이블에 상위 계층의 포트 번호와 유사하게 ICMP의 식별자 값 'Identifier : 0X000b'인 11을 사용해 내부 로컬 주소 192.168.10.10이 내부 전역 주소인 100.100.100.1 : 11로 매칭된다.

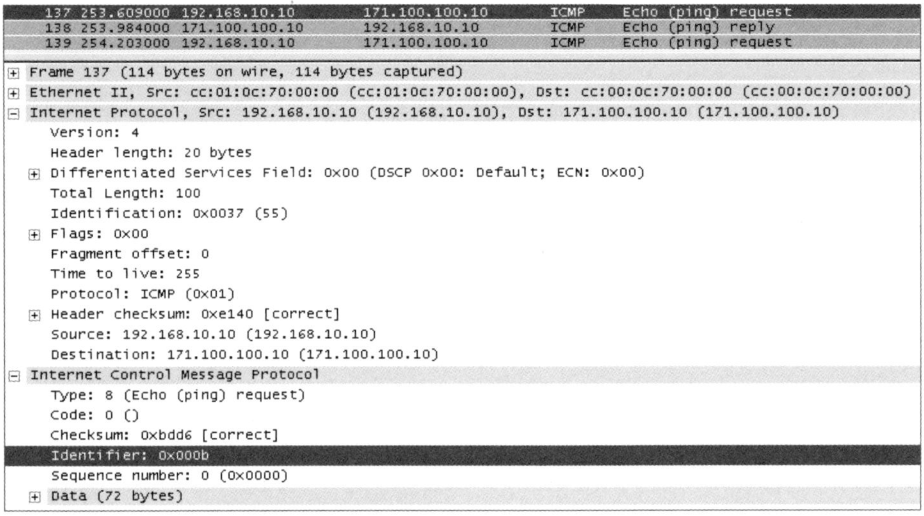

```
137 253.609000 192.168.10.10      171.100.100.10      ICMP    Echo (ping) request
138 253.984000 171.100.100.10     192.168.10.10       ICMP    Echo (ping) reply
139 254.203000 192.168.10.10      171.100.100.10      ICMP    Echo (ping) request
```

Frame 137 (114 bytes on wire, 114 bytes captured)
Ethernet II, Src: cc:01:0c:70:00:00 (cc:01:0c:70:00:00), Dst: cc:00:0c:70:00:00 (cc:00:0c:70:00:00)
Internet Protocol, Src: 192.168.10.10 (192.168.10.10), Dst: 171.100.100.10 (171.100.100.10)
　Version: 4
　Header length: 20 bytes
　Differentiated Services Field: 0x00 (DSCP 0x00: Default; ECN: 0x00)
　Total Length: 100
　Identification: 0x0037 (55)
　Flags: 0x00
　Fragment offset: 0
　Time to live: 255
　Protocol: ICMP (0x01)
　Header checksum: 0xe140 [correct]
　Source: 192.168.10.10 (192.168.10.10)
　Destination: 171.100.100.10 (171.100.100.10)
Internet Control Message Protocol
　Type: 8 (Echo (ping) request)
　Code: 0 ()
　Checksum: 0xbdd6 [correct]
　Identifier: 0x000b
　Sequence number: 0 (0x0000)
　Data (72 bytes)

그림 10.40 ICMP 에코 요청 패킷과 PAT 동작

외부 서버로부터의 ICMP 응답 패킷인 138 프레임(그림 10.41)은 동일한 식별자 값과 시퀀스 값으로 식별돼 내부 전역 주소 100.100.100.1을 목적지로 전송된다.

```
126 243.734000 100.100.100.1      171.100.100.10    ICMP    Echo (ping) request
127 243.906000 171.100.100.10     100.100.100.1     ICMP    Echo (ping) reply
128 244.297000 100.100.100.1      171.100.100.10    ICMP    Echo (ping) request
```
⊞ Frame 127 (114 bytes on wire, 114 bytes captured)
⊞ Ethernet II, Src: cc:02:0c:70:00:00 (cc:02:0c:70:00:00), Dst: cc:00:0c:70:00:01 (cc:00:0c:70:00:01)
⊟ Internet Protocol, Src: 171.100.100.10 (171.100.100.10), Dst: 100.100.100.1 (100.100.100.1)
    Version: 4
    Header length: 20 bytes
  ⊞ Differentiated Services Field: 0x00 (DSCP 0x00: Default; ECN: 0x00)
    Total Length: 100
    Identification: 0x0037 (55)
  ⊞ Flags: 0x00
    Fragment offset: 0
    Time to live: 255
    Protocol: ICMP (0x01)
  ⊞ Header checksum: 0xe38d [correct]
    Source: 171.100.100.10 (171.100.100.10)
    Destination: 100.100.100.1 (100.100.100.1)
⊟ Internet Control Message Protocol
    Type: 0 (Echo (ping) reply)
    Code: 0 ()
    Checksum: 0xc5d6 [correct]
    Identifier: 0x000b
    Sequence number: 0 (0x0000)
  ⊞ Data (72 bytes)

그림 10.41 ICMP 에코 응답 패킷과 PAT 동작

자신의 사설 IP에 대한 공인 IP 알아내기

사설 IP를 사용하고 있는 환경의 PC에서 PC가 사용하고 있는 사설 IP에 대한 공인 IP를 알고자 할 때 이용할 수 있는 웹사이트가 있다. 네트워크의 관리 권한이 없는 사용자 입장에서 외부와의 연결에 대한 장애 처리에 이용하면 도움이 된다.

http://www.ipconfig.co.kr, http://www.ifconfig.co.kr

동적 PAT 구성 시 주의 사항

망 관리자들이 다수의 사용자 PC에 대한 인터넷 서비스를 위해 종종 인터넷과 연계돼 있는 방화벽에서 동적 PAT를 수행한다. 이때 동적 PAT를 제공할 공인 IP 대역 풀을 충분히 갖고 있지 않으면 다음과 같은 몇 가지의 문제가 발생한다.

- 동일 NAT IP를 사용하는 다수 클라이언트에 의한 원격지 보안 장비의 syn 플러딩 오탐
- 원격지의 장애 처리 시 클라이언트 IP가 모두 동일한 NAT IP임에 따른 장애 처리의 어려움 발생(로그 확인 시 클라이언트의 포트 번호까지 확인해야 함에 따라 즉시성이 떨어진다)
- 원격지에서 비정상 트래픽으로 탐지된 IP 차단 시 N:1 NAT IP일 경우 전체 사용자 대역이 차단되는 결과 발생

10.7 라우팅 프로토콜

네트워크 계층의 가장 주된 역할을 하는 장비는 단연 라우터^{Router}일 것이다. 라우터는 각기 다른 네트워크를 연결해주는 가교로서 최선을 다해 데이터 패킷을 목적지까지 전달해 주는 역할^{Best Effort Packet Delivery Service}을 한다.

라우터는 이를 위해 라우팅 테이블을 유지 관리하며, 라우팅 테이블을 참조해 패킷을 목적지로 전달한다. 라우팅 테이블을 구성하는 방식에 따라 정적^{static} 라우팅, 동적^{Dynamic} 라우팅으로 구분할 수 있으며, 정적 라우팅은 관리자가 직접 라우팅 테이블을 수동으로 구성하고, 동적 라우팅은 라우팅 프로토콜을 이용해 라우터 자신이 자동으로 라우팅 테이블을 구성한다.

라우팅 프로토콜은 자치 시스템^{AS, Autonomous System} 내부에서 사용하는 내부 게이트웨이 프로토콜^{IGP, Internal Gateway Protocol}과 자치 시스템 간을 연결하는 외부 게이트웨이 프로토콜^{EGP, External Gateway Protocol}이 있다.

IGP 라우팅 프로토콜은 RIP, IGRP, EIGRP, OSPF, IS-IS가 있으며, EGP 라우팅 프로토콜에는 EGP와 BGP 프로토콜이 있다. 이 절에서는 라우팅 프로토콜의 세부적인 사항은 다루지 않으며, 특징들만 간략하게 설명한다.

10.7.1 RIP

RIP^{Routing Information Protocol}은 이더넷을 만든 제록스의 알토연구소에서 이더넷 상위에 사용할 프로토콜을 라우팅할 목적으로 개발했으며, 이를 버클리 유닉스인 BSD(1982년 BSD 4.2ver)에서 Routed^{Routed Daemon}라는 라우팅 데몬 프로세스로 사용하면서 널리 확산됐다.

RIP의 표준처럼 사용되던 BSD의 Routed를 기반으로 IETF에서 RFC 1058, 'Routing Information Protocol'을 발표했으며, 이는 원본 RIP와의 버전 구별을 위해 RIP-1이라 명명했다.

RIP는 최적 경로^{Best Route} 선정을 위한 척도^{metric}로 목적지까지의 경로상에 거쳐 가는 라우터의 수(이를 홉 수^{Hop Count}라고 한다)를 사용하는 거리 벡터^{Distance Vector} 라우팅 프로토콜이다. 또한 최적 경로를 연산하려면 벨만 포드 알고리즘^{Bellman-Ford Algorithm}을 사용한다.

라우터 상호 간에 라우팅 정보를 교환하기 위해 RIP은 UDP 520번 포트를 사용하는데, RIP-1의 경우에는 목적지 IP 주소로 255.255.255.255를 사용하고, RIP-2는 224.0.0.9를 사용해 전송한다. 특히 RIP는 라우팅 정보를 토폴로지 변화와 무관하게 30초마다 라우터의 모든 물리적 인터페이스로 전송함에 따라 대역폭의 비효율적 사용을 초래할 수 있다.

RIP가 다른 라우팅 프로토콜에 비해 복잡하지 않은 설정과 직관적인 최적 경로 구성을 수행하는 등의 장점이 있는 반면에 최적 경로를 결정하는 척도가 단순히 홉 수라는 것 때문에 더 좋은 대역폭을 갖지만, 홉 수가 높은 경로는 최적 경로가 되지 않는 비효율적 경로가 생성될 수 있다. 또한 16홉 이상의 목적지 경로는 지원하지 않기 때문에 대규모 네트워크 구성에는 어려움이 있다는 큰 단점을 갖는다.

RIP는 가장 오래된 라우팅 프로토콜로 현재 IPv6 지원을 위해 RIPng까지 발표돼 있지만, 대부분의 네트워크 구성 시 IGP 라우팅 프로토콜은 RIP의 제약 사항으로 인해 OSPF를 사용한다.

10.7.2 EIGRP

EIGRP$^{Enhanced\ Interior\ Gateway\ Routing\ Protocol}$는 시스코에서 독자적으로 만든 디스턴스 벡터 기반의 라우팅 프로토콜로, 시스코에서 1980년 중반에 발표한 IGRP$^{Interior\ Gateway\ Routing\ Protocol}$에 기반을 두고 있다. EIGRP는 IGRP의 개정판으로 기본적인 디스턴스 벡터 라우팅 프로토콜에 최적 경로 연산을 위한 알고리즘으로 DUAL$^{Diffusing\ Update\ Algorithm}$(J.J Garcia-Luna-Aceves에 의해 SRI International에서 개발됨)을 사용했다.

EIGRP의 특징은 네트워크 계층의 다중 프로토콜(IP, IPX, AppleTalk) 라우팅이 가능하며, IGRP를 위한 별도의 IP 프로토콜 번호 88번을 사용하는 점과 빠른 수렴 속도, 동일하지 않는 코스트$^{unequal\ cost}$ 값을 갖는 경로에 대한 로드 밸런싱 기능 지원, 가변 길이 서브넷 마스크$^{VLSM,\ Variable\ Length\ Subnet\ Mask}$ 지원, 전체 라우팅 정보를 업데이트 하지 않고 변경된 정보만의 부분 업데이트를 수행하는 라우팅 정보의 부분적 갱신을 지원하며, 주기적 업데이트를 사용하지 않는 특징이 있다.

RIP와 달리 EIGRP는 최적 경로에 대한 척도로 5가지의 파라미터인 대역폭^{Bandwidth}, 부하^{Load}, 지연^{Delay}, 신뢰성^{Reliability}, MTU$^{maximum\ Transmission\ Unit}$를 사용한다. 이에 대한 연산 식은 다음과 같으며, 연산 식에는 K 상수가 사용된다.

$$\left[\left(K_1 \cdot Bandwidth + \frac{K_2 \cdot Bandwidth}{256 - Load} + K_3 \cdot Delay\right) \cdot \frac{K_5}{K_4 + Reliability}\right] \cdot 256$$

대부분의 경우 K2, K4, K5는 0으로 설정되고, K1과 K3은 1로 설정돼 결과적으로 $(Bandwidth + Delay) \cdot 256$ 이 된다.

여기서 대역폭의 값은 출발지에서 목적지까지의 모든 라우터 인터페이스 대역폭 중에 가장 낮은 값에 대한 다음 식의 연산 결과다.

$$Sum_{BW} = \left(\frac{10^{10}}{LowestBW}\right),$$

또한 지연 값은 목적지까지 모든 라우터 인터페이스 지연 값을 모두 더한 값을 10으로 나눈 값으로 다음과 같은 식으로 구한다.

$$Total_{delay} = \frac{SUM_{delay}}{10}$$

EIGRP는 이런 사항 외에도 설정이 간단하다는 등의 여러 가지 장점이 있지만, 특정 회사(시스코)에 종속적인 비표준 프로토콜이라는 큰 단점과 네트워크 디자인 시에 네트워크 대역의 요약Summary이 가능한 IP 주소로의 계층적 구성이 요구되며, 잘못 구성됐을 때 SIA Stuck in Active의 상황이 발생할 수 있다는 점 등의 제약 사항으로 인해 자주 사용되는 프로토콜은 아니다.

10.7.3 OSPF

OSPF Open Shortest Path First는 단일 AS 내에서 SPF Shortest Path First 알고리즘(또는 다익스트라 알고리즘 Dijkstra algorithm이라고도 함)을 사용하는 링크 상태 Link State 라우팅 프로토콜로, IP 네트워크에 대한 동적 라우팅 프로토콜을 개발하기 목적으로 IETF 워크그룹에서 개발했다.

현재 사용하는 OSPF 버전 2는 1998년에 RFC 2328로 IPv4를 위해 정의됐으며, IPv6를 위한 버전은 OSPF 버전 3으로 2008년 RFC 5340에서 정의했다. IGP 프로토콜의 하나로 IS-IS 라우팅 프로토콜도 존재하기는 하지만, IS-IS는 서비스 제공 업체 ISP, Internet Service Provider에서 이용되고, 대부분의 IP 네트워크에서는 OSPF가 가장 광범위하게 사용되는 IGP 라우팅 프로토콜이다.

OSPF 라우팅 프로토콜의 동작 순서는 다음과 같다(그림 10.42 참조).

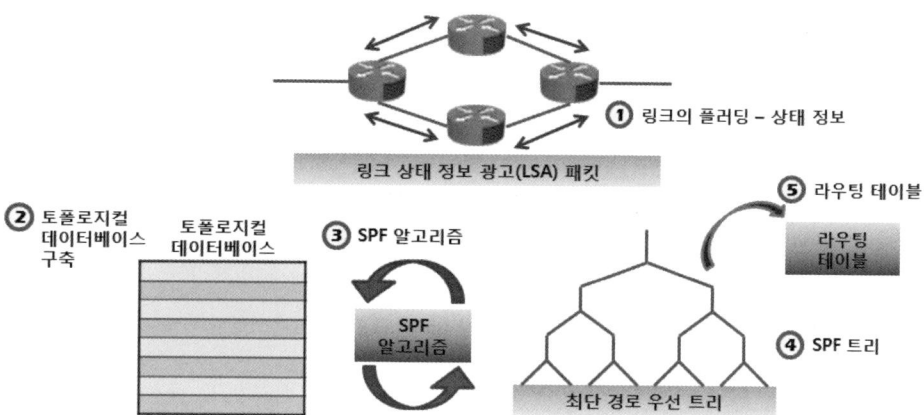

그림 10.42 링크 상태(Link State) 동작

❶ OSPF가 설정된 라우터 간에 헬로우 패킷Hello Packet을 교환해 상호 간에 네이버neighbor임을 확인한다.

❷ OSPF 네이버 라우터 간에 라우팅 정보를 업데이트한다.

❸ OSPF는 LSALink State Advertisement, 링크 상태 정보 광고를 통해 상호 간 링크 정보를 교환하며, 각 라우터에서는 이 정보를 링크 상태 데이터베이스에 저장한다.

❹ 링크 상태 데이터베이스 정보를 바탕으로 SPF 알고리즘을 사용해 라우팅 테이블을 생성한다.

❺ 주기적으로 헬로 패킷을 교환해 네이버 라우터의 상태를 확인한다.

이러한 과정에서 OSPF 라우터들 간에 교환하는 OSPF 패킷의 종류는 다음과 같이 크게 5가지로 분류된다.

- **헬로우 패킷(Hello Packet)** 네이버 라우터들과의 인접 관계Adjacency Information를 수립하고 유지한다.
- **DBD 패킷(Database Description Packet)** OSPF의 링크 상태 데이터베이스의 요약 정보로 상대방과 링크 상태 정보를 교환할 때 이용한다.
- **LSR 패킷(Link State Request Packet)** 상대 라우터로부터 받은 DBD 정보 중 자신에게 없는 요약 정보가 있으면 그 정보에 대한 상세 정보를 다시 상대에

게 요청하는 링크 상태 요청 패킷이다.

- **LSU 패킷(Link State Update Packet)** 상대로부터 LSR을 수신한 후에 관련 링크 상태 정보인 LSA를 전달하기 위해 사용되는 패킷으로, 11가지의 LSA 타입이 있으며, 이중 LSA 1부터 LSA 7까지를 주로 이용하고 나머지 LSA는 Opaque LSA 등으로 MPLS VPN 같은 OSPF의 확장 기능을 위해 사용한다.
- **LSAck 패킷(Link State Acknowledge Packet)** 상대 라우터로부터 LSU 패킷을 정상적으로 수신했음을 알려주는 패킷이다.

OSPF의 장점은 다음과 같다.

- 링크 상태 정보를 데이터베이스화해 관리함으로써 대규모의 네트워크 구간의 최적 경로 설정을 유지할 수 있다.
- 라우팅 갱신을 위해 홀드 타이머hold-timer를 사용하는 RIP이나 IGRP와는 달리 트리거 업데이트를 통해 라우팅 테이블을 갱신할 때의 빠른 수렴 시간을 보장한다.
- VLSMVariable Length Subnet Mask, 가변 길이 서브넷 마스크와 CIDRClassless Inter Domain Routing, 슈퍼넷을 지원한다.
- 벤더마다 차이가 있지만, 시스코의 경우 메트릭 값으로 대역폭을 사용한다.
- 영역Area이라는 개념을 사용해 OSPF 라우팅 영역을 분할 설계함으로써 계층적 설계가 가능하고 라우팅 테이블의 관리가 용이하다.
- 가장 중요한 것은, OSPF는 IS-IS, RIP와 더불어 표준으로 모든 벤더와 호환된다는 점이다.

OSPF에서 최적 경로를 결정짓기 위해 사용하는 메트릭으로 대역폭을 사용하는데, RFC 2328의 OSPF 버전 2에서 J.MOY는 다음과 같이 정의하고 있다.

코스트는 각 라우터의 아웃풋 인터페이스와 관계돼 있으며, 이 코스트 값은 관리자에 의해 설정될 수 있다. 낮은 코스트를 갖는 인터페이스가 데이터 트래픽을 전달하기 위해 이용될 것이다.

이와 같이 RFC 2328에서는 코스트에 대한 특정한 값을 명시하지 않고 있기 때문에 이를 구현하는 각 벤더의 장비들은 각기 다른 값을 사용하며, 과거 Bay 장비와 일부 장비들은 모든 인터페이스에서 기본 값을 1로 설정해 사용했다.

시스코의 경우 이 코스트 값을 인터페이스의 대역폭에 매칭해 사용하고, 기본 값은 108/bandwidth다. 이러한 기본 값으로 인해 패스트 이더넷$^{Fast\ Ethernet}$이 1, 기가 이더넷$^{Giga\ Etherent}$은 0.1로 둘 다 1로 연산돼, 결국 대역폭이 다른 두 인터페이스가 동일 비용 값으로 인식되는 문제점이 발생한다. 따라서 대부분의 네트워크 관리자들은 이 값을 수정해 사용해야 한다.

```
OSPF Cost 변경하기
# ospf auto-cost reference-bandwidth reference-bandwidth
```

이외에 OSPF의 라우터 설정에 따라 DR, BDR, ABR, ASBR, Babkbone Area, Stub-Area 등의 관련 용어들이 있지만, 이 책에서는 생략한다.

10.7.4 IS-IS

IS-IS$^{Intermediate\ System\ To\ Intermediate\ System}$ 프로토콜은 DECnet Phase V의 일부로 DEC$^{Digital\ Equipment\ Corporation}$에 의해 개발됐으며, ISO에 의해 종단 시스템이나 호스트의 반대 의미로 중간 시스템$^{Intermediate\ System}$인(라우터를 일컫는다) 네트워크 장비 사이의 라우팅을 위해 ISO 10589:2002로 1992년에 표준화됐다. IS-IS의 개발 목적은 일명 CLNS$^{Connectionless-mode\ Network\ Service}$라고 불리는 ISO에서 개발한 OSI$^{Open\ System\ Interconnection}$ 프로토콜 스택을 이용한 데이터그램^{Datagram}(여기서는 패킷을 말한다)의 라우팅을 위해 만들어졌다.

IS-IS는 IETF의 OSPF와 거의 유사한 시기에 개발됐으며, 인터넷 표준이 아니기 때문에 IETF는 RFC1142를 통해 IS-IS를 인터넷에서 사용할 수 있게 재개정했다. IS-IS 프로토콜이 인터넷의 네트워크 계층 프로토콜인 IP의 데이터그램을 라우팅하기 위해 확장됐으므로 IS-IS 라우팅 프로토콜을 Integrated IS-IS(RFC1195)라고 부르기도 한다.

IS-IS와 OSPF는 둘 다 링크 상태 프로토콜이며, 최적 경로 연산을 위해 동일한 다익스트라^{Dijkstra} 알고리즘을 이용한다. 결과적으로 이 둘은 개념적으로 유사하고 모두 헬로우 패킷을 이용해 네이버를 찾으며, VLSM과 라우팅 업데이트를 위해 인증 방식을 지원하는 등의 유사한 동작 방식을 갖는다.

반면 OSPF는 IP의 상위 계층에서 동작하는 자신만의 3계층 프로토콜을 이용해 IP를 라우팅하기 위해 구성되는 데 비해, IS-IS는 태생적으로 OSI 네트워크 계층 프로토콜이므로 라우팅 정보를 전달하기 위해 IP를 사용하지 않는다. IS-IS 라우터 역시 네트워크에 대한 토폴로지 데이터베이스를 구축하고, IS-IS 라우터가 도달할 수 있는 IP 서브넷을 나타내는 트리를 생성한다. 그리고 SPF 연산으로 얻어진 최적의 경로 값을 갖는 경로로 IP 트래픽을 포워딩한다.

이 외에도 동작 방식의 특성에 따라 Area를 정의하는 방법과 IS-IS 라우터 사이의 레벨 디자인 방법 Level1(intra-area), Level2(Inter-area), Level1-2(Both) 등의 차이를 갖는다.

10.7.5 BGP

앞에서 언급했던 IGP 라우팅 프로토콜은 하나의 AS 내부에서 동작하는 특성을 갖는 반면 BGP^{Border Gateway Protocol}는 EGP로 여러 AS를 거쳐 라우팅 정보를 전달하는 특성을 갖는다. 이 때문에 BGP는 라우팅 테이블 내부에 IP 블록의 정보인 프리픽스 prefix 정보 외에 이를 전파한 오리진^{Origin} AS의 정보와 이 정보가 전파돼 온 AS의 경로 정보를 포함하는 특징을 갖는다.

BGP는 과거 EGP^{Exterior Gateway Protocol}를 대체하기 위해 1994년에 만들어졌으며, 현재는 CIDR과 루트 어그리게이션^{Route Aggregation}을 지원하는 버전 4를 사용한다. 2006년 이래로 버전 4는 RFC 4271에 이르기까지 갱신돼 초창기 RFC1771의 버전 4에 비해 많은 부분 기능이 향상됐다.

IGP와 BGP의 가장 큰 동작 특징으로, BGP는 라우팅 정보의 교환을 멀티캐스트가 아닌 유니캐스트 방식으로 수행한다는 점과 신뢰적인 통신을 위해 TCP 179 포트를 사용한다는 점이다. 또한 IGP와 달리 BGP는 다른 여러 개의 AS를 거치기 때문에 최적 라우팅을 연산하는 방식이 단순한 메트릭 값 또는 코스트 값에서 기반할 수 없다는 점이다. 이는 BGP가 연계되는 상대편의 정책과 자신이 BGP로 관리하고 있는 AS의 정책 사이에서 조율이 요구된다는 의미다(예를 들어 자신이 아무리 AS 프리팬드^{Prepend}를 사용해 유입되는 경로를 변경하려 해도, ISP의 프리팬드 정책에 따라 추가해야 되는 AS 프리팬드의 수가 달라질 수 있으며, ISP의 정책을 알지 못하는 경우 정책이 전혀 적용이 되지 않을 수도 있다).

따라서 BGP는 단순한 IGP의 코스트 기반 라우팅이 아닌 정책 기반 라우팅 프로토콜이라 부르고, 정책적 라우팅을 위해 BGP는 많은 종류의 옵션 값을 제공한다. 참고로 시스코 책의 말을 인용하면 "단일 ISP에 연계된 사이트 관리자가 BGP에 대해 잘 알지 못하면 BGP를 사용하지 말고 정적 라우팅을 이용하라."라고 충고하고 있다. 이는 관리자가 BGP 설정을 잘못 설정할 경우 전 세계의 인터넷망 전체에 영향을 미치게 될 것이기 때문이다.

10.7.6 라우팅 결정 프로세스

일반적인 라우팅 알고리즘은 그림 10.43과 같다

```
Routing Algorithm:

Forwarding Datagram (Datagram, Routing Table)

Extract destination IP address, D, from the datagram;
If the table contains a host-specific route for D
        send datagram to next-hop specified in table and quit;
Compute N, the network prefix of address D;
If N matches any directly connected network address
        deliver datagram to destination D over that network;
        (This involves resolving D to a physical address
        encapsulating the datagram, and sending the frame.)
Else if the table contains a route for network prefix N
        send datagram to next-hop specified in table;
Else if the table contains a default route
        send datagram to the default router specified in table;
Else declare a forwarding error;
```

그림 10.43 라우팅 알고리즘(Douglas E.Comer의 Internetworking with TCP/IP 인용)

- 데이터그램을 포워딩하려면 일단 포워딩할 데이터그램과 라우팅 테이블이 있어야 한다.
- 데이터그램에서 목적지 IP 주소인 D를 추출한다.
  □ D가 라우팅 테이블에 32비트 호스트 라우팅으로 있다면 그 다음 홉으로 데이터그램을 전달하고 종료한다.
- 목적지 주소 D에서 네트워크 프리픽스 N을 연산한다.
  □ N이 바로 연결된 네트워크 주소^{Connected Network}와 일치하면 해당 네트워크로

데이터그램을 전달한다(이때 프레임으로 전달해야 하므로 데이터그램을 캡슐화할 물리적 주소를 매칭해야 한다. 예를 들어 이더넷의 ARP와 같은 과정).

- 그렇지 않고, 네트워크 프리픽스 N이 라우팅 테이블에 존재한다면 라우팅 테이블에 기술된 다음 홉으로 데이터그램을 전달한다.
- 그렇지 않다면 라우팅 테이블에 기술된 디폴트 라우팅 정보를 통해 데이터그램이 전달된다.

- 위의 모든 경우에 해당하지 않는다면 데이터그램은 폐기되고 에러(목적지 도달불가 메시지)를 발생시킨다.

10.7.7 라우팅 테이블의 생성과 가장 긴 프리픽스 매치

라우터에서 라우팅 테이블을 생성하고 유지하려면 기본적으로 다음의 3가지 처리가 요구된다.

- **다양한 라우팅 프로토콜의 처리** 라우터가 하나의 라우팅 프로토콜을 사용할 수도 있지만, 대부분의 네트워크에서는 두 가지 이상의 라우팅 프로토콜들(RIP, IGRP, EIGRP, IS-IS, OSPF, BGP)을 동시에 사용하며, 라우터는 이를 처리한다.
- **라우팅 테이블** 라우팅 프로세스로부터 라우팅 정보를 받고, 포워딩 프로세스로부터 패킷을 라우팅하기 위한 요청에 응답한다.
- **포워딩 프로세스** 패킷 포워딩 결정을 하기 위해 라우팅 테이블에 정보를 요청한다.

여러 개의 라우팅 프로토콜을 사용하는 라우터는 라우팅 프로세스를 통해 각 라우팅 프로토콜이 학습한 라우팅 정보 중 최적 경로$^{Best\ Path}$인 메트릭 값이 가장 낮은 경로만을 라우팅 테이블상에 기술한다.

이때 동일한 프리픽스에 대한 라우팅 정보가 다수의 라우팅 프로토콜로 연산되는 경우 라우터는 라우팅 정보의 신뢰성을 가늠하는 AD$^{Administrative\ Distance}$ 값을 통해 가장 작은 AD 값을 갖는 라우팅 정보를 라우팅 테이블에 등록한다.

그림 10.44는 시스코 라우터에서의 라우팅 테이블 생성과 관리를 보여주며, 여기서 CEF$^{Cisco\ Express\ Forwarding}$은 시스코가 패킷 라우팅 처리 능력 향상을 위해 독자적으로 사용하는 FIB$^{Forwarding\ Information\ Base}$ 테이블 관리 프로세스다.

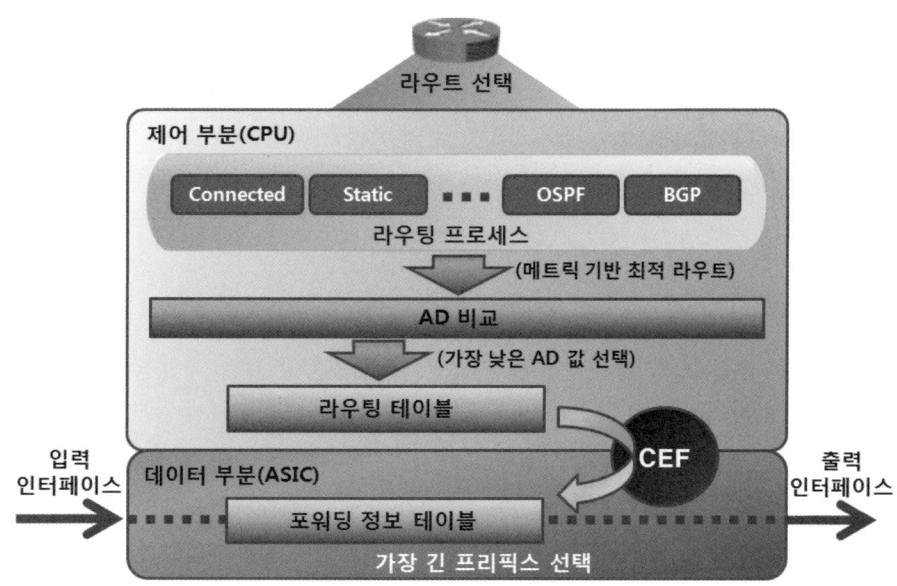

그림 10.44 시스코 라우터의 라우팅 테이블 생성과 포워딩

이때 사용되는 라우팅 정보의 신뢰도 값인 AD 값에 대한 시스코 장비에서의 랭킹은 표 10.9와 같다.

표 10.9 시스코 장비의 AD 값 비교 표

Route Source	Default Administrative Distance Value
Connected(직접 연결)	0
Static(정적 라우팅)	1
Enhanced Interior Gateway Routing Protocol(EIGRP) 요약 라우트	5
BGP(External Border Gateway Protocol)	20
Internal EIGRP	90
IGRP	100
OSPF	110
IS-IS(Intermediate System - Intermediate System)	115
RIP(Routing Information Protocol)	120
EGP(Exterior Gateway Protocol)	140

표 10.9 시스코 장비의 AD 값 비교 표(이어짐)

Route Source	Default Administrative Distance Value
ODR(On Demand Routing)	160
External EIGRP	170
Internal BGP	200
알려지지 않음※	255

AD 값이 알려지지 않음^{Unknown}인 255이면 라우터는 그 라우팅 정보를 신뢰하지 못하고 라우팅 테이블에 등록하지 않는다.

라우팅 테이블은 시스코 장비의 CEF 방식을 적용할 때 FIB 테이블로 재생성되며, 포워딩 결정은 FIB에서 '가장 긴 프리픽스의 매치$^{longest-prefix\ match}$' 법칙에 따라 가장 길게 맞아 떨어지는 네트워크 비트 수(prefix length)에 의해 결정된다. 다음 예를 살펴보자.

```
router# show ip route
...
D  192.168.32.0/26  [90/25789217] via 10.1.1.1
R  192.168.32.0/24  [120/4] via 10.1.1.2
O  192.168.32.0/19  [110/229840] via 10.1.1.3
```

192.168.32.1이 목적지인 패킷이 라우터 인터페이스에 유입되면 서브넷 마스크의 비트 수인 프리픽스 길이에 따라 포워딩이 결정될 것이며, 이때의 법칙이 '가장 긴 프리픽스 매치$^{longest-prefix\ match}$'로 결정된다.

위의 경우 192.168.32.1이 목적지인 패킷의 다음 홉은 10.1.1.1이 될 것이며, 이는 192.168.32.0/26의 네트워크 범위가 192.168.32.0부터 192.168.32.63까지이기 때문이다. 물론 나머지 두 개의 라우팅 정보 범위도 192.168.32.1의 목적지 주소를 포함하지만, 192.168.32.0/26이 더 긴 프리픽스 길이(26비트 대 24비트와 19비트)를 갖기 때문이다.

192.168.32.100을 목적지로 하는 패킷이라면 다음 홉은 10.1.1.2가 될 것이다. 물론 이때도 192.168.32.0/19의 범위에 목적지 주소가 포함되지만, 24비트의 프리픽스 길이를 갖는 192.168.32.0/24를 참조한다.

라우팅과 스위칭 용어 정리

- 라우터에서 스위칭(switching)이라는 용어가 사용될 때 이는 라우터의 한 인터페이스에서 다른 인터페이스로 패킷이 이동되는 과정을 말한다. 특정 인터페이스로 수신된 패킷은 또 다른 인터페이스로 전달되기 위해 라우터에 있는 라우팅 테이블을 사용한다. 즉, 라우터에 패킷이 유입되면 라우터는 이를 라우팅 테이블에서 라우팅 정보를 찾아 다음 홉 인터페이스로 스위칭할 것이다.
- 라우팅(Routing) 라우터 외부에 있는 경로를 선택하고 패킷을 목적지로 전달하는 과정
- 스위칭(Switching) 라우터 내부에 있는 인터페이스 사이에서 패킷을 교환하는 과정

지연(Delay)에 대해서

- 패킷이 라우터의 입력 인터페이스에서 출력 인터페이스로 전달되는 프로세스 시간을 처리 지연(process delay)이라 하고, 장비의 성능 판단에 중요한 파라미터다.
- 지연은 정확하게는 전달 지연(propagation delay) + 레이턴시(latency) + 시리얼화 지연(serialization delay)으로 구성된다.
- 전달 지연(propagation delay) 신호가 시스템 사이에서 물리적인 매체(케이블)에 따라 전달되는 데 소요되는 시간으로, 광속이 될 것이다.
- 레이턴시(latency) 장비에서 디캡슐화해 헤더를 읽고 다시 캡슐화하고, 라우팅 테이블을 통해 출력 인터페이스로 패킷을 전달하는 등의 패킷 처리를 위해 소요되는 처리 시간으로 큐잉 지연, 패킷 처리 지연, 라우팅/스위칭 지연 등을 포함한다.
- 시리얼화 지연(serialization delay) 출력 인터페이스에서 패킷을 물리적 매체로 전달하기 위해 인코딩하는 지연을 말하며, 고속의 전송로일수록 전체 지연에서 차지하는 비중은 상대적으로 적어진다.
- 이 외에 지터 지연(Delay Jitter) 또는 지연 변이(Delay Variation)가 있는데, 도착하는 패킷들의 시간 간격이 일정치 않은 지연을 말하고, 이는 특히 인터넷 전화와 같은 지연이 일정해야 하는 통신에서 해결해야 하는 지연 요소이다.

   네트워크 장비에서 지연의 판단은 50msec가 통상 기준이 되며, 음성 통신 및 전송로의 장애 시 보호 절체에서도 중요한 척도로 사용된다.

10.8 라우팅 트러블슈팅

10.8.1 라우팅 누락으로 인한 장애

네트워크의 경로 추가 후에 특정 대역의 서비스가 불가한 상태가 종종 발생할 수 있으며, 여러 문제가 원인일 수 있으나 라우팅 누락으로 인한 경우를 살펴보자.

그림 10.45에서처럼 10.10.10.0/24 대역에 대한 라우팅이 R_B 라우터에서 잘못 설정돼 있어, 루핑이 발생하는 상황이다. 대부분 R_A와 R_B, R_C의 네트워크 담당자가 달라 전체 라우팅 구조를 이해하지 못하는 상황에서 발생할 수 있는 문제로, 라우터에서 Traceroute 테스트 시 루핑을 확인할 수 있으며, 또한 서버나 클라이언트 PC에서는 #netstat -an 명령을 통해 TCP 3방향 핸드셰이킹[3-way handshaking] 자체가 성립되지 않는다는 것도 장애 원인 파악에 도움이 된다.

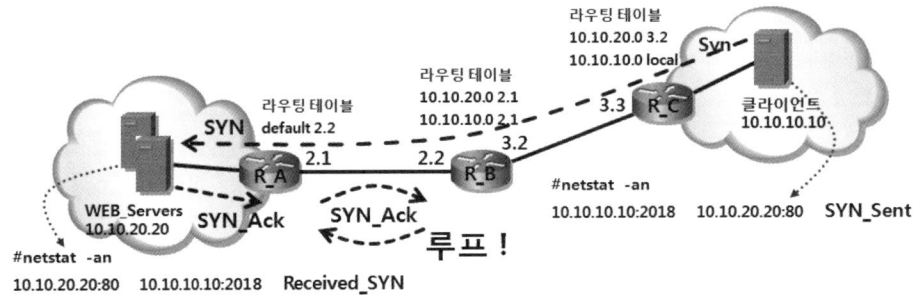

그림 10.45 라우팅 설정 잘못에 의한 장애 처리

10.8.2 재배열로 인한 서비스 지연

그림 10.46과 같이 다중 경로를 통해 로드 밸런싱을 구현하는 경우 특정 인터페이스의 혼잡에 의해 서비스의 지연이나 심각한 서비스 장애가 발생할 수 있으며, 이는 서비스가 시간에 민감한 서비스나 인증 관련 서비스, 특히 UDP를 사용하는 경우에는 단편화와 동시에 발생할 수 있는 패킷 재배열[Re-Ordering]이 문제를 발생시킬 수 있다.

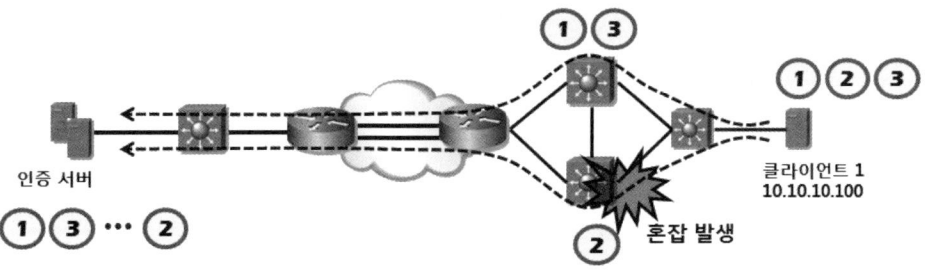

그림 10.46 다중 경로상의 혼잡 발생에 따른 장애

특히 동적 라우팅의 경우에 혼잡이 발생하는 네트워크에 대한 로드 밸런싱이 문제를 발생할 수 있음을 유념해야 한다. 위의 경우 특정 서비스에 대한 정적 라우팅을 사용해 다중 경로를 제거하는 방안을 사용하면 된다.

10.8.3 비대칭 경로로 인한 서비스 장애

다중 경로상에서 방화벽과 관계돼 일어날 수 있는 대표적인 장애로, 패킷이 전달되는 경로와 수신되는 경로가 일치하지 않는 경우에 발생된다.

대부분의 비대칭 경로 자체가 통신상 문제를 유발하지 않지만, 그림 10.47과 같이 보안 장비를 경유하는 경우에는 상황이 다르다. 클라이언트가 속해 있는 네트워크에서 방화벽을 통해 서버로 연결되고(두 번째 경로), 서버 측 네트워크는 클라이언트와의 통신을 다른 경로(첫 번째 경로)로 통신하고 있다.

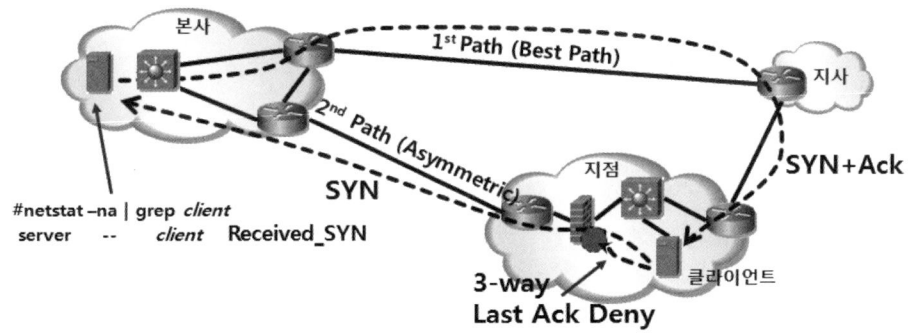

그림 10.47 비대칭 경로에 의한 장애

이 경우 클라이언트에서의 TCP SYN 패킷은 서버로 전달되고 서버는 Received_SYN 상태이며, 서버에서 비대칭 경로를 통해 전달된 SYN, ACK 패킷은 클라이언트로 전달돼 클라이언트가 Established 상태가 된다. 마지막으로 클라이언

트에서 서버 쪽으로의 ACK는 클라이언트단의 방화벽에서 차단돼 서버는 Received_SYN 상태로 머물게 돼 결과적으로 TCP 3방향 핸드셰이킹 자체가 성립되지 못하는 장애다(TCP 3방향 핸드셰이킹에 대해서는 11장에서 자세히 설명한다).

10.8.4 정적 라우팅에서 다음 홉 경로의 인터페이스 사용에 따른 과부하 장애

방화벽이나 IPS가 네트워크 중간에 삽입돼 있는 데이터 센터 네트워크에서는 동적 라우팅보다는 정적 라우팅이 대부분을 이루고 있는 것이 사실이다.

정적 라우팅 사용은 장비의 CPU 사용을 최소화하고, 직관적으로 관리될 수 있다는 장점이 있다(물론 정적 라우팅의 수에 따라 다르지만).

그림 10.48과 같은 장애는 정적 라우팅의 다음 홉을 이더넷과 같은 브로드캐스트 인터페이스로 설정했을 때 발생하는 문제점이다.

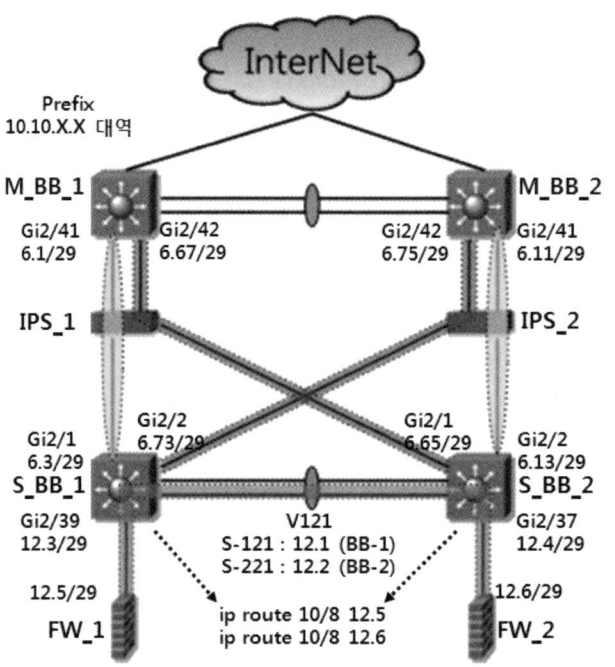

그림 10.48 정적 라우팅상에서 인터페이스를 다음 홉으로 사용할 때의 문제점

(1) 상황 설명

1. M_BB와 S_BB 트래픽이 IPS를 통해 로드 밸런싱을 위해 구성한다.

    # S_BB_1 : ip route 0.0.0.0 0.0.0.0 10.10.6.1
    # S_BB_1 : ip route 0.0.0.0 0.0.0.0 10.10.6.75
    # S_BB_2 : ip route 0.0.0.0 0.0.0.0 10.10.6.11
    # S_BB_2 : ip route 0.0.0.0 0.0.0.0 10.10.6.67

2. 1의 구성 후 물리적으로 M_BB_1의 링크 다운(Gi2/41) 시에 S_BB_1의 라우팅 6.1이 라우팅 테이블에서 사라지지 않고 존재하는 문제가 발생(뒤의 route recursive에서 설명)한다.

3. 2의 문제를 해결하기 위해 다음 홉을 '연결된 인터페이스connected interface'로 설정해 물리적 인터페이스를 다운할 때 라우팅 테이블 갱신을 유도한다.

    # S_BB_1 : ip route 0.0.0.0 0.0.0.0 **gi2/1**
    # S_BB_1 : ip route 0.0.0.0 0.0.0.0 **gi2/2**
    # S_BB_2 : ip route 0.0.0.0 0.0.0.0 **gi2/1**
    # S_BB_2 : ip route 0.0.0.0 0.0.0.0 **gi2/2**

4. 3의 설정 변경 후 S_BB의 giga-Ethernet 2번 모듈 재부팅과 CPU 사용률 급증이 발생한다.

(2) 원인과 해결 방안

1. 정적 라우팅에 이더넷과 같은 브로드캐스트 인터페이스를 추가하면 해당 인터페이스가 업up이 돼 있는 경우에만 경로가 라우팅 테이블에 존재한다.

2. M_BB의 인터페이스가 다운돼도 S_BB의 디폴트 라우팅이 라우팅 테이블에서 삭제되지 않는 이유는 다음과 같다.

    □ 재귀 루트Recursive route를 통해 인터페이스가 다운되더라도 다음 홉 10.10.6.1이 라우팅 테이블에 슈퍼넷Super-Net 10.0.0.0/8로 존재하기 때문에 재귀를 통해 라우팅 테이블에 있는 10.0.0.0/8의 경로(방화벽으로 다음 홉이 설정된)를 유효한 경로로 인지하고, 이를 백본에서 패킷을 방화벽 쪽으로 포워딩한다.

3. 다음 홉을 이더넷과 같은 브로드캐스트 환경에서 '연결된 인터페이스'로 지정하는 경우 라우터는 해당 인터페이스를 통해 직접 연결되는 루트 범위 내의 모든 호스트들을 고려하려 할 것이며, 정적 루트를 통해 라우팅되는 모든 목적지 주소에 대해 ARP 요청을 발생시킨다. 결국, 'ip route 0.0.0.0 0.0.0.0 Gi2/1' 설정은 라우터가 Giga 2/1에 연결된 루트를 통해 도달할 수 있는 방법을 알지 못하는 모든 목적지까지도 고려하게 되는 상황을 만든다(#show adjacency).

4. 설정 후 프로세스를 발생시켜 CPU 급증과 대량의 ARP 캐시를 야기하게 돼 급기야 메모리 할당 실패를 유발해 정적 루트의 안정성을 확보할 수 없다.

5. 해결 방안은 'ip route 0.0.0.0 0.0.0.0 10.10.6.1 gi2/1'과 같이 다음 홉에 IP 주소와 인터페이스를 동시에 설정함으로써 ARP 프로세스를 제한하는 것이다. 따라서 위와 같은 플러딩 정적 라우팅floating static routing을 브로드캐스트 인터페이스로만 설정하는 것은 권장하지 않는다.

10.8.5 재귀 루트의 이해

그림 10.49에서는 재귀 루트route recursive의 발생과 해결 방안을 보여준다. 결국 라우팅 테이블을 참조하는 모든 라우팅은 가장 긴 프리픽스 매치 방식이라는 사실을 명심해야 한다.

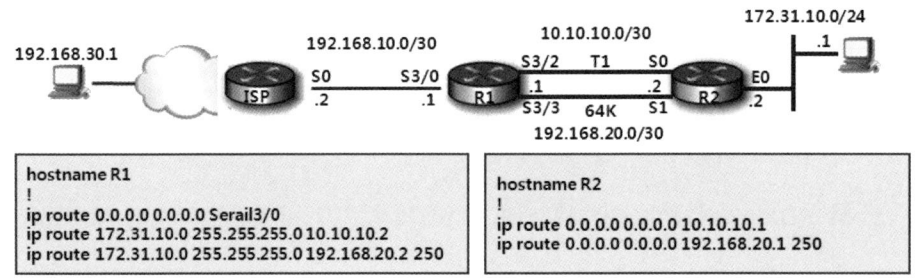

그림 10.49 재귀 루트(Route Recursive)의 이해

R1의 serial 3/2를 셧다운하면 플러딩 정적 **루트**를 통해 베스트 루트가 R1, R2에서 제거되고, 192.168.20.X의 다음 홉이 라우팅 테이블에 등재돼야 하지만 실제적으로는 10.10.10.2의 다음 홉이 R1에서 제거되지 않는다.

이는 정적 루트들이 전적으로 재귀되기 때문이며, 다음 홉에 대한 루트를 갖고 있는 만큼 정적 루트를 라우팅 테이블에 유지할 것이다.

다음 홉에 대한 루트는 길이가 짧을 수도 또는 가장 긴 프리픽스를 갖는 경로일 수도 있고 디폴트 루트일 수 있지만, 관리자는 링크가 다운될 때 10.10.10.2에 대한 루트를 갖지 못할 것이라고 판단할 것이다.

하지만 실제로 R1은 ISP 라우터로 정적 디폴트 루트 포인트를 갖고 있기 때문에 172.31.10.0/24에 대한 다음 홉인 10.10.10.2에 이 디폴트 루트를 사용해 도달할 수 있을 것이라 판단한다. 결국 172.31.10.0/24에 대해 10.10.10.2를 통한 정적 루트는 라우팅 테이블에 유지되며 플러딩 정적 루트는 결코 라우팅 테이블에 등재되지 못한다.

이에 대한 해결 방안은, 다음과 같이 다음 홉으로 지정된 인터페이스를 정적 라우팅 설정에 같이 포함해, 다음 홉 IP 주소가 설정된 인터페이스로 도달될 때만 플러딩 정적 루트가 등재될 수 있게 한다.

R1에서 'ip route 172.31.10.0 255.255.255.0 serial3/2 10.10.10.2',
   'ip route 172.31.10.0 255.255.255.0 serial3/3 192.168.20.2 250'

10.9 VRRP, HSRP

VRRP^{Virtual Router Redundancy Protocol}와 HSRP^{Hot Standby Router Protocol}는 모두 동적 라우팅 프로토콜을 사용하지 않는 시스템(PC, 서버 등)의 디폴트 게이트웨이, 또는 정적 라우팅을 사용하는 환경에서의 1홉^{hop} 라우팅에 대한 장애를 극복할 수 있는 이중화 구성을 구현해주는 프로토콜이다. 이는 여러 개의 라우터나 멀티레이어 스위치를 그룹으로 구성하고, 하나의 대표 라우터가 평상시에 동작하다가 장애 시 다른 라우터가 이를 이어받아 동작함으로써 어떠한 경우에도 1홉 라우팅에 대한 신뢰성을 확보할 수 있게 한다. 동작 자체는 VRRP와 HSRP가 유사하지만, VRRP는 표준 프로토콜이며 HSRP는 시스코의 독자적인 프로토콜이라는 차이가 있다.

10.9.1 VRRP

VRRP는 동일한 서브넷상에서 시스템의 디폴트 게이트웨이 또는 1홉 라우팅의 가용성을 증대시키기 위해 2004년 4월 RFC 3768에 설계된 표준 이중화 프로토콜이다. 하나의 물리적 라우터 대신 마스터와 백업 라우터들로 구성된 라우터 그룹을 마치 한 개의 라우터가 동작하는 것처럼 구현하는 '가상 라우터virtual router'의 개념을 사용한다.

가상 라우터에서 실제 패킷을 처리하고 가상 라우터의 상태 정보를 광고하는 라우터는 마스터 라우터이며, 마스터 라우터에 문제가 생긴다면 이를 나머지 백업 라우터 중 하나가 마스터로 전환돼 패킷을 처리한다.

VRRP는 이더넷, MPLS, 토큰링에서 사용 가능하고 IPv6를 위해서도 개발 됐지만, 아직 안정화가 되지 않은 상태로 RFC 5798은 IPv4와 IPv6에서 동시에 구현되는 VRRP v3를 정의하고 있다. VRRP는 라우터의 라우팅 정보가 아닌 라우터 자체에 대한 VRRP 상태 정보를 마스터 라우터가 하나의 서브넷 안에서 주기적으로 광고Advertisement한다.

(1) VRRP 동작

가상 라우터는 00-00-5E-00-01-XX의 MAC 주소를 사용하는데, 마지막 XX는 가상 라우터 식별자VRID, Virtual Router Identifier 값인 VRRP 설정 시에 사용되는 그룹 ID 값이 된다. 시스템이 디폴트 게이트웨이로 요청한 ARP 요청은 마스터 라우터에 의해 위에 설명한 가상 라우터의 MAC 주소로 응답될 것이다. 가상 라우터를 구성하는 그룹 내 물리적 라우터들은 그들의 상태 값을 멀티캐스트 주소인 224.0.0.18과 IP 프로토콜 번호 112를 사용해 정보를 광고한다.

라우터들은 1~255 사이의 우선순위 값을 사용하고, 높은 우선순위를 갖는 라우터가 가상 라우터 그룹의 마스터 라우터가 되는데, 별다른 설정이 없을 때 기본 값 100의 우선순위를 사용한다. 또한 마스터 라우터로부터 광고 멀티캐스트 상태 정보 패킷을 3번 이상 수신하지 못하면 백업 라우터는 마스터 라우터가 문제가 있다고 생각하고 가상 라우터는 불안정상 상태로 전이하며, 차순위 마스터 라우터를 선택하기 위한 초기 선출 작업에 돌입한다. 백업 라우터들은 선출 과정 동안 멀티캐스트 패킷을 전송하는데, 현재 마스터보다 더 높은 우선순위로 설정된 라우터가 존재한다면 그 라우터가 마스터 라우터가 된다.

(2) VRRP 헤더 구조

VRRP는 IP 상위 프로토콜로 네트워크 트래픽을 줄이기 위해 마스트 라우터만이 VRRP 상태 광고를 주기적으로 가상 라우터 그룹에 전송한다. 따라서 IP 헤더의 발신지 IP 주소는 마스터 라우터 IP 주소이고, 목적지는 224.0.0.18로 멀티캐스트 주소다. 또한 IP 헤더의 TTL 값은 255로 설정되며, 수신한 라우터는 TTL 필드 값이 255가 아니면 패킷을 버릴 것이다.

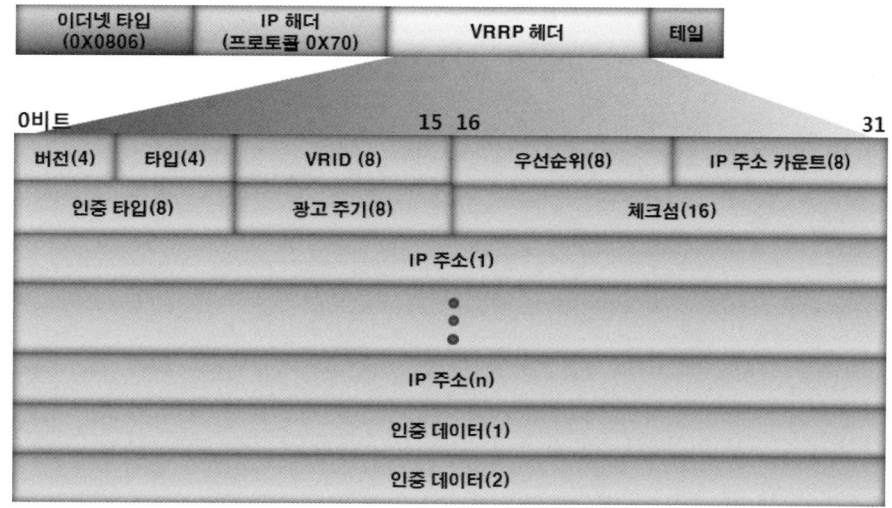

그림 10.50 VRRP 헤더 구조

VRRP 헤더 구조는 그림 10.50과 같으며, 내부 필드 정보는 다음과 같다.

- 버전(Version), 4비트 VRRP 버전을 나타내며, 현재 버전 2가 사용된다.

- 타입(Type), 4비트 VRRP의 타입을 표현하며, 여기서는 1(Advertisement)만이 사용된다. 수신한 패킷을 알지 못하는 경우 모두 폐기된다.

- VRID(Virtual Router IDentifier, 가상라우터 ID), 8비트 1~255의 값을 사용하며, 설정 시에 적용되는 그룹 ID다. 동일한 서브넷상에서는 유일한 값을 가져야 한다. 이 그룹 ID가 가상 라우터의 가상 MAC 주소로 할당된다.

    00-00-5E-00-01-[VRID 값]

- 우선순위(Priority), 8비트 1~255의 값을 사용하며, 기본 값은 100으로 설정된다. 우선순위는 마스터 라우터 선출을 위해 사용하고, 가장 높은 우선순위를

갖는 라우터가 마스터로 선출된다. 또한 0의 우선순위를 갖는 경우 마스터 라우터의 동작이 멈출 것이라는 의미로, 이를 통해 백업 라우터들이 속히 마스터 라우터로 전환될 수 있게 한다.

- **IP 주소 카운트(Count IP Address), 8비트** VRRP 광고에 속한 IP 주소의 개수다.

- **인증 타입(Authentication Type), 8비트**

    0: No Authentication(인증 없음)

    1: Simple Text Password(평문 인증)

    2: IP Authentication Header(IP 인증 헤더)

    VRID 값이 동일한 곳에서는 같은 인증 값을 사용하며, 다른 값이 수신되면 폐기된다.

- **광고 주기(Advertisement Interval), 8비트** 광고 주기로 기본 값은 1초다. 마스터 라우터가 백업 라우터로 상태 값을 전송하는 주기로, 백업 라우터가 이를 3번 이상 수신하지 못하면 백업 라우터는 마스터 라우터가 중단된 것으로 판단하고 마스터 라우터 선출 과정을 통해 마스터 라우터를 선발한다.

    Master_Down_Interval은 마스터 라우터 장애 시 백업 라우터가 마스터 라우터가 다운됐다고 인지하는 시간을 나타내는 척도로, Master_Down_Interval = (3*Advertisement_Interval)+Skew_Time으로 표현되고, Skew_Time = (256−우선순위)/ 256의 값을 가지며, 동일한 가상 라우터의 그룹 VRID 내의 라우터는 모두 동일한 Master_Down_Interval 시간을 갖는다. 따라서 마스터 라우터 장애 시 전환 시간은 약 4초가 소요된다.

- **체크섬(Checksum), 16비트** VRRP 메시지에 대한 체크섬을 실행한다.

- **IP 주소(IP Address), 32비트** 가상 라우터 그룹과 연결된 IP 주소다.

- **인증 데이터(Authentication Data), 32비트** 사용자가 입력하는 필드로서 8바이트로 구성되며, 8바이트가 되지 않을 경우 남은 필드는 영^{zero}으로 채운다. 인증 데이터가 틀린 패킷은 폐기되며, 동일 VRID에서만 유효한 값이다.

(3) VRRP 설정

그림 10.51과 같은 구조에서 라우터 1은 클라이언트 1과 2에 대한 마스터 라우터로 설정하고, 라우터 2는 클라이언트 3과 4에 대한 마스터 라우터로 설정한다.

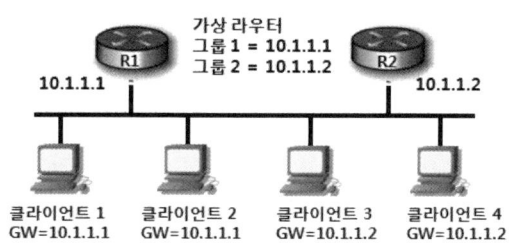

그림 10.51 간단한 VRRP 설정

라우터 1

```
R1(config)#interface fa0/1
R1(config-if)#ip address 10.1.1.1 255.255.255.0
R1(config-if)#vrrp 1 priority 120     ## VRID내의 라우터 우선순위 사용
R1(config-if)#vrrp 1 authentication jjang   ## VRID의 인증값 사용
R1(config-if)#vrrp 1 times advertise 2    ## Hello 주기를 기본 1초에서 2초로 변경
R1(config-if)#vrrp 1 timers learn    ## 마스터 라우터의 VRRP 타이머를 학습함
R1(config-if)#vrrp 1 ip 10.1.1.1    ## 인터페이스와 동일 주소 사용으로 Owner 됨
R1(config-if)#vrrp 2 priority 110
R1(config-if)#vrrp 2 authentication jjang
R1(config-if)#vrrp 2 times advertise 2
R1(config-if)#vrrp 2 timers learn
R1(config-if)#vrrp 2 ip 10.1.1.2
```

라우터 2

```
R2(config)#interface fa0/1
R2(config-if)#ip address 10.1.1.2 255.255.255.0
R2(config-if)#vrrp 1 priority 110
R2(config-if)#vrrp 1 authentication jjang
R2(config-if)#vrrp 1 times advertise 2
R2(config-if)#vrrp 1 timers learn
R2(config-if)#vrrp 1 ip 10.1.1.1
R2(config-if)#vrrp 2 priority 255
R2(config-if)#vrrp 2 authentication jjang
R2(config-if)#vrrp 2 times advertise 2
```

```
R2(config-if)#vrrp 2 timers learn
R2(config-if)#vrrp 2 ip 10.1.1.2
```

VRRP 설정에 라우터의 물리적 인터페이스 IP를 VRRP VRID IP로 사용한다면 그 라우터가 IP 소유자로서 마스터 라우터가 되고, 이 라우터에 장애가 발생하면 나머지 백업 라우터들 중 우선순위가 높은 라우터가 마스터의 역할을 인계받는다.

VRRP VRID에 물리적 인터페이스와 다른 IP를 사용해 설정한다면 가상 라우터 그룹들의 라우터들은 우선순위를 통해 마스터 라우터를 선출한다.

라우터 1에서 Group 1의 설정을 보면 가상 아이피[VIP, Virtual IP]는 10.1.1.1이고 라우터 A가 그 소유자이며, 우선순위 120으로 마스터 라우터가 된다. VRRP 정보 광고 주기(헬로우 타임)는 기본 1초에서 2초로 변경되고, 인증을 사용하며, 그리고 백업 라우터들은 마스터 라우터의 광고 시간 주기로 동기화된다. 나머지 라우터 2의 설정은 라우터 1의 설정과 유사하므로 설명은 생략한다.

또한 VRRP는 높은 우선순위의 마스터 라우터의 장애 후 정상 복귀 시 다시 복귀된 라우터로 마스터가 전이하는 선취[preempt] 기능이 자동으로 설정된다.

10.9.2 HSRP

HSRP는 VRRP와 동일하게 디폴트 게이트웨이 장애를 극복하기 위해 시스코에서 개발한 독자적인 이중화 프로토콜이며, 1998년 3월 RFC 2281에 기술돼 있다. HSRP가 시스코 독자 기술이긴 하지만, VRRP보다는 훨씬 오래된 프로토콜이다.

VRRP는 마스터와 백업이라는 용어를 사용하지만, HSRP는 액티브[Active]와 스탠바이[Standby] 라우터라는 용어를 사용한다. HSRP도 VRRP와 마찬가지로 가상 라우터 그룹의 액티브 라우터가 동작을 수행하다가 문제가 발생하면 스탠바이 라우터가 이를 이어받아 동작하는 형식을 취한다.

(1) HSRP 동작

HSRP 프로토콜은 멀티캐스트 224.0.0.2와 UDP 1985 포트를 사용한 헬로우 패킷을 통해 가상 라우터 그룹 간에 상태 정보를 교환하며, 우선순위가 높은 라우터가 액티브 라우터가 되고, ARP 요청에 대해 00-00-0C-07-AC-XX의 MAC 어드레스를 응답한다. 여기서 XX는 HSRP 라우터의 그룹 ID 값이다. 액티브 라우터에 문제가 발생하면 가상 라우터 그룹 중 다음 순위로 우선순위가 높은 스탠바이 라우터를 액티브 라우터로 사용한다.

(2) HSRP 헤더 구조

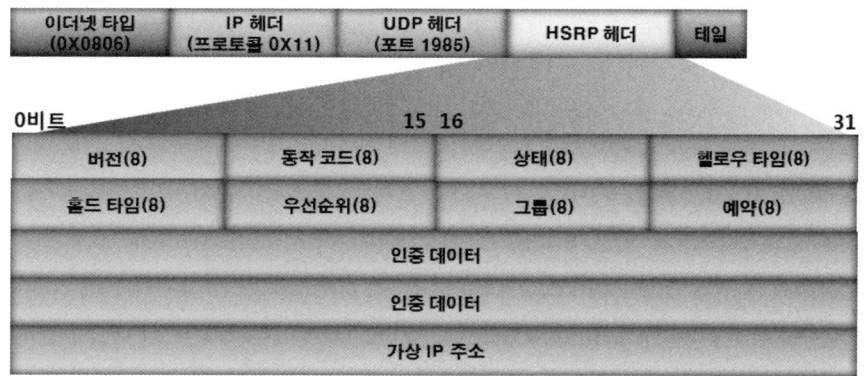

그림 10.52 HSRP 헤더 구조

HSRP 헤더 구조는 그림 10.52와 같고, 헤더 필드 값은 다음과 같다.

- **버전(Version), 8비트** HSRP의 버전을 표시하며, 종류는 1과 2가 있다. IOS 12.3(4)T부터 버전 2를 지원한다.

- **동작 코드(Op), 8비트** 패킷에 포함된 메시지 종류를 표시

    0 : 헬로우[Hello], 액티브와 스탠바이 라우터들이 동작 중에 상호 전달하는 상태 메시지

    1: 구테타[Coup], 액티브 라우터가 되려 하는 라우터가 전달하는 메시지(쿠테타 메시지)

    2: 사임[Resign], 액티브 라우터의 역할을 다른 라우터로 넘길 때 사용하는 사임 메시지

- **상태(State), 8비트** 메시지를 전달하는 라우터의 상태를 표시하는 메시지

    0: 초기[Initial], HSRP가 정상 동작하지 않고 막 시작하는 초기화 단계

    1: 학습[Learn], VIP 주소가 결정되지 않은 상태로, 아직 액티브 라우터로부터 헬로우 패킷을 수신하지 못해 액티브 라우터로부터 헬로우 패킷을 기다리는 상태

2: 청취Listen, VIP는 결정됐지만 자신의 역할이 액티브인지 스탠바이인지를 결정하지 못한 상태로, 다른 액티브나 스탠바이 라우터로부터 헬로우 패킷을 기다리는 상태

4: 화자Speak, 주기적으로 헬로우 메시지를 보내며, 액티브 또는 스탠바이 라우터 선출에 활발히 참여하는 상태

8: 스탠바이Standby, 차기 액티브 라우터 후보로 주기적으로 헬로우 메시지를 보내는 상태로서 동일 HSRP 그룹에는 최대 1개의 스탠바이 라우터만이 존재

16: 액티브Active, 라우터가 가상 라우터 그룹의 가상 MAC 주소를 전달해 현재 패킷을 포워딩하는 액티브 라우터로 동작하는 상태

□ HSRP 라우터의 상태 변화는 Initial초기 → Learn학습 → Listen청취 → Speak화자 → Standby스탠바이 → Active액티브 상태의 과정을 갖는다.

- **헬로우 타임(Hello Time), 8비트** 라우터가 전달하는 헬로우 시간의 주기를 초sec 단위로 표시하며, 별도의 설정이 없을 경우 기본 값은 3초가 사용된다.

- **홀드 타임(Hold Time), 8비트** 헬로우 메시지가 효력을 가질 수 있는 시간으로 초sec 단위로 표시되며, 기본 값은 10초가 사용되는데, 이 기간 내에 추가적인 헬로우 메시지를 수신하지 못하면 기존의 액티브 라우터가 다운된 것으로 간주된다.

- **우선순위(Priority), 8비트** 액티브 라우터 선출에 사용되는 우선순위 값을 표시하며, 높은 우선순위를 갖는 라우터가 액티브 라우터가 되는데, 기본 값은 100이 사용된다.

- **그룹(Group), 8비트** HSRP의 그룹 번호를 표시하며, 토큰링의 경우 0~2의 값을 사용하고 그 외의 경우에는 0~255의 값을 사용한다. 또한 HSRPv2에서는 0~4095까지의 범위를 사용할 수 있다.

- **인증 데이터(Authentication Data), 32비트** 평문의 8바이트 필드이며, 암호 문자가 설정되지 않는다면 기본 문자는 'cisco'가 사용된다.

- **가상 IP 주소(VIP, Virtual IP address), 32비트** HSRP 그룹의 가상 IP 주소인 VIP가 포함된다.

(3) HSRP 설정

HSRP 설정 예는 그림 10.53과 같으며, 라우터 1은 클라이언트 1과 2에 대한 액티브 라우터로 설정하고, 라우터 2는 클라이언트 3과 4에 대한 액티브 라우터로 설정한다.

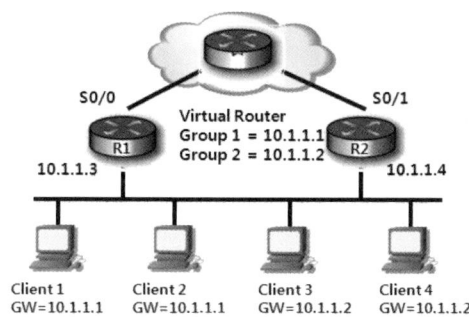

그림 10.53 간단한 HSRP 설정

라우터 1

```
R1(config)#interface fa0/1
R1(config-if)#ip address 10.1.1.3 255.255.255.0
R1(config-if)#standby 1 ip 10.1.1.1    ## Group 1 VIP 지정
R1(config-if)#standby 1 priority 120   ## Group 1 Priority 지정
R1(config-if)#standby 1 timer 2 6      ## Hello 주기를 2초로 Hold time을 6초로 조정
R1(config-if)#standby 1 track serial 0/0 50  ## S0/0 다운 시, 우선순위 50 감소
R1(config-if)#standby 1 preempt delay 30     ## preempt 설정, 지연시간을 30초로 조정
R1(config-if)#standby 2 ip 10.1.1.2
R1(config-if)#standby 2 timer 2 4
R1(config-if)#standby 2 preempt
```

라우터 2

```
R2(config)#interface fa0/1
R2(config-if)#ip address 10.1.1.4 255.255.255.0
R2(config-if)#standby 1 ip 10.1.1.1
R2(config-if)#standby 1 timer 2 6
R2(config-if)#standby 1 preempt
R2(config-if)#standby 2 ip 10.1.1.2
R2(config-if)#standby 2 priority 120
R2(config-if)#standby 2 timer 2 4
R2(config-if)#standby 2 track serial 0/1 50
R2(config-if)#standby 2 preempt delay 30
```

이 설정은 타이머 설정을 통해 기본 헬로우 주기를 3초에서 2초로, 그리고 홀드 타임$^{Hold\ time}$을 기본 10초에서 6초로 변경해 네트워크 장애 시간을 단축시킨다.

또한 라우터 1의 S0/0 다운 시 트랙 옵션을 사용해 자신의 우선순위를 50 떨어뜨린 70으로 재조정하게 함으로써 스탠바이 라우터가 액티브 라우터로 동작토록 해 외부 회선 장애로 인한 라우팅 불가 상황을 피할 수 있게 했다. HSRP가 사용되지 않는 라우터에서는 외부 회선이 다운되는 경우 ICMP 재지정 기능을 통해 외부 네트워크로 가는 경로를 클라이언트들에게 통보할 수 있지만, HSRP가 사용되는 환경에서는 ICMP 재지정 기능이 비활성화되기 때문에 반드시 트랙 기능을 설정해야 한다.

선점^{preempt} 설정은 액티브 라우터가 다운됐다가 정상으로 회복됐을 때 다시 액티브 라우터로 복귀할 수 있게 하는 명령이다. 'preempt' 명령은 HSRP 헤더의 동작 ^{Op} 코드의 쿠테타^{Coup} 메시지를 이용함으로써 이를 가능케 한다. 'preempt'가 설정되지 않으면 액티브 라우터가 다운됐다 회복되더라도 액티브 권한으로 복귀하지 못한다.

대부분의 라우터는 동적 라우팅 프로토콜을 통해 상호 간 라우팅 정보를 수렴하게 되는데, 인터페이스가 다운됐다가 살아나더라도 바로 패킷을 포워딩할 수 있는 상태로 회복되지 못하고 일정 기간의 라우팅 수렴시간이 요구된다. 이를 위해 'preempt delay'$^{선취\ 지연}$ 옵션을 사용해 액티브 라우터로의 회복 시간을 지연함으로써 라우팅 수렴 시간을 고려해준다.

HSRP는 VIP에 대한 MAC 주소로 00-00-0C-07-AC-XX의 형식을 사용하는데, XX는 HSRP 그룹 번호를 삽입해 그룹 번호가 1이라면 00-00-0C-07-AC-01이 된다. 또한 HSRPv2에서는 00-00-0C-9F-FX-XX를 사용하며, 그룹 번호가 1이라면 00-00-0C-9F-F0-01이 된다.

10.9.3 HSRP, VRRP 구성의 한계

다음은 HSRP 구성만으로는 불가능한 장애 상황을 나타내는 예로, 그림 10.54는 본사, 지사 간의 정적 라우팅을 사용하는 HSRP의 구성을 보여준다.

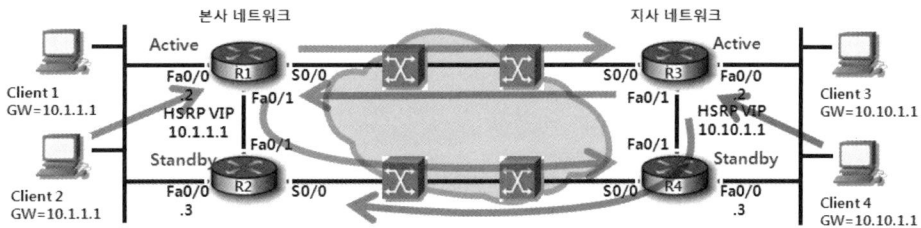

그림 10.54 본사, 지사 간에 정적 라우팅을 사용하는 HSRP 구성 - 1

라우터 1 (본사 라우터)

R1(config)#interface fa0/0
R1(config-if)#ip address 10.1.1.2 255.255.255.0
R1(config-if)#standby 1 ip 10.1.1.1
R1(config-if)#standby 1 priority 120
R1(config-if)#standby 1 preempt
R1(config-if)#standby 1 track serial 0/0 50

라우터 2 (본사 라우터)

R2(config)#interface fa0/0
R2(config-if)#ip address 10.1.1.3 255.255.255.0
R2(config-if)#standby 1 ip 10.1.1.1
R2(config-if)#standby 1 preempt

라우터 3 (지사 라우터)

R3(config)#interface fa0/0
R3(config-if)#ip address 10.10.1.2 255.255.255.0
R3(config-if)#standby 1 ip 10.10.1.1
R3(config-if)#standby 1 priority 120
R3(config-if)#standby 1 preempt
R3(config-if)#standby 1 track serial 0/0 50

라우터 4 (지사 라우터)

R4(config)#interface fa0/0
R4(config-if)#ip address 10.10.1.3 255.255.255.0
R4(config-if)#standby 1 ip 10.10.1.1
R4(config-if)#standby 1 preempt

본사와 지사는 시리얼 라인을 통해 전용선으로 구성돼 있고, 상호 간의 연동을 위해 정적 라우팅을 사용함으로써 동일 코스트$^{equal\ cost}$로 로드 밸런싱을 하고, HSRP 설정을 통해 양단의 라우터들은 자신의 시리얼 인터페이스를 트래킹^{tracking}함으로써 인터페이스 에러에 대한 서비스 전환이 가능한 설정으로 구성됐다. 각 설정을 살펴보자.

본사와 지사의 연계 라우터 R1의 시리얼 라인에 장애가 발생할 때 이 인터페이스의 링크 다운을 R1은 감지하지만 전용선 전송 장비에 연결된 원격지 라우터 R3는 인지하지 못하는 상황이 발생한다.[4]

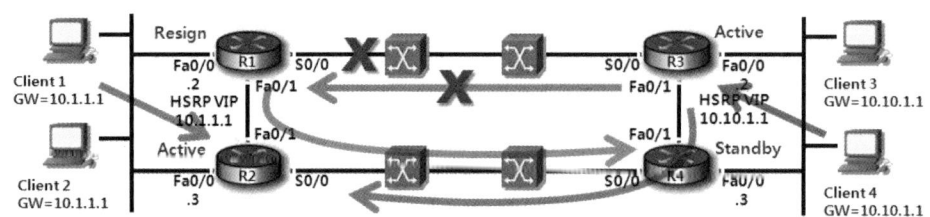

그림 10.55 본사, 지사 간에 동적 라우팅을 사용하는 HSRP 구성

결국 지사에서 전달되는 패킷의 50%(패킷별 로드 밸런싱 설정의 경우) 또는 100%(패스트 스위칭의 경우) 유실되는 장애가 발생하게 된다. 이러한 상황을 방지하려면 지사와 본사 간의 라우터 사이에 라우팅 방식을 정적이 아닌 동적 라우팅 프로토콜로 변경해 라우터 네이버 간의 링크를 감시할 수 있게 해야 한다.

또는 최근 표준으로 제시된 BFD를 사용하거나 시스코에서는 PBR을 이용한 트래킹(이 두 가지는 11장에서 예제를 통해 설명한다)이라는 옵션을 사용해 이를 해결할 수 있는 방법을 제시하고 있다.

---

4. 특히 매트로 이더넷(Metro-Ethernet)으로 구성되는 경우 전송로와 연계되는 회선은 이더넷이지만 전송단의 전송 장비는 이더넷을 SONET 프레임으로 변경시켜 전송하는 SONET 전송 장비일 것이다. SONET 장비의 무결성 보장은 각 노드의 내부단으로 국한되기 때문에 상대편 이더넷 연계 회선을 절체하더라도 반대편은 다운되지 않는다. 비슷한 경우로 중간 SONET망의 링크가 다운되더라도 양말단의 라우터 인터페이스들은 다운되지 않는다.

10.10 정리

10장에서는 인터넷 계층의 프로토콜인 IP를 중심으로 관련 프로토콜들을 살펴봤다. 특히 NAT와 PAT의 설정은 실제 운영상에서 많은 관리 부담이 증가되기 때문에 가능하다면 방화벽에서 수행토록 해야 한다. 또한 NAT를 지원하는 네트워크 벤더도 한정적이다. 그리고 DHCP와 ICMP, 라우팅, VRRP, HSRP를 살펴봤고 몇 가지 운영상 장애 처리에 관련된 이슈들을 언급했다.

11장에서는 TCP와 UDP 프로토콜에 대해 네트워크 장애 처리를 위한 분석의 관점에서 동작 특성과 TCP 관련 알고리즘들을 알아본다.

11

4계층 프로토콜과 장애 처리

11장에서는 트랜스포트 계층의 프로토콜인 TCP와 UDP를 설명하며, 특히 TCP를 중심으로 동작 특성과 프로토콜 알고리즘을 살펴본다. 실무 네트워크 책에서는 잘 다루지 않았던 TCP의 윈도우 동작과 RTO에 따른 재전송 및 장애 상황에서의 동작 방식, 흐름 제어 방식 등을 알아본다. 그리고 TCP 프로토콜을 악용한 하프 오픈(half-open) 공격이나 L7 장비에서 로드 밸런싱 및 애플리케이션 계층에서의 보안 검사를 위해 사용하는 TCP 세션 인터셉트 방식을 설명한다. 또한 혼잡 제어의 빠른 재전송과 선택적 재전송(SACK)의 동작 방식 등을 다루며, 마지막으로 네트워크 엔지니어가 알아야 할 TCP 명령들과 WEB 서버의 에러 코드 등 포괄적인 내용을 다룬다.

11.1 4계층과 TCP/UDP

TCP/IP 프로토콜 스택의 특징 중 하나는 1, 2계층 프로토콜에 대해서는 정의하지 않았다는 점이다. 이는 3계층과의 연계를 위해 어떠한 물리 계층의 프로토콜이든 수용한다는 의미다. TCP/IP 프로토콜이라는 이름에서와 같이 인터넷 프로토콜의 핵심은 10장에서 언급한 IP 프로토콜과 11장에서 살펴볼 TCP^{Transmission Control Protocol} 프로토콜이다. 물론 4계층의 프로토콜로 TCP와 더불어 UDP^{User Datagram Protocol} 프로토콜도 있으며, UDP도 11장에서 살펴본다.

그림 11.1은 프로토콜 스택의 구성과 TCP, UDP 프로토콜의 위치를 보여준다.

그림 11.1 TCP/UDP 프로토콜과 전체 프로토콜의 구성

각 프로토콜 계층과의 연계를 위한 SAP^{Service Access Point}는 오른쪽에 제시했고, 4계층 프로토콜은 포트 번호를 이용해 상위 계층과 다중화돼 연계된다.

네트워크 엔지니어가 TCP의 동작을 이해하고 이를 장애 처리에 활용하기란 쉽지 않은데, 4계층 이상의 프로토콜은 거의 소프트웨어적으로 동작하며 또한 시스템에 종속돼 움직이기 때문이다(TCP나 UDP는 시스템 운영체제에 포함돼 거의 시스템 커널에서 동작한다고 나는 종종 설명한다). 이 때문에 TCP 장애 처리는 대부분 시스템 담당자의 몫이라고 여기는데, 서버 담당자 역시 TCP를 시스템 담당자의 역할이라고 생각하지 않는다는 점이 네트워크 엔지니어와 시스템 엔지니어 사이의 장애 처리에 공백을 낳게 한다.

다수의 네트워크 장비들이 4계층 이상에서 수행될 수 있게 발전했으며, 이 중에서 특히 서버 로드 밸런서(L4/L7 스위치), 트래픽 캐시 시스템, 웹 가속기 등이 이 범주에 속한다. 따라서 정확하고 신속한 장애 처리를 위해 네트워크 엔지니어는 TCP의 동작 특성을 잘 알고 있어야만 한다.

11.2 TCP의 개요와 특징

11.2.1 TCP 개요

1970년대 초창기 인터넷은 1969년 ARPA 산하의 네 개 대학을 연결하는 ARPAnet을 시작으로 초기 이기종 간 시스템을 연결하기 위한 NCP^{Network Control Protocol}를 개발했다. 후에 TCP는 NCP의 부족한 개념을 보충하기 위해 1974년 RFC 675에서 최초로 공식화됐으며, 이때부터 TCP라는 용어가 사용됐다. 1977년 TCP 버전 2가 발표됐고 꾸준히 개선되기는 했지만, TCP가 3계층과 4계층의 역할을 모두 제공하는 구조였다. 이를 1981년 RFC 793을 통해 현재의 TCP/IP 프로토콜의 형태인 TCP와 IP로 분리하고 TCP의 프로토콜 번호를 6으로 정의했으며, 이때의 TCP 버전이 4임에 따라 IP도 일관성을 유지하기 위해 버전 4로 명명했다. 또한 TCP는 OSI의 TP4^{Transport protocol 4}와 애플 사의 ADSP^{AppleTalk Data Stream Protocol}를 포함한 여러 네트워크 구조에 채택됐다.

RFC 793이 TCP를 정의하는 표준 문서이기는 하지만 현재 사용하는 TCP 동작의 모든 사항을 기술하고 있지는 않으며, RFC 793의 모호한 부분은 지난 수십 년간 개선돼 왔고 RFC 1122에 이르러서야 명료해졌다. 또한 RFC 2001은 TCP와 관련된 여러 가지 혼잡 요소를 소개해 표준 명세에 포함했지만, 후에 RFC 2501에 의해 대체됐다. 따라서 이와 같이 많은 수정을 거친 TCP가 구현돼 안정적으로 동작하려면 RFC 793, RFC 1122, RFC 2581의 사항 모두를 만족시켜야 한다.

11.2.2 TCP 특징

TCP의 핵심 기능은 데이터의 신뢰적인 전달이며, 이를 위해 다음과 같은 기능을 지원한다.

- 3방향 핸드셰이킹3-way handshaking을 통한 연결 수립과 유지 및 4방향 핸드셰이킹을 통한 연결 종료
- 순서 번호sequence number와 확인응답 번호acknowledge number를 통한 전송 세그먼트segment의 에러 관리
    - 데이터 전송 전에 반드시 가상 회선virtual circuit이나 세션session이 연결돼야 하며, 연결이 수립된established 가상 회선을 순서 번호와 확인응답 번호를 통해 관리 유지하고, 데이터의 전송이 끝나면 회선의 해제 과정을 거친다. 이런 특성 때문에 TCP를 회선의 관리 유지 기능을 갖는 연결형Connection-oriented 서비스이며 신뢰적Reliable 서비스라고 한다.
    - 가상 회선을 통한 전송은 전이중 통신이며, 수신 및 전송 에러에 대한 정보를 모두 확인응답 번호를 통해 수행한다. 이렇게 하나의 정보를 통해 두 가지의 역할을 수행하는 것을 피기백 기법piggyback, 편승 기법이라고 한다.
- 데이터의 의미는 중요시 하지 않고, 단지 데이터를 바이트 단위로 분할해 전송하는 바이트 스트림Byte-Stream 통신 수행
- 포트 번호를 이용한 상위 계층 애플리케이션의 주소 지정과 다중화 수행
- 윈도우 크기window size를 이용한 흐름 제어flow control와 혼잡 회피congestion avoidance 수행
    - TCP의 연결은 바이트 스트림으로 처리되고, 이를 위해 전송될 데이터는 버퍼링buffering 후에 전송되며(저장 후 전송Store and Forwarding), 송신자와 수신자는 자신의 버퍼 크기에 해당하는 윈도우의 크기를 상호 간에 교환하는 과정을 통해 트래픽의 흐름을 제어한다.
- 체크섬checksum 연산을 통한 에러 검출(TCP와 달리 UDP는 체크섬이 필수 사항이 아니라 선택 사항)

11.2.3 TCP 헤더 구조

TCP 헤더는 옵션을 제외한 총 20바이트 헤더로 구성되는데, 헤더 구조는 그림 11.2와 같으며, 각 필드의 역할은 아래에 기술돼 있다.

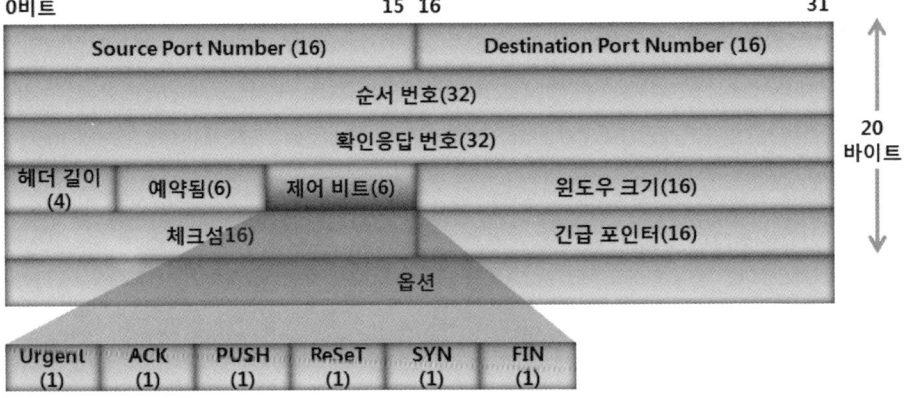

그림 11.2 TCP 헤더 구조

- **발신지 포트(Source Port) 번호, 16비트** 발신지 시스템의 포트 번호
- **목적지 포트(Destination Port) 번호, 16비트** 목적지 시스템의 포트 번호
- **순서 번호(Sequence Number), 32비트** 수신한 데이터의 정확한 수신을 보장하기 위해 사용한다. 송신자는 전송한 세그먼트를, 수신자는 수신한 세그먼트를 순서 번호로 식별할 수 있다.
- **확인응답 번호(Acknowledgment Number), 32비트** 자신이 수신한 최종 순서 번호의 다음 번호를 전송함으로써 이전에 수신한 세그먼트 전체에 대한 확인 기능을 수행하고, 수신하지 못한 순서 번호를 전송함으로써 세그먼트의 유실과 재전송 요청 기능을 수행한다.
- **헤더 길이(Header Length), 4비트** 32비트의 워드 단위로 TCP 헤더의 길이를 표현한다. 최솟값은 5, 최댓값은 15로, 각각 최소 크기는 20바이트이고 최대 크기는 60바이트이며 옵션 필드의 크기를 최대 40바이트까지 허용할 수 있다.
- **예약된(Reserved) 필드, 6비트** 예약된 필드

- 제어(Control) 비트, 6비트
  - 긴급(Urgent), 1비트 긴급 포인터Urgent Pointer 값이 명시돼 있음을 나타낸다.
  - 확인응답(ACK), 1비트 확인응답 번호 필드에 값이 명시돼 있음을 나타내고, 클라이언트에 의해 초기 SYN 세그먼트 전송 후의 모든 세그먼트는 이 필드가 1로 마크된다.
  - 푸시(PSH), 1비트 메모리에 버퍼링돼 있는 세그먼트를 애플리케이션으로 속히 넘겨줄 것을 요청한다.
  - 리셋(RST), 1비트 연결이 확립된established 가상 회선을 강제 리셋reset할 것을 요청한다.
  - 동기(SYN), 1비트 TCP 가상 회선의 연결 수립을 위한 3방향 핸드셰이킹의 시작 세그먼트를 나타내며, 이 세그먼트를 통해 초기 순서 번호ISN, Initial Sequence Number, 최대 전송 세그먼트 크기MSS, Maximum Segment Size를 정의하고, 선택적 확인SACK, Selective ACK의 사용 여부를 알린다.
  - 종료(FIN), 1비트 TCP 가상 회선의 종결을 위한 4방향 핸드셰이킹의 시작 세그먼트다.
- 윈도우(Window) 크기, 16비트 수신자가 현재 수신 받을 수 있는 버퍼의 크기를 바이트 단위로 송신자에게 전달하는 값으로, 수신 윈도우의 크기를 나타낸다. 이를 통해 트래픽의 흐름 제어가 가능하다(수신 윈도우 크기가 지속적으로 작아지는 현상이 발생한다면 수신 시스템의 애플리케이션 처리 성능을 의심해 봐야 한다).
- 체크섬(Checksum), 16비트 TCP 헤더와 데이터 전체에 대한 에러 검사를 수행하는 필드로 TCP의 체크섬은 필수 사항이다.
- 긴급 포인터(Urgent Pointer), 16비트 제어 비트의 URG 필드와 같이 사용되며, 긴급 데이터의 마지막 바이트가 갖는 순서 번호를 가리킨다.

(1) 포트 번호

포트 번호는 16비트 필드를 사용하기 때문에 1에서 65535까지 사용이 가능한데, 포트 번호는 범위에 따라 다음과 같은 의미를 갖는다.

포트 번호 범위	의미
1 ~ 1,023	잘 알려진 포트(well known port) 범위로 IANA에 의해 영구적으로 할당된 포트 번호
1,024 ~ 49,151	등록된 포트 번호(registered Port) 로 각 제조사에서 등록한 포트 번호
49,152 ~ 65,535	동적 또는 사설 포트 범위로 무작위로 클라이언트에 한 세션 또는 하나의 가상 회선의 연결 동안에만 부여되는 포트 번호

윈도우 운영체제는 임시 포트(클라이언트 포트)를 할당하기 위해 1,024~5,000까지 포트 번호를 예약해 두는 것이 기본이다. 이를 위해 윈도우 시스템(윈도우 2003, 윈도우 XP)은 레지스트리의 MaxUserPort 값을 사용하는데, 이것이 TCP 시스템에서 클라이언트 포트를 요청할 때 사용 가능한 가장 높은 포트 번호를 지정하게 한다.

하지만 웹 서비스, 데이터베이스 등으로 많은 수의 포트를 오픈할 경우 포트 수가 적절하지 못하면 시스템은 '소켓 확립 중 에러 발생'이라는 예외 보고와 함께 에러를 발생시킨다.

윈도우 시스템의 클라이언트 포트 범위 조정을 위한 MaxUserPort 변경

1. 시작 버튼 ▶ 실행 ▶ regedit 입력 ▶ 확인
2. HKEY_LOCAL_MACHINE\SYSTEM\CurrentControlSet\Services\Tcpip\Parameters
3. MaxUserPort(RED_DWORD) 값 수정
4. RED_DWORD의 값을 0X8000 이상으로 조정
※ 성능 향상을 위해 변경 사항을 적용할 때 신중히 테스트하고 적용하기 바란다.

---

(2) 푸시 비트

적은 양의 데이터를 전송하는 애플리케이션은 이를 TCP에 전달할 때 즉시 전송할 것을 요청하는 의미에서 푸시^{Push} 비트를 사용한다. 즉, 애플리케이션이 전송 버퍼에 적은 양의 데이터가 전달된다는 사실을 TCP에게 알리고 이를 즉시 전송하게 만들고, 수신자에게는 푸시 비트를 통해 수신 버퍼에 세그먼트를 저장하지 말고 즉시 애플리케이션에 전달할 수 있게 한다.

푸시 비트의 마킹은 대부분의 적은 데이터 전송이 발생하는 POP3, HTTP, 텔넷 등의 애플리케이션에 자주 볼 수 있으며, HTTP에서 하나의 데이터를 여러 개의 세

그먼트로 나눠 전송하는 경우 마지막 세그먼트에 푸시를 삽입함으로써 데이터의 즉시 전송과 목적지 애플리케이션으로의 바로 수신을 가능하게 한다. 참고로 일부 애플리케이션은 모든 세그먼트에 푸시를 삽입하기도 한다.

(3) 체크섬 연산

TCP와 UDP의 체크섬 연산을 위해 의사 헤더^{pseudo header}를 사용하는데, 이는 IP 주소, 세그먼트 길이, 프로토콜 필드의 무결성을 체크하기 위해 사용한다. 또한 그림 11.3의 체크섬 연산 과정과 같이 의사 헤더의 사용은 따로 전송되는 헤더가 아니라 수신된 IP 헤더에서 추출되는 것이므로 매우 효율적인 에러 체크 방법이라 할 수 있다.

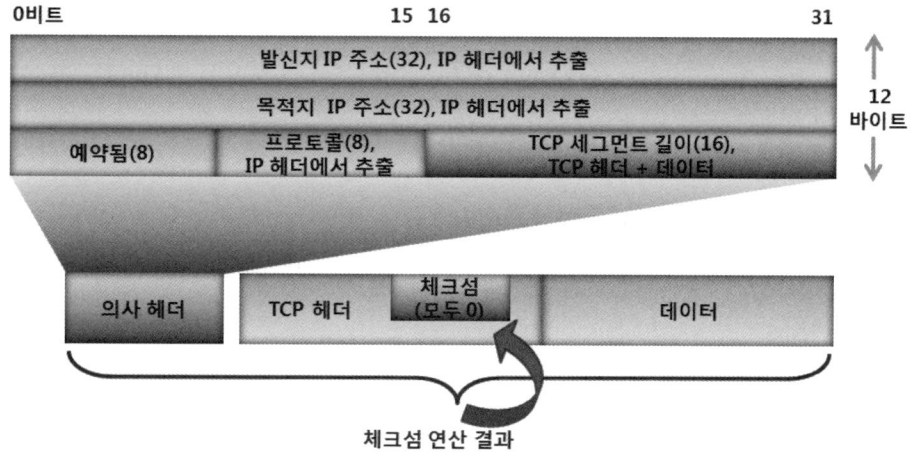

그림 11.3 TCP 의사 헤더와 체크섬

그림 11.3은 체크섬 필드의 생성 과정을 보여준다. 체크섬 연산을 위해 수신된 IP 헤더의 정보를 추출해 의사 헤더를 만들 때 체크섬 필드의 값은 모두 0으로 채워진다. 체크섬 연산이 끝나면 의사 헤더는 버려지고, 연산된 체크섬 결과 값이 체크섬 필드에 채워져 전송된다.

11.3 UDP 개요와 특징

11.3.1 UDP의 특징

UDP는 전달되는 데이터 크기가 작은 상호 통신으로 실시간성 애플리케이션 트래픽의 빠른 전달을 위한 비연결형Connectionless이며, 비신뢰적Unreliable인 서비스의 지원에 주로 사용된다. 예를 들어 긴급한 메시지 로그를 서버가 관리자 시스템에 전송하는 경우에 TCP와 같이 가상 회선의 연결을 수립하는 사전 세션 작업 과정을 처리하고 데이터를 보내는 느긋한 통신은 어울리지 않다.

UDP의 비연결형이란 데이터 전송 전에 TCP와 같은 가상 회선 연결을 위한 어떤 절차도 거치지 않는다는 의미이며, 비신뢰적이라는 말은 에러 제어나 흐름 제어를 지원하지 않는다는 의미다. 이에 따라 에러 데이터그램의 재전송 등의 에러 제어는 모두 애플리케이션의 몫이 된다.

TCP는 초기 3방향 핸드셰이킹 과정을 통해 최대 세그먼트 크기MSS를 정의하기 때문에 네트워크 계층의 IP 프로토콜에서 MTU 크기 제한에 의한 패킷 단편화가 발생하지 않지만, UDP는 TCP와 같은 MSS를 정의하지 않는다(UDP는 연결 수립 과정 자체가 없다).

결과적으로 애플리케이션에서 전송할 데이터그램 크기를 적절히 정의하지 않으면 IP 계층에서 MTU 크기를 초과한 UDP 데이터그램 패킷에 대한 패킷 단편화가 발생할 것이고, 이 때문에 서비스 지연 및 장애가 발생할 수도 있다(특히 로드 밸런싱이 발생하는 이중화 네트워크 구조에서 특정 구간의 혼잡에 의해 발생할 수 있는 패킷 재배열은 서비스 지연이나 장애로 이어질 수 있다).

11.3.2 UDP 헤더 구조

UDP 헤더 구조는 총 8바이트로, 20바이트의 TCP에 비해 오버헤드가 작은 대단히 간단한 구조를 갖는데, 이에 대한 헤더 구조는 그림 11.4와 같다.

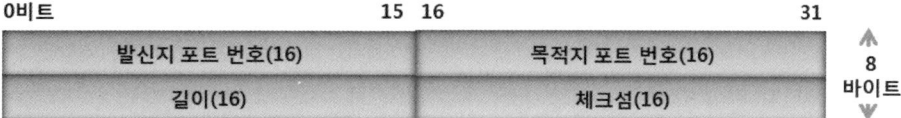

그림 11.4 UDP 헤더 구조

UDP 헤더의 필드 역할은 TCP에서와 동일하기 때문에 설명은 생략한다.

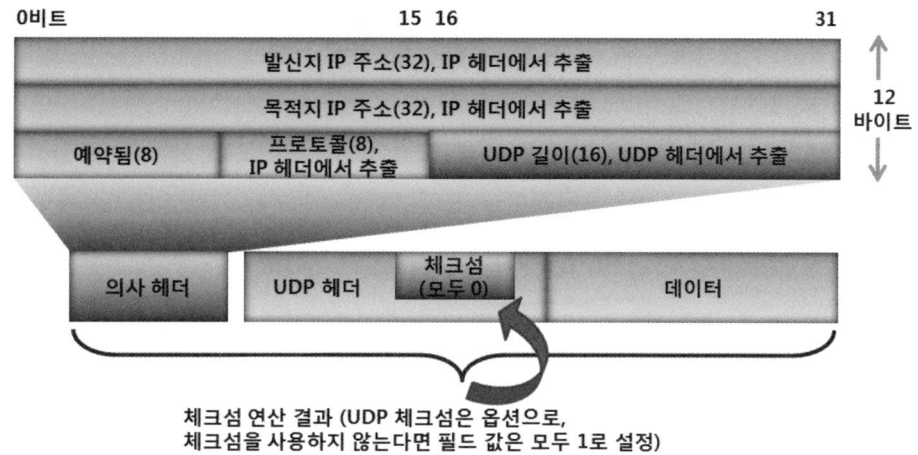

그림 11.5 UDP 의사 헤더와 체크섬

UDP 체크섬은 TCP와 달리 의무 사항이 아니기 때문에 체크섬이 사용되지 않는 경우에는 UDP 헤더의 체크섬 필드가 모두 1로 채워진다.

11.4 CRC와 체크섬의 비교

11.4.1 CRC

CRC^{Cyclic Redundancy Check, 순환 중복 검사}는 전송된 데이터의 에러를 검사하기 위한 방법으로 사용되며, 이진법 기반으로 하드웨어적 구현이 쉬워 데이터 전송의 물리 계층 에러 검출에 많이 이용한다. 이더넷 FCS^{Frame Check Sequence} 필드는 32비트 방식의 CRC-32를 이용해 연산된 값을 저장하는 필드다. CRC 동작 방식에 대한 간단한 예는 그림 11.6과 같다.

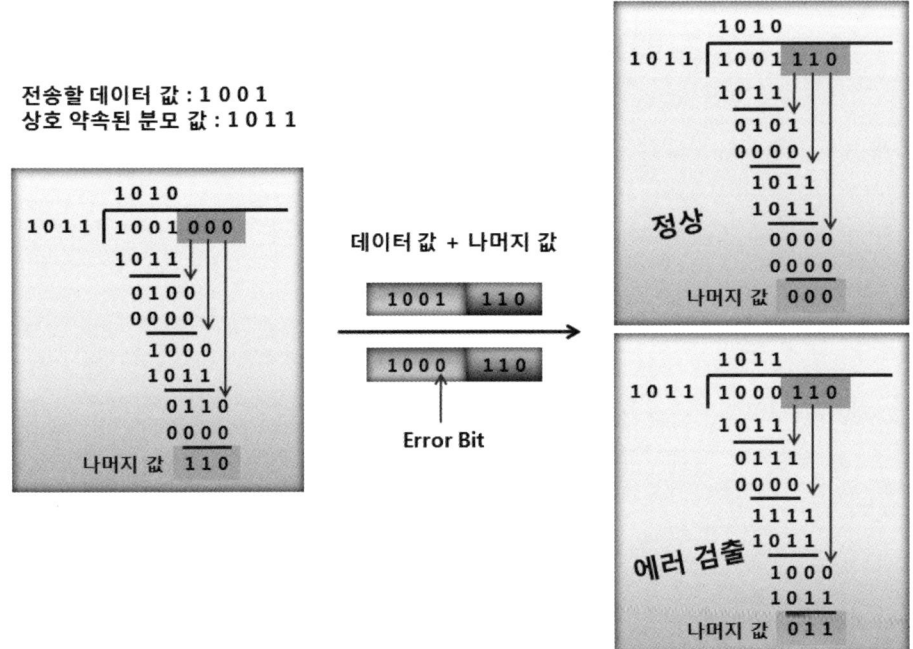

그림 11.6 CRC 동작 방식

전송할 데이터 값을 상호 약속된 차수의 분모 값으로 나누고, 이때 발생한 나머지 값을 데이터의 뒷부분에 첨부해 보낸다. 정상적으로 동작한 데이터일 경우 수신한 값을 약속된 분모 값으로 나눴을 때 나머지가 없다. 에러가 발생한 데이터일 경우 나머지가 존재하며, 이를 통해 에러 발생의 유무를 판단한다. 결과적으로 전송 노드 상에서의 잡음 에러와 물리적 커넥터 불량 등을 검출하기 위해 사용되는 방식이다.

그림 11.6을 보면 전송할 데이터의 값은 '1 0 0 1'이고 약속된 차수의 분모 값은 '1 0 1 1'이다. 왼쪽의 그림과 같이 나눗셈 결과 값의 나머지가 '1 1 0'이므로, 전송 시 데이터 '1 0 0 1' 뒤에 나머지 값 '1 1 0'을 붙여 전송한다. 이 때문에 이를 이더넷 프레임에서는 테일tail이라고 표현하기도 한다. 오른쪽 상단은 에러가 없는 전송이며, 따라서 연산 결과 나머지 값은 '0'이 된다. 오른쪽 하단은 전송 도중 에러가 발생된 '1 0 0 0 1 1 0'이 전송돼 이의 연산 결과 나머지 값이 '0 1 1'로 에러가 발생했음을 감지하고, 이러한 경우 시스템은 이 데이터를 폐기한다.

11.4.2 체크섬

체크섬Checksum은 소프트웨어적으로 구현되는 에러 체크 방식으로, IP, TCP, UDP에서 16비트 방식이 사용된다. 동작 방식은 그림 11.7과 같다.

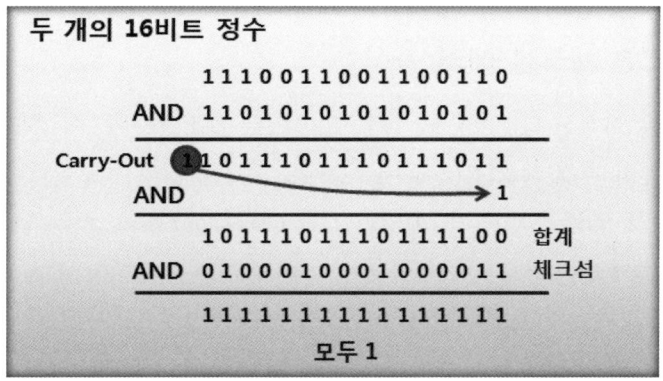

그림 11.7 16비트 체크섬 동작 방식

16비트 열로 데이터를 정렬해 이의 합을 계산하고, 합의 계산 결과 값에 대한 보수를 취해 체크섬 값을 추출한다. 합의 결과 값과 체크섬의 AND 연산이 모두 1이 되기 때문에 체크섬 값과의 AND 연산 결과 값이 1이 아니면 에러가 발생한 것으로 간주된다.

11.4.3 TCP 체크섬 오프로드 기능

체크섬 계산은 기본적으로 운영체제의 소켓socket 레벨에서 수행되지만, 최근에는 통신 성능 개선을 위해 이더넷 NIC에서 수행되는 경우가 있으며, 이를 통해 대략 일반 패킷은 5%, 점보jumbo 패킷은 15%까지 시스템 통신 처리 성능이 향상된다.

이렇게 NIC에서 체크섬을 수행하는 것을 체크섬 오프로드Checksum Offload라고 하는데, 패킷 캡처 시에 보이는 TCP 배드 체크섬Bad Checksum 에러는 실제 에러가 발생해서 표시되는 경우도 있지만, 실상 자세히 살펴보면 대부분 NIC에서 체크섬 연산을 잘못해서 발생되는 것이 대부분이다(트래픽 분석에서 TCP 체크섬 에러 검출 이슈는 'TCP 체크섬 에러 증상' 절에서 자세히 다룬다).

이를 예방하려면 NIC에서 이 기능을 비활성화시켜 사용하면 되는데, 윈도우 계열의 경우 NIC 설정 > 속성 > 구성 > 고급(오프로드 TCP/IP 체크섬)을 조정하면 된다.

하지만 예를 들어 프로그램 개발자가 개발 중인 애플리케이션 동작의 확인을 위해 또는 패킷을 캡처해 트래픽을 분석하기 위해 이 기능을 비활성화하는 경우를 제외하고 실제 운영 중에 있는 시스템에서는 시스템의 통신 성능 향상을 위해 이 기능을 활성화해 사용할 것을 권장한다.

11.4.4 TCP 체크섬 에러 증상

고객 사이트에 커넥션 타임아웃connection time-out이나 TCP 재전송 이슈와 같은 사항이 발생하면 의례히 패킷 캡처 툴(와이어샤크 같은)을 이용해 상황을 모니터링하고 원인을 분석한다. 패킷 분석 중 분석기 화면에 'TCP Checksum Error'라는 분석 요약 정보가 표시되면 분석 초심자들은 이것이 원인이구나 하고 생각하기 쉽다. 그리고 "이상하다 왜 이렇게 많이 나오는 거야?"하고 생각할 것이다.

체크섬 에러를 자세히 살펴보면 이 에러가 진짜 에러가 아닌 경우가 종종 있음을 알 수 있는데, 이는 TCP가 신뢰적인 통신이라는 것을 기억한다면 간단하다. TCP가 잘못된 체크섬 연산을 갖는 세그먼트를 수신한다면 이 세그먼트는 바로 폐기될 것이고 재전송을 요청할 것이다.

그림 11.8 TCP 체크섬 에러

그림 11.8과 11.9의 프레임 201을 보면 TCP 체크섬 에러가 발생했다고 분석기가 표시했는데, 진짜 에러라면 TCP는 이를 폐기하고 재전송을 요청할 것이다. 하지만 205번 프레임을 보면 1078바이트의 데이터 세그먼트를 갖는 프레임 201에 대한

ACK를 전송하고 있음을 보여준다(프레임 201의 순서 번호가 1291577573이고 길이가 1078이므로 이 세그먼트에 대한 확인응답 번호는 1291578651이 된다). 즉, 에러라고 표기된 프레임은 정상 프레임이었다는 것을 보여주는 것이다.

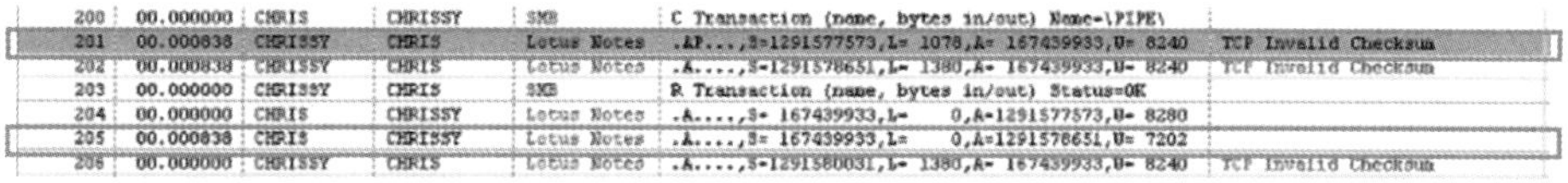

그림 11.9 잘못 표기된 체크섬 에러

그렇다면 왜 체크섬 에러로 분석되는 걸까? 분석기의 불량인가? 사실 분석기는 정상이고, 분석기에서 보여준 그 필드에 있는 체크섬 값이 잘못된 것일 수 있다. 분석기 포맷에 있는 트레이스 파일trace file을 변환하기 위해 이용되는 변환 프로그램이 주기적으로 체크섬 필드에 있는 값을 잘못 건들어 생기는 현상일 수 있으며, 또 하나는 위의 오프로드 기능에 의해 NIC에서의 잘못된 연산에 기인할 수도 있다.

결국 TCP 체크섬 에러가 분석기에서 보일 때 다음 데이터가 아래와 같이 폐기돼 재전송이 발생하는가? 아니면 응답이 수행되는가를 살펴봐야 할 것이다. 분석의 요점은 이 예에서와 같이 순서 번호와 확인응답 번호ACK number들이 순차적으로 일치한다면 이는 분석기의 실수이며, 진짜로 체크섬 에러라면 호스트는 세그먼트를 폐기시킬 것이고 확인응답 ACK를 보내지 않을 것이다.

그림 11.10은 X.X.X.210에서 보낸 세그먼트에 체크섬 에러가 발생해 수신 시스템의 무응답으로 재전송 타임아웃RTO, Retransmission Time-out이 발생해 재전송하고 있는 모습을 보여준다.

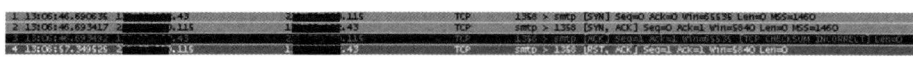

그림 11.10 TCP 체크섬 에러에 의한 재전송

그림 11.11은 3방향 핸드셰이크 중 X.X.X.43에서 보낸 세그먼트에 체크섬 에러가 발생해 리셋Reset으로 종료되는 상황을 보여준다.

그림 11.11 TCP 체크섬 에러에 의한 리셋

11.5 TCP 3방향/4방향 핸드셰이킹

TCP는 연결형 서비스를 지원하기 위해 세션이나 가상 회선의 개설과 종료를 관리하며, 세션의 수립을 위해 3방향 핸드셰이킹을 수행하고, 해지를 위해 4방향 핸드셰이킹을 수행한다.

11.5.1 TCP 3방향 핸드셰이킹

TCP의 3방향 핸드셰이킹은 상호 간 TCP 세션 연결과 유지를 위해 필요한 정보를 주고받기 위한 초기 과정으로, 이때 교환하는 주요한 정보는 두 피어peer(즉 클라이언트와 서버) 간의 TCP 연결에 사용되는 초기 순서 번호ISN, Initial Sequence Number, 수신 윈도우 크기Window Size, 옵션으로 최대 세그먼트 크기MSS, Maximum Segment Size, 윈도우 스케일Window-scale, SACK 허용Selective ACKnowledge permitted과 SACK 옵션 기능 등을 협상한다(그림 11.12 참조).

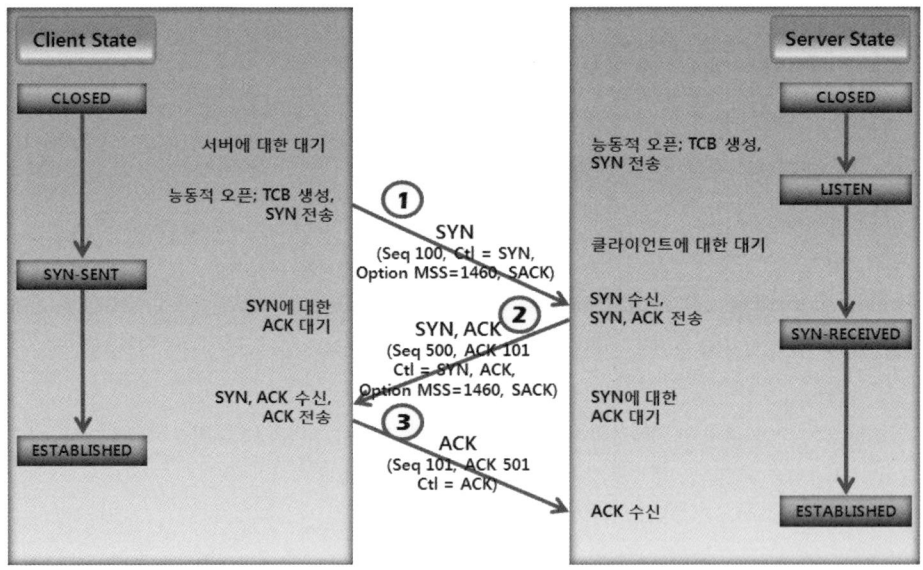

그림 11.12 TCP 3방향 핸드셰이킹과 상태

그림 11.12의 초기 세션을 연결하기 위한 TCP 3방향 핸드셰이킹 과정을 보면 다음과 같다.

❶ 클라이언트는 능동적 오픈을 요청하는 SYN 세그먼트를 전송한다. 이 SYN 세그먼트 내에는 클라이언트가 사용할 초기 순서 번호^{ISN}, 수신 윈도우 크기, MSS, SACK 사용 유무의 정보가 포함되며, SYN 전송 후의 클라이언트 TCP 상태는 SYN-SENT 상태로 전이된다.

❷ 서버의 서비스 데몬 리스너^{Listener}는 LISTEN 상태에서 포트로 요청되는 SYN을 감시하다가 클라이언트의 SYN 세그먼트를 수신하면 SYN, ACK 세그먼트로 응답하는데, 이 세그먼트 내에는 서버의 초기 순서 번호, 수신 윈도우 크기, MSS, SACK 사용 유무의 정보를 포함한다. SYN, ACK 세그먼트를 전송한 후 서버는 LISTEN 상태에서 Received-SYN 상태로 전이하며, 동시에 이 정보를 백로그 큐에 저장하고, 최대 75초 동안 클라이언트의 마지막 ACK 세그먼트를 기다린다. 이 상태를 TCP의 하프오픈$^{Half-Open}$ 상태라 한다(나중에 SYN 플러딩이나 하프오픈 공격에 대한 설명을 참고하라).

❸ 클라이언트가 서버에서 전달된 SYN, ACK을 수신하면 마지막으로 서버에 ACK로 응답을 주면서 세션의 연결 수립 상태인 ESTABLISHED 상태로 전이하고, 클라이언트의 ACK 세그먼트를 수신한 서버도 역시 백로그 큐에서의 대기 정보를 삭제하고 ESATBLISHED 상태로 전이해 상호 간 세션이 확립된다.

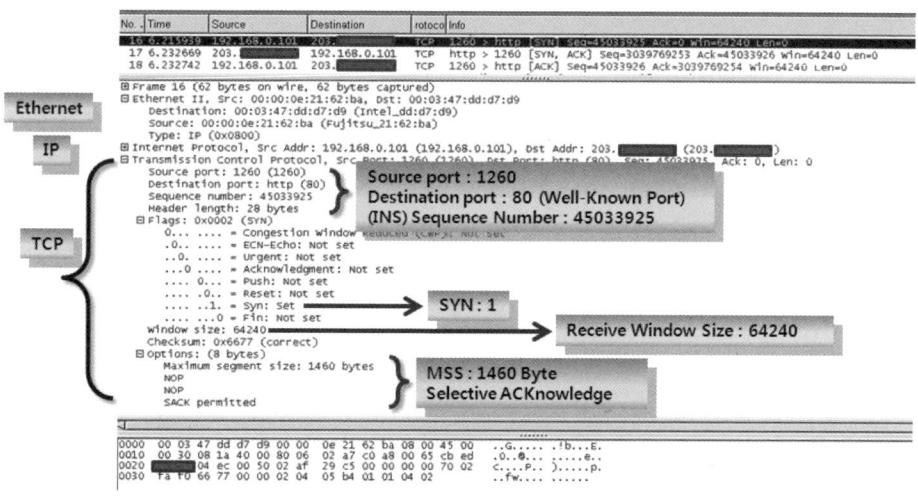

그림 11.13 TCP 3방향 핸드셰이킹(SYN)

그림 11.13은 클라이언트 192.168.0.101:1260이 서버 203.X.X.X:80 포트와의 초기 세션을 OPEN하기 위한 SYN 세그먼트를 보여준다. 여기서 클라이언트는 초기 순서 번호를 45033925로 설정했고, 수신 윈도우 크기는 64240바이트, 최대 세그먼트 크기^{MSS}는 1460바이트로 정의하고 SACK$^{Selective\ ACK,\ 선택적\ 승인}$을 사용한다고 서버에 통보한다. 또한 헤더 길이$^{Header\ Length}$가 옵션 8바이트를 포함해 총 28바이트임도 살펴볼 수 있다. 참고로 MSS 크기가 정의되지 않을 경우 RFC 1122에 따라 기본값으로 536바이트를 사용하고, 따라서 MTU 값은 576바이트(MSS, 536바이트 + TCP 헤더, 20바이트 + IP 헤더, 20바이트)가 된다.

그림 11.14는 서버 203.X.X.X:80이 클라이언트 192.168.0.101:1260에 SYN, ACK 응답 세그먼트를 보여준다. 여기에서 서버는 초기 순서 번호를 3039769253으로 설정하고, ACK 번호는 클라이언트 ISN + 1인 45033926, 수신 윈도우는 64240바이트, MSS는 1460바이트로 클라이언트에 통보한다. 여기서 옵션 필드가 4바이트 사용됐으므로 헤더 길이는 24바이트로 설정돼 있다.

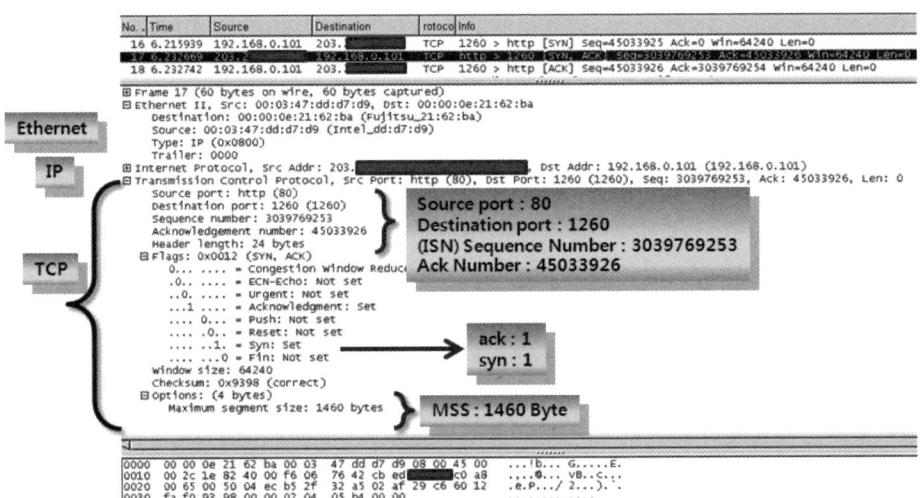

그림 11.14 TCP 3방향 핸드셰이킹(SYN, ACK)

서버의 SYN, ACK 응답에 대해 그림 11.15는 클라이언트의 마지막 ACK 응답을 보여준다.

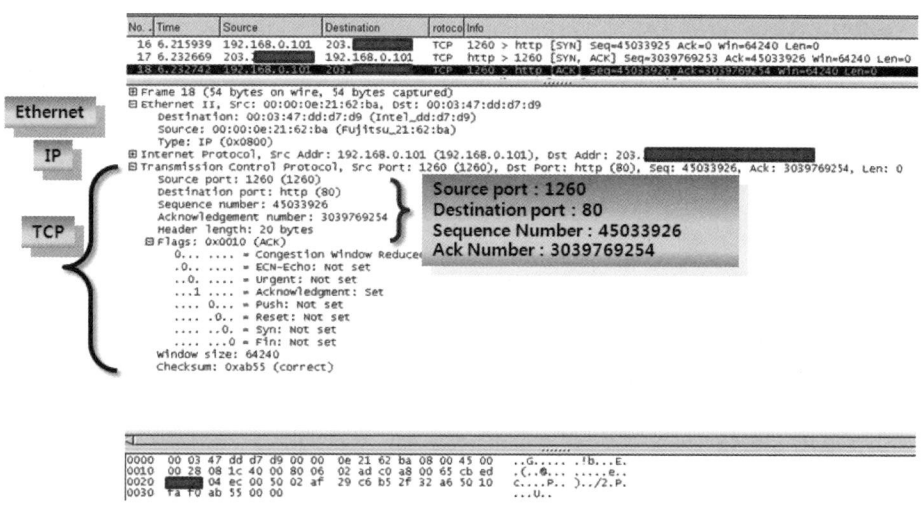

그림 11.15 TCP 3방향 핸드셰이킹(ACK)

순서 번호는 서버의 ACK 번호가 되고, ACK 번호는 서버에서 전송한 순서 번호 + 1(3039769253 + 1)의 값이 된다. 옵션 필드에 내용이 없으므로, 헤더의 길이는 20 바이트가 된다. 이로써 TCP 세션의 연결은 양단 간에 수락되고 연결 상태 (ESTABLISHED)로 전이한다.

11.5.2 TCP 헤더 옵션

앞서 언급한 TCP 헤더 옵션에 대해 자세히 알아보자. 이 옵션들은 모두 TCP 초기 개설 단계에서 사용되며, 이후에 나오는 옵션 값은 모두 무시된다.

- **MSS 옵션(Maximum Segment Size, 최대 세그먼트 크기)** 이 옵션은 자신이 전송 가능한 최대 세그먼트 크기를 지칭하며, 일부 시스템에서는 단순히 자신의 MTU 값에서 40바이트를 뺀 값을 통보한다. 이는 RFC 793에서 정의돼 있다.

- **윈도우 스케일(Window Scale)** 이 옵션은 현재의 수 기가 대역폭의 TCP에서 최대 윈도우 크기를 표현할 수 있는 범위가 16비트로서 2^{16}인 65,535바이트(64킬로바이트)로 매우 적다는 문제를 해결하기 위해 윈도우 크기의 표현 범위를 확장하기 위해 고안한 옵션이다. 이 옵션을 통해 윈도우 크기는 30비트로 확장되며, 수신 버퍼의 크기를 1기가바이트까지 지정할 수 있다. 이는 RFC 1072에서 기술했으며, 추후 RFC 1323에서 명료히 정의됐다.

- SACK 허용 옵션(SACK Permitted)과 SACK 옵션
  - **SACK 허용(SACK Permitted) 옵션** TCP는 특정 세그먼트의 전송에 대해 응답하기보다는 수신된 마지막 바이트의 확인 메시지를 사용하는 누적 ACK 방식을 사용한다. 이는 추후 설명할 TCP의 다중 세그먼트 손실 시에 중복 세그먼트를 재전송하는 문제를 발생시킬 수 있으며, 이는 결국 전송 효율을 떨어뜨린다. SACK 허용 옵션은 이런 문제를 극복하기 위해 TCP가 불연속적인 특정 범위의 세그먼트에 대한 확인 메시지를 전송하게 하는 방식을 사용할 것인가 협상하기 위한 옵션이다. 이는 RFC 2018에 명시됐다.
  - **SACK 옵션** 비연속적인 세그먼트 블록을 명시하기 위해 사용되는 옵션으로, 수신된 불연속적 세그먼트의 첫 바이트 순서 번호를 나타내는 LE[Left Edge](블록의 시작인 왼쪽 에지)와 수신된 불연속적 세그먼트의 마지막 바이트 순서 번호를 나타내는 RE[Right Edge](블록의 끝인 오른쪽 에지)를 표현하기 위해 사용된다.

  SACK 옵션에 대한 표준은 RFC 2018에 명시돼 있으며, 동작에 대해서는 나중에서 자세히 다룬다.

11.5.3 TCP 3방향 핸드셰이킹과 RTT

네트워크 장애 처리를 수행하다보면 종종 서비스 지연에 관한 트러블슈팅을 다루는 일이 생긴다. 주로 특정 서비스로의 접속이 느리다는 내용일 것이다. 장애 처리를 위해 인터페이스의 상태(에러 카운트)나 L4 서비스를 받는다면 SLB 상태와 라우팅 상태를 체크한 후 이상이 없을 경우에 대부분 네트워크 관리자들은 패킷을 캡처해 그 증상을 확인하게 되는데, 이때 주의 깊게 고려할 사항이 하나 있다.

"지연이 어디에서 발생하고 있는가?"라는 부분이다. 통신 구간의 전송 지연인지 아니면 서버의 프로세스 지연인지를 구별해봐야 한다.

그림 11.13과 같이 패킷을 캡처했다면 우선 지연이 발생하는 영역을 찾기 위해 RTT[Round-Trip Time][1]을 계산해보자. "RTT 값의 연산은, TCP의 3방향 핸드셰이킹은 OS 시스템단인 시스템의 커널에서 수행되는 프로세스이기 때문에 시스템이 패킷 처리를 위해 소요하는 지연이 거의 없다."라는 가정에서 출발한다.

---

1. 여기서 언급하는 RTT는 TCP가 혼잡 제어에 사용하는 알고리즘에서 거론되는 라운드트립 타임이 아니라, 실제 장애 처리를 위해 패킷 분석 시 고려할 수 있는 구간별 패킷 전송 시간을 의미한다.

그림 11.13의 캡처 사항을 다음과 같이 시간별로 구성할 수 있다.

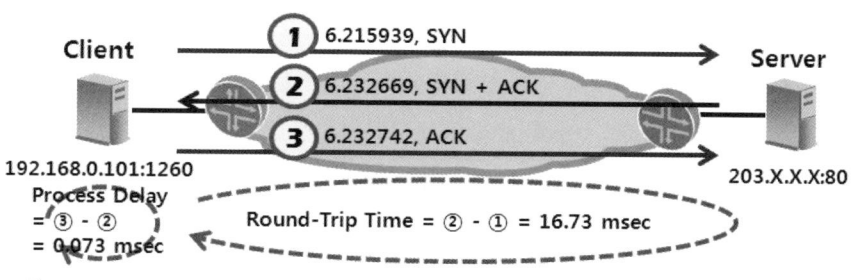

그림 11.16 RTT 값 연산을 위한 3방향 핸드셰이킹의 시간 구성

그림 11.16은 클라이언트에서 패킷을 캡처한 내용이다. 따라서 클라이언트에서 서버까지 갔다가 돌아온 패킷의 전달 왕복 시간은 서버에서 전송한 ❷ (SYN+ACK) 패킷 수신 시점에서 클라이언트에서 전송한 ❶ (SYN) 패킷의 전송 시점을 뺀 값인 16.73밀리초로 산정할 수 있다. 또한 클라이언트가 전송한 ❸ (ACK)에서 서버가 전송한 ❷ (SYN+ACK) 수신 시점을 뺀 값은 클라이언트 시스템에서의 패킷 프로세싱 지연 시간이 될 것이다. 따라서 정확한 진송단의 전송 지연 시간인 RTT = (❷ - ❶) - (❸ - ❷)로 산정할 수 있다.

이렇게 산정된 RTT 값이 정상적 서비스 시점이나 지연이 발생하는 시점에도 거의 일정하다면 이는 전송 구간의 지연이 원인이 아닐 것이다. 그리고 또한 서버 측에서 패킷을 캡처해 동일하게 서버 프로세싱 타임을 연산하고 서비스 지연이 발생할 때와 정상적 시점에서의 수치를 비교함으로써 프로세스 지연 여부를 판단할 수 있다.

즉, 3방향 핸드셰이킹 이후 데이터를 주고받는 시간의 RTT가 전송 지연의 RTT보다 현저히 높다면 서버 프로세싱 지연을 의심해봐야 한다.

11.5.4 TCP SYN 플러딩 또는 TCP 하프오픈 공격

TCP SYN 플러딩 공격은 전형적인 서비스 거부[DoS] 공격 유형에 속하며, TCP의 동작 방법을 교묘히 이용한 공격 방법으로 원천적으로는 방어할 수 없는 공격이다. 앞서 살펴본 바와 같이 TCP는 통신이 수행되기 전에 세션을 연결하기 위해 서버와 클라이언트 간 3방향 핸드셰이킹이라는 규칙이 선행돼야 한다.

정상적인 TCP의 동작을 이용해 공격자가 SYN 세그먼트만을 전송하고 서버로부터 받은 SYN, ACK에 응답하지 않는다면 서버의 상태는 Received-SYN 상태에 머물 것이며, 이는 앞서 언급한 것과 같이 세션이 반쯤 열린 하프오픈Half-Open 상태가 된다.

하프오픈 대기 상태는 일정 기간(약 75초) 지속되며 다음 ACK 세그먼트가 클라이언트에서 오지 않으면 해당 연결 요청이 초기화되는데, 초기화되기 전까지 이 정보는 서버의 메모리 버퍼 공간인 백로그 큐Backlog Queue에 저장된다.

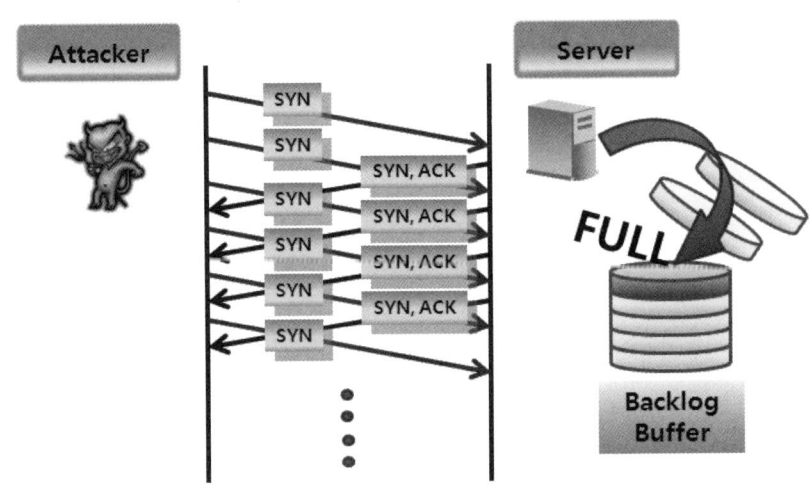

그림 11.17 하프오픈 공격

공격자의 목적은 시스템에 DoS 공격을 감행하는 것으로, 지속적으로 SYN 세그먼트만을 전송해 서버의 백로그 큐를 꽉 채워 더 이상 해당 포트로의 접속이 발생하지 못하게 만든다. 대부분의 공격자는 공격에 사용되는 발신지 IP 주소를 속여 공격하므로, 하프오픈 공격은 대부분 IP 스푸핑IP Spoofing, IP 속이기 공격과 같이 발생한다.

서버에서 하프오픈 공격을 탐지할 수 있는 방법은 다음에 설명할 `netstat` 명령을 통해 가능하다. 정상 통신의 경우 서버에서의 Received-SYN 상태는 순간적이기 때문에 거의 확인할 수 없지만, 공격이 수행되는 경우 해당 시스템에서 `netstat -an | grep SYN-RECV` 명령을 통해 다수의 SYN-RECV 상태를 확인함으로써 이를 통해 하프오픈 공격임을 확신할 수 있다.

(1) 서버 측면의 TCP 하프오픈 공격 대비 방법

서버 측면에서 TCP 하프오픈 공격을 대비하는 방법을 알아보자.

서버 백로그 큐 늘리기

가장 간단한 방법은 서버의 백로그 큐^{Back-log Queue} 자체를 공격에 버틸 수 있게 넉넉히 늘려주면 된다. 서버의 RAM 용량에 따라 RAM이 128M인 경우 128KB로, 그 이상이면 1024KB 정도로 설정하면 된다. 이 방법은 공격을 지연시킬 수는 있지만 완전한 방어는 할 수 없다(과거 마이크로소프트의 윈도우 서버에서 사용했던 방법).

- 백로그 큐 값의 확인

    ```
    [root@jjang/root]# sysctl - a | grep syn_backlog
    net.ipv4.tcp_max_syn_backlog = 128
    ```

- 백로그 큐 값의 설정

    ```
    [root@jjang/root]# sysctl -w net.ipv4.tcp_max_syn_backlog=1024
    ```

    또는

    ```
    [root@jjang/root]# echo 1024 > /proc/sys/net/ipv4/.tcp_max_syn_backlog
    ```

윈도우 시스템에서는 동적 백로그를 확장하면 되는데, 현재는 권장하지 않는다.

Syncookies 기능의 활성화

이 방법은 TCP 헤더의 특정 부분을 발췌한 후 암호화 알고리즘을 이용해 3방향 핸드셰이킹이 성공적으로 이뤄지지 않으면 세션을 종료하는 방식이다. 이 기능은 하프오픈 공격의 확실한 차단 방법이며, 이를 이용하려면 커널 컴파일 옵션에서 CONFIG_SYN_COOKIES 옵션이 Y로 설정돼야 한다.

- Syncookies 값 확인

    ```
    [root@jjang/root]# sysctl - a | grep syncookie
    net.ipv4.tcp_syncookies = 0
    ```

- Syncookies 값 설정

    ```
    [root@jjang/root]# sysctl -w net.ipv4.tcp_syncookies = 0
    ```

이 외에도 여러 시스템의 네트워크 파라미터 값을 최적화하는 방법이 있지만, 서버에 종속적인 내용이므로 생략한다.

(2) 네트워크 측면의 TCP 하프오픈 공격 대비 방법

네트워크 측면에서 TCP 하프오픈 공격을 대비하는 방법을 알아보자.

TCP 가로채기

하프오픈 공격은 공격자가 실제 TCP 세션을 연결하는 것이 목적이 아니라 TCP 세션을 맺는 과정 중 사용되는 백 로그 큐를 버퍼 오버플로우$^{Buffer\ Overflow}$(메모리를 꽉 채워서 넘치게 하는 행위)시킴으로써 서비스 제공이 불가능하게 만드는 것이 목적이다.

따라서 중간자적$^{man-in-the-middle}$ 위치에서 공격 대상 서버 앞단의 네트워크 장비가 SYN 패킷을 받았을 때 서버로 전달하는 것이 아니라 먼저 SYN을 전송한 클라이언트와 3방향 핸드셰이킹을 맺어 연결 확립의 여부를 확인하고, 연결이 확립되는 세션만을 서버로 연계시켜주는 방법이 시스코의 TCP 가로채기$^{intercept,\ 인터셉트}$다.

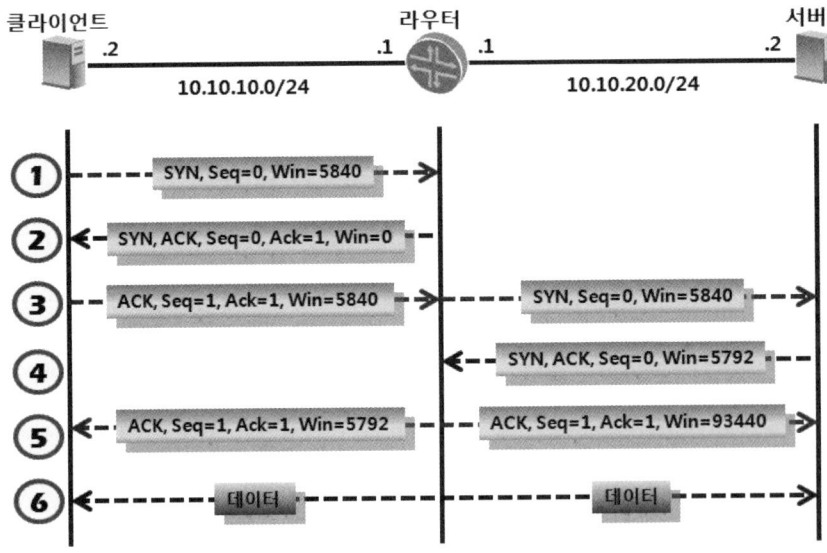

그림 11.18 TCP 가로채기(intercept) 트래픽 플로우

TCP 가로채기의 트래픽 플로우는 그림 11.18과 같다. 클라이언트의 SYN 세그먼트를 중간의 라우터가 가로채서 응답해주고, 3번째 클라이언트의 최종 ACK가 오면 이를 확인한 후 라우터가 서버와 3방향 핸드셰이킹을 수행한 다음 정상적으로 클라이언트와 서버가 세션을 연결할 수 있게 한다.

이때 순서 ❷의 라우터에서 클라이언트로 응답하는 SYN, ACK 세그먼트의 수신 윈도우 크기가 0이라는 점을 주목할 필요가 있다. 수신 윈도우가 0이므로 클라이언트는 순서 ❸의 ACK 전송 후 데이터를 보낼 수 없다. 따라서 순서 ❺를 통해 라우터의 인터셉트가 배제되고 서버가 수신 윈도우 업데이트를 보내는 형식을 취해 자연스럽게 클라이언트와 서버의 세션 연결로 진행된다.

시스코 라우터에서 제공하는 TCP 인터셉트는 3가지의 모드가 있는데, 앞서 설명한 가로채기 모드와 와치^{watch} 모드, 드롭^{drop} 모드가 있다.

와치 모드는 인터셉트와는 달리 라우터를 통과하는 SYN을 그대로 통과시키고 대신 일정 시간(기본 값은 30초) 동안 세션이 확립되지 않으면 이 세션을 중간에 라우터가 서버로 리셋^{reset}을 보내고 상태 테이블^{state table}에서 차단하는 방식이다.

드롭 모드는 와치 모드와 유사하지만 하프오픈이 1분에 1100개 초과 시에 상태 테이블에서 삭제시키는 동작을 한다(기본 값 설정 시). 시스코 라우터의 인터셉트 기능의 기본 모드는 인터셉트 모드다.

- **시스코 장비에서의 TCP 인터셉트 설정 방법**

    ```
    router(config)# ip access-list extended TCP_Intercept
    router(config-ext-nacl)# permit tcp any host 10.10.20.2 eq www
    router(config-ext-nacl)# end
    router(config)# ip tcp intercept list TCP_Intercept
    router(config)# ip tcp intercept connection-timeout 30 (기본 값으로 생략 가능)
    ```

인터셉트 모드로 설정했고, 30초 동안 정상적인 ACK가 수신되지 않으면 차단한다. 이 외의 모드는 시스코 홈페이지를 참조하자.

인터셉트 설정을 실제 사이트에 적용하는 것은 트래픽이 많은 경우 네트워크 장비의 CPU와 메모리에 많은 부하를 줄 수 있으며, 특히 드롭 모드는 다른 인터셉트 모드에 비해 더욱 많은 부하를 유발한다는 점에 유의하기 바란다.

지연 연결

지연 연결Delayed Binding은 중간자적인 네트워크 장비에서 SYN 세그먼트를 수신하고 목적지 시스템을 대신해 SYN, ACK를 응답하고 마지막의 ACK까지의 과정을 행한 후 완전한 3방향 핸드셰이킹을 확인한 세션에 대해서만 목적지 시스템과의 통신을 연결해 주는 기능만 봐서는 시스코의 TCP 인터셉트와 차이가 없다.

하지만 TCP 인터셉트가 시스코의 라우터나 백본 스위치에서의 추가 기능이라고 한다면 지연 연결이 대부분의 L4 스위치, L7 스위치의 기본 기능이라고 볼 수 있다. 애플리케이션, 즉 L7에 대한 특정 애플리케이션 요청 정보를 L7 스위치에서 확인하고 적당한 서버의 할당을 결정하는 콘텐츠 기반의 스위칭을 수행하려면 L7 스위치는 클라이언트와 서버단 사이에 TCP 세션 형성을 잠시 보류할 필요가 있다.

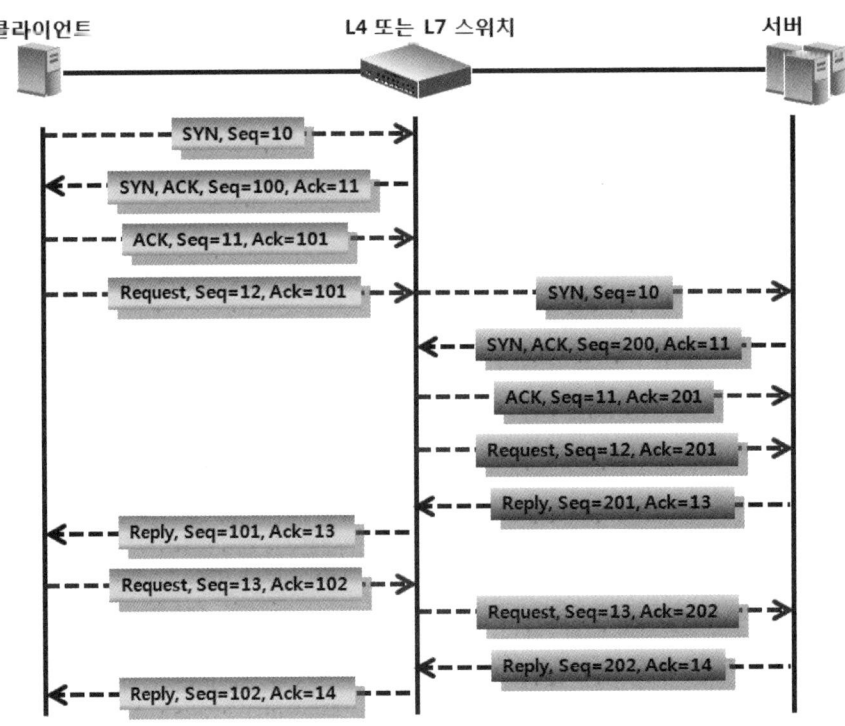

그림 11.19 L7 스위치의 세션 관리 기법과 지연 연결

L7 스위치는 클라이언트와 서버 간의 TCP 세션 형성을 잠시 보류한 상태에서 클라이언트의 특정 요청 정보를 기반으로 서버와의 TCP 세션을 중계해야 하는데, 이러한 기능을 지연 연결 기능, TCP 스플라이싱Splicing 기능, 혹은 TCP 터미네이션

Termination 기능이라 한다. 결국 이 기능을 이용해 TCP 하프오픈 공격의 방어가 가능하다. 그림 11.19는 지연 연결 동작을 표현한 그림이다.

- **라드웨어 알테온 L4 스위치에서의 지연 연결 설정 방법**

    # 일반적 설정
    # /cfg/slb/virt <virtual server number> / service <service type> /dbind
    # 캐시 리다이렉트를 위한 설정
    # /cfg/slb/filt <filter number> /adv/layer7/urlp ena
    # SYN attack 차단 임계치 변경
    # /cfg/slb/adv/synatk

참고로 L4 스위치에서 위의 설정은 시스코의 TCP 인터셉트 동작 범위와 동일하다.

IP 스푸핑 대역의 ACL 필터링

10장의 SMURF 공격에서도 잠깐 언급했지만, 대부분의 하프오픈 공격에 사용되는 IP 주소는 활성화되지 않거나, (즉 꺼져 있는 시스템) 외부에서 사용할 수 없는 IP 대역을 사용한다. 무작위로 생성된 IP를 이용해 공격을 한다면 SYN을 수신한 서버는 요청 시스템에 SYN, ACK으로 응답할 것이기 때문이다.

하지만 정작 SYN, ACK을 수신한 시스템은 자신이 보내지도 않은 요청에 대한 응답을 수신했으므로 이 세그먼트를 비정상적 패킷으로 간주하고, 이를 보낸 서버에 RST(리셋)을 전송하고 수신한 패킷을 무시한다. 또한 RST를 수신한 서버는 백로그 큐에서 해당 하프오픈 세션 정보를 삭제한다.

결국 공격자는 무작위로 변조된 IP 주소를 사용해서는 공격 효과를 극대화시킬 수가 없다. 따라서 공격자는 대부분 인터넷에서 돌아다닐 수 없는 IP 대역인 사설 IP, 특수 목적으로 할당된 IP 대역, 공격 시스템이 속해있는 내부 네트워크 IP 주소 중에 비활성화된 IP 주소, 즉 공격 목표지의 네트워크 중 현재 할당돼 사용하지 않고 있는 IP 대역을 이용해 공격한다.

그러므로 이러한 대역의 IP 주소 블록을 망의 외부 접점 라우터의 인입 인터페이스에 ACL을 설정해 Deny 필터링 처리하기를 네트워크 관리자에게 권장한다.

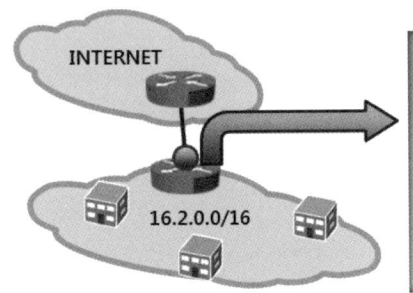

그림 11.20 ACL을 통한 IP 스푸핑(Spoofing) 필터링

ACL의 내용은 내부 네트워크 대역, 로컬 호스트 대역(127.0.0.0/8), RFC 1918의 사설 대역, 멀티캐스트용 예약 대역의 IP 주소가 발신지 IP 주소로 외부와 연결된 인터페이스를 통해 유입되는 것을 막는 설정이다.

이 정책은 현재의 최신 보곤리스트[Bogon-list]를 참고해 설정하는 것이 바람직하다. 보곤리스트는 인터넷상의 라우팅 테이블에 존재할 수 없는 IP 프리픽스를 정의해 놓은 목록이며, 다음 주소에서 확인할 수 있다. http://www.team-cymru.org/Services/Bogons/http.html.

11.5.5 TCP 4방향 핸드셰이킹

TCP는 세션 확립을 위해 3방향 핸드셰이킹을 수행하며, 또한 세션의 종료를 위해 4방향 핸드셰이킹을 수행한다. 세션의 연결을 위해 SYN 플래그가 사용됐다면 종결을 위해 TCP는 FIN[Finish] 플래그를 사용한다.

TCP의 세션 종결에는 두 가지 유형이 있는데, 대부분의 일반적인 능동적 종결을 원하는 시스템이 FIN을 전송하고 수동적 종결을 수행하기 위한 시스템은 이를 수신해 응답으로 ACK를 전송하는 일반적인 종결 방식과 동시에 FIN을 전송하는 동시 연결 종료 방식이 있다.

(1) 일반적인 정상 종료의 4방향 핸드셰이킹

일반적인 경우 능동적 세션 종결을 요구하는 시스템이 FIN을 전송하고, 이를 수신한 수동 종결 시스템은 수신 응답으로 ACK를 전송한다. ACK 전송 후 수동 종결 시스템은 상대방에게 더 이상 전달할 데이터가 없는지 살펴보고 자신의 애플리케이션을 종료함을 알리기 위해 능동 종결 시스템에 FIN을 전송한다.

이를 수신한 능동 종결 시스템은 확인응답으로 ACK를 전송한다. 이렇게 4번 제어 플래그를 주고받는다고 해서 4방향 핸드셰이킹이라고 하며, 자세한 동작은 그림 11.21과 같다.

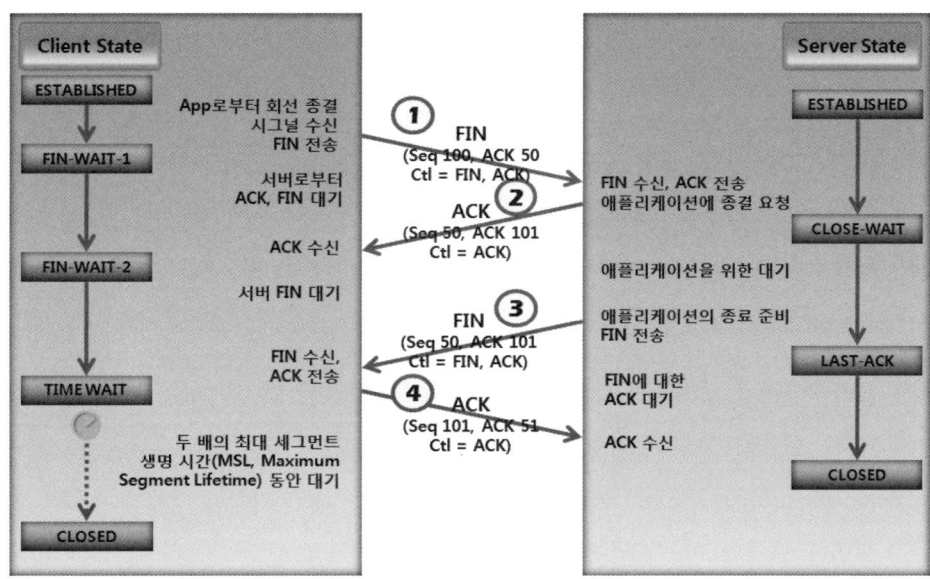

그림 11.21 TCP 4방향 핸드셰이킹(일반적 정상 종료)

일반적인 정상 세션 종결을 위해서는 다음과 같은 과정을 따른다.

❶ 클라이언트는 애플리케이션으로부터 연결의 종료를 요청 받은 후 능동적 종료를 수행하기 위해 FIN 세그먼트를 전송하고 FIN-WAIT_1 상태로 전이한다. 이 상태에서 클라이언트는 서버로부터 데이터 수신이 가능하며, 서버로부터의 FIN에 대한 확인응답인 ACK 응답을 기다린다.

❷ 서버는 클라이언트로부터 FIN을 수신하면 수신 확인을 위해 ACK를 클라이언트에게 전송하고 서버 애플리케이션에게 클라이언트로의 세션이 종결된다는 것을 알리고 애플리케이션이 종료되는 것을 기다리며, 이때 서버는 CLOSE-WAIT 상태로 전이한다. 클라이언트는 수신 확인응답인 ACK를 수신하고 서버의 종료를 기다리며, FIN-WAIT-2 상태로 전이한다.

❸ 서버 애플리케이션이 프로세스 종료를 TCP에게 알리면 서버는 클라이언트로 FIN을 전송해 서버 쪽의 애플리케이션이 종료됨을 통보한다. 이를 수행하고

서버는 클라이언트의 수신 확인을 기다리는 LAST-ACK 상태로 전이한다.

❹ 클라이언트는 서버 애플리케이션이 종료됨을 알리는 FIN을 수신하고 이에 대한 확인응답 ACK를 서버로 전송하며 TIME-WAIT 상태로 전이하는데, 이때 두 배의 MSL 기간 동안 대기 후에 CLOSED 상태로 전이한다. 또한 확인응답 ACK를 수신한 서버는 바로 CLOSED 상태로 전이하며, 가상 회선을 종결한다.

클라이언트의 TIME-WAIT 상태는 최종 연결을 닫기 전에 두 배의 최대 세그먼트 생명 기간(MSL, Maximum Segment Lifetime) 동안 대기하는 시간이다.

TCP 표준은 MSL을 2분으로 정의하고 있지만, 실제 시스템으로의 구현에서는 수정해서 사용하는 것을 허용한다. TIME-WAIT 상태의 역할은 다음 두 가지를 수행하기 위해 존재한다.

- 클라이언트가 서버로 전송한 확인응답 ACK 세그먼트가 유실됐을 경우 재전송할 수 있는 충분한 시간을 확보한다.

- 한 세션의 종료와 다음 세션의 연결 간에 충분한 대기 시간을 둠으로써 새로운 세션을 연결할 때 기존 세션에서 사용된 순서 번호를 재사용하는 것을 막아 존재할 수 있는 다른 세션과의 혼선을 야기하지 않게 한다.

TCP 2MSL 시간은 윈도우 시스템(윈도우 2003, 윈도우 XP)의 경우 기본 값이 0XF0로 대기 시간이 240초로 설정돼 있다. 또한 최소 권장 값은 0X1E로 30초다. 이 값은 레지스트리에 `TcpTimeWaitDelay`로 등록돼 있으며, 수정은 다음 과정을 통해 가능하다.

1. 시작 버튼 > 실행 > regedit 입력 > 확인
2. HKEY_LOCAL_MACHINE\SYSTEM\CurrentControlSet\Services\Tcpip\Parameters
3. TcpTimeWaitDelay (RED_DWORD) 값 수정
4. RED_DWORD의 값을 0X0000001e로 설정

(성능 향상을 위해 변경 사항을 적용할 때는 신중히 테스트하고 적용하기 바란다)

이 값을 낮게 조정함으로써 애플리케이션에 대해 평소 많은 세션이 TIME_WAIT 상태로 존재해, TIME_WAIT 상태 세션의 빠른 해제와 신규 세션의 빠른 설정을 통한 TCP 처리 성능 향상이 가능하다.

> **FIN-WAIT-2 와 CLOSE-WAIT 상태**
>
> 세션 연결 중에 클라이언트 애플리케이션에 문제가 발생하면 서버에 문제가 발생할 수 있으며, 대표적인 문제는 FIN-WAIT-2 상태와 CLOSE-WAIT 상태다.
>
> 이 TCP 상태는 능동적 세션 종결을 위해 서버가 FIN을 전송하고 클라이언트의 확인응답 ACK를 수신한 상태가 FIN-WAIT-2이며, 이때 클라이언트 상태가 CLOSE-WAIT다.
>
> 문제는 FIN-WAIT-2 상태에서는 타임아웃 값이 정의돼 있지 않기 때문에 클라이언트가 FIN을 보내기 전에 클라이언트의 애플리케이션이나 클라이언트 자체가 붕괴되는 경우, 또는 클라이언트 프로그램이나 서버 프로그램에 버그가 존재해 이를 제대로 처리하지 못하는 경우 서버에 존재하는 FIN-WAIT-2 상태는 서버가 재기동하기 전까지 남아있을 것이라는 점이다.
>
> 이런 상태에서 신규 TCP 세션이 증가하면 (서버가 제공할 수 있는 서비스에 대한 세션의 수에는 한계가 있기 때문에) 서비스에 문제를 발생시킬 수 있다.
>
> 이 문제의 해결 방법은 원천적으로 버그가 존재하는 클라이언트 및 서버 프로그램의 수정이다. 대부분의 문제가 버그로 발생하기 때문이며, 아파치 웹 서버의 경우에 이 문제를 해결하기 위해 lingering_close() 함수 대신 SO_LINGER 함수를 사용하도록 권고한다.
>
> 또 일부 유닉스 시스템(Solaris, HP/UX, Linux 등)들은 FIN-WAIT-2에 대한 타임아웃 값을 지정할 수 있게 함으로써 이 문제를 해결한다. 실상 타임아웃 값의 조정은 RFP 793을 위반하는 방법이기는 하지만, 필요에 의해 제조사에서 제공하는 옵션 기능이다. 참고로 다른 유닉스 시스템과 마찬가지로 AIX 역시 TCP 유지 타이머(Keepalive timer)를 제공해 이 문제를 해결할 수 있도록 한다(최근 slow read DoS[2] 공격에 대한 방어기재로 공격 세션을 종료할 때에도 유지 타이머 설정이 요구된다).
>
> 자세한 내용은 네트워크의 범위를 넘어선 서버의 상황이므로 생략한다. 하지만 장애 처리를 위해 FIN-WAIT-2 상태와 CLOSE-WAIT 상태가 의미하는 바는 알아두길 바란다.

(2) 동시 연결 종료의 4방향 핸드셰이킹

동시 연결 종료는 시간적으로 동시에 연결이 종료되는 것을 의미하지 않는다. 능동 종료를 수행하는 클라이언트가 FIN 세그먼트를 전송했을 때 응답인 ACK를 전송하는 대신 수동 종료 서버가 FIN을 전송해 상호 간 세션을 종결하는 방식을 말한다.

---

2. Slow Read DoS Attack: 공격자가 서버로의 정상적 HTTP 요청을 웹 서버가 느리게 읽게끔 해서 서버의 대기 자원을 바쁜 상태로 유지하게 만든다. 예를 들면 햄버거 가게에서 공격자가 점원에게 주문을 굉장히 오랫동안 하면서 다른 손님들의 주문을 받지 못하게 하는 방식의 서비스 거부 공격이다. 이 공격의 요점은 TCP의 윈도우 크기를 조정해, 공격자는 서버로 굉장히 작은 윈도우 크기(192바이트 정도)로 HTTP 요청을 전달한다. 서버가 192바이트를 다 채워 응답 패킷을 보내면 자신의 윈도우가 0이라고 윈도우 풀(window full) 또는 제로 윈도우(zero window) 메시지를 보낸다. 이런 식으로 느리게 데이터를 읽으면서 서버의 가용 자원을 계속 점유하는 공격 방식이다.

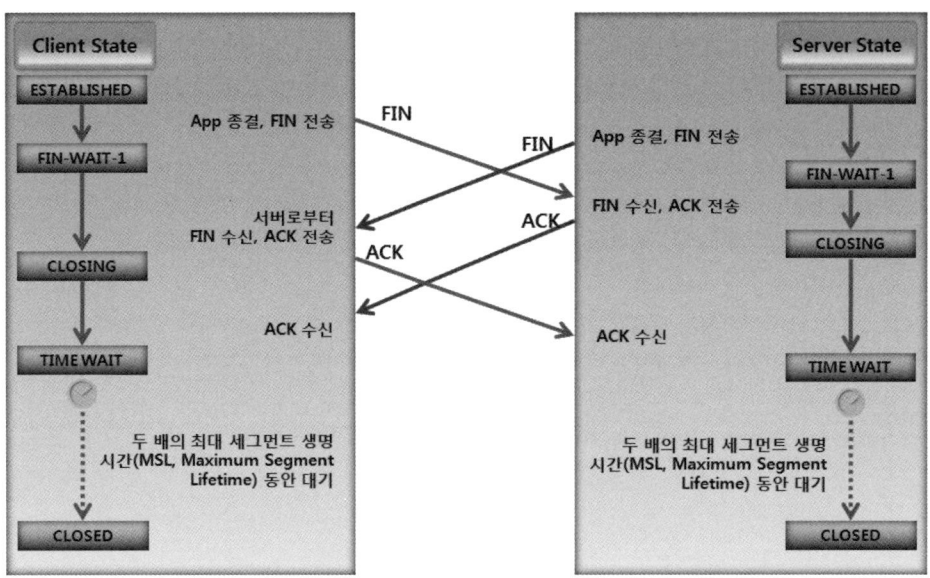

그림 11.22 TCP 4방향 핸드셰이킹(동시 연결 송료)

그림 11.22에서 볼 수 있는 것처럼 상호 간의 대칭적인 종료를 수행하기 때문에 TCP의 상태 전이 상황 역시 대칭적이다. 그리고 세션을 완전히 종결하기 전에 각 TCP는 남아 있는 데이터를 PUSH 플래그를 이용해 애플리케이션으로 즉시 밀어 넣는다. 또한 동시 연결 종료 상황에서는 서버 측에서도 TIME-WAIT 상태를 갖는 다는 점을 주목하자.

그림 11.20은 동시 연결 종료를 캡처한 내용이며, 클라이언트 192.168.1.101이 서버로 능동 종료를 수행하기 위해 FIN을 전송하고, 이에 서버 128.X.X.X가 확인 응답 ACK가 아닌 FIN을 전송함으로써 동시 종료를 수행하는 상황을 보여준다.

```
0.419988   192.168.1.101   128.            TCP   2312 > 80 [FIN, ACK] Seq=852 Ack=154 Win=65382 Len=0
0.420125   128.            192.168.1.101   TCP   80 > 2312 [FIN, ACK] Seq=154 Ack=852 Win=6808 Len=0
0.420141   192.168.1.101   128.            TCP   2312 > 80 [ACK] Seq=853 Ack=155 Win=65382 Len=0
0.633550   128.            192.168.1.101   TCP   80 > 2312 [ACK] Seq=155 Ack=853 Win=6808 Len=0
```

그림 11.23 TCP 4방향 핸드셰이킹(동시 연결 종료)

11.6 TCP 리셋

리셋^{Reset}은 TCP 헤더의 코드 비트 6비트 중 하나로, TCP 가상 회선의 절단을 통한 세션의 재설정을 유도한다. 일반적으로 리셋은 비정상적 TCP 통신에서 발생하는데, 그 대표적인 경우는 다음과 같다.

❶ TCP 서버 애플리케이션(데몬, Daemon)이 사용하지 않는(또는 Listen하지 않는) 포트 번호로 SYN 연결 요청이 수신되는 경우, 또는 초기 연결 중 하프오픈이 발생 돼 백로그 대기 시간이 만료$^{Backlog\ Time-out}$되는 경우

❷ 세션(또는 가상 회선)을 맺고 있지 않는 시스템에서 세그먼트를 수신하는 경우

❸ 잘못된 순서 번호나 확인응답 ACK 번호를 갖는 세그먼트를 수신하는 경우

❹ 리셋을 통해 가상 회선을 중단 해제$^{abort\ release}$

하는 경우

위와 같은 경우들에서 시스템은 상대방에게 리셋을 전송해 재설정을 유도한다.
❹의 경우는 정상적으로 리셋이 이용되는 경우로, 보통의 일반적인 TCP의 경우 회선의 종료를 위해 FIN 비트를 사용한다. FIN을 사용한 종료는 큐에서 대기하는 데이터를 모두 전송한 후 FIN을 보내기 때문에 데이터 손실도 전혀 발생하지 않는다. 이렇게 세션의 해제가 정상적이기 때문에 FIN을 사용한 종료를 정규 해제$^{orderly\ release}$라고 한다.

하지만 FIN 대신 리셋이 사용되는 중단 해제의 경우 이를 통해 대기 중인 데이터를 모두 버리고 즉시 재설정 과정을 수행하며, 리셋을 수신한 수신 측 시스템은 이를 강제 중단으로 간주한다.

그림 11.24는 서버에서의 FIN 전송 후 클라이언트에서 리셋을 통한 중단을 수행하는 과정을 보여준다.

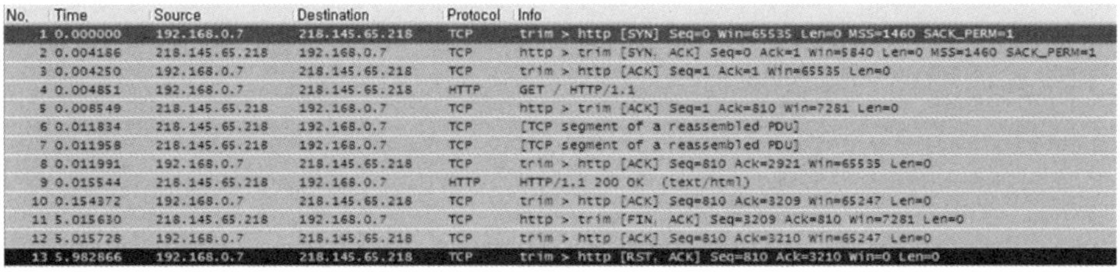

No.	Time	Source	Destination	Protocol	Info
1	0.000000	192.168.0.7	218.145.65.218	TCP	trim > http [SYN] Seq=0 Win=65535 Len=0 MSS=1460 SACK_PERM=1
2	0.004186	218.145.65.218	192.168.0.7	TCP	http > trim [SYN, ACK] Seq=0 Ack=1 Win=5840 Len=0 MSS=1460 SACK_PERM=1
3	0.004250	192.168.0.7	218.145.65.218	TCP	trim > http [ACK] Seq=1 Ack=1 Win=65535 Len=0
4	0.004851	192.168.0.7	218.145.65.218	HTTP	GET / HTTP/1.1
5	0.008549	218.145.65.218	192.168.0.7	TCP	http > trim [ACK] Seq=1 Ack=810 Win=7281 Len=0
6	0.011834	218.145.65.218	192.168.0.7	TCP	[TCP segment of a reassembled PDU]
7	0.011958	218.145.65.218	192.168.0.7	TCP	[TCP segment of a reassembled PDU]
8	0.011991	192.168.0.7	218.145.65.218	TCP	trim > http [ACK] Seq=810 Ack=2921 Win=65535 Len=0
9	0.015544	218.145.65.218	192.168.0.7	HTTP	HTTP/1.1 200 OK (text/html)
10	0.154372	192.168.0.7	218.145.65.218	TCP	trim > http [ACK] Seq=810 Ack=3209 Win=65247 Len=0
11	5.015630	218.145.65.218	192.168.0.7	TCP	http > trim [FIN, ACK] Seq=3209 Ack=810 Win=7281 Len=0
12	5.015728	192.168.0.7	218.145.65.218	TCP	trim > http [ACK] Seq=810 Ack=3210 Win=65247 Len=0
13	5.982866	192.168.0.7	218.145.65.218	TCP	trim > http [RST, ACK] Seq=810 Ack=3210 Win=0 Len=0

그림 11.24 TCP FIN과 리셋을 통한 세션 초기화

11.7 TCP 타이머

TCP는 동작을 위해 타이머를 관리하는데, 타이머에는 휴면 세션에 대한 검사를 위해 이용되는 유지 타이머Keepalive Timer, 제로 윈도우 크기Zero Window Size의 갱신을 확인하기 위한 지속 타이머Persist Timer, 상대로부터 응답을 기대하는 대기 만료 시간인 재전송 타이머RTO, Retransmission Timeout, 가상 회선의 종료 전 연결이 TIME_WAIT 상태에서 머무는 2MSL 타이머 등 4가지다(2MSL은 앞 절의 TCP 4방향 핸드셰이크 회선 종료에서 다뤘으므로 여기서는 생략한다).

11.7.1 TCP 유지 타이머

가상 회선이 활성화돼 있지만 장기간 데이터 전송이 발생하지 않는 경우 RFC 793에 따라 유휴idle 세션에 대한 종료나 유지를 위해 어떠한 행위도 하지 않고 단지 연결을 지속할 뿐이다. 유지Keepalive, 킵얼라이브가 TCP 사양에 없는 이유를 호스트 요구 사항 RFC에서는 다음과 같이 몇 가지로 설명한다.

❶ TCP 세션은 물리적 사고로 인해 일시적으로 중단될 수 있다.

❷ 유지 세그먼트의 사용 자체가 대역폭을 소비할 수 있으며, 특히 패킷 단위로 요금이 부과되는 WAN 환경에서는 네트워크 비용이 낭비된다.

하지만 대부분의 TCP 구현은 이 기능을 사용하는데, TCP 시스템 가운데 한쪽에서 연결을 종결하지 않고 사라지는 극단적인 경우를 탐지해 상대방의 비정상적 가상 회선 종료로 인해 발생할 수 있는 세션 연결의 무한 지속 상황을 방지하기 위함이다.

```
No. Time        Source         Destination    Protocol  Info
1   0.000000    207.46.0.110   67.161.39.233  MSNMS     \000
2   0.000040    67.161.39.233  207.46.0.110   TCP       2042 > 1863 [ACK] Seq=1 Ack=2 Win=64094 Len=0
3   270.044964  207.46.0.110   67.161.39.233  TCP       [TCP Keep-Alive] 1863 > 2042 [ACK] Seq=1 Ack=1 Win=65026 Len=1
4   270.045003  67.161.39.233  207.46.0.110   TCP       [TCP Keep-Alive ACK] 2042 > 1863 [ACK] Seq=1 Ack=2 Win=64094 Len=0
5   540.090257  207.46.0.110   67.161.39.233  TCP       [TCP Keep-Alive] 1863 > 2042 [ACK] Seq=1 Ack=1 Win=65026 Len=1
6   540.090298  67.161.39.233  207.46.0.110   TCP       [TCP Keep-Alive ACK] 2042 > 1863 [ACK] Seq=1 Ack=2 Win=64094 Len=0
7   810.135584  207.46.0.110   67.161.39.233  TCP       [TCP Keep-Alive] 1863 > 2042 [ACK] Seq=1 Ack=1 Win=65026 Len=1
8   810.135627  67.161.39.233  207.46.0.110   TCP       [TCP Keep-Alive ACK] 2042 > 1863 [ACK] Seq=1 Ack=2 Win=64094 Len=0

⊞ Frame 3: 60 bytes on wire (480 bits), 60 bytes captured (480 bits)
⊞ Ethernet II, Src: Cadant_22:a5:82 (00:01:5c:22:a5:82), Dst: Sony_f4:3a:09 (08:00:46:f4:3a:09)
⊞ Internet Protocol, Src: 207.46.0.110 (207.46.0.110), Dst: 67.161.39.233 (67.161.39.233)
⊟ Transmission Control Protocol, Src Port: 1863 (1863), Dst Port: 2042 (2042), Seq: 1, Ack: 1, Len: 1
    Source port: 1863 (1863)
    Destination port: 2042 (2042)
    [Stream index: 0]
    Sequence number: 1    (relative sequence number)
    [Next sequence number: 2    (relative sequence number)]
    Acknowledgement number: 1    (relative ack number)
    Header length: 20 bytes
  ⊞ Flags: 0x10 (ACK)
    Window size: 65026
  ⊞ Checksum: 0xb5f1 [validation disabled]
  ⊟ [SEQ/ACK analysis]
      [Number of bytes in flight: 1]
    ⊟ [TCP Analysis Flags]
      ⊟ [This is a TCP keep-alive segment]
        ⊟ [Expert Info (Note/Sequence): Keep-Alive]
            [Message: Keep-Alive]
            [Severity level: Note]
            [Group: Sequence]
```

그림 11.25 TCP 유지(Keepalive) 세그먼트

그림 11.25는 포트 1863과 2042 사이의 TCP 세션에서의 TCP 킵얼라이브 세그먼트를 보여준다. RFC 1122는 킵얼라이브의 사용을 선택 사항으로 정의하고 있지만, 대부분의 TCP 구현에서 연결 유지를 위해 주기적으로 요청 받지 않는 널[Null] 세그먼트(아무런 데이터도 없는 빈 세그먼트)를 보내게 설계된다.

이 세그먼트의 순서 번호는 전송될 다음 데이터 바이트의 순서 번호보다 하나 적은 값으로 설정돼 마지막으로 전송된 데이터 바이트의 순서 번호를 효율적으로 재사용할 수 있게 한다. 이를 수신한 시스템의 TCP 연결 상태가 여전히 유효한 상태라면 확인응답 세그먼트를 전송할 것이며, 이 연결유지 확인을 위해 사용되는 널 세그먼트를 바로 TCP 유지 메시지라고 한다.

TCP 유지 시간은 윈도우 시스템(윈도우 2003, 윈도우 XP)의 경우 7,200,000msec(2시간) 동안 대기 연결이 유휴 상태일 때 유지 메시지를 전송하는 것이 기본이다. 이 값은 레지스트리에 등록돼 있으며, 수정은 다음 과정을 통해 가능하다.

1. 시작 버튼 ▶ 실행 ▶ regedit 입력 ▶ 확인

2. HKEY_LOCAL_MACHINE\SYSTEM\CurrentControlSet\Services\Tcpip\Parameters

3. KeepAliveTime (RED_DWORD) 값 수정(없으면 생성)

- RED_DWORD의 값을 적절한 msec 단위로 설정한다(상대와의 TCP 유실 감지를 민감하게 하려면 이 값을 줄여주면 된다).

(성능 향상을 위해 변경 사항을 적용할 때 신중히 테스트하고 적용하기 바란다)

11.7.2 TCP 지속 타이머

TCP 통신 중에 윈도우 크기가 0 $^{\text{Zero Window Size}}$인 세그먼트를 ACK 응답으로 통보받을 때 TCP 송신자는 세그먼트의 전송을 멈춘다. 이런 현상을 윈도우가 닫혔다고 말하는데, 윈도우가 개방되기 전까지는 송신이 불가능한 상태가 유지된다.

수신자는 수신 윈도우 크기가 0 상태에서 회복될 때 즉시 상대방에게 확인응답 ACK 세그먼트를 이용해 윈도우 개방을 알린다. 이를 윈도우 갱신$^{\text{Window Update}}$ 세그먼트라고 하는데, TCP는 이 세그먼트가 유실되는 경우에도 처리할 수 있어야 한다.

TCP는 데이터가 포함된 세그먼트에 대해서는 확인응답 ACK를 보내지만, ACK만 있는 윈도우 갱신 세그먼트에는 응답을 보내지 않는다. 결국 윈도우 갱신 세그먼트가 확실히 전송됐다는 보장은 없는 셈이다. 수신자는 송신자 측에 윈도우 갱신 세그먼트를 보냈는데 이것이 유실되는 극단적인 상황이라면 송신자는 계속 윈도우 갱신 ACK 응답을 계속 대기하는 상황이 발생할 것이고, 이른바 두 시스템은 교착상태$^{\text{Dead Lock}}$에 직면하게 될 것이다.

이를 방지하기 위해 이용되는 방법이 송신자가 지속 타이머를 사용해 주기적으로 수신자에게 윈도우의 갱신 여부를 질의하는 길이가 0인 윈도우 탐색$^{\text{window-probe}}$ 세그먼트를 전송하는 것이다.

그림 11.26의 30번 프레임을 통해 상대에게 제로 윈도우 상황을 알리고, 이에 따라 정상적인 TCP 통신이 갑자기 중단된다. 제로 윈도우 정보를 수신한 수신자는 지속 타이머를 동작하고 31번 프레임을 통해 현재 윈도우 상황을 주기적으로 질의한다. 이때의 질의 세그먼트들의 길이가 0임(Len = 0)을 주목하자. 주기적 질의와 응답 과정 후 수신 윈도우가 0 상태에서 회복을 알리는 43번, 44번 프레임의 수신 후에 45번 프레임부터 정상적 TCP 전송이 다시 시작된다.

```
No.  Time        Source        Destination    Protocol  Info
29   0.247779    61.8.0.17     10.0.52.164    HTTP      Continuation or non-HTTP traffic
30   0.247820    10.0.52.164   61.8.0.17      TCP       [TCP ZeroWindow] 2550 > 80 [ACK] Seq=1 Ack=29201 Win=0 Len=0
31   0.914903    61.8.0.17     10.0.52.164    TCP       [TCP Keep-Alive] 80 > 2550 [ACK] Seq=29200 Ack=1 Win=50 Len=0
32   0.914939    10.0.52.164   61.8.0.17      TCP       [TCP Keep-Alive] 2550 > 80 [ACK] Seq=1 Ack=29201 Win=0 Len=0
33   2.048447    61.8.0.17     10.0.52.164    TCP       [TCP Keep-Alive] 80 > 2550 [ACK] Seq=29200 Ack=1 Win=50 Len=0
34   2.048483    10.0.52.164   61.8.0.17      TCP       [TCP ZeroWindow] 2550 > 80 [ACK] Seq=1 Ack=29201 Win=0 Len=0
35   4.246495    61.8.0.17     10.0.52.164    TCP       [TCP Keep-Alive] 80 > 2550 [ACK] Seq=29200 Ack=1 Win=50 Len=0
36   4.246533    10.0.52.164   61.8.0.17      TCP       [TCP ZeroWindow] 2550 > 80 [ACK] Seq=1 Ack=29201 Win=0 Len=0
37   8.374601    61.8.0.17     10.0.52.164    TCP       [TCP Keep-Alive] 80 > 2550 [ACK] Seq=29200 Ack=1 Win=50 Len=0
38   8.374640    10.0.52.164   61.8.0.17      TCP       [TCP ZeroWindow] 2550 > 80 [ACK] Seq=1 Ack=29201 Win=0 Len=0
39   16.438837   61.8.0.17     10.0.52.164    TCP       [TCP Keep-Alive] 80 > 2550 [ACK] Seq=29200 Ack=1 Win=50 Len=0
40   16.438876   10.0.52.164   61.8.0.17      TCP       [TCP ZeroWindow] 2550 > 80 [ACK] Seq=1 Ack=29201 Win=0 Len=0
41   32.513110   61.8.0.17     10.0.52.164    TCP       [TCP Keep-Alive] 80 > 2550 [ACK] Seq=29200 Ack=1 Win=50 Len=0
42   32.513147   10.0.52.164   61.8.0.17      TCP       [TCP ZeroWindow] 2550 > 80 [ACK] Seq=1 Ack=29201 Win=0 Len=0
43   32.629049   10.0.52.164   61.8.0.17      TCP       [TCP Window Update] 2550 > 80 [ACK] Seq=1 Ack=29201 Win=940 Len=0
44   32.629996   10.0.52.164   61.8.0.17      TCP       [TCP Window Update] 2550 > 80 [ACK] Seq=1 Ack=29201 Win=64240 Len=0
45   32.909301   61.8.0.17     10.0.52.164    HTTP      Continuation or non-HTTP traffic
46   32.909593   10.0.52.164   61.8.0.17      TCP       2550 > 80 [ACK] Seq=1 Ack=30661 Win=64240 Len=0

⊞ Frame 43: 54 bytes on wire (432 bits), 54 bytes captured (432 bits)
⊞ Ethernet II, Src: Sony_f4:3a:09 (08:00:46:f4:3a:09), Dst: 3Com_c9:51:b6 (00:04:75:c9:51:b6)
⊞ Internet Protocol, Src: 10.0.52.164 (10.0.52.164), Dst: 61.8.0.17 (61.8.0.17)
⊟ Transmission Control Protocol, Src Port: 2550 (2550), Dst Port: 80 (80), Seq: 1, Ack: 29201, Len: 0
    Source port: 2550 (2550)
    Destination port: 80 (80)
    [Stream index: 0]
    Sequence number: 1      (relative sequence number)
    Acknowledgement number: 29201    (relative ack number)
    Header length: 20 bytes
  ⊞ Flags: 0x10 (ACK)
    Window size: 940
  ⊞ Checksum: 0x40dd [validation disabled]
  ⊞ [SEQ/ACK analysis]
```

그림 11.26 제로 윈도우와 윈도우 갱신 세그먼트

11.7.3 TCP 재전송 만료 타이머

TCP는 전형적인 저장 후 전송Store and Forwarding 방식의 통신을 수행한다. 이는 자신의 버퍼에 전송할 세그먼트를 저장하고 나서 수신 윈도우 크기에 맞게 전송하고, 전송 후 바로 전송 버퍼에서 세그먼트를 지우지 않고 이에 대한 확인응답 ACK 세그먼트를 받은 후에 비로소 전송한 데이터를 버퍼에서 지우고, 다음 세그먼트를 버퍼에 저장하고 전송하는 위의 과정을 반복한다.

이때 세그먼트 전송과 동시에 TCP는 전송한 각 세그먼트에 대한 수신 응답의 대기 시간 타이머를 시작시켜 타이머가 만료됐어도 수신 확인응답 ACK가 수신되지 않을 경우 세그먼트가 유실된 것으로 간주하고 재전송 과정을 시작한다. 이때 사용되는 타이머가 재전송 만료 타이머인 RTO Retransmission Time-Out이며, 이를 다른 말로 전송 윈도우 타이머Sending Window Timer라고도 한다.

RTO를 계산하는 방법은 다양하지만, 대부분의 TCP 구현에서 전송 당시 측정된 RTT Round-Trip Time, 왕복 시간를 기반으로 한 SRTT Smooth Round-Trip Time, 부드러운 왕복 시간를 사용한다. 호스트와 통신에서의 응답 속도에 따라 SRTT가 결정되기 때문에 수신 응답이 빠른 경우는 RTO 값이 작으며, 반대로 수신 응답이 늦는 경우는 RTO 값이 크다.

TCP 응답이 SRTT 값의 두 배 정도까지 수신되지 않으면 TCP는 해당 세그먼트를 재전송할 것이다. 대부분 시스템에 구현된 TCP 동작을 보면 두 배의 수치라는 값이 정확하지는 않는데, 이는 이 값이 시스템 컴퓨팅의 클록 인터벌^{interval}을 이용하기 때문이다.

재전송 타이머의 기본 근사 값은 대략 3초이지만, 대부분 시스템에 구현된 TCP는 거의 1초 미만 값을 사용한다. 재전송 타이머 만료까지 ACK 응답을 수신하지 못하면 재전송이 진행되는데, 이때도 수신 응답을 받지 못하면 재전송 타이머의 값은 이전 타이머의 두 배로 증가한다.

예를 들어 1초의 재전송 타이머 후에 응답이 없다면 두 번째의 재전송은 2초, 그리고 세 번째의 재전송은 4초, 네 번째의 재전송은 8초, 마지막 다섯 번째의 재전송은 16초가 소요될 것이다.

일반적으로 시스템에 구현된 TCP는 데이터 세그먼트를 재전송하기 위해 기본적으로 최대 5회의 재전송을 시도하고, 5회 이상 연속적으로 실패한다면 이를 애플리케이션에 데이터 전송이 불가하다고 알릴 것이다. 물론 재전송의 횟수는 애플리케이션 프로그램에 따라 계속 재전송할 것인지, 아니면 TCP의 기본 값에 따라 5회의 재전송 후에 세션을 종료할 것인지 결정된다.

다음은 에러에 의한 재전송이 발생한 사례를 보여준다.

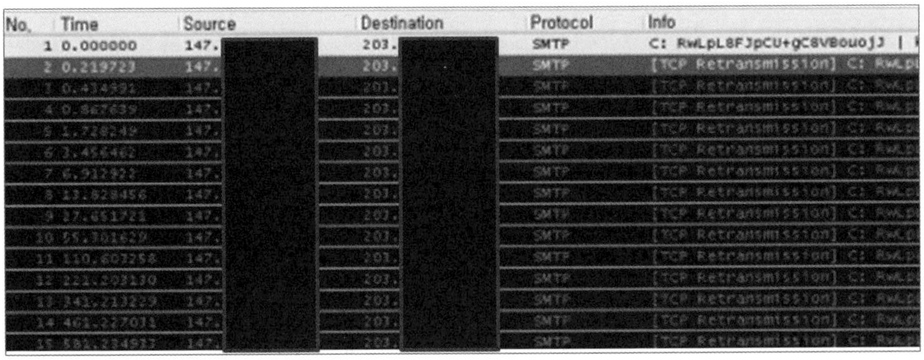

그림 11.27 재전송 타이머 인터벌

그림 11.27에서 재전송 타이머의 인터벌은 거의 2배씩 증가함을 볼 수 있다. 이 애플리케이션의 경우 스팸 메일 시스템으로, 약 10회 이상의 재전송이 수행됐다. 그림 11.28에서는 재전송을 요청하는 순서 번호와 지속적인 에러에 의한 재전송 타이머의 증가 값을 그래프로 보여준다.

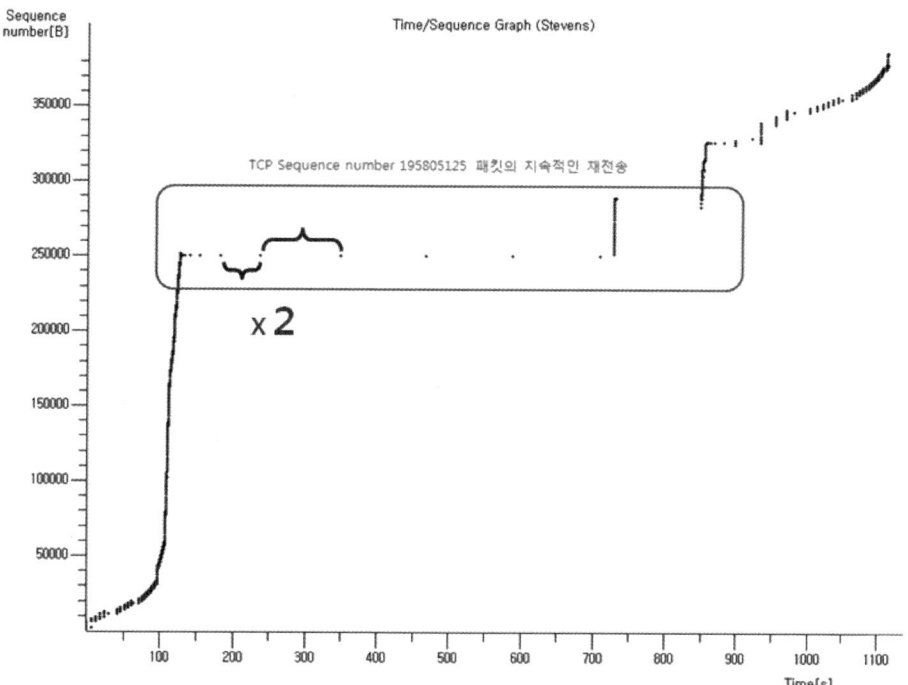

그림 11.28 재전송에 의한 순서 번호 재사용과 타임 재전송 만료 시간 증가

그림 11.28은 TCP 재전송 상황을 순서 번호를 기준으로 보여준다. TCP 순서 번호 195805125 세그먼트의 지속적 재전송으로 인해 10여 분간 전송 지연이 발생한 상황이다.

이 문제로 인해 엄청난 서비스 지연이 발생했고, 담당자는 원인을 여러 방면으로 찾아봤지만, 허무하게도 원인은 해당 서버와 네트워크 장비 사이에 물리적 링크의 협상 불일치로 인해 서버에서는 강제적으로 100M 전이중 모드로 설정되고 네트워크 장비는 자동 모드로 설정된 상황이었다.

결과적으로 네트워크 장비의 해당 포트는 100M 반이중 모드로 동작했고, 이 때문에 다량의 충돌 에러와 FCS 에러가 발생하고 있었다. 이런 버스트 에러^{Burst error}, 군집 에러로 인해 TCP단에서의 재전송이 발생하고 있었던 것이다.

듀플렉스 미스매치로 인한 FCS 에러는 서버 입장에서 보면 TCP 계층까지 패킷이 올라가기 전에 데이터 링크 계층에서 폐기되는 에러로, TCP는 RTO 기간을 대기한 후 다시 재전송 메시지를 보내야 한다. 결과적으로 서비스는 엄청난 지연을 감수해야 한다.

장애 조치는 네트워크 장비에서 협상 기능을 비활성화하고 강제적으로 100M 전이중 모드로 설정해 에러를 제거한 후 정상적인 서비스가 가능했다. 다시금 하위 계층의 안정성을 느끼게 한 장애였다.

TCP 재전송 횟수는 윈도우 시스템(윈도우 2003, 윈도우 XP)의 경우 레지스트리에 TcpMaxDataRetransmissions로 등록돼 있으며, 없다면 생성해주고 다음과 같은 방법으로 수정할 수 있다.

1. 시작 버튼 ❯ 실행 ❯ regedit 입력 ❯ 확인
2. HKEY_LOCAL_MACHINE\SYSTEM\CurrentControlSet\Services\Tcpip\Parameters
3. TcpMaxDataRetransmissions (RED_DWORD) 값 수정(없으면 생성)

- RED_DWORD의 값이 5로 설정돼 있으며, 이를 수정해 재전송 횟수를 변경한다(성능 향상을 위해 변경 사항을 적용할 때 신중히 테스트하고 적용해야 한다).

11.8 지연된 ACK

TCP는 데이터를 받으면 바로 상대에게 확인응답 ACK를 보내지 않고, TCP 애플리케이션이 상대방에게 보낼 데이터가 있는지를 확인하기 위한 어느 정도의 지연 시간을 갖는다. 이 지연 시간을 통해 확인된 메시지와 ACK 응답은 함께 전송한다. 이를 확인응답 ACK에 데이터를 편승해서 전송한다는 의미로 편승 기법piggybacking이라 하고, 대부분의 시스템에서 사용하는 지연 시간은 200밀리초 또는 재전송 타이머의 1/5 값을 사용한다.

또한 확인응답 ACK 세그먼트는 지금까지 정상적으로 수신한 가장 나중의 세그먼트까지 모든 데이터를 수신했다는 누적 승인Cumulative Acknowledgement의 의미를 갖는다. RFC 1122에서 모든 TCP 구현은 지연된 확인응답 ACK를 사용할 것과 송신 시스템의 수신 확인 타이머가 만료되는 것을 방지하기 위해 500밀리초 이상 지연되면 안 된다고 규정하고 있으며, 두 개의 MSS 크기 세그먼트를 수신할 때마다 확인응답을 전송할 것을 명시하고 있다.

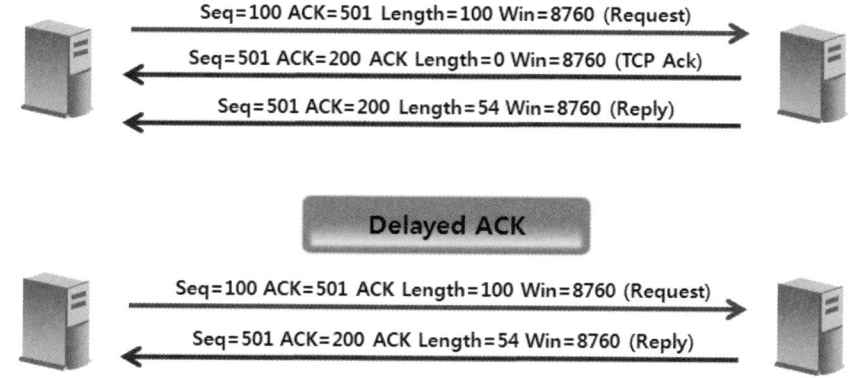

그림 11.29 TCP 지연된 확인응답

그림 11.29는 지연된 확인응답Delayed ACK이 어떻게 동작하는지 보여준다.

그림 11.29에서 위의 그림에서는 수신자가 수신 세그먼트에 대해 전송할 데이터 없이 확인응답 ACK만을 바로 전송하는 것을 볼 수 있다. 하지만 지연된 확인응답 ACK 방식을 사용하는 아래의 그림에서는 TCP가 전송하려는 방향으로 같이 보낼 데이터가 있는지를 잠시 살핀 후 있다면 확인응답 ACK에 전송할 데이터를 편승해서 함께 전송한다. 이 지연된 확인응답 또는 피기백 기법을 통해 TCP는 대역폭의 낭비를 막을 수 있는데, 특히 지연이 작은 LAN 환경에서는 이런 방식이 매우 유용하다.

그림 11.30은 전송 지연이 상대적으로 적은 LAN 환경에서 텔넷telnet 데이터에 대한 에코 응답을 제공하는 애플리케이션을 통해 클라이언트와 서버 간 지연된 확인응답 ACK 방식의 트래픽 흐름을 보여준다.

그림 11.30에서 (a)의 경우 일반적 TCP는 세그먼트의 수신 즉시 확인응답 ACK를 전송하고 잠시 후 전송할 데이터가 있는 경우 데이터 세그먼트를 보내는 방식을 사용한다.

하지만 지연된 확인응답 ACK 방식을 사용하는 경우에는 그림 11.26의 (b)에서와 같이 서버는 클라이언트의 키 입력 세그먼트의 수신 즉시 ACK 응답을 전송하지 않고 잠시 지연시켜 클라이언트로 전송할 데이터가 발생할 때 ACK 응답과 함께 데이터를 전송한다. 보통의 경우 지연 확인응답 ACK 기법은 네이글Nagle 알고리즘과 함께 이용돼 작은 세그먼트를 전송하는 TCP 통신에서 대역폭 낭비를 방지한다.

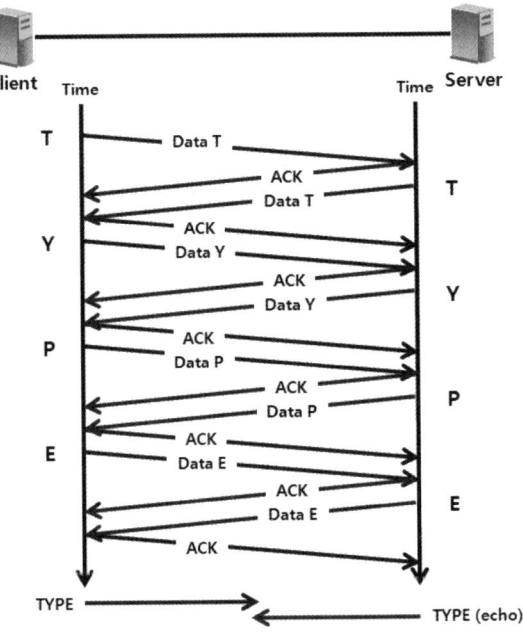

(a) LAN에서 일반적 TCP

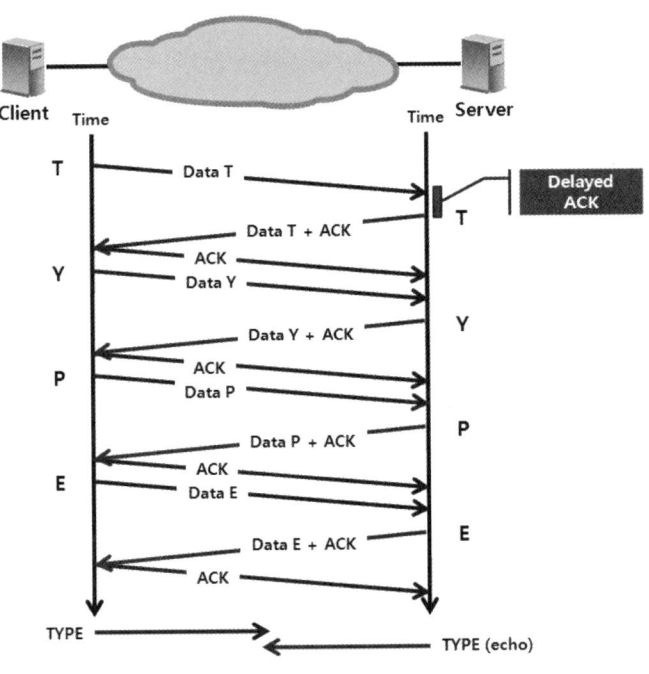

(b) LAN에서 지연된 확인응답 사용

그림 11.30 TCP 지연된 확인응답 트래픽 흐름

지연된 확인응답은 윈도우 시스템의 경우 레지스트리의 `TcpAckFrequency` 값을 변경함으로써 조정할 수 있다.

1. 시작 버튼 ❯ 실행 ❯ regedit 입력 ❯ 확인
2. HKEY_LOCAL_MACHINE\SYSTEM\CurrentControlSet\Services\Tcpip\Parameters\Interfaces\Adapter GUID
3. TcpAckFrequency (RED_DWORD) 값 수정(없으면 생성)
   - Value Data: 1은 비활성화, 기본 값은 2로 200밀리초가 지연된다(성능 향상을 위해 변경 사항을 적용할 때 신중히 테스트하고 적용해야 한다).

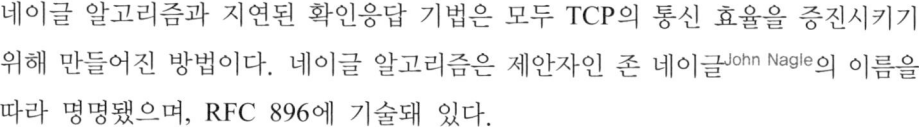

11.9 네이글 알고리즘

네이글 알고리즘과 지연된 확인응답 기법은 모두 TCP의 통신 효율을 증진시키기 위해 만들어진 방법이다. 네이글 알고리즘은 제안자인 존 네이글[John Nagle]의 이름을 따라 명명됐으며, RFC 896에 기술돼 있다.

지연된 확인응답이 ACK 세그먼트를 네트워크에 남발하지 않게 하는 방법이라면 네이글 알고리즘의 요지는 "조금씩 여러 번 보내기보다는 가능한 한 번에 많이 보내라."라는 TCP의 전송 효율성 원칙을 기반으로 만들어졌다. 네이글 알고리즘은 다음과 같으며(위키피디아 참조), 알고리즘의 핵심은 전송할 새로운 데이터가 있으면 MSS 크기로 가득 채워서 보내야 한다는 점이다.

```
if there is new data to send
    if the window size >= MSS and available data is >= MSS
        send complete MSS segment now
    else
        if there is unconfirmed data still in the pipe
            enqueue data in the buffer until an acknowledge is received
        else
            send data immediately
```

```
        end if
    end if
end if
```

네이글은 작은 세그먼트를 전송하더라도 지연 시간이 거의 없는 LAN에서는 거의 사용하지 않고 있으며, 상대적으로 전송 지연 시간이 긴 WAN 구간 통신을 위해 사용된다.

그림 11.31에서 지연된 확인응답을 사용하는 (a)의 경우 저속 WAN의 지연에 영향을 많이 받으며, 또한 이러한 빈번한 세그먼트 교환은 저속 구간의 혼잡congestion을 유발시킬 수 있다. 이를 효과적으로 방지하기 위해 네이글을 같이 적용한 (b)의 경우 클라이언트가 데이터 'T'를 보내고 ACK를 받을 때까지 출력 버퍼에 전송할 데이터를 저장했다가 ACK를 받으면 버퍼의 데이터를 세그먼트화해 한꺼번에 'YPE'를 전송한다. 즉, (a)와 같이 T를 보내고 순차적으로 Y, P, E를 보내는 것이 아니라 다음 데이터를 출력 버퍼에서 저장했다가 상대에게 확인응답이 수신되면 저장된 내용을 한 번에 전송하는 것이다.

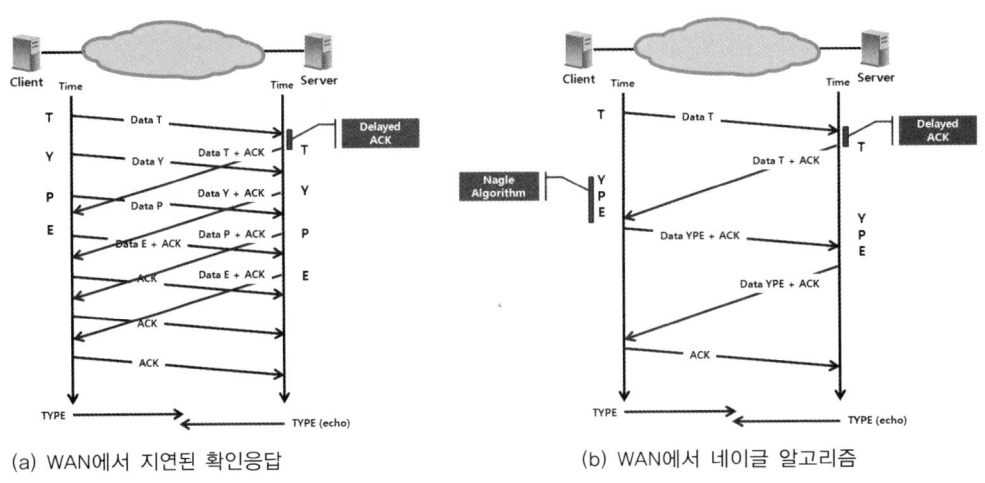

(a) WAN에서 지연된 확인응답   (b) WAN에서 네이글 알고리즘

그림 11.31 네이글 알고리즘(Nagle Algorithm)

그림 11.32는 텔넷 세션에서 키보드의 'n' 키를 수 초 동안 누르고 있었을 때 네이글 동작을 캡처한 화면으로, 프레임 215를 보면 'n' 문자 하나당 하나의 세그먼트를 생성하는 것이 아니라 MSS를 초과하지 않는 하나의 큰 세그먼트로 묶어 다수의 'n'을 전송하는 것을 볼 수 있다.

No.	Time	Source	Destination	Protocol	Info
213	9.129434000	192.168.1.100	12.129.193.235	TCP	2796 > 23 [ACK] Seq=168 Ack=725 Win=16436 Len=0
214	9.355648000	12.129.193.235	192.168.1.100	TELNET	Telnet Data ...
215	9.355772000	192.168.1.100	12.129.193.235	TELNET	Telnet Data ...
216	9.356928000	12.129.193.235	192.168.1.100	TELNET	Telnet Data ...
217	9.357758000	12.129.193.235	192.168.1.100	TELNET	Telnet Data ...
218	9.357812000	192.168.1.100	12.129.193.235	TCP	2796 > 23 [ACK] Seq=175 Ack=728 Win=16433 Len=0
219	9.358890000	12.129.193.235	192.168.1.100	TELNET	Telnet Data ...
220	9.359428000	12.129.193.235	192.168.1.100	TELNET	Telnet Data ...
221	9.359482000	192.168.1.100	12.129.193.235	TCP	2796 > 23 [ACK] Seq=175 Ack=730 Win=16431 Len=0
222	9.575828000	12.129.193.235	192.168.1.100	TELNET	Telnet Data ...
223	9.575952000	192.168.1.100	12.129.193.235	TELNET	Telnet Data ...
224	9.577050000	12.129.193.235	192.168.1.100	TELNET	Telnet Data ...

```
⊞ Frame 215: 61 bytes on wire (488 bits), 61 bytes captured (488 bits)
⊞ Ethernet II, Src: LinksysG_76:f3:29 (00:04:5a:76:f3:29), Dst: LinksysG_e0:d4:1f (00:04:5a:e0:d4:1f)
⊞ Internet Protocol, Src: 192.168.1.100 (192.168.1.100), Dst: 12.129.193.235 (12.129.193.235)
⊞ Transmission Control Protocol, Src Port: 2796 (2796), Dst Port: 23 (23), Seq: 168, Ack: 726, Len: 7
⊟ Telnet
    Data: nnnnnnn
```

그림 11.32 텔넷 세션에서 네이글 알고리즘 동작

네이글을 사용하면 적은 크기의 패킷들을 모아 큰 크기를 만들어 한 번에 전송하기 때문에 전송 효율은 향상되지만, 송신 호스트가 ACK를 받을 때까지 대기하는 대기 시간의 증가로 전송 속도가 느려지는 단점이 있다. 이 때문에 지연 변이^{jitter}에 민감하고 실시간성을 요하는 애플리케이션(X 윈도우, VNC, 인터넷 실시간 게임 등)에는 적합하지 않다. 따라서 RFC 1122에서는 반드시 네이글을 사용할 필요는 없지만 대체로 사용을 권장한다고 명시하고 있다. 즉, 네이글은 시스템의 환경 설정을 통해 활성화 및 비활성화가 가능하며, 기본적으로는 활성화돼 있다.

윈도우의 네이글 알고리즘 설정을 위한 `TcpDelAckTicks` 조정은 다음과 같다.

1. 시작 버튼 ❯ 실행 ❯ regedit 입력 ❯ 확인

2. HKEY_LOCAL_MACHINE\SYSTEM\CurrentControlSet\Services\Tcpip\Parameters\Interfaces\Adapter GUID

3. TcpDelAckTicks (RED_DWORD) 값 수정(없으면 생성)

    □ Value Data: 0(비활성), 2(활성), 1~6(1~600밀리초)

- 성능 향상을 위해 변경 사항을 적용할 때 신중히 테스트하고 적용해야 한다.

11.10 TCP 흐름 제어

TCP를 이용하는 두 종단 시스템은 양단의 세션을 위한 개별적 수신 버퍼를 설정하고, TCP를 통해 수신된 세그먼트를 순서대로 수신 버퍼에 저장한다. 애플리케이션 프로세스가 TCP의 수신 버퍼에 저장된 데이터를 도착 즉시 읽어야 할 필요는 없다. 애플리케이션 프로세스가 다른 작업으로 바쁘다면 한동안은 읽지 않을 것이다.

수신 시스템이 수신 버퍼의 데이터를 읽기 전에 송신자가 다량의 세그먼트를 빠르게 전송한다면 수신 시스템의 수신 버퍼는 넘치게(오버 플로우) 될 것이다. 이와 같은 상황을 피하기 위해 TCP는 송신자의 전송 속도와 수신자의 수신 속도(수신 버퍼에서 데이터 읽는 속도)를 일치시킨다. 이를 TCP의 흐름 제어flow control라고 한다.

TCP의 트래픽 제어는 흐름 제어와 혼잡 제어의 두 가지 동작을 수행하는데, 흐름 제어는 슬라이딩 윈도우Sliding Window를 이용하는 방식이며, 혼잡 제어는 복잡한 몇 가지의 방식이 있다. 이 두 가지 모두 송신자의 억제를 통해 구현되는 방식으로, 동작의 유사성이 존재하지만 명백히 서로 다른 목적을 위해 수행된다.

11.10.1 TCP 슬라이딩 윈도우

TCP는 흐름 제어를 위해 슬라이딩 윈도우 방식을 사용하는데, 이때 윈도우 크기가 바로 버퍼 크기이며 각 시스템은 전송과 수신을 위해 각각 전송 윈도우와 수신 윈도우를 관리한다. TCP의 초기 3방향 핸드셰이킹 동안에 시스템 각각은 자신의 윈도우 크기를 상대방에게 알려줌으로써 상대방이 향후 윈도우 크기에 대한 갱신 정보를 받지 않는 상태에서 한 번에 전송할 수 있는 데이터의 양을 알 수 있다(그림 11.33 참조).

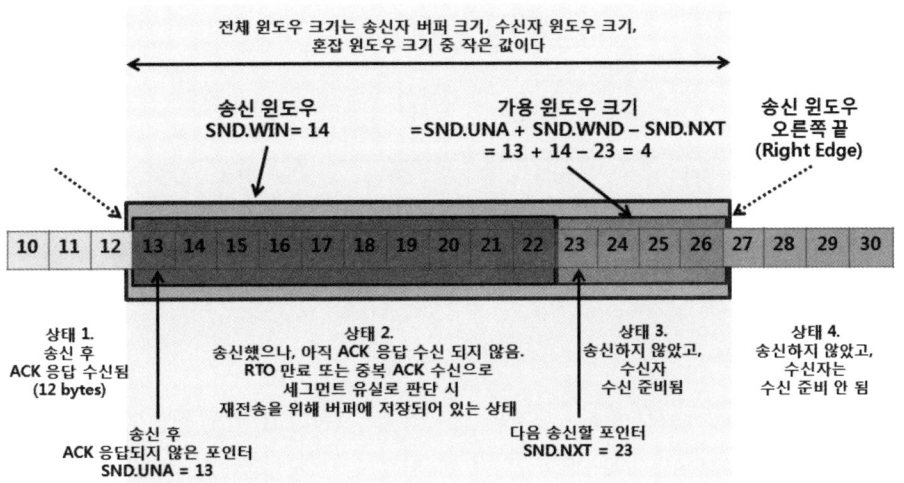

그림 11.33 TCP 슬라이딩 윈도우

슬라이딩 윈도우 상태는 다음과 같이 4가지로 나눌 수 있다.

- **상태 1** 송신이 완료되고, ACK 확인응답이 수신된 상태
- **상태 2** 송신은 했지만 ACK 확인응답이 수신되지 않은 상태로, 발생할 수 있는 세그먼트 유실에 따른 재전송을 위해 세그먼트가 버퍼에 저장돼 있는 상태
- **상태 3** 송신하지 않았지만 수신자의 수신 준비가 완료된 상태
- **상태 4** 송신하지 않았고, 수신자도 수신 준비가 되지 않은 상태

송신자는 자신의 송신 윈도우를 송신 버퍼 크기와 수신 윈도우 크기 중 적은 값으로 설정해 데이터를 전송 윈도우만큼 전송을 개시하고, 각각의 응답 ACK를 수신할 때마다 확인응답된 세그먼트의 수만큼 송신 윈도우의 왼쪽 끝을 오른쪽으로 이동sliding, 슬라이딩 시킨다. 또한 송신 가용 버퍼와 수신 윈도우의 값 중 적은 값을 사용해 새로운 송신 윈도우 오른쪽 끝 값을 결정한다. 송신 윈도우의 슬라이딩 후 송신 윈도우가 전송되지 않은 데이터를 포함한다면 이 데이터는 바로 전송될 것이다.

슬라이딩 윈도우는 닫힘Close, 오픈Open, 축소Shrink의 3가지 상태로 분류될 수 있다. 윈도우가 그림 11.34와 같다고 가정하고, 그림의 상태 1~4는 앞에서 설명한 내용과 동일하다.

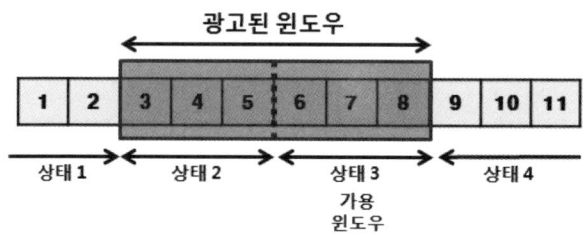

그림 11.34 1바이트 전송에 사용되는 슬라이딩 윈도우

(1) 윈도우 닫힘

그림 11.35와 같이 순서 번호 6까지의 바이트를 전송하고 확인응답 ACK 번호 5와 윈도우 크기 4를 통보 받았다면 윈도우의 왼쪽 끝은 응답 ACK 번호 앞까지 오른쪽으로 진행(또는 슬라이딩)하지만, 오른쪽 끝은 더 이상 진행하지 않는다. 이 상황을 '윈도우가 닫혔다Window Closes'라고 표현하고, 이 경우 송신자는 수신자에게 최대 4바이트 데이터를 전송할 수 있다.

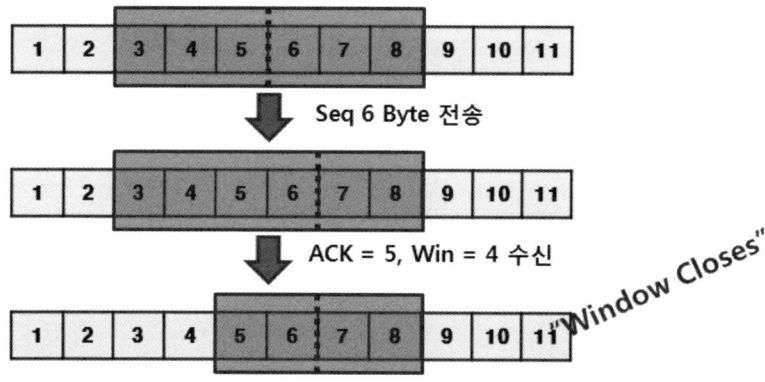

그림 11.35 슬라이딩 윈도우(윈도우 닫힘)

(2) 윈도우 오픈

그림 11.35 이후에 더 큰 윈도우 정보를 ACK를 통해 수신한다면 윈도우의 오른쪽 끝이 앞으로 진행하고, 이를 '윈도우 오픈Window Open'이라고 한다.

그림 11.36은 Win 6의 정보를 응답 ACK를 통해 전달 받은 후(TCP 윈도우 갱신 메시지) 윈도우의 오른쪽 끝이 슬라이딩함을 보여준다. 윈도우 갱신 메시지를 전송한 수신자의 상태는 앞서 전달 받은 데이터를 애플리케이션으로 보내고 자신의 TCP 버퍼를 비운 상태가 될 것이다.

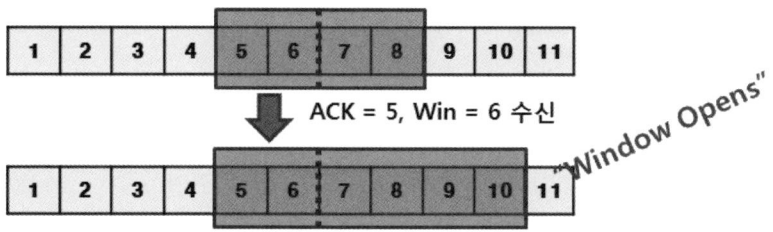

그림 11.36 슬라이딩 윈도우: 윈도우 오픈

(3) 윈도우 축소

그림 11.35 이후에 더 작은 윈도우 정보를 ACK를 통해 수신한다면 윈도우의 오른쪽 끝이 앞으로 진행하는 것이 아니라 왼쪽으로 축소될 것이다. 이를 '윈도우 축소 Window Shrink'라고 말하는데, 이 윈도우 축소는 TCP 시스템에서 실제로 사용되지는 않는다.

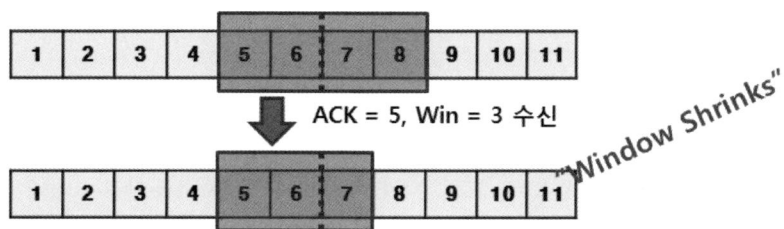

그림 11.37 슬라이딩 윈도우: 윈도우 축소

11.10.2 TCP 윈도우 크기 변화의 요인

더 큰 윈도우는 많은 데이터를, 작은 윈도우는 더 적은 데이터를 전송할 수 있음에 따라 결과적으로 TCP의 전송할 수 있는 데이터의 양은 윈도우 크기에 종속된다고 볼 수 있다.

   TCP 네트워크의 효율성과 장애 상황(TCP의 문제 중 이와 관련된 부분은 심각한 통신 시간의 지연일 것이지만)을 파악하기 위해 윈도우 크기에 변화를 줄 수 있는 3가지 요인을 고려한다.

- **TCP의 데이터 수신 속도(인터페이스)** 느린 수신 속도의 수신자에게 빠르게 데이터를 전송하는 것은 수신자의 버퍼를 쉽게 오버플로우시킬 수 있다. 이런 경우 수신자 TCP 스택은 윈도우 크기를 감소시킬 것이고, 수신 TCP 버퍼가 가득

찬 경우 송신자에게 제로(0, zero) 수신 윈도우를 통보해 더 이상의 데이터 수신이 불가능하다는 것을 알릴 것이다. 따라서 TCP 전송은 중단된다.

- **TCP 수신 버퍼 내의 데이터를 애플리케이션이 처리하는 속도(애플리케이션)** TCP는 데이터를 수신하고 버퍼에 쌓아두면 애플리케이션은 이를 처리한다. TCP 수신 버퍼에 데이터가 쌓이는 속도보다 늦은 속도로 데이터를 처리하는 애플리케이션은 쉽게 TCP 수신 버퍼를 오버플로우시킨다.

- **TCP 수신 버퍼 자체가 적은 경우(물리적 메모리)** 모바일 PDA 타입의 네트워킹 장비 같은 물리적 메모리양이 적은 단말은 적은 양의 메모리로 인해 큰 크기의 윈도우 크기로 통신하지 못한다.

11.10.3 TCP 헤더 옵션을 통한 윈도우 필드 확장(RFC 1323)

TCP 헤더 내의 윈도우 필드는 16비트로, 65,535까지 표현이 가능하기 때문에 가용 윈도우 크기는 65,535바이트로 제한된다. 현대의 고속 대용량 통신에서는 이 값이 너무도 작기 때문에 64KB의 TCP 성능을 극복하기 위해 RFC 1323에서는 윈도우 스케일 옵션을 통해 MSB[3]가 왼쪽으로 시프트shift되는 비트 수를 통보하는 16비트 값을 전송해 효과적으로 윈도우 크기를 30비트로 확장해 사용할 수 있다.

대부분의 윈도우 크기는 8K이고 TCP 세그먼트 크기는 1K로 설정되는데, 이는 현실적으로 가장 많이 사용되는 이더넷 환경에 최적화된 값이다. 슬라이딩 윈도우에 대한 이해를 돕기 위해 다음 사이트에 접속해 시뮬레이션을 보는 것도 좋은 방법이다.

- http://www2.rad.com/networks/2004/sliding_window

- http://www.osischool.com/protocol/Tcp/slidingWindow/index.php

---

3. MSB(Most Significant Bit, 최상위 비트): 비트 단위의 연산에서 그 숫자 값에 가장 영향을 많이 미치는 값으로, 가장 왼쪽에 있는 비트 값이 이에 해당한다. 이 반대가 LSB(Least Significant Bit, 최하위 비트)다. 예를 들어 10100010의 비트가 있다면 맨 왼쪽의 1이 MSB이고, 맨 오른쪽의 0이 LSB다.

11.10.4 TCP 혼잡 제어

TCP 혼잡 제어Congestion Control의 주목적은 송신자와 수신자 사이에 설정된 연결 상태를 파악하고 상태 변화에 따라 송신자의 전송 속도 제어를 위해 윈도우 크기를 조정해 네트워크상에 발생할 수 있는 트래픽 혼잡으로 인한 폭주Congestion Collapse를 미연에 방지하고, 손실된 패킷에 대한 복구 메커니즘을 수행하는 것이다.

네트워크의 폭주란 네트워크를 구성하는 노드(라우터) 간 전송 대역폭의 차이로, 즉 입력 인터페이스는 1Gbps나 출력 인터페이스는 100Mbps의 경우 노드상의 버퍼 오버플로우 발생으로 인한 패킷의 유실과 이에 따른 대량의 재전송 패킷으로 인한 트래픽 혼잡 상황 및 전송 지연에 따른 서비스 속도 저하를 말한다.

혼잡 제어는 TCP 초창기에는 거의 언급되지 않았지만, TCP 네트워크가 점차 확대되고 복잡해지면서 1981년 처음 논의됐고 1988년에 TCP Tahoe(Fast Retransmission 빠른 재전송), 1990년 TCP Reno(Fast Recovery빠른 회복), 1995년 TCP New-Reno, 1996년에 SACKSelective Acknowledgement Option, 선택적 재전송가 발표돼 사용되고 있다.

TCP 혼잡 제어는 느린 시작Slow Start, 혼잡 회피Congestion Avoidance, 빠른 재전송Fast Retransmission, 빠른 회복Fast Recovery의 네 가지 알고리즘으로 구성된다. 이중 느린 시작 과 혼잡 회피는 패킷 손실이 발생하지 않은 TCP 정상 상태에서의 동작이며, 빠른 재전송과 빠른 회복은 패킷 손실이 발생한 후 이를 복구하기 위한 TCP 비정상 상태에서의 동작이다.

패킷 보존의 법칙, 평형 상태, 자가 동기

TCP의 혼잡 제어를 위한 원칙은 반 야콥슨이 제안한 패킷 보존의 법칙(Conservation of Packet)이다. 이는 "현재 설정된 연결이 혼잡을 유발하지 않은 상태에서 송신자가 일정한 수의 패킷을 지속적으로 전송하고 있다면 현재의 전송 속도를 유지하는 한 혼잡은 발생하지 않는다."는 의미고, 이 상태를 송신자와 수신자의 평형 상태(Equilibrium)라 한다. 평형 상태에서 하나의 패킷 전송이 진행 중에 추가적 패킷 전송을 하지 않는다면 이론적으로 혼잡은 발생하지 않는다.

이 평형 상태를 유지하기 위한 방법으로 자가 동기(Self-Clocking) 개념이 도입됐는데, 평형 상태의 송신자는 하나의 확인응답 패킷을 수신할 때 비로소 하나의 추가적인 패킷을 전송할 수 있게 해야 한다. 이렇게 동작하면 결국 송신자와 수신자 사이에는 확인응답 패킷을 통한 일정한 동기가 형성되고, 전송자의 패킷 전송 간격과 수신자의 승인 패킷의 간격이 노드 구간의 가장 저속 링크로 동기된다. 결국 확인응답 패킷을 사용함으로써 TCP 혼잡 제어는 상호 연결이 일정한 동기로 평행 상태를 유지할 수 있게 한다. 이를 자가 동기 또는 자가 동기 상태(Self-Clocked State)라 한다.

(1) TCP 느린 시작과 혼잡 회피

느린 시작Slow Start은 TCP 연결이 평형 상태에 도달하기 위해 사용되는 알고리즘으로, 목적은 현재의 TCP 연결에 사용할 수 있는 전송 속도를 탐지하는 것이다. TCP는 자신이 사용하는 물리적 링크를 통해 어느 정도까지 데이터를 전송해야 하는지를 알지 못한다. 그러므로 한 번에 많은 데이터를 전송할 수도 있지만, 네트워크상의 모든 TCP 시스템이 이런 식으로 동작한다면 네트워크는 바로 붕괴될 것이다.

이를 막기 위해 TCP는 느린 시작이라는 알고리즘을 이용해 처음에는 적은 수의 세그먼트를 전송하다가 천천히 세그먼트 수를 증가시킨다. 이런 동작을 위해 두 가지의 파라미터인 혼잡 윈도우CWND, Congestion Window와 느린 시작 임계값SSTHRESH, Slow-Start Threshold Value이 사용된다. CWND는 전송 가능한 가변 윈도우 크기를 말하며, 'SSTHRESH'는 혼잡 윈도우 크기의 임계값으로 느린 시작 알고리즘이 동작할 수 있는 최종 값을 말한다.

(2) TCP 느린 동작

느린 시작의 초기에 CWND 시작 값(초기 윈도우IW, Initial Window)은 송신자의 최대 세그먼트 크기SMSS, Sender Maximum Segment Size로 설정되며, 따라서 윈도우의 크기는 1로 설정된다. 이 SMSS는 TCP 3방향 핸드셰이킹 동안 협의되는 값으로, 어떤 값도 협의되지 않으면 기본 값은 536바이트를 사용한다(앞에서 설명했다). 또한 초기 SSTHRESH 값은 윈도우의 최댓값인 64K로 설정된다.

그림 11.38과 같이 느린 시작 동안 혼잡 윈도우의 값은 수신되는 ACK 값만큼 증가하게 되는데, 예를 들어 한 개의 세그먼트를 전송하고(CWND = 1), 하나의 확인응답 ACK를 수신하면 다음번 혼잡 윈도우는 '기존 윈도우 크기 + 수신된 ACK 값'으로 2가 된다. 계속해서 두 개의 세그먼트를 전송하고(CWND = 2), 두 개의 확인응답 ACK를 수신하면 다음번 혼잡 윈도우는 4가 된다.

이를 식으로 표현하면 [new_CWND = Old_CWND + 수신 ACK 수]로 정의된다. 따라서 정상적이라면 혼잡 윈도우의 값은 1, 2, 4, 8의 순으로 지수 함수적으로 증가한다.

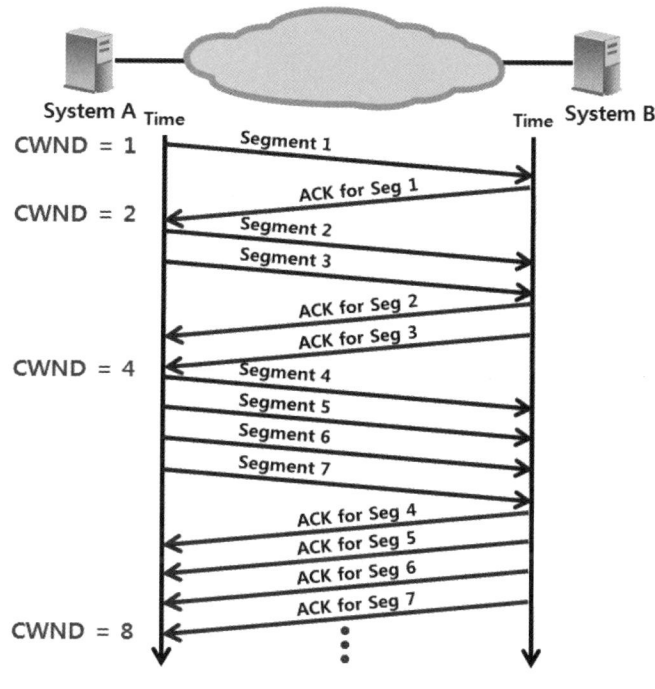

그림 11.38 느린 시작과 CWND

(3) TCP 혼잡 회피 동작

느린 시작은 CWND > SSTHRESH일 경우, 즉 혼잡 윈도우의 값이 느린 시작 임계값보다 작을 경우에만 동작한다. 느린 시작 동안 지수 함수적으로 증가하는 혼잡 윈도우의 값이 느린 시작 임계값과 동일하거나 더 커진다면(CWND >= SSTHRESH), 이때부터 혼잡 회피Congestion Avoidance 알고리즘의 적용을 받는다.

느린 시작과 달리 혼잡 회피 알고리즘에서의 혼잡 윈도우 증가 값은 선형적인데, 이는 혼잡 윈도우가 하나의 승인 패킷에 대해 1/CWND만큼만 증가하기 때문이다(그림 11.39 참조). 예를 들어 5개 세그먼트를 전송한 후 전송한 5개의 모든 세그먼트에 대한 확인응답 ACK를 수신했을 때 비로소 혼잡 윈도우가 1 증가한다. 이를 식으로 표현하면 [new_CWND = Old_CWND + (수신 ACK 수/Old_CWND)]이다. 이는 혼잡 회피의 단계에서는 언제든 혼잡이 발생할 수 있다는 가정에 근거해 TCP의 안정적 통신을 구현하고자 하기 때문이다.

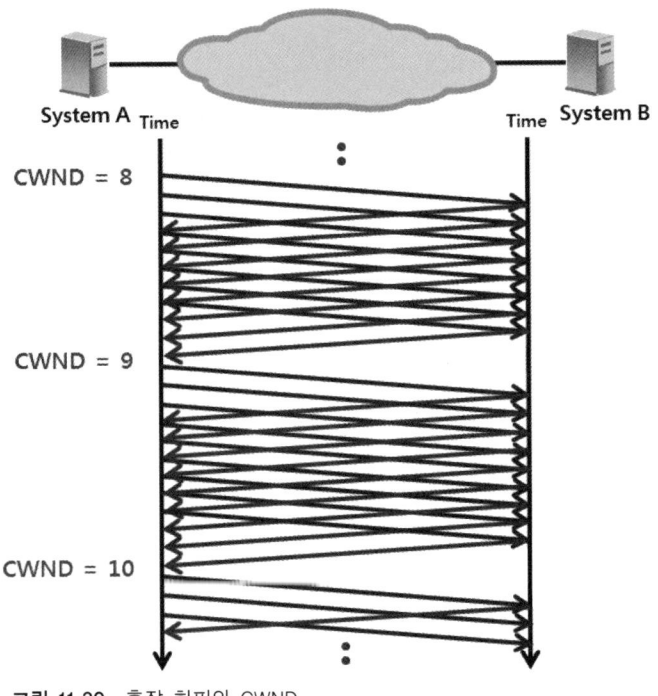

그림 11.39 혼잡 회피와 CWND

(4) TCP 느린 시작과 혼잡 회피 동작

그림 11.40은 시간에 따른 TCP 혼잡 윈도우 크기 변화가 느린 시작보다 혼잡 회피 기간(CWND 값이 SSTHRESH를 초과하는)에 윈도우 변화는 훨씬 더디게 증가함을 보여준다.

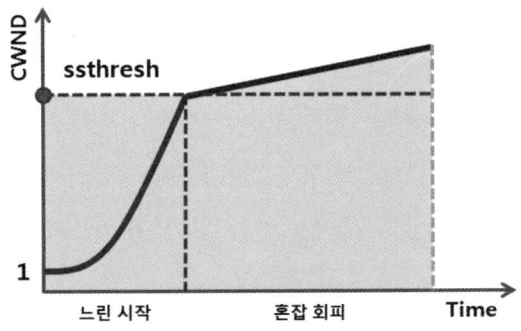

그림 11.40 느린 시작과 혼잡 회피의 CWND 변화

(5) TCP 빠른 재전송과 빠른 회복

느린 시작과 혼잡 회피는 TCP의 정상적 상태에서의 동작을 구현할 알고리즘인 반면에 빠른 재전송과 빠른 회복은 패킷 손실이 발생하는 비정상 상태에서의 TCP 복구 알고리즘이다.

TCP 빠른 재전송(또는 TCP THAOE)

전통적인 TCP는 세그먼트 유실을 RTO(Retransmission Time-out)의 시간 만료를 통해 인지하는데, 이는 TCP 전송 지연 시간이 길어지는 문제가 (대략 3초 이상) 되기도 한다. 이를 개선하기 위해 만들어진 알고리즘이 바로 빠른 재전송이다.

빠른 재전송은 1988년 Van Jacobson에 의해 제안됐고, 이를 구현한 것을 TCP 타오(Tahoe)라고 한다. 빠른 재전송을 통해 TCP 패킷 손실 복구 과정을 시작할 때 사용되는 용어가 중복 확인응답 ACK(Duplication ACK)이다. 그림 11.41의 트래픽 플로우를 살펴보자.

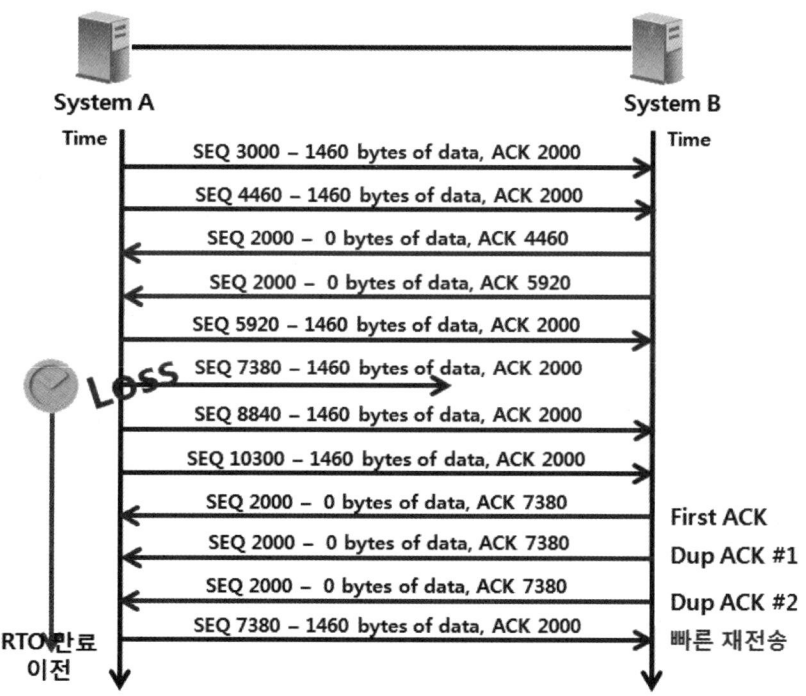

그림 11.41 중복 ACK와 빠른 재전송

전송 중 세그먼트 번호 7380이 유실됐으며, 수신자는 지금까지 정상적으로 수신한 마지막 세그먼트 번호 5920에 대한 확인응답 ACK 7380을 전송한다(First ACK). 그 이후 송신자로부터 연속적으로 수신한 세그먼트 8840에 대한 응답에 대해서도 "자신이 정상적으로 수신한 마지막 세그먼트는 5920이며, 다음에 받아야 할 세그먼트가 7380이다."라는 의미로 7380의 중복 ACK를 송신하게 된다(Dup ACK #1). 이후 세그먼트 10300에 대한 확인응답 ACK 역시 최종 정상 수신 세그먼트 ACK인 7380으로 중복 ACK를 송신한다(Dup ACK #2).

송신자가 수신자로부터 세 개의 중복 ACK 7380을 수신하게 되면 해당 세그먼트가 손실됐다고 판단하고 해당 세그먼트 7380에 대한 재전송 타임아웃 시간^{RTO}까지 기다리지 않고 즉시 재전송을 수행하는데, 이것이 빠른 재전송 알고리즘이다.

중복 ACK의 수를 세 개로 정의한 이유는 네트워크 노드가 이중화 구성돼 비대칭 경로가 발생될 수 있는 통신의 경우 TCP 세그먼트는 두 개 정도까지 순서 번호가 바뀐 채 전달될 수 있다. 이런 경우 한 개의 중복 승인을 받았을 때 이를 세그먼트 유실로 간주하고 바로 재전송을 수행한다면 너무 많은 세그먼트를 재전송할 수 있어 오히려 성능 저하의 원인이 될 수 있기 때문이다.

물론 중복 ACK의 수는 TCP를 구현한 시스템별로 조정할 수 있으며, 윈도우 시스템의 경우 TcpMaxDupAcks 레지스트리를 조정함으로써 수정할 수 있다. 그리고 대부분의 시스템의 TCP 통신을 분석하는 과정에서 마지막 중복 ACK를 수신하고 나서 20밀리초 안에 세그먼트가 재전송된다면 이는 빠른 재전송으로 판단할 수 있다.

빠른 재전송 후에 윈도우 크기에 변화가 발생하는데, 그림 11.42와 같이 ssthresh 값은 CWND(loss)의 1/2로 설정된다. 이 값을 반으로 줄이는 이유로 다음의 상황을 가정해보자.

정상적으로 전송된 마지막 세그먼트의 윈도우 크기를 W라고 하면 이에 대한 모든 확인응답 ACK를 수신했을 때 다음 윈도우 크기는 2W가 될 것이다. 따라서 손실이 발생하지 않는 대략적인 윈도우는 빠른 재전송이 발생한 시점에 사용된 윈도우 2W의 절반인 W로 가정해도 무리가 없기 때문이다.

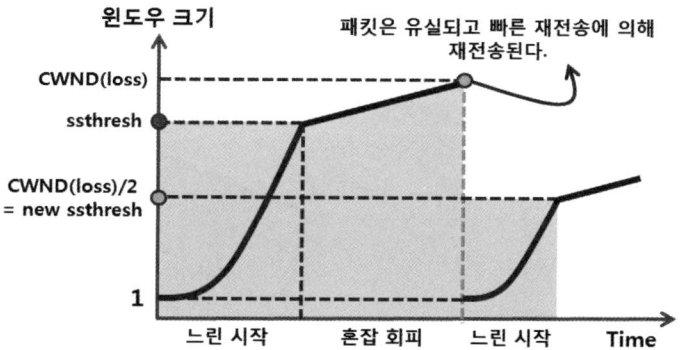

그림 11.42 빠른 재전송과 윈도우의 변화

그림 11.42와 같이 빠른 재전송의 성공적인 전송 후에 다시 윈도우는 1로 초기화돼 느린 시작이 시작되고, 이때의 ssthresh 값 역시 패킷 손실이 발생하기 전 윈도우 크기의 절반이 된다.

TCP 빠른 회복(또는 TCP Reno)

빠른 재전송 후의 TCP 전송은 다시 느린 시작으로부터 진행되는데, 중복 ACK를 통해 빠른 재전송을 하는 경우 이미 네트워크상에 전송 중인 세그먼트들이 있고, 또 중복 ACK가 발생한다는 사실만으로도 유실된 세그먼트를 제외한 다른 세그먼트들은 정상적으로 전송되고 있다고 판단할 수 있다. 따라서 불필요하게 느린 시작을 통해 현재의 안정적인 상태에 도달할 필요가 없이 빠른 재전송 이후 바로 혼잡 회피 단계로 전환해 TCP 전송 효율을 높이자는 것이 빠른 회복Fast Recovery 알고리즘이다.

즉, 빠른 재전송이 RTO 시간까지 대기하지 않고 바로 유실된 세그먼트를 복구하는 개념이라면 빠른 회복은 복구 후에 윈도우 크기를 효율적으로 재설정하는 방법이다.

그림 11.43은 빠른 재전송과 빠른 회복의 동작을 보여준다.

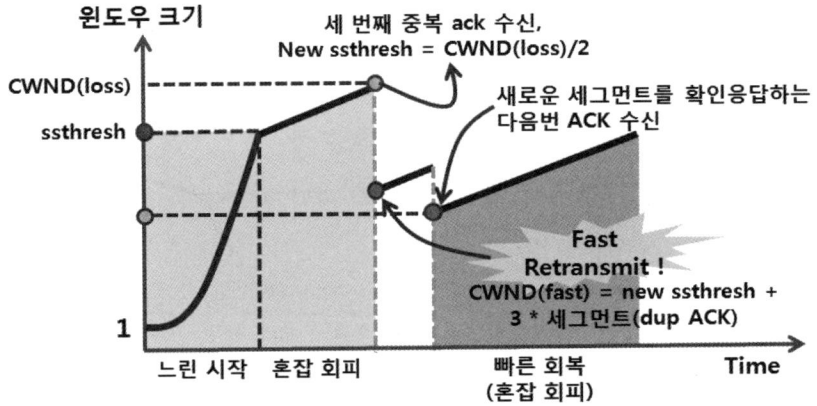

그림 11.43 빠른 재전송과 빠른 회복의 윈도우 변화

세 번의 연속적인 중복 확인응답 ACK가 수신되면 ssthresh 값을 현재 CWND(loss) 값의 절반으로 설정하고 유실된 세그먼트를 재전송한다. 그리고 CWND(fast) 값은 'new ssthresh' 값 + 3 세그먼트 값으로 설정된다. 이는 세 개의 중복 ACK가 수신되는 동안 송신자는 전송을 중단하게 되는데, 이것을 보상하기 위한 것이다.

빠른 재전송 이후 계속해서 수신되는 중복 확인응답 ACK마다 CWND(fast) 값을 한 세그먼트 크기씩 증가시킨다.

빠른 재전송을 통해 재전송된 세그먼트에 대한 확인응답 ACK를 송신자가 수신했다는 것은 송신자로 하여금 "수신자가 버퍼에 대기하고 있던 세그먼트를 포함해서 처음 중복 확인응답 ACK를 생성한 세그먼트와 재전송한 세그먼트 사이의 모든 세그먼트들이 정상적으로 전송됐다."라는 의미로 해석된다. 따라서 ssthresh 값은 CWND(loss)/2의 값으로 조정되며, 이어서 혼잡 회피 단계로 진입한다.

혼잡이 발생해 RTO 만료에 의한 재전송이 수행된다면 상황은 달라지고, 이때 TCP는 느린 시작부터 다시 시작한다(그림 11.44 참조).

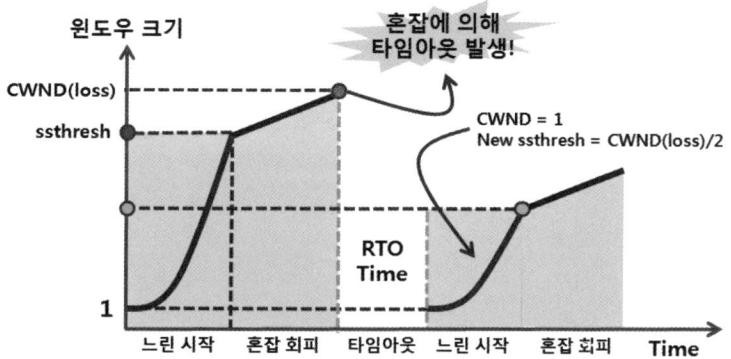

그림 11.44 RTO 만료에 따른 재전송과 혼잡 제어

11.11 TCP 윈도우 동작

패킷 캡처를 통해 윈도우 동작이 어떻게 변화하는지 살펴보자.

그림 11.45는 FTP 데이터 통신을 보여주는데, 프레임 4까지의 초기 3방향 핸드셰이킹 단계를 보면 클라이언트와 서버가 상호 간에 통보하는 수신 윈도우 크기가 클라이언트는 17,520바이트, 서버는 57,344바이트임을 알 수 있다. 프레임 8부터 서버에서 클라이언트로의 데이터 전송이 개시돼 프레임 34까지 데이터를 전송하는 것을 볼 수 있다.

프레임 10, 13, 17, 22의 모든 확인응답 ACK는 동일한 윈도우 크기 17,520바이트를 통보하고 있다. 그러나 프레임 28에서 클라이언트는 자신의 윈도우 크기를 10,220바이트로 알리고 있으며, 또한 동일한 프레임으로 서버에서 지금까지 수신한 모든 세그먼트에 대한 누적 확인응답 ACK(Ack no = 21901)를 전달한다.

프레임 29에서 34까지 FTP 서버는 클라이언트에게 8,760바이트의 데이터를 (1,460바이트의 6개 패킷으로 총 8,760바이트) 전송하는데, 프레임 35를 보면 몇 가지 흥미로운 사실을 볼 수 있다. 클라이언트는 자신의 윈도우 크기를 굉장히 감소시킨 1,460바이트로 통지하고 있다. 이는 FTP 서버에게 수신자가 자신의 버퍼가 가득 차기까지 오직 1,460바이트의 버퍼 크기밖엔 남아 있지 않다는 것을 통보하는 것이다. 그렇다면 윈도우 크기가 갑자기 줄어든 이유가 무엇일까?(윈도우 크기가 조정되는 이유 세 가지를 언급한 앞부분의 TCP 윈도우 변화 요인을 참고하기 바란다) 이러한 이유는 송신자가 너무 빠른 속도로 데이터를 전송했거나 애플리케이션이 데이터를 수신 즉시 TCP 수신 버퍼에서 처리하지 못했기 때문이다.

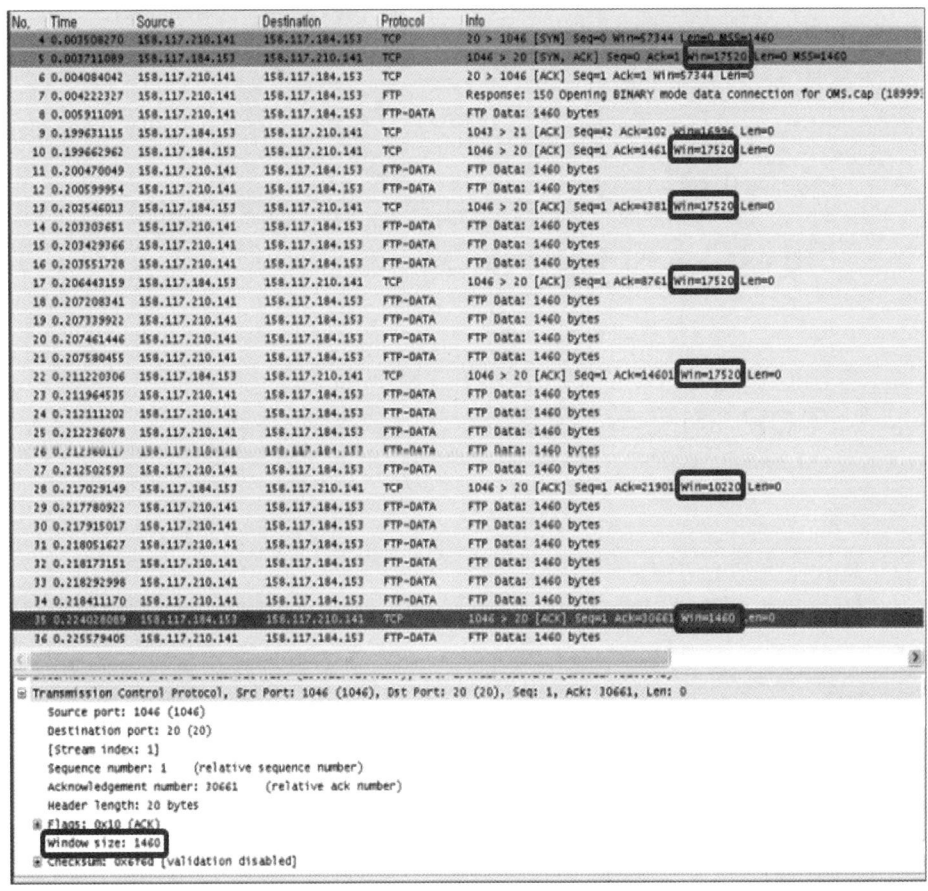

그림 11.45 TCP 윈도우 동작 - 1

그림 11.46의 프레임 36에서 서버는 클라이언트로 1,460바이트의 최대 크기 세그먼트를 전송한다. 프레임 37에서 클라이언트는 36 프레임의 순서 번호 30661에 확인응답 ACK 32121과 함께 윈도우 크기가 17,520바이트로 변경 됐다는 윈도우 갱신 정보를 전달한다. 결과적으로 윈도우 크기의 감소 이유는 클라이언트가 자신의 수신 버퍼에 있는 데이터를 애플리케이션에서 처리하기 위해 소요된 시간 때문인 것이다. 호스트에서 갑작스러운 윈도우의 감소 이유는 이와 같은 애플리케이션 처리 지연이 대부분이다.

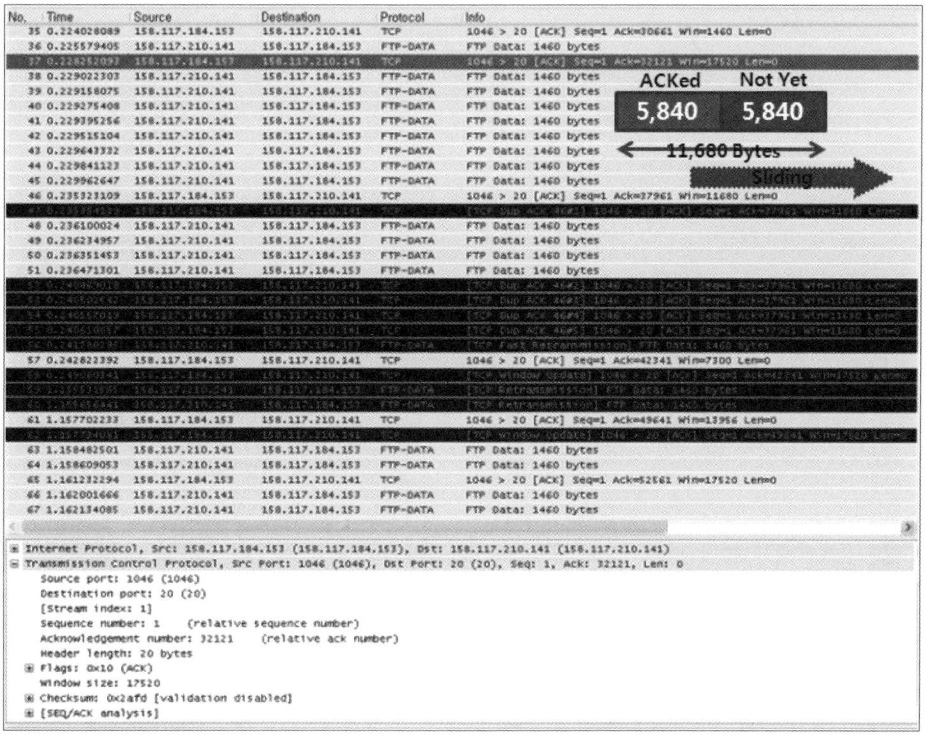

그림 11.46 TCP 윈도우 동작 - 2

    서버는 클라이언트에 17,520바이트로의 전송이 가능해진 상태이고, 프레임 38에서 45까지 서버는 클라이언트에게 총 11,680바이트의 데이터(1,460바이트 세그먼트 8개)를 전송한다. 프레임 46에서 TCP 세그먼트에 대해 확인응답 ACK를 전송하지만, ACK 번호가 37961이기 때문에 모든 세그먼트에 대해 수행하는 것이 아니라 순서 번호 36501인 프레임 41번까지의 누적 ACK를 전달한다. 즉, 서버는 11,680바이트의 8개의 세그먼트를 전송했지만, 수신자는 그 절반인 5,840바이트에 대해서만 확인 응답 ACK를 전달하고, 나머지는 아직 응답하지 못하는 상태인 것이다(애플리케이션으로 보내지 못하고 수신 TCP 버퍼에 머물러 있을 것이다).

    통보된 수신 윈도우가 17,520바이트이고 서버가 11,680바이트의 데이터를 보냈다면 클라이언트가 수신 확인응답 ACK를 통보하기 전에 서버는 클라이언트로 5,840바이트를 전송할 수 있다. 하지만 프레임 46에서 클라이언트는 11,680바이트 중 5,840바이트에 대해 수신 확인 ACK 응답을 했으므로 윈도우는 슬라이딩해 5,840바이트의 윈도우를 개방하고 11,680바이트로 이를 통보한다.

11.12 TCP 혼잡 제어 동작

패킷 캡처를 통해 TCP 혼잡 제어가 어떻게 동작하는지 살펴보자. 상황은 위와 동일한 FTP 통신 시에 발생한 내용들이다.

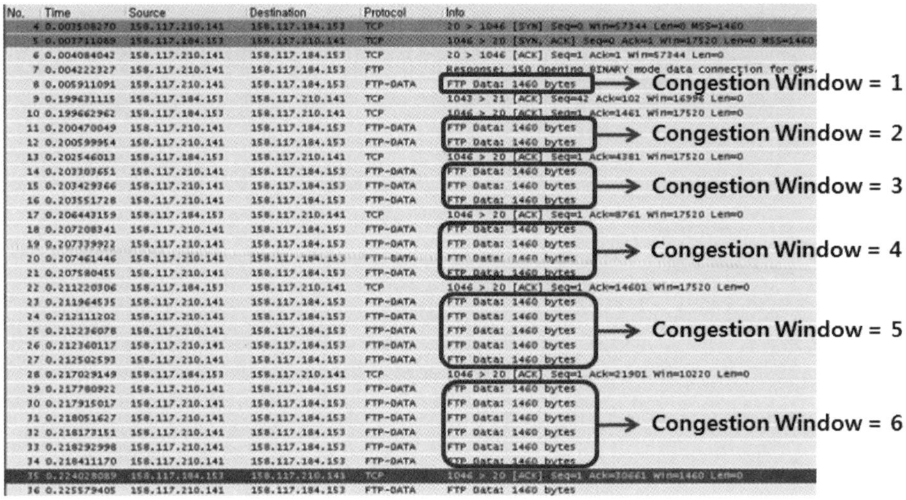

그림 11.47 TCP 느린 시작 동작

그림 11.45에서 FTP 클라이언트는 자신의 윈도우 크기를 17,520바이트로 통보한다. 그렇다고 FTP 서버가 한 번에 17,520바이트를 전송할 수는 없고, 이를 MSS 단위로 쪼갠 1,460바이트로 한 번에 연속적으로 보내는 횟수를 조정해가면서 수차례에 걸쳐 전송하게 될 것이다. 이렇게 하는 이유는 앞에서 설명한 것과 같이 TCP는 데이터 전송의 개시를 위해 느린 시작 알고리즘을 이용하기 때문이다.

그림 11.47과 같이 느린 시작 알고리즘을 통해 초기 CWND(혼잡 윈도우)는 항상 1로 설정돼 처음에는 하나의 세그먼트를 보내고, 정상적으로 확인응답 ACK가 수신될 때마다 CWND + 1의 개수로 CWND 크기를 증가시키면서 혼잡 윈도우 수만큼 연속적 세그먼트를 전송한다.

수신 윈도우가 17520이라 할지라도, 송신자의 초기 CWND는 반드시 1이라는 점을 명심하자.

CWND는 수신자의 수신 확인응답 ACK가 얼마나 빨리 수신되는가에 따라 조정되는데, 그림 11.48에서 8개까지 증가된 것을 볼 수 있다. 하지만 클라이언트는 프레임 46을 통해 마지막 CWND를 통해 수신했던 세그먼트들에 대해 절반만 확인응답 ACK하고, 즉시 자신의 수신 윈도우를 원래 통보했던 크기의 절반으로 줄였음을 알린다.

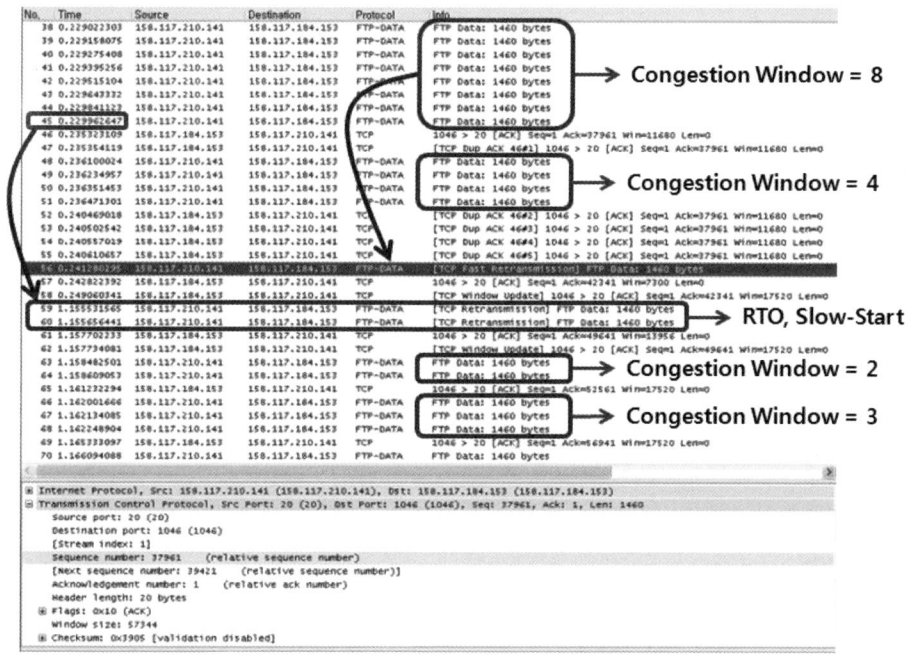

그림 11.48 CWND의 감소

또한 프레임 56에서 FTP 서버는 프레임 42번의 순서 번호 37961 세그먼트를 빠른 재전송하는 것을 볼 수 있다. 송신자가 중복 ACK를 통해 패킷 유실을 알게 되면 빠른 재전송을 수행하고 CWND는 이전의 값에 절반으로 감소시킨다. 빠른 재전송 후 세그먼트에 대한 확인응답 ACK를 수신할 때 이전에 전송됐던 것을 포함한 누적 확인응답을 수신하면 윈도우는 빠른 회복 알고리즘 단계로 변경된다.

하지만 이 예에서 프레임 57번을 보면 빠른 전송에 대한 확인응답 ACK 번호가 42341로 프레임 45번의 순서 번호를 지칭한다. 이는 프레임 42번만이 아닌 45번도 유실됐다는 것을 의미하며, 송신자로부터 새로운 세그먼트의 전송이 없으므로 수신자는 45번 프레임에 대한 중복 ACK를 전송하지 못하고 RTO 만료 시간에 이르러 프레임 59, 60을 통해 재전송한다.

RTO 만료를 통한 재전송이기 때문에 느린 시작이 개시되고, CWND 값은 앞에서 설명한 바와 같이 증가하고 새로운 ssthresh 값은 2가 된다.

그림 11.49의 프레임 60은 45번 프레임에 대한 재전송을 수행하고, 확인응답 ACK 프레임 61은 프레임 53까지의 누적 ACK 49641을 보여준다(프레임 53의 순서 번호는 48181이고 1460의 데이터를 포함하고 있으므로, 이의 확인응답 ACK 번호는 48181 + 1460인 49641이다).

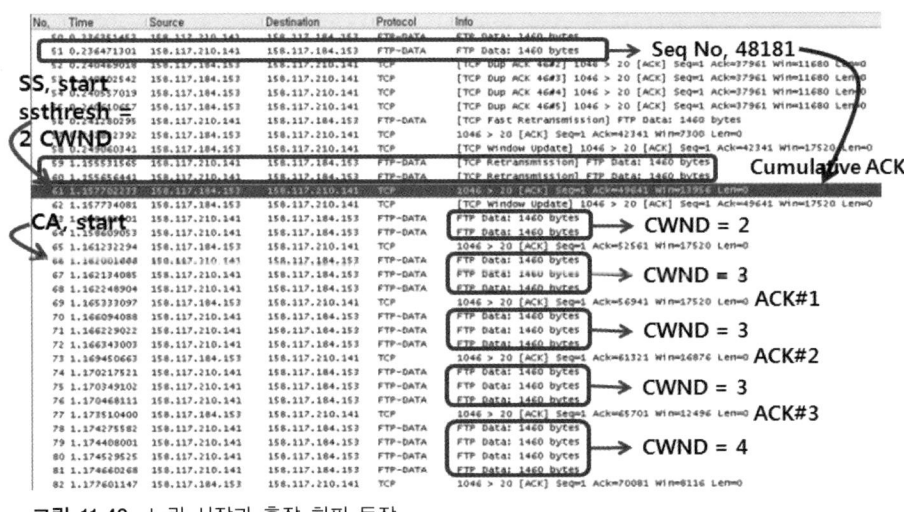

그림 11.49 느린 시작과 혼잡 회피 동작

프레임 60번부터 시작된 느린 시작과 프레임 61의 확인응답 ACK로 CWND 값은 2로 증가하고, 프레임 63, 64에 대한 누적 확인응답 ACK로 CWND 값은 다시 3으로 증가하지만, ssthresh 값인 2를 초과함에 따라 혼잡 회피 단계가 시작돼 프레임 77의 ACK를 수신할 때까지 CWND는 증가하지 않는다(앞에서 설명한 식 new CWND = Old CWND + 수신 ACK 수 / Old_CWND). 따라서 현재 CWND 3인 상황에서 CWND 값이 1 증가하려면 3개의 ACK를 수신해야 한다. 결국 프레임 77의 수신 확인응답 ACK를 받고나서야 비로소 CWND는 4로 증가한다.

11.13 TCP SACK 옵션 선택적 재전송

앞 절에서 설명한 것처럼 TCP는 수신된 TCP 세그먼트의 각 바이트를 수신 시스템이 확인응답하는 바이트 단위의 확인응답 전송 프로토콜이다. TCP는 세그먼트가 하나이건 다수이건 간에 세그먼트의 수에 상관없이 하나의 확인응답 ACK 번호를 통해 지금까지 수신한 세그먼트에 대한 수신 확인을 구현한다. 하나의 확인응답 ACK를 통해 다수의 세그먼트들에 대한 수신 확인과 미확인을 제공하는 능력은 작은 세그먼트들이 네트워크를 돌아다니면서 네트워크상의 대역폭 사용률을 크게 감소시키는 지저분한 환경을 피할 수 있다는 점에서는 굉장히 효과적이다.

하지만 TCP의 승인 방식이 부정 승인Negative Acknowledgement을 사용하지 않기 때문에 앞에서 언급한 장점도 있지만 단점도 있다.

그림 11.50을 보면 총 2,500바이트의 애플리케이션 데이터를 전송하는 과정 중에 JJANG은 500바이트 단위의 5개의 세그먼트를 KANG에게 전송했다. 네트워크의 문제로 인해 세 번째인 순서 번호 8,000~8,499에 속하는 세그먼트가 유실됐고, KANG은 재전송을 요청하기 위해 다음에 받고자 하는 세그먼트는 8000부터 시작하는 세그먼트임을 나타내는 확인응답 ACK 8000을 JJANG에게 전송한다.

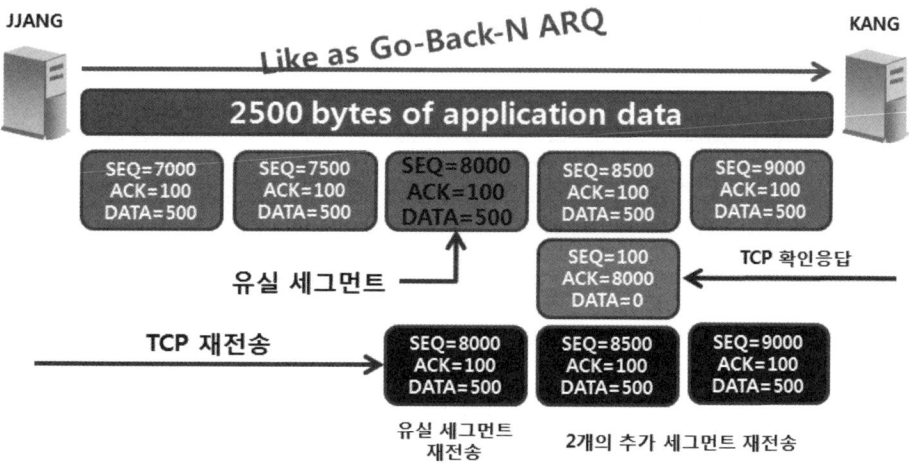

그림 11.50 TCP ACK 방식의 단점(Go-Back-N과 유사하게 동작)

물론 KANG은 네 번째와 다섯 번째 세그먼트는 정상적으로 수신했다. 하지만 네 번째와 다섯 번째가 잘 수신됐다는 것을 알려 줄 수 있는 방법이 없다. TCP는 정상적으로 수신한 최종 세그먼트에 대한 확인응답 ACK만을 전송하기 때문이다(중복 ACK).

JJANG은 확인응답 ACK를 수신하면 처음 두 개의 세그먼트만이 정상적으로 전송된 것으로 판단하고(실은 세 번째만 유실되고 나머지는 정상 수신됐다), 순서 번호 8000부터 시작하는 모든 세그먼트를 재전송한다. 이러한 동작은 Go-Back-N 방식(에러가 발생한 것부터 모두 다시 전송하는 방식)과 유사하게 동작한다. 그래서 어떤 책에서는 기본적인 TCP의 에러 재전송 방식은 Go-Back-N이라고 기술한 책도 있다. 4번과 5번 세그먼트의 재전송은 KANG의 입장에서는 중복 세그먼트이고, JJANG의 입장에서는 불필요한 재전송, 그리고 네트워크의 효율적 측면에서 보면 대역폭의 낭비로 쓸모없는 행위다.

이러한 불필요한 재전송을 막기 위해 RFC 2018은 TCP에 SACK 옵션을 제시했으며, 이는 선택적Selective ARQ 방식과 유사하게 동작한다.

SACK 옵션을 사용하면 SACK를 통해 KANG이 수신하지 못한 유실된 세그먼트의 범위 정보를 JJANG이 알 수 있다. 그림 11.51을 보면 KANG은 8,000~8,500을 제외한 나머지 모든 세그먼트를 정상적으로 수신했음을 확인응답 ACK의 SACK 옵션 값으로 JJANG에게 알려주고 있다.

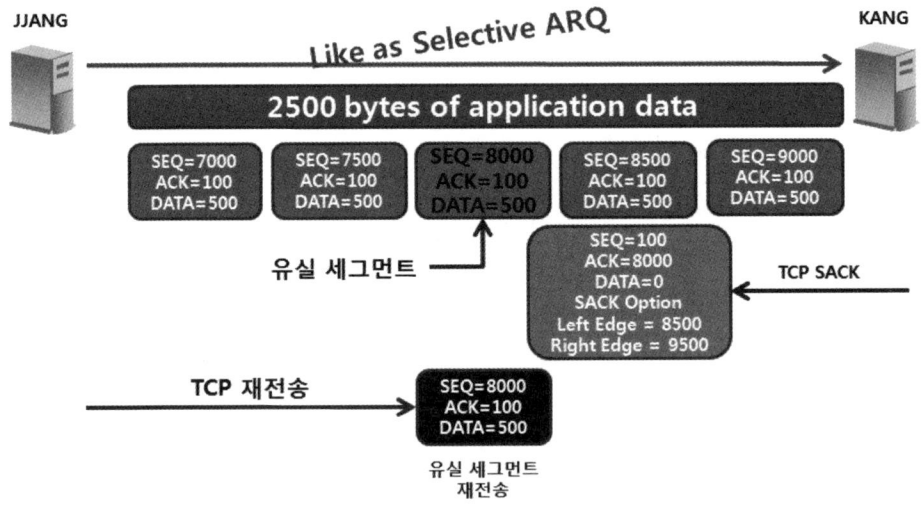

그림 11.51 TCP SACK 동작(Selective ARQ와 유사하게 동작)

이를 구현하기 위해 그림 11.51에서처럼 SACK 옵션은 두 가지의 추가적 필드를 사용하는데, 이를 '왼편 끝 블록LE, Left Edge Block'과 '오른편 끝 블록RE, Right Edge Block'이라 한다. 확인응답 ACK 필드는 수신된 세그먼트의 마지막 순서 번호 값(앞으로 전송받아야 할 첫 세그먼트의 바이트 값)을 포함하고, SACK 옵션 필드는 KANG이 이미 정상적으로 수신한 바이트의 범위를 포함한다.

그림 11.51에서 확인응답 ACK는 8,000으로 7,000~7,999까지는 정상적으로 수신했음을 나타내고, SACK 옵션의 LE 값은 TCP가 수신한 다음 세그먼트의 바이트를 나타내는데, 이 예제에서는 8,500이 되며, RE 값은 TCP가 수신한 마지막 바이트인 9,500을 표시한다.

결과적으로 SACK 옵션의 사용을 통해 KANG은 7,000~7,999까지, 그리고 8,500~9,500까지는 정상적으로 수신했지만 중간의 세 번째 세그먼트인 8,000~8,500은 수신하지 못했으므로 재전송을 바란다는 정보를 JJANG에게 보낼 수 있다.

11.13.1 TCP SACK 옵션 구조

SACK 옵션을 사용하려면 이 기능을 시스템 상호 간에 지원해야 하며, TCP 3방향 핸드셰이킹 중에 옵션 값으로 상호 간에 협의된다. SACK 정보는 중복 확인응답 ACK 헤더 부분의 40바이트 옵션 영역에 포함돼 전송된다. 그림 11.52는 SACK 옵션 형식을 나타냈다.

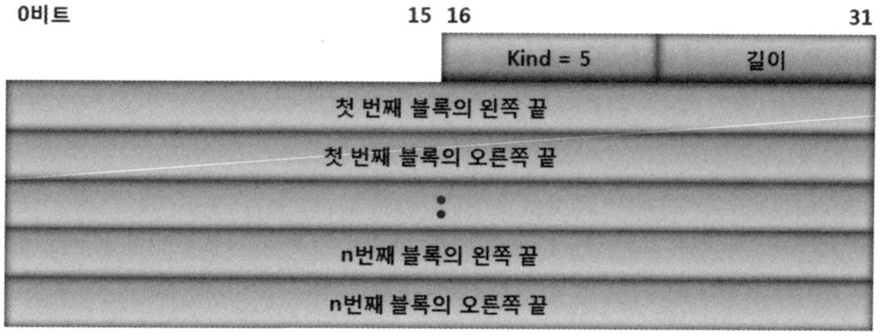

그림 11.52 TCP SACK 옵션 구조

SACK 옵션은 현재 사용 중인 SACK의 종류와 길이를 나타내기 위한 '허용된 SACK SACK-Permitted' 옵션과 함께 사용된다. 나머지 영역은 32비트 블록의 LE와 RE 값을 포함하기 위해 사용되며, 40바이트의 TCP 옵션 영역에는 최대 4개의 블록 정보가 포함될 수 있다(TCP 타임스탬프 옵션이 사용될 경우는 3개의 블록이 표현된다).

11.13.2 TCP SACK 옵션의 동작

패킷 캡처를 통해 TCP SACK 옵션이 어떻게 동작하는지 살펴보자.

그림 11.53과 같이 TCP SACK 옵션의 사용 여부는 TCP 3방향 핸드셰이킹 과정 중에 상호 협의되며, TCP '허용된 SACK' 옵션의 값은 4로 정의된다.

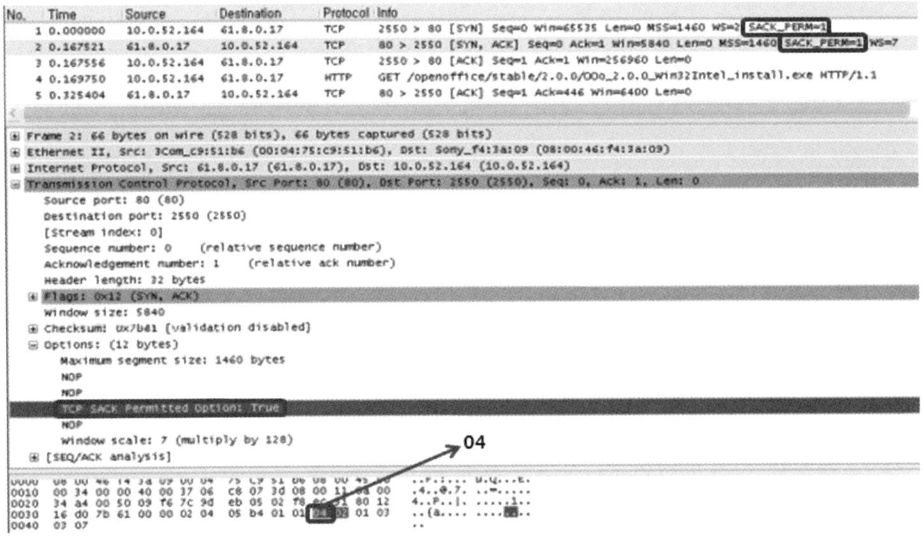

그림 11.53 TCP 3방향 핸드셰이킹과 SACK 옵션

그림 11.54는 132번 프레임과 133번 프레임 사이에 프레임 하나가 유실됐음을 보여준다. 이는 132번 프레임의 순서 번호가 111290이며, 데이터 1460을 전송했기 때문에 다음 133번 프레임의 순서 번호는 111290 + 1460인 112750이 돼야 하지만 133번 프레임의 순서 번호는 114210이기 때문이다.

프레임 134번은 프레임이 유실됐음을 인지하고 마지막 확인응답 ACK 번호로 112750을 지정하고 SACK 옵션을 사용해 유실된 세그먼트 다음에 수신된 133번 프레임의 블록 범위(LE 114210, RE 115670)를 송신자에게 통보하고 있다. 여기서 SACK 옵션의 종류Kind 값은 5임을 주목하자.

그 후에 135번 프레임으로 유실된 이후의 세그먼트를 하나 더 수신했기 때문에 136번 프레임을 통해 중복 ACK를 전송하는데, 이때 사용되는 마지막 확인응답 ACK 번호는 동일한 112750을, 그리고 SACK 옵션의 RE 값에 135번 프레임의 데이터 값 1460을 추가한 LE 114210, RE 117130을 송신자에게 통보한다.

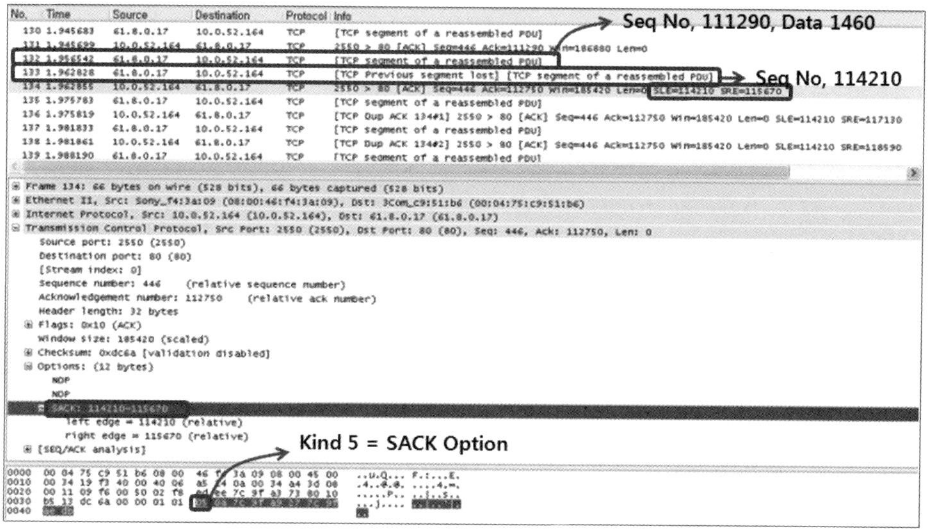

그림 11.54 TCP SACK 옵션의 동작 - 1

그림 11.55는 163번 프레임 이전에 프레임이 또 유실됐음을 보인다. 그 이유는 162번 프레임의 순서 번호가 134650이며, 데이터 1460을 전송했기 때문에 다음 163번 프레임의 순서 번호는 136110이 되어야 하지만 163번 프레임의 순서 번호는 137570이기 때문이다. 이에 대한 164번 프레임의 중복 ACK는 처음에 유실된 순서 번호인 112750으로 전달되며, 대신 SACK 옵션의 블록이 하나 늘어 LE 137570, RE 137570 + 1460 = 139030으로 전송된다.

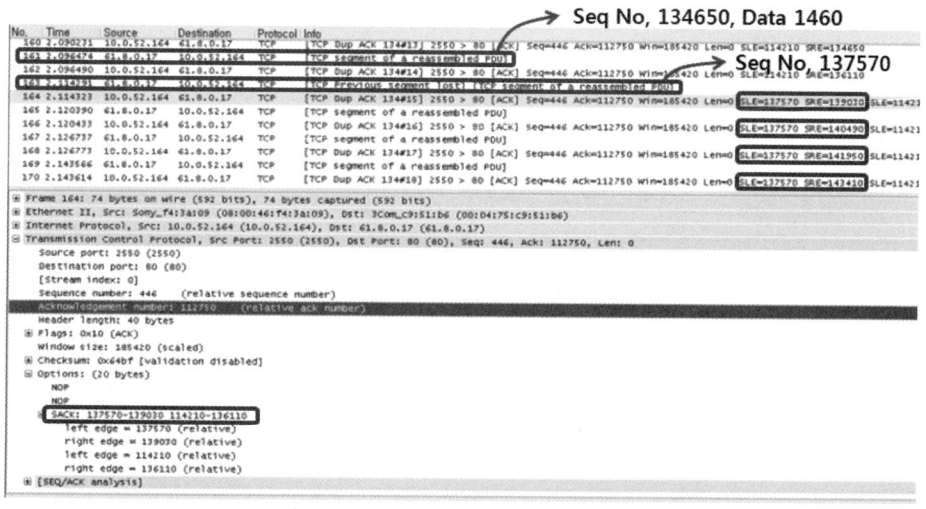

그림 11.55 TCP SACK 옵션의 동작 - 2

그림 11.56은 215번 프레임으로 133번 이전에 유실된 세그먼트는 빠른 재전송이 진행됐으며, SACK 옵션은 해당 블록을 지우고 나머지 블록은 계속 유지하며 재전송을 기다리고 있다.

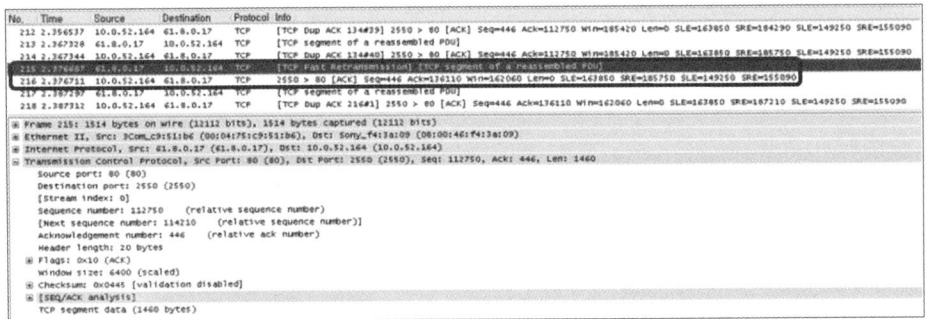

그림 11.56 TCP SACK 옵션의 동작 - 3

그림 11.57은 SACK의 동작을 트래픽의 플로우에 따라 도식화했다. 세그먼트의 유실과 재전송에 따른 LE, RE 블록의 생성과 삭제, 그리고 수신 버퍼의 상태를 보여준다.

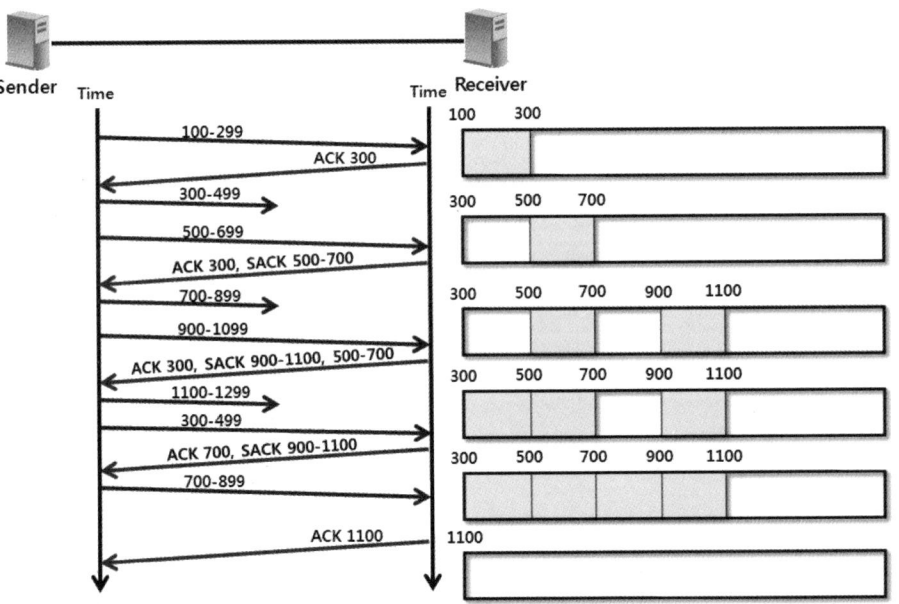

그림 11.57 TCP 플로우와 SACK의 동작

11.14 서버 로드 밸런서(L4 스위치)

일명 L4 스위치[4]라고 불리는 서버 로드 밸런싱[SLB] 스위치에 대해 간략히 설명하고 몇 가지 장애 처리를 언급한다. SLB 기능을 구현하기 위한 방법은 초기에는 DNS을 이용해 하나의 URL에 대해 여러 개의 IP를 매칭해주면서 라운드 로빈[Round Robin] 방식으로 동작하는 방법을 사용했다. 이후 현재와 같은 로드 밸런서 개념의 기술이 등장했으며, 초기에는 서버에 로드 밸런싱 소프트웨어를 설치해 사용하는 서버 기반의 로드 밸런싱 방법이 이용되다가 후반에는 전용 네트워크 장비 타입의 형태로 진화했다.

L4 스위치는 4계층의 범주에 속하는 세그먼트나 데이터그램을 분류하고 이의 경로를 제어하고 처리하는 기능을 수행하기 위해 특화됐으며, 나머지의 기능은 2계층 및 3계층 스위치의 기본적인 동작과 동일하다.

로드 밸런서의 구현에 따른 분류로는 위에서 언급한 바와 같이 소프트웨어 기반, 서버 기반, 스위치 기반의 제품들이 있다.

소프트웨어 기반의 로드 밸런서는 클러스터링 소프트웨어로 분류가 가능하며, 클러스터링 모듈을 서버에 탑재해 트래픽을 분산하는 형태를 취한다. 서버에서 구현되는 형태로 다양한 트래픽 관리 기능을 갖고 있다. 서버의 종류나 운영체제에 종속적인 단점이 있고, MS2000 서버의 클러스터링 서비스, 리소네이트[Resonate] 제품이 이에 해당된다.

서버 기반의 로드 밸런서는 서버의 범용 CPU상에서 포워딩 엔진을 이용해 동작하며, F5 네트웍스의 BIG-IP, 코요테 포인트 이퀄라이저, 현재는 단종됐지만 시스코의 로컬 디렉터, 넷스케일러의 제품과 오픈소스 진영의 리눅스 버추얼 서버 프로젝트가 있다. 참고로 이런 서버 기반의 로드 밸런서는 오프라인 점검을 위해 전원 스위치의 전원을 차단하는 경우 하드디스크 장애도 장애 처리의 한몫을 담당하기 때문에 주의해야 한다.

스위치 기반의 로드 밸런서는 일반적인 2계층 및 3계층 스위치에 로드 밸런싱 기능을 추가한 형태의 제품으로 로드 밸런싱 처리의 효율화를 위해 전용 엔진을 탑

---

4. 서버 로드 밸런서(Server Load Balancer)를 편의상 L4 스위치 또는 더 짧게 L4라고 부르며, 이 책에서도 편의상 L4라고 명명한다.

재하거나 전문적인 ASIC 칩을 내장하는 경우도 있다. Cisco의 컨텐츠 서비스 스위치, 라드웨어-알테온의 애플리케이션 스위치, 파이오링크의 파이오링크 애플리케이션 스위치, 파운드리의 서버 아이언 그 외에 펌킨과 A10 제품 등이 있다.

11.14.1 L4 스위치 SLB 동작 방식

SLB의 기본적인 동작은 클라이언트가 자신의 DNS를 통해 응답받은 IP로 접속을 시도하고, 클라이언트로부터 L4에 설정된 실제 서비스 그룹의 대표 IP^{VIP}로 접속 요청을 받은 L4는 서비스를 위해 설정된 실제 서버의 그룹 중 적당한 (로드 밸런싱 메트릭에 따라 결정되는) 하나의 실제 서버$^{Real\ Server}$로 전달한다. 이와 동시에 L4는 클라이언트에서의 요청과 실제 서버로 전달한 내용의 접속 기록을 세션 테이블에 기록했다가 세션이 끝나길 요청하는 클라이언트의 FIN 요청이 수신될 때 이 세션 테이블의 기록을 삭제한다.

이 세션 테이블은 일종의 NAT 테이블과 유사하며, 과거 일부 벤더 제품은 NAT 방식에 기반을 둔 SLB를 구현했다. 결국 L4 스위치의 로드 밸런싱을 위한 주요 기능은 세션 테이블의 생성과 관리라고 말할 수 있다.

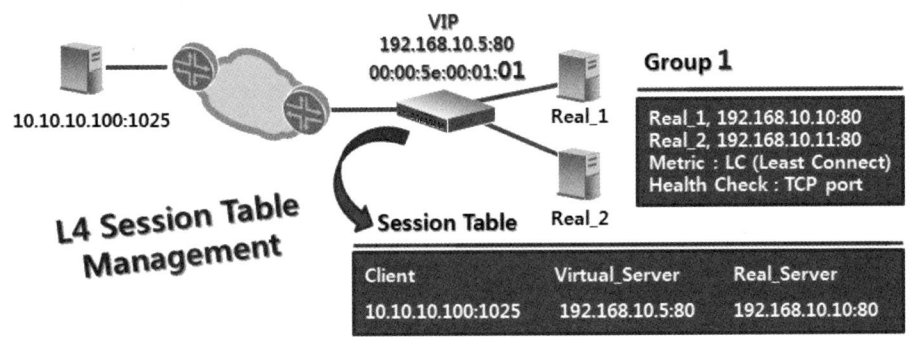

그림 11.58 L4 스위치의 SLB 세션 테이블 관리

이때 사용되는 VIP는 VRRP의 규약된 MAC 주소 방식(00-00-5E-00-01-VRID)을 사용한다(VRRP 절 참조). 물론 일부 벤더는 자신만의 독자적인 MAC 주소를 사용하는데, Alteon이나 Piolink 제품은 표준 MAC 주소를 사용하며, F5의 경우는 자신들이 생성한 인터페이스의 실제 MAC 주소를 사용하는데 필요에 따라 이를 임의의 MAC 주소로 변경할 수도 있다.

다음 그림을 통해 간단한 SLB의 동작을 살펴보자.

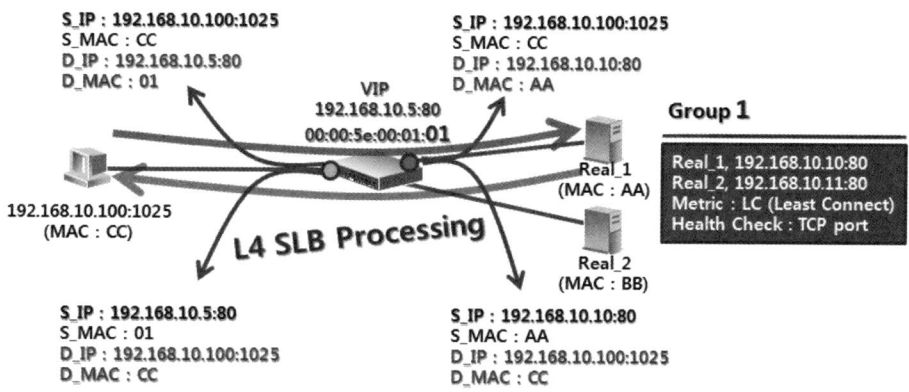

그림 11.59 L4 스위치의 WEB 서비스 SLB 동작

일반적인 L4 구성에서 클라이언트 IP는 어떤 경우에도 변하지 않고(물론 One-Armed 구성으로 설정할 경우 SNAT 설정을 통해 발신지 IP가 변하기도 한다. 구성상 달라질 수도 있음을 유념하자), DNAT이 동작하는 것처럼 목적지 IP인 대표 VIP(또는 서비스 IP)가 실제 서비스를 제공할 서버의 실제 IP로 변경된다.

L4가 서비스 트래픽을 분산하기 위해 대표 VIP를 실제 실제 IP로 변경할 때, 즉 실제 서버의 선정 작업에 사용되는 방식이 로드 밸런싱 알고리즘이며, 대부분의 L4에서 제공되는 알고리즘으로는 다음과 같은 것들이 있다.

- **최소 커넥션(Least Connection)** 최소 커넥션 방식으로 새로운 세션은 현재 활성화돼 있는 실제 서버 중에 가장 커넥션 수가 적은 실제 서버로 세션을 연결한다.

- **라운드 로빈(Round Robin)** 라운드 로빈 방식으로 현재 서버가 연결돼 있는 세션 수와는 무관하게 새로 들어온 세션을 활성화된 실제 서버에게 하나씩 순차적으로 분배한다.

- **해싱(Hashing, persistence-base 알고리즘)** 해시 방식으로 발신지 IP가 실제 서버 그룹 내의 서버에 대한 인덱스를 생성하는 요소로 사용돼 동일한 클라이언트에 대한 서비스 요청은 동일한 실제 서버로 연결돼 접속의 지속성^{persistence}을 보장하는 방식이다(이를 실무에서는 쇼핑몰의 장바구니 알고리즘이라고도 한다).

11.14.2 L4 스위치 서비스 그룹의 실제 서버 관리

L4 스위치는 서비스 트래픽의 로드 밸런싱을 위해 서비스 그룹 내의 실제 서버의 상태를 주기적으로 감시해 정상적인 실제 서버로 트래픽을 분산해줘야 한다. L4 스위치가 실제 서버의 상태를 감시하는 방식을 헬스 체크[health check]라 하고, 몇 가지의 방법이 널리 사용된다.

- ICMP ping을 이용해 서비스 그룹에 속한 실제 서버의 연결성 체크를 통한 감시
- TCP 포트 3방향 핸드셰이킹을 통한 실제 서버의 서비스 포트 체크를 통한 감시
- Script(Content 또는 컨탠트 방식) L7 콘텐츠를 서버에 요청하고 서버의 응답 체크를 통한 감시

그림 11.60의 TCP 포트 체크 부분은 SYN을 전송하고 이의 응답으로 실제 서버로부터 SYN, ACK를 L4 스위치가 받으면 바로 FIN으로 헬스 체크를 종료하는 과정을 보여준다.

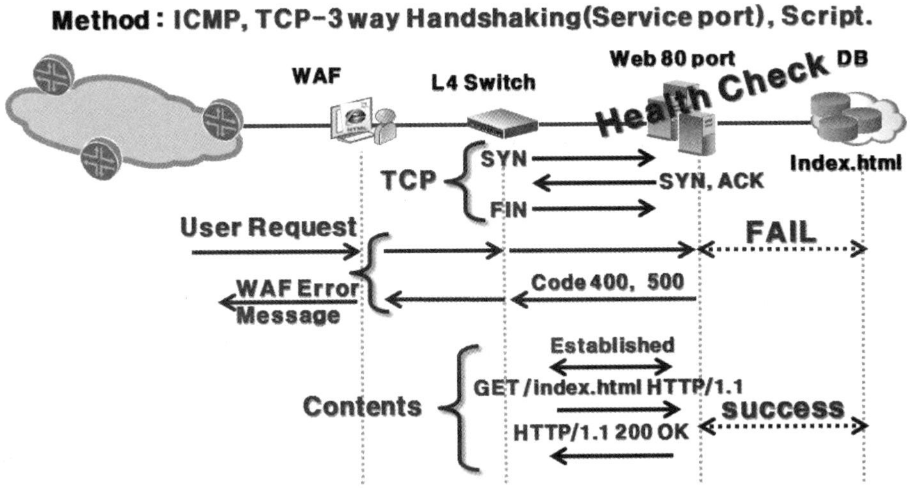

그림 11.60 L4 스위치의 실제 서버 헬스 체크

그리고 스크립트 방식의 헬스 체크는 서버와 데이터베이스 간의 연결성까지 검사할 수 있다는 점에서 서비스의 완벽한 체크 방식이라고 볼 수 있다. 그림 11.60에서

컨텐트Content 방식의 그림을 보면 L4 스위치는 서버로 스크립트된 GET/Index.html HTTP/1.1인 HTTP 요청을 체크 패킷으로 보내고, 서버는 이 요청을 받아 데이터베이스에 있는 index.html 파일이 있음을 확인하고, HTTP/1.1 200 OK 메시지를 L4로 전달한다. L4는 이 메시지를 받고 서버가 정상 동작 중에 있음을 확인한 후 바로 헬스 체크 세션을 끊는다.

참고로 중간에 WAF^{WEB Application Firewall, 웹 방화벽}가 있는 경우 서버와 데이터베이스 간의 문제로 서비스가 되지 않아 서버 웹 데몬이 에러 코드 400이나 500을 생성하면 이를 WAF가 인지하고 WAF 나름의 화면으로 사용자에게 장애 메시지를 브라우저를 통해 전달한다(WEB 데몬의 에러 코드는 절 뒤의 참고 부분에 수록돼 있다).

그림 11.61과 같이 결국 L4는 단순히 4계층의 헤더, 정확히는 소켓Socket 정보인 발신지 IP, 목적지 IP, 발신지 포트, 목적지 포트의 4가지 요소만을 보는 것이 아니라, 7계층의 헤더 및 데이터까지 핸들링할 수 있다.

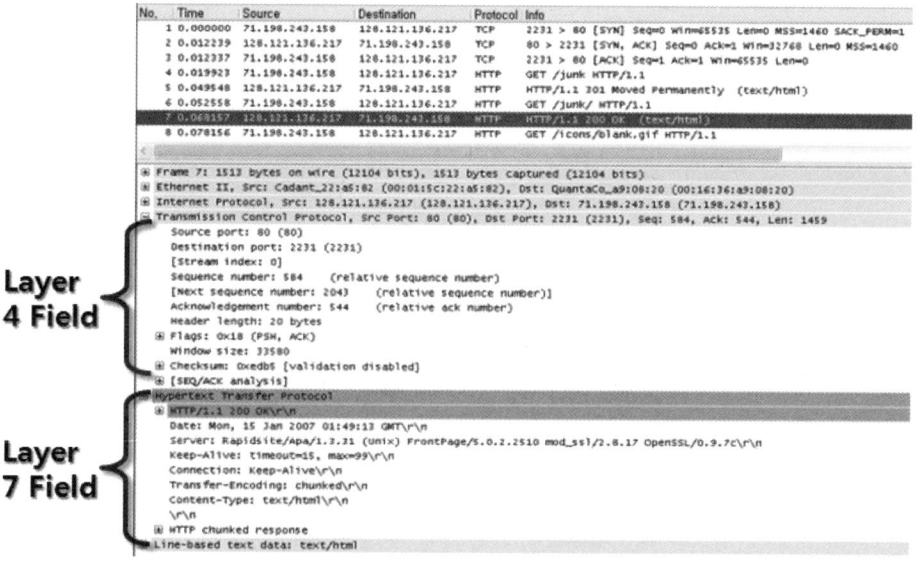

그림 11.61 L4 스위치의 패킷 핸들링 범위

따라서 L4 스위치는 특정 발신지나 목적지 IP, TCP, UDP의 포트, QoS, 그리고 7계층 정보를 이용한 특정 URL의 리다이렉션과 필터링 등을 수행할 수 있다.

11.14.3 L4 스위치 장애 사례

L4 스위치 구성에 대한 몇 가지 장애 상황을 통해 L4 스위치의 동작과 장애 조치 방안을 살펴보자.

(1) L4 스위치 구성 장애

L4 스위치의 물리적 인터페이스 개수에 대한 제한 때문에 L4 스위치 하단에 L2 스위치를 두어 포트의 가용성을 확장해 사용하는 경우가 있다. 이러한 구성에서 발생하기 쉬운 구성 장애를 살펴보자.

사실 초창기의 L4 스위치는 물리적인 포트 수에 제약이 많았으며, 이런 포트 수의 한계로 인해 하단에 L2 스위치를 두는 구성이 당연하게 여겨졌다. 현재는 라드웨어에 인수 합병된 알테온이라는 회사가 우리나라에서 인기가 좋았던 것은 1Gbps 인터페이스와 당시만 해도 타사에 비교했을 때 포트 수가 많았다는 사실이 우리나라 사람들의 정서에 딱 맞았기 때문일 것이다(물론 장비 성능도 좋았다).

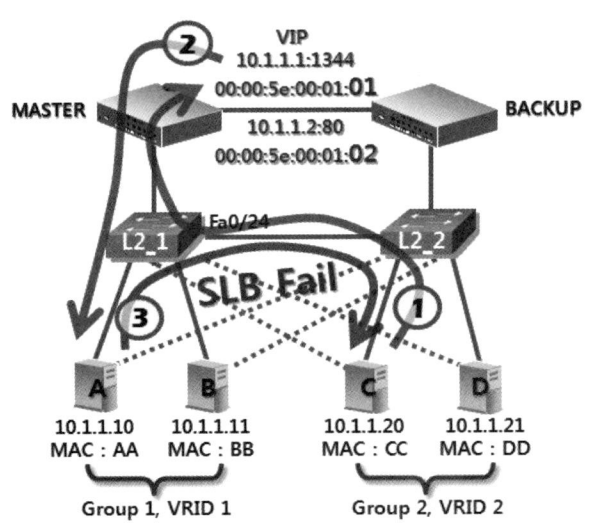

그림 11.62 L4 스위치(포트 확장용 L2 스위치 구조의 문제점)

그림 11.62를 보면 그룹 1은 데이터베이스에 대한 SLB 그룹이고, 그룹 2는 웹 서버라고 가정하자. 그룹 2의 모든 시스템이 데이터베이스 서버를 이용하는 상황에서 C 시스템이 그룹 1로 접속을 하는 경우를 가정하자.

❶ 시스템 C는 그룹 1의 VIP 10.1.1.1:1344(00.00.5e.00.01.01)로 접속을 요청한다.

❷ L4 스위치는 C의 요청에 대해 로드 밸런싱 메트릭을 사용해 실제 서버 A와 세션을 연결하면서 S_IP 10.1.1.20:1025, VIP 10.1.1.1:1344 → Real_IP 10.1.1.10:1344의 세션 테이블을 생성한다.

❸ 실제 서버 A는 자신에게 온 요청 소켓(S_IP 10.1.1.20:1025, D_IP 10.1.1.10:1344)의 패킷에 대한 응답 패킷(S_IP 10.1.1.10:1344, D_IP 10.1.1.20:1025)을 전송하기 위해 ARP를 발생시켜 목적지 C 시스템의 MAC을 찾는다.

L2_1 스위치는 목적지 MAC이 Fa0/24로 학습됨에 따라 시스템 A에 응답 패킷을 L4 스위치로 보내지 않고 Fa0/24로 프레임을 포워딩한다. 결국 이 응답 패킷을 받은 시스템 C는 자신이 전송한 소켓과 다른 패킷이 (발신지 IP가 대표 VIP가 아닌 실제 서버 IP) 수신되기 때문에 패킷을 폐기하고 세션 연결 자체가 설정되지 않는다.

간단히 이러한 이유를 "L2 통신을 하기 때문이다."라고 말하는데, 이러한 구성은 서버를 각각 L4에 직접 연결해 L4 프로세싱을 반드시 거치게 구성하면 해결된다.

(2) L4 스위치 서버 구성 장애

서버 구성의 문제로 인한 L4 장애 사례를 살펴보자. 그림 11.63과 같이 L4와 서버 사이에 실선으로 그려진 서비스 IP 172.160.30.10 외에 서버와 백본 사이에 점선으로 연결된 신규 관리 IP 172.16.30.50을 설정했다.

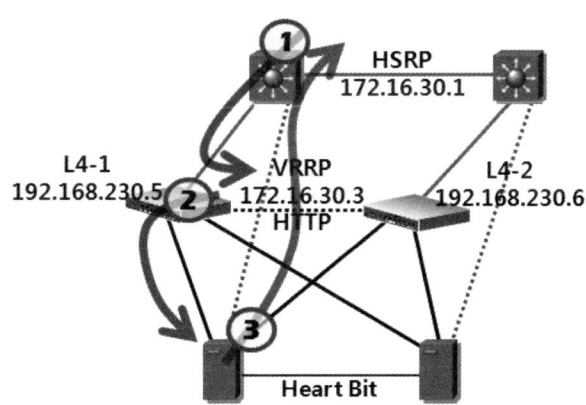

그림 11.63 구성 잘못으로 인한 L4 서비스 불가

L4 스위치의 세션 테이블에는 사용자로부터의 요청 패킷에 대한 세션 테이블 정보가 기록돼 있지만, 서비스는 이뤄지지 않는 상황이 발생한다.

원인은 서버에 추가한 신규 IP가 서비스 IP와 동일한 서브넷을 사용함으로써 디폴트 게이트웨이로 사용되는 서버 NIC 인터페이스가 변동돼 패킷의 경로가 L4로 응답 패킷이 전송되지 못하고 ❶ → ❷ → ❸의 경로로 백본으로 바로 응답을 전달하기 때문이다.

서버에서 `netstat -na`로 해당 세션에 대한 TCP 상태를 보면 RECEIVED-SYN 상태로 세션이 성립되지 않은 상태로 표시되며, `netstat -nr`로 서버의 라우팅을 보면 그림 11.64와 같았다.

```
Trouble# netstat  -nr
Routing tables
Destination     Gateway         Flags   Refs    Interface       Pmtu
127.0.0.1       127.0.0.1       UH      0       lo0             4136
172.16.30.10    172.16.30.10    UH      0       lan1            4136
172.16.30.50    172.16.30.50    UH      0       lan2            4136
127.0.0.0       127.0.0.1       U       0       lo0             0
default         172.16.30.1     UG      0       lan2            0
```

그림 11.64 서버의 netstat -nr 명령 결과

시스템의 원래 디폴트 게이트웨이는 Lan1으로 설정돼 있었지만 신규 IP를 추가한 후 서버 라우팅 정의 시 임의의 인터페이스가 게이트웨이로 지정됨으로써(즉, Lan2로 변경돼) 장애가 발생했다.

서버 벤더들의 의견은 서버 라우팅을 설정할 때 특정 인터페이스를 디폴트 게이트웨이에 사용되게 강제하는 설정을 할 수 없으며, 위의 구성과 같은 관리 IP 설정 시 네트워크 대역이 서버에서 사용하고 있는 기존의 서비스 대역과는 다른 대역을 사용해 32비트 호스트 라우팅을 설정하는 것을 권장한다고 한다.

이 장애는 L4 스위치의 장애라기보다는 서버 구성 실수로 인한 장애가 맞을 것이다.

(3) 비대칭 경로로 인한 L4 서비스 장애와 탐지

위의 에러와 같이 실제 서버에서 클라이언트와의 TCP 상태가 RECEIVED_SYN 상태이고, L4 스위치의 세션 테이블에는 세션 정보가 기록이 돼 있는 상황은 다음 두 가지 경우일 것이다.

1. 대부분이 비대칭 경로에 따라 서버에서 응답한 SYN, ACK이 경로상에서 유실 (방화벽 등의 보안장비에서 차단되거나) 되는 경우
2. 그림 11.62와 같이 서버에서 응답한 SYN, ACK이 L4를 경유하지 않아 서비스 IP 소켓이 변경되지 못해(발신지 IP가 VIP로 설정되지 못해) 클라이언트 측에서 폐기 되는 경우

정상적인 L4의 세션 테이블과 그림 11.65와 같이 서버에서 `netstat -an`으로 ESTABLISED 상태를 확인함으로써 장애 처리를 위한 원인 파악의 범위를 축소시 킬 수 있다(클라이언트의 포트 번호 4772를 서버와 클라이언트에서 `netstat -an`으로 확인하고, 이와 동시에 L4 스위치의 세션 테이블에서 클라이언트 포트 4772에 대한 세션 테이블 유무를 그림 11.66과 같이 확인하라).

```
Trouble# netstat -an
Active Internet connections (including servers)
Proto Recv-Q Send-Q  Local Address         Foreign Address        (state)
tcp       0      0   *.901                 *.*                    LISTEN
tcp       0      0   172.16.10.3.56590     192.168.239.68.49236   ESTABLISHED
tcp       0      0   *.1712                *.*                    LISTEN
tcp       0      0   172.16.10.3.80        211.222.225.164.4772   ESTABLISHED
tcp       0      0   *.382                 *.*                    LISTEN
tcp       0      0   *.80                  *.*                    LISTEN
```

그림 11.65 서버의 netstat -an 명령

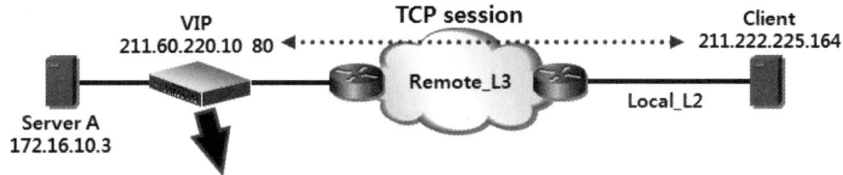

1,26: 211.222.225.164 4780, 211.60.220.10 http -> 58717 172.16.10.3 http age 10 E
1,26: 211.222.225.164 4772, 211.60.220.10 http -> 58188 172.16.10.3 http age 10 E
이 세션 테이블은 패킷이 L4 스위치로 유입되어 SLB 프로세스가 수행되었음을 의미한다.

그림 11.66 L4를 경유한 정상적 세션 테이블

(4) L4 헬스 체크 방식의 고려

실제 서버와 L4 사이에 단순히 ICMP를 통한 `ping` 테스트 방식을 사용하는 경우 실제 서버의 TCP 서비스 포트가 리스닝^{Listening} 상태가 아닐 때도 L4에서는 이를 판단하지 못하고 해당 실제 서버로 로드 밸런싱을 시도할 것이다. 결과적으로 장애 상황이 발생하는데, 이런 ICMP를 통한 헬스 체크는 불가피한 경우를 제외하고는

결코 권장되지 않는 방법이다.

이런 장애 시에 서버의 서비스 포트 동작 상황을 확인해야 하는 경우 서버 관리자는 `netstat -an`으로 TCP 서비스 포트의 리스닝 상황을 확인할 수 있으며, 이를 네트워크 담당자가 확인해야 하는 경우는 상단의 L3 스위치에서 실제 서버의 IP로 `telnet X.X.X.X 80`과 같은 형식으로 직접 서비스 포트에 접속을 시도해 서비스 오픈 여부를 확인할 수 있다.

이와는 달리 L4 스위치가 실제 서버의 TCP 서비스 포트로 헬스 체크를 수행하고 있지만 실제 서버와 데이터베이스 간 문제로 실제 서버 쪽에서 클라이언트로 정상적인 응답을 제공하지 못하는 경우도 있다. 이런 경우 클라이언트와 서버의 TCP 상황은 ESTABLISHED이지만 데이터베이스와의 통신이 문제이므로 실제 서버의 웹 데몬은 클라이언트에게 장애 원인을 설명하는 HTTP 에러 코드를 전송한다. 결국 HTTP 에러 코드를 서버(WEB 데몬)가 전송하고 있다는 말은 L4 스위치나 네트워크의 문제로 서비스에 문제가 있는 것이 아니라 실제 서버에서 전달하는 에러 코드의 의미와 마찬가지로 실제 서버와 데이터베이스 사이의 문제라는 점을 반증하는 것이다.

가장 정확한 헬스 체크 방식은 스크립트 방식으로, 관리하는 기관이 애플리케이션을 자체 개발해 사용하는 환경이라면 완료 단계에 개발자와 협업해 L4 스위치가 스크립트 방식의 헬스 체크를 위해 사용할 질의와 정상 응답에 대한 간단한 로직이나 절차를 만드는 것도 훌륭한 방법이다.

TCP의 경우 다양한 헬스 체크를 사용할 수 있지만, UDP 서비스의 경우는 TCP에 비해 제약이 있다. 가장 간단한 ICMP 정도의 헬스 체크를 생각해볼 수 있지만, 이는 너무나 소극적인 헬스 체크 방법이다.

이 경우 내 경험에 따르면 개발 완료 단계 또는 도입 단계에 개발자에게 부탁해서 애플리케이션이 정상 동작할 때 감시 프로세스가 특정 TCP 포트를 오픈하고 장애 시에 TCP 포트가 닫히게 하는 로직을 추가해 줄 것을 요청했다. 이를 통해 이 특정 포트로 L4 스위치가 헬스 체크를 할 수 있게 수행한 적이 있다.

또는 스크립트 방식을 사용하기 위해 개발자와 협의해 특정 질의 스크립트에 반응하는 로직을 애플리케이션에 추가함으로써 스크립트 방식의 헬스 체크를 수행한 적도 있다.

L4 이상의 장애 처리는 서비스 이해가 가장 중요하다. 서비스의 연관 관계를 파악하지 않는다면 (간단한 SLB 구조라면 문제가 되지 않겠지만) 정확한 장애 처리가 힘든 경우가 종종 발생한다. 또한 TCP가 어떻게 동작하는지를 알고 있지 못하다면 이 또한

장애 처리를 힘들게 할 것이다.

　L4 스위치의 설정 시에도 애플리케이션의 특성을 잘 파악해야지만 올바른 로드 밸런싱 메소드를 사용할 수 있다. 사이트를 나가보면 습관적으로 해시를 사용하는 곳을 볼 수 있는데, 해시의 사용은 반드시 세션의 지속성이 요구되고 사용자의 접속 환경이 인터넷과 같이 특정 네트워크 서브넷으로 정의할 수 없는 환경이 적당하다. 그렇지 않다면 만족할 만한 로드 밸런싱은 결코 이뤄지지 않을 것이다.

　또한 유지해야 할 세션의 지속성이 클라이언트가 서버로 하나의 세션을 연결하고 종료할 때까지라면 굳이 해시로 구성할 필요가 없다. 모든 L4 스위치는 로드 밸런싱 메소드들에 관계없이 세션 테이블을 관리하며, 세션 테이블에 존재하는 세션에 대해서는 지속적으로 동일한 실제 서버로 패킷을 전달할 것이기 때문이다.

　L4 이상의 장애 처리를 위해 네트워크 관리자가 알아두면 좋을 만한 서버 명령과 서버의 TCP 상태 점검 방법, 그리고 웹 서버의 에러 메시지를 다음 절에 정리했다.

11.15 엔지니어가 알아둬야 할 참고 사항

서버와 연관된 네트워크 장애 처리에 몇 개의 필수적인 서버 네트워크 명령을 알아두면 훨씬 효과적이다. 장애 처리에 긴요하게 사용될 서버 명령 몇 가지를 알아보자. 또한 HTTP 상태 코드와 작업 후 서비스를 체크하기 위한 모니터링 툴에 대해서도 알아두면 도움이 된다.

11.15.1 netstat 명령

서버 네트워크 장애 처리에 netstat 명령은 반드시 필요하다. 양 시스템에서 netstat를 통한 상태 정보 값과 소켓socket(발신지 IP, 목적지 IP, 발신지 포트, 목적지 포트) 값을 네트워크 장비(시스코 백본의 경우)의 캐시 플로우cache flow 정보, L4 스위치의 경우 세션 테이블 정보와 매치해 살펴볼 수 있다. netstat 명령을 설명하면서 연관된 명령도 함께 알아보자.

(1) netstat 명령 형식

서버의 netstat 명령의 옵션은 다음과 같다.

```
netstat [option]
```

- -a   일반적 내용 외에 모든 소켓, 경로 테이블(경로 정보), 네트워크 인터페이스 정보까지도 표시
- -i   네트워크 인터페이스 접속 상태에 관한 정보를 표시
- -r   경로 테이블(경로 정보)를 표시
- -n   네트워크 주소를 숫자로 표시
- -s   각 프로토콜의 통계 정보를 표시
- -g   네트워크 인터페이스의 멀티캐스트 정보를 표시
- -rv 라우팅 테이블의 추가 정보를 표시

(2) netstat -an

netstat -an의 형식은 다음과 같다.

```
Trouble# netstat -an
Active Internet connections (including servers)
Proto Recv-Q Send-Q Local Address          Foreign Address        (state)
tcp       0      0  *.901                  *.*                    LISTEN
tcp       0      0  172.16.10.3.56590      192.168.239.68.49236   ESTABLISHED
tcp       0      0  *.1712                 *.*                    LISTEN
tcp       0      0  172.16.10.3.80         211.222.225.164.4772   ESTABLISHED
tcp       0      0  *.382                  *.*                    LISTEN
tcp       0      0  *.80                   *.*                    LISTEN
```

그림 11.67 서버의 netstat -an 명령

- **Proto**   프로토콜을 의미하며, 사용 중인 TCP, UDP 프로토콜을 표시
- **Recv-Q**   전송받은 데이터 중 아직 처리하지 못하고 소켓 버퍼$^{receive\ buffer}$(recv())에 대기하고 있는 바이트 수를 표시
- **Send-Q**   전송됐지만$^{send\ buffer}$(send()) 아직 전송되지 못하고 소켓 버퍼에 대기 중인 바이트 수를 표시
- **Local Address**   로컬 IP 주소와 포트 번호, 콜론으로 분리
- **Foreign Address**   로컬 시스템과 통신 중인 외부 시스템 IP 주소와 포트 번호

- **State** 통신 상태를 표시

표 11.1은 netstat 명령을 사용할 때 표시되는 정보에 대한 의미를 정리했다. 정상적인 TCP 통신의 경우 netstat -an 명령으로 SYN_SENT, SYN_RECEIVED 등을 볼 수 있는 기회가 드물 것이다. TCP 3방향 핸드셰이킹 단계는 순식간에 지나가기 때문이다. 즉, 이것이 자주 보인다면 TCP 통신에 문제가 있다는 신호다.

표 11.1 netstat -an 명령 결과 값의 의미

# netstat -an	
LISTEN	서버의 데몬이 떠서 접속 요청을 기다리는 상태(서버 애플리케이션에서 수동적 열기로 연결 요청을 기다리고 있는 상태)
SYN-SENT	로컬의 클라이언트 애플리케이션이 원격 호스트에 연결을 요청한 상태(원격 호스트에 능동적인 개설 요청 – 능동적 열기)
SYN_RECEIVED	서버가 원격 클라이언트로부터 접속 요구를 받아 클라이언트에게 응답을 했지만 아직 클라이언트에게 확인 메시지는 받지 않은 상태(네트워크 통한 연결 요청 받음 – 수동적 열기)
ESTABLISHED	3방향 핸드셰이킹이 완료된 후 서로 연결된 상태
FIN-WAIT1	능동적 닫기(active close) 요청을 한 상태
CLOSE-WAIT	수동적 닫기를 하고 있는 상태로, FIN 종결 세그먼트를 수신하고 이에 대한 확인 메시지를 전송한 상태
FIN-WAIT2	로컬에서 종결(FIN) 세그먼트를 전송했고 원격 시스템에서 이에 대한 확인 메시지를 수신했지만 원격 애플리케이션이 작업을 종료하지 않아 원격 호스트의 종결 세그먼트를 기다리는 상태
LAST_ACK	FIN 종결 요청을 받고 로컬에서도 회선 종결에 합의해 종결을 요청(FIN)한 상태로, 이에 대한 확인 메시지가 수신되면 회선이 종결됨
TIME-WAIT	연결은 종료됐지만 분실됐을지 모를 느린 세그먼트를 위해 당분간 소켓을 열어놓은 상태
CLOSING	로컬 TCP는 FIN_WAIT_1에서 설명한 대로 FIN 종결 세그먼트를 전송했고 LAST_ACK에서 설명한 대로 원격 시스템의 종결 세그먼트도 수신했지만 FIN_WAIT_1 단계에서 전송한 세그먼트에 대한 확인 메시지(ACK)를 수신하지 못한 상태로, 보통 확인 메시지가 전송 도중 분실됐다는 것을 나타냄(흔하지 않지만 주로 확인 메시지가 전송 도중 분실된 상태)
UNKOWN	소켓의 상태에 대해서 확인이 안 되는 경우
CLOSED	완전히 종료, 가상 회선 종결

(3) netstat -nr

netstat -nr 명령에 대해 알아보자.

유닉스 시스템이 HP인지 솔라리스^{Solaris}인지에 따라 약간의 차이가 있을 수 있지만, 이해하는 데 큰 문제가 되지 않기 때문에 각기 운영체제별로 설명하지는 않겠다. 그림 11.68은 HP 유닉스의 상태 정보다.

```
Trouble# netstat  -nr
Routing tables
Destination     Gateway         Flags   Refs    Interface   Pmtu
127.0.0.1       127.0.0.1       UH      0       lo0         4136
172.16.30.10    172.16.30.10    UH      0       lan1        4136
172.16.30.50    172.16.30.50    UH      0       lan2        4136
127.0.0.0       127.0.0.1       U       0       lo0         0
default         172.16.30.1     UG      0       lan2        0
```

그림 11.68 서버의 netstat -nr 명령

- **Destination** 목적지 네트워크 또는 호스트 라우팅일 경우 호스트가 된다.
- **Gateway** Destination에 기술된 목적지에 도달하기 위한 넥스트 홉이다.
- **Flags** 이 라우팅의 특징을 서술하기 위해 이용된다.
    - U UP을 의미하며, 즉 루트가 UP돼 있고 동작하고 있음을 나타낸다.
    - H Host를 의미하며, 이 루트를 통해 단지 한 대의 호스트에만 도달 가능하다는 것을 의미한다. 즉, 이 라우팅 정보가 32비트 호스트 라우팅을 말한다.
    - G Gateway를 의미하며, 현재 인터페이스가 속해 있지 않는 네트워크가 목적지인 패킷이 이용하는 넥스트 홉을 말한다.
    - D ReDirect를 의미하며, ICMP Redirect 메시지에 의해 만들어진 루트임을 말한다.
- **Ref** 라우팅이 참조된 횟수를 말한다.
- **Use** 이 루트를 이용한 패킷의 수(Solaris..)를 의미한다.
- **Interface** 이 루트가 이용되는 네트워크 인터페이스의 이름을 의미한다.
- **Pmtu** Path MTU를 의미한다.

서버에서 외부로 통신이 되지 않을 경우 주의 깊게 살펴봐야 할 사항은 맨 마지막의 디폴트 라우팅 경로다. 또한 특정 32비트 호스트 라우팅이 있다면 이 역시 잘 살펴봐야 한다. 서버 관리자를 폄하하는 것은 아니지만 나는 개인적으로 서버 관리자에게 `netstat` 로그 자료를 요구한다(서버 라우팅 문제로 두 시간 정도 네트워크만 열심히 뒤져본 경험이 있다면 이해하리라).

서버 관리자 없이 인터페이스 설정과 라우팅을 추가해야 하는 경우가 있다. 이 경우를 대비해 다음 명령도 알아두면 유용하게 사용할 일이 분명히 있을 것이다.

ifconfig(인터페이스 설정과 확인)

`ifconfig` 명령을 통한 정보는 그림 11.69와 같다.

```
#ifconfig   hme0   172.16.10.2   netmask   255.255.255.0   broadcast   172.16.10.255
              (1)       (2)         (3)          (4)           (5)           (6)
```

그림 11.69 ifconfig 명령의 형식

(1) 인터페이스 이름(솔라리스의 경우 hme의 이름을 갖는다)

(2) 해당 인터페이스의 IP 설정

(3) `netmask` 명령

(4) 넷마스크 값 설정

(5) `broadcast` 명령

(6) 브로드캐스트 주소 설정

설정 후 `ifconfig -a` 명령으로 인터페이스의 상태를 확인하면 그림 11.70과 같은 결과를 얻을 수 있다.

```
# ifconfig -a
lo0: flags=849<UP,LOOPBACK,RUNNING,MULTICAST> mtu 8232
        inet 127.0.0.1 netmask ff000000
hme0: flags=863<UP,BROADCAST,NOTRAILERS,RUNNING,MULTICAST> mtu 1500
        inet 172.16.10.2 netmask ffffff00 broadcast 172.16.10.255
        ether 8:0:20:a4:76:45
```

그림 11.70 ifconfig -a 명령

설정한 인터페이스가 (예의 경우 hme0) DOWN으로 표시돼 있다면 다음처럼 인터페이스를 활성화시켜줘야 한다.

```
# ifconfig hme0 up
```

위의 명령으로 인터페이스를 활성화시킨 후 `ifconfig -a hme0` 명령으로 인터페이스의 활성화 상태를 확인하기 바란다.

route(라우팅 추가, 삭제 명령)

서버의 라우팅을 추가하는 명령인 `route`는 그림 11.71과 같다(참고로 여기서 사용하는 명령어는 HP 유닉스를 대상으로 작성했으며, 운영체제별로 차이가 있을 수 있다).

#route	add	10.10.10.0	netmask 255.255.255.0	172.16.10.1	1
	(1)	(2)	(3)	(4)	(5)

그림 11.71 route 명령의 형식

(1) `add`는 추가, `delete`는 삭제를 의미

(2) 목적지 네트워크나 32비트 호스트, 디폴트 게이트웨이를 정의할 때 `default` 명령 사용

(3) 목적지 네트워크의 netmask 값

(4) 목적지 네트워크로 향하기 위한 다음 홉 IP

(5) 라우팅 메트릭^{routing metric} 값

서버의 디폴트 게이트웨이를 설정하는 명령은 다음과 같다.

```
# route add default 172.16.10.1 1
```

위 설정을 마친 후 `netstat -nr` 명령으로 설정 내용을 확인할 수 있다. 인터페이스 설정과 라우팅 설정은 별도의 시스템 설정 파일을 변경해 저장하지 않는 이상 시스템 재부팅과 함께 유실된다. 자세한 사항은 시스템 관리자의 도움을 받기 바란다.

또한 `arp -a` 명령으로 설정된 라우팅 테이블의 ARP 정보가 정확히 ARP 캐시되는지 확인함으로써 서버에서의 네트워크 설정 과정은 끝났다고 할 수 있다. `arp` 명령은 따로 설명하지 않겠다.

(4) netstat -i

netstat -i는 인터페이스에 대한 다양한 상태 정보를 보여주는데, 각 필드는 그림 11.72와 같다.

```
netstat -i
Name   Mtu    Net/Dest   Address    Ipkts    Ierrs   Opkts    Oerrs   Collis   Queue
lo0    8232   loopback   localhost  3012     0       3012     0       0        0
hme0   1500   10.1.1.0   jjang      321077   0       221307   0       0        0
```

그림 11.72 인터페이스 상태 확인을 위한 netstat -i 명령

- **Name** 네트워크 인터페이스의 이름
- **Mtu** 최대 전송 단위(바이트)
- **Net/Dest** 네트워크 번호, /etc/inet/networks 파일을 참조
- **Address** 인터페이스 IP 주소, /etc/inet/hosts 파일 참조
- **Ipkts/Ierrs** 입력되는 패킷의 수와 에러의 수
- **Opkts/Oerrs** 출력되는 패킷의 수와 에러의 수
- **Collis** 인터페이스상에서 발생한 충돌 프레임의 수
- **Queue** 전송하기 위해 대기하고 있는 패킷의 수(항상 0, Zero가 정상이다)

참고로 서버의 네트워크 상황을 충돌 비율(Collision Rate)로도 판단할 수 있는데, 다음과 같은 식으로 구한다.

Collision Rate(%) = (Collision / Opkts) × 100

이 값이 0~2%이면 양호한 상태, 3~5%이면 적당한 상태, 그리고 5~10%이면 나쁜 상태로 패킷이 유실되고 있음을 의미한다. 또한 netstat -i (sec)의 옵션을 사용해 옵션 초 단위로 상태 변화를 지속적으로 보여줄 수도 있다. 또한 윈도우 시스템에서는 netstat -e 1을 실행하면 위와 동일한 카운트 화면을 1초 단위로 모니터링할 수 있다.

11.15.2 HTTP 상태 코드

HTTP 상태 코드는 100번대부터 500번대까지 존재하며, 100번대는 정보적 내용을 나타내고 200번대는 전송의 성공을 나타내며, 300번대는 리다이렉션에 대한 정보를 보여준다.

HTTP 상태 코드 중에서 400, 500번대는 에러 상태를 보여주는데, 물론 구체적으로 알면 좋겠지만 대략적으로 400은 클라이언트 에러를 의미하고 500은 서버 에러를 의미한다는 점을 알아두자.

(1) 1XX번대와 2XX번대 코드

1XX번대와 2XX번대 코드의 메시지와 설명은 표 11.2와 같다.

표 11.2 1XX번대와 2XX번대 코드

코드	메시지	설명
1XX	Informational(정보)	정보 교환
100	Continue	클라이언트로부터 일부 요청을 받았으니 나머지 요청 정보를 계속 보내주길 바람(HTTP 1.1에서 처음 등장)
101	Switching Protocols	서버는 클라이언트의 요청대로 Upgrade 헤더를 따라 다른 프로토콜로 바꿀 것임(HTTP 1.1에서 처음 등장)
2XX	Success(성공)	데이터 전송이 성공적으로 이뤄졌거나, 이해됐거나, 수락됐음
200	OK	오류 없이 전송 성공
202	Accepted	서버가 클라이언트의 요청을 수락함
203	Non-authoritavive Information	서버가 클라이언트 요구 중 일부만 전송
204	Non Content	클라이언트의 요구를 처리했으나 전송할 데이터가 없음
205	Reset Content	새 문서 없음. 하지만 브라우저는 문서 창을 리셋해야 함(브라우저가 CGI 폼 필드를 전부 지우도록 할 때 사용됨, HTTP 1.1에서 처음 등장)
206	Partial Content	클라이언트가 Range 헤더와 함께 요청의 일부분을 보냈고 서버는 이를 수행했음(HTTP 1.1에서 처음 등장)

(2) 3XX번대 코드

3XX번대 코드의 메시지와 설명은 표 11.3과 같다.

표 11.3 3XX번대 코드

코드	메시지	설명
3XX	Redirection(재지정)	데이터의 위치가 바뀌었음
300	Multiple Choices	최근에 옮겨진 데이터를 요청
301	Moved Permanently	요구한 데이터를 변경된 URL에서 찾았음
302	Moved Permanently	요구한 데이터가 변경된 URL에 있음을 명시. 301과 비슷하지만 새 URL은 임시 저장 장소로 해석됨.
303	See Other	요구한 데이터를 변경하지 않았기 때문에 문제가 있음
304	Not modified	클라이언트의 캐시에 이 문서가 저장되었고 선택적인 요청에 의해 수행됨(보통 지정된 날짜보다 더 나중의 문서만을 보여주게 하는 If-Modified-Since 헤더의 경우)
305	Use Proxy	요청된 문서는 Location 헤더에 나열된 프록시를 통해 추출돼야 함(HTTP 1.1에서 처음 등장)
307	Temporary Redirect	데이터가 임시적으로 옮겨짐

(3) 4XX번대 코드

4XX번대 코드의 메시지와 설명은 표 11.4와 같다.

표 11.4 4XX번대 코드

코드	메시지	설명
4XX	Client Error (클라이언트 오류)	클라이언트 측의 오류. 주소를 잘못 입력했거나 요청이 잘못됨
400	Bad Request	요청 실패. 문법상 오류가 있어 서버가 요청 사항을 이해하지 못함
401.1~5	Unauthorized	권한 없음(접속 실패)
402	Payment Required	예약됨
403.1~12	Forbidden	금지, 접근 금지(수행 접근 금지)

표 11.4 4XX번대 코드(이어짐)

코드	메시지	설명
404	Not Found	문서를 찾을 수 없음. 서버가 요청한 파일이나 스크립트를 찾지 못함
405	Method not allowed	메소드 허용 안 됨. 요청 내용에 명시된 메소드를 수행하기 위해 해당 자원의 이용이 허용되지 않음
406	Not Acceptable	받아들일 수 없음
407	Proxy Authentication Required	프록시 서버의 인증이 필요함
408	Request timeout	요청 시간이 지남
409	Conflict	요청을 처리하는 데 문제가 있음. 보통 PUT 요청과 관계가 있음. 보통 다른 버전의 파일을 업로드할 경우 발생함(HTTP 1.1에서 새로 등장)
410	Gone	영구적으로 사용할 수 없음
411	Length Required	클라이언트가 헤더에 Content-Length를 포함하지 않으면 서버가 처리할 수 없음(HTTP 1.1에서 새로 등장)
412	Precondition Failed	선결 조건 실패. 헤더에 하나 이상의 선결 조건을 서버에서 충족시킬 수 없음
413	Request entity too large	요청된 문서가 현재 서버에서 다룰 수 있는 크기보다 큼 (HTTP 1.1에서 새로 등장)
414	Request-URI too long	요청한 URI가 너무 김
415	Unsupported media type	요청이 알려지지 않은 형태임(HTTP 1.1에서 새로 등장)

(4) 5XX번대 코드

5XX번대 코드의 메시지와 설명은 표 11.5와 같다.

표 11.5 5XX번대 코드

코드	메시지	설명
5XX	Server Error(서버 오류)	서버 측의 에러로 올바른 요청을 처리할 수 없음
500	Internal Server Error	서버 내부 에러

표 11.5 5XX번대 코드(이어짐)

코드	메시지	설명
501	Not Implemented	필요한 기능이 서버에 설치되지 않았음
502	Bad gateway	게이트웨이 상태가 나쁨
503	Service Unavailable	외부 서비스가 죽었거나 현재 멈춘 상태, 또는 이용할 수 없는 서비스
504	Gateway timeout	프록시나 게이트웨이의 역할을 하는 서버에서 볼 수 있음. 초기 서버가 원격 서버로부터 응답을 받을 수 없음(HTTP 1.1에서 새로 등장)
505	HTTP Version Not Supported	해당 HTTP 버전을 지원하지 않음

11.15.3 작업 후 서비스 체크를 위한 모니터링 툴

내부의 특정 구간에 대해 작업한 후 작업 범위의 서비스에 원격 사이트로 우회 접근해 마치 외부에서 접속한 것과 같이 서비스를 체크할 수 있는 툴을 알아보자.

내부 로컬 사용자가 외부 원격 사용자처럼 접근할 수 있는 한 가지 방법은 프락시 서버를 사용하는 방법으로, 외부의 프락시 서버를 경유해 실제 테스트할 웹 서버로 접근하는 우회 방법이다. 이를 간편하게 수행해 주는 툴이 토르^{Tor}라는 자동 프락시 연결 브라우저다(https://www.torproject.org).

 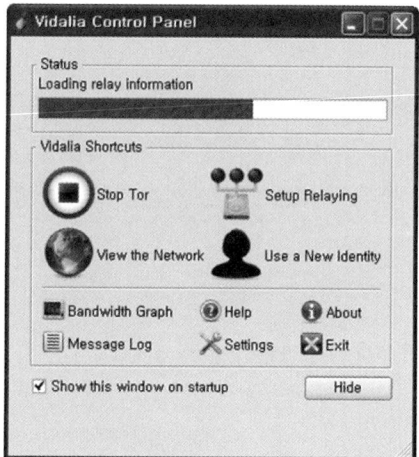

그림 11.73 토르를 시작할 때 프락시 서버에 연결 중인 화면

토르를 실행하면 그림 11.73과 같이 세계에 흩어져 있는 프락시 서버 중 하나에 연결되는 과정을 거치며, 일단 연결이 완료되면 그림 11.74와 같이 현재 사용 중인 프락시 서버의 아이피(85.24.185.55)가 오로라^{Aurora} 브라우저를 통해 보인다.

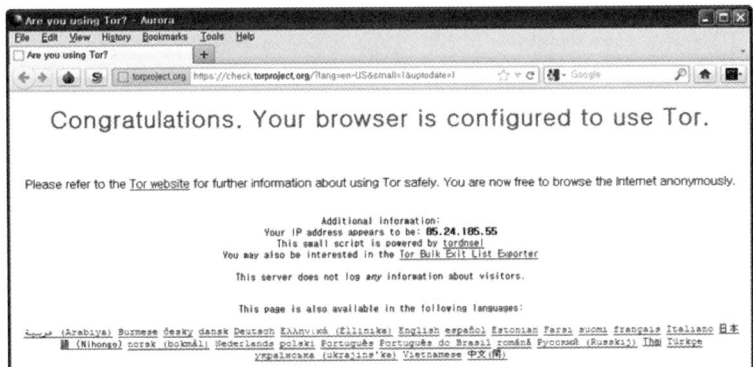

그림 11.74 프락시 서버에 연결된 오로라 브라우저

이를 ipconfig.co.kr에서 자세히 확인해보면 내가 Tor를 통해 사용하는 IP와 국가를 그림 11.75와 같이 볼 수 있다.

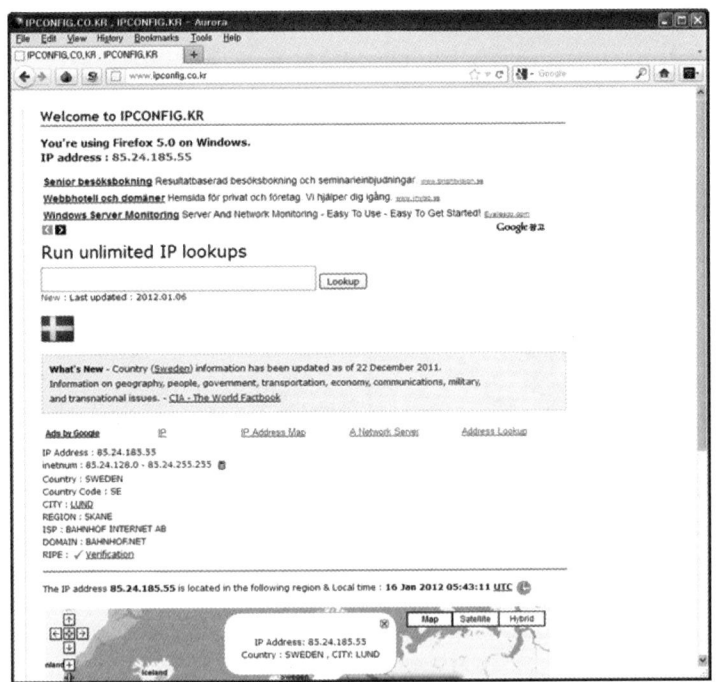

그림 11.75 ipconfig.co.kr을 통한 Tor 프락시 연결 국가 및 IP 확인

참고로 토르는 자신의 IP를 감춰주는 역할을 하기 때문에 악의적인 목적으로 활용하는 일이 없길 바란다.

위의 방법이 작업 후 외부 사용자 환경에서의 서비스 체크 방식이라면 BGP 라우팅을 체크하기 위해 routeview.org를 사용할 수 있다. telnet 명령으로 다음과 같이 미국 오레곤 대학 route view 프로젝트의 시스코 라우터에 접속하고 BGP 명령을 사용해 자신이 작업한 BGP 정책이 외부로 제대로 광고되고 있는지를 확인할 수 있다(그림 11.76 참조).

telnet route-views.routeviews.org

```
**************************************************************************
                    Oregon Exchange BGP Route Viewer
          route-views.oregon-ix.net / route-views.routeviews.org

route views data is archived on http://archive.routeviews.org

This hardware is part of a grant from Cisco Systems.
Please contact help@routeviews.org if you have questions or
comments about this service, its use, or if you might be able to
contribute your view.

This router has views of the full routing tables from several ASes.
The list of ASes is documented under "Current Participants" on
http://www.routeviews.org/.

                              **************
route-views.routeviews.org is now using AAA for logins.  Login with
username "rviews".  See http://routeviews.org/aaa.html
**************************************************************************

User Access Verification
Username: rviews
route-views>sh ip bgp
BGP table version is 1093802360, local router ID is 128.223.51.103
Status codes: s suppressed, d damped, h history, * valid, > best, i - internal,
              r RIB-failure, S Stale
Origin codes: i - IGP, e - EGP, ? - incomplete
```

```
   Network          Next Hop         Metric LocPrf Weight Path
r> 0.0.0.0          196.7.106.245         0             0 2905 65524 16637 i
*  1.0.4.0/22       194.85.102.33                       0 3277 3267 9002 4323 7545
   7545 7545 7545 56203 i
*                   193.0.0.56                          0 3333 3356 4323 7545 7545
   7545 7545 56203 i
*                   65.106.7.139          3             0 2828 7545 7545 7545 7545
   7545 56203 i
*                   144.228.241.130                     0 1239 174 7545 7545 7545 7545
   7545 56203 i
*                   206.24.210.102                      0 3561 6453 7545 7545 7545
   7545 7545 56203 i
*                   194.85.40.15                        0 3267 9002 4323 7545 7545
   7545 7545 56203 i
*                   89.149.178.10        10             0 3257 4323 7545 7545 7545
   7545 56203 i
*                   134.222.87.1                        0 286 4323 7545 7545 7545 7545
   56203 i
```

[생략...]

위와 같이 `telnet route-views.routeviews.org`로 접속하면 Username을 묻는데, 계정은 rviews를 사용하면 된다. 모든 명령을 실행할 수는 없지만 BGP 라우팅 테이블의 확인을 위한 `show` 명령과 레직스[regix](정규 표현식[regular expression]의 줄임말)를 사용해 특정 프리픽스에 대한 라우팅 광고를 확인할 수 있다.

이외에 룩킹 글라스[looking-glass]의 일종인 traceroute.org에 접속해 리스트에 나와 있는 각 나라의 ISP의 AS로부터 특정 목적지로의 `ping`이나 `traceroute` 정보 등을 제공받을 수 있다(과거에는 라우팅 정보까지도 제공했지만, 보안상의 이유로 제공하는 서비스의 범위가 많이 축소됐다).

11.16 정리

11장에서는 트랜스포트 계층의 프로토콜 중 TCP를 중심으로 동작 특성과 프로토콜 알고리즘을 살펴봤다. 네트워크뿐만 아니라 보안에 관련된 사항인 TCP 하프오픈 공격과 IP 스푸핑 공격, 방어 대책 등도 함께 알아봤다.

또한 실제 패킷 캡처를 통해 TCP의 흐름 제어와 에러 제어도 분석해봤다. 11장의 취지인 네트워크 및 보안 엔지니어가 TCP 패킷을 분석하기 위해 필요한 사항들은 대부분 언급했다.

또한 L4 스위치에 대해 간단히 언급했으며, 참고로 엔지니어가 알아둬야 할 서버 시스템의 네트워크 관련 명령 몇 가지를 정리했다.

> 이 책에서 사용한 패킷 캡처 툴은 '와이어샤크(WireShark)'를 사용했으며, 무료 버전으로 http://www.wireshark.net에서 구할 수 있다. 또한 와이어샤크에 관한 참고 서적으로는 트래픽 분석의 대가인 로라 채플이 집필한 『Wireshark® Network Analysis』의 한국어판으로 에이콘 출판사의 『와이어샤크 네트워크 완전 분석』을 추천한다.

12
네트워크 관리

12장에서는 네트워크의 관리와 장애 처리 방법을 알아본다. 대부분의 엔지니어들이 문서화에 대해 적잖게 부담을 느끼는 것이 사실이다. 하지만 문서화야말로 더 나은 네트워크를 구성하는 바탕이 되는 작업이다. 따라서 무엇을 어떻게 문서화할지에 대해 몇 가지 사항을 알아본다. 또한 지금껏 경험해왔던 점들에 비춰 장애에 대처할 수 있는 몇 가지 방법을 키워드로 나열했다.

12.1 네트워크 관리와 장애 처리

12.1.1 구축 설계서와 운영 매뉴얼

네트워크는 각 기관의 서비스 목적에 따라 각기 다른 디자인으로 설계되며, 새로운 서비스의 증가와 기업의 목표 변경 같은 다분히 비즈니스 변화의 수용적인 측면과 신기술 수용 등과 같은 IT 환경 변화에 따라 점차 확장 진화해간다.

이와 같은 IT 인프라 구축을 위해 기관들은 일명 '구축 설계서'라는 문서를 작성한다. 이 문서에는 기관이 요구하는 핵심 비즈니스와 이를 지원할 IT 인프라 서비스에 대한 요구 사항이 반영되며, 이를 기초로 IT 인프라의 서비스별 영역을 확정하고 서버와 네트워크 및 보안 장비들의 물리적 구성 방안을 정의한다.

물리적 구성 방안을 토대로 인프라를 구성하는 각 장비별 논리적 역할 정의를 통해 실제 서비스 트래픽의 흐름 경로를 설계하는데, 궁극적으로 인프라 구성과 운영에 관련된 기본적인 정책들은 모두 구축 설계서에 포함돼 있어야 한다.

이렇게 구축된 IT 인프라를 운영 관리하기 위해 관리자는 '구축 설계서'를 바탕으로 각 서비스 영역에 대한 운영 매뉴얼을 작성하고, 운영 중에 발생하는 물리적 변경이나 논리적 설정 변경 사항들을 주기적으로, 또는 주요 변경이 발생될 때마다 운영 매뉴얼에 버전별로 수정해 보완 관리해야 한다.

운영 매뉴얼에 포함돼야 할 내용은 다음과 같다(몇 가지 항목만을 도출했다).

- 네트워크 상세 구성도와 IP 블록 할당 정보
    - 전체 네트워크 구성도(간략 구성도)
    - 서비스 영역별 구성도(영역별 구성 방안)
    - VLAN 설계와 구성 정책
    - IP 블록의 할당 정책
    - 주요 백본 스위치들의 모듈 실장도와 포트 사용률
- 장비 설정 부분(통상 일반적 구성이 아닌 특수한 상황을 위해 적용된 설정 내용)
    - L3 장비에서 정책 기반 라우팅^{PBR} 설정 내용과 설정 이유

- □ L3 장비에서 루트 필터링 설정 내용과 설정 이유
- □ L3 장비에서 정적 라우팅 설정 내용과 설정 이유(특히 32비트 호스트라우팅)
- □ L3 장비에서 NAT 설정 사항(연계 서비스)
- □ L4 장비에서 SLB 메트릭 설정 시 해시나 라운드 로빈 방식의 사용 이유
- □ L4 장비에서 헬스 체크 방식이 ICMP를 사용하는 이유

이외에도 히스토리 관리가 필요한 사항에 대해서는 반드시 기록해야 한다.

- 장비 장애 내역(주요한 장애에 대한 내역 정리)
    - □ 장애 재발이 빈번한 영역의 장애 처리와 원인 분석 내역
- 주요 서비스 제공 서버 목록
    - □ 기관이 제공하는 주요 서비스 제공 서버에 대한 목록과 담당자와 연락처
    - □ 복잡한 연계 서버를 통해 제공되는 주요 서비스에 대한 서비스 트래픽 흐름도

운영 매뉴얼은 네트워크 인프라의 운영에 필수적인 문서로, 네트워크 구성 변경, 신규 시스템 도입 또는 시스템 변경 작업을 위한 검토 자료와 장애 조치를 위한 분석 자료로 활용될 수 있게 문서 정보를 항상 현행화해야 한다. 또한 이런 운영 매뉴얼은 관리자나 엔지니어의 변경 시에 인수인계 자료로도 활용된다.

대부분의 운영 매뉴얼이 장비의 명령 설명을 위주로 제작되는 경우가 많은데, 이는 운영 매뉴얼이라기보다는 장비 매뉴얼의 명령 해설집이라고 말하는 것이 맞다(명령으로 일관된 운영 매뉴얼은 작성하지 말아야 한다). 운영 매뉴얼은 될 수 있는 한 반드시 필요한 내용만 작성돼 향후 현행화를 쉽게 할 수 있게 만들어야 하며, 다른 사람이 읽었을 경우에도 의미를 파악할 수 있게 작성해야 한다.

또한 각 서비스 영역의 특성과 영역에 구성된 장비들의 구성 특성을 간단하고 직관적으로 서술해야 한다. 작고 심플한 것이 가장 아름다운 법이다.

12.1.2 장애 처리 접근법

네트워크를 운영하다 보면 많은 장애를 만나게 된다. 장애 처리가 끝난 후 어수선한 상황들을 정리하다 보면 항상 아쉬운 점이 남는데, 이것이 바로 "어떻게 하면 장애 처리를 효과적으로 할 것인가?"라는 점이다.

"장애 처리에 대한 왕도가 있을까?" 아마 없을 것이다. 모두들 경험에 의해 또는 기술력과 노력을 통해 장애라는 난관을 넘는다. 장애 처리 시에 어떤 사람은 직관적으로 문제의 원인을 도출해 내는 사람이 있는가 하면, 또 어떤 사람은 장애 상황조차도 설명하지 못하는 사람이 있다. 하지만 분명한 것은 이런 장애 처리를 통해 더욱 성숙한 엔지니어가 돼 간다는 것이다. 다음은 장애 처리 시에 반드시 지켰으면 하는 사항들을 기술해봤다.

증상을 나열하라.

노트를 집어 들고 장애 처리 시에 반드시 자신이 파악한 증상을 나열해야 한다. 자신이 파악한 내용과 옆에서 이야기하는 내용은 반드시 따로 적도록 한다.

옆에서 이야기하는 내용은 원인 파악에 있어 단순히 참고 사항으로만 사용한다. 주위 사람들의 말에 현혹돼 장애 처리를 하다 보면 어느 순간 장애 상황을 정리해야 할 노트에 소설을 쓰고 있을 것이다. 즉, 모두 바라보는 관점이 다르기 때문에 자신의 관점에서 장애 증상을 나열하는 것이 중요하다.

장애 처리 시 기존 설정 파일을 백업하고 수행 내용을 기록하라

장애 처리를 위해 장애 전에 수행했던 작업에 대한 내용과 적용 시간을 기록하라. 이 기록은 장애 처리가 완료된 후에도 원인 파악을 위해 많은 참고 자료가 될 것이다 (가능한 한 작업한 내용은 모두 로그로 저장하기 바란다). 또한 원복을 해야 한다면 백업된 기존 설정 파일을 사용해야 한다.

조용히 하고 신뢰하라

장애 처리 작업자에게 신뢰감을 심어주고 장애 처리 시에 긴장하지 않고 평정심을 유지해야 한다. 또한 장애 처리자에게 말하는 단편적인 요구 사항과 정보는 장애 처리자를 더욱 혼란스럽게 할 수 있다. 논리의 연속성을 가지고 장애 상황을 처리해야 할 담당자 입장에서는 주위의 근거 없는 요구들을 수용하다 보면 장애 처리 시간만 증가시키는 결과를 초래할 것이다.

로그 정보만을 신뢰하라

장애 처리 시 주변의 근거 없는 정보에 현혹되지 말고 로그에 근거한 합리적인 추론을 통한 장애 처리를 수행해야 한다. 나열된 증상을 통해 가정을 세우고, 로그 정보를 통해 가정을 입증한다. 이 과정에서는 집단 토의가 필요하고 회의 시 중요한 사항은, 증상이 다른 것들은 분리해 논점이 흐려지는 것을 방지해야 한다. 우리는 공학의 세상에 있다는 점을 명심해야 하며, 말도 안 되는 논리나 증거로는 가정이 입증될 수 없다.

장애 처리를 하다보면 증상과 상관없는 문제가 발견되는데, 이런 것은 과감히 다른 섹터로 분리해야 한다. 또한 문제는 문제를 불러일으켜 데이지 체인$^{Daisy\ Chain}$처럼 전혀 다른 증상을 유발시킬 수 있다. 여기서 장애의 주된 원인이 되는 증상을 골라내야 하는데, 이 과정에서 경험과 기술이 왜 중요한지를 대부분의 엔지니어가 실감하게 된다.

문제를 분리하면서 확대 해석하지 말아야 한다. 문제를 분리할 때의 원칙은 오컴의 면도날 법칙[1]에서와 같이 "모든 것이 똑같으면 가장 간단한 대답이 정답이다."를 떠올려라. 실상 장애는 복합적 원인에 의해 발생하는 복합 장애보다 한 가지 원인으로 유발되는 경우가 대부분이다.

다수의 서버와 네트워크 장비가 엮인 복합 장애와 같이 장애 처리 시에 관련된 인원이 많을수록 '~카더라' 통신이 만연한다. 이런 증명할 수 없는 말들에 현혹돼 이리 저리 뛰어다니다 보면 정작 아무런 소득 없이 시간만 낭비할 수 있다. 결국 각 분야별 장애 처리 담당자들이 관련 로그를 가지고 회의를 통해 증상을 정의하고, 그 결과를 가지고 장애 처리를 수행해야 한다.

자신의 멘토에게 도움을 청하라

증상을 분리하고 조합해 문제를 도출할 때 자신이 어렵다고 생각되면 주저하지 말고 자신의 멘토에게 도움을 청하라. 노하우$^{Know\ How}$도 중요하지만 노후$^{Know\ Who}$도 무척 중요하다. 장애 처리는 시간과의 싸움인 만큼 장애 처리 시에 자신만의 노후에 대한 임계 시간을 가지고 시간을 초과하면 바로 전화 버튼을 눌러야 한다.

누군가에게 또는 자신에게 가정을 설명하라

제니터의 원칙$^{Janitor\ Principle}$에 따라 그 내용을 알지 못하는 누군가에게 문제를 설명하다 보면 자신이 놓쳤던 실마리를 찾을 수 있다. 초등학교 4학년 아이에게 어떤 현상을 설명하려 한다면 그 현상을 최대한 쉽고 간단하게 요약해 설명해야 할 것이다. 이런 과정을 거치다보면 다른 관점에서 문제가 해석되고 놓쳤던 실마리를 찾을 수 있다.

---

1. Ockham's Razor(오컴의 면도날): 무엇을 설명하기 위해 지나치게 많은 전제나 가정을 끌어들여서는 안 되며, 꼭 필요한 것으로만 제한해야 한다.

변경 사항을 찾아라

잘 동작하는 네트워크가 갑자기 멈춘다면 이는 무언가가 멈추는 데 촉매 역할을 수행한 것이다. 경험상 대부분이 잘못된 작업에 기인한 경우가 많은데, 우선 작업 사항을 체크해 최근에 변경된 사항을 검토한다. 또한 물리 계층(케이블, 하드웨어)의 문제를 먼저 진단해 봐야 한다. 11장에서 설명한 TCP의 스팸 메일 서버의 장애와 같이 의외로 장애는 간단한 물리 계층에서 자주 발생한다.

장비의 리부팅은 최후 방법이지 조치가 아니다

문제가 해결되지 않으면 최후의 방법으로 장비를 리부팅한다. 하지만 반드시 명심할 것은 리부팅과 함께 모든 증거도 소멸된다는 것을 명심하고 로그 정보를 모두 수집해야만 한다(물론 콘솔로도 접속조차 되지 않는다면 로그 수집이 불가능할 수도 있다). 또한 리부팅 후에도 장애가 지속될 때 장애 처리를 어떻게 진행할 것인지도 고려해야 한다.

대부분 리부팅 후에 장애 상황이 종료된다면 장애 원인 규명이 흐지부지되는 경우가 많다. 하지만 리부팅은 장애를 처리하는 하나의 방법이지 장애를 조치한 것이 아니기 때문에 장애 원인 규명을 위한 분석 작업은 지속돼야 한다.

장비를 믿어라

간혹 장애 시마다 습관적으로 장비를 리부팅하는 사례를 종종 접한다. 그리곤 장비의 버그 때문에 리부팅을 해야 한다고 말한다. 장비를 믿지 못하는 순간 엔지니어는 아무 것도 할 수 없게 된다. 이는 자신이 스스로 엔지니어를 전원 스위치로 전락시키는 행위와도 같다 그리고 장비의 버그란 자주 발생하는 것이 결코 아니다(원인이 진짜 버그라면 제조사에게 버그에 대한 기술 문서를 요청하고 버그가 제거된 운영체제로 장비를 업그레이드해야 할 것이다).

위를 보지 말고 맨 먼저 아래를 보라

장애의 영향 범위가 크면 클수록 장애는 과대 포장되기 마련이며, 이러한 장애의 경우에 장애 처리자가 미리 겁을 먹고 아무런 준비 없이 불길 속으로 뛰어들어 우왕좌왕하는 모습을 많이 봤다(사실 이러한 경우는 주위의 분위기도 한몫을 한다). 대부분의 네트워크 장애는 상위 계층보다는 하위 계층에서 발생하는 빈도가 높다. 따라서 아래 계층부터 로그와 증상을 통해 차근차근 분석해 가다보면 장애의 실마리를 쉽게 찾을 수 있을 것이다.

12.2 네트워크 변경을 위한 고려 사항

네트워크를 운영하다 보면 지속적으로 장애가 발생하거나 서비스의 변경으로 인해 네트워크를 변경해야 하는 경우가 발생한다(중간에 보안 장비를 삽입하거나, 새로운 기능의 필요에 의해 장비를 추가하는 것 또는 간단한 일상적 변경들, 예를 들어 VLAN의 추가나 서버를 변경하는 것 들은 논의 사항에서 제외된다).

12.2.1 구성 측면의 고려 사항

일정 규모의 네트워크 변경에 대해 엔지니어는 변경을 위한 개선안을 작성해야 하며, 개선 방안은 단순화, 표준화, 안정성의 3가지 측면을 충분히 반영해야 한다.

  이 3가지 사항이 고려하고자 하는 것은, 개선을 통해 네트워크는 더욱 단순화돼 직관적이어야 하고, 모든 기술은 가급적 표준 프로토콜로 구현되고, 디자인은 조직의 표준 모델에 따라 구성돼야 한다는 점이다.

  표준 프로토콜의 사용은 여러분의 네트워크가 특정 벤더에 종속되지 않게 할 것이다. 표준 프로토콜의 사용이 힘든 경우 향후 표준 프로토콜로 대체될 수 있는 기술을 사용하길 바란다. (예를 들어 시스코의 3750은 HSRP만을 지원한다. 이럴 경우 현재 가용할 수 있는 자원으로 HSRP을 구현하더라도 향후 장비의 변경에 따라 표준인 VRRP로 대체될 수 있다. 관리자는 이와 같이 비표준 기술에 대한 대체 표준 기술을 인지하고 있어야 한다.)

  또한 이때의 표준 모델은 네트워크 구축 설계서에 근거한 표준 모델이어야 한다. 대대적인 구성 변경을 수행하려 한다면 개선안은 새로운 구축 설계서와 이에 근거한 표준 모델을 역시 제시해야 한다. 더욱이 서비스의 안정성은 네트워크 변경을 통해 더욱 견고해져야 한다. 이와 같은 사항들이 전부 고려되지 않았다면 개선안은 상급 관리자들에게 받아들여지기 힘들 것이다.

12.2.2 경제적 측면의 고려 사항

대부분의 엔지니어들은 기술 본위로 생각하기 때문에 경제적 측면을 소홀히 하기 쉽다. 하지만 대부분의 조직에서 비용을 산정하고 IT 비용에 투자를 결정하는 사람들은 엔지니어가 아니라 회계부서나 총무부서의 직원들이다.

"네트워크는 공학이며, 따라서 경제성이 없거나 선택받지 못하는 기술은 공학기술로 생존할 수 없다"라는 말은 엔지니어들이 한 번쯤 생각해 봐야 할 말일 것이다. 결국 모든 조직은 경제 논리로 움직이며, 이에 따라 네트워크 변경 역시 조직이 요구하는 경제적 요건들을 충족시키는 범위 내에서 이뤄져야 한다.

네트워크 변경이나 개선에 대해 대부분의 조직이 요구하는 경제적 요소는 비용 절감, 성능과 용량 증대, 비즈니스 신뢰성 향상의 3가지로 압축된다. 결국 기술 구현에는 인적, 물적 비용이 수반되기 마련이다. 조직에서의 IT 기술이란 비즈니스의 지속성과 의사결정을 위한 도구이며, 엔지니어는 조직의 비즈니스를 경제적 측면에서 저렴한 비용으로 최대의 효과를 창출할 수 있게 설계해야 한다.

따라서 네트워크 변경에 대한 경제적 측면에서의 고려는 비용 절감과 비즈니스 신뢰성 향상 측면에서 고려돼야 하며, 신기술의 도입을 통한 성능과 용량 증대도 수반돼야 한다. 여기서 신기술이란 통신기술뿐만 아니라 장비의 하드웨어 구현 기술도 포함된다. 특히 비용 절감 부분은 장비 비용만 지칭하는 것이 아니다. 예를 들어 기존 장비 두 대를 신규 장비 한 대로 줄임으로써 발생하는 유지 보수 비용(경상비용)의 절감과 인건비 절감도 비용 절감의 차원에서 함께 고려해야 한다.

12.3 정리

12장에서는 네트워크를 운영할 때 요구되는 엔지니어의 문서화 작업에 대해 서술했고, 네트워크의 변경을 위해 충족돼야 할 사항을 언급했다. 간혹 엔지니어들이 기술에 치우쳐 조직의 규모와 적정성에 비해 IT 인프라 비용에 과도한 투자를 요구하기도 하는데, 이에 대해 경제적 측면에서 생각해 볼 몇 가지 고려 사항들을 같이 나열해봤다.

찾아보기

숫자

0.0.0.0/8 대역 389
0X1aaa (6826) 패킷 383
0Xb8c7 (47303) 패킷 384
10.0.0.0/8 대역 390
10Base-T 50
10Base-T 장비와 서버 상호 연동 92
10Base-T로 동작하는 허브와 연결 92
100Base-T 50
1000BASE-CX 62
1000Base-T 50, 54
100Base-T와 1000Base-T의 구성 비교 54
100Base-T와 1000Base-T의 케이블 송수신 차이 55
127.0.0.0/8 대역 390
128.0.0.0/16 대역 390
169.254.0.0/16 대역 390
16비트 체크섬 동작 방식 473
172.16.0.0/12 대역 390
191.255.0.0/16 대역 391
192.0.0.0/24 대역 391
192.0.2.0/24 대역 391
192.168.0.0/24 대역 391
1기가 이더넷의 1000Base-T 구성과 동작 54
1바이트 전송에 사용되는 슬라이딩 윈도우 508
223.255.255.0/24 대역 391
3계층 스위치 133
3방향 핸드셰이킹 327, 377, 467
4B/5B 48
4B/5B 블록 코딩과 NRZ-I 라인 코딩의 사용 예 48
4Byte 802.1pQ Tag Control Field 구조 132
4방향 핸드셰이킹 488
5dB 감쇠기 69
5-Level Pulse Amplitude Modulation 49
5레벨 PAM 49
802.1pQ 태그 130
802.1pQ 프레임 131
802.1Q 트렁크 197, 198
802.1Q 트렁크 포트 198
802.1Qau CN의 동작 방식 146
802.1Qaz ETS의 동작 방식 144
802.1Qbb PFC의 pause 동작 방식 143
802.3 SAP 프레임 81
802.3 이더넷 프로토콜 90
802.9 프로토콜 90
8B/10B 48

ㄱ

가로채기 모드 485
가변 길이 서브넷 마스크 431, 434
가상 라우터 448
가상 라우터 그룹의 마스터 라우터 448
가상 라우터 식별자 448
가상 랜 127
가상 링크 타입 144
가상 허브 214
가상 회선 465
간단한 HSRP 설정 455
간단한 VRRP 설정 451
감쇠 63
감쇠기 68
강제 모드 91
개회로 155
개회로 구간 256
거리 벡터 라우팅 프로토콜 430
검출 시간 산정 326
게이트웨이 IP 주소 필드 401
경로 값 156, 158, 171
경로 값 메트릭 241
경상비용 565
경쟁적 회선 쟁탈 방식 94
계층별 캡슐화 34
고밀도 파장 분할 다중화 61
고주파에 의한 전자기적 간섭 제거 52
고체심선 케이블 65
공유 링크 183
공인 IP 429
공칭 전파 속도 65
과도한 충돌 에러 110
과부하 NAT 426

관리 VLAN   127, 202
광 기가 이더넷   86
광 손실   58
광고 주기   450
광섬유   55
광섬유 윈도우 대역과 손실 곡선   60
광섬유별 광 손실의 일반적 값   59
광섬유의 손실 요소   59
광소자   68
광소자 종류와 커넥터 종류   61
광신호 증폭 특성   58
광증폭기   60
광케이블 커플링   44
광케이블의 구성   56
광통신 모드   56
광통신의 3가지 모드 특성   57
광통신의 손실 특성   58
교착 상태   496
구내 통신 선로 설비   70
구부림 손실   58
구성 잘못으로 인한 L4 서비스 불가   537
구워진 주소   84
구축 설계서   559
군집 에러   499
권장 설치 허용 거리   62
근단 누화   55, 64
근단 누화 대비 감쇠비   67
글라스 흡수 손실   60
기가 이더넷   99
기계적 특징   45
기능적 특징   45
기술 능력 필드   90
기저대 전송   69
긴 메트릭   159

ㄴ

나머지 연산   296
낮은 처리 지연   144
내부 게이트웨이 프로토콜   430
내부 로컬 주소   420
내부 전역 주소   420
널 세그먼트   495
네이글 알고리즘   501, 504
네이버   255
네이티브 VLAN   201, 207
네이티브 VLAN 1을 이용한 시스코_SW1과 논시스코 스위치 연결   215
네이티브 VLAN 2의 태그되지 않은 PVST+ SSTP BPDU   210
네이티브 VLAN으로 수신된 BPDU는 일반적인 멀티캐스트 패킷으로 처리된다.   243
네이티브 VLAN이 1인 경우 주니퍼 스위치의 동작   240
네이티브 VLAN이 2인 경우 주니퍼 스위치의 동작   241
네이티브 VLAN이 VLAN 1이 아닌 경우   209
네이티브 VLAN이 VLAN 1인 경우   204
네트워크 ID   384
네트워크 ID와 호스트 ID로 구성된 IP 주소의 구조   385
네트워크 계층 구조   38
네트워크 대역의 요약   432
네트워크 인터페이스 카드   44
네트워크 장비 비정상 동작과 잘못된 케이블 구성으로 인한 루핑   256
네트워크 주소 포트 변환   426
네트워크 측면의 TCP 하프오픈 공격 대비 방법   484
노 버퍼 에러   100
노드   75
노말 링크 펄스   87, 92
노하우   562
노후   562
논루트 브리지   160
논리적 링크 제어   77
논시스코 장비 연동 시 주의 사항   235
논에지 포트   178
누적 ACK   521
누적 승인   500
누화   53
느린 시작 임계값   512
느린 시작과 CWND   513
느린 시작과 혼잡 회피 동작   524
느린 시작과 혼잡 회피의 CWND 변화   514
능동적 닫기   543
능동적 열기   543
늦은 충돌   99
늦은 충돌 에러 검출   111

ㄷ

다양한 데이터 링크 계층 프로토콜간의 IP 통신   374
다익스트라 알고리즘   432
다중 경로상의 혼잡 발생에 따른 장애   443
다중 트래킹 설정 단계   318
다중 트래킹 설정 예   319
다중 트래킹 옵션   318
다중화   69
단계 지수   56
단방향 NAT, 발신지 NAT   422

단순화　564
단일 STP 스위치　235
단자 플러그　45
단파장 대역　61
단파장대　60
단편화　374
단편화 만료 타이머　410
대륙별 인터넷 레지스트리　390
대역 전송　69
대역폭 할당　144
대체 포트　156, 169, 181
데시벨　65
데이지 체인　562
데이터 링크 계층　75
데이터 링크 제어　75
데이터 센터의 다양한 네트워크 인프라 영역　139
데이터 전송률　45
데이터 회선　45
데이터링크 계층 프로토콜　33
동시 연결 종료의 4방향 핸드셰이킹　491
동의 BPDU　177
동적 NAT　421
동적 엔트리　366
동적 할당　399
듀플렉스 모드　86
듀플렉스 미스매치　91
듀플렉스 불일치　263
드롭 모드　485
등급 지수　56
등록된 포트 번호　468
등위 원단 누화　64, 67
디자이어러블 모드　298
디퍼 에러　101
디폴트 VLAN　200
디폴트 게이트웨이　359

ㄹ

라우터　29, 133
라우터에서 캡처한 호스트 1로의 ICMP 재지정 메시지　395
라우터에서 호스트 2로의 Proxy-ARP 응답　398
라우팅 누락 장애 처리　442
라우팅 메트릭　546
라우팅 알고리즘　437
라우팅 연동 정책　38
라우팅 정책　39
라운드 트립　418
라운드 로빈　299
라인 코딩　46

랜덤 재전송 대기 시간　96
랜덤한 패킷 폐기　143
런트 에러　100
레이턴시　139, 441
레일리히 산란　59
레직스　554
로드 밸런서　464
로드 밸런싱 메트릭　537
로드 밸런싱 알고리즘　296
로컬 네트워크 브로드캐스트 주소　387
루트 브리지　156
루트 브리지 선정　170
루트 포트　156
루트 포트의 선정　171
루프 방지　155
루프 프리　255
루프 회피 U 구조　272
루프 회피 U 구조와 루프 회피 역 U 구조　272
루프 회피 U 구조의 동작　273
루프 회피 U 구조의 업링크 장애　274
루프 회피 역 U 구조　272, 274
루프 회피 이중화 구성　281
루프백 테스트　108
루핑　108, 152, 255
룩킹 글라스　554
리버스 페어　64
리틀 엔디언　161
리피터　112
링크 로스 캐리　310
링크 무결성　311
링크 상태 동작　433
링크 상태 정보 광고　433
링크 어그리게이션　288
링크 어그리게이션 마커 프로토콜　293
링크 어그리게이션 서브레이어　289
링크 어그리게이션 서브레이어 구조　290
링크 어그리게이션 서브레이어의 위치　289
링크 어그리게이션 제어 프로토콜　293
링크 장애　273
링크 장애에 대한 구성 붕괴　280
링크 코드 워드　88
링크 코드 위치　89
링크 테스트 펄스　87
링크 플래핑　111
링크 플래핑 검출　111
링크 플래핑에 의한 err-disable 상태 발생 로그　109

ㅁ

마우 87
마지막 비트 83
마커 메시지와 마커 응답 메시지 291
마커 생성기/수신기 290
마커 수신기 292
마커 응답 291
마커 응답기 291
마커 프로토콜 293
만료 시간 118
망 형태 33
매체 변환 계층 374
매체 이름의 정의 70
매체 접근 제어 75, 77
매체 통합 138
매체의 종류에 따른 표준 명칭 62
매트로 이더넷 30, 362
맥스 에이지 타임 162
맨체스터 코딩 방식 47
멀티레이어 스위치 29
멀티모드 56
멀티모드 광섬유 59
멀티섀시 이더채널 302
멀티캐스트 83
멀티캐스트 프레임 127, 155
멀티캐스트 헬로우 제어 프레임 273
멀티포트 리피터 30, 112
멀티플 액세스 95
메시지 에이지 163
메시지 에이지 필드의 동작 방식과 '맥스 에이지'와의 관계 164
멧칼프 76
멧칼프가 그렸던 이더넷 초안으로 10Base5의 표준이 됐음 76
모드 분산 56, 57
목적지 IP 주소(Destination IP Address) 필드, 32비트 379
목적지 NAT 동작과 외부 주소 421
목적지 도달 불가 408
목적지 도달 불가 타입의 하위 코드 값 목록 408
무결성을 검사 104
무선 주파수 104
무손실 패브릭 146
무차별 모드 114, 123
물리 계층 29, 43
물리 계층 문제 563
물리적 러너 299
물리적 커넥터 유형 44
물리적 포트의 어그리게이터 바인딩 292
미러링 123

ㅂ

바이트 스트림 465
바이패스 모드 91
박스 구조 271
반송 손실 64, 66
반송 손실의 검출 방식 66
반이중 91
발광 소자 스펙트럼 폭 58
발신지 IP 주소 필드 379
발신지 라우팅 414
발신지 억제 407, 408
발신지 억제 메시지 409
발신지 억제 메시지 사례 415
방화벽 29
방화벽 모듈 273
배드 체크섬 473
백 프레슈어 145
백 플레인 106
백로그 대기 시간 493
백로그 큐 482, 483
백본 스위치와 L4 스위치의 동일 네트워크 박스 이중화 구성 276
백업 포트 181
백오프 알고리즘 96
버스트 에러 499
버전 필드 376
버퍼 오버플로우 484
베이비 자이언트 프레임 132
베이스 링크 코드 워드 89
베이스 링크 코드 워드 구성 정의 89
베이스밴드 69
벨만 포드 알고리즘 430
변조율 55
보곤리스트 488
보상 장비 60
보안 설정 위반 111
보호 대역 104
보호 밴드 104
복제 패킷 382
본사, 지사 간에 동적 라우팅을 사용하는 HSRP 구성 458
본사, 지사 간에 정적 라우팅을 사용하는 HSRP 구성 457
부가적 손실 58, 59
부정 승인 525
분배 계층 37

분배 알고리즘　290
분배기　290
분산 특성　57
불리언 AND 연산　392
불순물 손실　59
불일치 포트　233
브로드밴드　69
브로드캐스트　83
브로드캐스트 스톰　100
브로드캐스트 영역　127
브로드캐스트 영역이 두 개로 분할된 VLAN　128
브로드캐스트 프레임　154
브리지　30, 114
브리지 ID　156
브리지 ID 구성　156
브리지 우선순위　156
블록 코딩　48
블록 포트　155
비대칭 경로　443
비대칭 경로로 인한 L4 서비스 장애와 덤지　538
비대칭 경로에 의한 장애　443
비동기 모드　326, 327
비신뢰성 서비스　373
비신뢰적인 통신　75
비연결형 모드　81
비연결형 서비스　373
비연결형 서비스 프로토콜　32
비용 절감　565
비정상 엔트리　366
비지정 포트　156
비차폐 쌍 꼬임선　49
비침묵 키워드　298
비트 스트림　44
빅 엔디언　161
빠른 스패닝 트리 프로토콜　151
빠른 재전송과 빠른 회복의 윈도우 변화　518
빠른 재전송과 윈도우의 변화　517
빠른 회복 알고리즘　523

ㅅ

사설 IP　429
사용 전 검사 측정 항목　70
사용 전 검사 측정 항목과 기준 값　70
사용자 VLAN　201
사용자 구간 링크 장애 시의 LLCF 동작　310
산란　58
산란 손실　59
상호호환성　288

상황 설명　445
새시 가상화 기술　192
색깔의 파장　58
생존 시간 필드　378
생존성 감지　322
생존성 확보 전략 정책　38
서로 다른 VLAN 간 통신　134
서로 다른 극을 갖는 동일한 송수신 쌍이 필요한 이유　52
서버 로드 밸런싱　531
서버 백로그 큐 늘리기　483
서버 측면의 TCP 하프오픈 공격 대비 방법　483
서버 티밍 구성과 스위치 이중화 구성　151
서버 프로세스　278
서버에서 라우터로 향하는 프레임의 루핑 발생에 따른 영향　153
서버의 netstat -an 명령　539, 542
서버의 netstat -nr 명령　544
서버의 netstat -nr 명령 결과　538
서브넷　127
서브넷 마스크　355
서브넷 마스크를 잘못 설정한 경우 트래픽 흐름　394
서브넷 마스크를 잘못 설정한 경우의 통신　393, 397
서브넷 마스크를 잘못 설정한 호스트를 위한 프폭시 ARP 동작　397
서브넷 마스크의 불리언 AND 연산　393
서브인터페이스　134
서비스 IP 대역　39
서비스 거부 공격　481
서비스 대표 IP　277
서비스 데몬 리스너　477
서비스 모듈　273
서비스 액세스 포인트　28, 33
서비스 품질 보장　133
서비스의 지연 현상　108
선취 기능　452
선취 지연　456
설정 BPDU　162, 167
설정 BPDU와 토폴로지 변경 알림 BPDN 포맷　167
세그먼트　31
세그먼트 단위　119
세션　29
세션 수립 과정　327
세션 초기화　327
세션 테이블　280
셀렉터 필드　89
소켓 레벨　473
소켓 버퍼　542

소프트 커널 튜닝 367
손실의 종류 58
송신 채널 52
송신자의 최대 세그먼트 크기 512
수동 할당 399
수동적 열기 543
수렴 대기 시간 305
수렴 시간 187
수신 비트 간격 46
수신 채널 52
수신 포트 대역폭 158
수집기 291
순서 번호 32
순환 순서 방식 299
순환 중복 검사 379, 471
스니핑 114
스로틀 에러 101
스머프 공격 387
스위치 MAC 주소 테이블에 의한 포워딩 117
스위치 MAC 주소 테이블에 의한 필터링 118
스위치 오버 274
스위치 포트의 MAC 주소 161
스위치에서 시스템 간의 유니캐스트 프레임 포워딩 120
스위치의 FCS 동작 103
스위치의 MAC 주소 학습과 플러딩 116
스위칭 131
스탠바이 라우터 136
스톰 제어 129
스트레이트 케이블 51
스트레이트 케이블 구성
스패닝 트리 구조의 루트 브리지 최적화 270
스패닝 트리 기능을 비활성화한 L4 이중화 구성 279
스패닝 트리 연산 258
스패닝 트리 프로토콜 151
스패닝 트리 환경 구성 278
스푸핑 388
스플라이싱 109
스플릿 페어 64
슬라이딩 윈도우 506
슬라이딩 윈도우(윈도우 닫힘) 508
슬라이딩 윈도우: 윈도우 오픈 509
슬라이딩 윈도우: 윈도우 축소 509
슬로우 프로토콜 293
슬로우 헬로우 메커니즘 321
시간 만료 291
시간 초과 410
시리얼화 지연 441

시스코 라우터의 라우팅 테이블 생성과 포워딩 439
시스코 스위치에서 show interface 화면 94
시스코 스위치에서의 VLAN 1 블록 포트 선정 243
시스코 스위치에서의 VLAN 명칭과 용도 199
시스코 스위치에서 show controllers 98
시스코 스위치에서의 스패닝 트리 상황, show spanning-tree 160
시스코 스위치와 논시스코 스위치 간의 SSTP 플러딩 222
시스코 스위치와 논시스코 스위치 간의 PVST+ 연동 216
시스코 스위치의 PVST 지원을 위한 BID 구성 157
시스코 스위치의 PVST상에서의 브리지 우선순위 값 158
시스코 장비에서 사용 가능한 로드 밸런싱 방식과 적용 가능한 스위치 모델 300
시스코 장비에서의 Traceroute 테스트 결과 기호 418
시스코 장비에서의 ping 테스트 결과 기호 415
시스코 장비에서의 ping 테스트 결과 메시지 415
시스코 장비의 AD 값 비교 표 439
시스템 ID와 우선순위 294
식별 필드 377, 380
신뢰적 장비 운영 203
신호 대 잡음비 68
신호 전달 방식 70
신호 주기 44
싱글 스패닝 트리 240
싱글 스패닝 트리 인스턴스 199
싱글모드 56
싱글모드 GBIC은 멀티모드 케이블에서도 동작한다? 68
싱글모드 광섬유 59
쌍 꼬임선 52
쓰레기 MAC 119

ㅇ

안정성 564
알로하넷 76
암수 플러그 45
애플리케이션 계층 29
애플리케이션 계층 프로토콜 32
애플리케이션 처리 지연 520
애플리케이션 헤더 31
액세스 계층 37, 39
액세스 포트 130, 198
액세스 포트를 이용한 서로 다른 VLAN_ID 간 통신 135
액세스 포트와 트렁크 포트의 VLAN 통신 135
액세스 포트의 VLAN 이름 불일치 261
액터와 파트너 294
액티브 라우터 136
액티브-액티브 280
양방향 NAT 설정과 동작 423

양방향 NAT, 목적지 NAT 422
어그리게이션 제어 292
어그리게이터의 주소 할당 292
어그리게이트 러너 299
어드레싱 75
어보트 에러 101
어븀 도파 광섬유 58
언더런 에러 101
언태그 프레임 201
에러 감지 75
에러 검출 75
에러 보고 메시지 404, 407
에이직 처리 29
에이징 타이머 114, 118
에이징 타이머 기반의 MAC 주소 테이블 관리 118
에이징 타임 164, 317
에지 계층 39
에지 포트 178, 183
에코 기능 326
에코 요청/응답(Echo Request/Reply) 414
에코 패킷 323, 325
에테르 76
엠블럼 제도 71
여러 가지 케이블과 광 전송 소자 타입 61
역캡슐화 31
연결형 모드 81
연결형 서비스 32
연속적 다중 충돌 발생 99
예약된 MAC 주소 84
예약된 이더넷 MAC 주소 84
오로라 브라우저 552
오버런 에러 101
오컴의 면도날 법칙 562
오프셋 필드 380
옥탈 랜카드 287
올드 메트릭 159
옵션 필드 379
와이어 속도 106
와이어맵 63
와치 모드 485
완전 이중화 305
외부 게이트웨이 프로토콜 430
외부 로컬 주소 420
외부 전역 주소 420
외부적 간섭 53
우선 운영 모드 326
우선 필드 376

우선순위 133
우선순위 기반 흐름 제어 142
우선순위와 서비스 타입 필드 376
운영 매뉴얼 559
원단 누화 64, 67
원암 구성 283
원인과 해결 방안 445
웹 방화벽 190
윈도우 갱신 세그먼트 496
윈도우 계열의 tracert 동작 417
윈도우 닫힘 508
윈도우 대역 60
윈도우 스케일 479
윈도우 오픈 508
윈도우 축소 509
윈도우 탐색 세그먼트 496
윈도우 파장 대역과 손실 곡선 60
윈도우 풀 491
유니캐스트 83
유닉스/리눅스 계열의 traceroute 동작 417
유동 정적 라우팅 137
유전체 손실 65
유지 보수 비용 565
유휴 심볼 93
응답 만료 시간 340
의사 헤더 469
이그노어 에러 101
이더넷 75
이더넷 DIX 2.0 프레임 78
이더넷 MAC 주소 구조 83
이더넷 링크 무결성 307
이더넷 스위치 동작 방식 115
이더넷 스위치 버퍼 구조와 에러 요인 100
이더넷 스위치의 동작 115
이더넷 프레임 79
이더넷 허브의 동작 113
이더넷과 IEEE 802.3의 802.1pQ 프레임 비교 132
이더타입 133
이동 통신 구내 선로 설비 70
이상의 신호율 48
이중화 151
이중화 링크 포트의 STP 연산을 위한 포트 ID 사용 161
인스턴스 0 VLAN 201
인접 관계 433
인증 타입 450
인코딩 31
인터 VLAN 라우팅 134

인터넷 계층   29
인터넷 계층 프로토콜   32
인터페이스 다운에 따른 트래킹의 상태 변화   320
인터페이스 상태 확인을 위한 netstat -i 명령   547
인터페이스 트랙   279
일반적 형태의 ICMP 헤더 구조와 이더넷 프레임 구성   406
일반적인 정상 종료의 4방향 핸드셰이킹   488
일시정지 메커니즘   143
일치성 체크   205
임계 전압   96
임계각   56
입력 에러   100
입사각   56

ㅈ

자가 동기   48
자가 동기 상태   511
자가 동기화   46
자동 개인 IP 할당   389
자동 사설 IP   402
자동 할당   399
자동 협상   86
자동 협상 기능 비활성화 장비와 서버 상호 연동   93
자동 협상 기능 활성화 장비와 서버 상호 연동   92
자동 협상 기능이 활성화돼 있는 100Base-T로 동작하는 스위치와 연결   92
자동 협상을 위한 우선순위 테이블   90
자동 협상이 비활성화된 100Base-TX로 동작하는 스위치와 연결   93
자이언트 에러   100
자체 에러 검색 기능   46
자치 시스템   430
잘 알려진 포트   468
잘못 표기된 체크섬 에러   475
잘못된 케이블 유형   66
잡음 신호   54
잡음과 방해 신호에 대한 면역 기능   46
장비 자원 사용률   255
장비의 버그   563
장애 극복   273
장애 극복형   151
장애 시 라우팅 전환이 되지 않는 문제   136
장애 시의 LLR 동작 방식   312
장파장대   60
재귀 루트   445
재귀 루트의 이해   446
재료 손실   58
재전송 타이머 인터벌   498

재전송 타임아웃   475
재전송 패킷   383
재전송에 의한 순서 번호 재사용과 타임 재전송 만료 시간 증가   499
재조합   374
재지정   409
잼 시그널   96
저손실 대역   60
저주파   46
전기적 특징   45
전달 지연   441
전반사   55
전송 대역   57
전송 모드   169
전송 비트 간격   46
전송 윈도우 타이머   497
전송된 시그널과 충돌이 감지된 시그널   96
전송로 링크 장애 시의 LLCF 동작   310
전송로 에러 감지 알람 기능   321
전송률   44
전송률 제어   145
전송용 광섬유   58
전송율 제어   145
전압 레벨과 전압 변화의 타이밍   45
전압 변화   47
전압 준위   47
전이중   91
전자 흐름에 의한 전자기장   52
전자기 방출   52
전자기장   53
전자기적 간섭   52
전자기적 필드   66
전체 길이 필드   376
전통적 통신 파장 대역   61
절차적 특징   45
점보 패킷   473
접속 손실   58
접지 회선   45
정규 해제   493
정렬 에러   100
정보 제공 메시지   404
정보 프레임   81
정상 상태 시의 LLCF 동작   310
정상 상태 시의 LLR 동작 방식   311
정상 상태의 통신 흐름   165
정적 NAT   421
정적 NAT와 동적 NAT   421

정적 라우팅 359
정적 라우팅 환경에서 BFD 적용 330
정적 라우팅상에서 인터페이스를 다음 홉으로 사용할 때의
    문제점 444
정적 엔트리 366
정적 호스트 라우팅 425
제니터의 원칙 562
제로 복귀 방식 47
제로 윈도우 491
제로 윈도우와 윈도우 갱신 세그먼트 497
제록스 76
제안 BPDU 177
제어 트래픽 통신 202
제어 패킷 323
제어 프로토콜 메시지 292
제어 필드 81
제어 회선 45
제조자 코드 83
종단 간 이더넷 링크 무결성 307
종단 장비 29
종합 유선 방송 전송 선로 설비 70
주니퍼 VSTP와 시스코 스위치의 RPVST+ 연동 244
주니퍼 스위치 VSTP와 시스코 스위치 PVST+/RPVST+의
    상호 연동 244
주니퍼 스위치의 LACP 구성 306
주소 재학습 255
주소 플래핑 255
중간자 공격 364
중단 해제 493
중복 ACK와 빠른 재전송 515
중복 IP 주소 255
중복 주소 153
중복 확인응답 ACK 515
지속 타이머 494
지연 변이 441
지연 연결 486
지연된 확인응답 501
지정 포트 156, 169
지정, 비지정 포트의 선정 172
지터 지연 441
직류 성분 46, 48
직접 브로드캐스트 주소 387
진성 손실 59
진폭 53
질의 모드 326, 327
질의, 정보 제공 메시지 414
짧은 메트릭 159

ㅊ

차단 모드 168
차단 상태 187
차단 포트 156, 171
차등 모드 53
차등 모드와 코먼 모드 노이즈 제거 53
채널의 포트 멤버 수에 따른 로드 밸런싱 비율 301
처리 지연 124, 139, 441
청취 모드 169
체크섬 473
체크섬 연산 469
체크섬 오프로드 473
초고속 정보통신 건물 인증 71
초고속 정보통신 서비스 71
초광대역 전송 57
초기 순서 번호 467
초기 윈도우 512
최단 경로 비용 169
최대 세그먼트 생명 기간 490
최대 세그먼트 크기 380
최대 전송 프레임 크기 374
최대 프레임 전송률 105
최선 노력 144
최소 커넥션 533
최소 프레임 크기 99
최적화 – 하단 링크 구간의 BLK 270
최적화 이전 – Channel 구간의 BLK 270
최하위 비트 83
충돌 감지 95
충돌 비율 547
충돌 에러 93, 95
충돌 에러 영역 114
충돌 에러와 잼(Jamming) 신호 96
충돌 영역 113
침묵 모드 298
침입 차단 시스템 308
침입 탐지 시스템 308

ㅋ

캐노니컬 133
캐리어 센스 95
캐리어 주파수 69
캐시 플로우 541
캡슐화 31
커넥션 타임아웃 474
커넥터 접속 불량 108
커넥터의 에러 66

케이블 임피던스　66
케이블 종류　44
케이블 테스터　63
케이블링　29
코드 워드 정보　311
코먼 모드 노이즈　52, 53
코먼 모드 노이즈 제거 과정　54
쿠테타 메시지　456
크로스 페어　64
크로스오버 케이블　51
크로스오버 케이블 구성　51
클래딩　55
클래스 분류에 따른 IP 주소　385
클래스 서비스　133
클록 인터벌　498
클록킹　46

E

타이밍 회선　45
타임아웃 타이머　329
타입 불일치　228, 234
타입 필드　36
태그　130
태그 정보　131
태그 제어 정보 필드　133
태그 프레임 타입　133
태깅　130
태깅된 SSTP BPDU　206
터널링 효과　214
테일　31
텔넷 서비스의 역캡슐화　37
텔넷 세션에서 네이글 알고리즘 동작　505
토르　551
토르를 시작할 때 프락시 서버에 연결 중인 화면　551
토큰 버스　77
토큰링　75
토폴로지 변경　165
토폴로지 변경 BPDU　162
토폴로지 변경 알림　165
토폴로지 변경 알림 BPDU　162
토폴로지 변경 정보 TC의 플러딩　186
토폴로지 변화　175
투명한 비트 스트림　44
투명한 트래픽 전송 정책　38
트래킹 설정 예　319
트래킹의 상태 변화에 따른 라우팅 테이블 변경　320
트래픽 발생 억제　145
트래픽 분배 정책　39

트래픽 폭주　409
트래픽 핸들링 정책　39
트랜스포트 계층　29, 75
트랜스포트 계층 프로토콜　32
트랩　310
트렁크　130
트렁크 포트　130, 136
트렁크 포트를 사용하는 VLAN 간 통신　135
트렁크 포트를 통한 스위치 간 다중 VLAN 통신　131
트렁크 포트에 속한 VLAN에 의한 장애 시 라우팅 전환 문제　136
트렁크 포트에 할당될 VLAN 조정　137
트렁킹　130
트레이스 파일　475
트리거 업데이트　434
특수 목적으로 예약된 IP 주소 범위　389
특정 시스템 간의 통신만을 허용하기 위한 VLAN 분할　129
티밍 구성　152
티어드롭　388

ㅍ

파라미터 문제　407
파라미터 임계치　256
파서　291
파이버 채널　138
파장 대역　59
파장 분할 다중화　58
파장대　59
파트너　294
패딩 필드　380
패스트 링크 펄스　87, 92, 93
패스트 링크 펄스 구성　88
패스트 링크 펄스 인코딩　88
패스트 링크 펄스와 노말 링크 펄스의 비교　87
패스트 링크 펄스열과 타이밍 특성　88
패스트 링크 펄스열의 인코딩　89
패스트 이더넷　99
패킷　31
패킷 단편화　470
패킷 보존의 법칙　511
패킷의 생존 시간　410
페일오픈　123
편승 기법　465
평형 상태　511
폐회로　155
포워드 딜레이　163, 187
포워드 딜레이 타임　165
포워딩　131

포워딩 엔진에서의 BFD 동작   323
포트 VLAN ID 불일치   233, 234
포트 도달 불가   405
포트 번호   467
포트 번호와 우선순위   295
포트 불일치 발생 예   235
포트 불일치 상태   235
포트 불일치의 발생   235
포트 설정 불일치 발생   228, 232
포트 애그리게이션 프로토콜 플래핑   111
포트 우선순위   279
포트 필드   36
표준 트렁크 프로토콜   130
표준 트로토콜   564
표준화   564
표피 효과   65
푸시 비트   468
풋프린팅   266
프락시 서버에 연결된 오로라 브라우저   552
프래그먼트 오프셋 필드   378
프레이밍   75
프레임 간 갭   79
프레임 다중화기   290, 291
프레임 루프 방지   114
프레임 루핑 상황에서 복제된 패킷   384
프레임 릴레이   75
프레임 사이의 보호 간격 시간   104
프레임 에러   100
프레임 체크 시퀀스   79
프레임 파서/다중화기   291
프레임 포워딩   114
프레임 플러딩   127
프레임 헤더   31
프레젠테이션   29
프로토콜 데이터 단위   75
프로토콜 데이터 유닛   31
프로토콜 필드   36, 378
프록시 ARP 동작   355
프록시 ARP 응답   356
프록시 ARP를 비활성화할 경우 발생할 수 있는 시나리오   359
프록시 ARP를 사용하는 이유   358
프리엠블   78
플래그 필드   177, 377
플래핑   108, 232
플러딩   112, 127
플로팅 스태틱 라우팅   137

피기백 기법   465
피어 포트   183
필터링   114

ㅎ

하위 호환성   86
하프오픈 공격   482
하프오픈 상태   477
학습 모드   169
해시 알고리즘   296
핵심 계층   37
행업 현상   152
향상된 선택 전송   142, 144
허브   30
허브를 사용하는 CSMA/CD 네트워크에서의 충돌 에러   95
허브에서 충돌 에러 발생 후 잼(Jamming) 시그널 발생   96
헤더 길이 필드   376
헤더 체크섬 필드   379
헤더의 나머지   408
헬로우 BPDU   156
협상 모드   91
호스트 2에서 캡처한 호스트 3에서의 ARP 응답 메시지   396
호스트 3에서 캡처한 호스트 2에서의 ARP 요청 메시지   395
호스트 ID   385
혼선   67
혼잡 윈도우   512
혼잡 통보   142, 145
혼잡 회피   465
혼잡 회피 알고리즘   513
혼잡 회피와 CWND   514
혼잡점   145
홀드 타이머   434
홀드 타임   456
확인응답 번호   465
확장 LAN   362
확장 VLAN 간 라우팅 구성   363
확장 VLAN으로 구성된 네트워크(10.10.10.0/24)   362
확장 시스템 ID   157
회선 이중화 구성   275
회선 종단 장치   44
흡수   58
흡수 손실   58

A

A 클래스   386
Absorption Loss   58

Access Port   130
Access 계층   37
ACK 사용 비연결형 모드   81
Acknowledge   90
acknowledge number   465
acknowledged connectionless mode   81
ACL을 통한 IP 스푸핑 필터링   488
ACR   67
active close   543
Active Mode   288
Active 라우터   136
AD 값   438
Address Resolution Protocol   129, 154, 339
Address Resolution Protocol inspection   111
Addressing   75
Adjacency Information   433
Administrative Distance 값   438
ADSP   464
aggregate learner   299
Aggregation Control   292
aging timer   114, 118, 164, 317
Agreement BPDU   177
alignment error   100
Alohanet   76
Alternative Port   156, 169
Angle of incidence   56
APIPA   402
AppleTalk Data Stream Protocol   464
Application 계층   29
ARP   129, 339
ARP Cache Poisoning 공격   364
ARP 브로드캐스트 트래픽   359
ARP 스푸핑   364
ARP 스푸핑 공격   364
ARP 요청 패킷   341, 342, 345, 346
ARP 이더넷 프레임 구성   343
ARP 인스팩션   111
ARP 캐시 정보 갱신 주기   312
ARP 캐시 테이블   339, 396
ARP 테이블 크기   359
ARP 패킷 헤더 구조   342
ARP 프로브   353
ARP 프로토콜   36
ARP 헤더   342
ARPA 시범망   27
ARPAnet   27
ARPing   353

AS   30
ASIC 처리   29
Asynchronous Mode   326
Asynchronous Transfer Protocol   75
ATM   75
Attenuation   63
Attenuation To Cross-talk Ratio   67
Aurora 브라우저   552
Auto Port Aggregation   152
Automatic Private IP Addressing   402
Auto-negotiation   86
Autonomous System   30, 430

B

B 클래스   386
Baby Giant Frame   132
back pressure   145
Backlog Queue   482
Backlog Time-out   493
Back-Off Algorithm   96
Bad Checksum   473
Base LCW   89
Base Link Code Word   89
BaseBand   69
Baud   55
BB_4에서의 설정 변경   426
BDF 상태 변화 다이어그램   328
Bellman-Ford Algorithm   430
best effort   144
BFD   458
BFD 검출 모드   325
BFD 기능   321
BFD 세션 설정   322
BFD 세션 수립을 위한 제어 패킷 전달 과정   329
BFD 워킹 그룹   321
BFD 적용 영역   322
BFD 전송 주기와 검출 시간   326
BFD 제어 패킷 교환과 상태 변화   335
BFD 패킷 포맷   323
BGP   436
Bi-directional Forwarding Detection 워킹 그룹   321
Big Endian   161
biphase의 신호율   48
bit stream   44
BLK port   156, 171
Block Coding   48
Block Port   155
Blocking Port   156

BNC 커넥터　44
Bogon-list　488
Bonding　152
Boolean AND 연산　392
BOOTP　348
Border Gateway Protocol　436
BPDU　155
BPDU 가드　110
BPDU 프레임 구조　162
Bridge　30, 114
Bridge ID　156
Bridge Priority　156
Bridge Protocol Data Unit　155
BroadBand　69
Broadcast　83
broadcast storm　100, 154
Broken 타입 불일치　234
BROKEN 포트　236
BROKEN 포트 발생　236
BSD 유닉스　27
Buffer Overflow　484
Burned Address　84
Burst error　499
Bypass Mode　91
Byte-Stream　465

C

C BPDU　162
C 클래스　386
Cable Tester　63
Cabling　29
cache flow　541
Canonical Format Identifier　133
Carrier Sense　95
Carrier Sense Multiple Access/Collision Detect　76, 94
CAT 1　50
CBPDU　162
CCITT V.19와 V.20　46
CCITT, X.20　46
CDDI　64
CDP VLAN 미스매치 에러 로그　266
CDP　200, 262
CEE　142, 438
CFI　133
Channel-group　292
checksum　104, 473
Checksum Offload　473

CIDR　434
Cisco Discovery Protocol　262
Cisco Express Forwarding　438
Cladding　55
Class of Service　133, 202
Classless Inter Domain Routing　434
Client Signal Fail　308
CLNP　27
CLNS　435
Closed Circuit　155
CN　142, 145
CNA　140
CNA의 역할　140
Collector　291
Collision Domain　113
Collision Error　95
Collision Rate　547
common mode noise　52
Common Spanning Tree　157, 197, 240
Configuration BPDU　162
congestion avoidance　465
Congestion Avoidance 알고리즘　513
Congestion Collapse　511
Congestion Notification　145
congestion point　145
Congestion Window　512
connection time-out　474
Connectionless Network Protocol　27
Connection-less Service 프로토콜　32
Connectionless-mode Network Service　435
connection-oriented mode　81
Connection-oriented Service　32
Conservation of Packet　511
consistency checking　205
Control field　81
Conventional Wavelength Band　61
Converged Enhanced Ethernet　142
Converged Network Adapter　140
convergence　138
Copper Data Distributed Interface　64
Core 계층　37
COS　133, 202
Coup 메시지　456
CRC　379, 471
CRC 동작 방식　103, 472
CRC 에러　35, 93, 100
CRC 연산 방식　102

CRC 체크섬   104
CRC-32   102, 471
CRC-32 에러 제어   114
Critical angle   56
Cross Over 케이블   51
cross pair   64
Cross-Bar   115
Crosstalk   53, 67
CSMA/CA   98
CSMA/CA 충돌 회피 기법   98
CSMA/CD   76, 94
CSMA/CD 처리 프로세스   97
CST   157, 197
Cumulative Acknowledgement   500
CWND   512
CWND의 감소   523
Cyclic Redundancy Check   379, 471
Cyclic-Redundancy Check-32   102

D

D 클래스   387
Daisy Chain   562
Data Center Bridging   138
Data Circuit terminating Equipment   44
Data Link Connection Identifier   339
DATA SWITCHING EXCHANGES   44
Data Terminal Equipment   44
Database Description Packet   433
Data-Link Layer   75
dB 값 손실   109
DBD 패킷   433
DCB 프로토콜의 특징과 이점   142
DCB   138, 142
DCE   44
Dead Lock   496
DEC   155
Decapsulation   31
DECnet Phase V   435
default-vlan   242
Delay Jitter   441
Delay Variation   441
Delayed ACK   501
Delayed Binding   486
Denial of Service 공격   387
Dense WDM   61
Department of Defence   28
designated blocking   187
Designated Port   156

Destination MAC Address   78
Destination Service Access Point   81
DHCP ARP의 동작   351
DHCP snooping rate-limit   111
DHCP 스누핑 레이트 리밋   111
DHCP 중계 에이전트   400
DHCP 중계 에이전트 동작   401
DHCP 클라이언트 동작과 상태 변화   400
DHCPACK   402
DHCPDISCOVER 메시지   401
DHCPDISCOVER 패킷   400
DHCPNAK   402
DHCPREQUEST 메시지   402
Differential Mode   53
Diffusing Update Algorithm   431
Digital Equipment Corporation   155
Dijkstra algorithm   432
Direct Server Return   283
Directed Broadcast Address   387
Distance Vector 라우팅 프로토콜   430
Distribution 계층   37
Distributor   290
DIX2.0   76
DIX2.0 이더넷 프레임 구조   78
DLCI   339
DNS 서버 주소   399
DoD 계층 모델   28
Don't Fragment   377
DoS 공격   387
drop 모드   485
DSAP   81
DSE   44
DTE   44
DTE와 DCE 간의 거리   45
DTP   200
DUAL   431
duplex   91
Duplication ACK   515
Duplication Address   153
DWDM   61
Dynamic Host Configuration Protocol   350

E

E 클래스   387
EDF   58
Edge port   178
EDGE 라우터의 라우팅 테이블   320
EGP   39, 430

EIA RS-232-C 45
EIA RS-449 46
EIA/TIA-232-D 45
EIA/TIA-449/442/423 45
EIGRP 431
Electromagnetic Interference 52
ELFEXT 67
EMI 52
Encapsulation 31
Encoding 31
End Of Frame 141
End System 29
End-to-End Ethernet Link Integrity 307
Enhabced Transmission Selection 144
Enhanced Interior Gateway Routing Protocol 431
EOF 141
EOS 307
Equal Level Far-End Crosstalk 64, 67
Erbium Doped Fiber 58
ErrDisable 메시지 109
Error Detection 75
Error Report Message 404
ETHER 76
Ethernet 75
Ethernet 802.1pQ 프레임 132
Ethernet Over SONET 307
Ethernet(DIX 2.0) 43
EtherType 133
ETS 142, 144
excessive collision 110
eXchange IDentification 81
External Gateway Protocol 39, 430
Extrinsic Factor 59

F

failopen 123
failopen mode 121
Far-End Crosstalk 64, 67
Fast Ethernet 99
Fast Link Pulse 87
Fast Recovery 알고리즘 517
fast time 주기 288
Fault Tolerant 151, 273
FCoE 138
FCoE - FC Frame - SCSI 캡슐화 141
FCoE Initialization Protocol 141
FCoE 프레임 포맷 141
FCoE를 통한 데이터 센터 인프라 통합 140

FCS 79, 102, 471
FCS의 개념 102
FDDI 75, 129, 339
FEXT 67
FIB 438
Fiber Channel 138
Fiber Channel Over Ethernet 138
Fiber Distributed Data Interface 75, 339
Filtering 114
FIP 141
Firewall 29
FireWall Service Module 273
Flapping 108, 32
Floating Static Routing 137
flooding 112
flow control 465
FLP 87
Footprinting 266
Force Mode 91
Forward Delay 187
Forwarding 114
Forwarding Information Base 438
fps 105
Fragmentation 374
Frame Check Sequence 79, 102, 471
Frame Flooding 127
Frame 헤더 31
Frame-Relay 43, 75
Framing 75
Full-Duplex 91, 289
Full-Mesh 305
FWSM 273

G

garbage 119
gARP 352
Gateway 주소 399
GBIC 62
GIAddr 필드 401
Giga Ethernet 99
Gigabit Interface Connector 62
Glass Absorption 60
GNS 394
Go-Back-N 방식 526
graded-index 56
Gratuitous 352
Gratuitous ARP의 동작 352
Guard Band 104

H

Half-Duplex 91
Half-Open 상태 477
hang-up 현상 152
hangup 256
Hash 알고리즘 296
HBA 140
HDLC 43, 75
Hello BPDU 156
High Performance Computing 139
High-level Data Link Control 75
Hold time 456
hold-timer 434
Hop to Live 378
Host Bus Adapter 140
Hot Standby Router Protocol 255, 447
HPC 139
HSRP 255, 447
HSRP 동작 452
HSRP 라우터의 그룹 ID 452
HSRP 설정 455
HSRP 헤더 구조 453
HTL 378
HTTP 에러 코드 540
HUB 30

I

IAB 28
IANA 378
IB 139
ICMP 33
ICMP Redirection 동작 411
ICMP 메시지 종류 407
ICMP 메시지의 타입에 따른 기능 분류 407
ICMP 시간 초과 에러 보고 메시지 410
ICMP 에러 메시지 패킷 구성 407
ICMP 에코 메시지 필드 구성 414
ICMP 에코 요청 패킷과 PAT 동작 428
ICMP 에코 요청/응답 메시지 포맷 414
ICMP 에코 응답 패킷과 PAT 동작 429
ICMP 재지정 메시지 코드 타입 409
ICMP 재지정 메시지 포맷 410
ICMP 재지정 동작 411
ICMP 재지정 동작 조건 413
ICMP 재지정 동작 캡처
ICMP 헤더의 순서 번호 427
ICMPl 404

ID 0X1aa9(6825) 패킷 383
ID 0Xb8c7(47303) 패킷 384
IDLE 심볼 93
IEEE 76
IEEE 802 43
IEEE 802.1d 151
IEEE 802.1D 155
IEEE 802.1pQ 130
IEEE 802.1Qbb 143
IEEE 802.1w 151
IEEE 802.2 LLC SAP 캡슐화 198
IEEE 802.2 LLC SNAP 헤더 205
IEEE 802.3 802.1pQ 프레임 132
IEEE 802.3 SAP 프레임 82
IEEE 802.3 SAP 프레임 구조 80
IEEE 802.3 SAP와 IEEE 802.3 SNAP 프레임 80
IEEE 802.3 SNAP 프레임 구조 80
IEEE 802.3 SNAP 프레임 82
IEEE 802.3 시리즈 표준 106
IEEE 802.3 표준 77
IEEE 802.3ad 287
IEEE 802.3af 107
IEEE 802.3at 107
IEEE 802.3u 86
IEEE 802.3과 Ethernet(DIX2.0)의 계층 비교 77
IEEE BPDU(태그되지 않음, Untagged) 213
IEEE BPDU와 시스코 PVST+ BPDU 프레임 구조 213
IEEE STP 221
IEEE 표준 스패닝 트리 프로토콜 스위치 그룹 197
IEEE 표준 이더넷 프레임 80
IEEE에서 정의한 대역폭별 경로 값 158
IESG 27
IETF 27
ifconfig -a 명령 545
ifconfig 명령의 형식 545
ifconfig(인터페이스 설정과 확인) 545
IFG 79, 104
IFG를 고려한 이더넷 프레임의 구조 105
IGP 38, 430
IGP 라우팅 프로토콜과의 연동 330
IGRP 431
Impurity Loss 59
InARP 348
inconsistency Port 233
inferior BPDU 168
Infiniband 139
Initial Sequence Number 467

[581]

Initial Window   512
Institute of Electrical and Electronics Engineers   76
Integrated IS-IS   435
Inter Frame Gap   79, 104
Inter Packet Gap   104
Interior Gateway Routing Protocol   431
Intermediate System To Intermediate System   435
Internal Gateway Protocol   38, 430
Internet Architecture Board   28
Internet Control Message Protocol   404
Internet Engineering Steering Group   27
Internet Engineering Task Force   27
Internet Small Computer System Interface   146
Internet Society   28
Internet 계층   29
Internetwork Packet Exchange Protocol   27
Inter-Switch Link Trunk Port   198
inter-VLAN Routing   134
Intrinsic Factor   58
Intrinsic Loss   59
Inverse ARP   346
Inverse ARP의 동작   349
IP Spoofing   482
IP 단편화 예   380
IP 단편화 예, 마지막으로 단편화된 IP 패킷   382
IP 단편화 예, 맨 처음 단편화된 IP 패킷   381
IP 데이터그램   375
IP 마스커레이딩   426
IP 브로드캐스트 주소   387
IP 스푸핑   482
IP 스푸핑 대역의 ACL 필터링   487
IP 주소의 클래스 단위 분류   386
IP 프로토콜 필드 값   379
IP 프로토콜 헤더 구조와 이더넷 프레임 구조   376
ipconfig.co.kr을 통한 Tor 프락시 연결 국가 및 IP 확인   552
IPG   104
IPX   27
IP와 하위 계층 프로토콜   374
iSCSI   146
IS-IS   435
ISL 트렁크   197
ISL 트렁크 포트   198
ISN   467
ISOC   28

J

Jamming 시그널   96

Janitor Principle   562
jumbo 패킷   473
JunOS 10.2 이전 버전에서의 VSTP 오동작   242

K

Kalpana   297

L

L2PT 가드   111
L4 SLB의 액티브-액티브 동작을 통한 장애 극복   281
L4 스위치 구성 장애   536
L4 스위치 단독으로 이중화 구성   281
L4 스위치 서버 구성 장애   537
L4 스위치 이중화   275
L4 스위치 하단에 액세스 스위치 연결 이중화 구성   282
L4 스위치(포트 확장용 L2 스위치 구조의 문제점)   536
L4 스위치의 SLB 세션 테이블 관리   532
L4 스위치의 WEB 서비스 SLB 동작   533
L4 스위치의 실제 서버 헬스 체크   534
L4 스위치의 패킷 핸들링 범위   535
L4 이중화 구성 이슈로 인한 통신 불가   276
L4 헬스 체크 방식의 고려   539
L4를 경유한 정상적 세션 테이블   539
L7 스위치의 세션 관리 기법과 지연 연결   486
LACP   136, 287
LACP 관리 키   295
LACP 구간   270
LACP 동작 모드   288
LACP 설정 시 제약 사항   289
LACP 파라미터   294
LACPDU   288
LACPDU 프레임 구조   293
LACPDU 프레임   288
LAN   43
LAN과 WAN의 1, 2계층 프로토콜 스택   43
LAN에서 일반적 TCP   502
LAN에서 지연된 확인응답 사용   502
Late Collisions   99
Late-Collision detection   111
latency   124, 139, 441
Layer 2 Tunneling Protocol guard   111
LC   62
LCW   88
Least Connection   533
Least Significant Bit   83, 161
Left Edge Block   527
line coding   46
Link Aggregation Control Protocol   287, 293

Link Aggregation Protocol　86
Link Aggregation Sublayer　289
Link Code Word　88
Link Fail시의 프레임 폐기 와 Mac 주소 테이블 에이징 타임　165
Link Integrity Test Pulse　87
Link Loss Carry Forward　307
Link Loss Return　307, 311
Link State Acknowledge Packet　434
Link State Advertisement　433
Link State Request Packet　433
Link State Update Packet　434
Link-flap detection　111
Link-flap 에러　111
LIT　87
Little Endian　161
LLC　77, 161
LLCF　303
LLCF 기능의 동작　308
LLCF 기능이 지원되지 않는 IPS 장비 사용 시 장애　309
LLCF와 자동 협상(AN)　311
LLC의 타입　81
LLR　311
Local Area Network　43
Local Network Broadcast Address　387
Logical Link Control　77, 161
long metric　159
Long Wavelength Band　61
looking-glass　554
Loop Free　255
Loopback Test　108
Loop-free　155
looping　108, 152, 255
LSA　433
LSAck 패킷　434
LSB　83, 161
LSR 패킷　433
LSU 패킷　434
Lucent Connector　62

M

MAC　77
MAC 스푸핑 공격　121
MAC 스푸핑 공격 후: Failopen 모드로 동작하는 스위치　121
MAC 스푸핑 공격: 쓰레기 MAC 주소를 스위치에 주입　121
MAC 에이징　175

MAC 주소 테이블 에이징 타임 갱신 역할　165
MAC 주소 테이블에 의한 포워딩　117
MAC 주소 테이블에 의한 필터링　119
MAC 주소 학습과 포워딩　117
MAC 주소 학습과 플러딩　116
MAC 플러딩　120
MAC 플러딩 공격　119
MAC 홍수내기　120
main in the middle 공격　364
MAN　43
Management VLAN　127
Marker Protocol　293
Marker Receiver　292
Marker Responder　291
Marker Response　291
Masquerading　426
MAUs　87
Maximum Frame Rate　105
Maximum Segment Lifetime　490
Maximum Transmission Unit　374
MD5 키 교환　325
Mechnical Transfer Registered Jack　61
Media Access Control　77
Media Attachment Units　87
Media Translation Layer　374
Message Age　163
Metcalf　76
Metro-Ethernet　30, 362
Metropolitan Area Network　43
mirroring　123
MLT-3　48
MLT-3와 5 레벨 PAM 라인 코딩　49
MMF　59
MODULUS 연산　296
Mono Spanning Tree　157, 197
More Fragment　377
Most Significant Bit　161
MSB　161, 510
MSL　490
MSPP　307
MSS　380
MST　157, 197, 212
MT-RJ　61
MTU　374
Multi Mode Fiber　59
Multicast　83
Multichassis EtherChannel　302

Multi-Layer Switch 29, 133
Multiline transmission Three Level 48
Multiple Access 95
Multiple Tracking 옵션 318
Multiplexer 291
multi-port repeater 30
Multi-Service Provisioning Platform 307

N

NAC 369
Nagle 알고리즘 501
NAT 419
NAT 구성 방식 422
NAT 구성된 복잡한 네트워크 설정 425
NAT 동작과 내부 주소 420
NAT 설정 누락으로 인한 통신 장애 423
NAT 트러블슈팅 423, 424
NBMA 350
NCP 27, 464
ndd 파라미터 416
Near-End Crosstalk 64, 67
Negative Acknowledgement 525
negotiation 기능 288
Neighbor 255
netstat -an 542
netstat -an 명령 결과 값의 의미 543
netstat -i 547
netstat -nr 544
netstat 명령 359
netstat 명령 형식 542
Network Access Control 369
Network Address Port Translation 426
Network Address Translation 419
Network Control Protocol 27, 464
Network Interface Card 29
Newsork Management System 255
NEXT 55
Next Page 91
nformation Frame 81
NIC 29
NIC 카드 불량 110
NLP 87
NMS 255
node 75
Nominal Velocity of Propagation 65
Non-Broadcast Multi-Access 350
Non-designated Port 156, 168
Non-edge port 178

non-Root Bridge 160
non-silent 키워드 298
Normal Link Pulse 87
NRZ-L, NRZ-I 라인 코딩 방식 47
NRZ-L과 NRZ-I 방식 47
nternet Control Message Protocol 33
Null 세그먼트 495
NVP 65

O

Octal 랜카드 287
OH 이온 60
OH기 흡수 손실 60
old metric 159
ON Mode 288
One-Armed 구성 283
Opaque LSA 434
Open Circuit 155
Open Shortest Path First 432
Open System Interconnection 28
Open-Circuit 구간 256
Optical fiber 55
orderly release 493
Organizationally unique identifier 82
OSI 계층 모델 28
OSI 모델과 TCP/IP 모델, 그리고 계층에 따른 네트워크 장비 28
OSI 모델과 종단 시스템 간 트래픽 플로우 30
OSPF 432
OSPF 프로세스의 BFD 기능 연동 330
OUI 82
Overloaded NAT 426

P

Packet 31
packet drop 143
Packet Over SONET 321
PAgP 136, 287
PAgP 제어 패킷 전달 주기 304
Parser 291
Partner 294
Passive Mode 288
PAT 동작 427
Path Cost 156, 158
path cost metric 241
Path Cost를 조정한 WAF 이중화 구성 192
Path MTU Discovery 377
pause 메커니즘 143

PBR을 이용한 Multi-Tracking 구성 313
PDU 31
PDU 명칭 35
per VLAN ST 157
Persist Timer 494
persistence-base 알고리즘 533
Per-VLAN Spanning Tree 197
Per-VLAN Spanning Tree Plus 198
PFC 142, 143
Physical Layer 43
physical learner 299
Physical 계층 29
PID 82
ping 패킷의 PAT 427
Point to Point 링크 289
Point-to Point Protocol 43
Port Address Translation 426
Port Aggregation Protocol 287
Port Aggregation Protocol flap 111
Port Inconsistent state 235
Port Unreachable 405
Port VLAN-ID 203
Port 필드 36
Port-Channel 인터페이스 292
Port-Security 활성화 122
PPP 43
pps 105
Preamble 78
Precedence field 376
preempt delay 456
preempt 기능 452
Presentation 29
Primary Operating Mode 326
priority 133
Priority-based Flow Control 143
process delay 441
promisc mode 123
promiscuous mode 114
propagation delay 441
Proposal BPDU 177
protect 122
Protocol Data Unit 31
Protocol Identifier 82
Protocol 필드 36
Proxy ARP 354
Proxy ARP 사용의 문제점 358
Proxy-arp 397

pseudo header 469
PVID 불일치 203, 235
PVID의 일치성 체크 210
PVST 157, 197
PVST+ 197
PVST+ SSTP 221
PVST+와 CST 간의 루핑 257

Q

QoS 133
Quad 랜카드 287
Quality of Service 133
Query Message 404
Query Mode 326

R

Radio Frequency 104
Rapid STP 151
RARP 요청 패킷 347, 348
RARP 요청과 응답 347
RARP 응답 패킷 347
rate limit 145
rate 옵션 304
Rayleigh Scattering 59
Reassemble 374
receive buffer 542
Recursive route 445
Redirect 메시지 394
Redundancy 151
Regional Internet Registry 390
Registered Jack-45 49
regix 554
Remote Fault 90
repeater 112
Rest of the Header 408
restrict 122
Retransmission Time-out 475
Return Loss 64
Return to Loss 66
Return to Zero 방식 47
Reverse ARP 346
reverse pair 64
RFC 27
RFC 791 375
RFC 826 339
RFC 894 78
RFC 896 503
RFC 1042 78

RFC 1122   339, 375
RFC 2131   350
RFC 3643   141
Right Edge Block   527
RIP   27, 430
RIR   390
RJ-45   49
RJ-45 인터페이스를 갖는 네트워크 장비의 핀 배열   51
RJ-45의 차등 모드와 코먼 모드 노이즈   53
Root Bridge   156
Root Port   156
Round Robin   299
round-trip   418
route 명령의 형식   546
route(라우팅 추가, 삭제 명령)   546
Router   29, 133
Routing Information Protocol   27, 430
routing metric   546
RSTP   151
RSTP BPDU 포맷   184
RSTP BPDU 필드 설명   184
RSTP 링크 분류   183
RSTP 스위치의 토폴로지 변화에 따른 수렴 과정   187, 188
RSTP 포트 상태   179
RSTP 포트 상태에 따른 동작   179
RSTP의 포트 역할   182
RTO 만료에 따른 재전송과 혼잡 제어   519
RTT 값 연산을 위한 3방향 핸드셰이킹의 시간 구성   481
RZ 방식   47

S

S 밴드   61
SACK 옵션   476
SACK 허용   476
SACK-Permitted 옵션   527
SAN   139
SAP   28
SC 타입   62
Scattering Loss   59
SCSI   141
Security violation   111
Segment PDU   31
Selective ACKnowledge permitted   476
Selective ARQ   526
Selector field   89
self clocking   46
Self-Clocked State   511
Sender Maximum Segment Size   512

Sending Window Timer   497
Sequence Number   32, 465
serialization delay   441
Server Load Balancing   271
Service Access Point   28, 33
Session   29
SFD   80
SFP   62
SHA1 키 교환   325
Shared Spanning Tree Protocol   212
Shared STP   203
short metric   159
Short Wavelength Band   61
Shortest Path First 알고리즘   432
show spanning-tree   160
shutdown   122
SIA   432
Signal to Noise Ratio   68
Silent Mode   298
Single Mode Fiber   59
Skin Effect   65
SLB   271
SLB 프로세싱   280
Sliding Window   506
Slow Protocol   293
slow read DoS   491
slow time 주기   288
Slow-Start Threshhold Value   512
Small Form-Factor Pluggable   62
SMF   59
SMLT   289
Smooth Round-Trip Time   497
SMSS   512
SMURF 공격   388
sniffing   114
SNMP   27
SNR   68
socket 레벨   473
SOF   141
Soft Kernel Tuning   367
solid core 케이블   65
Source MAC Address   79
Source Service Access Point   81
source-routing   414
Spanning Tree Protocol   114, 151, 155
SPF   432
splicing   109

Split Multi-Link Trunking 289
split pair 64
Spoofing 388
SRL 66
SRTT 497
SSAP 81
SSTHRESH 512
SSTP 212
SSTP BPDU 터널링 205
SSTP 멀티캐스트 MAC 주소 205
SSTP 플러딩 222
ST 타입 62
Standby 라우터 136
Start Frame Delimiter 80
Start of Frame 141
Static ARP 설정 368
STD 37 339
Step-index 56
Storage Area Network 139
storm-control 129
STP 114, 151
STP BPDU 필드 요약 163
STP 수렴 시간과 TCN BPDU 174, 175
STP 연산 결과 177
STP 연산 예 176
STP 연산을 위해 IEEE에서 정의한 대역폭별 경로 값 158
STP 재연산 과정 172, 173
STP 환경에서 서버 게이트웨이를 L4 스위치의 VRRP로 설정 278
STP에 따른 포트 상태 및 지연 시간 168
STP에 의해 루프 구조가 제거된 개회로(Open Circuit) 상태 155
Straight 케이블 51
Stuck in Active 432
sub-interface 134
Subnet 127
subnet mask 355
Sun 사의 쿼드 PCI 이더넷 카드 287
SunTrunking 152
superior BPDU 169
SVI 137
SW_2 Fa0/1 포트의 네이티브 VLAN 불일치로 인한 PVID 불일치 발생 224
SW-1, SW-2 간 VLAN 미스매치에 따른 PVST 루핑 269
SW-1에서 전송하는 STP BPDU, SSTP BPDU 237
SW-2에 전송되는 STP BPDU, SSTP BPDU 238
Switch Virtual Interface for Cisco 137

SYN 플러딩 공격 387
syn 플러딩 오탐 429
Syncookies 기능의 활성화 483

T

TAF 90
tag 130
Tag Control Information 133
Tag Protocol ID 133
Tag 정보 203
tagging 130
Tail 31
TC while timer 185
TC 비트 167
TC 와일 타이머 185
TC 프레임 발생 168
TCI 132, 133
TCN BPDN 167
TCN BPDU 162
TCN, TCA 프레임 발생 167
TCN의 누적치 176
TCP 3방향 핸드셰이킹(ACK) 479
TCP 3방향 핸드셰이킹(SYN) 477
TCP 3방향 핸드셰이킹(SYN, ACK) 478
TCP 3방향 핸드셰이킹과 SACK 옵션 528
TCP 3방향 핸드셰이킹과 상태 476
TCP 4방향 핸드셰이킹(동시 연결 종료) 492
TCP 4방향 핸드셰이킹(일반적 정상 종료) 489
TCP ACK 방식의 단점(Go-Back-N과 유사하게 동작) 525
TCP FIN과 리셋을 통한 세션 초기화 494
TCP SACK 동작(Selective ARQ와 유사하게 동작) 526
TCP SACK 옵션 구조 527
TCP SACK 옵션의 동작 529
TCP 가로채기 484
TCP 가로채기 트래픽 플로우 484
TCP 느린 동작 512
TCP 느린 시작 동작 522
TCP 느린 시작과 혼잡 회피 512
TCP 느린 시작과 혼잡 회피 동작 514
TCP 빠른 재전송 515
TCP 빠른 재전송과 빠른 회복 515
TCP 빠른 회복 517
TCP 스플라이싱 486
TCP 슬라이딩 윈도우 507
TCP 윈도우 갱신 메시지 508
TCP 윈도우 동작 520
TCP 유지 세그먼트 495

TCP 의사 헤더와 체크섬 469
TCP 지연된 확인응답 501
TCP 지연된 확인응답 트래픽 흐름 502
TCP 체크섬 에러 474
TCP 체크섬 에러에 의한 리셋 475
TCP 체크섬 에러에 의한 재전송 475
TCP 타오 515
TCP 타임스탬프 옵션 527
TCP 터미네이션 487
TCP 플로우와 SACK의 동작 530
TCP 헤더 구조 466
TCP 혼잡 회피 동작 513
TCP/IP 5 계층과 계층별 프로토콜 32
TCP/IP 계층과 계층별 프로토콜 구조 33
TCP/IP 계층의 데이터 캡슐화 34
TCP/IP 계층의 역캡슐화와 SAP의 역할 36
TCP/IP 프로토콜 27
TCP/IP 프로토콜의 이더넷 프레임 캡슐화 35
TCP/UDP 프로토콜과 전체 프로토콜의 구성 463
TDR 64
TDR 테스트 동작 방식 65
Teaming 152
Teardrop 388
Technology Ability Field 90
TEST 프레임 81
TEST-NET 391
Time Domain Reflectometry 64
Time To Live 152
timeout 메커니즘 291
TLV 262
Token Ring 75
Token-Bus 77
Topology 33
Topology Change BPDU 162
Topology Change Notification BPDU 162
Tor 551
TOS 410
TP4 464
TPID 132, 133
trace file 475
Traceroute 416
Traceroute 동작 418
tracert 416
Tracert 동작 417
Tracert와 Traceroute의 동작 416
TRANSPARENT 비트 스트림 44
Transport Layer 75

Transport protocol 4 464
Transport 계층 29
trunk 130
Trunk Port 130
trunking 130
Type of Service 410
Type 필드 36
Type, Length, Value 262
Type-Inconsistent 228

U

udld 명령 108
UDLD 조건 110
UDP 의사 헤더와 체크섬 471
UDP 헤더 구조 471
UI 프레임 81
unacknowledged connectionless mode 81
UnARP 353
Unicast 83
Unnumbered Information 81
Unshielded Twisted Pair 49
untagged 프레임 201
UTP 49
UTP 케이블 구조 50
UTP 케이블 핀 배열 51
UTP 케이블의 구성 50
UTP 케이블의 카테고리별 종류 50

V

V.35 케이블 108
Variable Length Subnet Mask 431, 434
Virtual Interface Router 277
Virtual IP 277
Virtual LAN 127
virtual router 448
Virtual Router Identifier 448
Virtual Router Redundancy Protocol 86, 255, 447
Virtual Service Router 277
Virtual Switching System 302
VLAN 127
VLAN 1 200
VLAN 10 PVST+ BPDU(태그됨, Tagged) 213
VLAN 1의 태그되지 않은(untagged) PVST+ SSTP BPDU 208
VLAN 1의 태그되지 않은(untagged) STP BPDU 207, 211
VLAN 1의 태그된(tagged) PVST+ SSTP BPDU 212
VLAN 2의 태그된(tagged) PVST+ SSTP BPDU 206

VLAN 3의 태그된(tagged) PVST+ SSTP BPDU 207
VLAN 3의 태그된(tagged) PVST+ SSTP BPDU 211
VLAN 구간의 분할 362
VLAN 불일치 263
VLAN 이름 미스매치에 따른 PVST 간 Looping 264
VLAN 이름 불일치에 따른 PVST 와 CST 루핑 263
VLAN 인터페이스 137
VLAN_ID 127
VLAN을 통한 풀 메시(Full-Mesh) 구성 136
VLSM 431, 434
Voltage Level 53
VRID 448
VRRP 86, 255, 447
VRRP 동작 448
VRRP 설정 451
VRRP 헤더 구조 449
VSR 277
VSTP 241
VTP 200

W

WAF 190, 308
WAF 이중화 STP 구성 191
WAF 이중화 구성 191
wall jack 44
WAN 43
WAN에서 네이글 알고리즘 504
WAN에서 지연된 확인응답 504
watch 모드 485
Wavelength Division Multiplexing 58
Wavelength 58
WDM 58
Web Application Firewall 190
Web Application FW 308
Wide Area Network 43
Window Closes 508
window full 491
Window Open 508
Window Scale 479
Window Shrink 509
Window Update 세그먼트 496
window-probe 세그먼트 496
Wiremap 63
wire-speed 106

X

X.21 프로토콜 45
Xerox Network System 27
xerox 76
XID 프레임 81
XNS 27
XOR 연산 296

Z

zero window 491

 에이콘출판의 기틀을 마련하신 故 정완재 선생님 (1935-2004)

네트워크 트러블슈팅 가이드
프로토콜 계층별 네트워크 장애처리 실무

초판 인쇄 | 2012년 12월 21일
2쇄 발행 | 2017년 5월 10일

지은이 | 장 혁

펴낸이 | 권 성 준
편집장 | 황 영 주
편   집 | 나 수 지
         이 지 은
디자인 | 박 주 란

에이콘출판주식회사
서울특별시 양천구 국회대로 287 (목동 802-7) 2층 (07967)
전화 02-2653-7600, 팩스 02-2653-0433
www.acornpub.co.kr / editor@acornpub.co.kr

Copyright ⓒ 에이콘출판주식회사, 2013, Printed in Korea.
ISBN 978-89-6077-381-3
http://www.acornpub.co.kr/book/network-troubleshooting

이 도서의 국립중앙도서관 출판시도서목록(CIP)은 서지정보유통지원시스템 홈페이지(http://seoji.nl.go.kr)와
국가자료공동목록시스템(http://www.nl.go.kr/kolisnet)에서 이용하실 수 있습니다.(CIP제어번호: CIP2012006040)

책값은 뒤표지에 있습니다.